आशा आपराद



# दर्द जो सहा मैंने...

राजकमल पेपरबैक्स

*मूल पुस्तक : प्रसिद्ध मराठी आत्मकथा 'भोगले जे दु:ख त्याला' का अनुवाद*
*प्रकाशक : मेहता पब्लिकेशन हाउस, पुणे*

पहला पुस्तकालय संस्करण
राजकमल प्रकाशन प्राइवेट लिमिटेड द्वारा
2013 में प्रकाशित

राजकमल पेपरबैक्स में
**पहला संस्करण** : 2013



---

**राजकमल पेपरबैक्स** : उत्कृष्ट साहित्य के जनसुलभ संस्करण

---

राजकमल प्रकाशन प्रा. लि.
1-बी, नेताजी सुभाष मार्ग, दरियागंज
नई दिल्ली-110 002
द्वारा प्रकाशित

**शाखाएँ** : अशोक राजपथ, साइंस कॉलेज के सामने, पटना-800 006
पहली मंजिल, दरबारी बिल्डिंग, महात्मा गांधी मार्ग, इलाहाबाद-211 001

वेबसाइट : www.rajkamalprakashan.com
ई-मेल : info@rajkamalprakashan.com

बी.के. ऑफसेट
नवीन शाहदरा, दिल्ली-110 032
द्वारा मुद्रित

**मूल्य** : ₹ 195

**आवरण** : देव प्रकाश चौधरी

DARD JO SAHA MAINE...
*Autobiography by* Asha Aaprad

ISBN : 978-81-267-2527-4

# दर्द जो सहा मैंने...

**आशा आपराद**

**जन्म :** 14 अप्रैल, 1952, कोल्हापुर (महाराष्ट्र)।

**शिक्षा :** एम.ए., बी.एड., एम.फिल.।

**व्यवसाय :** 1984 से यशवंतराव चव्हाण कॉलेज में हिन्दी विषय की अध्यापिका।

**सामाजिक कार्यक्षेत्र :** 1984 से महिला दक्षता समिति (कोरगावकर ट्रस्ट) की उपाध्यक्षा।

मुस्लिम तथा अन्य महिलाओं के जन-जागरण हेतु कानूनी जानकारी, साक्षरता का महत्त्व, अन्धश्रद्धा निर्मूलन, मासाबालसंगोपन आदि विषयों पर संगोष्ठी, व्याख्यान व शिविर का आयोजन।

'मुस्लिम महिला सानक मुक्ति मोर्चा' तथा शहाबानो आन्दोलन में सक्रिय सहभाग।

कोल्हापुर में आयोजित मुस्लिम मराठी साहित्य सम्मेलन में 'इसनममध्ये स्त्री चे स्थान' विषय पर आलेख वाचन।

**सम्मान/पुरस्कार :** उदयोन्मुख आदर्श शिक्षिका—ताराराणी अध्यानक महाविद्यालय, उर्मिलकाकी सबनीस सामाजिक पुरस्कार—मा. प्रमिला दंडवते द्वारा सम्मानित। 'भोगले जे दुख त्याल' मराठी आत्मचरित्र के लिए प्राप्त पुरस्कार : महाराष्ट्र साहित्य परिषद, पुणे—लक्ष्मीबाई टिळक स्मृति प्रीत्यर्थ पुरस्कार; भैरूरसन दमाणी साहित्य पुरस्कार; महाराष्ट्र शासन उत्कृष्ट मराठी वाङ्मय राज्य पुरस्कार; साहित्य प्रेम भगिनी मंडळ, पुणे द्वारा सुधासाई जोशी जी.ए. पुरस्कार; व्हिक्टर पैलेस पुरस्कार; क्रांतिवीर तांबटकाका पुरस्कार, कोल्हापुर; ओबीसी मुस्लिम आर्गनायजेसण पुरस्कार, कोहिनूर पुरस्कार; कै. काकासाहेब गाडगील पुरस्कार, पितृ पुरस्कार; महाराष्ट्र कामगार कल्याण मंडळ, कोल्हापुर पुरस्कार; शिवसेना महिला बचत गट विशेष समारोह में पुरस्कार; डॉ. काशिबाई नवरंगे गौरव पुरस्कार; साहित्य सम्राट न.चि. केळकर ग्रन्थालय मुसुंड द्वारा साहित्य साधना पुरस्कार।

**सम्पर्क :** 'आशा', कदमवाडी रोड, महादेव मन्दिर के सामने, कोल्हापुर-416003

**आवरण :** देव प्रकाश चौधरी

मूलतः चित्रकार, लेकिन पेशे से पत्रकार। एकल प्रदर्शनी के अलावा, देश की कई महत्त्वपूर्ण पेंटिंग प्रदर्शनियों में हिस्सेदारी। नेशनल फाउंडेशन ऑफ इंडिया की ओर से मीडिया फेलोशिप। भारत सरकार के संस्कृति मंत्रालय की ओर से फेलोशिप। संस्कृति मंत्रालय की ओर से मिले एक विशेष प्रोजेक्ट के तहत संथाल परगना (झारखंड) की जोदोपेटियन कला परंपरा पर शोध। हिंदी दैनिक 'अमर उजाला', नोएडा में एसोसिएट एडिटर।

*मेरे संघर्षमय जीवन सफर में*
*मुझसे जात, धर्म, वर्ग, लिंगभेद से परे*
*स्नेह का रिश्ता जोड़ते हुए*
*जो पाथेय मुझे दिया, उन स्नेहिल हाथों में*
*अत्यन्त कृतज्ञतापूर्वक अर्पण...*

**—आशा**

# मनोगत

एक भारतीय मुस्लिम परिवार में मेरा जन्म हुआ। अत्यन्त संवेदनशील पिता और आत्यंतिक संवेदनाहीन माता की कोख से मैंने जन्म लिया। मेरे दुर्भाग्य से माँ की नफरत ही मेरे हिस्से में आई। राजा-रानी, चिड़िया-कौए की कहानियाँ सुनते-सुनते औरों की तरह मेरा भी बचपन गुजरा। मुझे यह मालूम नहीं था कि मेरा भविष्य भी वैसा ही होगा जैसा सुनी हुई कहानियों में दुर्भागी लड़की का हुआ करता था। उस लड़की की माँ तो सौतेली माँ थी। मेरी जिन्दगी की दास्तान तो उस माँ के छल-कपट से भरी हुई है जो मेरी माँ है। हाँ मेरी माँ! मेरी सगी माँ!

मेरी माँ की बहुत सारी गंदी आदतों में से एक आदत थी हर चीज गिरवी रखने की। कभी बड़े बर्तन, कभी गहने, कभी मेरे पिताजी की शादी में सर पर बाँधा हुआ 'साफा', कभी मंगलसूत्र न और जाने क्या-क्या! आगे चलकर तो उसने मेरी जिन्दगी, मेरे सारे अरमान अपने लिए अपने पास गिरवी रख लिए। मैं हर गिरवी चीज छुड़वाकर लेती गई-और तो और, अपनी गिरवी रखी जिन्दगी छुड़ाने में मेरी पूरी जिन्दगी बीत गई। यह 'आत्मकथा' उसी संघर्ष की दास्तान है।

मैं तो एक बात अक्सर सुनती थी कि माँ के लिए अपना बच्चा दुनिया में सबसे प्यारा और सुन्दर होता है। पर मेरे लिए यह बात एक कहावत ही रह गई।

मैं बड़ी होती गई, अपनी माँ के जहरीले शब्द सुनते-सुनते।'कलमुँही, दलीदर (दरिद्दर), अपशकुनी, रोनी सूरत की, टूटे जूते जैसे चेहरे की, चिपलक जैसी घृणास्पद' और न जाने क्या-क्या विशेषण। मतलब जितने बुरे, अभद्र शब्द होते मुझ पर ही चिपकाए जाते। मैं जवान हुई अपने पति के यह लफ्ज सुनते हुए 'ए मरियल आशी, बेवकूफ, भुलक्कड़, ताँगे के चिपके टप की तरह आदि-आदि...।'

जिन्दगी के सफर में जो कुछ बुरा घटता रहा, चाहे वह इनसानी हो या कुदरती उसके लिए माँ मुझे ही जिम्मेदार मानती गई। सिर्फ वही जिम्मेदार मानकर ही चुप न रही, उसकी सजा भी मुझे मेरी उम्रभर देती रही और जो गुनाह मैंने कभी किए ही नहीं उनकी सजा उम्रभर भुगतती रही।

मैं आठवीं पास होकर नवीं कक्षा में गई और मेरे प्रिय पिताजी

गुजर गए। जैसे ही मेरे पिताजी गुजरे, माँ तो मानो मेरी मालकिन बन बैठी। मेरी जिन्दगी की डोर अपने हाथ में थाम ली। मेरा और मेरे स्कूल का रिश्ता उसने तोड़ दिया और परिवार की जरूरतों की गाड़ी में मानो बैल की तरह मुझे बाँध डाला।

मराठी में एक लोकगीत है 'ऐलमा–पैलमा गणेश देवा, माझा खेल मांडूर दे करीन तुझी सेवा' उसका अर्थ कुछ ऐसा है : हे गणेश देव तुम तो भला करते हो, मेरे भी जीवनरूपी खेल को सँवारो, सजाओ, मैं तुम्हारी हमेशा सेवा करूँगी।

अन्य लड़कियों की तरह यह गीत मैं भी गाती थी, पर मेरी प्रार्थना ईश्वर ने कभी नहीं सुनी। मेरे लिए मेरा मायका और ससुराल एक जैसा ही रहा। (अस्स सासर द्वाड बाई कोंडूनी मारीत–ऐसा ससुराल दुष्ट है जो हमें कैद करके मारता है।) मेरे लिए घुटनभरा, कैद करनेवाला मेरा मायका ही था।

उन्नीस साल की उम्र में ही मैं चार बेटियों की माँ बन गई। 'बचपन के दिन भी क्या दिन थे' ऐसा मैं कभी कह सकूँ, ऐसे बचपन के दिन तो मेरे हिस्से में न कभी आए और न ही जवानी के सुन्दर, तरल, जादूभरे, सुरभिमय पलों का अनुभव मेरे हिस्से में आया। 'जाने वो कैसे लोग थे, जिनके प्यार को प्यार मिला, हमने तो जब कलियाँ माँगीं, काँटों का हार मिला।' ऐसे ही उपेक्षा भरे, हिकारत भरे दिन गुजारना मेरी नियति और जिन्दगी की सच्चाई बन गई।

मेरे पिताजी ने जो भी संस्कार मुझको दिए उनका प्रभाव मुझ पर सदैव रहा। दृष्टिकोण, विचार–आचार, जीवनविषयक, पसन्द, नापसन्द, सपने, अपेक्षा, तरलता, ऋजुता–ऐसा बहुत कुछ मानसिक तथा भावनात्मक स्तर पर जिन्दगी के बारे में कुछ संकल्पना, मूल्यनिष्ठा रखकर जीवनयापन करने की चाहत रखनेवाला मेरा मन तैयार हुआ था।...लेकिन विडम्बना यही रही कि, बिलकुल इसके विपरीत विचार रखनेवाले लोग मेरे जीवन के हिस्सेदार बन चुके थे।

शारीरिकता के परे भी एक अलग इनसान होता है, उसकी हस्ती होती है। यह अहम बात न माननेवाली कठोर माता रूपी चट्टान से टकराकर मेरी हर भावना, हर सपना, मेरे सारे अरमान चकनाचूर होकर मुझे लहूलुहान बनाते, घायल करते जा रहे थे। इसी वजह से मेरा बाहरी 'जीना' और आन्तरिक 'प्रताड़ना' का संघर्ष चलता आया। 'दिल के अरमाँ आँसुओं में बह गए, हम वफा करके भी तनहा रह गए', ऐसा कभी खत्म न होनेवाला दर्द मैं सहती गई। इस दर्द के समुंदर को कुछ हद तक पार करने का जो प्रयास मैंने किया उसी का वृत्तांत है मेरी आत्मकथा।

मैंने अपने आप को ढूँढ़ने की कोशिश जिन्दगीभर की। अस्मिता

आत्मविश्वास और अस्तित्व को पाने का प्रयास मैंने जीवनभर किया, क्योंकि 'अपनों' ने जो मेरी पहचान मुझे करा दी थी वह सारी बातें कहीं भी नहीं थीं, इससे मेरे व्यक्तित्त्व का बोनसायीकरण हो गया। धर्म, रूढ़ि, रीति-रिवाज, परम्परा जैसे अनेक पत्थरों से बनी दीवारों के कारागार में मैं कैद होकर रह गई।

यह सब तो जीवन की सच्चाई थी लेकिन मैं हर दीवार, दीवार का हर पत्थर तोड़ना चाहती थी। मैं नहीं चाहती थी कि इस सीलन, घुटन भरे कीचड़ में फँसकर मैं मर जाऊँ। मैं जीना चाहती थी अपने लिए, अपनी प्यारी बेटियों के लिए। उनके भविष्य, उनके सपनों के लिए क्योंकि मैं जिन्दगी से बहुत-बहुत प्यार करती हूँ। शायद इस प्यार ने मुझे संघर्ष करने का साहस और धीरज दिया। भविष्य के सपने, मंजिल पाने का दृढ़ विश्वास इन सबके लिए जरूरी कठोर परिश्रम और प्रखर आशावाद, संघर्ष का बल...यह सब जहाँ से मुझे प्राप्त हुआ उसका स्रोत अगर कहीं था तो जिन्दगी के प्रति उत्कट प्रेम में। इसलिए जरूरी थी मुझे मेरी जमीन, जहाँ मेरे अस्तित्व की जड़ें विस्तारित हो सकें, मुझे उस आसमान की तलाश थी जहाँ मैं उड़ान भर सकूँ।

सच देखा जाए तो 'आत्मकथा' लिखने जितनी प्रतिभावान मैं नहीं हूँ। न कोई बड़ा सामाजिक कार्य मैंने किया है। मुझे एहसास है कि मुझसे भी भयंकर संघर्ष का मुकाबला करनेवाले लोग इस दुनिया में हैं। फिर भी मैंने आप-बीती सुनाने का, लिखने का निर्णय लिया इसके पीछे बहुतों का आग्रह रहा कि, 'आशा, तुम लिखो, अपने लिए न सही, औरों के लिए। जो बीच भँवर में आकर तैरना छोड़ देते हैं, जिन्दगी से दो-दो हाथ करने के बजाय मौत से हाथ मिलाते हैं। तुम उनकी प्रेरणा बनो। तुम्हारी जिन्दगी का सफरनामा संघर्षों से भरा है और तुम उससे जूझकर किनारे पर आई हो।'

कुछ हद तक मेरे भी दिल पर एक 'बोझ' सा था। सोचती थी अब कहूँ? या न कहूँ? ऐसे तो अब जीवन के, उम्र के जिस कगार पर आ पहुँची हूँ, वापस तो नहीं जा सकती ना? पर कहने से दिल तो हलका हो जाएगा। आज तक अकेली सहती आई, कम से कम अब तो 'उन्हें' पता चले कि सच में उनकी पत्नी ने क्या-क्या सहा? कितना सहा? मुझे पता है कि कोई पसन्दीदा गाना रिवाइंड करके दोबारा सुन सकते हैं पर बीती हुई जिन्दगी दोबारा नहीं जी सकती। 'बीत गई सो बात गई।' फिर भी मैंने लिखा क्योंकि मेरी यह कहानी सिर्फ मेरी नहीं, यह जैसे समस्त स्त्री जाति की है। जो पुराने-नए सन्दर्भों में परम्परा से चलती आई है जिसका सिर्फ 'जामा' बदला है 'जिस्म' तो वही है नारी का।

मेरे पति भी इस पुरुषप्रधान समाज की एक इकाई हैं। समाज में बहुत कम पुरुष होते हैं जो अपनी पत्नी को 'समझते' हैं, और वह भी

'उससे' कुछ भी न कहते हुए।

मैंने जो लिखा, पति से पढ़ने के लिए कहा। 'पहले आप पढ़ें, फिर दुनिया पढ़े।' वैसे उनकी पढ़ाई सातवीं कक्षा तक ही हुई है। पढ़ने का ज्यादा तजरुबा नहीं। फिर भी एक हफ्ताभर बड़ी लगन के साथ उन्होंने पढ़ा और मुझसे कहा, 'ऐसा कैसा हुआ? तेरे बरोबर ऐसा क्यों वागते आया मैं? मेरे तो कुछ भी याद में नईं, और तू कुछ भी बिसरी नईं।' क्या कहती मैं? बस्स! हँसकर रह गई।

यह मेरी जिन्दगी का सफरनामा! आत्मखोज की कोशिश, मेरी शिक्षा का सफर, सामाजिक तथा व्यक्तिगत मंजिल का सफर, अन्दरूनी बाहरी बदलाव, इन सबके बारे में लिखते-लिखते सामाजिक ऋण अदा करने की भी मेरी इच्छा पूरी हो गई।

जिन्दगी में अच्छे-बुरे अनुभव देनेवाले लोग ही तो थे। अपने-पराए, सगे-सम्बन्धी, दोस्त-अहबाब, हबीब-रकीब सभी। इन सबकी मैं शुक्रगुजार हूँ, उनके कारण ही संघर्षों से मुकाबला करने की शक्ति मैंने प्राप्त की। मेरे दिल में किसी के भी प्रति कटुता नहीं है। मैंने हमेशा पानी की उदारता सीखी है। 'तल में पत्थर सीलन रखना और ऊपर निर्मल पानी रखना।'

पूरे सफर में ईश्वर, अल्लाह, गॉड 'जो भी नाम दो' वह चैतन्य शक्ति मेरे साथ रही। यह मेरी श्रद्धा है। उसकी सदिच्छा और सहायता के बगैर यहाँ तक नहीं आ सकती थी।

यह दास्तान है मेरे भुगते हुए दुःख की, दर्द की। बचपन से लेकर प्रौढ़ावस्था तक यह सब सहती हुई, दुःख की नदियाँ पार करती इसलिए आई ताकि मेरी कहानी कहीं मेरी बेटियों की नियति न बन जाए। यह दुःख की नदी पार करते-करते मैं थक भी गई फिर भी मेरी जिन्दगी सिर्फ 'दर्द भरा गीत' न बने इसलिए उस गीत को मैंने 'खुशी का गीत' बनाने का प्रयास किया। उन प्रयासों का यह 'गीत' है। अपनों ने मेरे जीवन का चक्र उलटा घुमाया, उसे सीधा घुमाने की यह कोशिश है।

जिस कच्ची उम्र में 'नाच रे मोरा आंब्याच्या वनात' (ओ मन मोर, आम के बन में नाचो) ऐसा गीत गाते हुए नाचना था, उस उम्र में मेरी माँ ने कच्चे कोमल पाँवों को जलती लकड़ियों से मार-मारकर लहूलुहान किया और लँगड़ाते हुए चलने के लिए मुझे मजबूर किया। जिस कच्ची उम्र में रंगीन तितलियों के पीछे भागते-भागते हँसना था, उसी उम्र में माँ ने मेरे सर पर कभी घास का बोझ लादा तो कभी धोने वाले कपड़ों की गठरियाँ लादकर श्मशान भूमि के रास्तों से मुझे दौड़ाया। जलते मुर्दों की बदबू में घुटती साँसों को सहते, मुर्दों की राख के ढेरों को देखते अपने सपनों को खाक करते मुझे इन्हीं रास्तों से गुजरना पड़ा। फिर भी मेरी कहानी बेटियों के लिए परम्परा न बने इसलिए जो प्रयास किए उनका

यह अफसाना है।

पत्तों की आड़ में खिली हुई कली जैसी मेरी मुग्धता! सपनीली उम्र में ही खिलने से पहले ही मुझे 'जलाया'। जीवन की कोरी पाटी पर मैंने कुछ लिखना आरम्भ भी नहीं किया था कि मेरी माँ ने अपने गिचिर-पिचिर अक्षरों से भरी पाटी मेरे हाथों में थमा दी जिस पर मेरे 'श्री गणेश' के लिए जगह ही नहीं थी। खुद का लहँगा भी मैं सँभाल नहीं पाती थी, इसी उम्र में मुझे साड़ी पहनाकर शादी के मंडप में दुल्हन बनाकर खड़ा किया।

सारे सपनों की 'अस्थियाँ' मैंने मेरे हृदय में बाँधकर रखी थीं। जिन्दगी में आए अनेक 'दाहक अनुभवों' के कारण शारीरिक तथा मानसिक दृष्टि से मैं कमजोर हो गई थी। अपनी चौथी बेटी के प्रसवकाल में यह 'स्वप्नअस्थि' की गठरी मैंने खोल दी। उस पर पढ़ाई का मंत्र फूंका और उसमें प्राणप्रतिष्ठा कर दी। माँ की कोख के बिना भी आजकल बच्चा पैदा होता है ना? उसे विज्ञान युग में 'टेस्ट ट्यूब बेबी' कहते हैं ना? मैंने भी एक नई खोज आरम्भ की कि 'नई आशा' पैदा होती है क्या?

24 सितम्बर, 1974 के दिन मैंने अपनी चौथी बेटी को जन्म दिया और मैं 'अपने' जन्म की तैयारी में जुट गई...

6 अक्तूबर, 1974 पहला वर्ष और 15 जून, 1984 में 'नई आशा' ने जन्म लिया। दस वर्ष नौ महीने के बाद एस.एस.सी से एम.फिल. होकर।

देवी पार्वती ने खुद के शरीर से मैल की मिट्टी लेकर 'श्री गणेश' को जन्म दिया था ऐसी आख्यायिका है। मैंने अपनी स्वप्नअस्थि की खाक से अपने आपको जन्म दिया। अतर्क्य या असम्भव ऐसा कुछ भी नहीं। इसी जन्मवेदना की यह कहानी है।

इस लेखन प्रक्रिया में मराठी भाषा के प्रसिद्ध लेखक, कवि तथा समीक्षक मा.प्रा. रवींद्र ढवी जी को खास धन्यवाद देना चाहूँगी, आपने ही हिन्दी भाषा में 'भोगले जे दु:ख त्याला' का अनुवाद करने का आग्रह किया।

मराठी भाषा के आदरणीय प्रकाशक श्री अनिल मेहताजी तथा आपके सुपुत्र श्री सुनील मेहताजी तथा मेहता परिवार को खास धन्यवाद देना चाहती हूँ जिन्होंने मेरे मराठी लेखन को पुस्तक के रूप में अमर किया।

मेरी किताब सिर्फ 'मेरी' नहीं, यह तो प्रतिनिधिक स्वरूप की है ऐसा मैं मानती हूँ। हमारा देश तो स्वतंत्र हुआ लेकिन यहाँ का इनसान 'गुलामी' में जी रहा है। अगर यह सच न होता तो आज भी औरतों को, पिछड़े वर्ग को, गरीब वर्ग को अधिकार और न्याय के लिए बरसों तक

झगड़ना पड़ता क्या? आज भी स्त्रियों पर अनन्त अत्याचार होते हैं। दहेज के लिए आज भी कितनों को जलना पड़ता है। बेटी पैदा होने से पहले ही उसे गर्भ में 'मारने का' तंत्र विकसित हो गया है। मैं चाहती हूँ जो स्त्री-पुरुष गुलामी का दर्द, अन्याय सह रहे हैं, शोषित हैं, अत्याचार में झुलस रहे हैं उन सबको अत्याचार के विरोध में लड़ने की, मुकाबला करने की शक्ति प्राप्त हो, बल प्राप्त हो। जिस इनसानियत को नकारा जाता है उस इनसानियत को, अस्तित्व तथा अस्मिता को स्वीकार करने की मानसिकता औरों में निर्मित करें इसके लिए जरा सी 'शक्ति' तथा 'प्रेरणा' प्राप्त हो, यही मेरी मनोकामना है...।

**–आशा आपराद**

# अनुक्रम

# 1. जन्म से पहले

14 अप्रैल, 1952 को भारतीय मुस्लिम परिवार में मेरा जन्म हुआ। मेरे पिताजी का नाम जनाब इस्माइल अमीरसाब देसाई। कोल्हापुर के तोरस्कर चौक में उनका बहुत बड़ा मकान था। दानोली गाँव में इनामी जमीन भी थी। ब्रिटिश तरीके से बनाया, अंग्रेजी 'एम' अक्षर के डिजाइन का घर आज भी उसी चौराहे पर है। लेकिन वह अब अब्दुल माजिद पठाण की मालकियत में है। उसी चौराहे पर आज नाव बनाने का एक बड़ा कारखाना मौजूद है जो पहले पिताजी का प्रेस हुआ करता था। अब हमारा वहाँ कुछ भी नहीं।

मेरे पिताजी ने अंग्रेजी विषय में एम.ए. की उपाधि प्राप्त की थी। इसके अलावा देशी-विदेशी अनेक भाषा उन्हें ज्ञात थीं। पिताजी की पढ़ाई कोल्हापुर के राजाराम तथा सांगली के विलिंग्डन महाविद्यालय में हुई। अंग्रेजों के शासन काल में आप वलीवडे कैम्प में दुभाषी तथा खजिनदार ऐसे दो पदभार सँभालते थे। दूसरे महायुद्ध के पश्चात पोलैंड के लोग, जिसमें औरतें और बच्चे ज्यादा थे, निर्वासित बनकर इसी वलीवडे कैम्प में सहारे के लिए आए। इन्हें अंग्रेजी पढ़ाने का काम मेरे पिताजी करते थे।

वैसे तो पिताजी ज्यादातर मराठी भाषा में ही बोलते थे। हम सब मुस्लिम बोली-भाषा में, जिसे दखिणी हिन्दी, बागवानी हिन्दी कहते हैं। पर गौर से देखा जाए तो मराठी और हिन्दी का मिश्रण यह मुस्लिम बोली है।

ऊँचा कद, रंग गोरा, सीधी-सी नाक, भावपूर्ण, ममतालु आँखें, ऐसे थे मेरे पिताजी। दुनियादारी के छक्के-पंजे वे नहीं समझते थे। वे बड़े ही शान्त स्वभाव के दयालु थे।

मेरे पिताजी के माता-पिता बहुत जल्दी गुजर चुके थे। उनके एक बड़े भाई थे जिनका नाम था महंमदसाब। आप ज्योतिषशास्त्र के विद्वान थे। उनकी बहुत-सी किताबें पिताजी ने सँभालकर रखी थीं।

हमारा देश स्वतंत्र हुआ। बहुत से भारतीय लोग उसी वक्त इंग्लैंड चले गए। मेरे पिताजी तो बड़े ओहदे पर थे, उनके लिए विलायत जाना मुश्किल नहीं था। लेकिन बड़े भाई को छोड़कर जाना उन्हें नागवार लगा।

अंग्रेज चले गए साथ ही मेरे पिताजी की नौकरी भी गई : दानोली की खेती पर वहाँ के किसानों ने कब्जा कर लिया। मेरे पिताजी ने अपने एक दोस्त के कर्जे के लिए जामिन थे, हवाल लिया था। दोस्त ने कर्जा अदा नहीं किया और पिताजी ने अपना घर बेचकर कर्ज अदा किया। प्रेस भी घाटे में आया था। पिताजी ने साइकिल की दुकान शुरू की।

राष्ट्रपिता महात्मा गांधी की हत्या हुई और देशभर में साम्प्रदायिकता के दंगों ने जोर पकड़ा। कोल्हापुर में भी आग भड़क उठी। दंगा-फसाद शुरू हुआ और इसका फायदा उठाकर लोगों ने लूटमार शुरू की। दंगे की आड़ लेकर दुकान के नौकर ने रात में दुकान का

ताला तोड़कर सारी साइकिलें गायब कर दीं। महीने भर के अन्दर ही उसने अपनी खुद की दुकान शुरू की। पिताजी सब कुछ समझकर भी चुपचाप रहे। ऐसा ही उनका स्वभाव था। जिसका फायदा दुनियावालों ने तो उठाया, अपनों ने तो ज्यादा ही उठाया।

मेरे पिताजी और चाचा सोन्या मारुती चौक में दुर्गुले जी की चाल में किराए से रहने लगे। इस चाल को 'बिन्याची चाल' नाम से पहचाना जाता था। तीन कमरों वाला मकान था। पिताजी के बड़े घर का सामान, कीमती फर्नीचर, नक्काशी, ऊँचे खानदानी पलंग यह सब इतने छोटे-से घर में समाना मुश्किल था। पिताजी ने बहुत सारा सामान गलीवालों को इस्तेमाल के लिए दिया। यह सामान किसी ने भी लौटाया नहीं।

इस चाल में पड़ोस में बांडरायटर श्रीमान रामचंद्र यादव रहते थे। उनके परिवार के सभी सदस्यों ने जिनमें मामा, मामी, बापू, भाऊ, कमल, आत्या, प्रकाश इन सब ने जो स्नेह का रिश्ता जोड़ा वो आज तक बरकरार है।

मेरी माँ पन्हाला गाँव की थीं जो कोल्हापुर से बारह-तेरह कोस पर है। उसके पिताजी मतलब मेरे नाना तलाठी थे। वे अच्छा क्रिकेट खेला करते थे। मेरी नानी, जिसे हम सब 'अम्मा' कहते थे, उसका मायका मलकापुर में था।

अम्मा दिखने में खूबसूरत थी। लम्बा-सा चेहरा, गोरा रंग, बादामी आँखें, छरहरा बदन। अम्मा के छ: बच्चे थे। रूबाबबी, इब्राहिम, अन्वरबी, हवाबी, बाबू, गुलाब और सबसे छोटे मेहेरनिगा।

मेरे नाना पन्हाला के शहादुद्दीनवली की दरगाह के मुजाविर भी थे। दरगाह की खिदमत के लिए आदिलशाह की ओर से दी गई इनामी जमीन भी थी, अर्थात इसमें कई मुजाविर हिस्सेदार थे। यह खेती हिन्दू किसान करते थे। और साल के अन्त में जो तय हुआ हो उतनी अनाज की बोरियाँ देते थे। घर में आबादी-आबाद थी। अम्मा के पास सोने के बहुत-से गहने थे। अम्मा को गोशा परदा या पर्दा था। नाना का घर बहुत बड़ा, पत्थरों की कारीगरी से, सागौन की लकड़ी से बना खास मकान था। घर के सामने बहुत बड़ा आँगन था। घर के आसपास गोल-गोल पत्थरों से बना गडगा (कठड़ा) था, नाना के सभी भाईबन्द आसपास ही रहते थे।

दूसरे महायुद्ध के दरमियान नाना के चचेरे भाई ने खुद की मोटर सर्विस शुरू की, 'शाहू मोटर सर्विस' इस नाम से। इस चचेरे नाना के धंधे में मेरे नाना भी साझेदार बने। अम्मा के न चाहते हुए भी नाना ने सभी गहने अपने भाई को दिए। इनका नाम हुसेनसाब था, लेकिन सभी उन्हें 'बापू' कहते थे। इस व्यवहार के कुछ ही दिनों बाद मेरे नाना अपने भाई के साथ शिकार के बहाने गए, लेकिन जिन्दा वापस नहीं आए। वहीं पर हृदय-आघात से उनकी मौत हुई। लेकिन अम्मा ने यह बात कभी स्वीकार नहीं की। जब कभी वह अतीत की बातों में खो जाती तब मुझे कहती "भईबन्दाने घात करे बाई, शिकार को करको ले गए हौर आताना मयतच लाय।" (भाईबन्दों ने धोखेबाजी की, शिकार के बहाने ले गए और आते वक्त जिंदे के बदले मैयत ही ले आए) कहते हुए वह जलप्रपात की तरह झरझर आँसू बहाती।

नाना गुजर गए और इस परिवार के हिस्से में बहुत बुरे दिन आए। छ: बच्चों की जिम्मेदारी। सबसे बड़ी बेटी रूबाब खाल का ब्याह रहिमतपुर वासी हाजीमियाँ बाबूमियाँ मुल्ला के साथ कराया गया। रूबाब खाल उनकी दूसरी बीवी थीं। पहली बीवी के कोई

औलाद नहीं थी। बाबूमियाँ का बम्बई में अंडे बेचने का व्यापार था। वहीं पर सारा परिवार रहता था। शादी के बाद रूबाब खाला बम्बई गई।

अम्मा ने तो कभी भी घर के बाहर कदम नहीं रखा था, पर अब जिए तो कैसे जिए? इसका जवाब उसके पास नहीं था। गहने तो पहले ही लुट चुके थे। भाईबन्दों ने मुँह फेर लिया। खेत की सालाना प्राप्ति जीने के लिए काफी नहीं थी। अम्मा ने अपने सुहाग के गहने जिनकी अब उसे जरूरत नहीं रही, वही लच्छा और गल्सूरी बेच दी। फिर घर के कुछ बर्तन बेचे। एक-दो मेहमान थे, जो तरस खाकर कुछ मदद करते। पर रोज का गुजारा मुश्किल होने लगा। उसके बाद दहलीज के बाहर कदम रखने के लिए वह मजबूर हो गई। पनाले में कुछ ब्राह्मण घरों में वह घर का काम करने लगी। मजदूरी से चटनी कूटने का भी वह काम करती। लेकिन पूरे परिवार का पेट पालने जितना काम और मजदूरी उस छोटे-से गाँव में मिलना दिन-ब-दिन मुश्किल लगने लगा। अम्मा ने पनाला छोड़कर कोल्हापुर में रहने का निर्णय लिया।

पनाले में जो घर गिरवी रखा था वह छुड़वाकर लेना अम्मा के बस की बात नहीं थी। वह घर लेनेवाले के नाम कर दिया। सब सामान बोरियों में भर लिया। हर बच्चे के और खुद के सर पर एक-एक बोझ लादकर एक रात पनाला छोड़कर कोल्हापुर का रास्ता चलना शुरू किया। सुबह होते-होते सभी चलते-चलते कोल्हापुर आ पहुँचे।

अम्मा बिन्या की चाल में लक्ष्मीबाई के घर में किराए से रहने लगी। कोरी-कोली जाति की लक्ष्मीबाई शनिचर मुहल्ले की जानी-मानी दाई-माँ थी। पक्का काला रंग, सुडौल बदन, पेशानी पर रुपया भर आकार का कुमकुम का तिलक, हाथों में भरपूर चूड़ियाँ, पाँव की अँगुली में चाँदी के वजनदार जोड़वे (अंघड़े), बदन पर हमेशा नौ गज की महाराष्ट्रीयन तरीके से (कासोटा) साड़ी पहने, ठसकदार रूप की लक्ष्मीबाई को मैं कभी नहीं भूली। आज भी काले पत्थर में बनाई नक्काशीदार स्त्री मूर्ति देखती हूँ तो मुझे कोरवी की लक्ष्मीबाई याद आती है।

अम्मा कोल्हापुर में आने के बाद इब्राहीम, बाबू और गुलाब ये तीनों 'मामू प्रेस' के काम में लग गए। तब कोल्हापुर में छोटे-छोटे छापेखाने बहुत थे। गुलाब मामू 'पुढारी' प्रेस में जाता था। अम्मा ने हावाबी और मेहेरनिगा इन दोनों बेटियों को मणेर के घर में काम के लिए रखा। मणेरजी का घर काला इमाम अखाड़े के सामने था। उनके घर में औरतों का गोशा था। अपनी जवान बेटियाँ उनके घर में सुरक्षित भी रहेंगी और चाल-चलन भी सीख जाएँगी, यह बात भी अम्मा ने सोची थी।

मणेरजी के घर के संस्कार में इन बहनों का रहना शुरू हुआ। बहुत लोगों का काम, बर्तन, झाड़ू-पोंछा, धोना यह तो करना सीखा ही, साथ में खास मुस्लिम तरीके का खाना बनाने में दोनों बहनें माहिर हो गईं। गोस्त, कबाब, बिर्यानी के नमूने, मीठे पकवान सब बनाने में तैयार हो गईं। चार-पाँच साल तक ये दोनों यहीं रहीं।

अनवर खाला बचपन में पनाला दरगाह के पास तालाब की सीढ़ियों से गिरी थीं। इस हादसे के बाद उसकी दिमागी हालत कुछ मात्रा में बिगड़ गई। वह बोल भी नहीं पाती थी। वह गूँगी हो गई थी। अम्मा के साथ काला इमाम अखाड़े के पास-पास की बिल्डिंगों में चार-पाँच गुजराती परिवारों में बर्तन माँजना, धोना-धोने का काम करने लगीं। सब काम में अनवर अम्मा की मदद करती थीं।

मेहेरनिगा और हावाबी हफ्ते में कभी तो अम्मा के घर जाती थी। यादव जी के मामा-मामी ने मेहेरनिगा को देखा और अम्मा से बातचीत करके मेरे पिताजी से मेहेरनिगा की शादी तय की। यह मेहेरनिगा, मेरी माँ थीं।

अम्मा के घर के सभी लोग मेरे पिताजी को 'भई' इस नाम से पुकारते। मैं भी 'भई' ही कहती। भई मेरी माँ को 'मीरा' नाम से सम्बोधित करते। गलीवाले 'भईजी' को 'मास्त्र' और माँ को म्हेर, म्हेरजी, मीराबाई कहकर बुलाते।

माँ के चेहरे की बनावट सुन्दर थी। ताँबे जैसा गोरा रंग, जरा-सी भूरी-भूरी पर निष्ठुर आँखें, सीधी लेकिन मोटी-सी नाक, मध्यम गठलकर शरीर, कर्कश, कड़ी आवाज।

माँ से हावाबी उम्र में बड़ी थी, लेकिन उसकी शादी बाद में हुई। हावाबी का रूप साधारण था। साँवली नाटी-ठिगनी नारी थी। उसकी शादी सोमवार पेठ में रहनेवाले चाँदसाहब सम्भापूरे जी के साथ हो गई।

भई से उलटा स्वभाव माँ का था। भई अत्यन्त शान्त, मितभाषी, तो माँ गरम मिजाज की, आक्रामक थी। लेकिन माँ पास-पड़ोस के लोगों की खूब मदद करती थी। शादी-ब्याह हो या कोई बीमार हो तो, या किसी के घर मौत-मातम हो सब काम आगे होकर करती। यह काम वह कभी हाथ खींचकर, संकोच से या नाक-भौं सिकोड़ते नहीं करती। सारा काम अपना है, ऐसा सोचकर वह काम में लगी रहती।

भई अंग्रेजी संस्कारों में पले बड़े हुए। ये संस्कार बहुत सभ्यतापूर्ण थे। भई का हर काम बड़ा ही साफ-सुथरा, ठीक-ठाक, नजाकत से परिपूर्ण रहता था। भईजी का अतीत का काल बड़ा ही सुखी रहा। खानदानी, अमीर घर में पैदाइश हुई। ब्रिटिशों के साथ में दिन गुजारे। घर में भरपूर नौकर-चाकर, नौकरी का पद सम्मान, इज्जत ऐसे समृद्ध तथा अभिजात्य जीवन-यापन करनेवाले भईजी के जीवन में मानो एक बहुत विनाशकारी तूफान-सा आया और सारा उलट-पलट गया। अंग्रेज गए, साथ ही भईजी की नौकरी भी गई। वे इतने पढ़े-लिखे थे लेकिन उनके तोल-मोल की नौकरी उन्हें नहीं मिली। उनका घर, प्रेस, अमीरी सब कुछ चली गई। अमीरी में जीने की आदत रखनेवाले मेरे भईजी को नियति ने इतना कुछ नीचे गिरा दिया कि बस्स! गरीबी न उन्हें मालूम थी, न उनकी आदत थी। ऐसे में जिन्दगी निभाना उन्हें मुश्किल हो रहा था, भई माचिस के कारखाने में नौकरी करने लगे।

भई, माँ तथा चाचा एकत्रित रहते थे। चाचा बड़े कड़क, क्रोधी स्वभाव के थे। माँ और चाचा में हमेशा झगड़े हो रहे थे। यादव परिवार के सब बच्चे भई और चाचा के लिए जान से ज्यादा प्यारे थे। लेकिन माँ उन बच्चों से द्वेष और गुस्सा करती रहती। इस विषय को लेकर हमेशा विवाद होता।

मैं जब माँ की कोख में थी मेरे चाचा गुजर गए। माचिस के कारखाने में भई की जो नौकरी थी वह भी छूट गई। भई मेहता कम्पनी में बाइंडर का काम करने लगे। जिन हाथों ने पढ़ने के लिए बड़ी-बड़ी किताबें थामीं, पोलैंड के लोगों को पढ़ाने के लिए बही, किताबें हाथ में लीं। अब उन्हीं हाथों में सुई-धागा लेकर पन्ने जोड़कर बही बनाना, सरेश में ब्रश डुबोकर पन्नों को चिपकाना यह नौकरी उनकी नियति बन गई।

तकदीर ने कहाँ से कहाँ लाकर पटक दिया। सारे किनारे छूट रहे थे। अमरीकी का रौब गया। ऊँचे दर्जे के पलंग, मखमली बिछौने, नर्म-नर्म कालीन, खानदानी घर, खाना-पीना,

सामान, काँच के बर्तन कुछ भी तो नहीं रहा। जिन्दगी ने मेरे भई का दामन गरीबी से बाँध दिया। सब बड़ा मुश्किल था। सारा चेहरा-मोहरा ही बदल गया। मिट्टी का घर, सादा-सा बिछौना, सूट-बूट, टाई की जगह पाजामा, कुर्ता, ऊपर से काला कोट, पाँवों में जूते, हाथ में छाता सीधी-सादी वेशभूषा। भईजी का अतीत हमारे लिए परीकथा की तरह सुन्दर, कल्पनातीत ऐसी एक कहानी मात्र थी। यह अमीरी हमारे हिस्से में नहीं आई।

चाचाजी की मौत के बाद माँ ने बिन्या की चाल छोड़ दी और वहीं थोड़ी दूरी पर जूना बुधवार मुहल्ले में शंकरराव कदमजी के घर में किराए पर रहने लगे। इसी कदमजी के घर में 14 अप्रैल, 1952 में मेरा जन्म हुआ।

भईजी ने मेरा नाम 'आशा' रखा, प्यार से वे मुझे 'आचन्या' भी कहते।

## 2. याद न जाए

मेहता कम्पनी में भई की पगार बहुत कम थी। माँ हमेशा चिड़चिड़ी रहती। भई की अमीरी का आस्वाद उसने भी नहीं लिया था। भई कभी भी अपने अतीत के बारे में नहीं बताते थे। मुझे जो भी कुछ मालूम हुआ, जानकारी मिली वह बापू, भाऊ की ओर से। माँ भी कुछ-कुछ बताती लेकिन उन बातों में अभिमान तो नहीं, बड़ी कटुता अवश्य हुआ करती। "क्या जलाने की उनकी शिरमंती, बडेजावी? बड़ा घर, पैसा, दागिना हामना क्या मिला?" (क्या आग लगानी है उस अमीरी को? हमें क्या मिला? गहने, पैसा, शोहरत) इन लफ्जों में भईजी के प्रति बड़ी नफरत, उपेक्षा, उपहास भरा रहता।

भईजी की अमीरी तो गई पर संस्कार वैसे के वैसे रहे। वे रोज दाढ़ी बनाते, ठंडे पानी से नहाते, कोयले की इस्त्री से कपड़े इस्त्री करते और पहनते। अपने कपड़े वे खुद धोते, हर बात ठीक-ठाक करते। नमक से दाँत माँजते, लेकिन नमक कभी तलहाथ पर नहीं लेते, उसे कागज के चौकोन पर रखते। हर सुबह मेरे तलहाथ पर कागज का टुकड़ा रखते और उस पर पीसे नमक की चुटकी रखते। 'हाँ आशा, दाँत माँजो!' ऐसा कहते हुए माँजना भी सिखाते। पूरा गन्ना कभी भी दाँत लगाकर खाने नहीं देते, खुद तेज छूरी से उसके छिलके निकालकर छोटे-छोटे गंडेरी के टुकड़े करते और काँच की तश्तरी में रखकर 'अब खाओ' कहकर पास में खाली रिकाबी रखना नहीं भूलते जिसमें चूसी हुई गंडेरी रखें। खाते वक्त 'मचमच' आवाज करना असभ्यता मानते। खाते वक्त पूरी उँगलियाँ जूठी ना करे, जूठे हाथ से बाकी बर्तनों को हाथ न लगाए, खाने के बाद भरपूर पानी से कुल्ला करे, ऐसी बहुत-सी छोटी-छोटी बातें वे हमेशा मुझे सिखाते।

भई को फूल बहुत पसन्द थे। हमारे घर के पास ही टाउन हॉल बगीचे में वे मुझे ले जाते। कुछ माली लोग भई के दोस्त बने थे। हमें देखते ही एक नेपाली माली अपने हाथों में फूल लेकर आता 'आशा बेटी, ले लो तुम्हें पसन्द है ना फूल?' कहते हुए लाए फूल मेरे हाथ में थमा देता। मुझे बड़ी खुशी होती क्योंकि फूलों की दीवानी मैं भी थी।

भई कभी तो मेरे लिए इत्र का फाया ले आते। मुझे अत्तर, खुशबूदार तेल और फूल बहुत पसन्द थे। कभी-कभार भाऊ, बापू मिलने आते तो यही चीजें मेरे लिए लाते। बाकी कुछ खाने की चीजें लाएँ, न लाएँ मुझे उसमें दिलचस्पी नहीं थी।

भई की शनीचर के दिन छुट्टी होती। कभी-कभी हम सिनेमा देखने जाते। साथ में कभी हावाबी की बेटी न्यामत, बाबूमामू का बेटा इशा (इस्माईल) आते। भई को दिलीप कुमार, गुरुदत्त, जॉनीवॉकर ये अभिनेता ज्यादा पसन्द थे। विनोदी प्रसंग हो तो भई खूब हँसते। वापस आते वक्त मैं नाटक करती, 'मेरे पैरों में बड़ा दर्द हो रहा है, मैं चल नहीं सकती।' बेचारे भईजी मुझे गोद में उठा लेते। मैं अपनी गर्दन उनके कन्धे पर रखकर उनके उलटे दिखनेवाले पाँव देखने का मजा लेती। मुझे वेताल के प्रेत की याद आती। बेचारे भई 'चोरमल्या कहीं की' ऐसा कहकर प्यार से गाल की चुटकी लेकर घर तक गोद में ले आते।

मेरे बचपन में ही भईजी ने अक्षरों से मेरी पहचान करा दी। हर शाम भई खुद के हाथ में पेंसिल लेकर, मेरा हाथ पकड़कर अक्षरों को रटना सिखाते।

मैं जब ग्यारह महीने की थी तब मैं घटसर्प (श्वसनयंत्र में बाधा-सूजन) की बीमारी से बहुत परेशान थी। गम्भीरता की हद तक बीमारी बढ़ गई थी। भईजी लालटेन के काँच पर कपड़ा गरम करके छाती सेंकते। मुझे सरकारी अस्पताल में भरती कराया गया था। मेरे मुँह से लगातार चीकट द्रव निकलता, भईजी उसे काड़ी से लपेटकर बाहर निकालते। मेरी हालत देखकर वे रोते। इस बीमारी में मैं बड़ी कठिनाई से बची। माँ कभी-कभी यह सब बताती, लेकिन भावनावश होकर नहीं तो चिढ़कर, दाँत-होंठ चबाकर कहती, 'भला हुया आस्ता तौच मरी आस्ती तो, चिपलककी मुँह की, सफेद पावों की, इसका पवूंगुण चकोट नहीं, पेट में आत्ती तो मेरा देवर मन्या, बाप की नौकरी गई, इसकी पीठ का चकोट हाय? सारे छोन्याच हुए' (अच्छा होता अगर उस बीमारी में मर जाती, इसका पाँवगुण अपशकुनी है। छिपकली के मुँह की। जब ये पेट में थी तो देवर गुजरे, पिताजी की नौकरी गई। इसकी पीठ तो और भी अशुभ, करमजली की पीठ पर सारी लड़कियाँ हुईं) ऐसी जली-कटी वह हमेशा मुझे सुनाती।

हम कदम के घर से निकलकर उसी गली में राऊतजी के घर में किराए से रहने लगे थे। यह घर बहुत बड़ा था। घर में बहुत कमरे थे जिसमें बहुत से किराएदार रहते थे। पहला कमरा तो लम्बा-चौड़ा था, जो सामूहिक था। अम्मा भी बिन्या की चाल छोड़कर इस घर में आई। अम्मा के साथ हावाबी खाला, अनवर खाला, तीनों मामू और हावा खाला की तीन बेटियाँ-न्यामत, मेहताब और मुमताज थीं। हावा के ससुरालवालों ने हावा को भलीभाँति स्वीकार नहीं किया और हावा बच्चों को लेकर अम्मा के पास आई। उसका शौहर कभी-कभार मुँह छुपाते आ जाता। हावा के हाथ पर दस-बीस रुपए रखता। इतने से ही हावा खुश हो जाती। खूँटे पर बैठे कौए जैसा इधर-उधर भटककर ही मानो उसने जीवन बिताया। न घर की चिन्ता, न बीवी-बच्चों की जिम्मेदारी का खयाल। सफेद कपड़े डालकर, बेफिक्र, बीड़ी का धुआँ उड़ाता कोर्ट के आसपास घूमता नजर आता। जुआ, झूठी गवाही देना, यही कमाई का साधन। कभी याद आए तो मुफ्त में पत्नी थी ही।

अम्मा को बड़ी चिढ़ होती हावा के पति से। चाँदसाब सम्भापूरे सिर्फ लम्बा-चौड़ा नाम काम और पैसे के नाम ठणठणान। उसके घर आते ही अम्मा गुस्से से बाहर जाती, बाद मे हावा से झगड़ा भी करती। लेकिन भोली हावा पति से कभी नहीं झगड़ती। हावा की ऐसे ही तीन बेटियाँ हुईं। अम्मा इन बेटियों को बहुत ही प्यार करती। काम की जगह कुछ खान की चीजें मिलीं तो वह पल्लू में छुपाकर ले आती, उन्हें खिलाती, अपनी छाती से चिपकाक

गोद में सुलाती। हावा से ज्यादा अम्मा की जान इन बच्चों में अटकी थी।

राऊत के पहले सोपे में (बड़ा कमरा) गली की लड़कियों का हमेशा आना-जाना रहता। वह हम सबकी खेलने की जगह थी। गौरी-गणपति के त्योहार में झिम्मा-फुगड़ी (महाराष्ट्रीयन खेल) खेलते। कभी कंकरों से, कनेर के गोटी, गट्टे से खेलते। रात में सब परिवार के बच्चे लालटेन के उजाले में इकट्ठा गोलाकार बैठकर पढ़ाई करते। कहानियाँ सुनते-सुनाते। बहुत चहल-पहल हुआ करती। आठ-दस परिवारवालों का मानो एक ही परिवार था। इसमें दो-तीन परिवार मुस्लिम थे तो बाकी आठ-दस हिन्दू थे।

हमारे घर के सामने एक मुस्लिम परिवार डफले के घर में किराएदार के रूप में रहने आया था। नाम था बाबालाल कापसे। वे पुलिस में थे। गलीवाले उन्हें **'मामू'** कहते तो उनकी पत्नी को 'भाभी'। भाभी का नाम मैमूना था। भाभी का मायका कल्याण में था। भाभी उर्दू में पढ़ी-लिखी थी। उनका रहन-सहन शहरी, अदबपूर्ण था। स्वभाव बड़ा ही ममतालु था। चेहरे पर हमेशा मुस्कुराहट रहती। गोरा रंग, काले घने लम्बे बाल। उनके सामने के दो दाँत जरा बाहर थे। मैं उनके घर में स्टूल पर बैठकर भाभी के बालों को उलझाती, सँवारती, खींचती पर भाभी कुछ भी न कहती, चुपचाप बैठी रहती। मुझे अपने बालों से खेलने देती।

मामू पुलिस में थे। भाभी उनका ड्रेस तैयार करके रखती। कमर का पीतल का पट्टा बक्कल, बूट पॉलिश करती। खाकी वर्दी, वूलन के काले पट्टे से लिपटे पैर, पाँव में काले बूट, सर पर काली टोपी, हाथ में लाठी-ऐसे वेश में जब मैं मामू को देखती तो बहुत डर जाती। वे हमेशा बीड़ी पीते, नाक से धुआँ निकालते और एक विशिष्ट आवाज निकालते तब मेरा जी मिचल जाता। मामू घर पर नहीं ऐसा देखकर ही मैं उनके घर जाती। मेरी भाभी की अच्छी जमती थी। वे भी मुझे प्यार करतीं। उनकी बातें सुनते रहने को जी चाहता।

मामू हमारे घर हमेशा आने-जाने लगे। भईजी को वे भई कहते और माँ को 'मेहेरनिगा'। पड़ोसी बनकर आए यह मामूजी भविष्य में हमारे घर का अविभाज्य हिस्सा ही बन गए। इस बात से भाभी नाराज रहने लगी थी। लेकिन मामू के सामने इस गरीब गाय का कुछ नहीं चलता। इस थोपे हुए रिश्ते से भाभी की जिन्दगी मानो दबकर रह गई। गर्दन पर जोखड़ का बोझ रखे हुए जानवरों की आँखों में जो मूक वेदना दिखाई देती है, वैसी ही वेदना मैं जिन्दगीभर भाभी की आँखों में देखती आई।

मेरे जन्म के छः साल के बाद शमा का जन्म हुआ। शमा मामू की बहुत ही लाड़ली थी।

## 3. बचपन ही जान दिया!

मैं स्कूल जाने लगी। हमारे घर के पास ही खोल-खंडोबा का मन्दिर है। उसके निकट पद्माराजे विद्यालय में मेरा नाम दर्ज कराया गया। यह म्युनिसिपैलिटी का स्कूल था। कु. आशा इस्माइल देसाई-कक्षा पहली। नई जिसमें रंग-बिरंगे बहुत-से चित्र थे, ऐसी किताब पर मेरा नाम लिखकर भईजी ने यह किताब मुझे दी। नई किताब की नई गंध! मैंने छाती भर वह खुशबू सूँघ ली। नई पाटी, नया बस्ता, नीला स्कर्ट और सफेद ब्लाऊज ऐसा स्कूल का ड्रेस पहनकर उछलती कूदती मैं पाठशाला पहुँची। नए दोस्त, अध्यापक, प्रार्थना, अध्ययन से परिचय हो रहा था। कक्षा में बैठने के लिए सपाट पटरियाँ थीं। जोर-जोर से गिनती करना, सुर-

ताल–नाच से कविता याद करना। मुझे मेरी पाठशाला, वहाँ का वातावरण बड़ा अच्छा लगने लगा।

मुझे पढ़ाई करना बड़ा अच्छा लगता। बहुत दिलचस्पी थी, शाम को जब भई काम से लौटकर आते तब वे चिराग की रोशनी में मुझे पढ़ाते। मराठी के साथ–साथ वे अंग्रेजी भी सिखाते। भई कुर्सी पर पैर पर पैर रखकर बैठते, मैं उनके पाँव पर बैठती और भई पैर का झूला झुलाते, मैं ना गिरूँ इसलिए मेरे दोनों हाथ पकड़ते और "हं सांग आचन्या स्पेलिंग" (हाँ आचन्या बोलो इसका स्पेलिंग) ऐसा करते–करते वे मराठी शब्द पूछते, मैं अंग्रेजी में उसका स्पेलिंग बताती। वह पैरों का झूलना, पढ़ना, पढ़ाना, हमारा संवाद, मैं किसी और दुनिया में खो जाती जहाँ सारी खुशियाँ ही खुशियाँ हैं। लेकिन अचानक लगता कि कोई बिजली गिर गई और सारा ध्वंस हो गया। माँ की तीसरे कमरे से जोर से आवाज आती "बस, बस इत्ता अभ्यास, बेटी को शिका को क्या बेरिस्टरनी करने की हाय कया? यो कामा कोन करने के? तेरा बाप क्या मेरा बाप?" यह चिल्लाहट सुनते ही मेरे मन का कहीं दूर पहुँचा झोंका झट से टूटकर जमीन पर आ गिरता। मेरा बदन थर–थर काँपने लगता, जुबान तालू से चिपक जाती, माँ के चेहरे की ओर देखने का साहस ही नहीं रहता। मैं झट से उठकर घर की इधर–उधर पड़ी चीजें समेटने लगती, भई झाड़ू लेकर झाड़ने लगते, बाप–बेटी हम, एक दूजे का करुण चेहरा ताकते काम में लग जाते। माँ की दृष्टि में घर के काम से ज्यादा कुछ भी नहीं था। भईजी की शिक्षा, विद्वता यह बातें मानो उसके लिए कुछ भी मायने नहीं रखती थीं। भई भी उसे समझाने का प्रयास नहीं करते। एक शब्द भी न उच्चारते हुए वे घर में विचरते। मुझे आज भी एहसास है कि उन दिनों में भई और मैं एक–दूसरे का सहारा थे...

भईजी को मेहता कम्पनी से लौटने में कभी–कभी देर हो जाती। कभी ज्यादा काम होता तब मुझे बहुत डर लगता था। मैं गली के छोर पर, इमली के बड़े पेड़ के नीचे खड़ी, रास्ते पर आँखें गड़ाए उनका इन्तजार करती रहती। कुछ ही देर में मुझे रास्ते पर भई दिखाई देते। मैं भागकर उनसे लिपट जाती, न जाने क्यों उनका चेहरा देखते ही मेरी आँखें डबडबा जातीं। उनका कारुण्य भरा चेहरा मेरे दिल को चीरता जाता, उस छोटी–सी उम्र में भी मैं इतना जानती थी, भई के सीने पर पत्थर सा रखा है, जिससे उनका दम हमेशा घुटता रहता है।

मेरा दिल उनकी चिन्ता में डूब जाता। भईजी के पास छाता नहीं, वे कागजी पुठ्ठा सर पे धरते हैं, जूते भी पुराने हो गए थे। मुझे और भी जोर से रोना आता। भई समझते, अपने को देर हुई इसलिए यह रो रही है और मैं क्यों रो रही हूँ मुझे पता नहीं चलता।

मेहता–कम्पनी में पगार बहुत कम थी। हफ्ते की पगार और शनीचर की छुट्टी एक ही दिन होती। भई की पगार छुट्टे पैसों में मिला करती थी। माँ को तो बीस के आगे की गिनती नहीं आती, पर सारी पगार उसके हाथों में देनी पड़ती। आठ आणे, चार आणे, बँधा रुपय्या ऐसी नगदी रहती। माँ वह पैसे गोद में लेती और हफ्ते भर की उधारी गिन–गिन कर जमीन पर अलग–अलग ढेर लगाती–चोरगे दुकानदार के, कोंडूबाई के दूध के, जैन आण्णा के अनाज के, गुलाब बागवान के सब्जी के, किराए के...और पैसे खत्म! फिर उसकी क्रोधाग्नि को रोकना कठिन हो जाता। हाथ, पाँव पटकना, सिर पटक लेना, गाली–गलौज, अपने आपको थप्पड़ मार लेना, एक अलग ही दंगा शुरू हो जाता। भईजी बेचारे हो जाते,

फिर भी हाथ पकड़ते, रोकने की कोशिश करते, 'अग मीरे, मीरे ऐक, अस करू नकोस, मी आणखी ओव्हर टाईम करतो आणि जास्तीचे पैसे आणतो पण तू त्रास करून घेवू नकोस' (अरे मीरा, मीरा सुनो तो, ऐसा मत करो। देखो मैं ज्यादा काम करूँगा, पैसे लाऊँगा, लेकिन तुम इस तरह तकलीफ करके मत लो।) ऐसा कहकर मारने से बचाने का प्रयास करते तब माँ और जोर से हाथ का झटका लगाकर भई को दूर धकेलती। घर में शोर दंगा देखकर मैं डरकर रोने ही लगती। तब वह मेरी ओर मुड़कर कहती 'की गे कुत्ती? तुझे क्या हुए बोंबलने? लई बाप के प्यार की जाव तो दोनो बी मू काला करको मेरे सामनेशी' (क्यों री कुत्ती? तुम क्यों बोंब मार रही हो? अगर बाप से इतना ही प्यार है तो तुम दोनों जने भी मुँह काला कर दो मेरे सामने से।) उसके लफ्ज और उसकी आवाज से तो मेरी मानो जुबान ही चली जाती। अन्दर ही अन्दर हुमकते मैं बाहर आँगन के किनारे बैठ जाती।

माँ की आवाज से गली, पास-पड़ोस की औरतें जमा होतीं, उसे समझा-बुझाकर चुप करवातीं, उसके बाद माँ मुँह पर चद्दर लेकर गुस्से में सोने का नाटक करती, अम्मा आकर खाना बनाती लेकिन माँ उठकर नहीं खाती। हमें तो भूख होती पर बर्तन लेकर खाना खाने की हिम्मत नहीं होती, भूखे पेट खाना पकाए भगोनों की तरफ देखते-देखते रातभर तड़पना पड़ता। इस वजह से पगार का दिन ही ना आए तो अच्छा होगा, ऐसा लगता। ऐसे उपवास हमारे हिस्से में हमेशा आते।

मेरे भई कविमन के थे, अपने अन्दर की संवेदनशीलता उन्होंने सँभाली थी। शिक्षा के कारण उनकी वैचारिक प्रगल्भता, सभ्यता, आचार-विचार ऊँचे दर्जे के थे और तकदीर ने ऐसी औरत के साथ उनकी जिन्दगी का पल्ला बाँधा था, जिसका सम्बन्ध दूर से भी इन बातों से नहीं था। जिसकी वृत्ति और विचार पूर्ण रूप से अलग थे। बिना वजह माँ ने हम दोनों के साथ जीवन भर छल किया।

शमा के बाद दो साल के अन्दर ही जमेला पैदा हुई। वह बहुत कमजोर थी, मैं अम्मा के साथ सिविल अस्पताल में गई। उसे कपास में लिपटाकर काँच की पेटी में रखा था। मुझे वह बहुत प्यारी लगी, मानो छोटी-सी गुड़िया।

हम जब राऊत के घर में रहते थे, तीनों मामू की शादियाँ हो गईं। ये तीनों मुमानियाँ गरीब घरों से ही थीं। उनके मायके में भी रोजगारी करके ही पेट भरते। यह तीनों मुमानी बड़ी ही सुन्दर थीं। हाशमत मुमानी सब से बड़ी, उसकी आँखें बड़ी-बड़ी, बादामी रंग की थीं, रंग गोरा चिट्टा, घुटनों तक लम्बे-लम्बे बाल।

दूसरी लालबी मुमानी। नाम की तरह लाल-गोरी, भरी पूरी ऊँचे कद की तो तीसरी मेहराज मुमानी कर्नाटक सौन्दर्य का नमूना। काली-साँवली, छोटी-सी नाक, काली गोल चंचल आँखें, घुँघराले बाल, हमेशा जोर से हँसते हुए बातें करती।

शादी के बाद तीनों मामू अलग-अलग रहने लगे। आगे चलकर जिन्दगी की कड़ी रफ्तार और कष्ट से मुमानियों के रूप का कोयला हो गया। बड़ा मामू जुआ खेलता, मटका लगाता, तो दोनों छोटे पक्के शराबी बन गए। काम करते, कमाते लेकिन इन बुरी लतों ने परिवार का बुरा हाल किया।

एक दिन राऊत बंधुओं ने सब किराएदारों को जाने के लिए कहा। वे अब नया मकान बनाने की सोच में थे, तीनों भाई रहने आने वाले थे। हम राऊत के घर से निकलकर उसी

गली में तानू आज्जी के यहाँ किराए पर रहने आए।

तानू आज्जी को एक बेटा और एक बेटी थी। बेटा वसन्त ट्रक ड्राइवर था। बेटी इन्दू हुपरी गाँव में ब्याही गई थी। तानू आज्जी किसी मराठी अभिनेत्री के घर खाना बनाने का काम करती। आज्जी पिछवाड़े के एक कमरे में रहती। आगे के तीन कमरे हमारे लिए थे। फिर भी मानो हम एक ही जगह रहते। बीच में दरवाजा नहीं था। पिछवाड़े में पत्थरों से बनाया, धोना-बर्तन के लिए बड़ा चौक था। वह चौक मुझे पसन्द था। सरकारी शौचालय और सरकारी नल था। यह सुविधा पूरी गली के लिए थी।

मेरी सब सहेलियों के घर पास-पास ही थे। सामने सावंत की सिंधू मेरी खास सहेली थी। उसके घर में रेडियो था, वह उसने पहले हॉल में रखा था। पूरी गली में सीमेंट का पक्का घर, नल तथा अन्य सुविधा से भरा घर यही था। उसके पिताजी रिटायर्ड कलेक्टर थे। सिंधू मेरे लिए रेडियो की आवाज ऊँचा करती, इस वजह से हमेशा मुझे गाने सुनने को मिलते।

तानू आज्जी के घर में पूजा-घर था। आजी गणपति त्योहार के वक्त गणपति ले आती। गौरी पूजन करती। हम त्योहार आते ही भईजी के हाथों गणपति लाने लगीं। मैं सहेलियों के साथ नदी पर जाती, गौरी ले आती। फिर हर दिन की पूजा-पाठ की तैयारी में मैं आज्जी का हाथ बँटाती, दूब चुनना, जूड़ियाँ बनाना, आरती की तैयारी करना आदि। यह सब करते वक्त बड़ा मजा आता।

अम्मा हावा, अनवर और तीन नवासियों के साथ शिवाजी पुतला चौक के पास रिकीबदार गली में रहने गई। ये सब भोरी, कच्छी के घरों में धोने-बर्तनों का काम करते।

पुलिस मामू और भाभी हमारे गली के सामने जो पुलिस मैदान था, उसके पास वाले पुलिस लाईन के सरकारी कॉलोनी के घर में रहने गए। भाभी के दो बेटियाँ थीं, एक शमशाद और छोटी दिलशाद।

पुलिस मामू हमारे घर में बहुत सारी सब्जियाँ, केले, महालक्ष्मी देवी का प्रसाद लाकर देते। उनकी ड्यूटी ज्यादातर महालक्ष्मी मन्दिर में हुआ करती। पुजारी लोग खुशी से पेड़े, मेवा मिठाई, चने, मिश्री (खडी शक्कर) पुरणपुरियाँ, नारियल देते। इस प्रसाद से छोटे-छोटे डिब्बे भरे रहते।

पुलिस मामूजी का प्यार शमा पर ज्यादा था। वे उसका बहुत ही लाड़-दुलार करते। गोद में बिठाकर खिलाते। जाते वक्त एक-दो आणे चने फुटाणे, गोलियों के लिए देते।

मैं तीसरी में थी। एक बार शमा को पैसे देते वक्त मैंने देखा और मैंने भी मामू के सामने हाथ पसारा, 'मामूजी, मजे पैस?' मामू ने भी 'ये, ले' ऐसा हँसकर कहते एक आना हाथ पर रखा। माँ ने वह देखा। वह चूल्हे पास बैठकर रोटियाँ सेंक रही थी।

'आगे ऐ छिनाल इधर हा।' माँ ने चिल्लाकर मुझे पुकारा। मैं झट से उसके सामने गई। उसने जोर से मेरा हाथ खींचा, मेरे हाथ में जो एक आना था वह निकालकर फेंक दिया और गर्म-गर्म उलतानी मेरे कोमल हाथों पर खींची, मैं 'माँगे' ऐसा जोर से चिल्लाकर आँगन में भागती आई। कहाँ जाऊँ? क्या करूँ, समझ में नहीं आ रहा था। जोर से जलन हो रही, बड़ा फफोला भर्र...से निकल आया था, उलतानी अंगार में बहुत देर रखकर ही उसने मुझे बुलाया था। मैं तरस-तरस कर रो रही थी।

मैं भई का इन्तजार करते चोरगे की दुकान की सीढ़ियों पर बैठी रही। आँखें उनकी

राहों पर टिकी थीं। दोपहर में भई खाने के लिए घर आते। मैं अब भी सिसक रही थी। भई आए, मुझे बैठी देखकर अचरज से पूछा 'कि रे आशा यहाँ की?' (क्यों री आशा यहाँ क्यों?)

'माँ ने जलाई।' (माँ ने जलाया।)

'की?' (क्यों?)

'मैंने मामू के पास पैसे मंगी।' भईजी ने मुझे पास लिया। हाथ पर आया बड़ा फफूला देखा (फोड़ा), उनकी आँखें भर आईं। रूमाल से मुँह पोंछने का बहाना कर उन्होंने आँसू पोंछ डाले और कहा, 'तू कशाला पैसे मागितेलस? पुन्हा मागू नकोस, तुला लागले तर माइयाजवल माग ना रे आचन्या–त्यांच्याकडं कशाला मागितलेस?' (तुमने क्यों माँगे पैसे? चाहिए तो मुझसे माँग।)

'मी पुन्हा नाही मागणार...' (मैं दुबारा नहीं माँगूँगी)

हमने घर में कदम रखा, माँ शायद हमारे इन्तजार में ही बैठी थी। हमें देखते ही बोली, 'लाडकी बेटी ने बोली नव्हे? चटका दी सो–पैसे वास्ते हात पसरी, किसके भी सामने हात पसरींगी बडी हुयी कतो–याद–न्हणे हुणा करकोच चटका दींव मैंने' ऐसा ठसक से बोलते हुए अन्दर चली गई। (लाड़ली बेटी ने बताया ना पैसे के लिए हाथ पसारा, कल को किसी के सामने भी हाथ पसारेगी। उसे याद रहना चाहिए, इसलिए मैंने उसके हाथ को चटका दिया।)

भई ने जवाब में एक लफ्ज भी नहीं कहा, पिछले चौक में ले जाकर ठंडे पानी की धार हाथ पर छोड़ी, फोड़ा बड़ा हो आया था। खूब जलन हो रही थी। ठंडी स्याही डाल दी। मलहम लेकर आए। सुबह शाम वे ही मलहम लगाते। माँ ने दाहिना हाथ ही जलाया था इस वजह से भई ही मुझे खाना खिलाते। अन्य वक्त तो भई ही मेरे बाल सँवारते, चोटियाँ डालते, नहलाते, कपड़े पहनाते, अब मुझे खिलाने का काम बढ़ गया।

माँ ने मुझे चटका दिया इस पल से मैं बहुत समझदार, बड़ी उम्र की हो गई, मामू के पास से मैंने एक आना लिया इसलिए हाथ जलानेवाली मेरी माँ ने शमा का हाथ क्यों नहीं जलाया? वह मुझसे, भई से इतनी नफरत क्यों करती है? यह और ऐसे ही कितने ही सवालों ने मुझे उसी क्षण और आगे जिन्दगी भर संभ्रमित किया।

## 4. वो गलियाँ, वो चौबारा

हमारा कोल्हापुर शहर पंचगंगा नदी के किनारे बसा हुआ है। उसकी संस्कृति अति प्राचीन है तथा ऐतिहासिक पार्श्वभूमि है। इस नदी के किनारे प्राचीन, सुन्दर मन्दिरों की संख्या अनगिनत है। नदी का घाट अति विशाल, बड़े–बड़े पत्थरों से बँधा हुआ है। उसके किनारे प्राचीन काल में जो नगर यहाँ बसा था उसे 'ब्रह्मपुरी' कहते थे। काजौहा में सारा नामशेष हुआ लेकिन ऊँचे टीले बाकी हैं। आज भी पुराने अवशेष यहाँ मिलते हैं, पुरातत्त्व विभाग ने वे सब जतन करके रखे हैं। कोल्हापुर में अति प्राचीन तथा भव्य–दिव्य सुन्दर ऐसा महालक्ष्मी का मन्दिर भी है जिसे 'करवीर निवासिनी–महालक्ष्मी' कहते हैं। हमारे कोल्हापुर गाँव, ता. करवीर जिसे दक्षिण काशी भी कहते हैं। यहाँ भी प्रयाग स्नान पर्व सम्पन्न होता है।

नदी के जरा से अन्तर पर मनुष्य बस्ती शुरू होती है। सबसे पहले हमारा जुना बुधवार मुहल्ला शुरू होता है। उस मुहल्ले में हमारी गली है जिसे 'फर्श की गली' से पहचाना जाता था। इस गली का रास्ता पथरीले फर्श से बना था इसलिए इसे 'फर्श की गली' कहते हैं।

हमारी गली 'फरशीचा बोल' या 'शेलके गली' नाम से पहचानी जाती थी। (फर्श का कूचा) पर हमारी पेठ (मोहल्ला) जुना बुधवार पेठ कोल्हापुर का यह हिस्सा पंचगंगा नदी के किनारे के पास ही है। तोरस्कर चौक, ब्रह्मपुरी टेकड़ी (हिल) से नीचे श्मशान घाट जाने के लिए जानेवाला मोड़वाला रास्ता है। वह सब हिस्सा जूना बुधवार पेठ तालीम का (अखाड़ा) है।

इस रास्ते के दाहिने बाजू में सिद्धार्थनगर है। जहाँ हरिजन बस्ती है। उसके सामने पुलिस लाइन और बस्ती के पास ही शिंदे आडगुले गली, नुक्कड़ पर कुछ कुम्हारों के घर थे। विट की भट्टी, ऊपरी हिस्से में हिन्दुओं के घर, टाउन हॉल बगीचा बिलकुल पास में था। रास्ते के दाहिने बाजू में एक ऊँचा टीला है, जिसे 'चांभार तिकटी' (चम्हार तिकोटी) कहते हैं। यहाँ सब चर्मकार जाति के लोग रहते हैं। कोने में दोनाडकर पाटील के बड़े-बड़े घर हैं। बिन्याकी चाल के पास ही कँकाड़ियों के घर, कोकाटे गली, बुरूड़ गली, जोशी गली, बाजा बजानेवालों की गली, सोन्या मारुति चौक में पीपल का घना पेड़, बड़ा पारकट्टा और मारुति (हनुमान जी) का मन्दिर है, दोपहर की धूप में गाय, बैल, भैंस, बकरियाँ शान्त बैठकर जुगाली करते। गाड़ीवान लोग गाड़ियाँ छोड़कर सामने होटल में चाय-पानी पीकर गप-शप करते रहते। दुकान के सामने नालबन्द बैलों के पैरों को नाल मारने का काम करता। दो-तीन होटल, पानवाले की दुकान सब चौक में था। चौक के थोड़े आगे टाउन हॉल बगीचा और बगीचा खत्म होते ही सरकारी अस्पताल, कोर्ट-कचहरियाँ थीं। यहाँ पूरा माहौल बड़ा चैतन्य, उत्साही नजर आता। लोगों का आपस में बड़ा मेल-जोल था।

हमारे घर के सामने ही बहुत बड़ा पुलिस मैदान था। उसके एक किनारे दो मंजिल का कार्यालय था। कार्यालय के सामने एक पीपल और एक बरगद, पानी का हौदा, उसमें चार-पाँच नल। हम मैदान में खेलते। खेलते और पानी पीने, हाथ-पाँव धोने इसी नल के नीचे आते। सिद्धार्थनगर जाने का रास्ता मैदान से था। बहुत सारे स्त्री-पुरुष रास्ता साफ करने, नालियाँ साफ करने का काम करते वे भी इसी नल पर हाथ-पाँव धोने आते। कोंडूबाई, बागवान भाभी, आंदू मामा, इनकी बकरियाँ, गइयाँ यहाँ जुगाली करते बैठतीं। गणपति त्योहार के वक्त चमार तिकटी के पास मेला लगता। (जिसमें गाना, छोटी नाटि का हुआ करता) मेला रात में होता। छोटे-बड़े सभी लोग ऊँचे टीले पर बैठते और मेला देखते। शाम से ही बोरियाँ, चटाइयाँ बिछाकर जगह पकड़कर रखने का काम बच्चों का होता। बिना टिकट, एक जगह, सब लोग बैठकर मेले का मजा उठाते। अब वह मजा पैसे देकर, थिएटर में या अपने घर टी.वी. के सामने नहीं आता।

चमार गली में रहनेवाली गया मौसी माँ की सहेली थी। लेकिन उस गली में मेरा आना-जाना ज्यादा था। गया मौसी दिखने में आकर्षक, नाक-नक्श सरल था। नौ गज की कीमती साड़ी हमेशा पहनती, माडी (माढ़ा) का घर था। इस गली के हर घर के सामने पडवी (बरामदा) थी। पडवी में स्त्री-पुरुष रंग-बिरंगी जरी के तारों से चोटियाँ बनाते, जूते सिलवाते बैठते। हर घर के आँगन में लाल रंग में रँगे जूते कतार से सुखाने के लिए रखे होते। मैं इस गली को 'रंगीत

गली' कहती। यहाँ के सभी लोग बड़े खूबसूरत नजर आते। गया मौसी तूरदाल की दाल बड़ी स्वादिष्ट बनाती। हींग और लहसुन का तड़का दी हुई दाल और चावल खाने के लिए मौसी कहती तो मैं कभी ना नहीं कर पाती।

सिद्धार्थनगर में जाने का रास्ता हमारी गली, मैदान में से था। मैदान के बाएँ कोने में इमली का बहुत ऊँचा, घेरेदार, पुराना पेड़ था। नागपंचमी के दिन इसी पेड़ में बड़ा-सा झूला डाला जाता। औरतें, लड़के, लड़कियाँ सुबह से शाम तक, पेंग पर पेंग लेतीं, खूब मौज-मस्ती होती।

सिद्धार्थनगर और गली में ज्यादा अन्तर नहीं था। गली की औरतों और हरिजन औरतों में परिचय रहता। गली में किसी के घर शादी होती तो इन्हीं औरतों में से किसी को शादी का बन्दनवार लाने का सम्मान दिया जाता। वह औरत अपने परिवार के साथ, बाजा-वाजा लेकर शादी के मंडप में आती, बन्दनवार (तोरण) घर की पहली चौखट पर लगाया जाता फिर शादी वाले लोग साड़ी-चोली, पति को कपड़े देकर उनका आदर-सत्कार करते। इसी सिद्धार्थनगर से मेरा भी गहरा रिश्ता रहा, बहुत से लोग परिचित थे। जिन्हें मैं मामा-मामी कहती, अशोक कांबले, राम कांबले तथा उनकी बहनें कामिनी, कौसल्या खास सहेलियाँ थीं। उनके घर मेरा आना-जाना था।

हमारी गली के छोर पर, छोटे से टीले पर महादेव का मन्दिर था। उसे 'सिद्धेश्वर महादेव' कहते हैं। आसपास भी छोटे-छोटे मन्दिर थे। छुपाछुपी खेलने, पतंग का धागा कड़क करने के लिए कोंच कूटकर मांजा बनाने के लिए पुराने मजार आसपास में बहुत थे। सिद्धार्थनगर के कुछ लड़के ताश के पत्तों का दाँव लगाते। लेकिन बड़े मन्दिर में पाँव रखने की इजाजत सिर्फ भक्तगणों को थी। सोनाआज्जी उस मन्दिर की पुजारन थी। सोनाआज्जी छरहरी बदन की, गुस्सैल चेहरे की, घने काले रंग की पेशानी पर सफेद भस्म की आड़ी तीन रेखाएँ खिंची हुईं, गले में बड़ा-सा चाँदी का शिवलिंग जो बहुत ही चमकता था। मन्दिर के इर्द-गिर्द देव चाफा (चम्पा) पीली कणेर, सीताफल के भरपूर पेड़ थे। पेड़ों की घनी छाया आसपास रहती थी। मन्दिर के चारों तरफ पुराने ईंटों का कटघरा था। महादेव जी के सामने नंदी का छोटा मन्दिर था। उसके पास ही लम्बा-सा कमरा था, जिस में सोनाआज्जी रहती। हम दोपहर में धीरे से मन्दिर के कम्पाउंड में जाते। अगर आज्जी गहरी नींद में हो तो कुछ सवाल नहीं, पर अगर जाग गई तो फिर खैर नहीं, चुन-चुन कर गालियाँ देती। पत्थर, ईंट के टुकड़े फेंककर मारती। बाद में उसके साथ मेरी दोस्ती हो गई। गली में पानी का सरकारी नल था। सुबह में वह नल पर आती। कमर पर एक और हाथ में एक घड़ा होता। नल के नीचे लगा घड़ा भरते ही मैं पूछती, "मी घेवून येवू का?" (मैं ले आऊँ क्या?) उस पर वह कहती "मुशीलमान हाईस हाथ लावू नकोस" (मुसलमान हो, हाथ मत लगाना), पर बाद में उसे क्या लगा पता नहीं, वह मुझे कहती, "चल, घे ती कलशी" (चलो, ले वह कलसा)। मैं झट से कलसा उठाकर उस के पीछे चलने लगती। मुझे मन्दिर में आने की बड़ी खुशी होती। धीरे-धीरे मेरा संकोच दूर होता गया। वह कभी पूजा के बर्तन माँजने के लिए कहती। मैं बर्तन ऐसे माँजती कि वे जगमगाने लगते। उसके कहे बिना मैं मन्दिर के चौक में झाड़ू लगाती, पानी मारती, कभी गोबर से लीपती। अब आज्जी मुझे मन्दिर के अन्दर बुलाती। अन्दर का वातावरण बड़ा सात्विक, गूढ़ लगता। पत्थर की बड़ी पिंड, फूल, बेल-पत्ते, उदबत्ती की सुवास, ठंडक सब अच्छा लगता। आज्जी पूजा करती, वह मैं देखती रहती। पिंड का धोना,

पूजा करना, फूल-बेल अर्पण करना, नैवेद्य दिखाना, घंटी बजाना और धीरे-धीरे मंत्रोच्चारण करना। मैं एकाग्र हो जाती। वह मुझे तीर्थ और प्रसाद देती। इस मन्दिर से बचपन से एक अनोखा नाता जुड़ गया जो भविष्य में अधिक दृढ़ हुआ। यह मेरे विश्राम का स्थान बन गया। यहाँ की ठंडक ने मेरे झुलसते मन पर धीरे से फूँक का काम किया।

गली के बहुत से घरों में मेरा जाना-आना था। मुझे बातें करना, गीता गाना बहुत पसन्द था। लेकिन घर में मैं गूँगी गुड्डी हो जाती। भईजी को भी हफ्ते में एक दिन की छुट्टी रहती, उसी दिन हम बगीचे में जाते, घर में हम दोनों बड़ी धीमी-धीमी आवाज में बातें करते रहते। माँ घर में हमेशा एक तनाव सा निर्माण करती। इस कारण घर का काम होते ही मैं एक-दो बहनों को साथ लेकर बाहर जाने लगी तो माँ कुछ नहीं कहती। स्कूल के वक्त के अलावा, छुट्टी के दिनों में सभी घरों में मेरा आना-जाना रहता। हरेक घर में मेरी सहेलियाँ थीं। सुधा, राजाक्का, सजाक्का, अलका, मंगल, शालिनी, कुंदा, अनुसया, विजया, रेखा, सिंधू ऐसी बहुत-सी इकट्ठा होते ही बड़बड़, कविता, गाना, खेलना, इमली के बड़े पेड़ तले मिट्टी के खिलौने से, ठिकरी के टुकड़ों से घर-गृहस्थी, गुड्डा-गुड्डी का खेल, कितना सुन्दर लगता। मैं तो खेल में इतनी डूब जाती कि घर का खयाल नहीं रहता। फिर दूर से माँ की आवाज आती, गाली के साथ पुकारा जाता तब मैं डरती, भागती घर आती और शाम के काम की शुरुआत करती।

भईजी को पढ़ने का बड़ा शौक था। उनकी सारी किताबें अंग्रेजी में हुआ करतीं, लेकिन मेरे लिए वे मराठी भाषा में लिखी रामायण, महाभारत, चांदोबा, जादुई कथाएँ, परी कथाएँ ऐसी किताबें लाते। मैं काम से निपटकर घर में, स्कूल में किताबें पढ़ती। पढ़ने की आदत और लत मुझे भी लगने लगी।

हमारे गली में भोसले जी के आबा, निवृत्त तलाठी मुखिया थे। उनके पास बहुत मासिक उपन्यास होते। ना.सी.फड़के, अण्णाभाऊ साठे, शैलजा राजे, ज्योत्स्ना देवधर, स्नेहलता दसनूरकर, गुरुनाथ अर्नालकर आदि लेखकों की किताबें, लेख मैं पढ़ती थी। बहुत कुछ समझती ऐसा नहीं था, फिर भी पढ़ने का शौक बढ़ता गया। आबाजी को भी मेरे बारे में बड़ा कुतूहल रहता। वे अन्य लोगों से, लड़कियों से बहुत कम बात करते। मुँह में हमेशा पान रहता लेकिन मुझसे उनकी पटती थी, वे मुझे किताबें, अंक, निकालकर देते। मैं किताबें घर ले आती, जल्दी से पढ़कर ठीक से वापस करती, मेरी पढ़ने की आदत में आबाजी की भी सहायता रही।

गली में शंकरराव कदम थे। वे भी मुखिया थे, उनकी खेती-बाड़ी भरपूर थी। मेरे भईजी उनके बच्चों को अंग्रेजी पढ़ाने के लिए जाते थे। मामा बड़ा कड़क अनुशासन बरतते, अपने सब बच्चों को उन्होंने पढ़ाया, भई भोर से पहले कदम के घर जाते। कड़ाके की ठंडी हो तो भी बच्चे सुबह चार बजे तैयार होकर बैठते। साथ में मैं भी जाती। इस मामा-मामी और उनके बच्चों ने हमें बहुत प्यार दिया।

माँ ने इस घर से ससुराल का नाता जोड़ लिया था। आत्या, मामजी, वंस (सासू मा, ससुरजी, ननद) मामी भी अपने बच्चों के शादी-ब्याह में भईजी और माँ को मान-सम्मान देती। भईजी को कपड़े, माँ को साड़ी देकर आदर जताती।

मामी का सौन्दर्य असल देहाती सौन्दर्य था। ऊँचा पूरा कद सुदृढ़ कद, स्वभाव, गोरा-

गोरा रंग, लम्बा-सा चेहरा, धारदार नाक, तेज-तर्रार आँखें, बड़ी-सी पेशानी पर पूनम के पूरे चाँद जैसा कुमकुम का तिलक, नऊवारी साड़ी, कलाई भर हरी-हरी चूड़ियाँ, उसके पीछे सोने की पाटली (गोल कंगन, जिस पर अष्टपैली नक्काशी होती है।) पाँवों के अँगूठे पास की उँगली में बीस भार की जोड़वे (अंघड़े), गले में काले-काले मनियों का डोर्ला (मंगलसूत्र)। गिरणी में से कूटकर लाए धान की रास आँगन में होती और मामी बड़ा सूप लेकर कुटे धान से चावल और भूसी अलग करती। कितने तो बोरी धान को हवा देती पर कभी नहीं थकती। सफेद चावल के बीच खड़ी, भरी-भरी, गोरी मामी मानो साक्षात लक्ष्मी देवता का रूप। मामी का अहाता भी बड़ा था। आँगन में बैठकर ही अपने घर का चावल सेर-सेर भर पास-पड़ोसवाली की गोद में भरती। माँ को ज्यादा देती, क्योंकि सूप भर-भरकर देने का काम माँ करती। गाँव से बहुत सब्जी आती। बैलगाड़ी भर-भरकर आम आते, मामी गली में यह सब चीजें बाँटती। अपना परिवार बड़ा होने पर भी वह गलीवालों को चीजें देने में कभी हाथ नहीं खींचती। सही में मामी रूप और दिल से बहुत अमीर थीं।

हमारी गली में डफले की मामी थी, जिन्हें खाना पकाने में मसाले की आवश्यकता होती। वह मुझे कहती, 'अरे आशा, थोड़ा मसाला वाटून देणार?' (अरे आशा, थोड़ा मसाला पिसकर दोगी?) मैं सिल पर मसाला पीसने लगती कि "अरे, आशा, ते कोहिनूरमधलं गाण म्हण बघू" (अरे आशा, वह कोहिनूर में का गाना गाओ)। फिर सिल सिल पर पीसने की ताल पर मेरा गाना शुरू होता "दो सितारों का जमीं पर है मिलन आज की रात...."

इसी मामी से मैंने सादा लेकिन लज्जतदार खाना बनाना सीख लिया। वह खाना पकाने का वर्णन रसदार शब्दों में करती। मामी का मायका कोकण। ऊँचा छरहरा बदन, गोल मटोल चेहरा, साँवला रंग, छोटी-सी नाक, पेशानी पर छोटा-सा कुमकुम तिलक, कासोटा साड़ी (महाराष्ट्रीयन तरीका) बालों का जूड़ा, हमेशा हँसते हुए बातें करती। लड़कियों को भी लड़कों जैसा 'अरे, जा रे' कहती।

हमारी गली में पवार परिवार मूल बेलगाँव (बेलगाम) से आया हुआ। पवार मामा कोल्हापुर टेलीफोन विभाग में थे। उनका तबादला कोल्हापुर में हुआ था। पूरे परिवार पर कर्नाटक संस्कृति की छाप थी। मामी लम्बा सुर निकालकर मराठी में बात करती "ए, माज्या हांटयाच, मंग कुठलं" ऐसी प्यार भरी गाली देकर ही बात की शुरुआत करती। (ए मेरे बन्दर कहीं के)। उनके बच्चे प्रफुल्ल, बेबी, दिलीप, सतीश सब के सब गोरे-चिट्टे, काली-काली आँखों वाले, गठीले बदन और ऊँचे-पूरे थे।

अम्मा पवार मामी के घर धोना, बर्तन का काम करती। माँ मामी के ऊपरी काम में मदद करती। मामी माँ से सहेली जैसा व्यवहार करती। बच्चे माँ को 'मीरा मावशी' कहते तो मामा-मामी 'मीराबाई'। मामाजी अधिकारी थे इस कारण उन्हें हमेशा सिनेमा के मुफ्त पास मिलते। कभी-कभी मामी अपने और हमारे बच्चों को लेकर ताँगे में बिठाकर सिनेमा ले जाती। पनाले के उर्स में मामी हमेशा हमारे साथ आती। बीवी फातिमा की गोद भरती। विशालगढ़ की दरगाह को भी जाती। बच्चे बीमार पड़े कि वह माँ से कहती, "मीराबाई, दिल्या आजारी हाय न्हवं का ग, जरा साधूबाबाचा अंगारा लाव" (मीराबाई दिलीप बीमार है, उसे शादुदुद्दीन वली की दुआ पढ़कर दी हुई राख जरा लाओ।) फिर माँ चूल्हे में से चुटकी भर राख लेती, वली का नाम लेकर दिलीप के गले पर लगाती। "वली साब बच्चे को जल्दी

भला लगेंगे'' वली के मन्नत की गोद माँग लेती।

मामी के घर में हमेशा फराल के जिन्स रहते। (लड्डू, चिउड़ा, करंजी)। माँ के पीछे से हम कभी जाते तो तश्तरी में फराल भरकर खाने देती। ''खा जा ग माज्या हाटयांच, मागण लगेच येतय बघ'' (खा, जा मेरे होते के, पीछे से जल्दी ही, आते हैं।) ऐसा झूठ-मूठ का गुस्सा भी करती।

पवार की बेबी को मुझसे बड़ी लगन थी। वह रिबन के गजरे बनाती और मेरी दोनों चोटी में बाँधती। मामाजी का तबादला जब सांगली में हुआ तब बेबी ताई बहुत रो रही थी। मैं तब तीसरी कक्षा में थी। आखिर मामी मुझे भी सांगली ले गई। मैं वहाँ पन्द्रह दिन रही। सांगली की उस कॉलोनी में सब हिन्दू-जैन लोग थे। मामी ने मुझसे कहा, ''ए आशे, मुसडयाच म्हणून सांगू नकोस, नाहीतर माज्या हाटयांच सांगशील'' (ए आशा, तुम मुसलमान हो यह बात मत बताना) मैं नहीं-नहीं ऐसी गर्दन हिलाती। बेबी ताई मेरे बाल सँवारती, दो चोटियाँ डालकर उस पर रिबन का गजरा बाँधती। पाउडर लगाकर, पेशानी पर बिन्दी लगाती।

बेबी ताई का सब से छोटा भई सतीश बड़ा ही शरारती था। बड़ी मारपीट करता। तबीयत बड़ी तगड़ी थी। उसके सामने कुछ नहीं चलता। एक बार हम दोनों खेल रहे थे, कुछ तो झगड़ा हुआ और सतीश ने मामी का सुपारी कूटने का पीतल का बट्टा मेरे सर पर दे मारा। 'मामी' कहकर मैं जोर से चिल्लाकर रोने लगी, मामी, बेबी भागकर आ गई तब तक सतीश डरकर वहीं पर बैठा था।

''काय झाल ग आशे'' (क्या हुआ री आशा?) ''सत्यानं वरवंटा डोक्यावर मारला'' (सत्या ने बट्टा सर पर मारा) ''ए माज्या हाटयांचं, पोरगीला मारत होतास काय रे...'' (ऐ मेरे हाटयाँ के, लड़की को मारता था क्या रे...) ऐसा कहते मामी ने सत्या को पकड़ा। बट्टा हाथ में लिया। ''बेबी कांदा आण, बघतेच मी आता त्याच।'' बेबी भागकर प्याज लाई। उसी बट्टे से मामी ने प्याज कुचली, सतीश को अपनी तरफ खींचा और उसकी आँखों में वह प्याज का रस निचोड़ा। सतीश बहुत व्याकुल होकर चिल्ला रहा था। मुझे बड़ा अफसोस हुआ। लेकिन मामी जितनी दयालु थी, गलती होने पर कठोर हो जाती।

सांगली में तभी ''शिकलेली बायको'' (पढ़ी लिखी पत्नी) यह सिनेमा लगा था। वह देखने मामा-मामी हम सबको ले गए। फोल्डिंग की कुर्सी थी। बैठते ही वह पलटी हो गई। साथ में मैं भी नीचे सर, ऊपर पैर इस स्थिति में मैं चिल्ला रही थी। मामी को ऐसा गुस्सा आया कि ''माज्या हाटयांच, मंग कुठलं सारखं घडपडतय बघ, पप्या काढ रे तिला'' (मेरे हाटयाँ के, बन्दर कहीं की, हमेशा गड़बड़ करती है, प्रफुल्ल तुम निकालो उसे और बेबी गोद में लेकर बैठा।) प्रफुल्ल दादा ने मुझे खींचकर निकाला। मैं बहुत डरी थी। फिर सारा सिनेमा मैंने बेबी की गोद में बैठकर देखा।

पन्द्रह दिन के बाद भई मुझे लेने सांगली आए। मामी ने मुझे बड़ा सुन्दर और कीमती फ्रॉक दिया था। पाँवों में पाजेब दिए। बेबी ताई ने चार-पाँच रिबन के गजरे दिए थे। हाथों में चूड़ियाँ, गंध (कुमकुम) की बोतल, पाउडर का डिब्बा, थैलीभर फराल की चीजें। भई ने खाना खाया। मामी भईजी का बड़ा आदर रखती। प्रफुल्ल दादा ताँगा लेकर आए और हमें स्टेशन तक छोड़ने भी गए। बेबी को छोड़कर जाते वक्त मुझे बड़ा रोना आ रहा था, बेबी तो कब से हुमक-हुमक के रो रही थी।

मामा की निवृत्ति के बाद यह परिवार बेलगाँव में रहने लगा। लेकिन हमारे घर का कोई भी कार्य उन्होंने कभी टाला नहीं। पवार मामा पन्हाले की शादुद्दीन वली, बीवी फातिमा की गोद लेकर, विशालगढ़ के मीरासाब वली के दीदार के लिए और अपने कुलदेवता, महाराष्ट्र में जिसे दखखन का राजा कहते हैं, 'जोतिबा देवता' के दर्शन के लिए मई महीने में हमेशा आते। आते वक्त मामी द्वारा दी हुई खाद्य पदार्थों की थैली देते। सुबह का नहाना, खाना होने के बाद आगे सफर में निकलते। लौटते वक्त दोनों दरगाह का तबरूक (प्रसाद) और जोतिबा का प्रसाद नारियल, पेड़े, कुरमुरे, भेंड बतासे, जोतिबा का दवणा (एक सुगंधित वनस्पति जो सूखने पर भी खुशबूदार रहती है, जिसे बालों को लगाने वाले तेल में डाला जाता है।) सब याद से हमारे लिए ले आते। खाना खाकर बेलगाँव जाते। महीने-महीने में जोतिबा यात्रा में जानेवालों की भीड़ हमारे घर के सामने के रास्ते पर दिखाई देने लगी, सासणकाठी नचवाते लोग चलते रहते।

"जोतीबाच्या नवानं चांगमल" (जोतीबा के नाम पर सब का मंगल, शुभ हो।) ऐसा नारा लगाते गुलाल उँडेलते हुए लोग जाते दिखाई देते ही मैं पवार मामा के आने का इन्तजार करती।

कुछ बरसों बाद मामी एक दुर्घटना में गुजर गई। बैलगाड़ी में बैठकर वह मायके जा रही थी, सामने से ट्रैक्टर आया, बैल डर गए और जोर से भागने लगे। मामी नीचे गिरी, लेकिन उसकी साड़ी का एक छोर गाड़ी के चाक में अटका, मामी दूर तक खिंचती गई। स्थूल शरीर की मामी पूरी छिल गई। कुछ दिन अस्पताल में रही पर आठ ही दिन के अन्दर मामी चली गई। उसके बाद मामा भी गुजर गए। लेकिन यह रिश्ता मैं कभी भूल नहीं पाई।

मेरी गली की अनपढ़, सीधी-सादी आम औरतों से मैंने बहुत कुछ सीखा, उन्होंने सिखाया। काले मामी की ओर से कुरूडी, पापड़, सांडगे (चना/उड़द दाल या चावल का आटा बनाकर, पकाया जाता है कभी हाथ या साँचे से गोल आकार देते हैं। पापड़ बेले जाते हैं।) बड़े से राजण (मिट्टी का बड़ा मटका) में बड़ी मथनी से छाछ मथना तथा खाना ठीक से कैसे परोसना आदि बातें सीखीं। सज्जाका के आई (माँ) ने रोटियाँ बनाना, रत्ना मामी ने गोबर से जमीन लीपना सिखाया। शेलके की माणिक मौसी से घर में ज्यादा सामान न पसारते हुए खाना पकाना, घर ठीक से रखना सीखा। सुतार के जर्नादन दादा और उसकी पत्नी विजयावहिनी भाभी ने मुझसे भाई-भवजाई का रिश्ता आज तक सँभाला है। उनके बच्चों की मैं आत्या (बुआ) हूँ।

हिन्दू गली में रहने से हिन्दू रीति-रिवाज, तीज-त्योहार, रूढ़ि-परम्परा, चाल-ढाल यह सब हमारी भी संस्कृति का एक हिस्सा रहा। जिन्दगी जीने का तरीका यही संस्कृति का मूलाधार था। फूलों के बन्दनवार, रंगोलियाँ, लोकगीत, शादी के मंडप, बारात, सौगात, हल्दी लगाना-लुटाना इन सबका आनन्द लेते वक्त जिन्दगी अधिक सुन्दर लगने लगती।

अपने हाथों से बनाए आकाशदीप, मिट्टी के आँगन, दीवाली के पकवान, मिठाइयाँ, दशहरे में दसरा चौक में इकट्ठा होकर सोना लूटना, बाँटना (आपटी नाक का वृक्ष, कहते हैं पाँडवों ने इसी पेड़ तले अपने शस्त्र छिपाए थे, जिनके पत्तों का आकार दो दिल जोड़े जैसा होता है।)। "सोने घ्या सोन्यासारखं रहा" (सोना लो सोने जैसा रहो।) ऐसी शुभकामना घर-घर जाकर देना, दशहरे के अंकुर के गजरे, सावन के झूले, महादेव का अभिषेक, बारह

त्योहारों का आनन्द, पुरण-पोली और आमटी की सोंधी महक, गौरी की सब्जी, रोटी, गणपति की आरती, सत्यनारायण की फूलों से लदी हुई पूजा, सावन के त्योहारों की व्यस्तता इन सब का आस्वाद लेते-लेते जीवन अधिक समृद्ध, खुशीभरा लगता रहा।

गौरी हातगे के गीत मैं अभी तक नहीं भूली। इन लोकगीतों का मेरे दिल पर गहरा संस्कार हुआ है। गौरी के वक्त रात में बिजली के खम्भे तले लड़कियों, औरतों का बड़ा फेरा बनता। तालियों की लय-ताल पर गीतों की लगातार झड़ी लगती। एक का गीत हुआ कि दूसरी जोड़कर दूसरा गीत गाती। इन गीतों में मायके की, मायकेवालों की तारीफ, ससुराल के सदस्यों का सताना, उनके प्रति गुस्सा सब गीतों से व्यक्त होता। निसर्ग-सौन्दर्य, पास-पड़ोसी, आदान-प्रदान सब का वर्णन इन गीतों में होता :

*"घे, घे घड की चल जावू न्हावना*
*जित पाय पडल तित उगवला दवणा,*
*दवणा न्हव दवण्याची काडी,*
*भोला शंकर बांधितो माडी"*

या

*"उठ, उठ माली दादा बैल जुप न्हाटाला*
*बैल जुप न्हाटाला, पाणी जाऊ दे पाटाला,*
*पानी जाऊ दे पाटाला, खारकीच्या बनाला...*
*गौराईच्या वशाला ग, गौराईच्या पूजेला..."*

(चलो सहेलियों, घड़े लेकर हम स्नान करने जाएँगे, मन और शरीर इतना लचीला और सुगंधित है कि, जहाँ भी हम पाँव रखते हैं मानो दवणा नामक सुगन्धित वनस्पति उग आती है। शायद दवणों की तिनकियाँ लेकर यह भोला शंकर अपनी पारबती के लिए छज्जेवाला महल बनाना चाहता है।)

(उठो, उठो माली दादा बैलों को कुएँ के रहट से बाँध लो और पानी खींचना आरम्भ करो। इतना पानी किसलिए? यह सवाल मत करो, अरे गौराई आनेवाली है। उसकी गोद हमें अलग-अलग फलों से फूलों से भरती है, इसलिए खजूर के, आम के, सुपारे के बन में पानी छोड़ो ताकि हम सब अर्पण कर सकें, अब जल्दी करो, कहीं देर न हो जाए।)

हादगे के वक्त सब सहेलियों के साथ-साथ मैं भी हादगा बिठाती (बरसात में हस्ति नक्षत्र के प्रारम्भ में हाथी का रंगीन चित्र लाना है, दीवार पर चिपका कर पूरी सब्जियों, फलों के और हर रोज गेंदे के फूलों की मालाएँ चढ़ाते हैं, शाम के वक्त लकड़ी की एक पटरी पर हाथी का चित्र बनाकर आँगन में रखा जाता है। फिर सब सहेलियाँ हाथ में हाथ लेकर गोल-गोल घूमती गीत गाती हैं। यह सोलह दिन चलता है, हर दिन एक माला और एक गीत बढ़ाते जाना है। गीत समाप्त होते ही कुछ खाने की चीज हर घर की लड़की लाती है उसे पहचानना पड़ता है, कोशिश रहती कि, ऐसी चीज हो जो जल्दी न पहचानें। उसे खिरापत कहते हैं। ऐसा गली में हर लड़की के घर जाना, गाना और खाना होता था। बड़ा मजा आता दिन बढ़ते, गाने भी बढ़ते तो रात हो जाती है।)

*"आकण माती, चिकन माती, खलगा हा खणावा*
*अस्सा खलगा सुरेख बाई जात हे खाव,*

*अस्सं जात सुरेख बाई, रवा पीठी काढावी*
*अश्शी रवा पिठी सुरेख बाई करंज्या कराव्या,*
*अशा करंज्या सुरेख बाई माहेरी धाडाव्या,*
*अस्स माहेर गोड बाई खेलायला सापडत*
*अस्स सासर द्वाड बाई कोंडूनी मारीत...''*

(हे सखी, चिकनी, सुन्दर, नरम मिट्टी है, इसमें चक्की गाड़ देंगे, यह चक्की इतनी सुन्दर कि, गेहूँ पीसकर सोजी और पीठी निकाल कर सुन्दर करंजी बनाएँगे–आटे की पारी बेलकर उस में सूखा नारियल, शक्कर, इलायची पीसकर वह सारण पारी में डालकर तलते हैं–अब यह करंजी इतनी सुन्दर बनी है कि, नक्काशी बेंत की टोकरी में भरकर, उस पर सुन्दर–जालीदार रूमाल डालकर यह सौगात अपने मायके भेजेंगे, क्योंकि, अपना मायका इतना प्यारा है कि हमें जी भरकर खेलने का स्वातंत्र्य देता है और यह मुआ ससुराल हमें बन्दी बनाकर रखता है, मारता है।)

ऐसे बहुत–बहुत गीत, उन में चित्रित होनेवाला निसर्ग, मायका, ससुराल रिश्ते–नाते इसका मीठा–कड़वापन इन गीतों में से व्यक्त होता। मानो आँखों के सामने चित्र सा साकार हो जाता।

दीवाली के वक्त भईजी अपने दोस्त की बेटी आक्का ताई को सुगंधी तेल की बोतल, निशिगंध के फूलों का गजरा, रिबन, सुगंधी साबुन, पटाखे, यह सब दीवाली के पहले दिन दे आते। यह संकल्प भईजी ने आखिर तक पाला, यही संकेत यादव के घरवालों ने मेरे लिए पाला। दीवाली की सब मिठाइयाँ, भरपूर पटाखे, गजरा, उबटन, राजकोट का सुगंधी तेल, मोती साबुन, मेरे लिए उनके घर से आता। आज तक दीवाली का त्योहर उनकी आई चीजों के बिना हुआ नहीं है।

हमारी गली, यहाँ के सीधे–सादे लोग इनके बारे में बहुत कुछ कहा जा सकता है। इतना प्रेम, ममता, आधार इन गलीवालों ने हमें दिया। हर एक ने मुझे कुछ न कुछ दिया। इस मिट्टी के लोगों ने जो दिया है वह कभी भी भूला नहीं जा सकता। मेरे अपनों के प्रेम से मैं हमेशा वंचित, दरिद्री रही लेकिन जाति, धर्म, उम्र के परे इन लोगों ने मुझे इतना प्रेम दिया कि मैं प्रेम के बारे में बड़ी अमीर बन गई...।

## 5. उर्स के दिन अथवा चंदन की खुशबू भरे दिन

हमारी गली में मुसलमान का एक ही घर था, वह था हमारा। लेकिन किसी भी हिन्दू घर ने यह अहसास कभी भी होने नहीं दिया। हर हिन्दू घर में तीज–त्योहार में जो भी पकवान बनाते वह बर्तन में भरकर हमारे घर भेजे जाते। पुरण–पोली, रोटी–सब्जी, बाजरी के हुंडे, दीवाली का फराल (मिठाइयाँ) सब कुछ।

हमारे घर पर वर्ष में दो ईद मनाई जाती–रमजान और बकरी ईद। इस वक्त माँ खसखस, दूध, सूखा मेवा, पेड़े, गुड़ या शक्कर, सेंवई इनसे बनाया शीरखुर्मा बड़े भगोने में बनाती। भांडे में गोस्त, शोरबा, बिर्यानी ऐसा खाना बनाती। भईजी गली के हर घर में दावत देते। माँ आग्रह से बरतती, मेरी सारी सहेलियाँ खाने और दो–तीन शीरखुर्मा पीने आतीं।

ईद के दिन भईजी दसरा चौक में मुस्लिम बोर्डिंग में जमात के साथ नमाज अदा करने जाते। बहुत भीड़ होती। मैं नमाज अदा होने तक बाकी बच्चों के साथ बरामदे में खेलती रहती। इस ईद के वक्त घर के बड़े-बुजुर्ग लोग बच्चों को पैसे देते हैं। उसे 'इद्दी' (त्योहार की भेंट) कहते हैं। ऐसी इद्दी किसके पास ज्यादा इकट्ठी होती है इसकी स्पर्धा बच्चों में चलती। नए कपड़े, पैसे-हम बच्चों को बड़ा मजा आता।

मोहर्रम के वक्त गली के बच्चे पीर बिठाते। गली में से चंदा माँगकर पीर का मंडप, गलेप, हार-फूल, बाजा-गाजा ले आते। गली के कुछ लड़कों के शरीर-मन में पीर का संचार होता।

"चाँद साब वली के दोस्त यार दीन..." ऐसा नारा लगाते ऊद, धूप (लुबान, धूप) का धुआँ ही धुआँ करते। कतल (मोहर्रम का नौवाँ दिन) के दिन हर घर से मलीदा, खिचड़ी तो कभी मन्नत का गलेप, हार लेकर औरतें, मर्द आते। गली के बड़े लड़के उस दिन मुजाविर बनते। सर पर रूमाल बाँधकर हरेक के बर्तन लेते, गलेप चढ़ाते, नारियल के बन्दनवार मंडप को बाँधते, नारियल फोड़कर तबरूक देते। गली में बहुत भीड़ जमा होती। दफन के दिन पंचगंगा नदी पर जाकर गलेप का गट्ठर बाँधकर मातम का गीत गाते-गाते गली में लौटकर आते "अलविदा, ओ अलविदा, हसन-हुसैन को अलविदा..." उस दिन गली में उदासी छाई रहती। दफन के तीसरे दिन जियारत (भंडारा) होती। यह खाना माँ पकाती। गोश्त का शोरबा, मसाला, गोश्त का सूखा, मसालेदार चावल। लोग अपने घर से रोटी या चपाती, बर्तन, कटोरी और पानी भरकर लोटा ले आते, गली में लम्बी कतार बैठती। बहुत हँसी मजाक से यह सामूहिक खाना खाने का मजा सब बच्चों से लेकर औरतें-मर्द लेते।

पनाले का उर्स हमारे लिए बड़ी खुशी का होता। पनाले में शादुद्दीन कताल वली का यह उर्स तीन दिन तक चलता है। पहले दिन संदल, फिर उर्स, भंडारा मतलब जियारत।

शादुद्दीन वली साब को हिन्दू लोग सादोबा कहते हैं।

मुझे अम्मा के साथ गुढ़े में नीचे चलते जाने में बड़ा मजा आता। पहाड़ों की झाड़ी में से छोटी-सी पगडंडी गुढ़े तक जाती थी। बड़े-बड़े पत्थर लाँघते, उछलते मैं और अम्मा चलती। खेती करने वाले कदम परिवार यहाँ रहते। हम पांडूमामा के घर जाते। मामी वहीं पर चावल लाकर देती।

शादुद्दीन वली की दरगाह आदिल शाह बादशाह ने बनवाई है। दरगाह में तीन तुरबतें हैं, एक वली की, दूसरी बीवी फातिमा की और तीसरी आपके मासूम बच्चे की। तीनों तुरबतें एक कतार में हैं। इस दरगाह की इबादत के लिए बादशाह ने मुजाविरों की नियुक्ति की और उन्हें गुढ़े की खेती (पनाला पहाड़ी के तल में छोटा गाँव) इनाम में दे दी। बीते चार-पाँच सौ साल से मुजाविर घराने द्वारा इबादत की जा रही है। खेती करना इन लोगों के बस की बात नहीं, इन्होंने तब से ही कदम लोगों से खेती करवाना आरम्भ किया। अब तक परिवार बढ़ते-बढ़ते गाँव ही बस चुका है। अब मुजाविर लोगों के सैकड़ों परिवार हैं तो कदमों की बाड़ी ही बन गई है। जिसे 'गुढ़ा' कहते हैं, मुजाविरों के साथ-साथ फरास, आगा, गारदी इन्हें भी इनाम दिया है, ये परिवार भी विस्तारित हो गए हैं। मेरे नानाजी का हिस्सा कुछ ज्यादा था, खर्चा भी ज्यादा था।

आज भी यह सिलसिला कायम है। मुजाविर और कदम यह रिश्ता पक्का है। मुजाविर

दरगाह की इबादत करते हैं, कदम खेती करते हैं और बदले में साल का नियोजित अनाज देते हैं।

मुझे और अम्मा को पांडू मामा की माँ खाए बिना जाने नहीं देती। चावल और बरने की फल्ली (मटर) की आमटी (दाल), यह सब वह मिट्टी के गड़वे में (मिट्टी का बर्तन) पकाती। यह दाल बिना तेल, बघार के सिर्फ लाल मिर्च की चटनी, नमक और रोटी का आटा लगाकर बनाती। साथ में भूना बांगडा या सूखी भूनी खारी मच्छी का टुकड़ा। वाह! क्या स्वाद होता! मैं अब तक उस स्वाद को नहीं भूली।

पनाले के उर्स में संदल का दिन औरतों के लिए खास दिन होता है, इस दिन हर घर में शाकाहारी खाना बनता है, इस रोज अम्मा, माँ और हवाखाला मिलकर खाना पकातीं। मसालेदार चावल, मसूर की तीखी दाल तो तूर की फीकी दाल, छाछ की कढ़ी, मेथी की सब्जी, तीखे सांडगे, बैंगन तथा बावची की फली इन्हें मिलाकर बनाई हुई तरकारी, साथ में तले उड़द के पापड़, कुरूड़ी–ऐसा खाना बनता। तो बीवी फातिमा की गोद भरने के लिए ढाई सेर चावल, एक बड़ी सी थाली में भरकर उस पर एक नारियल, पाँच केले, पाँच अमरूद, बीड़े के पान, नींबू, सुपारी, खजूर, बादाम, इलायची, सूखा खोपरा यह पाँच–पाँच की गिनती में लेकर चावल पर रखा जाता। उस पर अगरबत्ती और उद (लेबान)–धूप की पुड़िया रखकर ऊपर से आच्छादन डाला जाता है। दूसरी थाली में पाँच शिकूरियाँ (मिट्टी की छोटी थालियाँ) रखकर उसमें पकाया चावल और अन्य पकी चीजें (जिसका जिक्र ऊपर है) भरकर सबसे ऊपर बड़े–बड़े रंगीन पापड़ तलकर रखे जाते। यह सब लेकर औरतें दरगाह में जाती हैं। अर्थात आज सिर्फ सुहागन स्त्री को दरगाह में जाना है, बेवा स्त्री तथा लड़कियों को मना होता है। मतलब सिर्फ गोद भरने के लिए जाना है।

हर घर में सब के नाम के गोद भरे जाते हैं। बहुत से गोद मन्नत के भी होते हैं। दरगाह में आने के बाद थालियाँ फर्श पर रखी जाती हैं, हर घर की सुहागन औरत अपने घर के गोद भरती है, बदन पर चद्दर ओढ़कर अंजुली में चावल और अन्य चीजें भरकर कलमा पढ़ते हुए बीवी फातिमा जी की तुरबत से फेरकर नीचे बिछाए कपड़े पर रखती है। दरगाह में तुरबत के पास ही छोटी–छोटी गठरियाँ रखी जाती हैं। शाम को दरगाह में दुबारा आकर बाहर एकत्र लड़कियों में, छोटे बच्चों में यह गोद बाँटा जाता है। चावल नहीं बाँटते। बाद में खाना बनाकर गरीब, फकीरों में बाँटते हैं। ये स्त्रियाँ इस दिन दोपहर में खाना खाकर रोजा खोलती हैं। इस रोज घर की सभी औरतें नई साड़ियाँ, हाथ भर चूड़ियाँ, गहने पहनकर इतराती हैं। दाँतों को काला दाचिना लगाकर, गले के लच्छे में निशिगंध या मोगरे के फूल बाँधती हैं, बालों में गजरा लगाती हैं। कुल मिलाकर औरतों की खुशी और सम्मान का दिन होता है।

संदल के दोपहर के बाद बकरे की कुर्बानियाँ होती हैं।

शाम से ही उर्स की सुबह की तैयारियाँ शुरू होतीं। उर्स से पहले हफ्ताभर मुजाविर लोगों को अपनी–अपनी बिरादरी के लोग लेकर संदल घिसना पड़ता है। घिसे चंदन से बड़े–बड़े अकबरी लोटे भरकर इकट्ठा रखे जाते हैं। दरगाह में संगमरमर के पत्थर से बनाए चकले हैं, उस पर चंदन की लकड़ी को घिसकर यह लेप बनाया जाता है। यह बहुत पुराने लकड़े घिस–घिसकर पतले हो गए हैं। उर्स की भोर में यह संदल के लोटे ताँबे के बड़े बर्तन में खाली करते हैं, उसमें खुशबूदार कीमती अतर, तेल घोलते हैं और इसी लेप से दरगाह का पूरा

अन्दरूनी हिस्सा लीपते हैं, दरगाह का गुम्बद ऊँचा और गोलाकार है, संदल गाढ़ा ही होना चाहिए वरना स्वीकार नहीं किया जाता। इस बात को बिरादरी में अपमान माना जाता है। इस वजह से मुजाविर बड़ी जिम्मेदारी से यह संदल घिसते हैं, संदल से लीपने के कारण दरगाह में चंदन की महक और ठंडक हमेशा रहती है। संदल लेपन के बाद तुरबतों पर गलेप चढ़ाया जाता है। यह गलेप शाहू महाराज राजघराने से, सरकारी अफसरों के ताफे की निगरानी में, बाजे-गाजे के साथ में दरगाह में लाया जाता है। गलेप बड़ा कीमती, महीन, रेशम के कपड़ों का होता है। उस पर निशिगंध, मोगरा, चमेली की फूलों की चद्दर चढ़ाई जाती है।

रात से ही खाना-पकाना शुरू होता है, क्योंकि सुबह गलेप के बाद हर मुजाविर के घर से बर्तन आता है जिस पर फातिहा पढ़ी जाती है।

अम्मा रात भर खाना पकाती। भोर तीन बजे पहला नगाड़ा बजता। तीनों मामू नहा-धोकर नए कपड़े पहनते, सर पर रूमाल बाँधते। अम्मा तब तक फातिहा का बर्तन भरती। घी में पकाया पुलाव, सिर्फ नमक और हल्दी लगाकर घी से बघारा गोश्त बर्तन में भरती, एक बर्तन में गलेप और निशिगंध के फूलों के हार की टोकरी लेकर "शादुद्दीन कताल वली के दोस्त यार दीन दीन..." का नारा लगाते दरगाह में जाते। वहाँ सब मुजाविरों का सामूहिक फातिहा, इबादत होते ही सुबह से सब के दीदार के लिए दरगाह खुली होती।

यह पनाले का दरगाह हिन्दू-मुस्लिम लोगों की एकता के लिए जिन्होंने अपनी जिन्दगी दी उस वली की पवित्र जगह है। इसके जितने बन्दे हैं मुस्लिम, उससे ज्यादा हिन्दू बन्दे (भक्त जन) हैं। आसपास के पंचकोशी से सब जात-धर्म के लोग आते हैं। नारियल, मिश्री, अगरबत्ती, पेड़े-मिठाई लेकर बाल-बच्चों के साथ दर्शन के लिए आते हैं। मन्नत माँगते हैं।

उद-धूप, चंदन की महक, फूलों की खुशबू से भरा माहौल, दरगाह के आसपास की सीढ़ियाँ, उसे पार करते ही बड़े, लम्बे-चौड़े बरामदे मुझे बहुत अच्छे लगते। उर्स में लगनेवाली अलग-अलग मिठाइयों से सजी-धजी दुकानें, घूमते गहवारे (पालने), नए कपड़े, रिबन, पनाले की लाल-लाल कच्ची मिट्टी के रास्ते, हरी-भरी पहाड़ियाँ, ठंडी-ठंडी हवा...मैं तो पागल हो जाती।

घर के झगड़े, खींचातानी से मुक्त ये आठ दिन होते। माँ खाना पकाना, दरगाह में चक्कर लगाना, वहाँ के खाने की तैयारी करना इन बातों में हम से झगड़ा करना भूल जाती। सभी रिश्तेदार, बिरादरी के लोग इकट्ठा हो जाते तो खुशियों का माहौल बनता। सब मिलकर काम करना, कब्रिस्तान के कुएँ से पानी लाना, तालाब पर कपड़े धोना, पनाला भर में घूमना, इनमें वक्त कैसे कटता, पता ही नहीं चलता।

पनाले की दरगाह के सामने मैदान में कब्रिस्तान है, यहाँ लोगों का आना-जाना इतना रहता है कि कब्रिस्तान गूढ़ तथा डरावना जरा भी नहीं लगता। पानी लाने के लिए तो कब्रों के बीच से ही जाने का रास्ता था। मैं कब्रिस्तान में अकेली घूमती, कब्रों पर मृत व्यक्ति के नाम की पाटी पढ़ते-पढ़ते मैं घूमती। सोचती, मिट्टी की कब्रें थीं जिन पर नामो-निशान नहीं होता था लेकिन पुख्ता सीमेंट या सफेद, काले पत्थर की होती जो जमीन में न दबते हुए साबुत रहती, उनके नाम की पाटी भी होती। मिट्टी की, जमीन में दबी, कच्ची कब्रें गरीबों की होतीं तो रंगीन फर्शवाली, संगमरमर की कब्रें अमीरों की होतीं। मरने के बाद भी वर्गवाद यहाँ

दिखाई देता। हाँ, गरीब-अमीर, दोस्त-दुश्मन, औरत-मर्द पास-पास की कब्रों में होते।

पनाले के आठ दिन फुर्र से चले जाते। दुबारा वही घर, माँ, तनाव, झगड़े।

उर्स के बाद आने वाले त्योहार, ईद का मुझे इन्तजार रहता। दीवाली, ईद और उर्स में हमारे लिए माँ नए कपड़े सिलवाती। सब तीज-त्योहारों को मनाने में बड़ा मजा आता। हिन्दू के त्योहार, मुसलमानों की ईद ऐसा दूजा भाव हमें मालूम नहीं था। निष्कपट खुशियाँ लेने में धर्म कभी भी दीवार बनकर खड़ा नहीं हुआ। सच तो यह था कि, जात, धर्म की भी दीवारें होती हैं, यह बात ही मालूम नहीं थी। आसपास के लोगों के घर हो या दिल बिलकुल विस्तारित लम्बे-चौड़े थे। छोटी-छोटी दीवारें बाँधकर बड़े घर को संकीर्ण कबूतरखाना बनाने का रिवाज तब नहीं था। तब भी सिर्फ गलियाँ, पास-पास चिपके मिट्टी के बड़े-बड़े घर, उसमें रचे-बसे वैसे ही मिट्टी जैसे नरम, सोंधी मिट्टी की महक जैसे रिश्ते निभानेवाले सीधे-सादे पड़ोसी। ठीकरी की छतें, गोबर से लिपे-पोते घर-आँगन, आँगन की रंगोली, टिमटिमाती चिराग की रोशनी में उजागर घर। पानी में मिट्टी जैसे ही पिघलनेवाले लोग, प्यार, ममता बोनेवाले ममतालु पड़ोसी। इन सबके कारण 'जीना' जीने की चाहत मुझ में रही। मेरी व्यक्तिगत निराशा में भी जीने की 'आशा' बनी रही...।

## 6. रिमझिम के तराने लेके आई बरसात...

स्कूल में रहती तो अच्छा लगता। उतना वक्त घर से दूर अच्छे वातावरण में बीत जाता। मुझे हिन्दी, मराठी के बहुत-से गीत याद थे। लेकिन माँ के डर से कभी भी खुली आवाज में नहीं गाती। बस्स, दिल ही दिल में गुनगुनाती। स्कूल में दोपहर की छुट्टी में सहेलियों के बीच गाती। आवाज भी शायद अच्छी थी। कभी-कभी कक्षा में मराठी भाषा पढ़ानेवाली टीचर मुझसे कहती, "देसाई, एखादं गाणं म्हण बघू" (देसाई कोई गीत गाओ) और मैं "एका तलयात होती बदके पिले सुरेख" या "असावे घरटे अपुले छान" ('एक तालाब में बहुत सुन्दर बत्तख थे' या 'होगा अपना घरौंदा सुन्दर') जैसे भावगीत गाती। क्लास में खुली आवाज में गानेवाली मैं, घर में आते ही गुमसुम हो जाती। कली की तरह सिमट जाती। गला दबाए जैसी घुटन महसूस करती। न हँसना, न बातें करना, न गाना। सब कुछ शान्त-शान्त सा...।

कोल्हापुर म्युनिसिपल की राजमाता जीजाबाई हाईस्कूल में मैं पाँचवीं में दाखिल हुई तभी मामूजी का तबादला गगनबावड़ा में हुआ। अब तो भाभी भी दूर चली गई। मुझे बड़ा दुख हुआ। उसका बड़ा सहारा था।

मैं खाना पकाना सीख गई थी। सुबह जल्दी उठकर घर, आँगन बुहारती, पानी छिड़कती, रोज एक कमरा गोबर से लीपना, चूल्हे को मिट्टी से लीपना, बर्तन माँजना, शेल्फ पर लगाना, फिर घड़े लेकर सरकारी नल से पानी भरना। तब तक बहनें जाग जातीं। माँ चूल्हा सुलगाकर चाय का पतीला चढ़ाती। सबको चाय-बटर या ब्रेड देती। सुबह का खाना माँ बनाती। मैं पानी का समाव गरम करके सभी बहनों को नहलाती। सभी बहनों की रिबन धोना मेरा काम रहता। अगर कभी मैं कहती 'शमा जरा तू धो तो' तब माँ झट से मेरे हाथ से रिबन छीनकर कहती, 'ला इधर ला, मेरे हात को रगतपिती हुई सो नई अजून, तू जा मेरे मूँ के

सामनेशी, चिपकली के मूँ की, खाल मानी हौर गाव तानी, हलकी नहीं...' (ला इधर ला, मेरे हाथों को अभी तक महामारी नहीं हुई है, तुम मेरी आँखों के आगे से चली जाओ, छिपकली के मुँह की नीचे मुंडी और दुनिया ढूँढ़ी, तुम बहुत चालाक हो।) ऐसा बड़बड़ाती कि मैं उसका नूर देखकर थर-थर काँपने लगती। 'माँ दो ना, दो ना' बेबस होकर उसके हाथ से रिबन लेती और चुपचाप धोने लगती।

सब बहनों के बाल सँवारने में माँ का घंटाभर वक्त जाता। कभी-कभी मेरी चोटी भी वह डालती। पर मैं ही जल्दी-जल्दी अपने-आप बाल सँवार लेती क्योंकि, वह बाल बनाते समय सर को बहुत झटके देती, झिंझोड़ती, खींचती, बिना कारण चपराक भी लगाती। मैंने सोचा इससे अच्छा खुद बाल बनाना सीख जाओ, और मैंने सीख भी लिया।

सुबह नौ बजे कपड़े धोना मैं आरम्भ करती। दस-साढ़े दस तक तैयार होकर, बड़ी जल्दी में दो निवाले खाना खाकर मैं स्कूल का बस्ता उठाकर, स्कूल की ओर दौड़ने लगती। हँसते-गाते, स्कूल जाना मुझे तो याद ही नहीं।

स्कूल में मैं लगन से पढ़ती। इस कारण गुरुजनों में प्रिय भी थी। हमेशा गुणानुक्रम में अग्रसर रहती। वक्तृत्व, निबन्ध प्रतियोगिता में हिस्सा लेती। मेरा पहला भाषण म्युनिसिपल इमारत में विठ्ठल रामजी शिंदे चौक में हुआ था, विषय था 'महात्मा गांधी'। स्कूल में बहुत सराहना हुई। भईजी को भी बड़ी खुशी हुई। मेरी होशियारी का उन्हें बड़ा अभिमान था। उनके स्पर्श से यह एहसास हमेशा होता।

टाउन हॉल बगीचे में कभी यादव के बापू, भाऊ मिलते तो मेरा लाड़-दुलार करते। मुझे भी आन्तरिक स्नेह था। बाहर कहीं भी देख लेती तो मैं जोर से आवाज देती। मेरी आवाज में बड़ी उत्कंठा, आँखों में खुशियाँ उछलतीं, भई उनसे कहते, "बापू, आशाला खूप शिकवायची माझी इच्छा आहे, तिनं बैरिस्टर व्हावं, ती कुणी मोठ्ठी व्हावी असं मला वाटतं" (बापू, आशा को बहुत पढ़ाने की मेरी इच्छा है, वह बैरिस्टर या कोई बड़ा व्यक्ति बने ऐसा मैं चाहता हूँ।) इस बात पर बापू, भाऊ अत्यन्त भावुक होकर कहते, "मामा, तुम्हीं का कालजी करता? आम्ही आंहोत की, आम्ही शिकबू आशाला" (मामा, आप चिन्ता क्यों करते हो? हम हैं ना! हम पढ़ाएँगे आशा को।) उन तीनों की बातें मैं ध्यान से सुनती। मेरी समझ में नहीं आता कि भई इस तरह की बातें क्यों कर रहे हैं? मेरी आँखें भर आतीं। मैं कुछ कहे बिना भई के गले में अपनी कलाइयाँ डालती और सीने पर सर रखती। भई बिना कुछ कहे मेरी पीठ पर हाथ फेरते रहते। मेरे बारे में लगनेवाली चिन्ता उनके स्पर्श में प्रतीत होती।

स्कूल से लौटते ही चिराग-बत्ती की तैयारी शुरू करनी पड़ती। लालटेन का काँच साफ करना, शमादान, चिराग में मिट्टी का तेल भरना, फिर सरे घर में झाड़ू लगाना और फिर घाघरा ऊपर खोंसकर खाना-पकाने में जुट जाना पड़ता। माँ ने मुझे फ्रॉक या स्कर्ट-ब्लाऊज ज्यादा दिन पहनने नहीं दिया। वह कहती "तेरी पाँवा बारीक हाई और कड़की भी हाय, चकोट नहीं दिसता" (तुम्हारे पाँव कमजोर और पतले हैं ऊपर से गरमी के कारण पाँव शुष्क दिखाई देते हैं, अच्छा नहीं दिखता।)

मैं तो बचपन से ही बड़ी कमजोर रही। त्वचा भी शुष्क थी। इस बात को लेकर माँ मुझे प्रताड़ती, अपनी बाकी बेटियों के रूप से मेरी तुलना करती "हमारी आशा, सब में काली, मरतुकडी, सारखा रोतेसो मूँ, चपलीकी सूरत की हाय" (हमारी आशा, सबमें काली,

मरियल, हमेशा रुँआसा मुँह, जूते, जैसी सूरत की है।) मैं गर्दन झुकाए सब बातें सुनती रहती। मुझे लगता, सचमुच मैं इतनी काली, विद्रूप हूँ क्या? फिर बाकी सब मुझे सुन्दर कहते हैं, औरों को बहुत पसन्द क्यों हैं? कोई भी मुझे काली-कलोटी ऐसा कहकर चिढ़ाते नहीं। लेकिन माँ को मेरी हर बात से नफरत क्यों है? उसे मेरी कोई-सी भी बात काबिले-तारीफ क्यों नहीं लगती? बाकी बहनें तो जबरन, घिसते-पिटते पास होतीं, वहाँ मैं हमेशा अव्वल नम्बर पर होती, वह भी घर का सारा काम करते-करते, लेकिन मेरी तारीफ में माँ का 'ना एखादं' लफ्ज था न कोई 'एखादं' नजर, जिसमें मेरे लिए प्यार हो, ममता हो, तारीफ हो। अगर मैं नतीजा पत्र दिखाने के लिए गई तो वह कहती "दिका जा तेरे बाप को, मजे क्या बाचने आतय?" (दिखाओ अपने बाप को, मुझे कहाँ आता है पढ़ना, लिखना) जब मैं परीक्षा के लिए जाने निकलती तो उसे नमस्कार करने के लिए झुकती तो वह झटके से बाजू में जाती। मैं जमीन पर ही हाथ जोड़कर खड़ी हो जाती।

मुझे हमेशा साँस की तकलीफ होती थी, साथ में अन्न-नलिका में भी दर्द शुरू होता। गालों में सूजन आ जाती। बड़ा तेज बुखार चढ़ता। गले में से पानी तक नहीं उतरता, लेकिन उसने कभी मेरे बदन को हाथ लगाकर नहीं देखा, न कभी पास बैठी रही, न ही अपने हाथों से कभी खिलाया-पिलाया। मेरे बर्तन में खाना बरतती और ऊपर से चम्मच से दाल डालती। बहनों को दाल-चावल अपने हाथों से मिलाकर देती। दूध-चावल देती। कभी-कभी मुझे लगता मुझे भी ऐसा ही चावल मिलाकर दे, लेकिन कुछ कहने का साहस नहीं पड़ता। मैं बहुत ही डरपोक हो गई थी। माँ का विलक्षण डर मेरे दिल में था।

हमेशा किस बात को लेकर, मुझे पता नहीं लेकिन, मामू और माँ झगड़ते रहते। एक बार दोनों झगड़ रहे थे और मैं घर में आई। इस बात से माँ इतनी संतप्त हो गई कि उसने चूल्हे से जलता लकड़ा निकाला और पैरों पर इतने जोर से मारा कि मैं तिलमिलाकर, जोर से चिल्लाते हुए आँगन में आकर गिर पड़ी। दोनों पैरों की हड्डियाँ मार से काली-नीली हो गई थीं, वेदना से, दर्द से रो-रोकर मैं बेहाल हो गई थी। शाम में भईजी ने आकर तेल-हल्दी गरम करके लगवा दी। माँ ने एक नजर देखा तक नहीं, भईजी ने कुछ पूछा नहीं पर वे दुःखी और गम्भीर हुए थे। मुझे उठाकर गोद में लिया और गवल गली (ग्वालियों की गली) में अम्मा के पास ले आए। अम्मा को सब बताया, इस पर अम्मा ने इतना ही कहा, "मास्तर, म्हेरनिगा किसका सुनी ती क्या? हमारे संगाट तो शिधी बात करतिया? क्या करने के? दो दिन न्हंदे आशा हयां" (मास्टर, मेहेरनिगा किसी की सुनती है क्या? हमारे साथ भी ठीक से बात नहीं करती। क्या करें? दो दिन आशा को यहीं पे रहने दो।) और भई मुझे अम्मा के पास छोड़कर चले गए।

कभी-कभी छुट्टी में गवल गली में मैं आया करती थी। वहाँ अच्छा लगता। अम्मा के साथ चार-पाँच घरों में बर्तन माँजने, कपड़े धोने जाया करती। अमीर लोग, उनका रहन-सहन, कपड़ों से आनेवाली खुशबू, अच्छे-अच्छे बर्तन, उनकी बातें, इनका मुआयना करती। गुजराती परिवार में छोटी-छोटी, घी लगाकर सेंकी हुई चपातियों का ढेर देखकर अचरज लगता।

मामूजी का तबादला गगनबावड़ा में हुआ। इसका मुझे एक फायदा हुआ। छुट्टियों में माँ हम सबको लेकर गगनबावड़ा जाती। गगनबावड़ा बिलकुल कोंकण है। ऊपर पहाड़ियों

में रचा-बसा। मुझे वहाँ के घर, आँगन, लोग बड़े अच्छे लगते। भाभी के काम में मैं मदद करती। रहट से पानी खींचते वक्त बड़ा मजा आता। कल्याण बनावट की छोटी कलसी डोर से बाँधकर वह डोर रहट से बाँधकर कलसी कुएँ में छोड़ना और डूब-डूब भरकर धीरे-धीरे रहट खींचना, बड़ा मजा आता।

कोंकण की घनी झाड़ी, धो-धो बरसनेवाली बरसात और अचानक जोर से बहता नाला। दिल तो पागल हो जाता। मई के दिनों में आम, कटहल, करवंद (कोंकण में मिलनेवाला फल) काजू के फल, जामुन, अइलया (कटहल के बीज) खा-खाकर पेट गले को लग जाता।

गगनबावड़ा नाम की तरह गगन को छूनेवाले पहाड़ की ऊँचाई पर है। यहाँ जो घर मामूजी ने किराए पर लिया था वह काजी का था। इस घर के आँगन में बकुल (बोलसिरी) का बड़ा-सा पेड़ था। सुबह में ठंडी हवा के झोंके के साथ टप-टप फूल झरने लगते। उन्हें चुनते-चुनते मैं थकती। मेरी तो धांदली उड़ जाती। इन फूलों के लम्बे-लम्बे गजरे बनाकर बालों में सजाती। यहाँ पर भी मेरी सहेलियाँ बनी थीं। तीन साल तक मामू इस गाँव में रहे। हर छुट्टी में यह सहेलियाँ मेरा इन्तजार करती। उनके साथ बकरियाँ चराने जंगल में जाती तब मैं जोर-जोर से कविता गाती "वाटते सानुली मंद झुलूक मी व्हावे, घेईल ओढ मन तिकडे स्वैर झुकावे..." (जी चाहता है मैं एक छोटी-सी हवा का झोंका बन जाऊँ और जिधर मेरा दिल चाहे उधर बहती जाऊँ, बहकती जाऊँ।)

वहाँ के स्कूलों में मई के महीने में छुट्टी हुआ करती। (जून-जुलाई में बारिश ज्यादा होती तब स्कूल बन्द रहता है।) मैं तब उस स्कूल में जाती, वहाँ स्कूल में कच्ची जमीन थी जो गोबर से लीपनी पड़ती, मैं वह काम बड़ी खुशी से करती। स्कूल का बस्ता और बोरा सर पर लेकर जाती। शहर से छुट्टी में आई लड़की, यहाँ भी स्कूल में इतनी लगन से आती है यह देखकर मास्टर लोगों को बड़ा कुतूहल लगता, इसी स्कूल में शमशाद और दिलशाद जाती थीं सो मैं भी उनके साथ जाती।

भाभी के साथ नाले में धोना धोने जाती। नाले के किनारे चम्पा के फूलों का पेड़ था, उसकी सुगन्धित पंखुड़ियाँ चुनती। उसकी खुशबू में कपड़े धोने की थकान महसूस न होती। झम-झम बहता पानी पाँवों के तलवों को गुंदगुदी करता। मैं गाती "खलखल मंजुल गाती झारे, सुवास पसरे रसही गले" (कल-कल करते गानेवाले झरने, खुशबू-भरा, जीवनरस से ओत-प्रोत समाँ...)

भाभी और मैं पहाड़ों में उगकर सूखी लकड़ियाँ, जिसे कारवी कहते, तोड़कर उसकी मोटली बाँधकर सर पर रखकर ले आती। मैं दुकान से सौदा ले आती। झाड़ना, बर्तन माँजना, लीपना सब करती। भाभी के हर काम में हाथ बँटाती, भाभी खुश रहती।

मई-जून महीने में शादियों का मौसम रहता। लकड़ी, कपड़ों का मंडप जिसे केले के पेड़, आम के पत्तों से सजाया जाता। दरवाजे पर पत्तों का बन्दनवार लगता। हल्दी से पीताभ्र लगने वाली दुल्हन, गोरे-गोरे पाँवों में पाजेब, नई साड़ी, गहनों में सजी-सँवरी दुल्हन को मैं आँखें गड़ाकर देखती रहती। दुल्हन को लकड़ी के मंच पर बिठाते और सभी घर, गली की औरतें अपना-अपना पल्लू एक दूसरी के पल्ले से बाँधकर एक छोटा-सा शामियाना दुल्हन के सर पर रखकर गीत गाती जिसे 'इसबन्द' उतारना (नजर उतारना) कहते थे। "बन

की सी बेनूडी, इसबन्द तिरोडी, बन पे इसबन्द उतारेंगे माय घड़ोघड़ी'' इस पूरे लोक-गीत में रिश्ते-नाते, दुल्हन का रूप-रंग इनका वर्णन है कि यह तो वन देवता-सी सुन्दर है, बाँसुरी-सी मधुर हम सब मिलकर हर घड़ी इसकी नजर उतारते हैं आदि। आज भी यह पूरा लोकगीत धुन और शब्दसहित याद है।

भाभी सुबह-सुबह सबके नाश्ते के लिए चपातियाँ बनाती। ज्यादा काम करनेवालों को दो-दो चपातियाँ, वह भी ज्यादा तेल लगाई हुई यह आमिष हमें देती। भाभी चपाती खूब अच्छी बनाती, कोंकण की बरसाती हवा और सुलगते चूल्हे के आसपास बैठे हम सब बच्चे, गरम-गरम खौलती चाय की सोंधी महक और टर्रर...से फूली चपाती। चाय और चपाती खाते वक्त लगता यह कभी खत्म न हो। भाभी के हाथ से बनी, लहसुन का तड़का दी हुई तूरदाल तो मेरे लिए विशेष रहती। मैं भाभी की लाड़ली थी। हर पल साथ रहनेवाली, हर काम में मदद करनेवाली छोटी-सी सहेली। इस वजह से मैं बहुत दिनों तक उसके पास रहूँ, ऐसा उसे लगता।

गगनबावड़ा में मेरे जितने भी दिन गुजरे वह सब बचपन के सुन्दर दिन थे। आज भी वह मूसलाधार बरसनेवाली बारिश, रातकीड़ों की किर्र...किर्र आवाज, जुगनुओं से जगमगाने वाले पेड़, आँगन का बोलसिरी के फूलों का बड़ा-सा पेड़, काजी का लम्बा-चौड़ा, सात कमरों का बड़ा घर, उस घर में सुलगते चूल्हे, बाहर पडवी (बरामदा) में हमेशा सुलगता बड़ा चूल्हा और उस पर रखा काले-काले हाँडे में गर्म-गर्म पानी, चूल्हे पर लोहे की कढ़ाई रखकर फणस (कटहल) के बीज भूनते खाते हम, शाम से ही गर्म रोटी की, झिंगा, मच्छी, घोलमा (समुद्री मच्छी की छोटी प्रजाति) के सालन की तीखी सोंधी महक सारे घर में भरी रहती। घर में बच्चों-बड़ों की चहल-पहल होती। उनके पहले जाबते (कमरा) में ट्रांजिस्टर था, बुधवार को रात आठ बजे अमीन सयानी जी की अनाउंसमेंट और फिर गाने, यह सब कुछ वैसा ही वैसा मेरी नजर के सामने आ जाता है। इन सब का एक सुन्दर गोंफ (इकठ्ठा बँधी हुई जंजीर) जो मेरे दिल ने बुनी हुई है, जिसका एक भी धागा अब तक उकसा नहीं है।

पाँचवीं-छठी कक्षा में थी तभी मैंने राष्ट्रभाषा हिन्दी की दो परीक्षाएँ दीं।

कापसे मामूजी का तबादला अब कोल्हापुर में हुआ था। भाभी फिर से पुलिस लाइन में रहने आई। भाभी के आने की मुझे बड़ी खुशी हुई लेकिन भाभी नाराज थी। बहुत ही गम्भीर और प्रौढ़ दिखती थी। लेकिन अब गगनबावड़ा कभी नहीं जाने का दर्द मुझे भी था।

## 7. कोंडूबाई के गुलाम

हम अब भी तानुबाई शेलके आजी (दादी) के घर रहते थे। मामूजी का एक भाँजा ड्राइविंग सीखने के लिए हमारे घर आया था। गँवार रहन-सहन, बात-चीत, बालों में चप-चप करता तेल, मुँह में हमेशा पान, लाल भड़क दाँत, गठीला बदन। मुझे तो जरा भी पसन्द नहीं था।

हफ्ते बाद इस भाँजे की माँ मतलब मामूजी की फुफेरी बहन आई तब पता चला कि घर में से सात सौ लेकर बिना किसी से कहे यह भाँजा मोटर चलाना सीखने आया है। उसकी माँ उसको ढूँढ़ते यहाँ आ पहुँची। उसे सब ''बू'' (बड़ी बहन) कहते थे।

इस भाँजे की तीन बहनें थीं। उसके पिताजी ने घर-गृहस्थी का कभी खयाल नहीं किया।

लेकिन माँ परिश्रमी थी। सदलगा उसका ससुराल, लेकिन पति के स्वभाव से तंग आकर उसने ससुराल छोड़ मायका बोरगाँव में रहना शुरू किया। वहीं पर लोगों के खेतों में मजदूरी करती, कमाती, मायके वालों की भी कुछ मदद होती। धीरे-धीरे अपना खुद का घर खरीदा। दो बेटियों की शादी करा दी। उसके बाद, उसकी एक अमीर, जमींदार बहन शिरढोण गाँव में थी, उसके एक खाली घर में रहने लगी। बहन की सोलह एकड़ जमीन, किराणा माल की दुकान, दुधारू गाय-भैंस, ट्रैक्टर था। माँ, बेटा, बेटी तीनों जन उसके खेतों में काम करते, कमाते-खाते थे। घर मजदूर की तरह ही जीना था। इस चक्र से बाहर निकलने के लिए भाँजे ने गाँव छोड़ा था।

इस भाँजे पर मुझे गुस्सा आने की और एक वजह थी, वह यह कि उसकी माँ, खाला और मेरी माँ मिलकर सीधे-सीधे मेरी शादी की बातें करने लगी थीं। तब तो मैं छठी कक्षा में थी। अर्थात भईजी के सामने कोई कुछ नहीं बोलता लेकिन उनके जाते ही शुरू करते। मुझे बहुत चिढ़ आ रही थी। मैं किसी के साथ बात नहीं करती।

भाँजे की ट्रेनिंग शुरू हुई थी। उसे सिलाई काम भी आता था। गाँव से सिलाई मशीन भी ले आया। बाहर की दुकानों से कटिंग किए कपड़े लाकर सिलवाकर देते। हमारे ही घर में रहने के कारण कमाई के पैसे माँ के हाथ में देता। अब माँ को रोज कुछ पैसे मिल रहे थे। इस वजह से वह खुश थी। केवल सुबह पानी भरने के लिए यह भाँजा मदद करता। भई नाराज थे पर किससे कहते? मैं समझ गई यह भाँजा इस घर में हमेशा रहेगा, कभी नहीं जाएगा।

भाँजे की ट्रेनिंग खत्म हुई। अब वह क्लीनर के नाते ट्रक पर जा भी रहा था। साल भर में वह ट्रक चलाना सीख गया और बोंद्रे कम्पनी में ट्रक पर नौकरी भी करने लगा। अब हर रोज भत्ते के पैसे, सवारियों के पैसे और महीने की पगार के पैसे सब माँ के हाथों में आज्ञाकारिता से सौंपने लगा था।

कुछ महीनों के बाद इस भाँजे की माँ आई। बेटे से कहा, ''इत्ता ट्रक चलाने शिक्या नव्हे, उधरच नौकरी कर, आपले घर में रह, शिरपरशी भाज्या लिजा को मेरे बाला नई रहे, इत्ता निबताबी नहीं'' (अब तुम ट्रक चलाना सीख गए ना? चलो अब अपने गाँव, वहीं पर नौकरी करो। सब्जी बेचने के लिए बोझ उठाकर मेरे सर पर बाल तक नहीं रहे और अब मुझे निभाना भी कठिन हो गया है।) लेकिन भाँजे ने दृढ़ता से इनकार किया, ''इत्ता मैं आनेवाला नई, हयांच न्हनेवाला'' (अब मैं नहीं आऊँगा, यहीं पर ही रहूंगा।) उसकी माँ रोती चली गई। उसका एकमात्र बेटा, जिस उम्र में सहारे की जरूरत थी उसी समय हाथ छोड़ रहा था। मेरी माँ का चेहरा निर्विकार था।

अब घर में भरपूर आबादी बरकत सुबत्ता थी। मामू सब्जियाँ, फल और बाकी बाजार की चीजें लाते तो भाँजे के रोकड़े पैसे माँ के हाथ में नाचते थे। माँ का स्वभाव ज्यादा ही उद्धत हो गया था। तबीयत भी अच्छी हो गई थी। घर में हमेशा गोश्त पकता लेकिन भईजी के और मेरे बर्तन में तो दाल, सब्जी ही होती।

मेरा घर में ठहरने को दिल नहीं चाहता। लेकिन मजबूरी थी। सुबह से रात तक काम से मुक्ति नहीं थी। ग्यारह से पाँच बजे तक स्कूल का वक्त मुक्ति का वक्त लगता। भई अन्दर ही अन्दर टूटते जा रहे थे। रात में ओवरटाइम के कारण देर से आते। घर आते ही ठंडे पड़े

खाने के दो चार निवाले लेते। उनके आने तक मैं इन्तजार करती बैठती। माँ ने भई से बात करना कब का छोड़ दिया था। घर में जो कुछ चला है उसके बारे में भई एक लफ्ज तक नहीं बोलते। परिवार कैसा होता है इसका अनुभव मुझे कभी नहीं हुआ। घर का घरेलूपन था ही नहीं। सिर्फ नियति से इकठ्ठा हुए लेकिन दिल से कोसों दूर लोगों का जमघट! अगतिक, औपचारिक सिर्फ रिश्ते के लेबल चिपकाए लोगों का जमघट! मेरी बहनें, माँ, मामू, भाँजा इनकी दुनिया अलग थी। उस घर में दो ही लोग पराए थे, उपरे थे, मैं और भई। मेरे लिए तो घर एक कैदखाना था...।

माँ बहुत ही झगड़ालू स्वभाव की थी, इस कारण एक घर में ज्यादा दिन नहीं टिकते। फिर भी तानूआजी के घर में हमने चार बरस बिताए। छः महीने गोरीआज्जी के घर में रहे। मैं सातवीं कक्षा में गई और अब हम गली में ही कोंडूबाई के घर में रहने आए।

कोंडूबाई दिखने में, बोलने में, रहन-सहन में महाभयानक जहर की पुड़िया ही थी। पर न जाने कैसा जादू माँ ने उस पर कर दिया कि उसने अपना घर हमें रहने के लिए दिया। लेकिन बाद में पता चला कि उसकी और उसके जानवरों की जिम्मेदारी माँ ने लेने का वादा किया था। अर्थात माँ को स्वयं तो कुछ करना न था, काम करनेवाली हम तीनों थीं ही एक मैं, भाभी और अम्मा।

वैसे तो बड़े घर में कोंडूबाई अकेली रहती। उसका तो आगा-पीछा कोई नहीं था। लेकिन एक दर्जन बकरियाँ, दस भैंसें, पाँच-छः गाय, बछड़े, यह परिवार विशाल था।

कोंडूबाई के शरीर का गठन पुरुष जैसा ऊँचा, गठीला था। घना काला रंग, लम्बा-सा चेहरा, बड़े-बड़े दाँत, पेशानी पर बँधा रुपये जितना कुमकुम का टीका, गले में चिताक (गले बराबर का एक गहना) हाथ में पीतल की चार-चार चूड़ियाँ, ऐसा उसका रूप था।

कोंडूबाई गली के सरकारी नल पर आई रे आई कि गली के प्रवेश से ही औरतों को गालियाँ बकती आती। उसकी आवाज से ही औरतें नल से दूर हो जातीं, अगर किसी का घड़ा नल तले भरता भी हो तो यह लात से घड़ा हटा देती। बाई के पीछे-पीछे जानवरों का जत्था आता। फिर दो-दो बाल्टियाँ घड़े से भरकर एक-एक जानवर को पानी पिलाती। सारे जानवर बड़े ही आज्ञाकारी ढंग से, करीने से, पेटभर पानी पीकर निकलते। पुलिस ग्राउंड, इमली के पेड़ तले कोंडूबाई के ही जानवर चरते, आराम करते, जुगाली करते नजर आते। भरा घड़ा कमर पर, हाथ में दो खाली बाल्टियाँ लेकर "भरा गं रांडांनू" (राँड अब भरो पानी) ऐसी जोरदार, बुरी गाली देकर बड़े नखरे से चली जाती। इससे तो पूरी गली डरती। ऐसी महाउस्ताद औरत थी। उसे माँ सुबह-सुबह चीनी मिट्टी के बड़े-से चार-पाँच कप चाय और चार वर्कीया (बेकरी में बनाया, भूना, बड़ा बटर) देती। चाय में वर्की डुबोकर बड़े चाव से वह खाती। उसके बाद वह भैंसों का दूध निकालना और नियमित घरों में बेचना यह काम शुरू करती। माँ उसके नहाने की पानी की बाल्टी मोरी में रखती और पहनने की साड़ी खोलकर, नियरी बनाकर मोरी के कट्टे पर रखती। दस तक वह तैयार होती, फिर माँ एक ही केतली में दो रोटियाँ, चावल, सब्जी भरकर कोंडूबाई के हाथ में केतली रखती। कोंडूबाई घास काटने के लिए निकलती। हाथ में तेज धारदार कोयता, रस्सियाँ, चार-पाँच बोरियों की घरी तह बनाकर सर पर रखती, पाँवों में चेपल्या (चमड़े के जूते) डालकर आंबेवाड़ी के रास्ते, नदी किनारे की घास काटने के लिए निकलती। फिर वह शाम को ही, दोहने के वक्त,

गोधूलि समय घर वापस आती।

कोंडूबाई के घर में आने तक कुछ बदलाव आए थे। शमा, जमेला के जन्म के बाद शहजाद, इरिना, जरीना इन तीन बहनों के जन्म हुए थे। उसके बाद माँ ने परिवार नियोजन का ऑपरेशन कराया। कुल छः बहनें थीं हम। अम्मा सामने भोसले के घर में किराए से रहने लगी थी। भाभी की घर-गृहस्थी पुलिस लाइन में थी लेकिन भाभी, दोनों बेटियाँ, मामू हम छः बहनें, भई, माँ, भाँजा सभी हमारे घर में रहते, घर का सारा कारोबार माँ के हाथ में था। घर का काम भाभी, मैं और अम्मा करती। इसके अलावा और घर में भी अम्मा काम करती, अम्मा खाने के लिए हमारे यहाँ आती।

मेरे दिन की शुरुआत सुबह साढ़े पाँच बजे होती। सब बकरियों को बाहर छोड़ती, कोंडूबाई गोबर बुट्टी में भरकर देती, मैं गारे में डाल आती। सब बिखरा घास-फूस इकट्ठा कर वह भी गारे में डालती फिर हाथ में झाड़ू लेकर झाड़ना शुरू करती। बकरियों के मूत, लेंड़ी से बरामदा भरा होता। उसके बाद सारा गोठा, आँगन झाड़कर पाक-साफ करने में डेढ़-दो घंटे बिछाने की घड़ी बनाना, (बिछावन तह करना) में निकल जाते। बहुत देर तक कमर सीधी करनी मुश्किल होती। तब तक भईजी सोपा (पहला कमरा) झाड़ना, चाय का पानी चूल्हे पर चढ़ाना आदि काम करते। भाभी सात-साढ़े सात तक आती। फिर सबकी चाय, पकाना शुरू होता। सुबह में, माँ सिर्फ पानी भरती, वह भी दरवाजे तक घड़ा लाते ही भई घड़ा अन्दर ले जाकर खाली करके ला देते। शाम का पानी भाभी, मैं भरती। मेरी चाय होते ही मैं बर्तन घिसने बैठती, फिर कपड़े धोना। बाकी घर अम्मा झाड़ती, उसके बाद खुद तैयार होकर मैं स्कूल भागती।

मैं अब 'राजमाता जीजाबाई गर्ल्स हाईस्कूल' में पढ़ती थी। इसी समय में हिन्दी तीसरी और चौथी की परीक्षा मैंने दी। मेरा स्कूल गंगावेस, दुधाली मैदान के पास था, दोपहर की छुट्टी में भागते ही घर आती, जल्दी-जल्दी खाना खाती और भाभी, माँजे हुए बर्तन धोकर रखती, फिर भागते स्कूल आती। तब तक तो बेल होकर स्कूल शुरू होता, मैं रुआँसी होकर वर्ग के दरवाजे पर ठहरकर "अन्दर आँवू टिचर?" ऐसा पूछने पर कुछ शिक्षक 'आवों' कहते तो कुछ शिक्षक (अध्यापक) हाथ पलटाकर पट्टी से मारते। कच्चा हाथ झिनझिनाता। काम से शुष्क, कठिन हाथों में वेदना की लहर दौड़ जाती। हाथ छिपाने की कोशिश की तो पाँव पर जोर से फटका लगाते। फिर वर्ग (कक्षा) में पर्दापण! घर जाते, खाते, बर्तन माँजते, फिर भागते। इस सारी भागमभाग में थकावट होती और पेट में दर्द शुरू होता। ऊपर से छड़ी की मार, भरी आँखें, रुआँसा चेहरा लेकर मैं पढ़ाई की ओर ध्यान देने की कोशिश करती। कुछ अध्यापक दयालु थे। कक्षा में देर से आती है यह सही है पर पढ़ाई में होशियार है, यह मानकर क्षमा करते। स्नेह से समझा लेते, लेकिन गणित की एक अध्यापिका केवल मैं मुसलमान हूँ, इस बात को लेकर भरी कक्षा में मेरा बहुत बार अपमान करती। परकर-ब्लाउज को लेकर (घागरा) शेरेबाजी करती नाम रखती "तू काय देसाई, जूम्मे को जूम्मा, होय ना?" (तुम क्या देसाई, जुम्मे को जुम्मा नहाती हो ना?) मुझे बुरा लगता, गुस्सा भी आता, पर क्या करती? शिक्षक को ऐसी बात करना अच्छा नहीं लगता, लेकिन मेरी सारी सहेलियाँ मुझे बहुत प्यार करतीं। मैं तो रोज नहा-धोकर, ठीक-ठाक साफ-सुथरी ही रहती। मेरे पिताजी के संस्कार थे लेकिन कुछ लोग जान-बूझकर जात की याद दिलाते हैं तब दुःख होता है। यह शिक्षिका

ब्राह्मण थी। लेकिन मेरी चार–पाँच सहेलियाँ भी ब्राह्मण थीं–प्रेमा, हेमा, गडकरी बहनें, विद्या प्रभुदेसाई। हमारे बीच में जात कभी आड़े नहीं आई। अन्य अध्यापकों को भी मेरी जात कभी खटकी नहीं। मेरी गुणवत्ता ध्यान में लेते, मेरे लिखे निबन्धों की तारीफ करते वक्त उनकी संकुचित दृष्टि कभी दिखाई नहीं दी। लेकिन उस टीचर को मेरी कौन–सी पृथकता दिखाई देती पता नहीं। अपितु अन्य इतने सुन्दर अनुभवों के बावजूद इतनी छोटी कटु बात मैं ध्यान में नहीं रखती।

स्कूल छूटते ही भागते–भागते घर आती क्योंकि मेरे हिस्से का और एक काम मेरे इन्तजार में होता। वह था कोंडूबाई की काटकर रखी घास की बोरियाँ लाना। घर आते ही भाभी मुझे चाय–वर्की खाने देती। भाभी, अम्मा की चाय पहले ही होती। भाभी चुंबल (सर पर लेने के लिए कपड़े की गोलाकारी घड़ी (तह) लेकर तैयार रहती फिर मैं, भाभी, अम्मा तीनों बाहर निकल पड़ते। हमारी गली के महादेवजी के मन्दिर से विश्रांति स्थल के रास्ते से श्मशान घाट के रास्ते आते, फिर शिवाजी पुल, आंबेवाड़ी में से बीच के रास्ते से नदी किनारे जा निकलते। आते–जाते पाँच छः किलोमीटर का फासला होता। नदी के किनारे राक्षसिनी जैसी कोंडूबाई तपकीर (नास) खींचती बैठी नजर आती। उसके साथ और दो–तीन औरतें रहतीं। नदी किनारे के घास के जंगल से काटी घास के चार–पाँच बोरे भरे होते। कटी घास तुड़वा–तुड़वाकर बोरे में भरी होती। इससे एक को उठाया नहीं जाता। कोंडूबाई की मदद से हम एक–एक बोरा सर पर उठाते। वैसे सब की तुलना में मैं छोटी थी। बोझ सँभालना मुश्किल लगता। गर्दन हिचकोले लेती, बदन थरथर काँपने लगता। पाँव तक उठाना मुश्किल, चलना तो दूर की बात। लेकिन यह अवस्था कुछ देर तक रहती, मैं अपने आप को सँभाल लेती। भाभी, अम्मा तो चलना शुरू करती। भाभी आवाज देती "चल ना आशा, शाम होने लगी है, क्या सोचने लगी हो?" "कुछ नहीं भाभी" जवाब देकर मैं भी चलना आरम्भ करती।

अम्मा सबसे आगे, पीछे भाभी फिर मैं और हमारे पीछे हाथ में सिर्फ कोयता लिए कोंडूबाई चलती। गन्ने के खेत से पगडंडी जाती थी, जिसमें से चलते वक्त गन्ने के पत्तों से बदन खुरचता जाता। पंगडंडी खत्म होते ही बड़ा रास्ता आता, फिर हम जल्दी–जल्दी कदम उठाते चलते।

रास्ते पर भीड़ हुआ करती। एक किनारे से हम चलते, पंचगंगा पुल पार करते ही बाएँ हाथ श्मशान भूमि का रास्ता शुरू होते ही सारा वातावरण शान्त–शान्त सा लगता मानो हम अब कोई अनोखी, अनजान दुनिया के रास्ते गुजर रहे हैं। शान्त बहने वाली नदी, उसके किनारे का ब्रह्मपुरी घाट, पास ही श्मशान भूमि और उसमें जलती एक–दो चिताएँ। ऊपर श्मशान का दफ्तरखाना, दूसरे किनारे लकड़ी–उपलों से भरे गोदाम। इन सबकी एक विचित्र गंध नाक में भरती, उबकाई आने लगती। सामने ब्रह्मपुरी टीले पर इमली के बड़े–बड़े छायादार पेड़ के नीचे से गुजरते तब तो बड़ा ही डर लगने लगता। चारों ओर अँधेरा बढ़ता जाता, सिर्फ हमारे चलने की चाप सुनाई देती। हमारे पाँव उस रास्ते के अभ्यस्त हो गए थे शायद।

मुझे शुरू–शुरू में बड़ा डर लगता था। मैं भाभी से कहती, "भाभी, जरा हलू चलो, मैं बिचमें से चलतीवं।" फिर भी डर कम न होता। वह ब्रह्मपुरी का घाट, टीला, निर्मनुष्य टेढ़ा–मेढ़ा रास्ता और वह श्मशान भूमि, जलते प्रेत, रात का घना, गूढ़ अन्धकार। बहुत दिनों बाद मेरा डर धीरे–धीरे कम होता गया। उलटा भीड़ भरे रास्ते से यही निर्जन रास्ता अच्छा लगने

लगा। जिन्दा लोग ही सताते हैं, ये मरे हुए क्या सताएँगे? उनका कैसा डर? यह यह बात जँचती गई। एक अलग रिश्ता इस माहौल से, रास्ते से बनता गया जो भविष्य में अधिक दृढ़ होता गया।

सर पर रखे बोरे के बोझ से सर में दर्द होने लगता। बोरे में भरी घास गर्म-गर्म लगती। नदी किनारे से घर तक तीन-चार किलोमीटर चलकर पाँव और जान पूरी तरह थक जाती। कब यह बोझ फेंक दूँ ऐसा लगता। महादेव मन्दिर के पीछे की ऊँचाई चढ़ते तब तो हमारे पाँव लटपटाने लगते।

जब घर आते तो बोरा जमीन पर फेंककर ऐसे बैठ जाते कि बस्स! जोर से चलनेवाली धड़कन, मुँह से उफ् तक आवाज न निकलती। पाँच-सात मिनिट के विश्राम के बाद उठना ही पड़ता। रात का खाना पकाने के लिए मुझे और भाभी को चूल्हे के पास जाना जो होता। अम्मा अपने घर जाती। रात में हावाखाला, अनवरखाला और तीनों नवासियाँ मिलकर खाना खातीं।

कोंडूबाई के घर में हम दो साल तक रह चुके थे। उसके बाद करम के घर में आए। कोंडूबाई के घर से निकलने की मुझे बड़ी खुशी हुई, मानो हम तीन गुलामों की रिहाई हो गई। भाभी को भी अब निभता नहीं था। अब वह पेट से थी, सातवाँ महीना शुरू था। भाभी उसी अवस्था में बोझ ढोती थी।

कदम का यह घर अतिग्रे गली में (हमारी गली के सामने ही) खड़क की ऊँचाई पर था। सीधे चार कमरे थे, जिसमें से दो कमरे हमने किराए पर लिए। बीच का दरवाजा बन्द कर अगले दो कमरे तोड़कर परिवार ने किराए पर लिए थे। भाभी दिनभर हमारे घर रहती। रात का खाना खाकर दो बेटियों, बाकी दो-तीन मेरी बहनों को लेकर पुलिस लाइन वाले घर पर जाती, फिर सुबह आठ बजे सबको लेकर आती। दिनभर काम में रहती, मैं भी स्कूल जाने तक और लौटने पर मदद करती। लेकिन माँ गली में इस घर में, उस घर में घूमती रहती, काम में रत्तीभर मदद नहीं करती।

## 8. और मैं अनाथ हो गई

मेरे स्कूल की तृतीय सत्र की परीक्षा समाप्त हुई। मेरा पहला नम्बर आया। भईजी को बड़ी खुशी हुई। इसी समय कोल्हापुर जिले में निबन्ध प्रतियोगिता का आयोजन हुआ था। स्कूल की ओर से मैंने हिस्सा भी लिया। विषय था "विजय मिले तो राहिल रण धगधगते" (जब तक विजय प्राप्त नहीं होती यह युद्धाग्नि धधकती रहेगी।)

घर में ड्राइविंग सीखने आया मामू का भाँजा अब ट्रक ड्राइवर बन चुका था। बोंद्रे ट्रांसपोर्ट में नौकरी भी मिल गई थी। कोंकण में ट्रक में अनाज के बोरे भरकर हर रोज ले जाता।

इसी काल में भई अत्यन्त मौन, उदास होते जा रहे थे। थके-थके से लगते थे। आँखों में करुणा की छाया रहती। कभी-कभी भाऊ बापू घर आते तो उनके साथ धीरे-धीरे कुछ बातें करते, चेहरे पर घनी गम्भीरता रहती, रात में उनके पास ही सोती। वह मुझे धीरे-धीरे थपकियाँ देते, मेरे बालों को उँगलियों से सहलाते। मुझे कब नींद आती, पता नहीं चलता।

मुझे, भईजी को भाभी ही परोसती, मानो वह उनकी छोटी बहन हो। भाभी बहुत ही प्रेम से बर्ताव करती। माँ के साथ हमारा संवाद था ही नहीं। उसके लिए हम शायद पराए, अनजाने, कहीं दूर के लोग थे।

अक्तूबर महीने के आखिरी दिनों में भईजी को नौकरी पर जाना दूभर होने लगा। बहुत बुखार था। हाँफने भी लगे थे। मामूजी ने डॉ. काँचन कोटी जी को घर लाकर भईजी की तबीयत दिखा दी, दवा-पानी शुरू किया।

1966 के नवम्बर की पहली तारीख में दीपावली हुई। पाँच तारीख को भैयादूज थी। चार तारीख की रात से ही भई बहुत अस्वस्थ हुए। शायद उनकी छाती में दर्द हो रहा था, बार-बार वे अपना हाथ छाती पर फेर रहे थे, बात करते वक्त तकलीफ हो रही थी। बीच के दरवाजे में एक चौड़ा कपाट था, जिससे पीठ लगाकर वे बैठते, सोते, उठते, सोते। बिलकुल बेचैन थे। भोर समय उनसे सहा नहीं गया और उन्होंने माँ को आवाज दी, ''मीरा, मुझे डॉ. चिटणीस के पास ले चलो, थोड़ी तबीयत दिखाएँगे।'' कभी भी पूछताछ न करनेवाली माँ ने बड़े प्रेमभरे स्वर में पूछा, ''मास्तर, भला नहीं लगता क्या?'' ''हाँ, जरा छाती में दर्द हो रहा है।'' ''अच्छा जाएँगे'', ऐसा कहते हुए माँ खुद जल्दी से तैयार होने लगी। भाँजे को भी आवाज दी।

बाजूवाले पोवार की किराए पर टैक्सी थी, बुलाई। भई को थामकर ले गए। जाते वक्त मैं भई के पास गई तो वे बोले, ''आशा, तुम ठहरो।'' उनके चेहरे पर गहरी वेदना छाई थी, आँखें भर आई थीं, उसी वक्त मेरे पेट में गड्ढा पड़ गया...।

घंटे भर में टैक्सी दरवाजे पर आई। माँ की रोने की आवाज और भाँजे का 'मास्तर मामू, मास्तर मामू' ऐसा चिल्लाना, मैं भागकर दरवाजे में आई देखा भईजी ने भाँजे के कन्धे पर शान्त-सी गर्दन रखी हुई। भई को अन्दर लाया गया। भाभी ने आक्रंदन किया लेकिन मेरा गला इतना रुँध गया कि आवाज ही निकलना बन्द हो गई। आँखें रूखी-रूखी-सी बिलकुल बर्फ-सी बन गईं। मैं...मेरे सामने जो है वह सच है या स्वप्न? मेरे प्राणप्रिय भई मुझे छोड़कर गए? यह कैसे हुआ? उनके बिना मैं? यह कल्पना तो मैंने सपने में भी नहीं की थी। मेरे भई मेरी दुनिया थे। भई ही मेरे पिता और भई ही मेरी माता, माँ होकर भी माँ ने मुझे बहुत सताया। माँ से होनेवाली मेरी उपेक्षा, छल वे देखते, सहते आए थे। लेकिन भई के प्रेम-स्पर्श में मुझे और किसी के प्रेम की मोहताजी या अपेक्षा नहीं रही, मैं उनके प्रेम से तृप्त, खुश थी और आज अचानक सब छोड़-छाड़कर मुझे अकेली छोड़कर भई चले गए? किसी मेले में अपने पिताजी का हाथ छूटे हुए बच्चे की तरह मैं अगतिक, असहाय-सी हो गई...

मेरी बहनों की बात अलग थी। भई के बारे में उन्हें आत्मीयता थी, लेकिन मेरे जैसा उत्कट प्रेम नहीं था। बहनों की माँ थी, मेरा ही कोई नहीं था। कुल मिलाकर माँ जिस तरीके से मेरे साथ बरताव करती आई, उससे मेरे दिल में 'माँ' यह रिश्ता ही नहीं निर्मित कर सकी। निर्मित की तो बस मेरे दिल में अपने प्रति दहशत...डर। दुर्भाग्य से भविष्य में यह सींकचा ज्यादा ही दृढ़ होता गया।

मेरे भईजी गए और मैं बेसहारा, अनाथ बच्ची बन गई। आवाज किए बिना मैं हर पल रोती रहती। भयंकर डर, असुरक्षितता, अकेलापन उदासी इन बातों ने मुझे घेर लिया। हरदम कानों में रोने की आवाज आती। भई अभी नहीं, अब वे कभी भी दिखाई नहीं देंगे, इस सोच

से मेरी जान ही निकल जाती। मन की ऐसी अवस्था में भी भाभी, अम्मा के साथ मैं काम करती रहती।

माँ एक कोने में बैठी थी। गले में लच्छा नहीं, बिना चूड़ी की कलाइयाँ, पाँव की अँगुली में अन्धडे नहीं, बड़ी भेसूर डरावनी लग रही थी।

भई जब गुजरे उस वक्त और उसके बाद भी भाऊ-बापू हमारे घर आते रहे।

भईजी का नौ दिन का अंत्यविधि क्रियाकर्म समाप्त हुआ। अब माँ बहुत ही सँभल गई थी। अब दो-चार दिनों के बाद मैं भी स्कूल जाऊँ तो अच्छा रहेगा, मैंने सोचा। साथी-सहेलियों के बीच दिल को कुछ चैन तो मिलेगा। पढ़ाई में लगी रहूँ तो कुछ मन भी हलका रहेगा।

भई के जाने के दसवें दिन शाम के वक्त बापू और भाऊ घर आए। माँ अगले कमरे में रखी बेंच पर बैठी थी, उन्हें देखकर ''बैठो'' कहते हुए खुद जमीन पर बैठ गई। मैं अन्दर थी। उनकी आवाज सुनकर बाहर आई। बापू जी ने मुझे पास बुलाया, मेरे बालों पर प्यार से हाथ फेरा और कहा, ''आशा, तुम अन्दर जाओ, मामीजी के साथ कुछ बात करनी है।''

भाऊ ने बात करना आरम्भ किया। मैं अन्दर तो थी, लेकिन सारा ध्यान बाहर चल रही बातों पर था।

बापू माँ से कह रहे थे, ''मामी, मामा हमारे लिए क्या थे यह अलग से बताने की जरूरत नहीं। मामा को कहीं अन्दर से यह एहसास था कि अब वे ज्यादा दिन नहीं रहेंगे, ऐसा उन्होंने कहा भी और उसी वक्त हमसे एक वचन भी लिया कि आशा की पढ़ाई हम कराएँगे, उसके भविष्य के बारे में हम सोचेंगे तो इसके आगे आशा की जिम्मेदारी हम उठाएँगे। उसे बहुत पढ़ाने की इच्छा जो मामा की थी, उसे हम पूरी करेंगे, हम यह वचन निभाकर आशा को पढ़ाएँगे।''

माँ ने सब सुना। मैं कानों में जान लाकर सुन रही थी, अब यह क्या जवाब देगी? और गर्म-गर्म लावा रस की तरह तपे शब्द मेरे कानों में घुस गए...

''देखो बापू, तुम्हारे मामा गए, अब पल्लू में बेटियों का घूरा, मैं क्या करूँ? घर नहीं, पैसा नहीं कौन सँभालेगा यह सब? आप आशा की जिम्मेदारी ले रहे हो और बाकी लड़कियों की जिम्मेदारी कौन लेगा? मुझे कुछ मत बताना, मैंने निर्णय लिया है कि आशा का ब्याह उस भाँजे से करा दूँगी, अब वह ट्रक ड्राइवर बन गया है, वह लेगा हमारी जिम्मेदारी, अब मैं किसी की भी नहीं सुननेवाली।''

उसकी बात इतनी दृढ़ सशक्त थी कि बापू, भाऊ ठगे से रह गए। मेरी तो आँखों के सामने अँधेरा छा गया...

फिर भी बापू, भाऊ बड़ी जीवटता से उसे समझाते रहे, ''मामी, सुनो तो आशा अभी भी बहुत छोटी है, अभी तो आठवीं भी पूरी नहीं हुई।''

''कुछ नहीं छोटी-बिटी! बड़ी हो गई है। अब पिछले महीने से ही माहवारी शुरू हुई है अब कैसी छोटी? अब तो पल्लू में अंगार! जल्दी-जल्दी से इज्जत के साथ लड़कियों की शादी करा देना ही अच्छा। स्कूल की पढ़ाई से हमें क्या लेना-देना? उस स्कूल का नाम मत लेना मेरे सामने। मैं जरा भी नहीं सुनूँगी...नहीं सुनूँगी...समझे?''

माँ के अन्तिम, ठोस शब्द सुनते ही दोनों भाई हताश से होकर उठे। इतने बरसों में माँ

के स्वभाव का परिचय उन्हें था। दुराग्रही, जिद्दी अनपढ़, गँवार औरत के सामने हारकर भई तो हमेशा के लिए दुनिया ही छोड़कर चले गए। उसे समझाना काले कम्बल पर रंग चढ़ाने जैसा ही था। वह अपनी ही बात सच करेगी यह बात भाऊ और बापू जानते थे।

निराश मन से उठकर जानेवाले दोनों को देखकर मेरा तो गला ही भर आया। बापूजी ने मुझे पास लेकर पीठ पर हाथ फेरा। दोनों की आँखें भर आई थीं, जिनमें मेरे बारे में चिन्ता भी दिखाई दे रही थी। फिर भी अपनी मर्यादा के बाहर कुछ कर नहीं सकते इस बात का उन्हें दुःख था। मामा को दिया वचन निभा नहीं सके इस दर्द का बोझ लेकर वे दरवाजे की सीढ़ियाँ उतरकर चले गए। मैंने थामा उनका हाथ, धीरे से छोड़कर...

मैं असहाय-सी होकर उन्हें जाते देखती रही, मेरी आशा डूब गई। मैं विषण्ण मन से, पत्थर की तरह अचेतन-सी खड़ी थी कि अचानक माँ की कड़कती आवाज मेरे कानों में आई। "अन्दर आ इत्ता, लई नाटका नको, ऐसे बोलनेवाले लई आइंगे, निस्तारने मजे लगतय" (अन्दर आ जाओ अब। ज्यादा नाटक मत कर। बोलनेवाले बहुत हैं, निभाना मुझे पड़ता है।) मैं चुपचाप अन्दर चली आई।

इतना कुछ होने के बावजूद मुझे कहीं तो आस थी कि, माँ स्कूल छुड़वानेवाली बात करती तो है पर प्रत्यक्ष में वह ऐसा कुछ नहीं करेगी।

मैं दूसरे दिन सुबह जल्दी उठकर काम में लग गई। दस तक काम पूरा किया। खुद तैयार हो गई, भाभी खाना पकाने में लगी थी। मैंने थाली लेकर थोड़ा-सा खाना खाया।

बस्ता तैयार करना शुरू किया। गए पन्द्रह-बीस दिनों में उस पर बहुत-सी धूल जमी थी। स्कूल का ड्रेस पहना, ड्रेस भी स्कर्ट-ब्लाउज ऐसा नहीं था, तो लहँगा और ब्लाउज। साढ़े दस होने को आए। माँ पड़ोस की शशि के घर में थी, उसी वक्त ही आ टपकी।

"कां चली?" (कहाँ चली?)

"शाका को।" (स्कूल)

"कल बोले सो ध्यान में न्हता नहीं जणू इत्ता, इत्ता शाला को जाने के नई कतो नई" ऐसा कहते हुए जोर से झिंझोड़कर उसने मेरा बस्ता छीन लिया और अन्दर के कमरे में फेंकते हुए चिल्लाई, "चूल्हे में डाल तेरी शाला, हौर ए पुस्तका फिरा को नबू काढीस तो तुडाकू मारूँगी, कोन मजे पुछतय सो देखने का हाय" उसके इस आक्रमण से मुकाबला करने की ताकत मुझमें कहाँ? मेरे तो हाथ-पाँव से मानो जान ही निकल गई। मैं खुद को बचाते हुए डरकर एक कोने में दुबककर बैठ गई।

उसकी जुबान का पट्टा शुरू हुआ था, वह मुझे और भई को गालियाँ दे रही थी।

मैं बहुत डरी थी मगर अब मेरा स्कूल भी बन्द हो गया, इसी सोच से तो मेरी सोचने की ताकत ही थम गई।

मैं अब पूरी तरह से उदास हो चुकी थी। किसी के साथ बात-चीत नहीं, बस अपना काम करते रहो, जितना खाने की इच्छा हो, दो-दो निवाले खा लो। मुझे तो हर घड़ी मेरा स्कूल, वह परिसर, सहेलियाँ, पढ़ाई, खेल-कूद याद आता रहता। अब कौन-सा विषय पढ़ाया जाता होगा? क्या चल रहा होगा स्कूल में? इसी धुन में खोई रहती।

मेरे खास पसन्दीदा विषय थे मराठी और हिन्दी। सावंत मैडम मराठी पढ़ाती तो इंगवले सर हिन्दी पढ़ाते। अन्य विषय में भी मेरी अच्छी गति थी। मूलतः पढ़ाई करना यह मेरी

पसन्द की बात थी इस कारण हर विषय में बड़ी लगन से दिलचस्पी लेती। वैसे तो घर के काम से फुर्सत नहीं मिलती, शायद इसलिए मैं स्कूल में बड़ी एकाग्रचित रहती। परीक्षा काल में स्कूल में, काम करते वक्त निकालकर सहेलियों के घर में पढ़ाई करती। हर बार कक्षा में पहले, दूसरे क्रमांक पर आने की तीव्र इच्छा रहती और वह पूरी भी करती।

पर अब...सब कुछ बिखर गया। मेरे स्कूल का सुन्दर सपना टूट गया। मेरे लिए मेरा स्कूल अब सिर्फ सपना बनकर रह गया...वह भी टूटा-फूटा...

हर रात, बरसों तक मुझे एक ख्वाब दिखाई देता था। मैं स्कूल जाने निकलती। लेकिन स्कूल के आसपास बड़ी ऊँची दीवार खड़ी नजर आती। मैं कोशिश करती, उस पर से लाँघकर जाने की लेकिन हर बार मैं गिर जाती, उस बन्द दीवार में दरवाजा ही नहीं था। यह बार-बार चढ़ने का गिरने का सिलसिला शुरू होता और आखिरकार मैं निराश, हताश, असहाय-सी होकर रोने लगती। बहुत बार अपने ही रोने की आवाज से मैं जाग जाती, तब सच में मेरी आँखें आँसू बहाती रहतीं...

मेरे भईजी की इच्छा थी मैं बहुत पढ़ाई करूँ, बैरिस्टर या और कोई ऊँचे ओहदे तक जाऊँ, लेकिन मेरी तकदीर का खेल देखो! सही में मैं नवी कक्षा भी पास नहीं हो सकी। कैसी विडंबना थी यह? मेरी सारी इच्छाएँ केवल मेरे लिए सपना बन चुकीं, वह भी झूठा!

मेरा स्कूल! मानो मेरी तकदीर ही फूट गई...

बचपन में हम मराठी गीत गाते थे "शाला सुटली, पाटी फुटली, आई मला मूक लागली।"

अब तो सच "शाला छूटी, पाटी भी फूटी, तकदीर भी रूठी...और मैं भूखी-भूखी रह गई।"

## 9. सीने में सुलगते हैं अरमाँ...

भईजी की मौत ने मेरी जिन्दगी के सारे सन्दर्भ ही बदल डाले। खुद की जिन्दगी के बारे में सोच सकूँ या कोई निर्णय ले सकूँ इतनी बड़ी नहीं हूँ। मेरा हमदर्द, जो मुझे समझ सके, मेरे भविष्य के बारे में सोचे ऐसा मेरा अपना कोई भी इस दुनिया में नहीं। इस खयाल ने मेरे अन्दर-बाहर कुछ ऐसा खालीपन, अभाव का भाव भर दिया कि "कोई हमदम न रहा, कोई सहारा न रहा, हम किसी के न रहे, कोई हमारा न रहा..."

मेरे सामने न भविष्य का सपना था न वर्तमान में जीने का कोई बहाना, न उद्देश्य न ही उत्कंठा। बिलकुल अर्थशून्य, चिथड़े जैसी मटमैली जिन्दगी हो गई। इस खयाल से मैं पूरी तरह से उदास हो गई। घने अन्धकार के अलावा कुछ भी मेरे सामने नहीं था। मेरा केवल दिनक्रम ही नहीं, जीवनक्रम ही बदल गया।

अम्मा गली में कदम के घर का धोना धोने के लिए पंचगंगा नदी पर जाती थी, अब मैं भी उसके साथ हमारा धोना लेकर जाने लगी। मैं सर पर भिगोए धोने की बाल्टी, बगल में सूखे धोने का गठ्ठर लेती। अम्मा और अनवर भी मैले धोने के बोझ सर पर लादे, बगल में लिये रहतीं। हम तीनों सुबह दस बजे जाते तो घर आने में दोपहर हो जाती।

पंचगंगा घाट पर धोना धोनेवालों की बड़ी भीड़ रहती। कतार में बैठना पड़ता, इस

इन्तजार में बहुत वक्त जाया हो जाता तब कुछ दिन बाद मैंने अम्मा से कहा, "अम्मा, हम मुर्दाघाट पर धोना धोने के लिए जाएँगे।" मुर्दाघाट के पास एक छोटा-सा घाट था जहाँ एक-दो धोबी के अलावा कोई नहीं होता। इस घाट पर न भीड़ की झंझट न कतार की। यहाँ जो दो धोबी थे, जिन्हें मैं शंकर मामा और गणपा मामा कहती, वे दोनों हमें धोना निचोड़ने में, सुखाने में मदद करते। अम्मा उनके लिए कभी केतली भर चाय, ब्रेड ले आती। माँ ने मेरे लिए नौ-नौ रुपएवाली सफेद धोतियाँ ली थीं, अस्पताल में दाई माँ पहनती हैं वैसी ही। इन सफेद धोतियों को ये मामा लोग स्टार्च डालते घर ले जाते, इस्त्री करा के ला देते। मैं ऐसी सस्ती लेकिन स्टार्च, इस्त्री की साड़ियाँ पहनकर मुर्दाघाट पर धोना धोने जाती।

इस मुर्दाघाट रास्ते के एक किनारे गन्नों की खेती, और दूसरे किनारे एक महाकाय ऊँची दीवार है। इन दोनों के बीच छोटी-सी पगडंडी घाट की ओर जाती। सामने ही प्रेताग्नि धधकती रहती, उसके निकट ही हम धोना धोते रहते लेकिन जरा भी 'डर' नहीं लगता।

मुर्दाघाट पर मरे हुए आदमियों के रिश्तेदारों की चहल-पहल रहती। तीसरे दिन का पिंडदान, रक्षा विसर्जन, पूजा पाठ, अस्थिविसर्जन ऐसी विधियाँ चलती रहतीं। मृतक के जिन्दापन में जो-जो चीजें उसे पसन्द थीं, (खासतौर पर खाने की ही, बाकी दे नहीं सकते!) सब रिश्तेदार ले आते। मेरा सोचना शुरू रहता, अब मरे हुए व्यक्ति के लिए चीजें बनाकर लानेवाले इन लोगों में से उस व्यक्ति के जिन्दा रहते कुछ एक ने उसे प्यार से खिलाया-पिलाया होगा क्या? अब इतने अलग-अलग रिश्तेदारों ने उसके लिए क्या-क्या जमा किया है, उसका क्या फायदा? सिर्फ राख की ढेरी। अर्थात वहाँ के कौओं और टेढ़े-मेढ़े मुँहवाले राव्या की बड़ी चंगी व्यवस्था हो जाती। राव्या पागल था, घाट के किनारे एक छोटा-सा मन्दिर था उसमें घुसकर बैठता। लोगों के निकल जाते ही कौए और राव्या खाद्य सामग्री पर टूट पड़ते। कभी-कभी सिद्धार्थ नगर में रहनेवाले अछूत जाति के लड़के पत्तल उठाकर खेत में ले आते और खाते।

जब प्रेत की राख नदी में डाली जाती तब दो-तीन लोग पानी में उतरते और हाथों पैरों से तलाशते हुए बड़ी-बड़ी छलनी भरकर राख निकालते और पानी छनकर जाते ही उस राख में सोने का छोटा-सा रत्ती भर या गुंजा भर टुकड़ा ढूँढ़ते रहते, जो रूढ़ि अनुसार प्रेत की आँखों पर रखा जाता है। यह छोटा-सा, लाख से भरा सोने का मणि होता है। अगर स्त्री हो तो उसके गले से मंगलसूत्र निकालकर उसमें से दो छोटे मणि निकालते हैं, अगर पुरुष मरा तो पत्नी के मंगलसूत्र से दो मणि निकालकर आँखों पर रखे जाते हैं। यह जलकर राख हुए प्रेत तथा उपलियाँ, लकड़ियों की राख की ढेरी जो पानी में डाली है, उसे छान-छान कर ढूँढ़ते हैं। ये बेचारे लोग दिनभर पानी में खड़े रहकर यह कणमात्र सोना तलाशते-तलाशते काले ठीकरे जैसे हो गए हैं। मैं सोचती, क्यों करते हैं ऐसा? मरनेवालों की आँखों पर रखा इतना-सा सोना प्रेत जलाने से पहले ही इन लोगों को दे देते तो कितना अच्छा रहेगा...धोना धोते-धोते मैं यह प्रेत-विधि देखती, सोचती रहती। चिता रचना, अग्नि देना, पूजा-मंत्रोच्चार आदि। उस समय मृत व्यक्ति के बारे में मेरे मन में बहुत-से खयाल आते। हर रोज मृतक व्यक्ति देखना तथा मुर्दाघाट के उदास वातावरण में रहना इसके कारण मेरा मन भी श्मशान भूमि की तरह वीरान होने लगा था। प्रेतों की जली बदबू से भी मैं अभ्यस्त होने लगी थी। मेरे घर के माहौल से श्मशान भूमि का माहौल मुझे अच्छा लगता था। लोगों की भीड़ में रहने से अच्छा था,

मृत व्यक्तियों की प्रेताग्नि के सान्निध्य में रहना। वे तो मरकर जल रहे थे, मैं जीकर जल रही थी। मेरा दिल, इरादे, आशा, आकांक्षा, भाव-भावनाएँ जलकर राख तो हो ही रही थीं। अब मेरे लिए मेरी माँ जो कुछ कर रही थी वह तो मेरा पिंडदान था। जीते-जी कब्र की घुटन मैं महसूस कर रही थी...।

मेरे भईजी नवम्बर में गए। मेरा स्कूल छूटे महीना हो गया था और स्कूल की ओर से एक खत आया। जिले में जो निबन्ध की प्रतियोगिता हुई थी उसमें मैं प्रथम आई थी। पुरस्कार वितरण समारोह शुक्रवार पेठ में बाबासाहेब खर्डेकर विद्यामन्दिर में था। मैं बहुत खुश हुई, उससे ज्यादा दुःखी भी। अगर भई होते तो, कितना खुश होते वे!

मैंने भाभीजी को खत दिखाया। भाभी भर्राई-सी आवाज में बोली, "कैसी तकदीर तेरी? क्या करने के आशा?"...

दूसरे दिन ही शाम पाँच बजे समारोह था। मैंने डरते-डरते माँ से कहा, "नम्बर आए मेरा, बक्षिस का कार्यक्रम हाय, मैं जा को आतींव।"

वह कुछ बोले बिना ही उठकर बाहर गई। मैंने भाभी की ओर देखा।

"आशा, जा के आ जा।"

मैंने भी कुछ कहे बिना कपड़े बदले। धुला हुआ लहँगा और ब्लाउज। कार्यक्रम में अकेली ही गई। स्कूल का चौक लोगों से भरा था। मैं अकेली एक किनारे की कुर्सी पर बैठ गई। अपनी तारीफ करनेवाला कोई भी नहीं, इस बात का बुरा लग रहा था। हर विद्यार्थी के साथ उनके परिवार का कोई न कोई था, बस्स, मेरा ही कोई नहीं था।

कार्यक्रम प्रारम्भ हुआ। प्राथमिक स्कूल के विजेताओं के बाद हाईस्कूल की छात्राओं के नाम पुकार रहे थे। मेरा नाम पुकारा गया। "कु. आशा इस्माइल देसाई" नाम सुनते ही मेरा शरीर-मन कँपकँपाने लगा, सीढ़ियाँ चढ़कर स्टेज के पास गई, अतिथि के हाथों पुरस्कार का चषक लिया और थरथराते हाथों से सँभालते हुए मैं कुर्सी तक कैसे पहुँची मुझे ही पता। कानों में तालियों की आवाज गूँज रही थी। भावनाओं के प्रपात का आवेग रोकना मुश्किल लग रहा था। जुबान से लफ्ज नहीं निकल पा रहा था। भई की याद से बहती, आँसू भरी आँखों से मैं अपने पहले पुरस्कार का चषक निहार रही थी, अगर मेरे भई होते तो...

कार्यक्रम समाप्त होने में रात के आठ बज चुके थे। मैं हाथ में चषक लिए भागते-भागते घर आई।

माँ दरवाजे के बाहर की सीढ़ियों पर ही बैठी थी, उसे देखते ही मेरा गला सूख गया। मैं सीढ़ियाँ चढ़कर उस तक आई और पुरस्कार का चषक उसके हाथ में देने के लिए हाथ बढ़ाया-"यो बक्षिस मिल्या।" मैंने कहा और मेरे और कुछ कहने से पहले, सुनने से पहले उसने मेरा चषक छीना और पूरी ताकत से सामने के रास्ते पर फेंकते हुए चिल्लाई, "ऐसे टिनपाट (बिना मोल के) बक्षिसा लई देखिवं मैंने, रख जा, ऐसे गलासा में (प्याले में) हामी उद घालतीय उद!" (ऐसे टीन के पुरस्कार मैंने बहुत देखे हैं, रखो यहाँ पर, ऐसे गिलासों में हम ऊंद डालते हैं और ऊंद और जलाते हैं।)

इस अनपेक्षित हमले से मैं तो पथराई-सी हो गई। कुछ पल पहले यह चषक देकर मेरा सम्मान किया गया, अतिथियों ने तारीफ की और यही चषक इसके लिए धूपदानी बन गया? क्या और कैसे कहूँ? अर्थात उसके साथ सीधी-सादी बात करना भी जहाँ मुश्किल था वहाँ

प्रतिवाद के रूप में कुछ कहना कैसे मुमकिन था? मेरी जुबान तो तालू से चिपक गई थी...।

मैं भागकर रास्ते पर आई। मेरा चषक लुढ़कते हुए गटर में जाकर पड़ा था। पानी से धोया, लहँगे से ही पोंछा तब ध्यान में आया चषक में जगह-जगह गढ्ढे पड़े थे। उसे देखकर जैसे मैं ही घायल हो गई।

इसके बाद सच में माँ ने मेरे चषक का धूपदान बनाया। वह उसमें जलते कोयले के अंगार डालकर 'धूप' डालती, यह देखकर मेरा दिल भी जल-जलकर राख हो रहा था...।

## 10. मेरी शादी की यह कहानी; आँसू, गम, दर्द की वीरानी

हमारे घर में एक बकरी थी जिसका नाम था 'हरणी' (हिरणी)। उसने अब तक चार बच्चे दिए थे। इनमें ही एक बकरा था, बिलकुल सफेद, खूबसूरत, सुदृढ़। मैंने उसका नाम रखा था 'छोट्या'। उस दिन रंगपंचमी का दिन था। बहनें रंग उड़ाकर खेल रही थीं, उसमें से ही थोड़ा-सा रंग लेकर मैं छोट्या को रँगा रही थी, आँगन में बैठकर, उसे पकड़कर अपने रँगे हाथ के छप्पे उसके सफेद अंग पर छाप रही थी। अचानक रास्ते के कोने में 'बू' दिखाई दी, भाँजे की माँ। मैं झट से रँगना छोड़कर अन्दर चली गई।

शाम के वक्त बू, माँ और मामू में कुछ तो बातें हो रही थीं। भाभी अन्दर चाय बना रही थी। मैं उसके सामने की दीवार से पीठ लगाकर सब्जी साफ कर रही थी, लेकिन मेरे कान उनकी बातों का जायजा ले रहे थे।

बू कह रही थी, "मैं आशा को मँगनी की साड़ी पिनाने आय सू हाऊँ (आई हूँ), बाबालाल बाजार में सी जा को साड़ी और झंपर (ब्लाऊज) का कपड़ा, डझनभर केले लेको आजा।" (मैं आशा को मँगनी की साड़ी पहनाने के इरादे से आई हूँ। बाबालाल तुम बाजार जाकर साड़ी, चाली का कपड़ा और दर्जन भर केले ले आना।) और उसने बटुए से रुपए निकालकर मामू के हाथ में रखे। मामू तुरन्त ही बाजार जाने के लिए कपड़े बदलकर साइकिल निकालने गए।

मैंने अगतिक नजर से भाभी जी को देखते हुए कहा, "भाभी, मजे यत्ते जल्दी शादी नहीं करने की।" न जाने इतने लफ्ज मैंने कैसे कहे? लेकिन बाहर जाते मामूजी ने सुन ही लिया और बड़ी तेजी से अन्दर आकर झपटकर मुझे खींचा और एक हाथ से मेरा कन्धा थामकर, दूसरा हाथ मारने के लिए उठाया और गुस्सैल आवाज में चिल्लाकर बोले, "क्या बोली तू? फिरा को बोल! शादी को नई कतिया क्या? लई आवाज उठने लगे, जीभ खैंच को मार काढूँगा, समझी? पत्या नई सो टुकड़े करूँगा हौर पोते में भर को नदी में छोड़ को आऊँगा समइया क्या?" (क्या बोली तू? क्या बोली तू? दुबारा बोल! शादी के लिए इनकार करती हो क्या? कुछ ज्यादा ही बातें कर रही हो, जुबान खींच कर बाहर निकाल लूँगा समझी क्या? किसी को पता भी नहीं चलेगा इस तरीके से तुम्हारे टुकड़े-टुकड़े करूँगा, बोरी में भरूँगा और नदी में बोरी फेंक दूँगा, समझ गई ना?)

मैंने मामू का वह रुद्रावतार, आविर्भाव देखकर, डरकर रोना ही शुरू किया। मैं डर के मारे थर-थर काँप रही थी। भाभी जल्दी से पास आई और मामू के हाथ से छुड़ाकर मुझे सहारा देते हुए बोली, "छोड़ो भी, क्या करते हो? बच्चा अभी छोटा है, बोली हूँगी, छोड़ो,

छोड़ो उसे।"

मैं भाभी की कमर से लिपटकर रो रही थी। बाहर माँ की जुबान चल रही थी। "शादी करती नई तो क्या जोगतीण हो को जातिया क्या?" और कई अश्लील गालियाँ मुझे और मरे हुए भईजी को दीं।

आखिरकार बू ने उसे रोका, "गप गे म्हेर, कत्या गाल्या दिंगी।" और अन्दर आते हुए मुझसे कहा, "ये देख आशा, भई मरे कर को शादी करने की गड़बड़ करने लगई, बरस के अन्दर शादी नहीं करे तो, तीन बरस तका शादी करने नहीं आती, जा इत्ता बस रोना, मूँ धो जा।"

मैं चुपचाप दीवार से सटकर बैठी थी। मामूजी ने साइकल से बाजार जाकर साड़ी भी ले ली। भाभी के हाथ में साड़ी, चोली का कपड़ा, नारियल, केले थमाते हुए बोले, "डाल उसकी गोद में।"

भाभी ने मुझे हाथ पकड़कर उठाया। लहँगा, चोली पहनी ही थी, ऊपर से भाभी ने साड़ी पहनाई। बिना किनारे की, फीके केसरिया रंग की धोती थी वह, उस पर बिल चिपका था, "सतरा रुपए!"

भाभी ने मुझे साड़ी पहनाकर सर पर पल्लू दे दिया, नीचे बिठाया और मेरी साड़ी की गोद में कपड़ा, नारियल, केले डालते हुए कहा, "बिस्मिल्लाह।"

अल्लाह के नाम से प्रारम्भ, शुरुआत। संस्कृत या मराठी में 'श्रीगणेश' दूसरा अर्थ है, घायल, बलि का पशु, प्रियकर, प्रेमी, वधस्थान, बलिवेदी।

मेरे जिन्दगी का नयारम्भ, अल्लाह का नाम लेकर हुआ, मेरी इजाजत के बगैर।

मेरी राय, मेरे विचार, मेरी आशाएँ, आकांक्षाएँ, इरादे इनके बारे में बिना सोचे-समझे मेरी शादी पक्की हुई। माँ की नजर में मैं एक बलि का पशु ही तो थी। खुद का अच्छा, भला हो इस इरादे से बलि या कुर्बानी लोग देते तो हैं लेकिन उस वक्त पशु के बारे में, उसकी यातनाएँ समझने की जरूरत कोई नहीं जानता। उस पशु की ऐसी कौन-सी गलती है जिसको इतनी क्रूरता से मौत की सजा दी जाती है। कुर्बानी के वक्त कुर्बानी के पशु के गले में रस्सी का फंदा डालकर खींचते ले जाते हैं और उसके गले पर धारदार छुरी क्रूरता से फेरते हुए कहते हैं, "बिस्मिल्लाह।" उस वक्त बलि पशु का जीवन सफर समाप्त होकर शुरू होता है, "मौत का सफर..."

मेरी मँगनी हो गई। उसी रात में ही शादी की तारीख भी पक्की हो गई।

सात जून।

घर में शादी की तैयारियाँ शुरू हो गईं। माँ और मामू मिलकर खरीदारी कर रहे थे। मुझे कान में सोने के छोटे से कर्णफूल और लच्छे में सोने का छोटा-सा चाँद, जो धागे में काले मणियों में पाँच लड़ियों में पिरोया गया था। उस जमाने में तीन सौ रुपए तोला (10 ग्राम) सोना बिकता था। चाँदी सत्रह रुपए तोला। मैंने सुना था शादी के वक्त माँ अपना सोने का बड़ा लच्छा (गल्सूरी) और सोने की बड़ी मणियों की माला (बोरमाल) डालने के लिए देगी।

शादी राजाराम सिनेमा हॉल में करने का इरादा मामू ने जताया। तीन सौ चौदह रुपए की शालू (शादी की साड़ी) ली थी। बाकी तीन साड़ियाँ मेरे लिए। बहनों के लिए कपड़े लिए गए। भाँजे ने भी शादी-खर्च के लिए पैसे दिए थे।

शादी के दो दिन पहले दरवाजे के आँगन में शादी का मंडप डाला गया। माँ की पुरानी साड़ियाँ मुझे पहनने के लिए दी गई थीं। भाभी जी ने चोर हल्दी मेरे पल्लू में लगाई। पहले दिन की हल्दी, चावल से चौकी भरना, मुझे लकड़ी की पाटी पर बिठाकर सब औरतें अपना-अपना पल्लू एक-दूसरे से पकड़कर सर पर पल्लुओं का आच्छादन बनाकर गीत गाना, यह सब माँ के नाते भाभी ही कर रही थी। इस गीत को "इसबन्द उतारना" कहते हैं (नजर उतारना), लेकिन इसमें से एक भी रस्म में माँ सम्मिलित नहीं हुई।

"मैं रांडमुंड (विधवा) बाई, काय को बुलातीय मजे।" ऐसा जवाब देकर आना ही टालकर मुझे एक उँगली हल्दी लगाना भी उसे रास नहीं आया।

भाभी ने माँ का रिश्ता निभाकर मेरे सर पर अपने आँचल का साया दिया।

माँ की तिलमिलाहट, संताप शुरू ही था। मेरी तो जुबान से एक लफ्ज भी निकलने की कसम थी, लेकिन मैं समझ नहीं सकती थी यह क्यों हर पल मुझसे चिढ़ती है? मैंने क्या किया?

भाभी जी ने हल्दी लगाते वक्त मेरी पेशानी पर चंदन, मोती फूलों की माला के सेहरे बाँधे थे। मैं पड़ोसी के बाहर के कमरे में चुपचाप एक कोने में बैठी थी। शादी के लिए पड़ोसी शशी और पवार का घर "जानवस" (शादी के बारातियों के लिए) लिया था। मैं वहीं बैठी थी।

इतने में तमतमाते हुए माँ आई, "इधर ला वो साड़ी, धोने की हाय" ऐसा कहते हुए साड़ी निकालने की फुर्सत भी ना देते हुए खींचकर निकाली और मुझ पर दाँत-ओंठ खाते हुए चिल्लाई, "जा, बस्स इत्ता नखरे, शेरे काढ को खुट्टी पर रख जा।"

और मुझे चोली, लहँगे पर ही छोड़कर पुरानी साड़ी का मानो पोछा बनाकर ले गई।

मैंने भी सारे सेहरे उतारे और दीवार से लगी खूँटी पर लटकाकर उदास-सी होकर बैठ गई। मेरी सारी संवेदना बधिर हो चुकी थी। न गम, न खुशी, जिन्दा होकर भी न होने जैसी, प्रवाह के साथ-साथ बहती। न कोई उमंग है, न कोई तरंग है, मेरी जिन्दगी है क्या? एक कटी पतंग है...दूसरे दिन भोर होते-होते बोरगाव से ससुराल के बाराती आए। बू जिन्हें मैं फूफू कहती मतलब मेरी सास, उसकी बेटियाँ, दामाद, रिश्तेदार, सौ से भी ज्यादा लोग होंगे।

दुल्हन को सँवारने का काम ससुराल की औरतें करना चाहती थीं। चूने से रँगाए, मिट्टी के छोटे-से, गर्म-गर्म पानी से मुझे पहले नहलाया। नीचे बिठाकर मेरे बालों को पोंछकर कंघी से खींच-खींचकर बाल सँवारना आरम्भ हुआ, इसे इधर 'मिरियाँ गुंथना' ऐसा कहते हैं। एक ननद ने मेरा चेहरा चद्दर से ढक दिया, जिसके लिए उसने मेरी पेशानी कसकर पकड़ी थी। बालों को धूप इतना दिया कि मुझे साँस लेना मुश्किल हुआ।

इसके बाद सामने कुछ बाल लेकर लाल पीले धागों से मिरियाँ गुँथना आरम्भ हुआ। जगमग कलाबूत भी उनमें थी। चोटी बाँधकर उसमें पीला, मोटा-सा रेशम का गोटा भी बाँध दिया। बाल खींचने से मेरे सर में दर्द हो रहा था।

मुझे याद आ रही थी। अम्मा कभी-कभी मेरे बाल सँवारती तो कितनी मुलाय-मियत, नमी, और प्यार से। वह गाती भी।

*"अनार के झाड़ तले तक्ता चंदन का*
*तक्ता चंदन का गे बेटी मिरिया छुड़नका*

*मिरियाँ गुंधन दे गे बेटी मिरिया छुडण दे*
*बेटी तेरे बाला सँभाली बड़ी जतन से*
*आया कोई शिलेदार, ले गया तुझे...''*

मेरे सर पर फूलों का सेहरा बाँधा गया, आँखों में सुरमा, हाथ में हरी-हरी काँच की चूड़ियाँ, कलाई में रेशम का कंगन, बालों के बीचोबीच माँग में अबीर और चकमक का पाउडर, गले में पाँच लड़ियों का, काले मणियों का लच्छा बाँधा जो सुहाग का प्रतीक होता है, गले में गल्सूरी और बोरमाल डाली, एक ननद ने अपनी उँगली पर दातौन लेकर मेरे दाँतों को लगाया। मेरा मुँह कड़ुआहट से भर गया। मेरे लिए लाया गया शादी का जोड़ा पहनाया, अब ऊपर से फीके, तोते रंग की बड़ी चादर डालकर पूरा ढक दिया, बिलकुल मोहर्रम के पीर जैसा। एक ननद ने मेरी चादर में घुसकर मुझे आईना दिखाया...माँग में भरा अबीर पसीने से चेहरे पर उतर गया था, आँखों का सुरमा गालों पर आया था, पसीने से थबथबाया चेहरा, दातौन से दाँत-होंठ काले-काले हो गए थे, सब कुछ इतना विद्रूप किया था कि, मैंने सामने से आईना हटा दिया। प्रेत को नहला-धुलाकर, डोली में सुलाकर ऊपर से रेशम का आच्छादन डालते हैं इस पल मुझे यह बात याद आई...।

मैं दुल्हन बन गई...

निकाह के लिए वक्त पर जाने की जल्दी मामू जी कर रहे थे।

'चलो जल्दी, बखत हुए।'

मुझे पकड़कर खड़ा किया, पाँवों में नए जूते पहनाए। शादी में सगे मामू अपनी भाँजी को बगल में उठाकर शादी की जगह ले जाते हैं, लेकिन यहाँ जल्दी-जल्दी मामू जी ने उठाया और टैक्सी में लाकर बिठाया, टैक्सी राजाराम टॉकीज की ओर जाने लगी।

बालकनी में दुल्हन और औरतों को बिठाने की व्यवस्था की थी, तो सामने पर्दे के स्टेज पर दूल्हे की, निचले हिस्से में मर्द लोगों की। निकाह की रस्म आरम्भ हुई। इस्लाम में हिन्दू धर्म की तरह कुछ धार्मिक विधियाँ नहीं रहतीं। सिर्फ मौलाना अल्लाह से दुआ माँगते हैं, पूरी मजलिस के सामने दूल्हे से शादी का करार कबूल किया जाता है। उससे पहले दुल्हन की रजामंदी मानकर इस्लाम में शादी एक करारनामा माना जाता है। इस करारनामे के वक्त नाते-रिश्ते, दोस्त, बिरादरी के लोग तथा एक वकील और दो गवाह होते हैं।

मौलाना जी ने निकाह पढ़ना आरम्भ किया।

''बिस्मिल्लाह, हिर्र, हमानिर्रहीम...''

'इस्माइल अमीरसाहेब देसाई इनकी दुख्तरे नेक अख्तर आशाबी के साथ एक वकील के वकालत, और दो गवाहों के गवाहात के साथ सव्वा उनपचास के ऐवज में दस्तगीर आबालाल आपराद आप निकाह के लिए राजी हैं? क्या यह निकाह आपने कबूल किया?''

''हाँ कबूल किया, कबूल किया, कबूल किया।'' दूल्हे ने कबूली दी। औरतों ने बरी का सामान (खजूर, खोपरे के टुकड़े और मिसरी की डलियाँ) मेरे चारों तरफ फेंक दिया।

7 जून, 1967 के दिन सुबह 11.30 बजे मेरी शादी हुई। उस दिन अमावस थी।

मैं कुँवारी आशा इस्माइल देसाई अब सुहागन आशा दस्तगीर आपराद बन गई...।

शादी के दूसरे दिन शादी के मंडप में मुझे लकड़ी के पीढ़े पर बिठाकर मिरियाँ छुड़ाने

की रस्म शुरू की गई थी। उसी वक्त सौगात के रूप में साड़ियों की लेन-देन चली थी।

माँ ने मेरी सास की, ननद की, दूल्हे की खालाओं की साड़ियाँ ली थीं। खाला की बेटियों की साड़ियाँ क्यों नहीं लीं, इस बात पर झगड़ा शुरू हुआ।

सच देखा जाए तो, जबसे ससुराल के लोग शादी में आए अजनबी की तरह बर्ताव कर रहे थे।

छोटी ननद तो फटी जुबान की ही है, हर एक से अपमानजनक बातें कर रही थी। अब सबके सामने वह मुझे खदेड़ रही थी, "आजुन खाने डालने का पत्या नहीं, काय क्या शाद्या करतियाँ कना? हामारे भई की मालकीन हो को बैठीया सो बैठीया हौर यो छोरी पल्लू में डाली इसके पीठ पर पाच छोन्या हुए, बाप भी मन्या सो, ना भई, ना बाप ऐसी परदेशी छोरी हमारे एकुलते एक भैं के पल्लू में बन्दी गे मा, इनका वट हुया।" (अभी तक खाना परोसने का ठिकाना नहीं, ऐसा तरीका होता है क्या शादी करने का? हमारे भाई की मालकिन होकर बैठी ही थी, अब अपनी बेटी से भाई का ब्याह भी कराया बेटी लो क्या! अपशकुनी कहीं की, इस छोरी के बाद पाँच बहनें हो गईं, ऊपर से बाप भी मर गया। इस बेटी का न बाप, न भाई ऐसी लड़की का पल्लू हमारे भाई से बाँध दिया री माँ, इनकी बरबादी हों) ऐसा बुरा-भला कहकर बद्दुआ देते हुए जमीन पर हाथ रगड़ने लगी। तब दूसरी ननद अमीर ने उसे रोका।

उसी पल मेरे दिल में विचार आया, "अब इधर भी मैं अनचाही?"

मंडप में झगड़ा बढ़ता ही जा रहा था। आखिर सास ने कहा, "हामना तेरे आहेरा के साडयाच नको, काडी लगा जा, उसे साड़ियाँ ही नहीं चाहिए, उसे आग लगा दो।" ऐसा कहकर उसने नई साड़ी जमीन पर फेंक दी। माँ ने सुना और देखा, भागकर वह अन्दर घर में गई।

दियासलाई ले आई। आग की तिल्ली सुलगाई, एक हाथ में फेंकी साड़ी का एक छोर पकड़ा और सच में उसने साड़ी सुलगाई। मेरी सास ने दोनों हाथ मुँह पर रखकर जोर-जोर से बोंब मारना शुरू किया। ठो...ठो...। मंडप में एकाएक ही भगदड़ मच गई और मेरी खींचातानी शुरू हो गई।

मेरी सास ने मेरी एक बाँह पकड़ी तो दूसरी बाँह माँ ने पकड़ी। दोनों तरफ दोनों मुझे खींचने लगी, मैं चिल्ला रही थी...।

"ले को जातीव मेरे बहू को मैं, का है दस्तगीर?" (ले जाती हूँ मैं मेरी बहू को, कहाँ है दस्तगीर?) दूल्हे मियाँ अन्दर के कमरे में थे लेकिन इतने दंगे के बावजूद बाहर झाँका तक नहीं।

"तू कां ले को चली गे, कां की तेरी बहू? चलने लग मैं तुझे पचानती नई।" (तुम कहाँ ले चली री, कहाँ की तेरी बहू?) माँ ने कहा।

सास के बड़े दामाद ने आकर मुझे छुड़ाकर दूर करते हुए कहा, "चलो मुमानी, नई पचानती न्हव, नई पचानंदे, बेटाच पचान बिसन्या व्हा दुसन्यांका क्या ले को बैठीय?" (चलो मुमानी, नहीं पहचानती तो रहने दो। जहाँ बेटा ही पहचान भूल गया वहाँ दूसरों का क्या?)

और सभी बाराती जाने के लिए निकले। माँ ने किसी से भी रुकने के लिए नहीं कहा

और न ही जाने से रोका।

सभी बाराती अपमानित होकर रास्ते से रोते हुए जा रहे थे। मैं तो पथराई-सी खड़ी थी...।

मिरियाँ खोलने के लिए छोड़ी मेरी चोटी और बाल वैसे ही रह गए। बिना रस्म किए सब लोग निकल पड़े। इतने में माँ की नजर मुझ पर गई और चिढ़ी हुई नागिन की तरह उसने झपटकर मेरे बाल खींचकर, मिरियाँ खींचकर निकालने लगी। मैं घायल-सी चिल्ला रही थी, "आगे छोड़, छोड़, मेरे बाला की खैंचने लगिया?" लेकिन सारा गुस्सा, चिढ़ इकट्ठा कर वह मेरे बाल खींचती ही रही। जुबान से गालियाँ बक रही थी।

"सारे रांडा को आहेरा लेने मजे क्या सावकार ने काढया सो नई, आया त्या काय को छिनाला?" (सारे रांडा के लिए भेंट साड़ियाँ लेने के लिए मैं किसी साहूकार के घर की औलाद नहीं, क्यों आई थीं यह सब छिनालियाँ।) और बहुत कुछ बुरी, अश्लील गालियाँ देते हुए बिना थके वह बक रही थी। इतने में भाभी, हावा खाला आईं और मुझे उसके हाथों से छुड़ाया और घर के अन्दर ले आईं। दोनों ने मिरियाँ खोलीं। मैं अभी भी रो रही थी, रोना रोकना मुश्किल हो रहा था। मैं समझ नहीं पा रही थी, "आखिर मैंने क्या किया?"

मंडप में जो कुछ नौटंकी हुई वह गली की इकट्ठा औरतें, आते-जाते लोग रुककर देख रहे थे। वे सब विस्मित-से हो गए थे। आज तक शादी में उन्होंने बैंडबाजा सुना था, आज वे 'बोंबबाजा' सुनकर अवाक हो गए थे।

इस तरह मेरी शादी हो गई। बिना किसी की खुशी के बिना हँसी मजाक के, न शहनाई न कोई रस्म, न हल्दी न मेहँदी। किसी भी शुभ शकुन के बिना, अमावस के मुहूरत पर बोंबबाजा, रोना-बिसूरना के साथ मातम के साए में, आँसुओं की झड़ी में। सेहरे से सजा चेहरा न मैंने देखा न किसी ने प्यार से मुझे निहारा। किसी ने न गले लगाया। सबके प्रेम से वंचित मैं...बस्स एक शादी की रस्म ने मेरा कुँवारापन छीन लिया और एक लड़की से मुझ पर 'शादीशुदा' औरत का ठप्पा लगा दिया।

मुझे भईजी की बहुत याद आ रही थी। अगर वे होते तो...माँ द्वारा खींचे बालों की वेदना तो हो ही रही थी, उससे कहीं ज्यादा कसक का तीर मेरे हृदय को चीरकर मेरे दिल को लहूलुहान कर गया...'भईजी' ऐसा आर्त चीत्कार मेरी जुबान से निकला और मैं जमीन पर सर रखकर हुमक-हुमक कर रोने लगी...।

मेरे विवाहित जीवन का आरम्भ हुआ। हमारे देश में औरत की उम्र उसकी शादी, बाल-बच्चे इससे आँकी जाती है। इस वजह से बालिका हो तो भी वह वधू होती है, औरत मानी जाती है और उसी के अनुसार उससे अपेक्षा भी रखी जाती है।

मुझे तो मेरे पति का डर लगता था। 14 अप्रैल को चौदह साल पूरे करके मैंने पन्द्रहवें बरस में कदम रखा था। छोटी उम्र, छोटा-सा कद, उनके सामने मानों मैं काँच की गुड़िया। 'वे' मुझसे बारह-तेरह साल से बड़े, ऊँचा, भरा-पूरा कद। मैं डरी-डरी-सी थी...।

मैं अपना सर थामकर, दुबककर बैठी थी। जो कुछ शादी में हुआ था उससे बड़ी उदास हो गई थी। एक अनामिक डर की छाया मुझे घेरे हुए थी। किसी भी बात की खुशी नहीं थी, बस्स नई-नई तकलीफों का सामना करना। डर के मारे मेरे पेट में दर्द हो रहा था।

शादी का घर लेकिन किसी की मौत का मातम जैसा वातावरण था।

माँ तो कब की सर में कपड़ा बाँधे, मुँह पर चादर लेकर सोई थी। शायद सोने का नाटक ही था।

मेर भई के कोई भी रिश्तेदार नहीं थे, जो माँ की तरफ के रिश्तेदार थे एक-एक करके उन्होंने पैर निकाल दिए।

अम्मा, हावाखाला, अनवरखाला शादी में काम-काज में मदद कर रही थीं, वे भी शाम अपने-अपने घर गईं।

भाभी खाना-पकाना कर रही थी। रसोई का काम होते ही, खाने-पीने के बाद वह भी सारी बहनें, उसके बच्चे, और मामू जी के साथ रात में पुलिस लाइन वाले घर पर चली गई। सारा घर खाली था। बस्स हम तीन जने थे, एक माँ, मैं और मेरे शौहर...

रात में सबने खाना खाया लेकिन माँ उठी नहीं।

मैं अन्दर के कमरे में बिछौना बिछाकर सो गई। मेरा पति माँ के पास बैठकर मिन्नतें कर रहा था।

"उठो तो मुमानी, खाना खाव तो।"

"मैं खानेवाली नई, तेरे माँ ने मेरा अपमान करी, मेरे दिल में से जानेवाला नई।"

"मैं माफी मैंगतू नव्हे तुमारी!"

पर वह एक बात भी मान नहीं रही थी। बार-बार मुँह से हाश-हुश करते हुए जमीन पर हाथ पटक रही थी। इतना गुस्सा? मेरी तो समझ के बाहर ही था। मेरा पति बार-बार उसका हाथ थाम रहा था। मैं कुछ कहूँ? मुमकिन ही नहीं था। मैं तो थककर चूर हो गई थी, आँखें अपने आप मुँद रही थीं, आँख लग गई।

अचानक कुछ फूटने की आवाज आई और मैं घबराकर जाग उठी। लालटेन के उजाले में मैंने देखा माँ ने काँच का गिलास जमीन पर पटककर फोड़ा था और टूटा हुआ हिस्सा हाथ में कसकर थाम लिया था और लहूलुहान हाथों से मेरा पति काँच का टुकड़ा छुड़ाकर ले रहा था। पर वह छोड़ नहीं रही थी। इस हाथापाई में 'उन' के भी हाथ में जख्म हो गया था।

मैं जल्दी से उठकर बाहर गई और माँ का हाथ थामते हुए कहा, "माँ छोड़, छोड़ ऐसा करू नको।" मुझे देखते ही उसका चेहरा तमतमा उठा और उसने दाँत किटकिटाते हुए, जोर से धकेलने के लिए हाथ उठाया तब काँच का टुकड़ा उसके हाथ से गिरा। वह पूरे जोर से चिल्लाई, "ए चिपलक के मुँह की, मेरे सामने सी उठ पैले," और उसने मुझे धकेला। मैं उकड़ू बैठी थी, फट से पीछे गिर पड़ी।

मैं उठकर पीछे दीवार से चिपककर सहमी-सी बैठ गई। 'वे' मुझसे बोले, "तू आंदर जा, सो जा।"

मैं चुपचाप अन्दर के कमरे में गई। मुझे भी बड़ा गुस्सा आया। कितनी आक्रा-मकता? झगड़ालूपन और बौखलाहट? कुछ सीमा है या नहीं? बर्ताव का यह तरीका शोभा देता नहीं। सारा तमाशा इसने किया और ऊपर से मेरा ही 'अपमान किया' ऐसा कहते जमीन-आसमान एक कर रही है। बेचारे ससुराल वाले बेटे का ब्याह होकर भी बिना बहू-बेटे के खाली हाथ गाँव गए, क्या कहा होगा गाँववालों ने? उनके दिल पर क्या गुजरी होगी? राते-रोते, खाली हाथ बेटे के बारातियों को जाना पड़ा यह दुःख, अपमान किस लफ्जों में वे सबको बताते होंगे? और यह कह रही है 'मेरा अपमान किया।' जन की नहीं तो मन की लाज भी इस

औरत को नहीं, बेशर्मी की हद थी। किसी के दिल की कदर इस औरत को जरा भी नहीं, इतनी निष्ठुरता? सोच-सोच कर मैं ही थक गई, आँखें झपकने लगीं।

शादी के बाद की यह मेरी पहली रात!! माँ का मेरे प्रति अतीव गुस्सा, चिढ़ और उसके लहू से लहूलुहान...

मैं सुबह जल्दी उठकर काम में लग गई। आँगन बुहारा, बकरियों को उनके गोठे से निकालकर बाहर एक खूँटे से बाँधा, उनके सामने घास डाली, गोठा साफ किया। पति बाहर के कमरे में ही एक बेंच पर सिरहाना लेकर सोए थे। माँ भी सोई थी। चद्दर के बाहर खून से सना, कपड़ा बँधा हाथ दिखाई दे रहा था।

कदम जी का यह घर रास्ते के किनारे, जरा ऊँचे टीले पर था। घर के पास ही टीले पर खाली जगह भरपूर थी। वहीं पर धोना धोने का पत्थर, बकरियों का गोठा, बर्तन माँजने की जगह थी। मैंने बर्तन माँजना शुरू किया। कलाई में हरी काँच की चूड़ियाँ थीं, उसके आगे लाल रेशम का कंगन बँधा था।

सच देखा जाए तो नई-नवेली दुल्हन का पाँच हफ्तों तक घर का काम करना जायज नहीं था। शादी के दूसरे दिन दूल्हे के घर कंगन उतारने की रस्म हुआ करती है। शादी के मंडप में बड़े परात में हल्दी, चूने से रँगा लाल पानी भरते हैं और दुल्हन की उँगलियों में जो चाँदी की अँगूठियाँ होती हैं वे पानी में डालते हैं और दूल्हा-दुल्हन ढूँढ़ते हैं। ससुराल के लोगों के बीच, औरतों की भीड़ में हँसी, मजाक, ठिठोली के माहौल में दूल्हा-दुल्हन की मिरियाँ खोलता है तभी दूल्हा दुल्हन से छेड़खानी करता है। लोकोक्ति कहावतों की आड़ में शृंगार की बातें छिड़ती हैं और दूल्हा-दुल्हन के रेशमी कंगन उतारता है। नया रिश्ता, स्पर्श की रोमांचकारिता, नई-नवेली का शर्मीलापन कुल मिलाकर हुलास भरा, मीठे-मीठे भाव-विभोर तरंग से मन भरनेवाला वातावरण होता है। हाथों की मेहँदी की नक्काशी, फूलों के सेहरे की खुशबू, कच्ची हल्दी, चिकसा सुगंधी वनस्पति को कचोरा कहते हैं। चंदन की सुबास, नए वस्त्रों की सरसराहट, 'दिल वही, धड़कन वही, न जाने ये क्या हुआ? कि सब कुछ लागे नया-नया' आकर्षक, दिल को पागल-सा बनानेवाला, खिंचाव एक लगन पैदा करनेवाला...।

शादी के बाद दुल्हन ससुराल में ही जाती है। हफ्ता, दो हफ्ता रहती है। उसके बाद मायके आती है। फिर से ससुराल वाले उसे ले जाते हैं। विशेषकर जुम्मा का बड़ा महत्त्व मानते हैं। मायके में भी नई दुल्हन का प्यार-दुलार करते हैं। हर जुम्मा चंदन, चिकसा लगाकर नहलाते हैं, लोबान के सुरभिमय धुएँ में बालों को सुखाते हैं। मीठे व्यंजन, पकवान बनाकर खिलाते हैं। पाँचवें जुम्मा को ससुराल के लोग खाने की दावत करके मनाते हैं।

मेरी तकदीर में यह सब कुछ भी नहीं था। न मायके में बेटी का प्यार, न मेरे लिए ससुरालवालों का दुलार, स्वागत, आवभगत और न ही नए रिश्तों का अभिमान। मेरे लिए कुछ भी बदला नहीं था। घर वही, लोग भी वही, बस बदला था तो उनका नजरिया, नए रिश्ते और उनकी भूमिकाएँ, मेरे साथ...मेरी भी...।

मैंने बकरियों की लेंड़ियाँ, मूत, राख से भरे, बिना मेहँदी के ब्याहे अपने हाथ पानी से धोए। धोए बर्तनों से भरी टोकरी अन्दर लाकर रख दी। कैंची निकाली और भीगे, गंदे हुए रेशमी कंगन काटकर फेंक दिए...।

## 11. बाँहों के तुझे हार मैं, पहनाऊँगा एक दिन?

शादी को लगभग एक महीना हो आया होगा, 'वे' मुझसे बोले, "आपून आज 'संगम' पिक्चर देखने जैंगे।" मैं भी बड़ी खुश हुई। जल्दी-जल्दी तैयार होने लगी। शादी के लिए ली साड़ियों में से एक पहनी और हम बाहर निकल पड़े। पाँच बज चुके थे। 'वीनस' थिएटर में पिक्चर लगी थी। रिक्शा से गए। हम पिक्चर जा रहे हैं, यह सुनते ही माँ बाहर गई थी। भाभी ने मुझे 'जा' कहा था। मुझे बहुत दिनों के बाद हलका-सा महसूस हो रहा था। पिक्चर बहुत सुन्दर थी। मेरा मन तरल हुआ था, दिल और दिमाग पर अभी भी राजकपूर, राजेंद्रकुमार और सुन्दर, प्यारी, पसन्दीदा अभिनेत्री वैजयंती माला, इनका अभिनय, गीत-संगीत की मोहिनी-सी थी। मैं मौन-सी पति के साथ-साथ चलते-चलते घर तक कब आई, पता नहीं चला...

*'बाँहों के तुझे हार मैं, पहनाऊँगा एक दिन,*
*सब देखते रह जाएँगे, ले जाऊँगा एक दिन*
*ओ मेहबूबा...ओ मेहबूबा...'*

*हर गीत दीवाना बनानेवाला...।*

जादू से भरी हुई-सी मैंने घर में कदम रखा और किसी सुरंग पर पैर पड़कर अचानक विस्फोट का एहसास हुआ। मैं एकदम-सी डरकर थम गई, "लाज लगी नई क्या गे, चिपलक के मूँकी, मरद संगाट शिनिमा को जाने को, लगेच सोकावे गई तो!" (शर्म नहीं आई तुम्हें? छिपकली की सूरत की। पति के साथ पिक्चर जाने में। जल्दी ही ललचा गई हो...)

"मैं उनको कां चलो बोली? उन्हेच लेको गए।" (मैंने कब कहा जाने के लिए? वे ही मुझे लेकर गए।) मैंने हकलाते हुए जवाब दिया।

मुझे चक्कर-सा आ गया। बिलकुल खुशी के घेरे में बेसुध-सी मैं, इस अचानक हमले से भौंचक्का रह गई, मेरी कुछ समझ में नहीं आ रहा था।

इतने में 'वे' मेरे पीछे से आए।

अब हमले का मोर्चा उधर मुड़ गया। "की रे दशा (दस्तगीर) जोरू को ले को जाताना लाज नई लगी? मेरे परदेशी (लावारिस या अनाथ) बच्चों को कौन ले को जाने का? पैले वखत सिनेमा देखने गए, हौर वो भी दो जने? मेरे बच्चा को कौन हाय? इत्ता मेरे बच्चा को कौन वाली (मालिक) रहया नई गे..." (क्यों रे दस्तगीर जोरू को ले जाने में तुम्हें भी लाज नहीं आई? मेरे अनाथ बच्चों को कौन ले जाएगा? पहली बार पिक्चर देखने गए वह भी दोनों? अब मेरे बच्चों को प्यार करनेवाला कोई नहीं रहा।) ऐसा कहते हुए चुपचाप झगड़ा सुनते बैठी बहनों को पास लिया और बेसुरी आवाज निकालकर रोने लगीं। माँ का रोना और अचानक माँ के प्यार की बरसात देखकर सीने से चिपकी दोनों छोटी बहनें भी माँ की आवाज में आवाज मिलाकर जोर-जोर से रोने लगीं। घर में अचानक इतनी रोना-रानी शुरू हुई कि पड़ोस की संजू की माँ, सामने रहनेवाली कुछ औरतें भागती आईं, "काय झाल? काय झाल?" (क्या हुआ? क्या हुआ?) सवाल करने लगीं।

मैं तो शरम के मारे मानो मर गई। अब 'माफीनामा प्रकरण' शुरू हुआ। मेरे साथ-साथ पति ने भी माँ के पैरों पर सर रखा, "फिरा को (दुबारा) नहीं जाते।" ऐसा वचन दिया तब कहीं जाकर वह शान्त हो पाई।

कुछ देर पहले मैंने जो खुशी का एहसास किया, उस पार्श्वभूमि पर यह घटना...मेरा

दिल कड़ुवाहट से भर गया। अपने पति के साथ कहीं जाने की स्वतंत्रता नहीं? मायके में होकर भी ससुरालवालों जैसा छल? इसे मैं क्या कहूँ? कितनी यह गुलामी? और क्यों? पर यह सारा द्वन्द्व मेरे मन ही मन में चलता रहता! माँ से जवाबतलबी करूँ इतनी शक्ति मुझमें कब थी और पति जी की यह शरणागति।

मुझे लगता था, शायद शादी के बाद मेरी जिन्दगी बदल जाएगी। सम्मानपूर्ण जिन्दगी जीने का मौका मिलेगा। मेरे ही पति के पैसे से परिवार चलता है तो माँ कुछ नरमाई से पेश आएगी, लेकिन प्रत्यक्ष में सब उलटा-पुल्टा हो गया, वही मालकिन बन बैठी।

शायद नियति ने तय किया हुआ होगा, मेरी कोई भी इच्छा पूरी न हो। माना एक गुलाम की बेटी के रूप में ही मैंने माँ की कोख से जन्म लिया था। गुलाम बनकर बड़ी होती गई और गुलाम बनकर अत्याचार सहती आई हूँ, अब मरते दम तक इसमें से मुक्ति है या नहीं? अर्थात उम्रकैद की भी कुछ हदें होती हैं, पर मेरे हिस्से में आई यह उम्रकैद मेरी साँस से शुरू होकर, साँस के साथ ही खत्म होगी क्या? माँ ने मुझे अपने पैरों तले मानो कुचल रखा था। मेरी घुटन, मेरा दर्द बढ़ता ही जा रहा था...।

मेरे शादी को दो महीने होने को आए और बेचारी मेरी सास (फूफू) बिना बुलाए हमारे घर आई। मैंने भागते जाकर उनके हाथ से गठरी ले ली। पानी दिया और चूल्हे पर चाय पकने रखी। माँ घर पर ही थी, तोल-मापकर बोल रही थी।

"इत्ता कैसा क्या आई?" (अभी क्यों आई हो?)

"चार दिन बहू को ले जाना कर को आई।" (चार दिन बहू को ले जाने के लिए।)

"कौ ले को जाने वाली है?" (कब ले जानेवाली हो?)

"सबेरे परसू जाना कतिंव, पीरा को भी गए नहीं, ना निपाणी के (गाँव का नाम) दस्तगीर पीरा को ना घर के बावा डंग को (वली का नाम) दोनों को भी लेको जाना कर को आई, लोगा भी पूछने लगई बहू कैसी है माँ कर को, उने बी देखिंगे।" (कल परसों जाने को सोच रही हूँ। दरगाह को भी नहीं गए, न निपाणी के दस्तगीर वली साहब के दीदार किए, न ही अपने बोरगाँव के बावाडंग वली के। दोनों को भी ले जाने के लिए आई हूँ। लोग भी पूछ रहे हैं बहू कैसी है री तेरी? वे भी देखें।)

"दस्तगीर को कैसे आने मिलिंगा? रजा नको क्या?" (दस्तगीर कैसे आ सकता है? उसे नौकरी से छुट्टी मिलेगी कैसे?)

"देखिंगे आंदे तो भी।" (देखेंगे, आने तो दो उसे।)

मैंने दोनों को चाय दी। मुझे फूफू के आने की खुशी हो रही थी। अब बोरगाँव जाने को मिलेगा यह सोचकर मुझे खुशी हो रही थी। अगर 'वे' भी आए तो कितना अच्छा होगा? दोनों मिलकर कहीं भी तो नहीं गए थे।

देर रात तक 'उनके' आने तक फूफू जागती रही। उसने बोरगाँव आने के लिए उनसे पूछा, "सबेरे मजे छुट्टी हाय, तुमना छोड़ को परसू के दिन आऊँगा, आशी (आशा) न्हंदे आठ दिन, तूच ला को छोड़।" (कल मुझे छुट्टी है, तुम्हें छोड़कर परसों मैं वापस आऊँगा, आशा आगे आठ दिन तक रहेगी, तुम लाकर छोड़ देना।) इन्होंने जवाब दिया।

उस पर फूफू बोली, "भला बाबा, तेरी मर्जी ।" (ठीक है, तेरी मर्जी)

दूसरे दिन हम तीन जने एस.टी. (स्टेट ट्रांसपोर्ट) बस से बोरगाँव गए। गाँव में फूफू

के बहुत रिश्तेदार हैं। बावाडंग पीर के दरगाह में कदम छूकर दीदार करके आए। निपाणी जाना मुमकिन न हुआ, 'वे' वापस जानेवाले थे। गाँव की औरतें नई बहू देखने आती थीं। फूफू सबके कदम छूकर नमस्कार करने के लिए कहती।

मेरी ससुराल बोरगाँव कर्नाटक राज्य में आती है। बोरगाँव में जैन सम्प्रदाय के लोग बहुत हैं। मेरी सास, ननद पर जैन संस्कार ही व्यक्त होते हैं। सब लोग पूर्णतः शाकाहारी हैं। दही, छाछ, दूध, रोटी, सब्जी, मूँगफली, अचार, चावल। ज्वार चक्की पर मोटी-मोटी पीसकर उसकी कनकी पानी में नरम पकाई जाती है जो दूध या छाछ के साथ खाते हैं। कम पानी का बेसन, ऐसा ही खाना फूफू बनाती।

शादी से पहले फूफू मुझसे नाराज थी लेकिन अब वह नाराजगी जरा भी नहीं थी। वह मुझसे प्रेम करती थी।

वे उस रात बोरगाँव में रहे। मुझे बड़ा अच्छा लग रहा था। अगर आठ दिन तक वे यहाँ रहते तो कितना अच्छा लगता? यहाँ आने पर मुझे मुक्त-मुक्त-सा लग रहा था। ससुराल में दिल लग रहा था। लेकिन दूसरे दिन 'वे' मुझे बोरगाँव में छोड़कर कोल्हापुर चले गए।

घर में छोटी ननद मासाय थी। उसके पहले पति ने उसे तलाक दिया था। फिर दूसरी शादी हुई थी लेकिन वह ससुराल नहीं गई। पति ही कभी-कभी मिलने आता था। मासाय फूफू के पास ही रहती। मासाय बड़ी मुँहजोर और लड़ाका थी। उसकी किसी के साथ बनती न थी। काम करना, खाना पकाना उसे पसन्द न था। फूफू बैठे-बिठाए खिलाती-पिलाती, फिर भी पेशानी पर बल डाले गिरगिट की तरह आँखें घुमाती फिरती।

मेरी सास का घर खुद का बनवाया, बड़ा था। बड़े-बड़े चार कमरे, आगे-पीछे खाली जगह। फूफू मायकेवालों की खेती में काम करती थी। किसी दूसरों की खेती भागीदारी से करती। ज्यादा मात्रा में सब्जी खरीदकर छोटी मात्रा में व्यापार करनेवालों को सब्जी बेचती। कुछ अड़चन के वक्त पर आस-पड़ोस वालों को पैसे भी देती, ऊपर से थोड़ा-बहुत ब्याज भी लेती। काट-छाँट कर खर्चा करना, बहुत परिश्रम करके कमाना, सीधा-सादा रहन-सहन, शान्त और दयालु स्वभाव ऐसा उनका व्यक्तित्व था। उनकी सबको मदद करने की, प्रेम करने की वृत्ति से, घुल-मिल, मिलनसार स्वभाव के कारण उनके मायके के सभी लोग जो बोरगाँव में रहते थे खूब प्यार, आदर करते।

फूफू के साथ जब तक 'वे' रहे, बहुत परिश्रम करते रहे। अमरूद के बगीचे में मेहनत करना, बैंगन की खेती करना। कुछ साल अपनी खालाओं के यहाँ मतलब गौरवाड़, शिरढोण गाँव में रहे लेकिन जैसे ही 'वे' कोल्हापुर में आए फूफूजी ने अपने मायके वालों के सहारे बोरगाँव में ही स्थिर होना पसन्द किया। ससुर को गुजरे बहुत बरस बीत चुके थे। लेकिन जब जिन्दा थे तब भी परिवार की जिम्मेदारी ली हो, ऐसा नहीं था। तीन बेटियाँ और एक बेटा, सारा परिवार अकेली की जिम्मेदारी पर निभाया। बेटियों की शादी करवाई। अब एक बेटा और खुद सुख से रहेंगे ऐसा उसने सोचा था, आस की थी, लेकिन सब विफल हुआ। उनकी मन्नतवाला, जिस पर उनका बहुत प्रेम था, बड़ी नाजोअदा से जिसे पाला था वह अपना बेटा ही उसके हाथ से निकल चुका था। अकेला यह 'सुपुत्र' मेरी माँ के परिवार की गाड़ी खींचने के लिए ऐसे ही मिल गया। फूफू को जिन्दगी भर श्रम करना पड़ा, बेटे का सुख उसे रत्तीभर भी नहीं मिला। कैसी यह तकदीर? बेचारी जिन्दगीभर इस दर्द से व्याकुल, घायल

होकर रोती–बिसूरती रही। माँ की समझ में सब आता था पर किसी की भावनाओं की कदर करना शायद उसके खून में नहीं था।

बोरगाँव में फूफू के घर आए तीन दिन होते ही मासाय ने मेरे साथ झगड़े का रास्ता निकाला। मैं सामने के आँगन में, पेड़ की छाँव में बर्तन माँजतो बैठी थी। फूफू दुकान से कुछ लाने गई थी। उससे पहले जब मैं घर के अन्दर मोरी पर बर्तन माँजने लगी थी तब देखते ही मासाय मुझ पर चिल्लाई और बोली, ''आगे ए आशा, व्हां का भांडे घसन लगिया। मेरे मरद का धोतर घाण हुयींगा गे अम्मा, भार झाड़ निचे घस जा तो, हाम व्हांच घसतीय न्हवं?'' (अरी ए आशा, वहाँ पर क्यों बर्तन माँज रही हो? मेरे शौहर की धोती गंदी हो जाएगी, बाहर पेड़ के नीचे बर्तन माँजो, हम भी वहीं पर माँजते हैं ना?) मैं मासाय की बात सुनते ही जल्दी–जल्दी बर्तन भरकर पेड़ तले बर्तन माँजने बैठी। हमारे आँगन और घर के बीच में से लोगों के जाने–आने का रास्ता था। लोग आ–जा रहे थे। इतने में फूफू आई–

''आगे आशा यहाँ गे का भांडे घसते बैठिया? मासाय का गयी? उन्हें घतिया छोड़, उठ वहाँशी।'' (अरी आशा, यहाँ क्यों बर्तन माँजती बैठी हो? वह माँजती है, उठो वहाँ से।) और अन्दर आते–आते मासाय को जोर से डाँटा, ''मासाय, नवी आरूस को रस्ते पर भांडे घसने की गे दी?''

''मैंच बोली भार भांडे घस कर को, मेरे मरद का धोतर घाण हुतय।'' (मैंने ही कहा था बाहर बर्तन माँजो, मेरे शौहर के कपड़े गंदे हो जाएँगे।)

फूफू को एकदम से चिढ़ और गुस्सा आया–

''मुर्दा बठवूँ तेरे मरद का, कां तो महिना–पंद्रा दिन में आतय, और न्हाणी क्या उस भाडया की (गाली) हाय व्हय? मेरी बहू है वो, इस घर की मालकिन उसे भार भांडे घस कनेवाली तू कौन?'' (मुर्दा बिठा दूँ उसका, महीना या पन्द्रह दिनों बाद कभी तो आता है, और मोरी क्या उसके बाप की? यह मेरी बहू है, इस घर की मालकिन तुम उसे आदेश देनेवाली हो कौन?)

फूफू के गुस्से भरे डाँटने से मासाय को भी अपमान लगा और गुस्सा भी आया। अब वह मेरी तरफ आई, बड़ी जोर से मेरी बाँह पकड़कर उठाते हुए कड़कते बोली, ''जा गे माँ अन्दर जा। मालकीन हाय न्हव तू? आगे सुनतंया (सुनते हो ना?) न्हव यो दो दिन आयी सो मालकीन हौर मैं परदेशनी कत गे।'' (जाओ, अन्दर जाओ मेरी माँ तुम, मालकिन हो ना तुम? सुनते हो ना तुम? यह दो दिन आनेवाली मालकिन और हमेशा से रहनेवाली मैं पराई! अनाथ! अनाथ हूँ जी) ऐसा पड़ोसी बिरादरीवालों को सुनाते हुए उसने जोर–जोर से बोंब मारना शुरू किया। आँगन में पाँच–पच्चीस पड़ोसिनें इकठ्ठा हो गई थीं।

मुझे मेरे राख से भरे हाथ धोने का भी ध्यान नहीं रहा और डर के मारे मैं भागते हुए घर में आई।

माँ–बेटी का झगड़ा जोर से चालू था। जमा औरतों में कुछ एक ने मासाय और फूफू को समझाया और झगड़ा मिटाया लेकिन मासाय तो बड़ी गुस्से में थी।

मासाय ने बड़बड़ाते हुए चावल, आटा ले लिया और पिछले कमरे में चूल्हा जलाकर अपना खाना पकाया। उसके बाद दो दिन तक शकरकंद उबालकर खाए। फूफू बर्तन में रोटी, सब्जी डालकर देने जाती पर मासाय वह बर्तन नहीं लेती।

मेरी वजह से माँ-बेटी में बखेड़ा हो यह बात मुझे अच्छी नहीं लगी। मैंने फूफू से कहा, ''काय को फूफू बुसाय को गुस्सा करे? मैं वहाँ भांडे रस्ते के पास च घसतिव न्हवे? यहाँ घशी तो क्या हुआ?'' (क्यों गुस्सा किया फूफू तुमने बू साहिबा को (ननद) मैं तो कोल्हापुर में भी रास्ते पर ही बर्तन माँजती हूँ अगर यहाँ पर माँजी तो क्या हुआ?)

''ऐसा नहीं आशा, वहाँ की बात अलग यहाँ की अलग, तू नवी बहू हाय, लोका क्या कईंगे यत्ताबी समझता नई क्या उसे? हौर तू क्या दिलपर लिवं नको, यो कायम चले सो हाय, इस वास्ते चुल्हाच डाल को रखींव मैंने, कां दो दिन चलता नई, मैं पकाया शिवाय क्या खईंगी? क्या काँटे भरींगी पेट में?'' (ऐसा नहीं आशा, वहाँ की बात अलग है यहाँ की अलग। तुम नई दुल्हन हो, लोग क्या कहेंगे इतना भी खयाल नहीं? और हाँ, तुम किसी भी बात को दिल पर मत लो, यह तो हमेशा से चलता आया है। मासाय के लिए एक चूल्हा हमेशा का डाल रखा है अलग से। ऐसा नाटक दो-तीन चलता है। मेरे पकाए बगैर खाएगी क्या? क्या पेट में काँटे भरेगी?)

और सच में दो दिन बाद मासाय का दिमाग ठिकाने पर आया। पीने का पानी तालाब से लाकर भरा, घर साफ किया, खाने के वक्त हमारे साथ खाने बैठी, लेकिन मेरे साथ बात नहीं की। मेरी अवस्था तो आग से निकलकर खाक में गिर गई ऐसी हो गई थी।

आठ दिनों बाद फूफू मुझे कोल्हापुर ले आई। आते वक्त मेरे लिए नई साड़ी खरीदी, चूड़ियाँ पहनवाईं। मेरे मुमेरे देवरानियों ने नारियल, चोली से गोद भर दी। अपने घर खाने की दावत दी। खास बात यह कि, किसी ने भी मेरे रूप पर टीका-टिप्पणी नहीं की, बल्कि बड़ी तारीफ की। मैंने पहली बार प्रशंसा सुनी और अचंभित रही, ''साजरी हाय गे बहू, चलवी हाय गे छोरी, आँक्या कत्ते गे साजरे हायी, आगे माँ, बाण मारे गत नाक हाय देख बहू कारू।'' (सुन्दर है बहू तुम्हारी, आँखें कितनी सुन्दर हैं! सीधे बाण जैसा धारदार नाक, बड़ी अच्छी, आकर्षक है।) यह तारीफ सुनकर सास भी खुश हो रही थी। शाम के वक्त नमक, मिर्च से नजर उतारती, अलाबला लेकर, अपनी ही उँगलियाँ कड़कड़ तोड़कर मुझे नजर लगानेवाले बुरी नजरवालों को गालियाँ देती। मुझे अपने पास सुलाती, हाथ से थपथपाती। ऐसे थे आठ दिन, झट से निकल गए...बड़े ही प्यार भरे दिन थे...वह भी ससुराल के!

अब मैं अपने मायके के घर आई, मेरा मन बड़ा उदास हो गया। मानो कोई कैदी कैद से छूटकर भाग जाए और उसे दुबारा पकड़कर जेल में भरती कराया जाए।

मुझे खुशी से ज्यादा बहुत-सी वेदना, डर, दहशत, तनावग्रस्त लगता था। वातावरण का एक अनामिक दबाव-सा मैं महसूस करती और अधिक सिकुड़ती जा रही थी।

अपने दिल की बात किस के पास कहूँ? ऐसा कोई मेरा हमदर्द, हमदम नहीं था। किसी अनजान, दुर्गम द्वीप पर अकेली हूँ, कितना भी जोर से चिल्लाओ कोई भी अपनी आवाज सुननेवाला नहीं है, यह एहसास मुझे और अधिक अगतिक, विफल, विकलांग बना रहा था।

## 12. भाभी, तुम्हें ना भूली मैं कभी

मेरी शादी के बाद तीन महीने उपरांत मामूजी का तबादला गढ़हिंग्लाज में हुआ। माँ ने अपनी पाँचों बेटियों की जिम्मेदारी उन पर सौंप दी और निश्चिंत हो गई। भाभी के एक बेटा पैदा

हुआ था, जिसका नाम इस्माइल रखा गया, भई जी की याद में भाभी ने रखा था नाम। उसे वे 'भैया' कहती।

भैया अब तीन बरस का हुआ था। लेकिन दिमागी तौर पर उसकी हालत ठीक नहीं थी। वह कमजोर था, और एक पैर से अपाहिज। भैया जब भाभी के पेट में था तभी भाभी को लकवे का अटैक आया था, जिसमें भाभी बदन के बाएँ बाजू से हमेशा के लिए अपाहिज हो गई। उसकी इस अवस्था पर मैं उसके गले लगकर बहुत रोई थी। भाभी को भी बहुत रुलाई आई, वैसे तो खामोशी से आँसू बहाते मैं उसे बरसों से देखती आई थी।

मैं कुछ समझ नहीं पा रही थी आखिर भाभी के साथ ऐसा क्यों हुआ? नियति ने यह कैसी बीमारी उसके लिए नियत की! क्या कसूर था उसका? बहुत से सवालों से मैं परेशान हो गई।

अत्यन्त शान्त सुस्वभाव की भाभी मुझे बहुत पसन्द थी, मैं दिल से उन्हें प्यार करती। भाभी भी मुझे बहुत दुलारती, प्यार करती। ऐसी प्यारी-सी भाभी को जब एक दुबला, कमजोर पैर खींचती, निर्बल बाएँ हाथ से दीवार का सहारा लेकर चलती देखती तो मेरा मन भर आता। अब तो उन्हें बात कग्ने में भी तकलीफ हो रही थी। सँभलती, हकलाती, तुतलाती बात करती। पहले से ही बहुत कम बात करनेवाली भाभी ज्यादा ही मौन-सी होती गई...

अपाहिज भाभी पर अपनी पाँच बेटियों और भाभी के तीन बच्चे थे ही, आठ-आठ बच्चों की जिम्मेदारी सौंपते हुए माँ को जरा भी शरम नहीं आई। अर्थात मामूजी की आज्ञा के सामने उसकी कुछ नहीं चलती। सब लड़कियों का परिवार लेकर भाभी, मामू गढ़हिंग्लाज गए।

मेरी बहनें और भाभी की दोनों बेटियाँ गढ़हिंग्लाज के स्कूल में पढ़ने जाने लगीं। भाभी का दिल इतना उदार था कि कभी भी उसने बहनों के प्रति दूजाभाव या अपना-पराया भाव नहीं जताया। अपने बच्चों के साथ-साथ इनकी भी देखभाल समान प्यार से की।

भाभी अपनी अपाहिजी स्वीकार कर घर का काम करना सीख गई थी। लूला हाथ भाँडे में डालकर भाँडा माँजती। कुछ भाँडे पाँव में पकड़कर माँजती थी। धोना एक ही हाथ से धोती और पाँव के नीचे पकड़कर निचोड़ती, एक हाथ से ही डोर पर कपड़े सुखाने डालती और लकड़ी से चौड़ा करती। खाना-पकाना, झाड़ू लगाना, बिछाना, ठीक से करती-रखती, लड़कियों के बाल सँवारकर चोटी डालना सब-सब काम करती। जमेला दुबली-पतली होकर भी उसके काम में हाथ बँटाती, शमशाद भी कुछ मदद करती।

गढ़हिंग्लाज में कुएँ से पानी लाना पड़ता, सब छोरियाँ मिलकर ले आतीं। कभी-कभी कुएँ पर धोना लेकर जाती और भाभी धोना धोती। एक ही हाथ से भाभी रहट से घड़ा पानी में छोड़ती और रहट खींचती लेकिन घड़ा निकालने के लिए किसी और की मदद लेती। शमा पानी लाने में मदद करती लेकिन लाते वक्त सबको गालियाँ देती। "मुर्दा धुलाय इनका, कत्ता पानी लाने के?" उसने अपनी माँ के रूप के साथ-साथ माँ का झगड़ालूपन, गाली-गलौज भी विरासत में ले लिया था। भाभी को दुख देने के लिए कोई नहीं, ऐसी स्थिति न रहे शायद यह कमी शमा दूर करती थी।

बहनों की भरपूर पिटाई करना, बाल नोंचना, पाँव से मारना, गालियाँ देना, झगड़ा करना, यह तो था ही लेकिन भाभी की तरह शान्त, विनम्र शमशाद और दिलशाद को भी मारती, तो बड़ा

बुरा लगता। उनके साँवले रंग पर, छोटी-सी नाक पर टिप्पणी करती, उन्हें रुलाती।

काम करते-करते यह झगड़े मिटाना, भाभी की नाक में दम आता। भाभी इतनी भली थी कि उसने कभी भी छोरियों के बारे में मामू के पास शिकायत नहीं की। कभी एक थप्पड़ भी नहीं मारा, न कभी गुस्से में आकर डाँटा या फटकारा। बस जो झगड़े में मार खा रहा है उसे छुड़ा लेती। बेचारी इसमें भी कभी धकेल दी जाती। शमा की तरह ही इरिना और जरीना भी उस्तादों की उस्ताद थीं, हाँ जमेला और शहजाद, ऐसे झगड़े से दूर रहतीं। लेकिन इन्हें भी बेवजह मारने में वे तीनों कभी चूकती नहीं। शायद उन्हें मारकर रुलाने में आसुरी आनन्द मिलता।

इन सब तकलीफों, पीड़ाओं के बावजूद माँ बड़ी निश्चिंत और आराम से कोल्हापुर में रहती। किसी की व्यथा, किसी के कन्धे पर? जिन्दगी यह कैसी पहेली? इस उलझन में मैं व्यस्त होती जा रही थी।

अब 'वे' (मेरे पति) कोल्हापुर के श्रीपतराव बोंद्रे कम्पनी में ट्रक डाइवर की नौकरी में लगे थे। हर रोज भोर पाँच बजे के समय अनाज से भरा ट्रक लेकर कणकवली, साखरपा, विपलूण, सावंतवाडी आदि कोंकण के इलाके में जाते। रात नौ-दस बजे तक वापस आते। फिर दूसरी भोर जाते। पगार थोड़ा-सा ही था लेकिन रास्ते में अनाज मिलता, ट्रक में कुछ मुसाफिरों को ले जाते उसके कुछ पैसे मिलते। जब रात आते तो जेब से सारे पैसे निकालकर माँ के हाथ सौंपते। रुपए, अठन्नी, चवन्नी, आणेली (एक आणा-अनेक आणेली) ऐसे भरपूर छुट्टे होते।

मैं पैसे देते देखती और सोचती इनको मुझे भी कुछ पैसे देना जरूरी है। दोपहर दरवाजे पर कुरमुरे-मूँगफली वाला आता, कभी आणे का बर्फवाला आता तो जी चाहता चवन्नी होती तो खरीद लेती। बस्स, मिटमिट आँखों से चीजें देखती और जी मारकर अन्दर चली आती। एक दमड़ी भी पास नहीं होती, क्या लेती और देती? पति ही नहीं देता तो और कौन देगा? माँ तो मालकिन के नखरे में रहती, वह भी एक पैसा मुझे नहीं देती। मैंने भी कभी न पति के पास न माँ के पास हाथ पसारा, मुझे बड़ा संकोच लगता। बिना माँगे वे दें तो अच्छा, ऐसा लगता। लेकिन केवल लगने से क्या होता है? मैं बड़ी सुबह जागकर खाना पकाती, डिब्बा भरती और माँ आगे बढ़कर उनके हाथ में थमा देती। बाहर जाते वक्त 'वे' "जाता हूँ" ऐसा माँ से कहकर विदा होते। मैं वहीं पर खड़ी रहती, इन्तजार रहता 'वे' मुझसे भी कुछ कहेंगे लेकिन नहीं। मेरा मन विषाद से भर आता। दूसरे दिन दुबारा वही काम, वही इन्तजार और वही विषाद का सिलसिला। बात छोटी-सी थी पर दिल के अरमान आँसुओं में बह जाते और वफा का जवाब बेवफाई में मिलता...।

माँ पाँच गज की गोल साड़ी पहनती, कभी तो नौ गज की कौंछा मारकर (कासोटा)। अब तो हाथ में पैसा था, महीने में दो-चार साड़ियाँ खरीदती, झंपर सिलवाती, लम्बे से बालों का जूड़ा बाँधती। बहुत बार अकेली ही सिनेमा देखने जाती। मांस, मच्छी, अंडे बार-बार लाकर, पकाकर खाती। अब तो तबीयत और भी भरी-भरी-सी हो गई थी। मूलतः गोरा रंग और अधिक खुला था। अब वह पहले से ज्यादा घमंडी हो गई थी। उसे अपने रूप का बड़ा गुमान था।

मेरे लिए नई साड़ी खरीदे ऐसी जरूरत उसे महसूस नहीं होती। पुरानी साड़ी का फटा

हिस्सा निकालकर दोनों किनारे सिलवाकर मेरे हाथ में साड़ी थमाते हुए कहती, "नरमसूत ऐसतयी यो साडया, अजून रंग जैसा का वैसा है।" (यह साड़ियाँ बड़ी नरम रहती हैं, और रंग भी पक्का है।)

मेरी तो कुछ भी शिकायत नहीं थी, जो पहनने देंगे वही पहनना, खाने-पकाने में जो कहें वही बनाना और दिनभर काम खींचते रहना।

इतना सब करने के बावजूद भी दिल को तसल्ली लगे ऐसा नहीं था। हर रोज का झगड़ा तो था ही। मेरी जुबान से उफ तक नहीं निकलता फिर भी बेवजह झगड़ा करती। मैंने जल्दी नहाया, देर से नहाया, चूल्हे पर रखा दूध उबल गया, पति एकाध गजरा लाया, शुरू...छाती पीटना, सर पटकना, मुझे अनाप-शनाप गालियाँ देना, उठकर जान देने जाना, मानो हमारी छठी माँ को पूजा था। रोज की यह नौटंकी।

जब भई थे तो सैकड़ों बार माँ हम बहनों को लेकर आत्महत्या करने जाती थी। जाते वक्त साथ में खाने का बड़ा डिब्बा, पानी की केतली लेती। सारा खटाला लेकर, ताँगे में से रंकाला तालाब के पास के बगीचे में ले आती। हम सब हर पल डरती, न जाने कब तालाब में जान देने के लिए ले जाए लेकिन सबको खिलाकर खुद खाकर आराम से पेड़ तले सो जाती और हम दिनभर बगीचे में खेलते रहते। फिर शाम को मामू आते, मिन्नतें करते और हमें घर ले आते, आगे चलकर हमें आदत हो गई। जब वह कहती, "मैं इत्ता जान देने जातींव, सारे छोन्या संगाट रंकाले में डूबी कत्तो सबके गल्ले को संदल लगीगा।" तब हम जान जातीं कि आज बगीचे में खाने के लिए जाना है। कभी-कभी बिना हँसे भई मजाक करते और कहते, "अगं मीरे, पाण्याची एव्हढी किटली पूरे का? नाही म्हणजे दिवसभर..." तब भई की ओर मोर्चा घूमता और वह गालियाँ शुरू करती।

अब तक वह पुराना नाटक जारी था। आमतौर पर जब 'इन्हें' हफ्ते की छुट्टी रहती आत्महत्या की नौटंकी शुरू होती।

दोनों का क्या विवाद था, मेरी समझ में नहीं आता क्योंकि मेरे सामने वे दोनों चुप रहते। आवाज भी धीमी-धीमी होती। फिर भी कुछ लफ्ज कानों पर आते, "इत्ता तू पैला रहया नई, शादी हुये कनेशी बदले।"

"नई मुमानी, चूप गैरसमज कर को लिंव नको।"

"तू मजे बोलू नको, मजे सारा चकोट समझतयं।" फिर विवाद बढ़ता ही जाता। हाथ में थैली लेकर वह बाहर निकल पड़ती तो घर शान्त-सा होता। लेकिन 'वे' बड़े बेचैन रहते, दुविधा में पड़कर सर पकड़कर बैठ जाते, ठीक से खाना नहीं खाते। मुँह पर चद्दर लेकर सोने का नाटक करते। फिर उठकर गली में जनार्दन दादा नाम का उनका दोस्त था उसके पास जाते, फिर दोनों मिलकर माँ को घर लाने के लिए जाते।

माँ ने अब आत्महत्या की जगह बदल दी थी। टेंबलाई के टीले पर एक बगीचा था, वहीं पर दिनभर बैठती। शायद वह दादा से पता बताकर जाती होगी। मैं दिवानी वह मरने जा रही है ऐसा सोचकर उसे रोकने जाती, रोती, घबराती पर वह मुझे धकेल देती और कहती, "तू चिपलक की मुँह की, तू यत्ती मेरे सामने आऊँ नको नको।"

दादा और वे दोनों मिलकर माँ को लेकर देर रात घर आते। वह ऊपर से शान्त लगती लेकिन अन्दर से उफनती रहती। अर्थात मैं सामने खड़ी होकर उसकी आँखों में आँखें डालकर

देख नहीं सकती, तो मैं दरवाजे की आड़ से छुपकर उसे निहारती। चेहरे पर बड़ा संताप, निष्ठुरता बिखरी नजर आती। मुझमें छुपकर भी वह चेहरा निहारने का साहस नहीं था। उसके इन अवगुणों ने ही सब पर दहशत छा रखी थी। पूरा ध्यान अपने पर ही केंद्रित रहे इसके प्रति सजग रहकर उसने अपने सारे अस्त्र, शस्त्र जो सिर्फ 'उसके' ही थे उनका पूरा-पूरा उपयोग वह करती। रीछ की नाक में नकेल डालकर, दरवेश जैसे उसे नचाता है, वैसे वह सबको अपनी ताल पर नचवाती और सारे नाचते भी...।

## 13. जाने यह कैसी आग लगी है; इसमें धुआँ ना चिंगारी है... हो ना हो उस पार कहीं कोई; ख्वाब जला है सीने में...

मेरे पाँव भारी थे। बहुत तकलीफ हो रही थी, खाया नहीं जाता, बहुत थकान लगती। घर का काम तो माला के पिरोये मणियों जैसा अव्याहत, लगातार शुरू ही था। इसके बावजूद और एक बखेड़ा मेरे पीछे शुरू हुआ।

मामू-भाभी, बहनें गढ़हिंग्लाज गए और माँ ने बड़बड़ाना शुरू किया, "मेरे बच्चे वहाँ परदेशी हैं, कोई जाता नई, न्हता भई," ऐसा कहकर जमीन पर सर पटकना, अपने मुँह पर थपेड़े लगाकर रोना ऐसा नाटक शुरू हुआ।

अब मुझे भी गुस्सा आता, मैं कहती भी, "की मेरे पिच्छे लगीया, मेरा मजे बस हुये, मैं नई जानेवाली।"

लेकिन जैसे ही 'वे' घर आते न जाने क्या चक्कर चलता, दो दिन के अन्दर गढ़हिंग्लाज जाने की उनकी ट्रक ड्यूटी लग जाती और 'वे' मुझे कहते, "सबेरे फजेर को गढ़हिंग्लाज को जाने का हाय।" बिना कुछ बहस के मैं जाने की तैयारी में लग जाती। एक प्लास्टिक की बास्केट में रात में ही कपड़े भरकर रखती। हमेशा की तरह सुबह जल्दी उठकर खाना पकाकर डिब्बा भरकर, जाने की तैयारी में घर से निकलने लगती तो माँ के चेहरे पर खुशियाँ झलकने लगतीं।

मैं चुपचाप ट्रक में जाकर उनके पास की सीट पर जा बैठती लेकिन सफर शुरू होते ही मौन का बाँध टूट जाता और मेरी आँखों से झर-झर आँसुओं की झड़ी लगती। दुःख की बात यह कि सब कुछ समझकर भी नासमझ की तरह वे बेखबर से रहते, न सवाल करते कि "तुम क्यों रो रही हो?" अर्थात 'वे' जानते थे कि इसे जबर्दस्ती ले जा रहा हूँ, गढ़हिंग्लाज जाने का इसका कतई इरादा नहीं। किसी कैदी को एक जेल से निकालकर दूसरे जेलखाने में भरती करा रहे हैं, ऐसी मेरे मन की स्थिति हो जाती।

इन सब बातों का मुझे बड़ा दर्द हो रहा था। सबसे ज्यादा दर्द, अपमान इस बात का था कि, 'वे' क्यों नहीं कहते कि "मैं नहीं भेजूँगा उसके दिल के ख़िलाफ।" सब कुछ माँ का ही सुनना और अमल में लाना। मेरे रोने का असर माँ के दिल पर नहीं होता। ठीक है लेकिन मेरे आँसुओं की कदर मेरे पति को भी न हो? इससे बढ़कर स्त्रीत्व का अपमान और क्या हो सकता है?

मैं रोती-रोती और शान्त-सी रह जाती। बिलकुल शुष्क-सी। अपने दिल को समझाती, "मत रो मेरे दिल, क्यों, रोता है? और किसके लिए? सिर्फ तुम 'उनसे' प्यार करती हो, उन्हें

तुम्हारे लिए अगर प्यार नहीं तो इसमें तुम्हारा क्या कसूर? उनके दिल में मेरा ही खिंचाव हो इसका क्या फायदा? उन्हें भी मेरे बारे में वही उत्कटता, भावना, प्रेम होना जरूरी है ना? 'जाने वो कैसे लोग थे जिनके प्यार को प्यार मिला, हमने तो जब कलियाँ माँगी, काँटों का हार मिला!'

इस पल में बड़ी शिद्दत से मुझे याद आती मेरे ननिहाल पन्हाले के उर्स की। उर्स के दिन ज़िबह किए जानेवाले बकरे की। बड़ी निर्दयता से उसकी टाँगें पकड़कर उसे जिबह की जगह तक खींचते ले जाते। उसकी लगातार, बेबस, आर्त बें...बें शुरू रहती। फिर उसे नीचे गिराकर दो लोग उसकी टाँगें तानकर, पकड़कर रखते, इसमें से भी वह बेचारा छूटने की लाचार कोशिश करता। फिर जिबह करनेवाला अपना धारदार छूरा हाथ में लेकर अपनी ताकतवर जाँघें बकरे के पेट पर रखकर, एक हाथ से उसकी गर्दन पकड़कर छूरा घुमाता...बड़ी निर्दयता से कभी-कभी बकरे की गर्दन हाथ से छूट जाती और सिर्फ गर्दन ही उड़ते-उड़ते भागती, और उसकी देह भी जल्दी अचेतन नहीं होती। बकरे की वह तड़प! उसके जीने की चाहत और आखिरी पल तक उसका संघर्ष! और फिर एक असहाय, निर्बल पशु की चुपचाप मौत! किस जुल्म की यह सजा? उस पर किसी को भी दया नहीं आती? क्यों? बहुत-से सवाल और उसका जवाब देनेवाला कोई भी नहीं। सब निर्विकार भाव से उसकी जीने की तड़प और मरने की तड़फ देखते रहते। देखने वालों के दिल पर एक खरोंच भी नहीं आती!...

गढ़हिंग्लाज में मैं भाभी के काम में मदद करती। वहाँ पर भी बहनों के झगड़े चलते, वे नाक में दम करतीं। आस-पड़ोसवाले अच्छे थे। दोपहर में उनके घर जाकर बैठती। दिल के अन्दर ही अन्दर कसक-सी रहती, कहीं पर दिल नहीं लगता, बहुत बेचैनगी, उदासी, व्याकुलता भरी रहती। कोई चीज नहीं थी, जो मेरे मन को बहला सके। अपने हाथ से कुछ छूटता जा रहा है यह सोच बड़ी मजबूरी सी महसूस होती।

जिन्दगी का यँह कैसा खेल? यह कैसी उलझन? अपने ही जो दर्द दे रहे हैं उसे किससे कहूँ? कैसे और किसे बयाँ करूँ? यह पारिवारिक जिन्दगी? ऐसी होती है क्या? इसमें मेरा, अपना क्या है? शतरंज के खिलाड़ियों ने अपनी सोच, सुविधा, चाल के अनुसार मोहरों को रखना है, न खुद की 'मती' न खुद की 'गती'। सब कुछ दूसरों के हाथ की करनी। मुझे तो मेरी जिन्दगी पूरी नीरस-सी लगने लगी। 'ना कोई उमंग है, ना कोई तरंग है, मेरी जिन्दगी भी क्या? एक कटी पतंग है...।'

शादी से पहले की जिन्दगी वैसी और शादी के बाद ऐसी! लावारिस कुत्ते की तरह! 'थू तुम्हारी जिन्दगी पर' अब मुझे ही मुझसे नफरत होने लगी।

माँ अपने कठोर शब्दों से मुझ पर हमेशा वार करती आई। जन्म से ही मैं नफरत भरे लफ्ज सुनती आई। कभी मेरे जन्म पर तो कभी मेरे रूप पर! मेरा अस्तित्व ही उसके लिए नाजायज था। और मैं! उसके लफ्ज-लफ्ज के प्रहार से जाने-अनजाने दबती-दबती जा रही थी, मिट्टी की कब्र की तरह...

अपशकुनी, काली, उजले पाँव की, छिपकली के मुँह की और अब चिन्ता से मेरी आँखों के काले घेरे बढ़ते देखकर "मेरे पाँवा पर जो नूर है सो तेरे मुँह पर है क्या? चूप जलू नको, चप्पल की सूरत की।" इन विशेषणों से मेरी पल-पल पर पहचान कराई जाती तो मेरे पति

मेरी थकी, दुबली-पतली देह पर टिप्पणी करते 'ए, टाँगे के टप के मुँह की!'

मेरे बारे में अपमानित विशेषण सुनकर मेरा बचा-खुचा आत्मविश्वास भी गुम होता जा रहा था। अब तो यह सब सच ही लगने लगा, इस कारण मैं सबसे अपने आपको बचाती, दूर रहने लगी।

पूरा सर पल्लू से ढँककर आगे छाती पर से खींचकर खोंस लेती। मैंने आईने में देखना कब का छोड़ दिया था। सजना-सँवरना तो दूर की बात थी। आईने में झाँके बिना कंघी से बाल खरचती, चोटी डालती। नहाकर जो पुरानी, फटी साड़ियाँ थी वही पहन लेती। अच्छी, कीमती, पसन्दीदा साड़ियाँ थीं ही कहाँ? कौन लेता? मानो मैं एक बोझ थी। सच तो यह था कि मुझे मेरी ही जिन्दगी बोझ लग रही थी, पेट में बच्चा था जिसकी आस पर यह बोझ ढो रही थी।

किसी लाचार, बेबस कुत्ते को हर बार, हर दरवाजे से धुतकारा जाता है, मेरी अवस्था उससे कम नहीं थी। सिर्फ, दुनियावालों को दिखाने के लिए 'मेरा' कुछ था, लेकिन उस 'कुछ' पर मेरा रत्तीभर भी अधिकार नहीं था, और इस बात का एहसास हर पल मुझे कराया जाता था। सोच-सोचकर सर में दर्द होने लगता, मैं किसी पागल की तरह सोच में डूबती, खोती जा रही थी।

'वे' पन्द्रह दिन के बाद ट्रक लेकर मुझे लेने गढ़हिंग्लाज आ जाते, साथ में माँ रहती। अब मैं कोल्हापुर और माँ गढ़हिंग्लाज में। माँ को देखते ही भाभी का चेहरा उतर जाता।

आज जब मैं सोचती हूँ तो जान पाती हूँ कि मेरी और भाभी की तकदीर को समान दुःख से घेर रखा था, नियति ने और कुछ लोगों ने भी। इसमें मेरे भई भी थे लेकिन मौत ने उनकी रिहाई कर दी थी। हम दोनों एक ही स्त्री द्वारा होनेवाली प्रताड़ना और अवहेलना सह रहे थे, बिलकुल चुपचाप से। हम दोनों मतलब मैं और भाभी ने इतने पास रहकर भी कभी खुलकर इस विषय पर बातें नहीं कीं। शायद हया, मर्यादा ने हमें मौन बना रखा था। यही स्वभाव आड़े आ रहा था। और कोई नहीं था जिसके पास दिल खोलकर अपना दर्द कह सकूँ! मुझे बड़ी घुटन हो रही थी।

इन सब बातों का असर मेरे मन और शरीर पर होता गया। हर वक्त पैरों में, पेट में दर्द होने लगा, बड़ी थकान-सी लगती रहती थी, खाया नहीं जाता था। मेरे पेट से होने की खुशी किसी को नहीं थी। न पति को, न माँ को। कोई यह नहीं पूछता कि तुम्हें कैसे आरवे (गर्भवती पेट-सी औरत की इच्छाएँ) लगे हैं? क्या आरजू है तुम्हारी? तुम्हें क्या खाने की इच्छा हो रही है? एकाध फल खाओ, कुछ बनाकर दे दूँ? कुछ लाकर दूँ? ज्यादा काम मत करो! यह बोझ मत उठाओ। मैं बाहर देखती किसी गर्भवती औरत को कितनी नाजोअदा से सँभाला जाता था। लेकिन खुदा ने शायद कुछ प्रेमभरे शब्द मैं सुनूँ इसके लिए कान नहीं दिए थे। लेकिन मेरा पागल मन ऐसी सब बातों की आस करता और हमेशा की तरह हर इच्छा बाँझ-सी रह जाती...।

हर सुबह जब 'वे' ट्रक पर जाने के लिए निकलते माँ लोटा भर दूध उन्हें लाकर पीने के लिए देती। रात में ही दूध लाकर, गर्म करके चूल्हे पर रखती। उनकी तबीयत मेरी सास ने भी बचपन से ही ध्यान से सँभाली थी। गाँव में उन्हें 'पैलवान' कहते। एक लीटर दूध पचाने की ताकत उनमें थी। मैं गर्भवती उनके सामने दिखाई देती, फिर भी वे कभी नहीं कहते,

"एक कप भर दूध तू भी ले!" हाँ, जब कभी माँ और उनके झगड़े होते तब माँ उनसे कहती, "अरे, तुजे लोटा-लोटा भर दूध पिलाति रे! यत्ती तो जाण रख।" (तुम्हें लोटा-लोटा भर दूध देती हूँ इतनी तो याद रखो।)

अब मुझे पाँचवाँ महीना शुरू था। खूब थकी-माँदी-सी हो गई थी। उठकर कुछ काम करूँ इतना उत्साह भी नहीं लग रहा था। मैं दरवाजे के एक कोने की सीढ़ी पर बैठी थी। अचानक चक्कर-सा आ गया और मैं वहीं दहलीज पर गिर पड़ी। उसी वक्त जनार्दन दादा घर आ रहा था, उसने देखा और मुझे उठाकर रिक्शा में डालकर काँचनकोटी डॉक्टर के अस्पताल में ले आया। कुछ इलाज के बाद मुझे घर लाया गया, पहले कमरे में चटाई बिछाकर हवा के रुख पर सुलाया। मुझे कामला की बीमारी हो गई थी। सारा शरीर पीला-पीला-सा हुआ था। बहुत दिनों से थकान महसूस हो रही थी लेकिन उसकी ओर किसी का ध्यान ही नहीं था और अब जाकर बीमारी बढ़ चुकी थी, मुझमें जरा भी शक्ति बची नहीं थी।

'वे' रात दस बजे आए। मुझे कामला की बीमारी हुई है यह माँ ने उन्हें बताया। 'वे' मेरे पास आकर बैठ गए, मेरा एक हाथ अपने हाथ में लिया और रोने लगे।

यह मेरा पहला अनुभव था, जबकि मेरा शौहर मेरा हाथ थामे, मेरे लिए आँसू बहा रहा था, मुझे तो उस अवस्था में भी यह अच्छा लग रहा था। माँ अन्दर खाना पका रही थी। उसने शायद उनकी आवाज सुनी और झटके से बाहर आई। उसने देखा कि मैं मरी नहीं, बल्कि जिन्दा हूँ और मेरा शौहर रो रहा है। उससे सहा नहीं गया और जोर से चिल्लाकर मेरा हाथ छुड़वाते हुए बकने लगी, "क्या हुए रोने? आँ क्या हुए? मरी नई नव्हे अजून? मरी कत्तो रो कत्ते, उठ वहाँशी, हाथा-पाँवा धो और खाने चल!" और खटाक से बटन दबाए जैसा रोना बन्द करके 'वे' मेरे पास से उठकर हाथ धोने मोरी पर चले गए। मैंने करवट बदली, अपना मुँह दीवार की तरफ किया। अब मुझे रोना आ रहा था।

गलीवालों के कहने पर कुछ देशी दवाइयाँ शुरू की। सोन्या मारुती चौक में एक हज्जाम था जो कामला की दवाई देता था। बड़ी सुबह वे हज्जाम काका आते और एक गिलास अंडी के पत्तों के रस में कुछ चूरन का मिश्रण डालकर, घोलकर पिलाते। खाने में सिर्फ छाछ। खाने में रोटी छाछ मिलाकर खाती। बाकी सब खाने का परहेज था। दिनभर आँखों में नींद-सी रहती या मूर्च्छा-सी। पेट में आग-आग होती। बेचैनगी इतनी रहती कि मुझे बदन पर साड़ी भी बोझ लगने लगी, मैंने साड़ी उतारकर फेंक दी और लहँगा, अँगिया में ही सोने लगी। पैरों का दर्द बढ़ रहा था।

पाँच महीने का पेट मानो पिघल-सा गया था। बीमारी की इस स्थिति में भी माँ पास नहीं फटकती थी। दोपहर में अम्मा आकर सूप या कागज से हवा करती। शाम में हावा खाला, न्यामत पास आकर बैठती, हवा करती। सब खाला, मामू, अम्मा का मुझसे ज्यादा लगाव था।

अम्मा मेरे हिस्से का काम भी करती। बर्तन घसना, झाड़ना, बकरियों की लेंड़ी, मूत, गोठा साफ करना, नदी जाकर धोना धोकर आना।

घर में सात-आठ बकरियाँ थीं। उन्हें चारा लाकर देनवाला राजा नाम का चौबीस-पच्चीस बरस का लड़का था। मैं उसे राजा मामा कहती। राजा मामा थोड़ा बावला, अनपढ़, सीधा-सादा था, उसकी बैलगाड़ी थी, वह उससे सामान ढोने का किराए का काम करता।

उसके दो सुन्दर बैल थे, जिनके लिए वह बड़ी सुबह अपने खेत से अच्छी, खास घास काटकर ले आता, जाते-जाते हमारे दरवाजे में दस-बारह घास की पुल्लियाँ फेंक जाता। माँ उसे चाय, ब्रेड तो कभी खाना देती, कभी पाँच-दस रुपये भी। अब मेरी बीमारी में वह दोपहर में आता, एक स्टूल लेकर पास बैठता, ''आशा आक्का जरा वारा घालू?'' ऐसा सवाल करके कागज से हवा देना शुरू करता। उसकी बड़ी बहन सुभद्रा, जिसे सुबी कहते वह भी आती, घर का कुछ काम करती। पड़ोस के तोड़कर परिवार की शशिकला (शशी) उसने मुझे अपनी बड़ी बहन जैसा प्यार किया। घर में झगड़े शुरू होते तो शशी ही मिटाने आती, मुझे अपने घर में ले जाती, कुछ खिलाती, पिलाती। शशी हर रोज मेरे बाल सँवारकर चोटी डालती, नहलाती, कपड़े पहनाती। माँ पर खाना पकाने की जिम्मेदारी आ गई थी, उसी वजह से वह बहुत ताव में थी। बर्तनों की फेंका-फेंकी, गाली-गलौज, बड़-बड़ शुरू ही थी। मैं तो कुछ जगी, कुछ सोई-सी रहती, आँखों पर सतत झपकी-सी थी। कुछ कर नहीं सकती थी, मैं बड़ी मजबूर हो गई थी।

एक महीने के बाद तबीयत कुछ-कुछ सुधर गई।

थकान और बढ़ी थी। पाँचवाँ पूरा होकर छठा महीना शुरू हुआ, तब पड़ोस की संजू की माँ ने कहा, ''थोरल्या दवाखान्यात जाऊन नाव घालून ये जा।'' (बड़े अस्पताल में नाम भरती करा दो।)

एक दोपहर मैं और शशी दोनों मिलकर सरकारी अस्पताल में जिसे 'बड़ा दवाखाना' कहते हैं वहाँ जाकर नाम भरती करवाकर आए। डॉक्टर मेरी छोटी उम्र, छोटा-सा कद, थका शरीर, म्लान आँखें, वजन-नाप, पेट देखते हुए बोले, ''तुम बहुत छोटी और थकी हुई हो, तुम्हें ताकत की दवाइयाँ, दूध, फल लेना जरूरी है, और हाँ, बच्चा भी कमजोर है, इसके लिए तुम्हें अपनी देखभाल जरूरी है।'' मैं आँखें जमीन पर गड़ाए सुन रही थी, मेरे हाथ में था ही क्या?

सातवें महीने में घर से निकालने जैसा ही बर्ताव करके मुझे गढ़हिंग्लाज भेजा। इस अवस्था में मेरा कहीं जाने का मन नहीं था। ट्रक में मैं सफर करते-करते सोच रही थी, 'इन्हें' मेरे मन या शरीर की अवस्था से कुछ मतलब नहीं था शायद। मेरा विचारचक्र शुरू था। क्या ऐसा ही होता है पति-पत्नी का रिश्ता? सिर्फ शरीर सुख के लिए पास आना इस रिश्ते की परिपूर्ति है क्या? इसके अलावा बहुत कुछ है। एक-दूजे की भावनाएँ, धड़कन, सुख-दुख के साझीदार, हमदम, हमसफर! और इन सब आरजूओं का क्या? यह अधूरापन लिए घर-परिवार की व्याख्या पूरी होती है क्या? मुझे क्या चाहिए? मेरी क्या चाहतें हैं यह कहे बिना अगर पति, पत्नी को समझ नहीं लेता तो फिर इस रिश्ते का मतलब ही क्या? जीवनसाथी का नाम तो है पर फर्ज निभाना मालूम नहीं। यह सब मेरे कहने से क्या होता है? बात तो तब बनती है जब लफ्जों के सहारे बिना आँखों, आँसू, तड़पना, इन्तजार, स्पर्श की उत्कटता और भी...और भी...बातों से जान जाए। बस्स मेरा दुर्भाग्य था कि, मेरा माँगना और 'उनका' समझना इन में दो ध्रुवों का अन्तर था, जिसे मिटाना मेरे बस के बाहर था।

उन्होंने मुझे गढ़हिंग्लाज में भाभी के घर छोड़ दिया और आगे चले गए।

मैं अब भी गढ़हिंग्लाज में थी। भाभी के और एक बेटा हुआ था। यह लड़का शरीर, बुद्धि से हट्टा-कट्टा था। भाभी की तबीयत वैसी ही थी, अपितु और अधिक थकी-सी।

भाभी ने परिवार नियोजन का ऑपरेशन करवा लिया था। फिर भी काम का ताप, अपाहिज शरीर के कारण भाभी बार-बार बीमार पड़ रही थी। लड़ते, झगड़ते सही सारी लड़कियाँ घर का कुछ-कुछ काम करती। पानी की बड़ी तकलीफ थी वहाँ।

शिवराज कॉलेज के पास से पीने का पानी, तो बाकी खर्चे के लिए कड़गाँव रास्ते के कुएँ का पानी भरना पड़ता। स्कूल से आने के बाद जरा-सा कुछ खाकर बहनें, भाभी की बेटियाँ छोटे-छोटे कलसे से पानी लातीं।

उस दिन मैं भी उनके साथ पानी भरने गई। आते वक्त सर पर एक घड़ा, एक कमर पर लेकर आ रहे थे कि मेरी साड़ी मेरे पैरों में अटकने लगी। जैसे-तैसे घर आई और दरवाजे की सीढ़ी से ठोकर खाकर गिर पड़ी। दोनों घड़े गड़गड़ाते रास्ते से जाने लगे। फिर मैंने घड़े को थामा। हाथ छोड़कर सीढ़ी का ही सहारा लिया, जिससे पेट के बल गिरने से मैं बच गई।

भाभी जोर से पाँव खींचती, भागती पास आई और उसने मुझे उठाया।

"तू क्यों गई थी आशा? बहोत लगा क्या?"

"नहीं भाभी, जरा अँगूठे को लगा।"

भाभी ने अँगूठे के जख्म पर हल्दी लगाई, शमशाद ने पट्टी बाँधी। रात में पेट दर्द करने लगा, लेकिन अपने-आप सुबह तक थम गया। सब गड़बड़ का कारण मेरी साड़ी थी, जो पेट पर से फिसलकर पाँव में अटक रही थी, बीच का लहँगा दिखाई दे रहा था, मुझे उस अवस्था में भी हँसी आ गई। अच्छा हुआ शाम थी, वरना लोग क्या कहते?

पन्द्रह दिन के बाद 'वे' मुझे लेने आए, माँ को वहीं छोड़कर मुझे ले गए।

जब हम पति-पत्नी कोल्हापुर में रहते तो बड़ा सुकून-सा लगता। उन दिनों में मेरे पति मुझे बहुत दिल के पास-पास महसूस होते। 'वे' बड़े प्यार से, रसिकता से बर्ताव करते। कोंकण से आते वक्त मेरे लिए याद से गजरा लाते। मुझे फूल, गजरा पसन्द है, यह उन दिनों में एहसास दिलाते। कभी पीली-पीली शेवंती तो कभी अबोली, सुरंगी का गजरा ले आते।

ऐसे वक्त वे मुझे ट्रक से कोंकण ले जाते। जाते वक्त दिल बड़ा खुशमिजाज रहता। कोंकण का वातावरण बड़ा सुहाना लगता, खपरैल या घास के छप्पर के घर, लम्बा-चौड़ा आँगन, बड़े-बड़े पेड़, पौधे, शान्त, साफ-सुथरा नहाया-धोया सा लगनेवाला परिवेश बड़ा प्यारा नजारा लगता। मन तरल, भावविभोर हो जाता।

राह में कोई छोटा-सा गाँव का होटल मिलता तो वे ट्रक रोककर कुछ खाने को लाकर देते। दोनों मिलकर किसी पेड़ तले बैठकर खाना खाते तो वे बड़ी मिन्नत करते।

मेरा मूड भी अच्छा रहता। वे खर्चे के लिए कुछ पैसे मुझे देते तो मैं अम्मा से गोश्त मँगवाती, खाना पकाती, अम्मा भी खाने आती! एकाध पिक्चर भी दिखाते। 'वे' भी ड्यूटी से घर आने के लिए बेकरार रहते। मुझे लगता ये दिन, रातें सब हमेशा रहें तो कितना अच्छा होगा! घर-परिवार में जी लगता।

वैसे तो मैं सपनीली स्वभाव की हूँ। मेरे अरमान छोटे-छोटे थे। तरल, कोमल वृत्ति से जीना अच्छा लगता। एकाध गजरा या फूल, अत्तर की बूँद, अच्छा-सा गीत, हरा-भरा समाँ, कोई अच्छी-सी किताब, मैं खुश होती इन चीजों से।

मैंने अपना नाम लायब्रेरी में दाखिल किया था, घर से पास ही। तीन रुपये महीना फीस थी। मेरी पड़ोसन राणे परिवार की बेबी किताबें लाने-देने का काम करती, दोनों मिलकर फीस

देते। इस अवधि में मैंने बहुत किताबें पढ़ीं। बंगाली उपन्यासों के मराठी अनुवाद की किताबें थीं, वे सब पढ़ीं, जिनका मेरे मन पर गहरा असर होता था। इन उपन्यासों की पतिव्रता, पतिनिष्ठ पत्नी की भूमिका, परिश्रमी, संयमी, सहनशील नारियाँ–मैं बड़ी प्रभावित हो जाती।

मुझे याद है एक दिन दरवाजे पर मिट्टी का मोर बेचनेवाला आया था। मोर मिट्टी का लेकिन पसारे हुए पंख सच्चे मोर के थे, ऊँचे-ऊँचे, भरपूर पंखोंवाला मोर! झिलमिल, नीले-नीले गहरे रंग के पंख! मुझे बहुत पसन्द आया, मैंने पाँच रुपये में उसे खरीद लिया। सोच रही थी, कहाँ रखूँ? एकदम से सूझा, घर में ऊँची-ऊँची बेंत की टोकरी थी। टोकरी पर ढक्कन भी था। मैंने ढक्कन पर गुलाबी रंग का, नर्म-नर्म कपड़ा ढाँक दिया, उस पर वह सुन्दर मोर रखा। मैं बार-बार मुड़कर उस मोर को देखती और अपनी ही रचना पर खुश होती, बड़ा सुन्दर लग रहा था वह मोर।

माँ गढ़हिंग्लाज से वापस आई। घर में आते ही बेंत की टोकरी पर सजाया मोर उसने देखा, न जाने किस बात की उसे इतनी चिढ़ आ गई, हाथ में थामी थैली जमीन पर पटकते हुए चिल्लाई, "घर में जोगन का जग कोन ने रखे? हात में चौंडका लेकर जोगतीण किसे हुने का हाय यहाँ?" ऐसा कहते हुए टोकरी पर लात मारी और मेरा मोर फेंक दिया।

मिट्टी का मोर पल में फूट गया, घर भर में उसके पंख बिखर गए...

उस मोर की तरह खिला-खिला-सा मेरा मन, उस मोर की तरफ बार-बार देखकर दिल में उठते भाव पल में चकनाचूर हो गए। बीच रास्ते में किसी ने आकर तमाचा लगाया हो, ऐसा मेरा चेहरा हक्का-बक्का हो गया।

माँ के घर में आते ही तूफान की तरह सब कुछ बिखर जाता। अब मेरे शौहर भी किसी अनजाने की तरह नजर आते, उनका बर्ताव भी बदला-बदला-सा लगता। एक अजीबो-गरीब खिंचाव, घुटन, अकड़न महसूस होती। मैं तो बुझी-बुझी-सी, डरी-डरी-सी रहने लगती...

## 14. बेटी तेरे बड़े उपकार, तुमने दिया मुझे माता का अधिकार

आठवें महीने में गर्भवती औरत का सफर करना सेहत के लिए अच्छा नहीं होता, यह बात हावाखाला ने बड़े साहस के साथ, शायद पहली बार कही होगी, "म्हेर, इत्ता आश को कां लगा दिवं नको, आठवा महिना लगे, बच्चा आडा असतय, इत्ता न्हंदे जाने का।"

इस पर माँ कुछ बोली नहीं। मुझे बड़ा अच्छा लगा, सच में अब जाना-आना, वह सफर मुझे निभता नहीं था। इसी काल में ही 11 दिसम्बंर, 1967 में बड़ा भूकम्प हुआ। इस भूकम्प काल में मुझे मानसिक स्तर पर बड़ी तकलीफ हुई, मैं बहुत डर गई थी।

हावाखाला की बड़ी बेटी न्यामत की शादी तय हो गई थी। राजारामपुरी में दूल्हे का घर था। न्यामत दिखने में भली थी। दूल्हा शाहू मिल (कपड़े की मिल) में नौकरी करता था। खुद का घर, सास-ससुर, देवर, ननद ऐसा भरा-पूरा परिवार था। खा-पीकर साधारण पर सुखी परिवार था। न्यामत भी खुश थी। दस घर के बर्तन माँजना, कपड़े धोना यह रोजगारी कष्ट के दिन समाप्त होनेवाले थे। माँ ने खर्चे की जिम्मेदारी उठाई थी, अलबत्ता वह पैसा मेरे पति का ही था, यह बात अलहदा।

हमारे ही घर में लड़की दिखाना, मँगनी, आवभगत, खाना, मेहँदी, हल्दी, बेबी परी का खाना, सारे समारोह बड़ी खुशी-खुशी माँ निभा रही थी। उन्होंने भी काम से छुट्टी ली थी। न्यामत के चप्पल तक की खरीदारी दोनों मिलकर कर रहे थे। शादी दूल्हे के घर थी। 17 मार्च, 1968 के दिन न्यामत की शादी हो गई।

न्यामत की शादी के दूसरे दिन से ही मेरे पेट में दर्द होने लगा। नौ दिन... पूरे हो चुके थे। रह-रहकर दर्द होने लगा। मैंने 'उन्हें' बताया, उन्होंने माँ से। रिक्शा से हम तीनों सी.पी.आर. अस्पताल में-सरकारी बड़े दवाखाने में आ गए। मुझे अन्दर ले गए, जाँच की। जचगी का पेटदर्द शुरू हुआ था, दूसरे दिन शाम तक जचगी होगी ऐसा डॉक्टर ने बताया, और इधर-उधर घूमो, सोओ मत ऐसी सूचना भी दी। गरम खाना और फीकी दाल खाने में दे दो, ऐसा नर्स ने बताया।

मुझे तो शुरुआत की भी वेदना सही नहीं जा रही थी। अस्पताल की ऊँची सीढ़ी के नीचे खाली जगह में एक बड़ा बेंच था वहीं पर हम बैठ गए। ऐसा पल कभी आया नहीं था, जब हम तीनों साथ हों। अब मेरे पति सिरहाने और माँ पैरों के पास बैठे थे। मेरे पेट में जैसे ही दर्द का दौर आता माँ मेरी कमर पर हाथ फेर रही थी। उसी दर्दीली स्थिति में भी मुझे भला लग रहा था। ऐसा प्यार मेरे हिस्से में दुर्लभ था।

'वे' घर गए, अम्मा ने गरम खाना, दाल डिब्बे में दिया, वह लेकर आए। लेकिन मुझे तो दो निवाले लेने की भी ताकत नहीं थी। मैं बहुत डर गई थी। जचगी के बारे में कुछ भी जानकारी नहीं थी। इस शुरू की स्थिति में ही चर-चर टेढ़ी-मेढ़ी हो रही थी। "माँ गे, माँ गे" कराह रही थी। "इत्ताच ऐसा करने लगी तो क्या हुने का? अजून सच्च्या कला कां सुरू हुंयी?" माँ ने कहा। बाप रे! मतलब सच्चा दर्द अभी शुरू ही नहीं हुआ? अब मैं नहीं बचती। मैं रात भर तिलमिलाती, कराहती रही। सुबह तक मेरे मुँह को कलेजा आने लगा, पाँव में से दर्द के गोले चढ़ रहे थे। चाय तक पीने की ताकत नहीं रही।

दोपहर के बाद मुझे जचगी के कमरे में लाया गया। अब तो मैं थककर चूर-चूर हो गई थी। कहाँ भागूँ? क्या करूँ कुछ सूझ नहीं रहा था। कल दोपहर से पेट में अनाज नहीं था। मैं नर्स के पास गिड़गिड़ा रही थी, "मुझे जान से मारो, मुझे सहा नहीं जाता, मुझे इंजेक्शन दे दो और मारो।"

"ऐ देखो, अब तुम्हें सहना ही है और औरतें भी सह रही हैं ना?" सिस्टर मुझे समझा रही थी।

मैंने बाकी सोई औरतों को देखा पर मुझे लगता था वह सह रही हैं, मुझसे उम्र से बड़ी भी थीं वह।

पाँच बजने आए, मेरी आवाज क्षीण होती जा रही थी। जीभ अन्दर-अन्दर खिंचती जा रही थी। तीन-चार सिस्टर्स, नर्स, डॉक्टर आसपास थे। तीन-चार इंजेक्शन दिए, कुछ सूचनाएँ दी जा रही थीं। मैं कुछ बेसुध-सी होती जा रही थी, और बड़ी वेदनाओं का क्रम शुरू हुआ, मैं जी-जान-से चिल्ला रही थी। एक नर्स कभी मुँह में पानी की बूँदें डालती, कभी चेहरे पर छींट मारती, बड़ी कठिनाई के बाद वह पल आया। वह पल...जब मैंने जान को जन्म दिया, वेदना का क्रम थम-सा गया...और मैंने साँस ली, तो मैं जिन्दा थी। वह दर्द, उस दर्द से रिहाई वही औरतें समझ सकती हैं जो कम उम्र में माँ बनने की प्रक्रिया से गुजरती हैं।

डॉक्टर ने बताया, "आँखें खोलो, तुमने बेटी को जन्म दिया है, देखो तो। मैंने आँखें खोलीं, मैं माँ बन गई थी, इस पल ने मेरी भूमिका ही बदल दी। मैं एक पत्नी से माता बन गई... 19 मार्च 1968 में पहली बेटी की माँ बन गई।

मेरी बेटी को दुलाई में लपेटकर मेरे पास सुलाया। आज भी रंगपंचमी थी, एक साल पहले रंगपंचमी के दिन, शाम के समय फूफू ने मँगनी के नारियल से मेरी गोद भरी थी, आज मेरी गोद में उसी दिन, उसी समय एक बेटी थी।

तीन दिन से अविरत चली वेदनाओं की सत्वपरीक्षा देकर मैंने बेटी को पाया था। लेकिन शरीर में त्राण नहीं था। सामने की दीवार पर आईना था। मैंने आईने में अपना चेहरा देखा, कितनी भयंकर कुरूप दिखाई दे रही थी मैं! पूरा काला-काला रंग, भिंच-भिंच कर काले-नीले पड़े होंठ, सूजन, बिखरे बाल, मुझसे देखा नहीं गया।

मेरे पास अस्पताल में अम्मा थी। वह बच्चे को सँभालती, माँ घर पर थी। मुझे मिलने मेरी स्कूल की सहेलियाँ आई थीं। मेरे पड़ोस की अलका, मंगला भी आई थीं, उन्होंने ही स्कूल में बताया था कि, "आशा देसाई ला मुलगी झाली।"

स्कूल की सहेलियाँ, स्कूल से ही बस्ता लेकर, स्कूल के कपड़ों में ही आई थीं। मेरे लिए अंगूर ले आई थीं। सभी काँट (चारपाई) के आसपास खड़ी बड़ी कुतूहल से बच्चे को निहार रही थीं। धीरे-से सर पर हाथ फेरतीं, कभी गाल को स्पर्श करतीं, छोटे-छोटे, हाथ-पाँव देखकर अचंभित हो रही थीं। सहेलियों को बड़ा मजा आ रहा था, पर मुझे देखकर उदास-सी हो गई थीं।

मुझे सहेलियों को देखकर ईर्ष्या हो रही थी। कितनी नसीबवाली हैं ये! उनमें से एक मैं थी पर क्या-क्या सह रही थी? वे कितनी हँस-खेल रही थीं और मैं न जाने किन-किन प्रसंगों से गुजर रही थी। स्कूल में बड़ा मजा आता। खेलना-कूदना-फुदकना, दंगा-मस्ती, पढ़ना, पढ़ाई, रिजल्ट, हर वक्त बड़-बड़ करती, बिना वजह खिलखिलाती, दौड़ती, भागती मुझे सब-सब बड़ा प्यारा-प्यारा-सा लगता। पर अब छोड़ आए हम वो गलियाँ...असहाय, निर्बल जटायु के पंख काटने पर जो तिलमिलाहट हुई होगी वही आकुलता मैं सह रही थी। मेरी अवस्था पर सहेलियों की आँखें भर आईं।

तीसरे दिन डिस्चार्ज मिला, मैं बच्ची के साथ घर आई, अम्मा साथ में थी, हम रिक्शा से आए।

घर में काम करनेवाला कोई नहीं था, यह जानकर भी माँ ने पहले से तय किए जैसा सी.पी.आर. में दाई माँ की नौकरी स्वीकार की।

मुझे तो बच्ची को ठीक से लेना भी नहीं आता, न आँचल में लेना आता। जच्चा का आराम करना तो दूर रहा, सारा काम मेरे जिम्मे आया। माँ सुबह नौकरी में जाती तब उसका खाने का डिब्बा तैयार करना पड़ता। जचगी के चौथे दिन से ही मैं घर का सारा काम करने लगी। मोरी में ही बर्तन माँजती, धोना धोती, झाड़ना पकाना सब काम। बच्चे को नहलाना बड़ा कठिन लगता। बच्चे को मसाज करना, नहलाना, कपड़े बदलना। मुझे डर-सा लगता, ज्यादातर ढुलक जानेवाली गर्दन का! अब मैं बच्ची को नहलाते वक्त, अपनी साड़ी निकालकर लहँगे का काछा मारती, गरम पानी, पटरा, साबुन, कपड़े सब तैयार रखती। पैरों पर कपड़ा रखकर बच्चे को लिटाती, कुमकुमासा तेल गर्म करके बच्चे को लगाती और अँजुलि से जरा-जरा

पानी लेकर सर, नाक, मुँह धोती और साबुन लगाकर छोटे लोटे से पानी डालती। इस काम में शशी मदद करती। वह धीरे-धीरे सर पर पानी डालती, दोनों कन्धों पर डालती, बच्चे का नहाना ऐसे होता। फिर अँगोछे में लिपटाकर पोंछना, बाकी सब करना। धूप का धुआँ देना मैंने रद्द ही कर दिया था। हर शाम यह नहाने का प्रोग्राम रहता।

जच्चा का नहाना कुछ अलग से होता है, यह मुझे पता ही नहीं था। हमेशा की तरह खुद नहाना, धोना। शरीर को तेल मलना, गर्म-गर्म भरपूर पानी से नहलाना, सेंक-अँगीठी करना, धूप उद (लोबान) से बालों को सुखाना फिर थके शरीर के लिए भरपूर घी, बादाम, काजू का सीरा खिलाना, यह नाजो-अदा मेरे नसीब में थी ही नहीं। मैंने यह बातें जैसे स्वीकार कर ली थीं।

छठी का खाना मैंने ही बनाया, अम्मा ने जैसे बताया वैसे किया। बघारा चावल, अंडे का सालन, मेथी की सब्जी, रोटी। अम्मा ने माका वनस्पति के रस में कपास घोलकर, सुखाकर बत्तियाँ बना दीं, उनसे मैंने काजल भी बनवाया। छठी के दिन काजल बनाकर वही जच्चा-बच्चा को लगाते हैं। बच्चे के हाथ, पैर में काला, मोटा धागा बाँध दिया, बर्तन निकालकर फातिहा दी। फिर मैंने बच्ची को गोद में लेकर छठी माँ से दुआ माँगी, "हे छठी माँ, तुम तकदीर लिखनेवाली देवता हो, कृपा करके मेरी बच्ची की तकदीर मेरे जैसी मत लिखना, अच्छी लिखना, फूले-फले, सुखी हो ऐसी दुआ दो।"

धीरे से मैंने लालटेन की धीमी होती बत्ती जरा ऊपर चढ़ाई और दुलाई में लपेटे बच्चे के गाल पर काजल का टीका लगाया...ताकि मेरी नजर न लगे।

मेरी जचगी के पन्द्रह दिनों बाद फूफू आईं। उनके आने के बाद मुझे थोड़ी फुरसत मिली। एकाध बार वह रोटियाँ सेंकती, बच्चे को सँभालती, उसी वजह से पालने को डोरी बाँधकर झाँका देते-देते काम करने में जो देरी लगती वह कम हो गई। अन्दर के कमरे में ही पालना बँधा था, वहीं पकाने का चूल्हा भी था। उसी में एक नाटे-पालना बँधा था। जच्चा थी फिर भी ठंडे पानी में काम करना, पैरों में जूते नहीं, आराम नहीं। बड़ी थकी-थकी-सी हो जाती थी। कमर में हर वक्त दर्द होता रहता था।

मैं ठंडे पानी में काम करती, बच्चा आँचल का दूध पीता, उसी कारण बच्चे का पेट दुखने लगता था। मेरी आँखें चिपक जातीं, चेहरे पर सूजन आती थी। शरीर में लहू की कमी दिखाई दे रही थी। फिर भी, इसी अवस्था में भी माँ को मुझ पर दया नहीं आती, झगड़े तो करती ही रहती।

माँ को साबू की खिचड़ी पसन्द थी, इसलिए मैंने डिब्बे में खिचड़ी बनाकर दी। शाम को उसमें से निकाली मिर्च मेरे शौहर को दिखाते हुए बोली, "देख, तेरे जोरू का येबव (तरीका), मिरच्या कच्चाच रखिया, मेरी क्या किमत है सच?" ऐसा कहकर बात का बतंगड़ करते-करते इतना झगड़ा बढ़ाया कि, जब मैंने रोना शुरू किया तब उसके दिल को ठंडक पहुँची। तो एक बार मिरची ज्यादा जल गई इस बात पर झगड़ा। कुल मिलाकर झगड़े बिना उसे एक पल चैन नहीं था।

मुझे माँ बने सवा महीना हो गया था फिर भी बच्चे का चिल्हा या नामकरण के बारे में माँ ने बात नहीं की। फूफू भी जैसे-तैसे आठ दिन रहकर निकल गई, क्योंकि, माँ काम से आते ही उनके साथ तड़क-फड़क करती, दिल को लगे ऐसी बात करती, खाने बैठते

वक्त झगड़ा निकालती। क्या करती बिचारी? चली गई। खुद का बेटा रहते हुए भी उसका बेटे पर अधिकार न था। 'वे' भी कुछ नहीं कहते, 'तुम क्यों झगड़ती हो? क्यों ऐसी बातें करती हो? न अपनी माता की बाजू न अपनी पत्नी की।'' बू तुम रहो, या बू तुम्हें पैसे चाहिए क्या?'' कुछ पूछताछ नहीं, अगर माँ के बारे में उनका यह बर्ताव था तो मैं कौन?

मैंने अपने बच्चे का नाम चिल्हे बिना ही, बारसे बिना ही रखा 'मिनाज'। मैं उसे मीनू कहने लगी। मछली जैसे नैनों वाली, वैसी ही आँखें हैं उसकी...

## 15. औरों का दोष नहीं है, ये किस्सा है अपनों का...

मीनू के जन्म ने मुझे मातृत्व की गरिमामयी अनुभूति से परिपूर्ण किया। 'माता' इन दो लफ्जों में मानो सारे विश्व का अर्थ समाया था। 'माँ, अम्मा!' प्रस्फुटित होनेवाला पहला अंकुर! मेरे स्त्रीत्व का, सृजन का पहला ओमकार! पहला स्पंदन! मराठी मुहावरा है 'बाला होवू कशी उतराई, तुझ्यामुले मी झाले आई!' अर्थात 'बच्चे, मैं तुम्हारा ऋण कैसे अदा करूँ, तुम्हारे जन्म ने ही सिद्ध किया कि मैं केवल मादा नहीं, माता हूँ। सृष्टि के अनोखे चमत्कार की साक्षी, सृजन क्षमता की साझीदार...।' मैं बड़े उपकृत भाव से अपनी बच्ची को आँचल में, अपनी आगोश में भरती, उसने मेरी निरर्थक जिन्दगी को अर्थपूर्ण बनाया था। मेरी ममता उफनकर आती, दूध से आँचल भर जाता। बच्चे की भूख और दूध से छाती छरछराना, धारा फूटती देखकर मैं अचंभित हो जाती।

अपने ही शरीर की मिट्टी लेकर बच्चा बनता है इसलिए 'माता' कहते हैं क्या? अपनी ही छोटी प्रतिकृति, रक्त-मांस का गोला! अपनी ही साँस से, साँस लेनेवाला जीव, मतलब अपने ही 'प्राण', अपनी ही 'जान'। इसीलिए बच्चे के लिए जान इतनी तड़पती है क्या? ऐसे कितने तो सोच-विचार, सवाल मन में मंथन करते और फिर नागफनी जैसा एक सवाल मेरे मन में फन निकालकर खड़ा होता, ''फिर मेरी माँ ऐसी क्यों?''

मीनू तीन महीने की हो गई। उसका गठन बड़ा सुदृढ़ था। गाल इतने फूले-फूले से थे कि मुँह में नाक, आँखें दिखाई नहीं देतीं। बदन का रंग भी सफेद चाफे की फूल की तरह। उसके लिए अमूल पाउडर के डिब्बे ले आती, इसके सिवा कि मुझे भी दूध भरपूर था।

अचानक एक दिन मुझे बड़ा तेज बुखार आया। बदन से दर्द की लहर उठ रही थी। छाती में सूजन आई थी, स्पर्श पत्थर की तरह लग रहा था।

उसी शाम भाऊ आए थे। मैं कराहते-कराहते सोई थी। अम्मा कुछ काम कर रही थी, न्यामत ससुराल से आई थी, वह मीनू को लेकर बैठी थी। माँ भी घर पर थी। नौकरी छुड़वा दी गई थी, उन्होंने ही पैर पकड़कर छोड़ने के लिए कहा था। वह सब्जी साफ करते दरवाजे की देहली पर बैठी थी।

भाऊ ने मेरी पेशानी पर हाथ रखा और माँ को आवाज देकर बुलाया, ''मामी, आशाला खूप ताप आलाय, दवाखान्यात न्यायला पाहिजे।'' और माँ नाराजी से ही मुझे काँचनकोटी के अस्पताल में ले आई। डॉक्टर ने जाँच की और बताया कि ''दूध की गाँठें बन गई हैं, ऑपरेशन करना पड़ेगा। जल्दी ही करना है, इन्फेक्शन जंतुसंसर्ग बढ़ गया है, बच्चे को माँ का दूध मत पिलाओ।''

और एक सत्वपरीक्षा! दूसरे दिन सुबह दस बजे ही ऑपरेशन किया। दो दिन बाद जाने की इजाजत दी। हर रोज मलहम-पट्टी के लिए आने को कहा।

मेरी दाहिनी छाती (स्तन) का ऑपरेशन किया गया, बड़ा गहरा जख्म हुआ था। हर रोज मलहम-पट्टी करना, मुझे बड़ी वेदना होती, आँखों से झर-झर आँसू बहते, पसीने की धारा बहने लगती। जचगी की त्रासदी के बाद इस पीड़ा ने तो बची-खुची शक्ति भी खत्म कर दी।

इस बीमारी में अम्मा, हावा, न्यामत ने बड़ी मदद की। माँ खाना पकाती लेकिन क्रोध करते-करते। न्यामत के शौहर ने बिना शिकायत मेरी मदद के लिए न्यामत को हमारे घर पर रखा। इस वजह से मैं कुछ दिन आराम कर सकी। और इस बीमारी से मैं बाहर आ गई।

मीनू छः महीने की हो गई और माँ ने किटकिट शुरू की, "छोन्या तरफ जा, लई दिन हुए।"

मैंने सुना-अनसुना कर दिया लेकिन वह पीछे ही पड़ गई। झगड़ा करने लगी। "मीक ना दो पर कुत्ता सँभाले। लोगों के पास मीक माँगना, देना तो कुछ नहीं, ऊपर से डराना।" 'भिक नहीं, पर कुत्ता सँभालो' इस मराठी मुहावरे की तरह मैंने घर छोड़ना ही अच्छा समझा। 'वे' मुझे ट्रक में बिठाकर गढ़हिंग्लाज ले चले, लेकिन अब की बार मैं अकेली नहीं थी, मेरे साथ मेरी बच्ची, मीनू थी। नन्हीं-सी मीनू को गोद में लेकर मैं बैठी थी, मैं बड़ी उदास थी। बड़ा विषण्ण था मन, इससे भी ज्यादा अपमानित भाव महसूस हो रहा था, यह तो बड़ी मानखंडना थी। हमसे मत पूछो कैसे मन्दिर टूटा सपनों का, औरों का दोष नहीं है, यह किस्सा है अपनों का...। मैं कुछ कहे बिना चुपचाप-सी बैठी थी, विचारचक्र भाग रहा था, गढ़हिंग्लाज की ओर ट्रक तेजी-से दौड़ रहा था।

इस बार एक महीने के अन्तराल के बाद ही वे मुझे लेने आए। मैंने उफ तक नहीं किया, मौन-सी, उनके पीछे-पीछे चली गई, मानो गले में डोर बाँधे कोई गइया हो, जो खींचे उसके पीछे जाना, कभी माँ, कभी पति, शायद यही मेरा प्रारब्ध था...।

माँ गढ़हिंग्लाज गई। मीनू आठ महीने की हो गई। उसी वक्त फूफू और मेरी ननद मासाय की बेटी रूबाब दोनों कोल्हापुर आई थीं। रूबाब मासाय के पहले पति से हुई बेटी है। इस नवासी पर फूफू का बड़ा ही प्यार था। गाय के पीछे बछड़े जैसी रूबाब नानी के साथ रहती। मेरी सास को सभी 'बू' कहते। घर में माँ नहीं थी, फूफू को बड़ी खुशी हुई। वे हर काम में मुझे मदद करती। मीनू हरदम उनकी गोद में रहती। आते वक्त मीनू के लिए वे आधे तोले की सोने की बिन्दलियाँ (कलाई का गहना), पैरों में कीमती पाजेब, तोड़े, ऐसे चाँदी के गहने ले आई थीं। अपने गले का वजटिक निकालकर मेरे गले में डालकर कहा, "इत्ता तेरेच गले में न्हंदे, चकोट दिसतीया, मैं दूसरी करूँगी।"

इसके अलावा फूफूजी ने इचलकरंजी में यशवंत प्रोसेस कॉलोनी में 'जोड बंगलो स्कीम' (प्रकल्प) में सात सौ रुपये भरकर हमारे लिए एक छोटा बंगला भी बुक कराया था। मेरे ममेरे देवर बाबू यशवंत प्रोसेस में बड़े ऊँचे ओहदे पर थे, उनके ही आग्रह पर यह बुकिंग कराई थी। बंगले की कुल कीमत तेरह हजार रुपए थी। प्रतिमाह एक सौ पाँच रुपए की किस्त थी।

फूफू को 'वे' कुछ भी पैसे नहीं देते थे, फूफू ही दूसरे की सहायता से खेती करती, अनाज,

सब्जी बेचती, सीधा-सादा रहन-सहन, कम खर्चे की वृत्ति। इसमें से भी कुछ पैसों का जुगाड़ करके बच्चे के लिए, मेरे लिए गहने और भविष्य में शहर में घर की तजबीज की थी। माँ के हाथ में रोज नकद पैसे आते लेकिन जैसे चील के घर में मांस गायब उसी तरह वह पैसा खर्चे में गायब हो जाता। भविष्य की सोच, हमारा भविष्य, खुद का घर इन सबके बारे में बड़ी बेफिक्र थी। मराठी में कहावत है 'आण पायली की करते वायली' मतलब तुम भरपूर लाओ, मैं खर्चा करती हूँ, इस वृत्ति से काम शुरू था। उससे अलग फूफू एक भी पैसा लिए बिना हमारे बारे में सोच रही थी, यह स्वभाव का फर्क था।

पन्द्रह दिन के बाद माँ गढ़हिंग्लाज से वापस आई, आते वक्त पाँच बहनों को साथ ले आई। माँ आई, मानो भूचाल आया।

आठ दिन बाद दीपावली का त्योहार था। बहनों की दीवाली की छुट्टी थी। माँ आते ही मानो हिसाब जैसा पूछने लगी। मेरे, फूफू, रूबाब के साथ बर्ताव में कड़ाई आ गई। तड़क-फड़क बातें शुरू हो गईं।

माँ ने दीवाली के लिए नमकीन-मिठाइयाँ भरपूर बनाई थीं। दीवाली पार हुई। भैयादूज का दिन था। छोटी-सी बात को लेकर शमा ने टंटा शुरू किया और वह बढ़ता गया। माँ ने झगड़े को इतना लम्बा किया कि, रात आठ बजे बहनों को इकट्ठा कर ताँगे में बिठाकर स्टेंड गई और गढ़हिंग्लाज चली गई। फूफू जी ने, मैंने उसके पैर भी थामे पर उसने सुना नहीं।

माँ गई ! रात का वक्त था, शायद ढाई-तीन बजे होंगे और भूकम्प का धक्का शुरू हुआ। जमीन जोर से थर्रा रही थी। हम कुछ समझ सकें, इससे पहले ही कान फट जाएँ ऐसी आवाज हुई और पूरा घर जमींदोज हो गया...बाहर के कमरे में फूफू और रूबाब सोई थी, अन्दर के कमरे में मैं, पति और मीनू थे। बाहर की मिट्टी का ढेर बीच का दरवाजा तोड़कर अन्दर आया और हम तीनों अन्दर फँस गए...हमारे सिरहाने मिट्टी, पत्थर, इंटों का अम्बार लगा था। दीवारें झुक गई थीं, जिस तुलई से झूला बँधा था वह बीच से अधमूरी टूट गई थी, फिर भी लालटेन नहीं बुझी थी और हम जिन्दा थे...।

मैंने मीनू को अपनी छाती से भींच लिया, मैं थर-थर काँप रही थी और चिल्ला रही थी "शशी द्वार उघड, शशी द्वार उघड़।"

यह घर चार जाबतों (कमरों) का था, पहले दो कमरों में हम और बीचवाला दरवाजा बन्द करके आगे के दो कमरे शशी के परिवार ने किराए पर लिए थे। बीच के दरवाजे पर कपाट थे और उस पर फराल के डिब्बे सजे थे। मैंने एक हाथ से मीनू को थामा और दूसरे हाथ से डिब्बों को धकेलकर गिराया और उस कपाट पर चढ़ी, तब तक शशी ने दरवाजा खोला। मैं, उसके घर में आई, यह हिस्सा सुरक्षित था।

मेरे शौहर, अपनी माँ को पुकार रहे थे, 'बू', 'बू' कहते-कहते बीच के ढेर पर चढ़कर पहले कमरे में जाने की कोशिश कर रहे थे। सारा सोपा पहला कमरा गिरा था, वे दोनों को तलाश रहे थे।

मैं दरवाजे से भागती हुई अगले दरवाजे में आ गई, पहला सोपा पूरी तरह गिर चुका था, मोरी के कठड़े पर ऊपर का हिस्सा टिका हुआ था, उस पर मिट्टी, पत्थरों का ढेर जमा था और नीचे से फूफू आवाज दे रही थी, "दस्तगीर, नुस्ता तू अन्दर आ, लोकांको आने दिवं नको, मैं, रूबी मरे नहीं, सच लोका तुडा को मारींगे" (दस्तगीर, सिर्फ तुम अन्दर आओ,

लोगों को मत आने दो, उनके पैरों में हम कुचल जाएँगे। हम मरे नहीं, जिन्दा हैं।)

लोगों का जमघट लगा था। भयंकर आवाज से लोग जाग गए थे। 'वे' मिट्टी के ढेर पर खड़े रहकर लोगों से कह रहे थे, आगे मत आओ, वहीं पर रुको। दरवाजे के पास ही ढेर तले फूफू, रूबी आधे से गड़ गए थे, पति ने धीरे-धीरे एक-एक का हाथ पकड़कर खींचकर बाहर निकाला, जरा भी जल्दी करना धोखे का काम था क्योंकि, ऊपर के हिस्से तले ये दोनों थीं, जरा भी धक्का लगता तो पूरे ढेर तले आ जातीं। ऐसी कठिन स्थिति में भी फूफू बड़ा धीरज रखकर सूचना देती रही इसलिए बाहर निकालना आसान रहा। पड़ोस का भी घर गिरा था, जिसमें बारह साल का लड़का गड़ गया और मर गया। हम चमत्कारपूर्ण तरीके से तकदीर से बच गए। खुदा की मेहरबानी...।

लोग बड़े पैमाने पर जमा थे। हम सब थर-थर काँपते हुए पवार के आँगन में खड़े थे, अभी भी हादसे से बाहर नहीं आए थे। हम सब मिट्टी से भरे थे, जुबाँ से एक लफ्ज निकलना दुश्वार था। अब मुझे याद आया कि इस हादसे में माँ और बहनें बड़े इत्तफाक से बचे थे...। अरे बाप रे! कल अचानक झगड़ा करके वह रात में चली गई वरना... वरना...। मैं तो कल्पना से ही पानी-पानी हो गई क्योंकि सभी जने बाहर के कमरे में ही सोते। अब उस कमरे का नामोनिशान मिट चुका था। मैंने खुदा का शुक्रिया अदा किया...या अल्लाह, मैं तेरी शुक्रगुजार हूँ, सच है तू ही पैदा करनेवाला, मारनेवाला और बचानेवाला भी।

हमारे घर और अतिग्रे के दरमियाँ बहुत संकरी गली थी। उसी अतिग्रे का ऊँचा घर हमारे घर पर आ गिरा था और हमारा पूरा घर नष्ट हुआ था। कल रात से ही अतिग्रे और उनके किराएदार को लग रहा था कि शायद दीवार गिर जाएगी। उनके घर में जच्चा थी, उन्होंने सावधानी बरतते हुए रात में ही घर छोड़ा था क्योंकि अन्दर से दीवार छूटती जा रही थी। रात दो बजे फूफू से अतिग्रे ने बताया कि उसकी दीवार गिरेगी, शायद जरा-सी मिट्टी खिड़की में से आएगी, तुम बाजे में सो जाना। तब लोहे की चारपाई पर सोई फूफू और रूबी उठीं और दहलीज के पास, बन्द दरवाजे के अन्दर सो गईं। अनुमान गलत साबित हुआ और दीवार के बजाय पूरा का पूरा घर जमीन से उखड़कर हमारे और पवार के आधे घर पर आ गिरा और एक लड़के की जान गई। हमारा सारा घर-सामान बरबाद हुआ, लोहे की चारपाई के दो टुकड़े हुए। देखकर मैं थर्रा उठी। उसी खाट पर फूफू और रूबी सोई थीं, जान बची, लाखों पाए...

मेरे शौहर ने उजाला होते-होते गढ़हिंग्लाज पोलिस स्टेशन में फोन किया। ग्यारह बजे तक माँ, मामू आ गए।

माँ आते ही सब देखकर छाती पीट-पीटकर रोने लगी। आस-पड़ोस के लोग जमा हुए। "म्हेरणाका, देवानं म्हेरबानी केली म्हणून सगली जगली बाई, नाहीतर काय बधायच हुत हया डोलयान?" (मेहेरनिगाबाई, ईश्वर की कृपा से तुम सब बचे वरना क्या देखते इन आँखों से?) कहते हुए औरतें रोते-रोते सांत्वना भी दे रही थीं।

मेरे पति भी माँ के गले लगकर खूब रोए। फूफू, रूबी को भी पास में लेकर माँ रोई। मैं भी रो रही थी लेकिन सांत्वना के लिए शायद उसके हाथ मेरे लिए अकड़ गए। तीखी नजर से देखकर उसने अपना मुँह फेर लिया। मुझे आत्यंतिक दुःख हुआ। मैं भी मौत के मुँह से बची थी, लेकिन उसकी खुशी उसे नहीं थी। उस पल मुझे लगा मैं कितनी क्षुद्र, मूल्यहीन हूँ...।

यह घर पूरा ही गिर गया। उसमें से कुछ टूटा-फूटा सामान निकालकर हम कदम के निचलीवाली गली के मकान में रहने आए। गिरा घर भी कदम का ही था, उन्होंने ही रहने की सुविधा की। यहाँ एक कमरा था पर बाहर खाली जगह बहुत थी, वहीं पर शेड बनाया जहाँ माँ के लिए नई चारपाई रखी गई, पास में बकरियों के रहने की व्यवस्था की।

यह कमरा छोटा था, पास में अगली गली को जोड़नेवाली सीढ़ियाँ थीं, और पानी का नल भी ऊपर था। ऊँची-ऊँची सीढ़ियाँ चढ़कर पानी भरना पड़ता, सीढ़ी पत्थर की थी। ऊँचे टीले पर घर और पिछले हिस्से में कुछ कमरे, पिछवाड़ा। गली के हर कमरे के पीछे उतरने पत्थर की सीढ़ियाँ ऐसी ही बनी थीं। पिछवाड़े में धोना, बर्तन माँजने की जगह फूल-फल के पौधे लगाए थे। मुझे गली का यह हिस्सा बचपन से ही अच्छा लगता। मेरी गली की सारी सहेलियों के घर ऐसे ही थे। मुझे यहाँ आने की खुशी थी, क्योंकि दोपहर में हम सब पिछवाड़े में मिलतीं, गपशप होती। बहुत-सी सहेलियों का स्कूल अब छूट गया था। 'सातवीं पास, दहावी नापास, आता शाला बास' इस कहावत से शिक्षा से नाता छूट चुका था। अब उनकी शादी की बातें चल रही थीं। बहुत दिनों बाद अपनी सहेलियों से मिलने की मुझे बड़ी खुशी हो रही थी। मन कुछ मुक्त-सा, प्रसन्न-सा लग रहा था...।

## 16. आवारापन बंजारापन; एक ख़ला है सीने में...

मीनू डेढ़ साल की हुई। मैं दूसरी बार गर्भवती थी। गढ़हिंग्लाज के दौरे शुरू ही थे। अब मैं सफर में इनके साथ विवाद करती, क्योंकि घर में कुछ बात करूँ इसकी कुछ गुंजाइश ही नहीं थी। लेकिन 'वे' चेहरा, मन, आँखें, कान निर्विकार रखकर सुनते रहते। कहते कुछ भी नहीं। फिर मुझे बड़ी चिढ़ आती। संतप्त होकर रोती, बिसूरती लेकिन 'उन पर' कुछ भी असर नहीं होता। मैं आखिर हताश होकर खामोश हो जाती...।

मुझे छठा महीना शुरू था। कदम के घर की ऊँची-ऊँची सीढ़ियाँ चढ़कर पानी भरना। बड़ी सुबह, अँधेरे में पानी भरते-भरते थक जाती, पैरों में दर्द होने लगता। मेरी ऐसी शारीरिक अवस्था में भी बिना झगड़े के चार दिन नहीं जाते। अब झगड़े से तंग आकर गढ़हिंग्लाज जाना ही अच्छा लगता। यह घर, परिवार मुझे चाहिए ऐसा नहीं लगता। काम तो यहाँ भी था और वहाँ भी था लेकिन झगड़े की तकलीफ तो नहीं थी। जितने दिन कोल्हापुर में रहती झगड़ा, गालियाँ, फेंका-फेंकी, भुखमरी, बोंबाबोंब (चीखना-चिल्लाना) शुरू ही रहता।

अब मुझसे भूखा रहना निभता नहीं था। घर का काम, पेट में पलनेवाला बच्चा, मीनू की परवरिश-थक जाती मैं। झगड़ा शुरू होता तो माँ भूखी रहती साथ में हमें भी भूखा रहना पड़ता यह तो अटल नियम ही था शायद।

उस रात भी मैं भूखी ही सोई। पानी भरते वक्त पैर उठाया नहीं जा रहा था, चक्कर-सा आने लगा। खाने के बर्तन, रोटी की टोकरी देखकर जान व्याकुल हो रही थी, पर खाती कैसे? 'वे' भी घर में थे, माँ बाहर शेड में भूखी सोई थी। मैंने देखा चूल्हे के पास छलनी में चार बटर (बेकरी में भुना एक खाद्य प्रकार) खुले पड़े थे, मैंने धीमे-से बटर उठाए और बगल में घड़ा लेकर ऊपर गई। पानी में बटर भिगोए और वह ठंडा-सा लगदा मुँह में डाला, कुछ लगदा पेट में जाते ही भला-सा लगने लगा।

कदम का कमरा बदलकर अब हम बजरंग काले मामा के घर किराए से रहने आए। यह भी एक ही कमरा था पर लम्बा-चौड़ा था। बीच में लकड़ी का पार्टीशन डाल के दो हिस्से किए थे। बाहर धोना, बर्तन के लिए फर्श का बड़ा चौक था, पाखाना भी बाहर था, कमरे में ही छोटी-सी मोरी थी।

मेरी पीठवाली बहन शमा की शादी की बात चल रही थी। अम्मा के पुराने रिश्तेदारों के यहाँ से रिश्ता आया था। लड़के का खुद का ट्रक था। लड़के की माँ शहाजाद मेरी माँ की चचेरी बहन ही थी। माँ के पाँच चचेरे चाचा थे, चाची, भौजाइयाँ, खूब बड़ा परिवार था। मेरे सगे नाना के गुजरने के बाद, इन चचेरे भाईबन्दों ने दूसरे महायुद्ध के पश्चात 'शाहू मोटर सर्विस' नाम से खास मोटर सर्विस शुरू की, जिसमें काफी पैसा मिलता गया। इनका नाम हुसेन मुजाविर था, इन्होंने खुद का पेट्रोल पंप गंगावेश में शुरू किया। आंबेवाडी से चिखली तक सौ एकड़ जमीन खरीदी, बड़े-बड़े मकान बनाए थे। खेती में गन्ना था जिससे गुड़ बनाने के गुड़घर (गुन्हाल) शुरू किए थे। वह लोग खूब पैसेवाले बन चुके थे। बीच के काल में इनसे कुछ रिश्ता टूट गया था, अब दुबारा जुड़ गया, माँ फूली नहीं समाती थी। इन्हें 'शाहूवाले मुजाविर' नाम से आज भी जानते हैं।

इस शहाजाद खाला के बेटी नहीं थी, तीन बेटे थे। खुद का बड़ा घर, खेती, ट्रक था। बेटों के नाम थे-अमानुल्ला, इकबाल और सलीम। इकबाद के साथ शमा की शादी तय हुई। अमानुल्ला की भी

शादी तय करके दोनों शादियाँ एक वक्त करने की बात तय हुई।

अब मेरे लिए और एक घर की सुविधा हो गई, अब मेरी और मीनू की रवानगी शहाजाद खाला के घर होने लगी। मेरी इच्छा, अनिच्छा का सवाल था ही नहीं। माँ मुझे जाने का आदेश देती। मैं पेट का भार सँभालती, मीनू की उँगली थामे चल पड़ती। कभी रिक्शा से, कभी पैदल चलते मैं उद्यमनगर जाती। शहाजाद खाला का घर उद्यमनगर में था, बड़े-बड़े छः कमरे, पाक साफ सुथरा, घर में बड़ा रेडियो भी था। खाला बहुत काम करवा लेती, एक के बाद एक मणि पिरोए जैसा। मैं बुहारती तो उस पर से पैर घिसती आती और कहती, "आशा ऽ ऽ ऽ बेटी, कैसा झाड़ी? पँवू को जरा भी धूल ना लगना बाई, जरा झाड़ को ले।" सिल पर मसाला घिसते-घिसते मैं पसीना-पसीना हो जाती फिर भी इसे कुछ पसन्द नहीं आता। सिल पर पीसा मसाला उँगली से जाँचकर कहती, "आशा बेटी, मसाला कैसा पिसना? तो आँख्या में डाले तो ना चिबना।" मतलब काजल की तरह होना चाहिए।

खाला के घर में मैं बर्तन माँजती, धोना धोती, मिट्टी से चूल्हा पोत देती, गोबर से जमीन लीपती, घर की चक्की पर दाल पीसती। बगल में पिसने का डिब्बा, एक हाथ से मीनू को थामकर मैं आधा-पौना मील दूर विनायक बंगले के पास आटा पिसाने चक्की पर आती। वापस घर जाकर खाना-पकाना। खाला सिर्फ रोटियाँ सेंकती। इतना काम करने के बावजूद वह पेटभर खाना नहीं देती, सवाल करती, "आशा, तू रोटी कत्ती खानेवाली?"

"एक खाला।"

जान-बूझकर खाला हथेली पर आटे का गोला लेकर छोटी-छोटी रोटियाँ बनाती। मृतक के लिए श्राद्ध में जितनी सब्जी रखी जाती। उतनी सब्जी, एक रोटी और उलतानी से निकालकर चावल परोसती। मेरा पेट नहीं भरता,लोटाभर पानी पीकर उठना पड़ता। खाला

खुद, पति तथा अपने बेटों को डटकर खिलाती, बाकी किसी को पेटभर खिलाना उसकी आदत नहीं थी। औरों की दाल में पानी डालती, काकवी (गन्ने का गाढ़ा रस) में पानी डालती, बासी-कुसी खिलाती। बेटों को माँ की आदत पसन्द न थी। लेकिन उसके कड़े अनुशासन में कोई एक लफ्ज भी नहीं निकालता। मैं तो पहले से ही डरपोक, उसके सामने यूँ ही दबी-दबी-सी रहती।

खाला के घर आठ दिन काम करके मैं अपने घर आई। शहाजाद खाला कुछ जरूरी काम के लिए कुंडलवाड़ी गई थी। आठ दिन तक मैंने पूरा घरबार सँभाला, उसी शाम बड़ा बेटा अमानुल्ला हमारे घर आया, रिक्शा लेकर आया था, मुझे वापस बुलाने के लिए, ''दीदी, माँ ने बुलाय सो हाय, घर में का चावल का डबा, चटनी की बरनी और जोडवे नईसाक हुई, तुम्ही क्या करे उसका?'' (दीदी, माँ ने बुलाया है। घर में रखा चावल का बड़ा डिब्बा, चटनी की बरनी और अन्घड़े घर से यह चीजें गायब हो गई हैं, आपने क्या किया उसका?) यह सुनते ही माँ तड़क गई, ''यत्ता बडा घर, आंगे पिछे चार दरवाजे, खुला रखी हाची तो कोन तो उठाया आचिंगा, देक को आजा इत्ता।'' (इतना बड़ा घर, आगे-पीछे चार दरवाजे, खुला घर-दरवाजा रखी होगी तो किसी ने तो उठाया होगा, अभी देख के आ जाओ।)

मैं रिक्शा में बैठकर उद्यमनगर के घर आई, घर में जाते ही खाला ने आग सी उगली, ''आशा ध्यान नई देक तेरा, क्या चुराई गे?''

रिक्शा से आते वक्त ही मेरी आँखें बरस रही थीं। इतना काम करने के बावजूद मुझ पर इस औरत ने चोरी का इलजाम लगाया! रिक्शा से उतर मैं बिना कुछ कहे रसोई में गई, देखा तो चावल का गोल डिब्बा चक्के की पाटी पर ही था, जो मैंने चुनकर, भरकर रखा था। दीवार से सटी अलमारी में चटनी की बरनी भी थी, वहीं पास में काँच के मग में पैर के अन्घड़े (जोड़वे) रखे थे, सब कुछ घर में था, मैंने उसे दिखाया तब वह बोली, ''हाई हैं वहाँ, मैंने दिकी नत्ते गे, मजे लग्या तेराच जीव हालका हो को उठीय जणू तुने'' (यहीं पर ही मिली सब चीजें! मैंने तो देखा ही नहीं। मैंने सोचा शायद तुम्हारा ही दिल कमजोर हो गया और उन चीजों को तुमने चुराया।) इस पर मैं कुछ जवाब दिए बिना भैया से बोली, ''मजे घर को छोड़को आव, बच्चे रूईंगे।'' (मुझे घर छोड़ आना, मेरे बच्चे रोते होंगे।)

अमानुल्ला मुझे घर छोड़कर चला गया, बेचारे को इस घटना का बड़ा अफसोस हुआ, ''माँ का क्या दिल पर लीव नको दीदी, उसकी आदतच हाय, किसपरबी चोरी का आल डालतीया, जरा बी बिचार करती नई।''

मैं शान्त-सी घर आई, अमानुल्ला ने सब बताया लेकिन माँ ने कुछ प्रतिक्रिया व्यक्त नहीं की।

अब माँ मुझे गढ़हिंग्लाज के बजाय अपने मेहमानों के घर भेजने लगी। शहाजाद खाला के घर मुफ्त में काम करनेवाली नौकरानी की जरूरत थी ही। उसके घर उसके बाप मतलब बापू, उसके भाई-बन्द, भौजाई मुझे देखते ही थे, अब कुछ अड़चन आते ही मुझे बुलाते। निसा मुमामी के घर उसके कभी गाँव जाते ही, बापू की सेवा के लिए मुझे भेजा जाता। अब माँ के मेहमानों के लिए फोकट में नौकरानी की व्यवस्था हो चुकी थी, माँ भी खुश और मेहमान भी खुश।

अब मुझे आठवाँ महीना शुरू हुआ था। निसा मुमानी अपने मायके गई थी, बापू की

सेवा के लिए मुझे चिखली भेजा था। घर का सब काम तो करना ही था साथ में बापू की सेवा। बापू जी को लकवा मारा था, उन्हें पेशाब का भांडा देना, कपड़े बदलना, थामकर इधर-उधर लाना, उनका वजन तो बड़ा भारी था। मेरे कन्धे पर हाथ रखकर चलना, उठना, बैठना, मुझे बड़ी तकलीफ होती थी। उनके घर में पानी गरम करने के लिए लाइट की वायर लकड़ी की पट्टी पर लपेटी थी। जिसे बाल्टी में पानी भरकर उसमें छोड़ा जाता, विद्युतप्रवाह से पानी गरम होता, नहाने के लिए इस प्रकार से पानी गर्म करते।

उस दिन आप्पा मामू ने बापू के नहाने के लिए ऐसे ही बाल्टी में वायर से लपेटी पट्टी डुबाकर रखी थी। कुछ देर बाद मुझे आवाज देकर बोले, ''आशा, बापू कोन्हाणी में बारडी दे जा।'' मैं बात मानकर बाल्टी के पास गई और दोनों हाथ से बाल्टी पकड़ी और मुझे जोर का बिजली का झटका लगा, मैं दस फीट की दूरी पर बीच के दरवाजे पर आ पटकी। पटकने की और जोर से चिल्लाने की आवाज सुनकर आप्पा मामू भागते आए इतना ही मैं समझ सकी और मैं बेसुध हो गई। जब मैं होश में आई, देखा, मेरे आसपास बहुत से लोग इकट्ठा हो गए थे, माँ भी आई थी, मुझे रिक्शा से डॉ. क्षीरसागर के अस्पताल में लाया गया। मेरा पूरा बदन काला-काला नजर आ रहा था, चमड़ा खिंच गया जैसा दिखाई दे रहा था, पेट में दर्द हो रहा था। मैं चार दिन तक बीमार रही।

मेरे शौहर ड्यूटी से जब घर आए तब माँ ने बड़े निर्विकार भाव-से मेरे हादसे के बारे में बताया। वे भी बड़ी बेरहमी से मेरी ओर देखते हुए बोले] ''जरा आक्कलका भाग हाय नव्हे? पयले खटका बन्द करको, वायर काढ़ेशिवाय बारडी पकडणे काय को गयी थी?'' (कुछ अक्ल है या नहीं? पहले बटन बन्द करके, फिर वायर निकाल कर लिए बगैर बाल्टी पकड़ने क्यों गई?) बड़बड़ाते हुए जूठा हाथ धोने मोरी पर गए।

पैर भारी दिनों में बिजली का झटका सहनेवाली अपनी पत्नी, जिसके शरीर और मन पर भारी चोट पहुँची होगी, उसकी पूछताछ प्यार से करना जरूरी है इतनी भी समझ नहीं? यह कैसी इनसानियत? यह कौन-सा रिश्ता? मुझे इस पल याद आया गगन-बावड़ा का वर्षाकाल! बारिश के दिनों में तूफानी हवा चलती, जोरदार बरसात होती। बरसात इतनी-इतनी तेज होती कि सूखा नाला भी भर-भर कर बहने लगता, जिसे देखकर मैं अचंभित रह जाती! लेकिन जैसे ही बारिश रुक जाती, कुछ ही देर में पूरा सूखा का सूखा। सिर्फ पत्थरों की ढेरी, पानी की बूँद भी नहीं। मैं संभ्रमित होकर सोचती, बारिश में धो-धो बहनेवाला ओहरा या नाला सच्चा या अभी सूखा-सूखा-सा, शुष्क-सा दिखनेवाला! मराठी में नाला या ओहरे को 'ओढा' कहते हैं। ओढा मतलब खिंचाव, आकर्षण, तीव्र लगन। यह शुष्क 'ओढा' जिसे कुछ भी, कैसी भी लगन नहीं, ओढ नहीं...उफ्! मेरा दिल भी कितना पागल है! मेरा दिल भी कितना पागल है! क्या...क्या सोचता है? इस पल मुझे वह याद क्योंकर आई? मैंने लम्बी साँस ली, करवट बदलकर दीवार की तरफ मुँह फेर लिया, सोई मीनू को और जरा पास खींच लिया, गर्म-गर्म आँसू आँखों से ढुलककर गालों पर गिर रहे थे।

अम्मा घर का काम करती थी। अम्मा यहाँ बकरियों के लिए पत्तों (टिन) की शेड में रहती थी। मेरे पति ट्रक पर ही थे, रास्ते में बहुत-सा अनाज घर ले आते, माँ बेचकर पैसे कमाती, रिश्तेदारों को देती, बकरियों को भी खिलाती। कच्चा अनाज खा-खाकर पेट फूलकर दो-तीन बकरियाँ मर गईं। बाकी बची बेच दी, अब बकरियाँ नहीं थीं।

नियति शायद हाथ धोकर मेरा पीछा कर रही थी। मैं एक दोपहर गोबर से जमीन लीप रही थी, लीपते-लीपते कोने की अलमारी के पास आई, गोबर का हाथ धोया और अलमारी से डिब्बे निकालकर पोंछने लगी। उसमें से एक डिब्बे का ढक्कन निकला। इसमें क्या होगा? ऐसा सोचकर मैंने अन्दर हाथ डाला और हाथ में कुछ जोर से चुभ गया। सोचा डिब्बे में झींगा होगा शायद उसका ही काँटा लगा होगा। मैंने डिब्बे में फिर हाथ डाला। अब की बार जोर से चुभा और दर्द की एक लहर-सी पूरे बदन में दौड़ गई। मैंने देखा, डिब्बे में से कालाकभिन्न बिच्छू बाहर आ रहा है। मैंने जल्दी में डिब्बा उठाया और रास्ते पर ला फेंका। अब मैं दर्द से चिल्ला रही थी।

घर में कोई नहीं था, मीनू पड़ोसी के यहाँ खेल रही थी। मैंने पड़ोसी की भाट मामी को पुकारा। अब दर्द बढ़ गया। मैं जमीन पर व्याकुल होकर लेट रही थी। काले मामा के घर के किराएदार भगते आए। काले मामी मुझे थामकर अपने घर ले आई। बजरंग मामा ने कुछ मंत्र फूंका और कुछ झाड़पाले का रस हाथ पर मसलकर बिच्छू की काटी उँगली पर मोहिद्दीन या मोहिनुद्दीन निचोड़ा। हाथ को बहुत सूजन आई थी। दो दिन दर्द ने बेजार कर डाला।

काले के घर में आने के बाद मेरे पति की खाला जिसका नाम नाजुक खाला था उसका छोटा बेटा मोहिद्दीन पढ़ाई के लिए हमारे यहाँ आया था। वह पाँचवीं में पढ़ रहा था। यह खाला अमीर थी। खाला का बड़ा बेटा जिसका भी नाम 'दस्तगीर' था, उसे सब फीका भैया कहते क्योंकि वह जरा भी तीखा नहीं खाता था। यह भैया बड़ा दिलदार था। मेरे छोटा भाई या देवर भी नहीं था, मोहिद्दीन के आने से मानो यह कमी पूरी हो गई, मुझे अच्छा लगा। हर महीने फीका भैया घर की खेती का अनाज, मस्का, पैसे देने आता। अब तो माँ की आमदनी और बढ़ गई और खर्चा भी। मोहिद्दीन का नाम विकास हाई स्कूल में दाखिल किया। यह देवर बड़ा हँसोड़ था, खूब हँसाता। मेरा मन कुछ हल्का-सा हो जाता।

माँ कभी उद्यमनगर कभी शाहूवालों के घर घूमती-फिरती रहती। मोहिद्दीन मेरे काम में मुझे मदद करता। मैं बर्तन माँजती वह पानी से धोता, मैं धोना धोती, वह निचोड़ता, सुखाने डालता, मीनू को गोद में लेकर घुमाता, मीनू के नहलाने में मदद करता। बहुत प्यारा स्वभाव था उसका। वह देहात से आया, सीधा-सादा लड़का था, उसे शहर का चलन पता नहीं था। बर्तन में खाना नहीं आता था, मैंने उसे सिखाया। बाल सँवारना, कपड़ों को इस्त्री करना, ठीक-ठाक पहनना, पाक-साफ रहना, अदब से खाना यह सब करने में मैं उसकी मदद करती। नहाए बाल पोंछकर, जरा-सा तेल लगाकर बाल सँवारती, चेहरे पर हल्का-सा पाउडर लगाती। दिखने में साँवला, बड़े-बड़े दाँत थे पर मुझे प्यार आता। बड़ा मासूम-सा, हँसमुख चेहरा था।

रमजान पर ईद को माँ और वे गढ़हिंग्लाज गए। हम तीनों यहीं रहे; मैं, मोहिद्दीन और मीनू। माँ ने शहाजाद खाला से बताया कि ''बू, इनको ईद को तेरे घरकू लीजा'', वह झट-से तैयार हो गई। खाला मुझे 'अभी चल' कह रही थी, पर मैंने कहा ''मैं ईद से पहले आऊँगी।''

हम ईद के पहले दिन खाला के घर गए। सिरखुरमे (बादाम, खजूर, काजू, बेदाणे, इलायची सिल पर कूटकर, दूध में शक्कर और यह भूना मसाला तथा सेवइयाँ मिलाकर खीर बनाई जाती है।) का मसाला सिल पर पीस-पीस के मेरा कलेजा मुँह को आया, ऊपर

से धोना, बर्तन बुहारना सब काम करके जान थक गई।

ईद की भोर से काम शुरू था। सुबह दस बजे हमें कानटूटे कप में सिरखुरमा पीने के लिए दिया। दोपहर में खाना परोसा और जैसे हम खाने बैठे खाला बोली, ''अरे मोहिद्दीन, तूने आईने कन के छुट्टे पैसे उठाया क्या?'' (अरे मोहिद्दीन आईने के पास रखे छुट्टे पैसे उठाए क्या?)

''नई खाला।''

''तेरे खिसे में ढिगभर पैसे हाईं।'' (तेरी जेब में ढेर सारे पैसे हैं।)

''वो मेरे हाई।'' (वे मेरे हैं।)

''झूठा बोलू नको, मेरे शीर की नाडी हालतिया।'' (झूठ मत बोलो, मेरा दिमाग चकराता है।)

हमारे दोनों के हाथ का निवाला वैसा ही हाथ में था और यह विवाद शुरू हो गया। मोहिद्दीन चिढ़ गया और रोने लगा, ''चलो भाभी, मैं क्या चोरटा हाऊँ व्हय? मेरे खिशेमें मेरे पैसे हाई'' (चलो भाभी, मैं क्या चोर दिखता हूँ? मेरी जेब में मेरे पैसे हैं।) मेरा हाथ पकड़कर मुझे खींचने लगा।

''जा, जा चोरटा सो चोरटा व्हर उपर तैगार नको।'' (जाओ, जाओ चोर तो चोर ऊपर से ज्यादा नखरे मत दिखा।) खाला गुस्से से चिल्लाई।

अब हमारे लिए वहाँ रुकना कठिन था। मैंने बास्केट उठाई और घर से बाहर निकल पड़े। रिक्शा में बैठकर घर चल दिए। मोहिद्दीन रिक्शा में भी रो रहा था। मैं भी। सच तो यह था कि, फीका भैया अपने छोटे भाई को हर महीने भरपूर पैसा देता था, घर की दुकान थी तो छुट्टे पैसे इसके लिए ले आता। छोटा था ही, कभी अपने लिए, कभी मीनू के लिए कुछ खाने की चीजें ले आता। मैंने मोहिद्दीन को समझा-बुझाकर शान्त किया। हम घर आए। मैंने चावल और बेसन पकाया और हमने खाया। वह तो शाकाहारी था। ईद होते हुए भी हमें ईद की खुशियाँ नहीं मिलीं, बड़ा बुरा लगा। दो दिन खाला के काम में खटकर, आखिर चोरी का इल्जाम लिए, भूखे-प्यासे लौट आए। मुझे माँ पर बड़ी चिढ़ आई। इससे अच्छा था हम अपने घर दाल भात खाते, इतना अपमान तो नहीं होता। पर माँ आती तो सवाल करती, ''की गई नई बू की तरफ?'' मेरी अवस्था 'ताकतुंबा त्या घरी जा, या घरी जा, त्या घरी जा' जैसी थी। यह एक खेल है जिसमें व्यक्ति को खंभा समझकर इधर-उधर भगाया जाता है और उसकी फजीहत पर सब हँसते हैं। निर्विकार चेहरे से माँ, पति आदेश देते और मैं कभी उद्यमनगर, कभी चिखली, कभी गढ़हिंग्लाज, यहाँ-वहाँ जाकर मानो उनके दरवाजे खड़ी होकर कहती, ''ताकतुंबा, इस घर में आऊँ?''

## 17. कभी खुशी, कभी गम

हमारे घर में शमा की शादी की गहमागहमी शुरू हो गई। माँ भरपूर खर्चा कर रही थी। मेरे लिए चौबीस रुपयों की साड़ी ली गई थी। नए मेहमानों की सब बहनों, भौजाई, भाई, भाँजे, चाचा-चाची सबके लिए बढ़िया कपड़ों की खरीदारी हुई थी। शहाजाद खाला के बड़े बेटे अमानुल्ला के लिए पनाले की लड़की तय हुई थी। इकबाल के साथ शमा की शादी तय हो

चुकी थी। शादी खाला के घर थी, निकाह का समारोह शाहू सिनेमा टॉकीज में था। खाला ने शमा के लिए सोने के कंकण, सोने का बड़ा लच्छा-गल्सूरी, कर्णफूल, पाजेब लिए थे। दोनों दुल्हनों के लिए खाला ने समान गहने लिए थे, शादी भी एक साथ थी।

शादी का समारोह शाहू टॉकीज में सम्पन्न हो रहा था। खाला ने भी दिल खोलकर खर्च किया था। सब रिश्तेदारों के लिए साड़ी, कपड़ों से पहला कमरा भरा था। रिश्तेदारी बहुत थी, सबके लिए भेंट या उपहार लिए थे।

गढ़हिंग्लाज से मामूजी भी खूब तैयारी कर सब सामान कोल्हापुर ले आए थे। मिठाई या फराल के बड़े-बड़े डिब्बे, तेल के डिब्बे, चावल की बोरियाँ विविध दाल की थैलियाँ। शमा के लिए माँ ने कान की रिंग, गले में सोने का छोटा लच्छा खरीदा। दोनों तरफ से वर-वधू के घर खुशियों का माहौल था, दिल से खर्चा कर रहे थे, उमंग से खरीदारी हो रही थी। मेरी शादी जैसा 'मोले घातले रडाया' (पैसे देकर रोने लगाने जैसा-रूदाली) का तरीका नहीं था।

शादी के वक्त शमा दुल्हन के लिबास में सुन्दर लग रही थी। सुनहरे, केसरिया रंग का कढ़ाईदार शालू (कीमती, रेशमी साड़ी), गले में सोने के गहने, हाथ में हरी चूड़ियाँ और सोने के कंकण, निशिगंध के बड़े-बड़े हार, गजरे और फूलों के सेहरों में सजा चेहरा शमा का गोरा रंग और भी खिल उठा था। सुरमा भरी बड़ी-बड़ी आँखों में घमंड, खुशी समा रही थी। शमा की देवरानी भी उतनी ही सुन्दर लग रही थी। मानो दोनों गंगा-गौरी की मूरत की तरह चमक, दमक रही थीं। मैं बार-बार उन दोनों को आँखें गड़ाकर देख रही थी।

माँ समधन के नखरे में मेहमानों की खातिरदारी, आवभगत, भेंट देना-लेना कर रही थी। अमीर मेहमानों में बेटी का रिश्ता हुआ, वहाँ कुछ कमी महसूस न हो इसका खयाल रख रही थी। चारों ओर खुशियाँ ही खुशियाँ नजर आ रही थीं। मौलाना जी ने अलग-अलग दूल्हे की निकाहनामे की रस्म को पूरा किया। माइक पर इकबाल की आवाज आ रही थी, "मैंने यह निकाह कबूल किया, कबूल किया, कबूल किया।" शमा का मेहर ग्यारह सौ रुपये बँधाकर निकाह कबूल किया गया। बड़े थालों में लाया बरी का सामान खजूर, बादाम, खोपरा, मिसरी की डलियाँ औरतों ने अँजुली भर-भरकर चारों ओर उड़ेलना शुरू किया और वह चुनने के लिए एक ही मारामारी। शादी में बहुत लोग आए थे, भीड़ ही भीड़ थी। शाहू टॉकीज के बाहर खास आयोजन आयोजित किए गए। पुलिस बैंड ने गाना बजाना शुरू किया, "मेरे सपनों की रानी कब आएगी तू?... " शमा के दूल्हे ने खास आदेश दिया था कि, शादी की रस्म होते ही यही धुन बजनी चाहिए।

शमा की शादी 'पोलीस बैंड' की उपस्थिति में, खास गाजे-बाजे, ठाठ-बाट के साथ पूरी हो गई। शमा की ससुरालवालों ने उद्यमनगर में बड़ा मंडप डालकर दावत का इन्तजाम भी किया था। शादी के पहले माँ ने भी सुहागन औरतों के लिए (बीवीपरी का खाना) और हल्दी के खाने की दावत दी थी। 11 मई, 1970 के दिन सुबह 11.30 बजे शादी की रस्म पूरी कर शमा ससुराल चली गई।

शमा की शादी की पत्रिका (चिट्ठी) 'इनके' नाम छपवाई गई और इस बात को लेकर माँ, मामू और भाँजे में बड़ा झगड़ा शुरू हुआ। मामू का नाम पत्रिका में नहीं था। झगड़ा घर से जरा दूर पुलिस मैदान में शुरू था। विवाद समाप्त करने के लिए भाऊ को भी बुलाया गया

था। मामू बड़े नाराज हुए। माँ ने मेहमानों में चर्चा ही न हो इस चतुराई से उनका नाम ही टाल दिया। और यही बात मामू को पच नहीं रही थी। अब गढ़हिंग्लाज से नाता तोड़ना ही उचित मानकर बहनों को भी यहीं रखने का निर्णय हुआ था। आखिरकार शमा की शादी के तीसरे दिन मामू, भाभी और उनके बच्चे गढ़हिंग्लाज चले गए। इस झगड़े के बाद मामू और हमारे घर के बरसों के सम्बन्ध समाप्त हो गए। माँ को इस बात का दर्द हुआ होगा इसका कुछ यकीन नहीं, क्योंकि किसी के बारे में भावविवश होना उसका स्वभाव ही नहीं था, बड़ी व्यावहारिक थी।

मुझे इस घटना का दुःख भी हुआ और खुशी भी। खुशी इस बात की कि अब मेरे कष्ट के सफर का अन्त हुआ, लेकिन अब भाभी हमेशा के लिए दूर हो गई इसका बड़ा दुःख हुआ। फिर भी भाभी की खुशी मेरे लिए अहम बात थी। माँ की पाँच बेटियों का और माँ का जबरदस्ती का सान्निध्य समाप्त हुआ, इस नरक यातना से भाभी की रिहाई हो गई। बिलकुल अनपेक्षित तरीके से इस जेल से भाभी मुक्त हो गई। जैसे जोरदार भूकम्प में जेल ही जमींदोज हो और बरसों कैद भुगतने वाले कैदियों को भागने का मौका मिल जाए, कुछ ऐसा ही हुआ। लेकिन इस झगड़े के बाद हमारे ऊपर बहनों की पूरी जिम्मेदारी आ गई। साथ ही मुझ पर काम का और मानसिक तकलीफ का बोझा भी बढ़ गया। जमेला के अलावा और बहनों को सहना भयानक सजा ही थी। और मुझे यकीन था, यह तकलीफ अब दिन-ब-दिन बढ़ती ही जाने वाली है। मेरे तो डर के मारे पेट में गड्ढा ही पड़ गया।

4 जून, 1970 की सुबह 7.30 बजे मैंने दूसरी बेटी को जन्म दिया। इस बार काँचनकोटी के अस्पताल में जचगी हो गई। मेरे पास अम्मा थी, साथ ही जमेला भी थी। जमेला छरहरी बदन की, दुबली-पतली थी पर काम में सहनशील थी। उसने मुझे सवा महीने तक कुछ काम करने नहीं दिया। इस बार बीचवाली ननद, अमीर ने दो किलो घी भेजा था, मोहिद्दीन की अम्मा ने भी घी, सोजी, चावल भेजे थे। कुल मिलाकर मेरे लिए यह जचगी सुखकारी रही, खाना, पीना, नहाना, आराम। नतीजा यह हुआ कि मैं जरा भली-सी, भरी-पूरी लगने लगी। मराठी के प्रसिद्ध ज्ञानपीठ पुरस्कार प्राप्त वि.स. खांडेकर जी के ययाति उपन्यास की दूसरी नायिका शर्मिष्ठा पर मुझे बड़ा प्यार आता, उसी शर्मिष्ठा की याद में चिल्ला-छठी के बगैर मैंने मेरी बेटी का नाम 'शर्मिला' रख दिया।

शर्मिला भी बहुत सुन्दर लगती, भरी-पूरी, सुदृढ़, नाक-नक्श, आँखें बड़ी रेखीय बाँकदार थीं, पीले चम्पे के फूल जैसा रंग, बड़ी-बड़ी, बोलती आँखें, मैं अपने बच्चों में और ज्यादा उलझती जा रही थी।

हमारे घर में नए मेहमानों की चहल-पहल बढ़ ही रही थी। अब जमेला की शादी की चर्चा शुरू हो गई थी। सच देखा जाए तो जमेला उम्र और शारीरिक दृष्टि से भी छोटी थी। कृश, छोटी जमेली भी इतनी जल्दी शादी हो, इस बात से नाराज थी। वह कहती थी कि "मजे आशाकन न्हने का हाथ, मेरा दिल भरे सो नई, मैं यहाँ न्हनेकी।" (मुझे आशा के पास रहना है। अभी तक उसके पास रहकर मेरा दिल भरा नहीं।) लेकिन छोटी-सी जमेला का विरोध का दुबला स्वर माँ ने यूँ ही दबाकर रख दिया।

माँ मान नहीं रही थी। मेरी बड़ी ननद के बेटे से शादी की बात चलाई। मेरी बड़ी ननद महबूब का बेटा, मौला अली। यह भी उम्र और कद में छोटा था। अभी सोलह-सत्रह साल

भी पूरे नहीं हुए थे। जमेला तो बारह साल की, माँ ने उसका स्कूल भी छुड़वाया था। जमेला को बहू बनाने की इच्छा मेरी ननद की भी थी। लड़का एकमात्र था, थोड़ी खेती, खुद का घर। इससे ज्यादा और क्या चाहिए? माँ का सीधा हिसाब था।

मैंने थोड़ा धीरज बँधाया और माँ से कहा कि, जमेला भी छोटी, लड़का भी छोटा। कुछ काम-धंधा करता नहीं, आगे नौकरी करेगा इसका भरोसा नहीं, और परिश्रमी तो जरा भी नहीं। सास-ससुर के भरोसे पर जिन्दगी बसर करना मुश्किल है। मेरी बातें सुनते ही माँ ने मेरा अपमान करते हुए कहा, ''मेरे छोन्या का क्या करने का वो मैं ठराने वाली तू कोण सल्ला देनेवाली?'' (मेरे बेटियों के बारे में क्या करना है, यह मैं तय करूँगी, तुम सलाह देनेवाली कौन हो?) शायद माँ ने मेरी जगह दिखा दी, मैं निरुत्तर हो गई।

जमेला की मँगनी भी हो गई, एक बरस के बाद शादी करना तय हो गया। जमेला और मैं दोनों भी नाराज रहे।

एक बरस के बाद निश्चित समय पर जमेला की शादी का समय आया। शादी शिरढोण में, लड़के के दरवाजे पर थी। माँ ने खर्चा करके कुछ चीजें बनाईं। हम बाराती ट्रैक्टर से गाँव गए। राह में खाने के लिए अनाज पकाकर लिया था। दोपहर एक झाड़ तले बैठकर हमने खाया और आगे निकल पड़े, शादी शाम में थी।

26 अप्रैल, 1972 तारीख थी। हम गाँव पहुँचे तब दोपहर ढल चुकी थी। ठंडा-सा, गँवार गाँव देखते ही मैं बड़ी उदास हो गई। जूही की तरह नाजुक-सी जमेला यहाँ कैसे टिकेगी, यह सोचकर मेरे पेट में गोला-सा आ गया, बड़ी व्याकुल हो गई।

वहाँ जाते ही जमेला के ससुर ने दहेज के पैसों के लिए झगड़ा शुरू कर दिया। सबके सामने बर्तन में रखकर दो हजार रुपये दे दो, बाद में मैं लौटा दूँगा-ऐसा उसका कहना था। हम कह रहे थे इतनी रकम अभी हमारे पास नहीं है, आपने पहले क्यों नहीं बताया? बहुत वादावादी हो गई। अचानक आए दहेज के प्रस्ताव और झगड़े से हमारे लोग भी असहज हो गए थे। इन्होंने, खाला ने, फूफूजी ने जमेला के ससुर जी को समझाया तब तणतण (पैर पटकते) करते हुए अपनी कमर से दो हजार निकालकर बर्तन में रख दिए।

दरवाजे पर मंडप सजाया था। मंडप में रखे चारपाई पर दूल्हा राजा सजकर बैठा था। बाराती ठहराने वाले (जाणवस) घर से ये जमेला को गोद में लेकर मंडप में लाए। एक तरफ औरतों का जत्था था, उसमें एक कुर्सी पर जमेला को बिठाया। तोते रंग के, जरी किनारी रेशमी की साड़ी पहनी, ऊपर से हरी चद्दर ओढ़ी जमेला बचपन की गुड्डा-गुड्डी के खेल की दुल्हन की तरह लग रही थी। उसकी सास ने अपने गले की गल्सूरी और सोने की माला जमेला के गले में डाली थी। साथ में पाँच लड़ियों का, काले मणि का लच्छा भी बाँधा था, जिसमें सोने का चाँद था, यह माँ ने लिया था। हाथ में हरी, काँच की चूड़ियाँ। दुल्हन बनी जमेला खूब रो रही थी।

शाम होने वाली थी, धीरे-धीरे चारों ओर अँधेरा छाने लगा। मंडप में तीन गैसबत्तियाँ लगाई थीं। औरतों के बाजू में औरतों की, बच्चों की गहमागहमी चल रही थी। मौलाना निकाह पढ़ा रहे थे। दूल्हे की आवाज सुनाई दी, ''हाँ मैंने कबूल किया, कबूल किया, कबूल किया।'' दो औरतों ने अँजुली भर खजूर और बादाम दुल्हन पर से उतारकर औरतों की ओर फेंक दिए। जमेला का ब्याह हो गया, अब वह पराई हो गई।

बारातियों को खाना खाकर जाने में देर हो गई। ट्रैक्टर से देर रात बाराती कोल्हापुर पहुँच गए। मैं जमेला के साथ रह गई–पाठराखण (वधू के साथ ससुराल जानेवाली सखी) के नाते। विदाई के वक्त जमेला हर एक के गले लगकर हुमस-हुमसकर रोई थी।

जमेला की सास से, वह मेरी बड़ी ननद ही लगती थी, दोहरा रिश्ता था। मैं मेहमान की तरह बाजू में नहीं बैठ सकती थी। ननद ने तो दुल्हन को भी काम से नहीं बक्शा, वह मुझे क्या छोड़ती? काम से उसने मेरी कमर का काँटा ही ढीला कर दिया।

शादी के घर में पहले कमरे में जूठन भरे बर्तनों का अम्बार लगा था। वह बर्तन मैंने माँजे, दूसरी ननद मासाय ने धोए। जमेला ने घर झाड़ा, खाना पकाने की तैयारी में लग गई।

यह मेरी बड़ी ननद, भारी आलसी स्वभाव की, फटी जुबान की थी। एक हाथ में साड़ी का गुच्छा थामे, दूसरा हाथ नचाते बातें करती। बात भी बड़े तकब्बुर घमंड और नखरे से करती। जोड़वों के पैर झन-झन पटकते चलने की आदत थी। नौकरानी को आदेश देने जैसा वह मुझे पुकारती, काम का हुकुम चलाती, "ए आशा, चल आटप, धोणे का ढिग पडे देख, नदी को जाको खंगाल ला, बालू में चकोट सूका देख।" (ए आशा, जल्दी कर, धोने का ढेर पड़ा है, नदी पर जाओ, फिर रेती में सुखाकर ले आओ।) जमेला को डाँटकर कहती, "ए जमेला पल्लू ऐसाच ले देख, पिशानी झाक, मजे नहीं चलता।" (ए जमीला, पेशानी तक पल्लू ले लो, मुझे खोटा पाँव, खुली पेशानी अच्छी नहीं लगती।)

बेचारी जमेला डर-डर कर पल्लू पेशानी के आगे खींचती, बेचारी से साड़ी का बोझ भी उठाया नहीं जाता। लम्बे-लम्बे बाल लपेट कर बाँधती, लटों को पीछे हटाती। उसे देखकर मुझे बड़ा दुःख हो रहा था, मेरे खयाल में बात थी कि, इस घर में जमेला को सुख नहीं मिलनेवाला, आगे चलकर यह आशंका सच साबित हुई।

जमेला की सास ने हम बहनों को शादी के बाद पाँच दिन के बदले पन्द्रह दिन बाद ही कोल्हापुर जाने दिया।

जमेला के बारे में मेरे दिल में बचपन से ही एक खास जगह थी। उसके बारे में ममता का भाव वह जब पैदा हुई तब से ही था। बचपन में उसका वजन बहुत कम था, मैं ही उसे गोद में लेकर घुमाती, दूध पिलाती। एक बार तो उसके गले में चम्मच अटकने की नौबत आ गई थी। तब मैं बहुत डर गई थी। उसे हर तरह से खिलाती। जब वह चार-पाँच साल की थी, मैं अपने पैरों के बीच बिठाकर घोड़ा-घोड़ा नाच रही थी, उसे लेकर बड़ी, ऊँची पथरीली दहलीज पर गिर पड़ी, उसके दाँत उसके होंठ में घुस गए और जोर से लहू छलक उठा। होंठ का मांस लटकने लगा। आज भी यह व्रण बाकी है। उसके होंठ में तब गाँठ पड़ गई, वैसी ही रही। मेरे कारण उसे यह दर्द सहना पड़ा, इस बात का दर्द हमेशा मेरे दिल में रहा। जमेला रूप से भी नाजुक, गोरी-गोरी, भूरे-भूरे लम्बे बालोंवाली, दुबली-पतली थी, मैं हमेशा से उसे प्यार करती आई।

मेरा इरादा था जमेला को पढ़ाने का। चाहा था कि शहर में, छोटे परिवार में कम खटले के जंजाल के परिवार में उसकी शादी हो। लेकिन माँ के सामने मैं मजबूर रही, उसके सामने मेरी एक न चली। शमा की जब शादी हुई तब कुछ दर्द नहीं हुआ, लेकिन जमेला की शादी और उसकी जुदाई ने मानो मेरा कलेजा ही काटकर रख दिया। मेरा रोम-रोम भर आया।

## 18. कोई नहीं है यहाँ किसी का, नाते हैं नातों का क्या!...

बजरंग काले के घर से हम गली में ही शिवाजी पाटील के घर रहने आए। यह घर मुझे बड़ा पसन्द आया। बहुत बड़े-बड़े तीन कमरे, लम्बा-चौड़ा आँगन, फर्श का बड़ा चौक, पाखाना, पानी का नल-सब सुविधा थी।

घर के मालिक शिवाजी पाटील जी की दूर की रिश्तेदार एक बुढ़िया ऊपर के माड़ी पर जो बड़े कमरे थे उसमें रहती थी। बुढ़िया बहुत अमीर थी। पुनाल गाँव में खुद की खेती थी। काकी के पास एक किलो सोने के गहने, हजारों तोले के चाँदी के बर्तन थे। उसका नाम सावित्रीबाई चव्हाण था, जिसे हम काकी कहते। काकी की इच्छा थी, इतने बड़े घर में कोई साथ हो। काकी के कहने पर हमें यह घर किराए पर मिल गया। काकी के पति भी नहीं थे और कोई बाल-बच्चा भी नहीं था, बिलकुल अकेली रहती। हमारे आने से उसे सोहबत हो गई।

काकी के पति शाहुपुरी व्यापारी पेठ में बड़े व्यापारी थे। उनका पत्र-व्यवहार इतना अधिक था कि, उनके जाने के बाद बरसों तक काकी चूल्हा जलाने में पत्रों का उपयोग करती रही। काकी बहुत कंजूस थी। उसके पति ने अपने कार्यकाल में पुनाल गाँव में गाँव के बच्चों के लिए स्कूल बनवाया था। लेकिन काकी को पति का यह व्यवहार नागवार लगा, उसने स्कूल के प्रारम्भ-समारोह के पूजा-पाठ में शामिल होने से इनकार किया। काकी के व्यवहार ने उनके पति को संन्यासी ही बना डाला। वे बिना कुछ बोले, बताए घर-द्वार, व्यापार छोड़कर सर्व-संग परित्याग कर जो चले गए, तो वापस लौटकर न कभी आए, न अपनी खबर लगने दी। काकी अपने गले में चिताक, मोहनमाला के साथ-साथ सोने का बड़ा मंगलसूत्र हमेशा पहनती।

काकी खाने में भी कंजूसी बरतती। चूने के डिब्बे जितनी डिब्बी थी उतना चावल लेकर खाना पकाती, दस ग्राम (12.5 ग्राम) गोश्त लाकर चार दिन तक उसका सालन खाती,एक आना पावसेर का खट्टा दही लेती। चूल्हा जलाने के लिए तार छेड़ने जैसी लकड़ी हाथ में पकड़कर उसके सिरे निकालती, फिर अँगुली भर उपली पर नाखून भर केरोसिन डालकर चूल्हा सुलगाती। घर में सात-आठ टोकरियाँ भरकर कोयले इस तरह रचा-बसाकर रखे थे, जिसे देखकर मुझे मिठाई की सजावट याद आती। काकी सोते वक्त एक पेड़ा खाकर, पानी पीकर सो जाती। खाने में जवार की छोटी-सी रोटी, नैवेद्य या प्रसाद जितना चावल का गोला लेती। मैं काकी से कहती, "काकी, वाटीभर तांदुल घाला की, चंबल्यात भात पण दिसत नाही।" मतलब, कटोरी भर चावल का भात बनाओ, इतने से चावल का भात छोटे भांडे में दिखाई भी नहीं देता। इस पर काकी जवाब देती, "आग आशा, बास की तेव्हढ एकटया जीवाला किती लागतय? आणि हे बघ जीव लई चावट असतोय, तेच लई लाड करू ने न्हाईतर लई पदवीत पडतय बघा।" (अकेली जान के लिए इतना ही काफी है, दिल के नाजो-नखरे बर्दाश्त नहीं करना चाहिए नहीं तो दिल बड़ी बदमाश चीज है।)

ऐसी थी काकी, पर उसका और हमारा अच्छा मेल हुआ था।

काकी बीच की दहलीज में बैठकर मुझसे बातें करती रहती। पकाने के बारे में कुछ सूचना भी देती। आँगन में खेलनेवाले मेरे बच्चों की ओर ध्यान देती। बहनों को काम के लिए डाँटती, सलाह भी देती। कुछ अड़चनें आतीं तो पैसे की जरूरत भी पूरी करती, शर्त इतनी

कि, उसकी तारीख के अनुसार पैसे वापस करना और कुछ ब्याज भी देना। अगर कभी ज्यादा ही पैसे लेना हो तो सोने का कुछ जिन्स गिरवी रखना पड़ता। हम सब पर उसका बहुत यकीन था और हमने उसे कभी झूठा नहीं ठहराया।

मैं तीसरी बार पेट से थी। सातवाँ महीना शुरू था। घर में सभी की इच्छा थी, मुझे बेटा हो जाए। मैं खूब थकी थी। कमर में अक्सर दर्द होता था। जिम्मेदारियाँ बढ़ रही थीं। पति 'बोंद्रे ट्रांसपोर्ट कम्पनी' में ट्रक पर नौकरी में थे। वह नौकरी भी चली गई। उनका किसी के साथ झगड़ा हुआ था, वह बहुत बढ़ता गया, नतीजा यह हुआ कि उन्होंने इस्तीफा दे दिया।

घर में खर्चे का बड़ा सवाल खड़ा हुआ। बोंद्रे के ट्रक पर आमदनी अच्छी होती थी। ट्रक में से जानेवाले मुसाफिरों के पैसे मिलते, अनाज भी मिलता, हर रोज का नगद भत्ता था, महीने का पगार भी मिलता था, अब तो आमदनी के रास्ते ही बन्द हो गए।

'इन्हें' एस.टी. की नौकरी का बुलावा-पत्र आ गया, लेकिन हर रोज का पैसा मिलने वाली और कोई नौकरी के बजाय यह महीने भर बाद पगार देने वाली नौकरी का क्या फायदा! ऐसी दलील देकर विरोध, झगड़ा करके एस.टी. की नौकरी से माँ ने रोक लिया। मेरा मानना अलग था। चाहे अब कम वेतन मिले लेकिन उसमें दो बरस के बाद अच्छा वेतन, छुट्टी और नौकरी तथा भविष्य की निश्चिंतता थी। लेकिन शाश्वत भविष्य से ज्यादा वर्तमान काल का सुख माँ के लिए महत्त्वपूर्ण था, चाहे वह अस्थिर क्यों न हो? इस कारण मेरी सोच उन्हें अच्छी नहीं लगी। मुझे बहुत गुस्सा आया था उनकी सोच पर। उठाईगिरी जैसी बेभरोसे की जिन्दगी से मुझे चिढ़-सी हो गई थी। घर में बैठकर खानेवाले इतने लोग, और कमानेवाला अकेला, अब यह परिवार चलाने की चिन्ता से मेरी तो कमर ही बैठ गई, मैं बड़ी चिन्तित थी।

इसी काल में शिरढोण की नाजुक खाला का लड़का 'दस्तगीर' हमारे घर आया था। मोहिद्दीन आठवीं तक ही पढ़ सका, उसके बाद वह शिरढोण चला गया था, इस कारण फीका भैया का आना भी कम हुआ और उधर की आमदनी भी। इस देवर में और 'इनमें' गहरा प्रेम था। इनसे वह छह महीने छोटा था। दोनों भाई निपाणी के दरगाह 'दस्तगीर' वली की मन्नत से दोनों बहनों को लड़के हुए थे इसलिए दोनों का नाम 'दस्तगीर' ही था। सब मेहमान इन्हें 'बड़ा दस्तगीर' और देवर को 'छोटा दस्तगीर' कहकर पुकारते। इनके पास बहुत बरसों तक फूफू, 'वे', मासाय रहते थे। उनकी ही खेती में काम करते। पास में उनका घर था वहीं पर रहते। शायद इस सान्निध्य के कारण दोनों खालाजाद भाइयों में गहरा प्रेम था। वैसे तो छोटे दस्तगीर की सोलह एकड़ जमीन, चार घर, बड़ी दुकान, ट्रैक्टर, गाय, भैंस, मवेशी थे। गोठा भरा-पूरा था, इतनी अमीरी के बावजूद देवर को जरा भी घमंड नहीं था। वह तीखा नहीं खाता था इसलिए हमारे घर में उसे फीका भैया कहते।

बिलकुल बाधा के समय भैया बुलाए जैसा आया। नौकरी चली जाने की बात शौहर ने बताई। भैया ने कहा, "तू हौर आशा शिरढोण को चलो, वहाँ ट्रैक्टर पर काम कर, मैं महीने का पगार दिवूँगा, इधर पैशे लगा को दे कत्ते, भी कां तो नोकरी देके तक वो काम करो।" भैया ने शिरढोण चलने का प्रस्ताव हमारे सामने रख दिया।

'इनके' कपड़े फटे हुए थे, भैया ने दो खाकी, टेरीकॉट के ड्रेस खरीदे।

फीका भैया निरा शाकाहारी था। वह हमारे घर आता तो सब खुश रहते। जेब में भरपूर

पैसे रहते, दिलदार भी था। आते ही कुछ-न-कुछ बहाने से घर में पैसे देता, बहनों को खाने के लिए लाकर देता, पिक्चर, सर्कस दिखलाता। माँ उसकी बड़ी खातिरदारी करती। उसे पढ़ने का बड़ा शौक था, शमा गली में घूमकर, किसी-किसी घर से किताबें लाकर देती। वह शमा को 'लायब्रेरी' कहता। वह 'नास्तिक' था। खुदा, इल्म इनकी खिल्ली उड़ाता, वह बात मुझे खटकती, फिर मेरे साथ विवाद भी करता। उसके आने की मुझे बड़ी खुशी इसलिए थी कि माँ जरा भी झगड़ा नहीं करती। मुझे जरा सुकून मिलता।

हमारे सामने कुछ भी चारा नहीं बचा, तब हमने शिरढोण जाने का निर्णय ले लिया। मैं, शौहर और मीनू, शर्मिला, भैया के साथ गाँव चले गए।

'वे' ट्रैक्टर पर खाद ढोने के काम में जुट गए। मैं बच्चों के साथ ननद के घर रही। इनकी नौकरी छूट गई है और यह सब आश्रित के नाते यहाँ आए हैं, इस बात से हमारी तरफ देखने का सबका नजरिया बदल चुका था। बड़ी हीनता और हिकारत की नजर से मेहमान हमें देख रहे थे। इस अपमानबोध ने मुझे बड़ा अगतिक बनाया। छोटी-छोटी बात पर ननद मेरे बच्चों को मारती, धकेलती, किसी चीज को हाथ लगाते ही गालियाँ देती। मैं सोच रही थी 'या खुदा, मेरे ये बुरे दिन कब खत्म होंगे?'

हम दोनों पति-पत्नी मजदूरों की तरह खाला और ननद के घर कष्ट उठा रहे थे। दोनों घर के लोगों को अपने काम से खुश रखना चाहते थे। जमेला को बुरा लगता। बुरे दिनों में अपने बहन, बहनोई यहाँ आए हैं। वह चाहती मैं उसके घर ज्यादा काम न करूँ, क्योंकि मैं पेट से थी। मुश्किल अवस्था से गुजर रही थी। मैं सोचती अब काम न करूँ तो क्या मुफ्त की रोटियाँ तोड़ूँ? यह बात मेहमानों को पसन्द आएगी क्या? इसलिए हर घड़ी काम में रहती कभी खाला के घर, कभी ननद के घर।

मुझे अन्दरूनी तकलीफ बहुत हो रही थी। 'यह कैसा जीना हिस्से में आया?' इस सोच से मेरी बची-खुची नींद भी उड़ गई थी।

जब हम काले के घर में थे तब 'इन्होंने' माँ के लिए तीन तोले की मोहनमाला, तीन तोले की चेन ली थी। मेरे लिए पूछा गया तब मैंने रेडियो और सिलाई मशीन माँग लिया। उस पर मैंने कुछ छोटे-मोटे कपड़े सिलना सीख लिया। माँ ने अपने गहने चचेरे भाई के कठिन समय में उसे दे दिए। इतना पैसा हाथ में रहकर भी माँ ने कभी भविष्य की बात सोचकर एक रुपया भी बचत नहीं किया। उसकी फितरत ही पैसे उड़ाने की थी। ''कल का कोन ने देके? आज का दिन चैनी में गया न्हवे! कल का देखना आईंगा।'' इस आकाशवृत्ति से पैसे मानो चील के घोंसले में मांस के समान चट हो जाते। इस स्वभाव का फटका अब हमें सहना पड़ रहा है। रोटी के टुकड़ों के लिए दूसरे के दरवाजे पर लाचार होकर आना पड़ा।

'वे' ट्रैक्टर पर धूप में दिन-भर धूल, गंदगी में काम करते। चेहरे पर काले-काले धब्बे आ गए थे। मूल रंग गायब-सा हो गया था। ट्रक पर जाते तब बड़े रौबदार तरीके से रहते थे। अब सारा नूर उतरकर बदरंग हो गया था। दोनों बच्चों की तरफ देखकर मेरा दिल भर आता। मुझे लगा हमने इधर गाँव आकर बड़ी गलती की। इससे अच्छा था, वहीं पर कुछ-न-कुछ काम ढूँढ़कर करते।

हमें शिरढोण आए पन्द्रह दिन बीत गए थे। बोरगाँव, दत्तवाड़ के मेहमानों तक खबर पहुँची, ''दस्तगीर, जोरू-बच्चा संगाट शिरढोण के नाजुकखाला के यहाँ काम को रहे।''

(दस्तगीर अपनी जोरू-बच्चों के साथ आया है और शिरढोण में खाला के यहाँ काम कर रहा है।) उस वक्त ही 'इनका' ममेरा भाई, घोसरवाड़ का दूसरा दामाद आया। न जाने दामादों ने अपनी सास से क्या कहा? लेकिन खाला ने 'इन्हें' पास बुलाकर कहा, "दस्तगीर, तू यहाँ आए सो जँवाया को पसन्द नहीं बाबा, तू आपला कोल्हापुर को जा।" (दस्तगीर तुम्हारा आना दामादों को पसन्द नहीं, तुम वापस कोल्हापुर जाओ।)

फीका भैया को यह बात बड़ी बुरी लगी। लेकिन अपनी माँ के सामने उसकी एक न चली। यह नाजुकखाला बड़ी तामसी, घमंडी औरत थी। घर की पूरी सत्ता उसके हाथों में थी। उसने फीका भैया के लिए पहली बहू अपनी ही छोटी बहन की बेटी को बनाया था, लेकिन उसे मारपीट करके भगाया। दूसरी बहू बोरगाँव से ले आई थी। यह तो अल्ला घर की गैया था। माँ की इजाजत बिना वह अपनी पत्नी के साथ बात नहीं कर सकता था। उसे दो बच्चे हुए और तीसरे बच्चे के वक्त वह अपनी पत्नी के मायके गया था। जब पता चला बहू के तीसरी बार पैर भारी हुए तब उसने झगड़कर सारा घर मानो सर पर उठा लिया। जब बहू माँ बनी, लड़का हुआ, तब सवा महीने की जच्चा को आठ-आठ मील तक बैलगाड़ी के पीछे से पैदल चलाती ले आई थी। छोटा बच्चा अपनी गोद में लिया। जुबान भी बड़ी तीखी, चटर-पटर चलाती। हाथ में, गले में हमेशा पूरे गहने पहनती, मानो किसी की शादी में जा रही हो। उसे अपने गोरे रंग का बड़ा गुमान था। 'मेरे निमत चलवी नई छोड उने' ऐसा कहकर सामनेवाली औरत का अपमान करती। उसकी अमीरी के सामने सब दबे-दबे-से रहते। मेरी ननदों को अपनी खाला पर गर्व था, "हमारी नाजू खाला, नाजू खाला" कहकर सराहती रहतीं। अपना बेटा अपनी गरीब बहन के बेटे के बारे में प्रेम रखता है, उसी प्रेम से उसके लिए पैसा खर्चा करेगा, घर भरेगा यह बात दामादों ने उसके दिल में भर दी।

हम उसी दिन शिरढोण से निकलने लगे थे कि बड़ी ननद ने हैदराबाद के मुर्शिद से मिलने का आयोजन किया। मुर्शिद जी से मिलने गाँव के पचास लोग बस करके जा रहे थे। ननद ने मुझसे कहा, "इत्ता मैं आए शिवाय तू जऊ नको, पंदरा दिन न्ह।"

मैंने उसके सामने प्रस्ताव रखा कि "फूफू को बुलाकर रख लो, मैं जमेला को अपने साथ ले जाती हूँ, जमेला की तबीयत ठीक नहीं है।" पर उसी रात ननद ने ऐसा तमाशा किया कि, मुझे लगा क्यों कर मैंने उसके सामने कुछ कहा।

ननद को उसी रात भूत बाधा हो गई और वह जोर-जोर से चिल्लाने लगी। ऊँची आवाज में हिचकियाँ देकर जमीन पर लोटने लगी। उसकी आवाज से आस-पास के भाई-बन्द, पड़ोसियों के आने से सारा घर भर गया। चार लोगों ने उसे थामकर रखने की कोशिश की, लेकिन बड़ी ताकत से उन्हें धकेलकर जमीन पर पटक रही थी। जमेला, मौला के पास जाते ही उन्हें गालियाँ देने लगी। किसी ने कहा, 'जरा प्याज ले आना।' मैंने प्याज कुचली और उसके नाक के पास सुँघाने गई कि उसने अपनी कोहनी से मुझे जोर से धकेला और मुझे गालियाँ देने लगी, "आगे तेरा मू काला कर, आगे तेरे वस में कुत्ता मुत्या गे, तेट वट हुयागे।" (वंश नष्ट हो, तुम बरबाद हो जाओगी।) ऐसा कहकर जमीन पर हाथ रगड़ने लगी।

मेरे लिए यह अजीब और नया था। यह इतनी आक्रामक, तामसी है इसका पता आज ही मुझे चला। शरीर में घुसा भूत बराबर हम बहनों को गालियाँ दे रहा था, मेरी और भूत की पहचान भी नहीं थी, दुश्मनी कब हो गई पता नहीं। हम दोनों बहनें एक-दूजे को थामकर,

डरकर, थरथराती खड़ी थीं। मेरी दोनों बेटियों ने डर के मारे रोना आरम्भ किया। ननद के भाईबन्दों ने बड़े प्रयास से भूत को, ननद को शान्त किया। पीर के नाम दुआ का पानी पिलाया, नारीजा (अंगारा) लगाया, नींबू उतारा, नांदरे गाँव ले जाने का वादा किया–नांदरे गाँव में भूत बाधा से मुक्ति दिलाते हैं, तब कहीं जाकर भूत ने शायद बात मान ली और ननद के शरीर से बाहर निकला।

इस प्रसंग से मेरा तो दिल ही बैठ गया। डर के मारे मुझे जुलाब शुरू हो गए। 'वे' खाला के घर थे, रात में यहाँ क्या हुआ उन्हें खबर नहीं थी। सुबह घर आने पर भी किसी ने बताया नहीं। नाटकी ननद मुँह पर चद्दर लेकर जो सो गई, जब धूप ऊपर तक आई तब उठी। हम दोपहर ही कोल्हापुर जाने के लिए निकल पड़े। जमेला को साथ लिए बिना ही जाओ, ऐसा जमेला के ससुर और पति ने हमें कहा। मेरी तो जुबान मानो तालू से चिपक गई थी। मैं कुछ भी नहीं बोली, और हम घर से निकल पड़े। बीच दरवाजे में खड़ी छोटी–सी जमेला चुपचाप रो रही थी, और पल्लू से आँसू पोंछे जा रही थी। मेरी तो रात से आँखें बह रही थीं, बारिश की तरह थम–थम कर झलझला रही थी, जिसमें कितना–कितना, अलग–अलग दर्द, अपमान का जहर समाया था।

फीका भैया हमें ट्रैक्टर ट्रॉली में बिठाकर इचलकरंजी तक ले आया। दुकान में ले जाकर मेरे लिए अच्छी–सी, कीमती साड़ी, बच्चों के लिए कपड़े खरीदे। 'इनके' हाथ पर एक हजार रुपये रखते हुए उसकी आँखें भर आई थीं। एस.टी. बस में बैठे। खिड़की में से हमने हाथ हिलाकर विदाई दी। उसने छलकते आँसुओं को पोंछते हुए हाथ हिलाया। हमारा ऐसा रूसवा होकर जाना...उसके दिल को चोट–सी लगी।

मेरा दिल बड़ा विषण्ण, उदास था। संकट में ही रिश्ते–नातों की सही पहचान होती है। इस दुनिया में अगर अपने पास कुछ है तो इज्जत होती है, वरना बेइज्जती के अलावा कुछ हिस्से में नहीं आता। अगर इनसान के पास पैसा हो तो गुड़ में जो चींटियाँ लगती हैं तभी लोग अपने पास आते हैं। अगर पैसा न हो तो टालते हैं, मुँह फेर लेते हैं। पैसा ही सब कुछ, प्यार, प्रतिष्ठा, मर्यादा बाकी सब झूठ...। सबसे बड़ा रुपया, यही दुनिया का दस्तूर...। हमारे लिए कठोरता से व्यवहार करनेवाले कोई पराये नहीं थे। इनके सगे ममेरे, खलेरे, फुफेरे भाईबन्द थे। दुःख में ही जिन्दगी की सही पहचान होती है। लोगों का सच्चा चेहरा सामने आता है...। मैंने जीवन का और एक रंग देख लिया, मेरी सगी माँ ने जीवन का विद्रूप सत्य दिखाया। जिन्दगी से प्यार करने की ताकत भईजी के प्यार ने मुझे दी, जीवन का सुन्दर आविष्कार कराया कुछ पराये मित्र–परिवारों ने, जैसे भाऊ, बापू, राजा मामा, शशी ने निस्वार्थ प्रेम का परिचय किया और अब ससुरालवालों ने दिखाया कि, रिश्तों में 'पैसा' अहम चीज है।

मैं सोच–सोचकर बेचैन हो रही थी, ज्यादा दुःख तो अपनों के दिखाए स्वार्थ, अपमान का था। मेरा दिल व्याकुल हो उठा। मुझसे ज्यादा मेरे पति के अपमान से मेरी जान टूट रही थी। उनका धूप में काम कर–करके काला पड़ा हुआ चेहरा अपमान, चिन्ता से व्याप्त था। मेरी आँखें बार–बार भर आतीं और मैं पल्लू से पोंछने का प्रयास करती थी, लेकिन दिल में भावनाओं की लहरें बार–बार उठतीं और मैं अन्दर–बाहर से विचलित हो जाती। अपने को रोकना मुश्किल–सा हो गया था..."एक धागा सुखाया, शंभर धागे दुःखाचे जरतारी हे

वस्त्र मानवा, तुझिया आयुष्याये।'' यानी, ''एक धागा सुख का तो सौ धागे दुःख के। हे मानव! जिन्दगी नामक जो वस्त्र है, वह ऐसे ही सुख-दुख के धागों से बना है।''

## 19. पिया ऐसो जिया में समाय गयो रे...

हमारे घर का माहौल और अधिक खिंचावपूर्ण, तनावग्रस्त हो गया था। खाते वक्त भी माँ की जुबान का पट्टा आटे की चक्की जैसा निरन्तर चलता। बहनों को मारती, गाली-गलौज देती। माँ के हाथ में अदृश्य-सा चाबुक था जो सब पर फटकारती। कोड़े बरसाती रहती।

'इन्हें' घाटगे-पाटील ट्रैवल बस पर ड्राइवर की नौकरी मिल गई। व्यक्तिगत बस सेवा (खाजगी बस सेवा) थी। मुझे धीरज बँध आया। कोल्हापुर-मेंगलोर का दौरा रहता। चार दिन बाद घर आते। पगार दो सौ रुपये था और भत्ता अलग से। ट्रक पर जितनी सुविधा आमदनी थी उतनी यहाँ नहीं थी, लेकिन मान से पेट तो भर सकते थे। चूल्हा सुलग सकता था।

'वे' आजकल कुछ आर्द्रता से मेरे साथ पेश आते थे। भत्ते के कुछ पैसे माँ से छुपाकर मुझे देते। मेरे लिए, शायद पहली बार बीस रुपये की, सफेद रंग पर, रंग-बिरंगी फूलोंवाली साड़ी और फूल-बेल की कढ़ाई का, गहरा लाल रंग का स्वेटर ले आए थे। मुझे दोनों चीजें पसन्द आईं। मेंगलोर से आते वक्त याद से अबोली के भरपूर गजरे ले आते ताकि मैं चार दिन बालों में लगा सकूँ। मुझे चंदन का साबुन पसन्द था इसलिए वह साबुन ले आते, चंदन की धूप लाते। इतनी-सी बातों से भी मैं खुशमिजाज रहती। आज तक 'वे' जिन संस्कारों में पलते आए, उसके बाद माँ की जबरदस्त पकड़ उन पर रही, शायद इस कारण उन्हें अपनी भावना, प्रेम, गुस्सा, दुःख, खुशी, दिल की भावना व्यक्त करनी नहीं आती थी या व्यक्त करने की आदत नहीं थी। मैं उनका मूड जान जाती, सूक्ष्म बदलाव भी मेरी समझ में आते। कुछ कहे बिना मैं उनका प्रेम, गुस्सा, चाहत खुशी या गम समझने की आदी हो गई थी। 'उनके' प्रेम के दो-चार छींटों से भी मैं रोमांचित हो जाती। बरसात का भरपूर पानी न पानेवाले फिर भी कम पानी पर बढ़नेवाली फसल की तरह, ठंडी हवा के झोंके पर भी हरे-भरे रहनेवाले छोटे पौधों की तरह मैं अल्पसंतुष्ट रहकर अपने मन की ताजगी टिकाकर रखने की कोशिश करती। एक बात उतनी ही सच थी कि 'वे' मुझे पहचान गए थे, बाकी बहनों से मेरा स्वभाव, आचार, विचार, रूप अलग था। इसलिए उन्होंने मुझे कभी गाली नहीं दी न मारने के लिए कभी हाथ उठाया।

सोन्या मारुती चौक में एक छोटी-सी भीशी (छोटी बैंक) थी, मैं उसमें पाँच-दस रुपये जमा करती थी। भीशी का वक्त शाम 6 से 9 था, इससे मैं शाम के वक्त दुकान जाने का बहाना करके भीशी में जा सकती थी। मैंने बीस रुपये भरकर दो शेअर्स लिए और बैंक की सदस्य बन गई।

मेरी जचगी के दिन पास आ रहे थे। पूरे नौ महीने ग्यारह दिन हुए और 16 अगस्त, 1972 सुबह 6.30 बजे मैंने तीसरी बेटी को जन्म दिया। बच्चा बड़ा सुदृढ़ था, लेकिन मैं 'बेटी हो गई' यह सुनकर जोर-जोर से रोने लगी। डॉ. काँचनकोटी पति-पत्नी मुझे समझा रहे थे लेकिन मन से निराशा कम नहीं हो रही थी। फूफू जी ने कितनी मन्नतें, ताबीज, तंत्र-मंत्र फूँके थे।

मैं हर बार सब परिवार वालों को निराश कर रही थी। मेरे बारे में सबके गुस्से का पारा चढ़ा हुआ था। नौ महीने तक बेटे का इन्तजार करना और आखिर 'बेटी' यह शब्द सुनना यह पचाने में कठिन था। मेरे पास अम्मा ही थी। 'वे' बच्चे को देखने तो आए लेकिन आँखों से नाराजगी टपक रही थी।

तीन दिन के बाद मैं घर आई। बीच के कमरे में बच्चे के लिए गवारा (पालणा) बाँधा। आराम करने का सवाल तो था ही नहीं। कमर से एक साड़ी का पट्टा कसकर बाँधा, जिससे मेरी अशक्त, दुखती कमर को कुछ सहारा मिला और मैं घर के काम में जुट गई। अम्मा कदम के घर का काम करके जितना हो सके मेरे काम में भी हाथ बँटाती।

बहनें स्कूल जाती थीं। मुझे काम में मदद करें ऐसा न माँ चाहती थी, न बहनें। मैं बहनों से मदद माँगती कि जरा झाड़ू लगाओ, इतने बर्तन धो लो तो परस्पर झगड़ा शुरू करतीं, फिर कराहते-कराहते एकाध कमरा बुहारतीं। इस मनस्ताप से ज्यादा अच्छा था अपना काम खुद करे। मैं भोर समय जागती, पानी का बंब (समाव), कोयले, उपली, लकड़ियाँ डालकर सुलगाती। भूसे की अँगीठी भरकर जलाती जिस पर दाल, भात पकाने के लिए रखती। घर, आँगन बुहारती। आटा गूँथकर रखती। बच्चों का, अपना नहाने का काम पूरा करे खाना पकाने की तैयारी में चूल्हे के पास बैठती। चाय का भांडा चूल्हे पर चढ़ाकर सब्जी की तैयारी करती। नाश्ता, पकाना करने के बाद, धोने की ढेरी मेरा इन्तजार करती। ऐसा यह काम का रहट भोर से देर रात तक चलता। रात के खाने के बाद के बर्तन माँजकर ही रुकता, कुछ घंटों के लिए, फिर शुरू...।

मीनू, शुरू की तरह ही मैंने अपनी तीसरी बेटी का नाम रखा 'नासीम', मतलब 'सुबह का शीतल, सुरभिमय, हवा का झोंका।' मैं उसे 'सीमा' कहकर बुलाती।

इन्हें घाटगे-पाटील मोहन ट्रैवल्स में नौकरी में लगे दो बरस हुए और अचानक बत्तीस शिराले के पास बड़ी दुर्घटना हुई। पुल से गुजरते वक्त सामने से ओवरटेक करते हुए बिलकुल सामने से जोर से एक ट्रक आया। ट्रक से बचाने के लिए उन्होंने बस जरा-सी बाजू में ली और ब्रेक लगाया। जोर की आवाज हुई, पुल का कट्टा आधा टूटा था और बस कुछ अधर में सी थम गई थी। आश्चर्यजनक ढंग-से बस का रुकना और सारे मुसाफिरों का बचना, सब ईश्वर की कृपा थी। सब लोग सलामत थे...बस का कुछ नुकसान हुआ था। वे कुछ देर तक स्टेअरिंग पर सर रखे गुमसुम से बैठे रह गए थे। उन्हें यकीन नहीं हो रहा था कि बस नदी में नहीं है... पुल पर, अगले टायरों पर, अधर में खड़ी है। लोगों ने उन्हें पकड़कर उतारा। सब किस्सा सुनकर कुछ देर तक मैं सुन्न रही, बाद में अल्लाह का शुक्र अदा किया, जिन्दगी ने और एक बार जीने का मौका दिया...।

अम्मा बहुत बीमार थी। गले कमरे में, सोपे कमरे में उसका बिछौना बिछाया था। मैं उसकी सेवा करती। बिछौने में ही नित्यक्रियाएँ होती थीं। माँ भी सेवा करती। बिछौना धोना, उसे पाक-साफ रखना, कुछ खाने योग्य व्यंजन पकाकर खिलाना, दवा इलाज भी शुरू था। अम्मा ने ऐसे वैसे पन्द्रह दिन निकाले और वह इस दुनिया से विदा हो गई...।

अम्मा के जाने का मुझे भारी दुःख हुआ। मेरा बड़ा सहारा थी वह। मुझसे उसे बड़ा प्रेम था, मेरी मदद के लिए वह कोशिश करती। धोना धोकर आती तो अपने गीले कपड़ों की ओर ध्यान दिए बिना मेरे बच्चे को कपड़ों में लिपटाकर बुला-बुलाकर सुलाती। कभी-कभी

मेरे लिए गर्म रोटी उस पर अंडे की पूरी-आमलेट या घोलमे का सूका बनाकर पल्लू तले छुपाकर ले आती, प्यार से खिलाती। अगर कभी वक्त मिलता तो मेरे बालों में तेल लगाती। हल्के-हल्के हाथों से बाल सँवारती। धीमी-सी आवाज में दुल्हन के बालों को सँवारने का गाना गाती। मैं आँखें मूँदे उसका गीत सुनती। पनाले में मैं उसके पीछे-पीछे घूमती तब मुझे वह चिड़ियों के आकार के बिस्कुट, लम्बे-लम्बे बटर खाने को देती। मैं उसके साथ नदी पर धोना धोने, अलग-अलग घर में बर्तन माँजने जाती, सर पर घास के बोझ उठाती। वह कभी अकेली बैठी रहती तो सोच में उदास-सी दिखाई देती। मैं ऐसे मौके पर उसके पास बैठकर गप-शप करती, उसके अतीत को जानने की कोशिश करती। उसे अपने मायके की, भाई-बहनों की याद आती तो तपकीर की छोटी डिब्बी पर टक-टक करती और दोनों नथुनों से चुटकी भर नास खिंचती और और खुलकर बोलने लगती। मायका बड़ा सुख का था, नाजोअदा से पहली इकलौती बहन थी अम्मा। पति के घर में भी अमीरी, बरकत थी। सुख-चैन की जिन्दगी में रही अम्मा को पति के गुजरने के बाद जिन्दगी ने बैसाख की धूप में जलने की मानो सजा दी। अपने माँ-बाप के घर या पति के घर सुख-चैन से रहने की आदी अम्मा को हाथ के छिलके निकलने तक कष्ट उठाना पड़ा। जब वह जीवन की कहानी बताते-बताते वर्तमान में आती तो उसके गोरे-गोरे नाजुक झुर्रियों से भरे चेहरे पर से मानो अनेकानेक झरने बहने लगते। ऐसी यह मेरी अम्मा गई और मेरे सहारे की दीवार का एक पत्थर ही टूट गया...।

शमा जचगी के लिए आई थी। उसके बेटी हुई थी। शमा को तीन महीने तक माँ ने खटिया से नीचे उतरने नहीं दिया। जच्चा-बच्चे को तेल का मसाज करके, भरपूर गर्म-गर्म पानी से नहाना, सुबह में खूब सारे घी का सिरा (मीठ सोजी), दस बजे गर्म रोटी, गोश्त का फीका सालन, दोपहर में काली कजरी, बारीक, सुगंधी चावल का खाना-घी। चार बजे नाश्ता। इसके अलावा माँ ने 'इनके' पास से मेंगलोर से खास मँगवाए काले पीठ का सूखा खोपरा, काजू, बादाम, खारक, खसखस, बेदाने, जायफल, शक्कर, इलायची, सोंठ, खाने का गोंद डालकर 'येच' (खोपड़ा बारीक खुरचकर, सब चीजें घी में भूनकर, कूटकर इकट्ठा करते हैं, मिश्रण शक्तिवर्धक होता है।) इस 'येच' के दो बड़े-बड़े हांडे भरकर शमा की खटिया तले रखे थे, ताकि हम उसे हाथ न लगाएँ। बीच के बड़े कमरे में परदा डालकर उसकी आड़ में जच्चा की खटिया रखी थी। वहीं पर शमा खाना खाती, नाश्ता, येच खाती। जच्चा की सेंक-शेगडी, खाना, नहाना, इस काम में माँ अटकी रहती थी। माँ के कहने के अनुसार मैं खाना पकाती। शमा के बच्चे का 'चिल्ला' (नामकरण) भी किया। उसके सब मेहमानों का बुलावा किया था। बच्चे को सबने, माँ ने सोने के गहने भी दिए। बेटी का नाम 'शबनम' रखा। शबनम अपने नाम और ओस की बूँद की तरह पारदर्शी सफेद खूबसूरत थी।

माँ ने केवल शमा के लिए इतना किया, ऐसा नहीं। न्यामत की भी दो जचगियाँ कीं। न्यामत की गोदभराई से चिल्ले तक सब निभाया। मेहताब की भी शादी की।

जमेला के पहला बेटा हुआ। जचगी के लिए यहाँ आने के पहले ही वह जच्चा हो गई। उसे पहला बेटा हुआ इसलिए बच्चे को अंगूठी, कपड़े, गोंद के लड्डू लेकर माँ शिरढोण गई। सवा महीने के बाद जमेला को यहाँ लाया गया। हमारे घर का पहला बेटा, इसलिए मैंने उसका नाम 'अरमान' रखा।

कुछ कारण से मोहन ट्रैवल्स बन्द हो गई और 'इनकी' नौकरी चली गई। अब घर-परिवार कैसे चलाएँ? इस चिन्ता ने मुझे घेर लिया। घर में झगड़ा तो मेरी छठी को ही पूजा गया था शायद, निरन्तर शुरू ही रहता। लेकिन घर में तंगी शुरू होते ही माँ की अवस्था पागलों जैसी हो जाती।

नौकरी जाने से 'वे' बहुत चिन्तित थे। घर का बढ़ता खर्चा, बढ़ता परिवार, माँ का बर्ताव इन सबसे वे त्रस्त थे। जितना कमाते वह तो सब माँ के हवाले करते ही आए थे। भत्ते में से मेंगलोर आते वक्त चावल, साबुन, खोपरे का तेल-बालों के लिए ले आते। खर्चे में बचत हो इसलिए दिन में जो दो-तीन सिगरेटें पीते थे, वह बन्द कर दिया। बाकी कोई भी बुरी लत उन्हें नहीं थी। ड्राइवर के पेशे में रहकर भी शराब, जुआ व अन्य बुरी आदतों से दूर रहे। माँस-मच्छी भी नहीं खाते। शुद्ध शाकाहारी आहार, दही-दूध का सेवन। इससे स्वास्थ्य बिलकुल उत्तम था। लेकिन बाकी खर्चे से तंग आ चुके थे। अब तो नौकरी भी छूट गई, बड़ा यक्ष प्रश्न सामने खड़ा हुआ।

घर में छोटी-सी बात को लेकर भी माँ झगड़े का बवंडर खड़ा कर देती। नौकरी गई उसके दूसरे दिन छोटी-सी बात को लेकर माँ ने मेरे साथ विवाद शुरू किया था। वैसे तो झगड़ा हमेशा एकतरफा होता। मैं अपनी ओर से न प्रतिवाद करती, न ही दलील करती। सब खाना खाने बैठे थे, मैं भी गर्दन नीचे झुकाए यूँ ही भोजन में उँगलियाँ चला रही थी, खाया नहीं जाता था। आँखों से पानी टप-टप टपक रहा था, मैं प्रयास में थी कि यह रोना किसी के ध्यान में आ न जाए। फिर भी सबके ध्यान में आ ही गया। 'इन्हें' अचानक मुझ पर इतना गुस्सा आया कि चिढ़कर सामने चावल परोसी काँच की प्लेट थी वह उठाई और मेरे मुँह पर फेंक मारी। चिल्लाए, "बस्स कर, इत्ता, बस्स कर रोना, रिज्क गया हमारा।" मेरे मुँह पर से टकराकर प्लेट जमीन पर टुकड़े-टुकड़े होकर गिर पड़ी। मेरे मुँह पर, आस-पास भात-चावल बिखर गए। मैं एकदम से डर गई "अजी, अजी, ऐसा क्या? मैं क्या करी?" कहते हुए खुद को बचाते हुए पीछे हट गई। 'वे' बिना खाए थाली से उठ गए। बच्चियाँ भी डरकर रोने लगीं। माँ तणतणाते हुए बाहर के सोपे में गई। मैं कितनी देर तक फूटी प्लेट के टुकड़ों को, और बिखरे हुए भोजन को देखते हुए सर पर हाथ रखे अवचेतन अवस्था में बैठी रही, जूठन से भरा चेहरा धोने का भी खयाल नहीं था।

इस घटना के दूसरे दिन माँ के चचेरे भाई दिलावर मामू हमारे घर आए। उनका ट्रक था। उसी ट्रक पर ड्राइवर की नौकरी के लिए उन्होंने 'इन्हें' बुलाया। खेत का गन्ना ट्रक में भरकर शक्कर कारखाने में ले जाने का काम था।

'इन्होंने' दिलावर मामू की बात मान ली। हमें जरूरत भी थी। पगार, भत्ता बहुत कम था लेकिन खाली हाथ बैठने से काम में रहना अच्छा। इस नौकरी में वक्त-बेवक्त का कुछ हिसाब नहीं था। खेत से गन्ना भरकर कारखाने में जाना और कतार में ट्रक लगाकर, नम्बर लगाकर ट्रक खाली होने का इन्तजार करना। सैकड़ों ट्रक, ट्रैक्टर, बैलगाड़ियों की कतार रहती। दस-बारह घंटों तक बेजार होने जितनी राह जोहना। ट्रक खाली करके दुबारा गन्ने के खेत में आना। जाते-जाते राह में रुककर खाने का डिब्बा ले जाते। भूख-प्यास, रात-बेरात गन्ने के खेत में, फैक्टरी की धूल, प्रदूषण भरे माहौल में, सूखी घास में, गन्ने के पाले में बैठना, सोना ऐसे हाल थे। जिन्दगी पूरी बदरंग सी, बिना लिपे-पुते मटमैले रंग का आवरण

(पोंपले) निकाले दीवारों की तरह बेनूर हो गई थी। यह दर्द मुझे अन्दर ही अन्दर खोखला कर रहा था...।

## 20. खेत खाया पंछियों ने, घर खाया मेहमानों ने...!

शिवाजीराव पाटील के इस बड़े घर में मेहमानों का आना-जाना बहुत ही था। हमारे दरवाजे पर मन्दिर या मस्जिद के बाहर जैसे जूतों का ढेर होता है वैसा ही ढेर लगता। शाहुवालों के खेत का कोर्ट-केस शुरू था। खेती के काम भी निबट चुके थे, सो हर रोज बीस-बाईस लोगों का आने-जाने का सिलसिला शुरू था। सुबह नाश्ते के वक्त दस बजे तक आते तो शाम या रात में ही अपने घर जाते। सुबह नाश्ता, दोपहर का खाना, चार की चाय-नाश्ता, नाश्ते में उपमा, शिरा, कांदापोहे, ब्रेड को मस्का या घी लगाकर, अंडे में घोलकर भूनना, गोश्त, पुलाव, बिर्याणी...बाप रे! होटल की तरह आदेश देते, प्लेटें भर-भरकर खाते, बीच के बड़े कमरे में बिछौना डालकर बतियाते रहते, बेकार की बड़बड़। कायदे कानून की चर्चा करते, सोते, उठते, खाते फिर सोते। मैं नौकरानी की तरह चूल्हा, गैस, अँगीठी के पास झुलसती, पकाती और माँ प्यार से उन्हें खिलाती। माँ उनकी आवभगत में ऐसी लगी थी मानो देवों की सेवा में भगतिन! मेरी जान तंग हो चुकी थी, लेकिन तारीफ के फूलों में माँ नहा रही थी, ''हमारे बू का हाथ लई बड़ा।''

''गोश, पुलाव करना तो हमारे बू ने।''

''बू जैसा किसी-किसी को कुछ आनेवाल हाँ।''

फिर क्या था, बू अपनी उदारता की तारीफ में हवा में तैरने लगती और इतना-इतना खिलाती कि बेचारों को चाहकर भी उठा नहीं जाता तो मजबूर होकर वहीं लुढ़क जाते और ज़ोर-जोर से खर्राटे लेने लगते। तब माँ धन्य-धन्य, कृतार्थ होकर बड़ी दयार्द्र दृष्टि से अपने चचेरे चाचा, चाची, भाइयों को देखती और सोचती रहती कि शाम के खाने में क्या बनाऊँ?

मैं और मेरा पति घानी के बँधे-कोल्हू के बैल जैसा, आँखों पर पट्टी बाँधे दिन-रात कष्ट भोग रहे थे। मैं घर में और वे बाहर!

मेहमानों की दृष्टि से हमारा घर उनकी एक और सुविधा का केन्द्र बन गया। हमारे घर से सी.पी.आर. मतलब सरकारी बड़ा दवाखाना बहुत पास में था। मेहमानों में अगर कोई बीमार होता, अगर किसी की जचगी हो तो चिन्ता की बात ही नहीं थी। जच्चा का खाना, नाश्ता, गर्म पानी, कपड़े धोना, सेवेकरी का खाना, आदि पूरी व्यवस्था हमारे घर से, वह भी मुफ्त में। न दवाखाने का बिल ना बाकी देखभाल की व्यवस्था का। शाहुवाले पूरे भाईबन्द मिलाकर दर्जनों लोग थे। उनमें से कई की बीमारी, कुछेक औरतों की जचगियाँ, ऑपरेशन फोकट में, बिनासायस (तकलीफ बगैर), सुखकारक तरीके से पार हो गए।

मजे की बात यह थी ये मेहमान हमारे घर इसलिए इतना खाते, क्योंकि इन मेहमानों को खिलाते वक्त खर्चे के बारे में माँ आगे-पीछे नहीं देखती। आया पैसा उड़ा डालती। कम पड़ा तो काकी से उधार लेती, पर कम पड़ने नहीं देती। पर मेहमान कहते, ''हमारे जैसे बड़े लोगों की बात और है, सच आजब लगतय यत्ता सारा कैसा चलतय? हात पर के पेटा तुमारे, आवघड है सारा चलाने का।'' (हमारे जैसे बड़े लोगों की बात अलग है। बहुत अजीब बात

इतना सारा खर्चा कैसे निभाते हैं ये? गरीब लोग हो तो तुम तो बड़ा कठिन होता होगा नहीं?) तो कोई बाहर जाकर खिल्ली उड़ा, ''अरे ड्राइवर के घर में शक्कर की चाय, और तुमारे घर में गुड़ की चा, जरा बिचार करो।''

अपने, आपको अमीर समझनेवाले और हमारा खाकर, हमारा ही मजाक उड़ानेवाले ये मेहमान हमारे लिए बरस में पाँच किलो गुड़ की ढेली, लीटरभर काकवी–गन्ने का गाढ़ा रस, मुमकिन हुआ तो खेत में उगी कुछ सब्जी, कीड़े लगे, न बिके हुए एक–आधा किलो बैंगन, पंछियों के खाए कुछ भुट्टे, दो–चार गन्ने के टुकड़े देकर अपनी अमीरी, अपना औदार्य जताते। लेकिन माँ तो उनके प्यार में अन्धी थी, उसे कुछ दिखाई नहीं देता था।

अगर नौकरी न हो तो घर में कितनी अभावपूर्ण, संकटग्रस्त परिस्थिति हो जाती है यह मालूम होकर भी माँ समझदारी से नहीं रहती थी। हमारा पैसा होकर भी हमें खिलाते वक्त उसकी जान नीचे–ऊपर होती, लेकिन मेहमानों को हाथ और दिल खोलकर खिलाती। मैं तो क्या बोलती? जिन्हें कुछ बोलना है 'वे' तो चुपचाप रहते। माँ के हाथ में ही पगार–भत्ते के पैसे देते, मानो मूक सहमति थी। 'उनकी' दासी–नौकरानी से ज्यादा मेरा स्थान तो इस घर में था ही नहीं।

फूफू आई थी। घर में लगी मेहमानों की झड़ी, लगातार चालू चूल्हा–चौका देखकर तो दंग–सी रह गई। क्योंकि, बोरगाँव में बेचारी मजदूरी करके खाती थी और यहाँ अपना ही बेटा परिश्रम करके भी उसे एक रुपया भी नहीं देता था। पावसेर तेल में वह हफ्ता भर चलाती तो यहाँ डिब्बे से तेल चंद दिनों में खर्च होता था। यह सब देखकर दो दिन में ही उसका संयम छूट गया। फूफू ने माँ के साथ झगड़ा शुरू किया, ''आगे मेहरनिगाँ, घर है क्या धरमसाला? मेरा बेटा मर–मर को राबतय, व्हर तू सारे गाव की जमात गोला करीया, तुजे क्या लाज–बिज हाय क्या नई?'' (अरी! मेहेरनिगा यह घर है या मुसा–फिरखाना। मेरा बेटा दिन–रात मेहनत करता है और तूने सारे गाँव के लोगों को खाना खिलाने का ठेका ले रखा है क्या? तुम्हें कुछ शर्म आती है या नहीं?) फूफू ने अपना गुस्सा, संताप व्यक्त किया। उसके शब्द सुनते ही माँ ने सामने का चाय का कप एकदम से फेंककर क्रोधित होकर मानो फूफू पर ही वार करने जैसा रूप दिखाया। चिल्लाकर बोली, ''आगे, किसे बोलतिया गे? चप्पलशी ठोकको काढूँगी, तेरे बेटे का पैसा यहाँ उद को भी बस नहीं आता, चलने लग यहाँशी।'' (अरी! किसे बोलती हो तुम? जूते से मारूँगी, तेरे बेटे के पैसे की कमाई यहाँ पे उद जानने के लिए भी बस नहीं आता, चलो यहाँ से!)

इन अपमानजक शब्दों का वार सहना फूफू के लिए असहाय हुआ। वह घर से बाहर आई और मुँह पर हाथ कर बोंब मारना शुरू किया। चिल्लाते–चिल्लाते माँ को, अपनी तकदीर को गालियाँ देने लगी। आवाज सुनकर आस–पास के पड़ोसी जमा हो गए और फूफू चक्कर खाकर जमीन पर गिर गई। दाँतखिली बैठ चुकी थी। कुछ औरतें भागकर पानी लाईं, मुँह पर छींटे मारे, प्याज सुँघाया। कुछ देर बाद फूफू उठकर बैठ गई।

फूफू ने घर में नहीं खाया। मैंने मिन्नतें कीं लेकिन वे मानी नहीं। अपने कपड़े इकट्ठे किए और गठरी बाँधकर अकेली स्टैंड पर गई। वहाँ से बोरगाँव। माँ ने एक लफ्ज से भी न फूफू को मनाया, न रोका। मैं उदास हो गई थी।

सीमा दो साल की हो गई और चौथी बार मेरे पैर भारी हो गए, मेरे दिन चढ़े। च तो

यह कि मुझे सीमा के वक्त ही परिवार नियोजन का ऑपरेशन करवाना चाहिए था लेकिन फूफू ने रोका। उन्होंने कहा कि तीन बेटियों पर मुझे बेटा हुआ, शायद तुझे भी वैसा ही होगा। बाकी रिश्तेदार भी कह रहे थे, ''अब बेटा ही होगा, रहने दो।'' वैसे दृढ़ता से निर्णय लेना, निभाना, इतनी बड़ी न मेरी उम्र थी, न सोच। आज तक दूसरों ने ही मेरे निर्णय लिए थे। निर्णय लेने का न मुझे अधिकार मिला, न मौका, न ही स्वातंत्र्य!

शहाजाद, ईरिना अब बड़ी हो चुकी थीं। पढ़ाई में उन्हें दिलचस्पी नहीं थी। कैसे-कैसे करके आठवीं तक पहुँच पाई थीं। शहाजाद पढ़ना चाहती थी लेकिन उसी वक्त उसकी पीठ पर स्कूल के गेट का दरवाजा गिरा जिससे उसे गहरी चोट लगी। एक साल तक सी.पी.आर. अस्पताल में इलाज करवाना पड़ा।

माँ का ध्यान अब शहाजाद और ईरिना की शादी की ओर लगा था। बहुत दूर की रिश्तेदारी से अपनों में ही रिश्ता जमाने की बात माँ सोच रही थी। बेटियों की जिम्मेदारी से जल्द-से-जल्द मुक्त हो जाए तो अच्छा, ऐसा उसका विचार था। स्कूल या पढ़ाई की 'झंझट' उसे जरा भी पसन्द नहीं थी।

सातारे में मेरी बड़ी खाला, रूबाबबी रहती थी। अपने बेटे शमशुद्दीन के लिए ईरिना का हाथ माँगने वह हमारे घर आई थी। शमू फल बेचने का काम करता था। रहिमतपुर में खुद का घर था। वैसे तो बिलकुल साधारण-सी स्थिति थी। माँ ने खाला से कहा, ''ईरिना नन्ही हाय, शाजाद को बहू कर को ले जा।'' रूबाब खाला ने यह बात मान ली। उसी शाम मँगनी करेंगे ऐसा तय हुआ। शादी एक बरस के बाद करेंगे। बातचीत के वक्त काकी भी पास बैठी थी। काकी ने माँ को बाजू में बुलाकर एक सलाह दी ''साखरपुडा करून लई दिवस लगनाच ठिवू ने, त्या परास वर्सानच साखरपुडा आणि लगीन करा, म्हेरनाबाई आता नुस्ता मनीला सबूद द्या जावा।'' (मँगनी करके ज्यादा दिन तक शादी नहीं रोकना है, उससे अच्छा बरस के बाद मँगनी और शादी भी कर दो, अभी जुबान दे दे।)

विशेष बात यह कि; माँ ने शायद पहली बार किसी की बात मान ली, उसने रूबाब खाला से कहा कि ''ईरिना की बी शादी का देख को, एकदमच दोनों भाना की शादी करींगे, मँगनी क्या होय सारखीच हाय।''

रूबाब खाला ने इस बात को भी मान लिया कि, एक साल के बाद दोनों बहनों की साथ-साथ शादी करेंगे। सिर्फ एक दर्जन केले शहाजाद की गोद में डाले। सच बात यह थी कि, रूबाब खाला चाहती थी कि उसकी बहू ईरिना हो, शहाजाद नहीं, क्योंकि, शहाजाद कुछ काम नहीं करती। ईरिना बड़ी ही काम करनेवाली है ऐसी खाला की राय थी। उसने मुझसे कहा, ''आशा, देख बया, मेरेकू ईरिनाच बहू करको पसन्द हाय, पर इस मेहेरनिगा के सामने क्या बोलने का? बया आपलेको उसके मू का डर लगतय बया।'' ऐसा कहते-कहते अपने ही गालों पर थपेड़े लगाकर, ''तौबा, तौबा अल्ला मालिक'' कहकर अपने कान पकड़ लिए।

यह खाला बरसों तक मुम्बई में ही रही थी। उसके शौहर उस पुराने जमाने में जहाज से हज करके आए थे, बड़े नमाजी थे। खाला की सौतन और खाला शौहर गुजरने के बाद रहिमतपुर में आकर रहने लगीं। दोनों के एक-एक बेटा, एक-एक बेटी। कुल चार बच्चे। दोनों सौतनों ने मेल से रहकर बच्चों को पाला। पति के निधन के बाद मुम्बई और रहिमतपुर में भी भाईबन्दों ने तकलीफ दी। शौहर ने सुख में रखा, लेकिन पैसे की, भविष्य की कुछ

व्यवस्था नहीं की। पति के गुजरने के बाद दोनों ने लोगों के घर काम करके निर्वाह किया।

रूबाब खाला बड़ी पाक-साफ रहती। स्वभाव भी ममतालु। मुम्बई और सातारा की बोलीभाषा का अलग-सा लहजा उसकी भाषा में था। पाँच वक्त की नमाज, रोजे रखती। रूप में हावा खाला जैसी ही ठिगनी साँवली थी लेकिन उसके चेहरे पर एक मिठासभरी हँसी रहती। छोटी-छोटी बात पर दिल खोलकर हँसती। सिनेमा देखना भी पसन्द था, खास तौर पर नए जमाने के हीरो अमिताभ को ज्यादा पसन्द करती। जब अमिताभ जी दुर्घटना में जखमी हुए तब उनकी खैरियत के लिए नमाज में दुआ भी करती। इस खाला को भी मुझसे ज्यादा लगाव था, मुझे भी उस पर प्यार आता। आठ दिन रहकर खाला सातारा चली गई।

हम जिनके घर रहते थे वह शिवाजीराव पाटील जी का घर जितना बड़ा था। उससे भी बड़ा माँ का दिल होने लगा। शमा के खलेरे देवर हमजेखान बालू पटेल (जिन्हें बाशा भैया ऐसा कहते थे) वे शमा की सास के पास रहते थे। ट्रक ड्राइवर थे। उनके माता-पिता बहुत साल पहले गुजर चुके थे। इसी कारण दादी माँ ने परवरिश की। अब वह भी गुजर गई। एक भाई था, वह भी ट्रक दुर्घटना में गुजर गया। दादी के गुजरने के बाद शमा के ससुर जी बाशा भैया को अपने पास लाए। शमा की सास भैया के साथ कठोरता से पेश आती। अब माँ ने बाशा भैया को अपने यहाँ सहारा दिया। भैया अपने खाने के पैसे देते, साथ ही ट्रक से चूल्हा जलाने के लिए जलावन ले आते। बुरी लत नहीं थी। ड्राइवर होकर भी रौब से रहते, इस्त्री के कपड़े पहनते और घर में भी बूट पहनकर घूमते।

माँ इस बात को भूल चुकी थी कि हम शिवाजीराव पाटील जी के घर किराएदार हैं। उन्होंने हम पर भरोसा जताया था। माँ ही बाकी कमरों में किराएदार रखती, किराया वसूल करती, अलग-अलग तरीके से किराएदारों को सताती। मसलन, रात दस बजे लाइट बन्द करना, किसी ने इस्त्री लगाई तो इस्त्री फेंक देना, पानी पर प्रतिबंध, जाते-आते गालियाँ देना। बिलकुल मालकिन की तरह उद्धत बर्ताव था।

पाटील मामा कभी-कभार इस घर में आते। उनका बड़ा घर, खेती-बाड़ी, बड़ा खटाला वडणगे गाँव में था। कोल्हापुर में एकाध घर हो ऐसा सोचकर यह घर उन्होंने खरीदा था। अमीर थे, कभी आते तो बहुत बढ़िया जीप लेकर आते। मामा को अंग्रेजी पढ़ने का बड़ा शौक था, मुँह में हमेशा सिगार रहती। अपने बच्चों को भी अंग्रेजी स्कूल में पढ़ाया था। वे खुद पढ़े-लिखे प्रगतिशील किसान थे। मामा के पिताजी बड़े विद्वान, गहरे अध्येता थे। मराठी और संस्कृत में माहिर थे, आपने ज्ञानेश्वरी का मराठी में अनुवाद किया था। मामा ने पिताजी की इस विद्वता को ग्रन्थरूप दे दिया। अनुवाद की पन्द्रह हजार प्रतियाँ छपवाकर ली थीं, लेकिन उसका वितरण ठीक से नहीं हुआ था। मामा ने यह पूरी ग्रन्थसम्पदा इस घर के बीच के विस्तृत कमरे में सजाकर रखी थी। मामा का श्रद्धास्थान यह जगह, कमरा और ग्रन्थ थे। अगर कोई ग्रन्थ माँगता तो पढ़ने के लिए भेंट में दे देते। कुल मिलाकर इस घर में एक पावित्र्य, सात्विकता, मांगल्य भरा-भरा-सा था, लेकिन माँ के बर्ताव से वह भंग हो रहा है ऐसा एहसास मुझे होता।

माँ सब किराएदारों से किराया वसूल तो करती, खर्च भी करती। मामा बरस में दो बार हिसाब माँगते, बाकी वक्त कुछ भी तकादा नहीं होता। हमें साठ रुपये किराया देना पड़ता था। हिसाब देते वक्त माँ मेरी नाक में दम करती। किराए के पैसे, लाइट, पानी का बिल,

खुद किया हुआ खर्चा, बाकी नतीजा ठणठण गोपाल...। माँ के अनपढ़ हिसाब से हिसाब करना बड़ा मुश्किल हो जाता। हिसाब से मामा को पैसे देने ही पड़ते पर माँ कुछ रुपये तो देती, बाकी बचे बाद में देंगे ऐसा कहकर टाल देती। धीरे-धीरे सौ-दो सौ का देना, हजारों में बढ़ता गया। मामा का हम पर कर्जा बढ़ता गया, और भरोसा कम होता गया।

## 21. बनाके क्यों बिगाड़ा...बिगाड़ा रे नसीबा ऊपर वाले...

मई 1974 का महीना चल रहा था। फीका भैया ट्रैक्टर दुरुस्ती के लिए आया था। आठ दिन हो चुके थे गैराज में ट्रैक्टर का काम शुरू था। भैया के आने से घर का माहौल खुश था। वह खर्चे के लिए पैसे भी देता था। हर रात बहनों को लेकर पिक्चर देखने जाता। उसे पढ़ने के साथ-साथ पिक्चर देखने का बड़ा शौक था। माँ उसके लिए अलग-अलग तरीके का, बिना तीखा खाना पकाती, खुद परोसती।

इतवार की रात भैया मुझे और 'इन्हें' बहुत मिन्नतें करके सिनेमा दिखाने ले गया। उसने अमिताभ बच्चन का सिनेमा 'जंजीर' देखा था और वह उसे बड़ा अच्छा लगा था, इसलिए वह हमें भी 'जंजीर' दिखाना चाहता था। उसने मुझसे कहा "आशा, आटप जल्दी, आज दस्तगीर, तू, मैं और तेरे छोन्या जंजीर देखने जईंगे, लई भारी पिक्चर हाय, उसमें का एक गाना मजे लई पसंत आया देख, बनाके क्यूँ बिगाड़ा रे, बिगाड़ा रे नसीबा, ऊपरवाले...।"

मुझे बड़ा अचरज हुआ। दिल में सोचते-सोचते, मैं जल्दी से खाना पकाने में जुट गई। सच देखा जाए, तो देहात में रहनेवाला मेरा यह देवर! चौथी कक्षा तक पढ़ा-लिखा, खेत में काम करनेवाला, इसे इतना पढ़ने का, पिक्चर और अर्थपूर्ण गीतों की इतनी कैसी लगन? ऊपर से सादा, गँवार लगनेवाला यह देवर दिल, दिमाग, सोच से बिलकुल अलग लग रहा था। भैया भी शाकाहारी था। उसकी भी तबीयत बड़ी बढ़िया, गोरा-चिट्टा रंग, बड़ी-बड़ी काली आँखें, नुकीली नाक बिलकुल रूप में अपनी माँ जैसा ही था। गुण बिलकुल अलग।

भैया के ही सिनेमा जाने की बात तय करने पर माँ क्या कहती? लेकिन देखे, सुने बिना ही मुझे पता चल गया कि आग उगलने वाली उसकी आँखें मेरा पीछा कर रही थीं।

मैंने जल्दी-जल्दी अपने बच्चों को तैयार किया। मैं भी तैयार हो गई। मैंने लाल किनारी की, काले रंग की साड़ी पहनी। मुझे चौथी बार, चौथा महीना शुरू था। बहुत दिनों के बाद मैंने अपने आपको आइने में देखा। चेहरे पर पाउडर का हल्का-सा हाथ फिराया, सर पर पल्लू खींचा और मैं जाने के लिए तैयार हुई। रिक्शा से हम सिनेमाघर पहुँचे, सिनेमा बहुत सुन्दर था, मुझे बेहद पसन्द आया। गाने भी बड़े आकर्षक थे। मैं खुश थी।

आजकल घर में एक नई गड़बड़ शुरू हो गई थी। चिखली के मुस्तफा मामू के साले ने नया 'हिन्दुस्तान ट्रैक्टर' खरीदा था। उसे लेकर विशालगढ़ दरगाह को जाने की बात चली थी। शाहुवाले सभी मेहमानों ने तय किया कि सब मिलकर विशालगढ़ दरगाह जाएँगे। मामू के बड़े साले के लिए उसकी माँ ने चालीस साल पहले बेटे की मन्नत की थी, वह भी पूरी करनी थी, जबकि उस बेटे के तीन बच्चे हुए थे। कुल मिलाकर चालीस लोग। सब परिवार वालों ने मिलकर बुधवार रात में विशालगढ़ जाने की योजना बना ली।

मुस्तफा मामू ने हमें बताया कि, "विशालगढ़ को नई आईंगे तो मैं तुमना तुटया और

तुमी मजे।'' मामू ने नहीं आने पर हमसे रिश्ता ही तोड़ने की बात की, तब मजबूर होकर हमें जाने की तैयारी करनी पड़ी।

भैया के ट्रैक्टर को सोमवार रात गैराज में नुकसान हो गया। बिजली का तार गिरा और पूरे ट्रैक्टर में बिजली का संचार ही हुआ। भैया और 'इन्हें' जोर का झटका लगा, दोनों ट्रैक्टर से चिपक गए। मजदूरों ने जल्दी करके लकड़ी की तख्ती उनकी ओर बढ़ाई, किसी ने बिजली का खटका बन्द किया। फिर भी दोनों के हाथ कोहनी तक जल गए थे। जब दोनों घर आए, उन्हें देखा और मैंने रोना शुरू किया। लेकिन भैया मेरा मजाक उड़ा रहा था। ''आगे रू नको, जलेसो हाथा देखको रोने लगीय, हमारा कोलसा हुया आरती तो क्या करतीती?'' (अरी रो मत, जले हाथ देखकर इतना रोती तो, जलकर कोयला होते तो?) उस बात पर मैं ज्यादा ही रोने लगी, ''ऐसा कैसा बोले जातय भैया, तुमना कुछ लगता कैसा नई? क्या हुआ आस्ता तो हमीं क्या करने के?'' (ऐसे कैसे बोल सकते हो तुम भैया, तुम्हें कुछ लगता नहीं क्या? अगर कुछ हो जाता तो हम क्या करते?)

''ऐ गपगे, हुया नई नव्ह? फिर रोना की?'' (ए चुप बैठो, कुछ हुआ ही नहीं तो रोना क्यों?) भयानक दुर्घटना की कल्पना करके मैं रो रही थी। डॉक्टर क्षीरसागर के अस्पताल में दोनों को दिखाया। दवा, मरहम ले आए।

भैया बुधवार रात ट्रैक्टर लेकर अपने शिरढोण गाँव जाने के लिए निकल पड़ा। माँ ने विशालगढ़ जाने की तैयारी की थी। चुने चावल, आटा, मसाले, चटनी, बरतन तक बाँध लिए, वहाँ कुरबानी का मुर्गा खरीदना था।

रात में हमने खाना खाया। बागणी गाँव से ट्रैक्टर हमारे दरवाजे पर मेहमान लेकर आए थे। रात के ग्यारह बजे और हम जाने के लिए निकल पड़े। माँ ना-ना कहने पर भी मैंने मेरे शौहर और मुकी अनवर खाला को साथ लेने का आग्रह किया। शमा, जमेला अपनी ससुराल में थीं। शहाजाद, ईरिना, जरिना और मेरी तीन बेटियाँ ,न्यामत, बाशा भैया सब मिलकर ट्रैक्टर में जा बैठे। इतने में गली के कोने से फीका भैया आता नजर आया। माँ ने ट्रॉली में से ही सवाल किया, ''अरे! दस्तगीर की परत (वापस) आया?''

''मुमानी, शिरोली गाँव पासच ट्रैक्टर बन्द हुया, सुरू करने का लई देख्या, सच बन्दसो बन्दच।''

''भला चल, खाना खा, और सो इत्ता हमीं चलीय विशालगढ़ को।''

''इत्ते रात का?''

''व्हय, फजर को पहुँचे कत्तो श्याम तक आने भला इत्ता जाने का ठराई।''

''मैं वहाँ शिरोली में खाना खाये सो हाय, सच इत्ते बड़े घर में मैं क्या रहनेवाला नई, मैं भी आतू चलो।''

ऐसा कहते हुए वह ट्रॉली में चढ़ आया। माँ दोनों भाइयों के आने पर बेचैन, नाराज थी।

चिखली में दोनों ट्रॉलियाँ लोगों से भर गईं। सब मामू, मुमानियाँ, बच्चे-कच्चे, पड़ोसी, बैठने के लिए जगह नहीं थी तो कुछ लोग किनारे खड़े हो गए थे। सफर की शुरुआत हुई। मुझे लगा, मुझे आना नहीं चाहिए था, बड़े जोर के धक्के लग रहे थे। अन्दर से कहीं अशुभ की आशंका हो रही थी। मेरा दिल उदास था और आकाश में पूनम का चाँद भी धुँधला-सा लग रहा था।

अलस्सुबह चार बजे हम विशालगढ़ पहाड़ की तलहटी में पहुँच गए। वहाँ से आगे चढ़ान शुरू थी। बड़ा ऊँचा पहाड़ था, चोटी पर बाबा की दरगाह थी।

ट्रैक्टर ऊँचाई पर बड़ी मुश्किल से चढ़ रहा था। बड़ी ऊँचाई, वक्रदार, सँकरा रास्ता और पीछे लोगों से भरी दो ट्रॉली का बोझा! ट्रैक्टर के मालिक अहमदअली ने कहा, हम एक-एक ट्रॉली जोड़कर जाएँगे, लेकिन किसी ने उसकी बात नहीं मानी। चींटी की गति से लड़खड़ाता हुआ ट्रैक्टर घाटी का रास्ता चढ़ रहा था। ट्रैक्टर गजापुर गाँव के बड़े टीले पर पहुँचा। नीचे एकदम ढलान का रास्ता शुरू था, उसके आगे फिर ऊँचा पहाड़। मेरे रोंगटे खड़े हो गए। सुबह की किरणों में सामने की ढलान देखकर आँखें 'गरगरा' रही थीं। अब ट्रैक्टर चलाने के लिए फीका भैया बैठ गया था। उसके एक बाजू में 'वे' बैठे थे, आदम मामू शिकार की तैयारी में हाथ में छर्रे की बन्दूक लेकर दूसरे बाजू में बैठे थे। बाकी और भी पाँच-सात लोग थे। सच देखा जाए तो अहमद अली बड़ा नाराज हो गया था। उसकी बात मानने की किसी की भी इच्छा नहीं थी।

सुबह के सात बजे थे। ट्रैक्टर ढलान से धीरे-धीरे उतरने लगा था कि अचानक उसकी गति बढ़ गई और तेज रफ्तार से भागने लगा। अब सब लोग डर गए। मैंने देखा सामने की ट्रॉली में से मुस्तफा मामू, अहमद अली और दो-चार पुरुषों ने छलांग लगाई। मुस्तफा मामू जोर-जोर से चिल्ला रहे थे। "अरे पथरा लगाओ, जल्दी पथरा लगाओ ट्रैक्टर थांबता नई।"

पर अब तो ट्रैक्टर किसी के बस में नहीं रहा। ट्रॉलियाँ भी तेजी से नीचे उतरने लगीं और दूसरी ट्रॉली के जोर के धक्के से दोनों के बीच का संधान हुक टूटा, आगे की ट्रॉली ने ट्रैक्टर को जोर का धक्का मारा और ट्रैक्टर एक बाजू में जोर से गिर गया, अब दोनों ट्रॉलियाँ अपनी तेज गति से गहरी खाई में जाने लगीं। बीच में आने वाले आड़े-तिरछे पेड़ों से टकराती जा रही थीं और लोग गिरते जा रहे थे। हम अभी भी ट्रॉली को थामकर बैठे थे, पेड़ों की टहनियाँ हमें जख्मी कर रही थीं।

मैंने अपने बच्चों को कसकर अपने पेट से चिपका लिया था। अन्त में ट्रॉली पलट गई और हम खाई के पेड़ों में अटक कर रह गए। मेरी आवाज बन्द हो गई थी। मैं समझ नहीं पा रही थी कि जागी हूँ या सोई, यह जो घट रहा है यह सच है या सपना? अब जरा दिमाग में आया। देखा, मीनू, शरू तो पास में थरथराती हुए मुझे थामे बैठी थीं, पर सीमा? वह कहाँ है? वह तो मेरी गोद में थी, और अब मेरी गोद खाली है। मैं तो पागल-सी हो गई, मैं आस-पास देख रही थी। मैंने देखा सामने से सीमा को हाथ में थामे बाशा भैया आ रहे थे। सीमा बेहोश, निढाल-सी हो गई थी। मुझसे तो उठा नहीं जा रहा था। भैया ने सीमा को मेरी गोद में लिटा दिया। उन्होंने बताया, "ट्रॉली के निचे आत्ती, कुछ हुयासो नहीं, सच लई डरीया, तुमे डरू नको, मैं देकतू उपर क्या हुयेसो।"

सीमा बहुत डरकर बेसुध हुई थी, दिल की धड़कन बड़ी तेजी से चल रही थी। ऊपर के रास्ते पर से बड़ा शोरगुल, रोने, चिल्लाने की आवाजें आ रही थीं। कहीं-कहीं नीचे गिरे लोग घिसटते, रोते, जख्मी होकर ऊपर चढ़ते नजर आ रहे थे। कुछ लोगों का उठना ही दूभर हो गया था। वे वहीं पर तिलमिलाकर बचाने की गुहार लगा रहे थे। एक दु:खभरा आलम नजर आ रहा था। पास में अनवर खाला खूब रो रही थी। उसके एक हाथ की उँगलियाँ टूटकर लटक रही थीं, लहू बह रहा था।

इतने में मैंने बाशा भैया को ऊपर के रास्ते से भागते हुए हमारी तरफ आते देखा, ''भाभी उठो, लई बुरा हुया, अपराद और फीका भैया ट्रैक्टर के नीचे आए (सपडे) दोनों सिरयस हाई, दवाखाने में जल्दी लिजाने हुना।''

मेरा दिमाग शायद बन्द पड़ा था, सब समझ के परे था।

भैया ने सीमा को उठाकर अपने कन्धे पर लिया। मीनू, शरू ठीक थीं, लेकिन मेरे गले के पास से खून निकल रहा था, टूटी टहनी की नोक ने गले के पास गहरा जख्म दिया था शायद। मेरे हाथों-पैरों में भी चोटें आई थीं। भैया ने एक हाथ से मुझे थामा और ऊपर तक ले आए। माँ आक्रंदन कर रही थी। मेरे शौहर बिलकुल बेहोश और भैया तीव्र दर्द से चिल्लाकर कह रहा था, ''मुमानी मजे जल्दी दवाखाने को लेको चलो, मजे ऑक्सिजन देव।''

विशालगढ़ की तरफ जानेवाला एक ट्रक आकर रुका, उसमें से लोग उतरे और हम जख्मी लोगों को ट्रक में बिठाकर मलकापुर के दवाखाने की ओर ले चले।

माँ का आक्रोश जारी था, ''अरे दस्तगीर तू की आया? मैं तेरे घर के लोकांको इत्ता क्या बोलू? तू की ट्रैक्टर चलाने बैठया सो बोल।''

मेरी तो मानो जुबान कट गई थी, चुपचाप टकटकी बाँधे दोनों भाइयों को, जख्मी मेहमानों को निहार रही थी, मानो उनसे मेरा कोई लेना-देना नहीं था। आदम मामू का हाथ टूट चुका था और बहुत से जख्मी मेहमान कराह रहे थे। लेकिन हमारे लोग गम्भीर रूप से जख्मी थे।

मलकापुर के प्राथमिक आरोग्या केन्द्र के सामने हमारा ट्रक रुक गया। भैया अभी भी दर्द से टूटकर आर्तता से चिल्ला रहा था, ''मजे सांस लेने नहीं आती, ऑक्सिजन जल्दी लगाओ।'' उसे सबसे पहले स्ट्रेचर पर उठाकर अस्पताल ले जाया गया। देखा तो उसके कपड़ों से लहू टपक रहा था, बिछाई चद्दर लहू से भीगी थी, दोनों पैर लहू-लुहान हो चुके थे। दूसरे स्ट्रेचर से उन्हें लाए, देखा तो उनके भी पैर लहू से भीगे थे। दोनों के कपड़े फट चुके थे, दोनों भाई विशालकाय हिन्दुस्तान ट्रैक्टर तले कुचल गए थे।

भैया अब भी चिल्ला रहा था, ''दस्तगीर, दस्तगीर!'' वे बेसुध थे ...

हम सबको बरामदे में बिठाया गया। अब भैया की आवाज भी नहीं सुनाई दे रही थी।

पन्द्रह मिनट बाद अन्दर से डॉक्टर बाहर आ गए, उन्होंने हमें बताया, ''तुमचा एक पेशंट गेला, हृदय आणि किडनीला जबर मार बसला आहे।''

'पेशंट की मौत हो गई,' यह बात सुनते ही उसी जख्मी हालत में हम दौड़कर अन्दर गए। डॉक्टर के शब्दों पर यकीन नहीं आ रहा था, लेकिन पास खड़े डॉक्टर फीका भैया के पास खड़े होकर बता रहे थे। सच में, भैया मर चुका था...गुजर गया था। मेरे सामने सारी दुनिया घूमने लगी...

इनके एक पाँव में गहरी चोट आई थी, घुटने की हड्डी टूट चुकी थी। डॉक्टर ने हमें बताया कि ''याना कोल्हापूरला घेऊन जा।''

मैं विभ्रमावस्था में सोच रही थी, न जाने भैया हमारे घर कौन-सी अशुभ घड़ी में आया। एक-दो दिन नहीं... दो हफ्ते रहा। उसके ट्रैक्टर की खराबी उसकी मौत का बहाना बनकर आई। एक को मौत ने आखिर पकड़ ही लिया, एक उसकी चंगुल से फिसल गया। पन्द्रह

दिन के बाद अपने घर जानेवाला भैया बीच रास्ते से वापस आया, ज़िद से रात में हमारे साथ इस सफर में आया और विशालगढ़ के रास्ते में हमेशा के सफर के लिए चल पड़ा...। मौत और उसकी जिन्दगी का अनजाना खेल दो हफ्ते से चल रहा था, साथ में शायद 'इनकी' भी तकदीर जुड़ी थी। एक ही पीर की मन्नत के दो भाई थे। शायद इसलिए, बिजली के झटके में बचे और तीन दिन बाद दुबारा हमारे साथ जोड़कर मौत ने उसे छीन लिया, लेकिन नसीब ने 'इन्हें' छूट दी। 'इनके' लिए काल आया पर वक्त नहीं आया...। या अल्लाह, भैया को क्यों वही गाना पसन्द था 'बनाके क्यूँ बिगाड़ा बिगाड़ा रे नसीबा, ऊपरवाले ऊपरवाले...' मेरे पेट में आँत खिंचने जैसा दर्द हो रहा था, मेरा जी टूट-टूट रहा था, छाती में वेदना हो रही थी, मौन आक्रंदन से मेरी जान घुटी जा रही थी।

क्या करूँ? अचानक से, जादू की तरह मेरा हँसता-खेलता देवर गायब हो गया। माँ, बाप, औरत, बाल-बच्चों, भाई-बहनों से, अपनों से दूर परदेसी की तरह उसे मौत आई। उसकी पत्नी भी मेरी उम्र की, तीन बच्चे भी मेरे बच्चों जितने। सबकी जिन्दगी बरबाद, फना हो गई। नाजुकखाला का सबसे बड़ा, प्रिय बेटा...घर का कारोबार सँभालनेवाला कर्ता-धर्ता बेटा, उसकी मौत! कैसे सहेगी यह दुःख! यह दर्द! क्या जवाब देंगे हम? या अल्लाह, हमने तेरा क्या बिगाड़ा था? क्यों हुआ हमारे साथ ऐसा? यूँ हाथ धोकर दुर्दशा हमारे पीछे क्यों पड़ी है? भैया की मौत का यह दाग हम कैसे धोएँ? अब कहें तो क्या कहें? किससे कहें? अचानक मानो पहाड़ टूटकर धड़ाधड़ पत्थर आकर शरीर पर गिरने लगे हैं और बचना बड़ा मुश्किल हो गया है। मेरे सामने एक-एक सवाल आकर विकट, राक्षसी हास्य कर रहा था। जिन्दगी एक अजीब, भयप्रद मोड़ पर आ गई थी...।

हम जख्मी लोगों को लेकर एस.टी. बस कोल्हापुर के रास्ते से तेज चली। सब बुझे-बुझे-से, निश्चल, बेजान पुतलों की तरह स्तब्ध बैठे थे।

मैंने देखा, सामने के बड़े बेंच पर 'वे' अब भी बेसुध से सोए थे। हम सब बहुत डर गए थे, सबकी बोलती बन्द हो गई थी। मुझे चक्कर-सा आने लगा, विचारचक्र मानो थम-सा गया।

सी.पी.आर. अस्पताल के परिसर में बस पहुँची। फोन से दुर्घटना की खबर सब रिश्तेदारों को दी गई थी। गली के, चिखली के लोग जमा हुए थे। 'इन्हें' अस्पताल में भर्ती कराया। हमारा कुछ इलाज़ किया गया, मरहम पट्टी की गई, आदम मामू को खास अस्पताल में उनके माँ-बाप ले गए।

हम फीका भैया को मलकापुर छोड़ आए थे। शवविच्छेदन किए बिना, दुर्घटना की पुलिस कार्रवाई हुए बिना अस्पताल ने लाश देने से इनकार किया था।

अब सवाल था शिरढोण गाँव में, भैया के घरवालों को यह खबर कौन और कैसे देगा?

मुझे लगा इस पल को कयामत आ जाए और सारा मामला ही डूब जाए तो अच्छा।

आखिर में इनके दोस्त, हमारे पड़ोसी जनार्दन दादा, दिलावर मामू की माँ निसानानी, और दो-तीन लोग टैक्सी लेकर मलकापुर गए और वहाँ से भैया की लाश लेकर शिरढोण गए।

जिस दिन यह कयामत हम पर आई वह दिन था गुरुवार 8 मई, 1974...

लाश लेकर जाने में शाम हुई, दफन के लिए रात।

दूसरे दिन सुबह सब आए। वे सब ब्योरा बता रहे थे। गाँव में, घर में भगदड़ मच गई, भैया के घरवाले इन लोगों को मारने के लिए आए तब गाँव के कुछ लोगों ने समझाकर इन लोगों को बचाया। भैया की माँ, बाप, औरत, बाल-बच्चे पागल-से होकर जमीन पर लोट-लोटकर आक्रोश कर रो रहे थे। वे सब हमें गालियाँ दे रहे थे। हमने ही भैया को जान से मारा ऐसा इल्जाम लगाकर शक की निगाहों से देखकर कहते थे कि, धोखाधड़ी करके उसका खून हमने किया। इस पर भी न रुकते हुए सभी रिश्तेदार उसकी लाश पर सीना पीट-पीटकर रोकर मेरे बारे में कह रहे थे कि, "मरद की नौकरी गई कर को पैशेवाले देवर को नाद को लगाई, आरे उसके नादशी रहया रे तू दस्तगीर।" और कुछ गंदे-गंदे आरोप मुझ पर रखते हुए रो रहे थे। यह बात और आरोप सुनकर शर्म के मारे मैं तो 'धरती में गड़ जाए तो अच्छा' सोचकर पानी-पानी हो गई। मेरी जुबान तालू से चिपक गई। या तौबा! इतना गंदा इल्जाम, मरे हुए व्यक्ति पर? जिसका चरित्र सब जानते थे। जिसने कभी मुझे आँख उठाकर नहीं देखा, थोड़ी-सी बात करता तो दूसरी ओर नजर करके बात करता, न ही उसके बारे में मेरे दिल में ऐसा-वैसा खयाल आया। मैं ऐसा कुछ सोचूँ यह उन लोगों ने सोचा तो कैसे? और इतने गंदे आरोप मुझ पर रखकर वे सब मातम मना रहे थे, वह भी उसकी लाश पर! मरने के बाद ऐसी बदनामी? मेरे दिल को बहुत सदमा पहुँचा, भैया तो मौत से मरा, मैं बिना मौत की मर गई। जिन्दा लाश की तरह निःशब्द-सी! मुझे अपने पर बड़ी शर्म आई। लगा आसपास के लोग भी उसी शक की, गंदी निगाहों से मुझे जाँच रहे हैं, निहार रहे हैं।

हम बदनाम हो गए। उन लोगों ने यही बात मान ली थी कि हमने भैया का खून किया और भैया का मुझसे नाजायज रिश्ता था। इस घटना की गहराई से जाँच करने के लिए वे सब लोग दो दिन में घटनास्थल पर जाएँगे, पूरी-पूरी छान-बीन करके मेरी जवाबदेही के लिए हमारे घर आएँगे।

सब ब्योरा सुनकर मैं सन्न रह गई...।

## 22. इसको ही जीना कहते हैं तो, यूँ ही जी लेंगे...

मेरे शौहर सी.पी.आर. में थे। पूरी जंघा पर बैंडेज बँधा हुआ था। जबसे अस्पताल में भरती करवाया तब से पेशाब बन्द थी, पेट फूला हुआ था। सुबह डॉक्टर ने बताया कि जख्म का जहर पैर में फैल गया है। पाँव में पस बनने की प्रक्रिया शुरू है, शायद पैर काटने की जरूरत है। यह बात सुनते ही मुझे खड़ा रहना मुश्किल हुआ और मैं जमीन पर धप्प से बैठ गई।

पर अभी भी मेरी तकदीर में कुछ दम था, नसीब की डोर में कुछ बाकी था। दोपहर में बुलाएँ (खास बुलाने पर आना) जैसा दिलावर मामू आए और आगे बढ़कर पूरी जिम्मेदारी उठाई। अस्पताल से खुद की जिम्मेदारी पर उन्हें निकाला और मिरज शहर के डॉ. गोसावी के यहाँ जाने का फैसला लिया। इतना ही नहीं, खुद की जीप गाड़ी लेकर आए। घंटे भर में तैयारी हो गई। माँ ने बर्तन, कपड़े, गैस का चूल्हा, गैस का सिलेंडर, चावल, आटा, चटनी सब रख लिया। मानो 'उन्हें' बचाने का जिम्मा सिर्फ उसका था, मेरा 'उनसे' कुछ रिश्ता था ही नहीं। बस एक रट उसने लगाई थी "ले को चल बोली, बाट लगी नव्हे सारे घरदार की, इत्ता क्या बोलती नई, पिछीशी बोलतींव, मजे मालूम आत्ता यो सब हुनेवाला।" मानो

मुझे धमका रही थी, यह सब होने में मेरा ही हाथ था, जिसकी सजा वापस आने के बाद मुझे मिलनेवाली है। धमकाते हुए ही वह जीप में चढ़ी।

मैं अगतिक जैसी सी.पी.आर. के दरवाजे में खड़ी थी। जीप की तरफ रोती सूरत-से देखते रह गई। मेरा साथ चलने का इरादा था। 'इनकी' चिन्ता से मेरी जान निकल रही थी। लेकिन मुझे किसी ने भी चलने को नहीं कहा। 'इन्हें' लेकर माँ, मामू मिरज जाने निकले। मैं जाती जीप को हताश-सी देखती रह गई...।

सीमा को गोद में उठाकर मैं अस्पताल से घर के लिए निकली। मेरी अवस्था दीवानी की तरह हो गई थी। चार-पाँच दिनों में नहाना-धोना नहीं, बदन की साड़ी मटमैली हो गई थी। बाल बिखरे, उलझे रुक्ष-से उड़ रहे थे, पेट में चार महीने का बच्चा, भिखारन जैसी लग रही थी।

जनार्दन दादा दूसरे दिन मिरज गया। शाम को हमसे मिलने घर आया। दादा बता रहा था, "इनके पैर का ऑपरेशन हुआ, पैर बच गया, डॉक्टर ने प्लास्टर भी नहीं किया, महीना-भर अस्पताल रहना पड़ेगा, आगे छः महीने तक बिछौने पर रहना पड़ेगा। बाकी चिन्ता की बात नहीं।"

मैंने ईश्वर, अल्लाह से शुक्रिया अदा किया।

उद्यमनगर से शमा आई थी। न्यामत साथ में थी ही। मैं दोपहर से विमनस्क स्थिति में, उदास-सी, दीवार-से सर टिकाकर बैठी थी। इतने में शेख भाभी भागती अन्दर आई, "आशा बू, आशा बू तुम्हान्या नणंदा, सास आने लगयी", इतने में वे आ पहुँचीं। उन्हें देखकर डर के मारे मेरा कलेजा मुँह को आने लगा। सीमा ने मुझे कसकर पकड़ लिया। मीनू, शरू भी भागकर पास आ बैठी, मैं तुतलाती-सी बोली, "आव, बुसाय।"

फूफू, म्हाबूब, अमीर आई थी। चेहरे पर गुस्सा तमतमाकर झलक रहा था। आँख से अंगार उगलती सामने पलंग पर बैठी थी।

शमा ने पानी का लोटा भरकर अमीर के हाथ में दिया और अमीर सीधा आने का उद्देश्य स्पष्ट करने लगी, "यहाँ हामी पानी पिणे नई आई सो हामी, कोन-कोन छिनालेने मेरे भईको नाद को लगाया, उसे इत्ता मैं छोडनेवाली नई, हमारा आसतकरी भै गया हौर इने रहया, कैसा मारे सो बोल?" (नहीं हम पानी पीने के लिए नहीं आए हैं। कौन छिनाले ने उसे अपने मोह-जाल में फँसाया? अब मैं उसे छोड़नेवाली नहीं हूँ। हमारा पैसेवाला, अमीर भाई मर गया और यह बच गया? अब बोलो उसे किस तरह से मारा?) ऐसा चिढ़कर कहते हुए एकदम से उसने मुझ पर झपटकर हमला किया, अपने दोनों हाथों से मेरे बाल पकड़कर दीवार पर मेरा सर पटककर, झिंझोड़ने लगी और अचानक से सर छोड़कर अपने हाथों से मुझे थपेड़े लगाने लगी। मैं तो कुछ प्रतिकार किए बिना उसकी मार सह रही थी। होंठों में दाँत घुसने से खून बह रहा था। बच्चियाँ, 'माँ', 'माँ' कहकर डरकर मुझे जोर से थामकर रो रही थीं। मैं किसी पागल, मूक औरत की तरह असहाय-सी मार खा रही थी। इतने में शमा मेरे पास भागती आई, अमीर को जोर से धकेल दिया और चूड़ियाँ पीछे सरकाती हुई प्रतिकार की मुद्रा में खड़ी हो गई। आवाज और गड़बड़ सुनकर काकी, पड़ोस की कदम मामी, अन्य औरतें जमा हो गई थीं। अमीर को औरतें देखकर और जोर चढ़ा और दुबारा वह मुझ पर 'चाल' करने के लिए उठी। तगड़ी कदम मामी ने एक ही हाथ से अमीर को थामा और सीधा अपने सामने खड़ी करती हुई

बोली, "अंगं कसल्या ग भनी तुमीं मरणाच्या, दारातनं तुगचा सखखा भाऊ वाचला, आणि भावजंनं काय केल ग? एवदा मोठा अपघात झालाय त्यो काय हिनं केला व्हय? तुमाला काय मनाला वाटतय का नाही?" (कैसी सगी बहनें हो तुम? तुम्हारा सगा भाई बचा उसका तुम्हें दुख है? भौजाई ने क्या किया? तुम्हारा कैसा यह दिल?)

फूफू, बड़ी ननद बैठी थी, यह सब देख रही थीं, उनकी नजरों में मेरे प्रति बहुत घृणा, नफरत थी। किसी पापिनी की तरफ देखने जैसी। मुझे घूर रही थीं।

उसके बाद आधे घंटे तक तीनों मुझे अथक-सी गालियाँ देती रहीं और पानी की एक बूँद लिए बिना चल दीं।

मेरा सर पत्थर की तरह जड़ हो चुका था। बड़ा दर्द हो रहा था। दाँतों और होंठों में वेदना हो रही थी। जुबान से 'उफ' कहने की न सुध थी, न ताकत। मेरी तो शक्ति समाप्त हो गई थी। जो कुछ अभी-अभी घटा उसके आत्यांतिक दुःख, अपमान से मेरी छाती में तेज छुरी चलने जैसी तेज वेदना की लहर दौड़ रही थी। जोर से चिल्लाकर कह दूँ ऐसा चाहकर भी गले से आवाज नहीं आ रही थी, बड़ी घुटन हो रही थी। बहनें, बच्चे चुपचाप, सहमकर, दुबककर कोने-कोने में बैठे थे।

मैंने आज रिश्तेदारी का और एक अनोखा नमूना आजमाया।

रात का खाना न्यामत ने पकाया। मैंने घायल मुँह और दिल से दो निवाले खाए। थककर, उदास, निढाल शरीर और मन से बच्चों को अपने पास खींच लिया और बिछौने पर माथा टेका लेकिन आँखों में नींद का निशान तक नहीं था। सोच, विचार से दिमाग सुन्न-सा हो गया था।

रात के ग्यारह बजे होंगे, बाहर के आँगनवाला दरवाजा जोर-जोर से पीटने की आवाज आने लगी। आँगन बहुत लम्बा था, पहले कमरे के गायकवाड़ सर ने शायद दरवाजा खोला। जनार्दन दादा घबराया-सा भागता हमारे दरवाजे के पास आया। तब तक मैं दरवाजा खोलकर सामने खड़ी थी। "आशे, शिरढोणच्या दस्तगीरकडची मानसं जीप भरून आलीत, त्याची आई, बहिण पण आहेत, तू गल्लीतल्या दारानं भाईर जा, त्याचं लक्षण काय बरोबर दिसत नाही।" (आशा, शिरढोण के दस्तगीर के घर के जीप भरकर लोग आए हैं। माँ, बहनें भी आई हैं। तुम गली के दरवाजे से बाहर जाओ, उनके लक्षण अच्छे नहीं दिखते।) या अल्ला, फीका भैया की माँ, बहन, रिश्तेदार इतनी रात गए हमारे घर पर हमला करने के इरादे से आए हैं क्या? क्या करूँ? कुछ सोचने का समय भी नहीं था। मेरी आवाज से सब जाग गई थीं। मैंने लाईट जलाई, सीमा को बगल में उठा कर लिया, और जल्दी में शमा को बताया कि "फीका भैया की माँ आई सो हाई, मैं कदम के घर में जातीव, उन्हें मजे मारनेवाली।"

"जा जा जल्दी जा मैं देखतींव।" ऐसा कहते हुए शमा ने गली की ओर का दरवाजा खोला और मैं गली में कदम के घर में आई।

मई महीना चल रहा था, गली के कुछ लोग आँगन में बैठकर गप-शप कर रहे थे। दादा भी अपने आँगन में बैठा था तभी वह इमली के पेड़ तले दूर खड़ी जीप और भैया के रिश्तेदारों को पहचानकर भागता आया और हमें आगाह किया।

भैया के लोग जान-बूझकर रात के समय आए थे। उनका इरादा हमें मारने का था। कदम की मामी ने मेरी आने की बात सुनी और मुझे सलाह दी, "तू आस कर आशा,

भी पैसे देतो, रिक्षा खालच्या रस्त्याला मिललं, तू उद्यमनगरातल्या मावशीकडं जा।'' (तुम ऐसा करो आशा, मैं तुम्हें पैसे देती हूँ, तुम रिक्शा से उद्यमनगर की खाला की तरफ जाओ, नीचे रास्ते पर रिक्शा मिलेगी।)

मुझे उद्यमनगर की खाला तरफ, मतलब शमा की सास के घर जाने की सलाह मामी ने दी। ज्यादा कुछ सोचने का मौका ही नहीं था, मामी ने दस का नोट मेरे हाथ में थमाया। वही लेकर मैं गली से निकलकर बड़े रास्ते पर आई। क्षीरसागर के दरवाजे में रिक्शा भी थी। रिक्शावाले से मैंने कहा, ''जल्दी उद्यमनगर ले चलो।''

मेरी छाती और पेट में दर्द शुरू हुआ। गला सूखकर काँटा बन गया, अब बस्स भी करो मेरे खुदा, मुझसे सहा नहीं जाता...आँखों से आँसू बरस रहे थे...

खाला के दरवाजे में रिक्शा रुक गई। रिक्शा की आवाज सुनकर खलई ने दरवाजा खोला,

''कौन हाय?''

''मैं आशा।''

''यत्ते रात का कैसा क्या आय?''

''क्या करूँ? फीका भैया की माँ, उनके लई लोका मुजे मारने आई सो हाय, मैं गल्ली के दरवाजेशी भार निकल को आयी।''

''भला आव अन्दर।''

मेरा आना शहाजाद खाला को पसन्द नहीं आया, यह बात मैं जान गई।

उसने मुझे बिछाने के लिए एक चटाई, चद्दर और सिरहाना दिया।

''भला, सो जा इत्ता।''

मैंने चटाई बिछाई, उस पर सीमा को सुलाया। उसे थपथपाती हुई मैं लेट गई। कल्पना से हमारे घर क्या-क्या झमेला, गड़बड़ चली होगी इसका अन्दाजा लगा रही थी, एक्सीडेंट के बाद से आँखों की नींद चली ही गई थी।

खाला जल्दी सुबह पाँच बजे उठती थी, उठ गई। मैं भी उठी। खाला ने पानी गरम करने का बंब सुलगाया था। चपाती का आटा गूँथने के लिए सामने परात लेकर बैठी थी। मैंने कहा, ''खाला उठो, मैं आटा मलतींवो न।'' (खाला उठो मैं आटा गूँथकर देती हूँ।)

''नको, मैं मलतींव, तू उपर का काम आवर। रात को मैंने चार कम्बल साबून में भिगाकर रखखे हैं, वो धो जा, भांडे घस, पानी की टंकी भी घस, सारा काम हुया कत्तो, सान्या का नहाना हुया कत्तो आंबली और ईंट से पाणी का बंब भी घस भला क्या?'' (नको मैं गूँथती हूँ आटा तुम बाकी काम करो। रात में मैंने चार कम्बल साबुन में भिगोकर रखे हैं वह पहले धो डालो, बर्तन मांजो, पानी की टंकी भरना और काम पूरा होने पर और सबका नहाना होने के बाद ईंट का चूरा और इमली का खट्टा मिलाकर पानी का बंब (सभाव...) भी माँजना, ठीक है ना?)

काम की लम्बी-चौड़ी सूची ही उसने मानो सामने रख दी।

मैं बाहर आँगन की मोरी के पास आई और सबसे पहले कम्बल धोने का काम आरम्भ किया।

रात भर पानी में भीगे कम्बल बोझिल बन गए थे। मुझसे तो उठाए नहीं जा रहे थे।

साड़ी ऊपर खोंसी और नल के तले कम्बल रखकर पैरों से मलकर धोना आरम्भ किया। पानी में खँगालकर मोरी के कठहरे पर निचुड़ने के लिए रख दिया।

पहले ही मेरी जान, देह थककर चूर हो गई थी, इसके अलावा पेट से थी। जिस मन:स्थिति तथा परिस्थिति में मैं खाला के घर आई थी उससे इतना अंजान रहकर खाला मानो प्रेत से काम करवा रही थी। उसे जरा भी रहम नहीं था शायद। सुबह का उजाला होने को था। मैं अब बर्तन माँज रही थी। शमा का पति इकबाल जागकर पिछले दरवाजे से आया। रात में मैं आई थी, यह बात उसे मालूम न थी। उसने मुझे सुबह-सुबह काम करते देखा-

"कभी आयी तू?"

"रात को।"

उसके आगे का वृत्तांत खाला ने सुनाया। सुनते ही भैया को अपनी माँ पर बड़ा गुस्सा आया और वे माँ से बोले, "माँ, तुमना क्या समझतय क्या नई? उसकी हालत क्या है? उस पर क्या बितेसो हाय और तुमी उसे सुबहशी काम को लगाय? कम्बल के वजन की तो हाय क्या उने?"

ऐसा कहकर मेरा कन्धा पकड़कर मुझे उठाया।

"अजी थांबो तो भैया, इत्ता जरा भांडे नुस्ता धोने के हाई।"

"न्हंदे छोड़, इसकी मा का, लोका को कुछ रहम है क्या नई?"

खाला अन्दर ही अन्दर दाँत होंठ चबाकर गुस्से से आँखें घुमाकर देख रही थी। मैं डर गई।

मेरे कारण सुबह-सुबह माँ-बेटे में विवाद छिड़े, मुझे अच्छा नहीं लगा, मैंने घर जाने की जल्दी ही की।

अन्दर जाकर सोई सीमा को उठाकर कन्धे पर लिया, चौके में आकर खाला से कहा, "खाला, मैं जातीव।"

"आगे आशा, चा तो ले को जा।"

"नको भैया, घर में क्या-क्या हुए क्या मालूम? मेरा कुछ ध्यान नई लगने लगे।"

गली के कोने तक चलती आई, कोने पर रिक्शा मिली।

जूना बुधवार पेठ की हमारी गली का मोड़ आया। मोड़ से हमारे घर का आँगन नजर आता। घर के आँगन में कुछ गड़बड़ नजर नहीं आई, मैंने तसल्ली की साँस ली।

मैं घर में आई। न्यामत चूल्हे पास कुछ कर रही थी, बाकी बहनें काम में व्यस्त थीं। घर में आते ही सब पास आ गईं। मीनू, शरू मेरे गले लगकर रोने लगीं।

न्यामत, शमा ने रात का ब्योरा बताया। रात में भैया की माँ और बाकी लोग घर के अन्दर गालियाँ देते हुए घुस आए। मेरे शौहर और माँ मिरज अस्पताल में हैं यह खबर उन्हें थी। दुर्घटना का स्थल, मलकापुर का अस्पताल देखकर, पूछताछ कर के ही वे सब हमारे यहाँ आए थे।

"का हाय वो छिनाल? मेरे बेटे को दिवाना करी हौर सान्यांने मिल को उसे मारे गे रांडानू, कां है वो बोलो? उसका नरडा दबा को मारे बगर मेरी जान ठंडी नइ हुनेकी।" (कहाँ है वह छिनाल? मेरे बेटे को अपना दिवाना बनाया और अब रांडा ने मार डाला! कहाँ है वह बोलो? उसका गला दबाकर मारे बगैर मेरे जान को ठंडक नहीं मिलेगी!)

ऐसा चिल्लाते हुए उन सबने मुझे सारे घर में ढूँढ़ा, बिछौना टटोला, ऊपर काकी के घर में ढूँढ़ा, किराएदारों के घर की तलाशी ली।

"कां छिपा को रखयीं गे छिनालानू" ऐसा सवाल करके सीना पीट-पीटकर रोने लगी, आँगन भर लोट रही थी। बहुत खराब, गंदी गालियाँ भी दे रही थी।

दादा ने उनसे बताया कि "ती पण दवाखन्यात आहे, तिलाही लागलंय", तब अस्पताल का नाम बताओ कहकर चिल्लाने लगी।

"सरकारी दवाखान्यात आहे, आता तिथं जायला देणार नाहीत, आत्ता रहा, सकाली आपण जाऊया, झालं ते फार वाईट झालं, त्यात अनेकजण जखमी आहेत मुद्दाम का आणि कसं करतील हयाचा तरी विचार करा।" (सरकारी अस्पताल में है। अब वहाँ जाने नहीं देंगे। अब यहाँ रहो, सुबह हम जाएँगे। जो हुआ वह बहुत बुरा हुआ, बहुत से लोग जख्मी हो गए हैं। जान-बूझकर किसी ने कुछ किया नहीं है।) लेकिन न सुनने की, न कुछ मानने की मन:स्थिति में कोई था।

न्यामत ने मुझसे कहा, "तू उद्यमनगर में गई सो कदममामी बोली, तू गई कर को भला हुया, उने तुजे मारने की तैयारीशी आय ते, जाताना बोले बी, हमारा घर पानी में बटाय वैसाच तुमारे घर की बाट लगाय शिवाय न्हनेवाले नई।" (तुम उद्यमनगर में गए हो यह बात हमें कदम मामी ने बताई। तुम खाला के घर गई, अच्छा हुआ, वे तो तुझे मारने के इरादे से आए थे। वापस लौटते वक्त धमकी दी कि हमें बरबाद किया अब तुम्हारे घर को बरबाद किए बगैर नहीं रहेंगे।)

मैं सारी बातें सुन रही थी, समझ नहीं पा रही थी कि बरबादी की फिसलन से फिसली जिन्दगी कहीं जाकर, कैसे और कब मेरे हाथ आएगी?

इस घटना के दो दिन बाद जनार्दन दादा मुझे मिरज के अस्पताल इन्हें मिलाने ले गया। घटना के बाद मैं पहली बार 'इन्हें' मिलने अस्पताल आई थी। 'वे' बिछौने पर लेटे थे। माँ, दिलावर मामू वहीं पर थे। अभी पन्द्रह दिनों बाद अस्पताल से छुट्टी मिलनेवाली थी। मैं शाम वापस आई।

फीका भैया के बारे में इन्हें कुछ मालूम न था, दूसरे अस्पताल में उसे रखा है, ऐसा बताने के लिए डॉक्टर ने कहा था। वे सवाल करते तो वही बताते।

इस दुर्घटना ने हमारे दो परिवारों का पूरी तरह से विध्वंस किया। फीका भैया नाजुकखाला का प्रिय, बड़ा बेटा, जवान, कर्ता-धर्ता, पत्नी-बाल बच्चोंवाला, उसकी मौत से उसकी माँ पागल हो जाए यह गलत बात न थी। मेरी उम्र की उसकी पत्नी इस जवानी में बेवा की जिन्दगी जीने के लिए मजबूर हो गई, यह सहनशक्ति के परे बात थी। दोनों परिवारजनों की, खास तौर पर भैया के परिवारजनों की जिन्दगी छिन्न-भिन्न, तितर-बितर हो गई। 'बना के क्यूँ बिगाड़ा रे' यह पसन्दीदा गीत भैया के दुर्भागी भविष्य की शांकांतिका बता रहा था क्या? उस गीत की आर्तता विकट सत्य रूप लेकर हमारे सामने खड़ी हो गई। इतने भयावह, विद्रूप सत्य से मैं थर्रा उठी। भैया की मौत का अतीव दु:ख, दर्द, शोक हमें इतना हुआ कि...कहना मुश्किल कर रखा था। एक ही घड़ी में नसीब और लोगों ने हमारे साथ मानो युद्ध शुरू किया था। हम बड़े कम नसीब सिद्ध हुए। जिसे जी-जान-से प्यार करते थे उसे ही जान से मारने का कलंक! दाग लेकर यूँ खड़े थे जहाँ दलील के लिए जरा भी

मौका नहीं था...न ही कोई लफ्ज...या मेरे मौला कैसा यह इम्तहान?

हमारा घर तो फना हुआ ही उसके अलावा मेरी दुर्दशा में बढ़ौती हो गई। माँ ने मेरे जन्म से ही मुझसे किसी जन्म का बदला लेने जैसा बैर रखा था, अब मेरे ससुरालवाले मेरे बैरी बन गए। मेरी कुछ भी गलती न होते हुए भी मेरे मायके और ससुरालवालों ने दुर्घटना का सारा जिम्मा मेरे माथे पर थोप दिया।

नियति ने शायद मेरी सज़ और बढ़ा दी। मेरे सामने अन्धकार फैल गया...घोर अन्धकार...मैंने धड़कते दिल पर हाथ रखा, "इसको ही जीना कहते हैं तो, यूँ ही जी लेंगे, उफ ना करेंगे, लब सी लेंगे आँसू पी लेंगे...ग़म से अब घबराना कैसा, गम सौ बार मिला...जाने वो कैसे लोग थे, जिनके प्यार को प्यार मिला...!"

## 23. रंगों से कहूँ? लकीरों से कहूँ? मैली, मैली-सी तस्वीरों से कहूँ? बेकरारी ही बेकरारी है...

दुर्घटना के बाद हमारे घर आई न्यामत, शमा अपने-अपने घर गई। तीन बहनें, मेरी बेटियाँ, अनवर खाला घर में थी। घर की आमदनी ही बन्द हो गई थी। घरकर्ता ही अपाहिज होकर बिछौने पर लेटा था तो परिवार का बोझ कौन उठाता? अब शायद 'उन्हें' ठीक होने में बरस, छः महीने लग सकते हैं। हमारा परिवार एक खंबे का तंबू! यह खंबा टूटते ही सारा तंबू धराशायी!

हमारा घर मतलब परिवार की संख्या! मेरे मायके के लोग, ननिहाल के लोग और मेरे अपने बाल-बच्चे! खानेवाले दस-बारह, कमानेवाला एक ही। इसके अलावा मेहमानों का आना-जाना, इसके बारे में न कहना ही अच्छा! माँ के फिजूलखर्ची स्वभाव ने कभी एक रुपया भी नहीं बचाया। कैसे होगा? इस चिन्ता ने मुझे इस कदर घेर लिया कि, मेरी नींद ही चली गई। मुझे अनिद्रा की बीमारी ने जकड़ लिया।

मैं सोच रही थी अपना परिवार चलाने में मैं क्या कर सकती हूँ? कौन-सा काम करके मैं कुछ आमदनी पा सकूँ? चार घरों का धोना-बर्तन करूँ? पर घर के काम में ही इतनी फँसी थी कि लोगों के काम करने के लिए कुछ वक्त निकाल सकूँ यह मुमकिन नहीं लगा।

अचार, पापड़ बनाकर बेचूँ? कितने मिलेंगे? मुझे तो सिर्फ पापड़ बनाने आते हैं, अचार बनाना कहाँ आता है? और पूरे दिन में एक किलो के तो पापड़ बेलूँगी क्या?

छोटे बच्चों को पढ़ाने का 'बालक स्कूल' शुरू करूँ तो?

यह सोच जरा अच्छी लगी। कहाँ पर जगह ले, बच्चे एकत्र करने चाहिए, फीस कितनी लें? घरवाले मदद करेंगे? गली की ओर के कमरे में कक्षा भरेगी। सामने पुलिस लाइन के घर में से छोटे बच्चे मिलेंगे। बहनें भी जरा मदद करेंगी। सोच से ही दिल में उम्मीद जाग उठी। कुछ ही देर में दुबारा मन उदास, निराश हो गया। घर में माँ का हमेशा का उधम मचाना, गाली-गलौज, झगड़ा। इन सबसे बेजार मैं, खुश रहकर बच्चों को पढ़ा सकूँगी? बच्चों को खुश रखूँगी? और बच्चों को पढ़ाने का विचार धुँधला-सा होकर, आँखों से ओझल हो गया।

सोन्या मारुती चौक की भीशी में (छोटी-सी बैंक) मैंने पाँच सौ रुपये जमा किए थे। वहाँ एक हजार रुपयों के कर्जे के लिए अर्जी दी। मैंने बचत के पैसों में से चार सौ रुपयों

का घर का सामान भर दिया और न्यामत के देवर इस्माइल शेख के पास एक हजार रुपये देकर, सांगली जाकर बजाज रिक्शा का नम्बर लगाने के लिए कहा। हमें रिक्शा लेना है यह विचार इस्माइल ने ही मुझे सुझाया था : "भाभी, दस्तगीर भैया नौकरी भी करींगे सच रिक्शा लेने का देको, घर को भलाच आधार मिलींगा, रिक्शा लेने के लिए बैंक कर्ज भी देतिया, हफ्ता (किस्त देकर भी) भाग को भी भल्यापैकी रोज पैसे मिलते न्हतंयी।"

मुझे यह विचार जँच गया और फैसला भी कर लिया, रिक्शा लेंगे, पर बताया किसी को नहीं। मेरी जिन्दगी का यह पहला-पहला फैसला। परिस्थिति की चपेट में फँसकर उससे बचाव करने के लिए तथा भविष्य के बारे में सोचकर मैंने यह पहला कदम उठाया। उसी पल अन्दर से खूब अच्छा लगा, मैं भी सोच सकती हूँ योग्य निर्णय ले सकती हूँ, यह एहसास बड़ा सुकून दे रहा था। मेरे जमा किए पैसों से उदरभरण का साधन घर में आएगा, बड़ा सहारा होगा, मैं पुलकित-सी हो गई। पर यह फैसला, नम्बर लगाने के लिए दिए पैसे इसके बारे में घर में इसलिए नहीं बताया कि, यह सब होने से पहले ही माँ पैसे छीन लेगी, दंगा करेगी और सब इरादे पानी में बह जाएँगे। उसने जिन्दगी में एक भी बात बनाई नहीं, जोड़ना, बसाना उसकी फितरत नहीं थी। किसी अशुभ, विनाशकारी तूफान की तरह थी, तहस-नहस करना उसका स्थायी भाव था।

मेरी जिन्दगी के साथ जुड़ी विपदा और अन्य लोगों के कारण जिस भँवर में मैं फँस चुकी थी, उसमें गोते खा रही थी। उसमें से बाहर निकलकर बचने का रास्ता मुझे सूझ नहीं रहा था। यह रास्ता मानो मेरा अकेली का था। माँ जन्म भर का बैर तो निभा ही रही थी, अब अपाहिज होकर पति भी बिछौने पर, तीन बेटियाँ...पेट में बढ़नेवाली और एक चौथी जान...।

रास्ता तो अब भी नजर नहीं आ रहा था। सोच-सोच कर दिमाग की नसें फट रही थीं। और अचानक मेरे दिल में खयाल आया कि अगर मैं पढ़ी-लिखी होती तो! कहीं तो नौकरी करती, पैसे कमाती, अपने बलबूते पर खड़ी रहती। शायद आज विपत्ति की जिस और जितनी दाहकता में दहक रही हूँ, उसकी तीव्रता जरूर कम लगती।

आर्थिक दुर्बलता के कारण जो टूटन हिस्से में आती गई उससे बच भी जाती। संघर्ष के लिए सामर्थ्य प्राप्त कर सकती थी। इन सबसे मुकाबला करने के लिए मेरी शिक्षा एक शस्त्र बनकर मेरे हाथ होती तो इतनी मजबूर, बेसहारा न होती। मुझे शिक्षा लेकर सबल, आत्मनिर्भर होना जरूरी था, लेकिन यह सब मुझे करने नहीं दिया, पढ़ने नहीं दिया...मुझे तो जीने ही नहीं दिया...

पर यह वक्त रोने का तो नहीं। रोकर, व्यथित होकर मेरे सवालों का हल निकल नहीं सकता है यह बात तो मैं पूरी तरह जानती थी, लेकिन सही दिशा भी नजर नहीं आती थी। न कोई सलाह देनेवाला, न किसी का आदर्श मेरे सामने था।

कुछ भी हो इस भँवर में मैं फना नहीं चाहती थी। मुझे इससे बचकर बाहर निकलना था, मेरे बच्चों को सलामत रखना था, मुझे जिन्दा रहना था। मैं क्यों कर मरूँ? ना...ना...मेरे दिमाग में मंथन शुरू था और इसी विचार मंथन में से एक नए विचार का बीज बाहर आ गया। मैंने अपनी पढ़ाई शुरू करके पूरी शिक्षा प्राप्त की तो...। इस विचार से ही मैं उत्साहित हो गई।

मैं अपनी शिक्षा पूरी करूँगी। डी.एड. या बी.एड. होकर शिक्षिका हो जाऊँगी। अनायास

अपनी शिक्षा की अधूरी तमन्ना भी पूरी हो जाएगी। मैं आर्थिक दृष्टि से आत्मनिर्भर बनूँगी, घर-परिवार को मदद हो जाएगी।

स्कूल, पढ़ाई, शिक्षा, किताबें, अध्यापक...इन सबसे बरसों पहले टूटा नात फिर से जुड़ जाएगा। कितना सुन्दर, सुहावना, आश्वासक सपना था...अब सपना नहीं, यह अपनी सोच, अपना विचार है। मैंने दृढ़तापूर्वक अपनी मुट्ठियाँ भींच ली। अब बात पक्की हो गई, इसे कोई तोड़-फोड़ नहीं सकता और न किसी को तोड़ने दूँगी, और न खुद टूटूँगी। अब तो मैंने तय किया, सीधे, एकदम-से एस.एस.सी. (मैट्रिक) की परीक्षा में बैठूँगी...।

मेरे मन में, मेरे ही विचार का बीज प्रस्फुटित होकर, अंकुरित हो रहा था। आशा के कोंपल फूट रहे थे। अन्दर कहीं तो खुशी की धुन बज रही थी। यह अनुभव अनोखा था। आनन्द तरंगों से दिल तरल-सा हो गया था। थके हुए हाथ-पाँव में नवशक्ति का, नवचैतन्य का आविष्कार हो रहा था। मन हजारों सपने बुन रहा था और मेरे आस-पास के धूमिल, उदास अँधेरे में वे सपने जुगनू की तरह चमक रहे थे, जल-बुझ रहे थे। जागृत अवस्था में भी मैं अजीब-से ब्रह्मानंद में लीन हो गई थी, इस दुनिया में थी और नहीं थी। मेरे हृदय से किसी अन्तरस्रोत के निर्माण का एहसास हो रहा था, शायद कोई झरना बह रहा था क्या? क्या यही अनुभूति होती है, जिसे अन्तर्ज्ञान कहते हैं? मैंने आँखें मूँद ली, गर्म-गर्म आँसू गालों पर से लुढ़ककर मेरी गोद में सोई सीमा के चेहरे पर गिर रहे थे, जिससे सीमा जाग उठी थी। रात में बिछौने के एक छोर पर बैठी मैं विचारमग्न, तल्लीन-सी थी। रात में बिजली के कुंद उजाले में मैंने कमरे भर में नजर घुमाई। सब सोए थे...मैं जाग रही थी...। फिर भी अचानक दिल में आए इस शुभ विचार ने भविष्य का कुछ शुभ संकेत ही दिया था...। मुझे भईजी की प्रकर्षता से याद आई...। मुझे आभास हुआ वे कहीं मेरे पास ही खड़े हैं जो मेरी चिन्ता से व्यग्र हैं। वैसे भी यह कमरा गूढ़, पवित्र-सा लगता। ज्ञानेश्वरी के ग्रन्थवैभव अस्तित्व ने उसे और अधिक गहरा बना दिया था। शायद इन सबका गहरा असर मेरे मन पर था, जिसने मेरे मन में ज्ञान लालसा का दीपक जलाया...।

मेरे मन में घनघोर द्वन्द्व शुरू हो गया था। आगे पढ़ने का विचार मुझे उत्साहित करता तो घरवालों का खयाल आते ही मानो कोई मुझे डोर से बाँधकर पीछे खींच रहा हो ऐसा लगता। मेरा इरादा मान लेंगे ये लोग? तैयार होंगे मेरी बात पर? सबसे महत्त्वपूर्ण हस्ती मेरा पति! उससे ज्यादा बड़ी माँ!

और फिर मैं किसी अँधेरी दीवार से जा टकराती, टटोलती द्वार को। कैसे समझाऊँ इन लोगों को मेरी सोच, विचार, मेरा भविष्य, मेरे सपने, इरादे, चिन्ता इन सबसे मेरे दिल में उठी हलचल! समझ सकेंगे यह सब? इतनी हैसियत है उनकी?

कुछ सोच नहीं पा रही थी, पर आगे पढ़ने का इरादा मैंने छोड़ा नहीं था।

पन्द्रह दिनों बाद अस्पताल से उन्हें लाया गया। माँ, दिलावर मामू के साथ फूफू भी आई थी। खाना बनाने का कमरा बहुत लम्बा-चौड़ा था, उसमें ही एक दीवार के पास हमारी चारपाई रखी थी, उस पर उन्हें सुलाया था। उन्हें बैठने में दिक्कत नहीं थी, लेकिन चलना मुश्किल था। कम-से-कम तीन-चार महीने सख्त आराम की जरूरत थी।

घर का वातावरण और अधिक तनावग्रस्त, उदास, कुंद-सा हो गया था। माँ, फूफू, शौहर कोई भी मुझसे बात नहीं करते थे। मुझे एहसास था यह तूफान के पहले की खामोशी है।

दूसरे दिन की सुबह ही झगड़े का तूफान उठा। फूफू ने ही आरम्भ किया ...

"मजे इत्ता एक बोल, तू मरद हौर देवर को विशालगड को चल की बोली?" (अब मुझे बता तुमने पति और देवर को विशालगढ़ चलने के लिए क्यों कहा?)

"सब चलेते, इस वास्ते चलो बोली फूफू।" (सब ही जा रहे थे इसलिए उन्हें भी चलने को कहा।)

"आगे सच काले जीभ की तू, जिसे चल बोली उन्हेच मन्या नहे, मरद का पवूँ टूटया, तू बोली सो कोनसा चकोट होय?" (अरी, तुम तो अशुभ काली जुबान की हो, तुमने जिसे चलने के लिए कहा वही देवर मर गया ना? और पति का पैर टूटा, तुमने जो बोला वह कभी अच्छा हुआ है क्या?)

"मैं नको कती ते, इन्हेंने चल कई गे बू।" (मैं नहीं कह रही थी री बू, पर इसने ही पहले का आग्रह किया।) ऐसा कहकर माँ छाती पीट-पीटकर रोना शुरू किया।

अब फूफू को और भी जोर चढ़ गया। वह मुझे गालियाँ देने लगी, "आगे आंगार लगई गे मेरे पेवके को, मायके को, आगे कोनसे वखत गे तेरे संगाट मेरे बेटे की शादी हुई? सब वाटूला हुया, तेरा कौ चकोट नई गे हुने का।" (आग लगा दी तूने मेरे मायके में। अजी, ऐसी कौन-सी अशुभ घड़ी थी जब तुम्हारे साथ मेरे बेटे की शादी हो गई! सब बरबाद हुआ, तेरा कभी भी अच्छा नहीं होगा।) ऐसा आक्रंदन करते हुए, हाथ नचाते, उँगलियाँ तोड़कर मुझे बद्दुआ देने लगी। मैं इन आरोपों की चपेट में अपना सर पकड़कर उद्विग्न-सी चूल्हे के सामने बैठी थी, जुबान तो कब की बन्द हो गई थी।

मेरी सगी माँ और मेरी सगी सास एक के बाद एक गालियों की बद्दुआओं की बौछार कर रही थी। फूफू तो तैश से कलाइयों की चूड़ियाँ पीछे सरकाकर मुझे मारने के लिए खड़ी हुई तब पति ने उसे पीछे खींचकर बिठाया। मेरे शौहर गालियाँ भी नहीं देते थे और उन्हें चुप भी नहीं करा रहे थे।

आखिर में बक-बक कर दोनों थकीं, तब जरा-सा दम लिया।

मेरी ससुराल के सभी जनों ने मेरे खिलाफ भूमिका ले ली। उनके लिए अमीर नाजुकखाला, अमीर भाई श्रेष्ठ थे। मौत से बचा सगा भाई, भौजाई गरीब थे, अगर मर भी जाते तो उन्हें कुछ फर्क नहीं पड़ता।

नाजुकखाला मेरी ननदों को आर्थिक मदद करती थी। बाकी मेहमानों को भी मदद करती, इस कारण सबके दिल में उसके प्रति अभिमान, प्यार था।

अपने सगे भाई, भौजाई के कारण अपनी खाला से नाता तोड़ना किसी को गँवारा न हुआ। उन सबने हम से ही रिश्ता तोड़ दिया। शाहूवाले मेहमानों का आना-जाना अपने आप घट गया। गौरतलब बात यह कि, जिस मामू ने हमें मिन्नतें कर-कर के सफर में आने के लिए मजबूर किया था वे तो एक नजर भर भी देखने नहीं आए।

मैं अपने पति की सेवा में लग गई, दिल से। रात के समय दरवाजे के बाहर की फर्श पर नहलाने की तैयारी करती। वहीं पर शौच का भांडा देने की सुविधा हो जाती। वे चारपाई से हाथों के सहारे नीचे उतरते और घसीटते हुए ही नीचे, फर्श पर आ जाते। फर्श पर नल का पानी लेकर, बंब से गर्म पानी लेकर नहाना, धोना, सफाई करने के लिए आसानी होती। पाँव में दवाइयाँ लगाना, दुखदबाव लेप लगाना, गरम पानी की धारा छोड़कर पैर सेंकना यह

तो दिन में दो-तीन बार करना पड़ता। चारपाई से पैर नीचे कर बैठते, फिर नीचे बड़े स्टील की बुट्टी में पैर रखकर पानी की धार छोड़ती, पोंछती, दवा लगाती। पैरों में खुरंच कर जख्म हो गए थे, डॉक्टर ने प्लास्टर नहीं डाला था। उससे सेवा में सुविधा थी।

माँ की किर-किर ज्यादा ही बढ़ी थी। पगार बन्द था, आमदनी बन्द। कुछ आर्थिक मदद फूफू ने की, दिलावर मामा ने भी कुछ सहायता की। उनका तो बड़ा एहसान रहा हम पर, अस्पताल का पूरा जिम्मा उन्होंने सँभाला। काकी के पास सोने की गल्सूरी, चैन (जंजीर) गिरवी रखकर जो कुछ पैसे माँ ने लिए थे उस पर ही गुजारा शुरू था।

जमेला और उसका पति मौला दो दिन के लिए हमें मिलने आए थे। दुर्घटना के बाद अब ही आना हुआ था। माँ ने अचानक खुराफात निकालकर मौला से झगड़ा शुरू किया। उसने मौला से कहा कि वह अब जमेला को साथ लेकर शिरढोण जाने नहीं देगी, "इत्ता हामी शिरढोण को जाने के नई तो मैं मेरे जमेला को नांदने (ससुराल में रहने) देनेवाली नई, उसकी सास जमेला को सतानेवाली, वो नाजुकखाला आको क्या करी तो मैं क्या करनीकी? मैं इत्ता लगा को देतीच नई?" (अब हम तो शिरढोण नहीं जा सकते। शिरढोण में ससुराल वाले जमेला को बहुत सताएँगे, अब मैं जमेला को ससुराल नहीं भेज सकती।) माँ और मौला का जोर का झगड़ा शुरू हुआ। वह बता रहा था, "नानी, तुमी हमारा संसार उघलण लगई, जमलीको हामी क्या तरास करतींय? मैं मिलाने को ले आतींव न्हव?" (नानी तुम हमारा परिवार बरबाद करना चाहती हो क्या? हम जमेला को कुछ सताते भी नहीं। और आपसे मिलाने के लिए मैं उसे कभी-कभी ले आऊँगा।) पर माँ सुनने को तैयार नहीं थी। अब गालियों की गाड़ी मुझ पर टकराई, "इसके कारण मेरी, बेटी की ताटातूट (विरह) हुनेवाली, मेरी बेटी का नांदणे का चांदना हुतय, मेरी बेटी इत्ता लगा को देतीच नई, सच तू कारणीभूत हुईस सान्या को।" (इसके कारण मेरी बेटी मुझसे अलग हो रही है। मेरी बेटी का ससुराल का जीवन बरबाद हो रहा है। मैं नहीं भेजूँगी अपनी बेटी को पर ध्यान रख सबके लिए तुम ही जिम्मेदार हो।) यह कहते हुए जमीन पर हाथ रगड़ने लगी।

सब सुनकर जमेला आगे आई और उसने माँ से कहा, "तुमी कोन बी आशा को गाल्या देबू नको, उन्हें आश्राप, शान्त हाय करको तुमारे गाल्या सहन करतीया। मेरा नांदना तोड़ने का नई, मैं यहाँ न्हनेवाली नई, मेरे मरद बरोबर मैं जानेवाली, बरस भर कोन नई आय तो मैं क्या मरती नई, मेरी कालजी करू नको, तुमना क्या लगतय क्या नई? मेरे नांदने का सम्बन्ध लाने का नई, मैं चली मेरे मरद संगाट" (तुम कोई भी आशा को गालियाँ मत दो, वह शान्त रहकर गालियाँ सुनती है इसलिए तुम चुप नहीं रहते। मेरा ससुराल तोड़ने की जरूरत नहीं, मैं अपने पति के साथ जा रही हूँ। बरस भर अगर न भी आती हूँ तो मैं वहाँ मर नहीं जाती, मैं चली अपने पति के साथ।) ऐसा कहकर जमेला ने अपनी माँ को मुँहतोड़ जवाब दिया और उसने झट से शिरढोण जाने की तैयारी भी की। जाते वक्त मेरे गले से लगकर रोने लगी। मेरी सांत्वना करने लगी। "मजे किसकी नई गे तेरीच कालजी लगतिया, मजे मालूम है सारा, तू आंदर के आंदर घूटक को लेने लगीया, खुदा बी तेरेच पिछे क्या-क्या लगाए, मैं रही आस्ती गे चार-आठ दिन सब सास कैशी हाय सो मालूम हाय तुझे, यहाँ कायम न्हको जिन्दगी जानेवाली है क्या? उस जिन्दगी को कुछ किंमत हाय क्या? कालजी ले, मैं सारखा तुजे खत लिखूंगी, तू बी लिखते जा, जावूं मैं?" (मुझे किसी की चिन्ता नहीं, बस तेरी ही है। मुझे

सब पता है तेरा दर्द, तेरी घुटन! खुदा भी तुझ पर रहम क्यों नहीं करता? मैं और ज्यादा दिन रहती पर सास का स्वभाव तुम जानती हो। यहाँ रहकर जिन्दगी बसर करने में मेरी इज्जत नहीं रहेगी इसलिए मैं जाती हूँ। मैं तुम्हें खत लिखती रहूँगी, तुम भी लिखा करो।)

"जा।"

मेरे दुःख से घायल होकर जमेला रोती, हुमसती अपने पति के साथ शिरढोण चली गई।

शादी के बाद ससुराल में रहने में ही बेटी की इज्जत, आबरू है। माँ आज भावना के आवेग में मायके में रख लेगी पर बाद में कुत्ते जितनी भी कीमत नहीं देगी और फिर न मायका, न ससुराल ऐसी दुरावस्था हो जाएगी। इतनी समझ छोटी-सी जमेला में थी। अपने पति का माँ की तरफ से और ज्यादा अपमान होने से पहले ही निकलकर जाना अच्छा, यह सोचकर जल्दी से जमेला चली गई।

मेरे कारण जमेला को तकलीफ हो रही है, यह देखकर मुझे बड़ा दुःख हो रहा था।

## 24. मन एक सीपी है, आशा मोती है। हर पल जीवन का, एक चुनौती है...

जून महीना शुरू हुआ। आजकल एक नई चिन्ता से मैं घिरी थी। मुझे आगे पढ़ाई करनी है यह बात मुझे अपने घरवालों को बतानी थी। मेरी पड़ोसी सहेली अलका दुर्गूले और मंगल दोनों बहनें मैट्रिक पास होकर आगे पढ़ाई के लिए कॉलेज में दाखिल हो गई थीं। उनसे पता चला कि अक्तूबर मैट्रिक परीक्षा का फॉर्म जून महीने में भरना चाहिए। मुझे जल्दी करना है। देर फीस की मुद्दत भी सत्रह जून थी। सब विषय लेकर परीक्षा दूँगी, जो छूटे वो छूटे अगर कुछ विषय रह जाते हैं तो मार्च में दुबारा बैठूँगी। यह सारा विचार दिल में चलता, घर में यह बात निकालने का साहस नहीं हो रहा था।

क्या बोले? कैसे बोले? शब्दों को जमा करती, रटती, साहस जुटाती, पहले किससे बात करूँ? माँ? सास? या पति? और झट-से बलून की हवा जाने जैसा दिल पूरा का पूरा बैठ जाता।

अपने शौहर के पास ही अपने मन का इरादा बता दूँ, यह बात आखिरकार मैंने तय की। ये दोपहर में अकेले बैठे थे। मैंने विषय निकाला। मैंने डरते-डरते उनसे कहा "मेरा इरादा हाय मेरा शिक्षण पूरा करने का, देखो तो घर का क्या हाल हुए मेरी बी मदत हुयी तो भलाच हुईंगा न्हवे?" (मेरा इरादा है कि मेरी शिक्षा पूरी करूँ, देखो ना, घर की हालत कितनी बिगड़ गई है! अगर मेरी मदद होती है तो अच्छा रहेगा ना?)

"क्या बोली? भी बोल, शिकणेका हाय? हौर इत्ता? साला छोडको जमाना हुया, बाराखडी तो याद हाय क्या? हमारा भई, गुलाब मैट्रीक को कत्ते बखत बैठया, तौ कां तो एक-एक कर को पास हुते गया, तू परीक्षा को बैठी कत्तो बुढी होय तका पास हुनेका चान्स है क्या?" (क्या बोली? दुबारा बोल, आगे की पढ़ाई करना है? और वह भी इस उम्र में? स्कूल छोड़कर जमाना बीत गया, बारहखड़ी तो याद है क्या? मेरा खलेरा भाई गुलाब मैट्रिक की परीक्षा में कितनी बार तो बैठा तब कहीं जाकर एक-एक विषय में पास होता गया। अगर अभी तुम पढ़ाई की परीक्षा देने लगी तो बूढ़ी होने तक पास हो सकोगी क्या?) ऐसा चिढ़कर

बड़े गुस्से में कहते हुए वे बिछौने में उठकर बैठ गए, और गरगर आँखें घुमाकर आग उगलती आँखों से मुझ पर बरस पड़े। पर मैंने न डरते हुए कहा, "ऐसा क्या बोलतीय? मजे सब याद हाय, लिखना, बाचना मैं बिसरी नहीं, जरा भी भूली नहीं।" (ऐसा क्यों बोलते हो? मैं कुछ भी भूली नहीं हूँ, पढ़ना, लिखना सब याद है मुझे।)

"शिकने का चालू करी कतो घर का काम कोन करने का मैं यहाँ बिछाने पर, मेरी सेवा, दिनभर लोका घर में हौर अब्यास (पढ़ाई) को करनेवाली?" (तुम पढ़ने लगी तो घर का काम कौन करेगा? मैं यहाँ बिछौने पर, मेरी सेवा, दिनभर लोगों का आना-जाना, कब करोगी पढ़ाई?) 'इनके' इतने सारे सवालों पर अपना धीरज बँधाती हुई मैंने जवाब दिया-

"ए देखो, मैं सब काम करको बाद में अभ्यास करूँगी, तुम्हारी सेवा, घर का काम, बच्चा की देखभाल, सब मैं जैसा करतींव वैसा करूँगी, हौर दुपारका, रात का अभ्यास करूँगी, मैं तुम्हारे पाँवा पडतींव।" ऐसा कहते हुए मैंने उनके पैर पकड़े और उनके पैरों पर सर रखकर रोने लगी, "मजे शिकणे देव, मेरे हातशी किसकी सेवा नई हुयी, घर के काम में कसूर करी तो मेरा शिक्षण बन्द करो, सच नई कबू नको।" मैं गिड़गिड़ाते हुए आगे की पढ़ाई की अनुमति के लिए भीख माँग रही थी। मैंने अब उनके सामने दोनों हाथ जोड़े थे, आँखों में आँसू झर रहे थे, मेरी याचना से कुछ शान्त होकर 'वे' बोले "भला, पैले मुमामी को तो पूछने हूना, बू क्या कतिया (कहती) देखने हुना।"

"तुमीच पुछो, मजे डर लगतय, सच इत्ताच पूछो नुस्ता आठ दिन रही, फार्म भरने को।"

मैं अन्दर ही अन्दर बड़ी खुश हो गई थी। कम से कम शौहर का ज्यादा विरोध नहीं हुआ, अर्थात दिल से हाँ कर दी हो ऐसा भी नहीं हुआ।

मैंने यह सोचा नहीं था कि मेरी राय से सब सहमत होंगे, मेरे निर्णय का स्वागत होगा। मुझे अनायास अनुमति मिलेगी...यह बात तो मैंने सपने में भी नहीं सोची थी। उल्टा बहुत तीव्र विरोध होनेवाली बात गृहित मानी हुई ही थी। अनुमति मिलती भी तो कैसे? आज तक जो अनुभव मैं लेती आई वहाँ कुछ अलग कैसे घट सकता है? और वह भी मेरे बारे में? मुमकिन नहीं। जिस उम्र में लफ्जों के मायने तक ज्ञात नहीं थे, उस उम्र में लफ्जों के प्रहार सहती आई। माँ के जहरीले लफ्जों ने, उसके प्रहारों ने, निष्ठुर मार-पीट ने मेरे मन को, शरीर को घायल बनाया। उसकी मार ने काला-नीला कराया। मेरा जन्म से नहीं बल्कि जन्म से पहले ही मेरे अस्तित्व पर नकारात्मक लफ्जों के कोड़े बरसाती रही। "सफेदपाँव की, अपशकुनी (दुश्चिन्ह) काली, कुरूप, बदसूरत, काली जीभ की ऐसे कितने अभद्र विशेषणों के लेबल मुझ पर चिपकाए गए। बहुत सी घटनाओं के लिए मुझे ही जिम्मेदार मानकर मुझे सताया गया। जन्मदात्री, सगी माँ होकर भी मेरे आँसुओं से उसका कलेजा कभी पसीजा नहीं। मेरी हर आशा, आकांक्षा, भाव-भावना, हक, अधिकार, आजादी को अपने पैरों तले निर्दयता से कुचलती आई। मेरी जिन्दगी उसने अपनी खातिर गिरवी रखी और उस पर कर्जा निकाल-निकालकर अपनी जरूरतों को पूरा किया...।"

माँ ने मेरी जिन्दगी गिरवी रखी! आज अत्यन्त प्रखरता से मुझे अपनी गुलामी का एहसास हुआ। इससे मुझे मुक्त होना है! हाँ मुक्त! "डरो मत आशा, मत डरो इस तूफान से, अब कितना भी जोर का तूफान आने दो, मत बुझने दो अपने आशादीप को, अगर अब पीछे हट गई, हार गई तो फिर यह पल दुबारा नहीं आनेवाला, अभी नहीं तो फिर कभी

नहीं, कभी नहीं।'' मैं खुद को बार-बार सजग कर रही थी, चेतना दे रही थी, धीरज बटोर रही थी...।

''मैं आंगे के सोपे (कमरे) में जातीव, वो दोनों बाहर पिसना करने वास्ते जारी चुनते बैठीय, उनको बुलाको बोलो।'' ऐसा 'इनसे' बताते हुए मैंने सीमा को गोद में उठा लिया, परात में चावल लिए और आगे वाले सोपे में (कमरे में) आ बैठी। सीमा को नीचे खेलने छोड़ा और मैं चावल चुनने का नाटक करने लगी, सारा ध्यान चौके घर की ओर था।

''मुमानी, मुमानी, बू जरा इधर आव।'' इन्होंने दोनों को आवाज दी। आवाज सुनकर पहले मेरे ही पेट में गड्ढा पड़ गया, कान में से गर्म-गर्म भाप आने जैसा लगने लगा, छाती की धड़-धड़ बढ़ गई और डर के मारे मेरे हाथ-पैर ठंडे पड़ने लगे।

''की रे दस्तगीर? क्या हुआ?'' ऐसा कहते-कहते ही दोनों जल्दी से अन्दर आईं। शायद अचानक इनकी आवाज सुनकर घबरा गई थीं।

''जरा यहाँ बैठो, जरूरी बात करने की हाय।''

''क्या वो? क्या वो?'' दोनों का उतावला स्वर -

''सुनो तो भी।''

''भला बोल।''

''ए देखो, आशा का इरादा हाय, की आंगे शिकणेका, शिक्षण पूरा करको कुछ तो करनेका हाय उसे, आपले पाँवा पर खड़ा न्हने का हाय उसे, घर का सब काम करको अब्यास करतींवं कतिया, तुम्हारा क्या बिचार है?''

''कां हाय उन्हें।'' दोनों का गुस्सैल स्वर में सवाल।

''उधर सोपे में (कमरे में)।''

जमीन पर पैर पटकते हुए माँ सोपे में आई और तेज आवाज में मुझ पर बरस पड़ी, ''क्या गे...इत्ता नवा नाटक क्या काढीया? बुढतपण में शिकणेका कतिया, हामना मूं दिकाने की जागा रखतिया क्या नई गे...? चार बच्चों की माँ हो को शिकणे लगी तो दुनिया पान खाको गांड पर थुकीगी तो हमारे।'' ऐसा बकते हुए अश्लील गालियाँ देकर दंगा, कोलाहल मचाया।

मैं तो अवाक-सी उसके क्रुद्ध, रौद्र रूप की ओर देख रही थी। मेरी आँखें तो फटी की फटी रहीं। मुझे अपनी ओर देखते ही उसके आग में मानो घी पड़ गया। उछलती आवाज में गुर्राती चिल्लाई, ''क्या देखतिया गे छिनाल? आंक्या मोठे करको हौर नाक फूगाको, चप्पल तूटे तका मारूँगी हौर भी की तूटया करको मारूँगी, समझ्या?''

''अरे दशा भाडया, तुजे क्या आक्कल है क्या नई? आरे इने शिकको बैरिस्टरनी हुने की हाय क्या? हौर शिकी कतो तेरी किंमत रखींगी क्या? तू उसे चकोट कैसा लगनेवाला?'' ऐसा 'इन्हें' उद्‌देशित करके गालियाँ देने लगी, अब रुख मेरे शौहर की ओर था।

अब माँ की मदद के लिए फूफू भी भागकर आई, ''आगे हादरगिती (गाली), गोबरशी लिपने का छोड़ को लिखने का क्या चलइया गे? हामारे घर में कोन बी शिकेसो (पढ़ा-लिखा) नई, तू इत्ता शिकको भी जरा मूँ को काला लगा गे, मेरा बेटा बिछाने पर पडया बरूबर तूजे शिकणेका याद आया व्हय?''

एक-एक लफ्ज पिघलते पिघलते शीशे की तरह मेरे कानों में प्रवेश कर रहा था। लेकिन

मेरी तो जुबान चिपक गई थी। प्रतिकार का, समझाने का एक शब्द भी मेरे मुँह से नहीं निकला। अर्थात प्रतिकार की ताकत मुझमें कहाँ थी! अब भी नहीं थी, मैं चुपचाप, मौन-सी रहकर शब्दों के पत्थर झेल रही थी।

आगे पढ़ने के मेरे निर्णय से घर में इतना बवाल मच गया फिर भी मैं अन्दर से बड़ी दृढ़ निश्चयी रही। कुछ भी हो अब इनकी दहशत से पीछे नहीं हटूँगी, मैंने ठान लिया। मेरे लिए यह नया अनुभव, अनोखा एहसास था। उन सबके इनकार के, हर शब्द के आघात से मुझमें अधिक सकारात्मक बल का निर्माण हो रहा था।

प्रतिवाद नहीं करना है लेकिन अपना निर्णय भी नहीं बदलना है, शान्त रहकर इस संघर्ष का मुकाबला करना है यह तो मैंने तय ही किया था।

दूसरे दिन हमेशा से भी जल्दी घर का काम करने की शुरुआत की। नाश्ता, खाना, धोना, बर्तन सब काम निबटाया। मीनू, शरू घर के पास ही आम्बेडकर स्कूल में जाती थीं, उन्हें स्कूल भेजा साड़ी बदलकर पहनी, सीमा को गोद में उठाया और बस इन्हें बताकर मैं राजमाता जीजाबाई गर्ल्स हाईस्कूल गंगावेश की ओर चल दी।

हमारी प्रधानाचार्य घोडके मैडम थीं, उन्हें जाकर मिली। बरसों के बाद मैं अपने स्कूल में आई थी। तब लहँगे, ब्लाऊज में आनेवाली मैं आज साड़ी, सर पर पल्लू, एक बच्चा गोद में, एक पेट में ऐसी अवस्था में अध्यापकों के सामने थी। फिर भी सबने मुझे पहचान लिया। मैंने मेरा आगे पढ़ने का इरादा मैडम-बाईजी को बताया। इसके लिए स्कूल से ही मैट्रिक (एस.एस.सी.) परीक्षा का फॉर्म भरना है यह विचार भी व्यक्त किया, बाई जी को सुनकर बड़ी खुशी हुई।

"बर झाल देसाई, खर-तर सर्व शिक्षकांना वाईट बाटल होतं, तुझं शिक्षण अर्ध्यावर ठेवून तुझं लग्न झालं, तू एक हुशार विद्यार्थिनी म्हणून आमच्या लक्षात राहिलीस, तू शीक, आमच्याकडून काडी पुस्तक, नोट्स, हयाची मदत करू, फक्त तुझी कालजी वाटते, तूला आत्ता कितया महिना?" (अच्छा हुआ देसाई, हम सब अध्यापकों को तुम्हारे स्कूल छोड़ने का दुःख हुआ था। पढ़ाई अधूरी रखकर तुम्हारी शादी करा दी। अब पढ़ो, हम से जो हो सकेगी हम मदद करेंगे, अब तुम्हारा कौन-सा महीना शुरू है?)

"पाँचवाँ।"

"ठीक आहे, फॉर्म घेवून जा, दोन फोटो आण, उशीर करू नकोस" (देर मत करना।)

"ठीक आहे बाई।"

बाई जी को नमस्कार करके मैं स्कूल के बाहर आ गई। बरसों बाद मेरा अपना स्कूल देखते हुए मैं कुछ देर अतीत में खो गई। मुझे पढ़ानेवाले सभी अध्यापक मुझे मिले। मुझे बहुत अच्छा लग रहा था।

मन के बुझे ध्येयासक्ति के यज्ञकुंड की राख जरा-जरा उड़ रही थी शायद। और अन्दर से उम्मीद की चिनगारी धीरे-धीरे प्रज्वलित हो रही थी...।

मेरे दिल--से सपनों का अंकुर प्रस्फुटित हो रहा था।

कमजोर पैरों में जिद की ताकत का एहसास हो रहा था। मैं घर आई।

एक नए अध्याय का प्रारम्भ हो रहा था...।

## 25. ऐ जिन्दगी गले लगा ले, हमने भी तेरे हर एक गम को, गले से लगाया है है ना?

मैं स्कूल से जब घर आई तब सब खाना खा रहे थे। मैं स्कूल गई हूँ यह बात 'इन्होंने' माँ और फूफू को बताई थी। दोनों चुप थीं पर मैंने तिरछी नजर से देखा। वे गुस्से से मुझे घूर रही थीं। मैं नजर बचाती अन्दर के कमरे में आई। सीमा को पालने में सुलाया और जूठे बर्तन इकट्ठा किए, अकेली बैठकर खाना खा लिया।

दोपहर में सब सोए थे, चुपके-से दूसरी साड़ी पहनी और सोन्या मारुती चौक के साई फोटो स्टूडियो में फोटो खिंचवाने आई। साथ में पड़ोसी शेख की बेटी थी।

परीक्षा फॉर्म के लिए फोटो जरूरी था। मेरा पल्लू सर से पेशानी तक था, देखकर फोटोग्राफर बोला, "इतका पुढे पदर घेतला तर चेहरा निट दिसणार नाही, जरासा भाग हया।" मैंने पल्लू जरा-सा पीछे सरका दिया। फोटो खींचा, मैं घर आई। किसी को भी पता नहीं चला।

शाम को दुकान जाने का बहाना बनाकर भीशी में आई, डेढ़-सौ रुपये खाते से निकाले। पैसे छोटे पर्स में रखे और पर्स पलंग की गद्दी तले छुपा दिया। पचास रुपये फॉर्म फीस, फोटो के पन्द्रह रुपये, बचे पैसों में से पढ़ाई के मद्दे, पाठों का सार, सवाल-जवाब लिखने के लिए बड़े आकार की चार बहीयाँ (नोट बुक्स) पेन, कागजाद, कुछ पैसे मार्गदर्शक किताबों के लिए जरूरी थे।

कभी-कभी नौकरी से आने के बाद इनके द्वारा मुझे दिए हुए दो-चार रुपये मैंने जमा किए थे, उनका अब उपयोग हो रहा था।

दूसरे दिन दोपहर में मौका पाकर घर से निकलकर फोटो की तीन प्रतियाँ ले आई। चार बजे की चाय का पतेला चूल्हे पर चढ़ाया और एक फोटो निकालकर 'उन्हें' दिखाने लगी।

"ए, देको, फोटो काढ़ी।" (यह देखो फोटो निकाली।)

"कौ?" (कब?)

"कल दुपारका, तुमी सोय थे कर को उठयी नई।" (कल दोपहर में आप सोए थे तब।)

तब तक वे फोटो निहार रहे थे, मैं उनके चेहरे पर बदलते रंग, भाव देख रही थी, मैं डर गई।

'उनके' माथे पर बल पड़ गए थे, आँखों में गुस्सा उतर आया था, मैं डरकर पीछे हट गई...

"क्या हाय यो? टालकेपर पल्लू लेको फोटो काढ़ने तुजे लाज नई आयी?" (इतना पीछे टालू पर पल्लू लेते शर्म नहीं आई?)

"आजी, सच, फोटोग्राफरनेच बोले की, पिशानी तक पल्लू ले तो चेहरा दिसने-वाला नई, इस वास्ते पल्लू जरा पिछे सरका को ली, रोज कां पल्लू पिछे न्हतय बोलो?" (अजी फोटोग्राफर ने कहा चेहरा दिखाई देना जरूरी है, थोड़ा पीछे पल्लू ले लेना।) मैंने कहा?

"इसकी मा का मैं, उन्हें बोल्या हौर तू सूनी?" (उसकी माँ का, उसने कहा तुमने सुना?)

हमारा विवाद सुनकर आगे की सोपे में से माँ और फूफू दोनों भागती आईं।

"क्या रे वो दसगीर?"

"फोटो देको तो, कैसा काढीया?"

"देखिंगे।"

फूफू के हाथ में जो फोटो था वह माँ भी देख रही थी।

फूफू जी ने फोटो अपने बेटे के हाथ में थमा दिया और दो दिन से दिल के अन्दर गुस्से का भरे बारूद का विस्फोट हो गया। दोनों की जुबान का तोपखाना धड़धड़ाने लगा। मैं पलंग के पीछे एक कोने में दुबककर खड़ी हो गई।

"आरे, देक्या न्हव, नुस्ता फुटे काढने गई तो पल्लू टालकेपर आया, साला को जाने लगी तो खांदेपर आईंगा, भी कां तका जातय अल्ला को मालूम। लई देखणी दिसतीया देक, जोगतीण का भी पल्लू आजून भला न्हतय।" (अरे देखा ना? सिर्फ फोटो निकाला तो पल्लू पीछे सरक गया, और आगे पढ़ने लगी तो कहाँ रहेगा? क्या सुन्दर लगती हो! तुमसे तो जोगन भी सुन्दर लगती है।)

दोनों की बातों से उनका गुस्सा और भी बढ़ता गया। फूफू के हाथ में मेरा फोटो अब भी था। 'उन्होंने' जोर से फोटो ले लिया और उसके दो-चार टुकड़े कर डाले। "शिकने का नाटक बस करने का।" (पढ़ने का नाटक बन्द करो।)

मैं कुछ कहे बिना चुपचाप अन्दर के कमरे में चली गई। उनके कोलाहल में मैंने बची दो फोटो कापियाँ अपने ब्लाऊज के अन्दर छुपा दी थीं, उतनी बच गईं, वरना उसके भी टुकड़े हो जाते।

मेरी सहेली अलका और हमारे घर के बीच एक दीवार ही थी। मैंने फॉर्म उसके यहाँ ही रखा था। शाम में जाकर उसकी मदद से फॉर्म भरा, फोटो, पैसे अलका के पास ही रख दिए। वही स्कूल में जाकर सब देनेवाली थी। मैंने उसे हमारे घर में जो तहलका मचा वह बताया। तब दोनों बहनों ने सहारा देते हुए कहा, "आशे, काय कालजी करू नकोस, मी उद्याच शालेत जाऊन फॉर्म देऊन येतो आणि काय कमी-जास्ती आसल तरी बी बाई सांगतील, माज्याजबल मैट्रीकच्यावेली लिहून दिलेल्या वहया आहेत, पुस्तक आहेत, सगल ने, अभ्यास कर, आमी तूला मदत करतो।" (कुछ चिन्ता मत करो। हमारी किताबें, नोट्स ले जाओ और कुछ मदद लगे तो कहना।)

मैट्रिक का फॉर्म तो भर दिया, लेकिन आगे भी बहुत सारे सवाल थे। सितम्बर के आखिरी हफ्ते में जचगी के दिन पूरे होनेवाले थे, तो अक्तूबर के पहले हफ्ते में परीक्षा थी। सीमा के वक्त नौ महीने, ग्यारह दिन के बाद जच्चा हुई थी। अगर इस बार ऐसे हुआ तो परीक्षा देना मुश्किल था। देखेंगे क्या-क्या, कैसे-कैसे होता है, पढ़ाई तो आरम्भ कर लूँ...।

भाषा की किताबें, अन्य नोट्स बुक अलका ने दिए थे। जिस दिन स्कूल गई थी, बाई जी के साथ चर्चा करके विषय निश्चित किए थे। हिन्दी सौ मार्क्स का तथा संस्कृत + चित्रकला सौ मार्क्स। पुरानी एस.एस.सी. में परीक्षा देने का आखिरी मौका था, मुझे उसका लाभ उठाना था। अंग्रेजी आवश्यक था तो गणित ऐच्छिक, मैंने गणित नहीं लिया।

मैंने अलका के पास ही पैसे देकर पढ़ाई के अभ्यास के लिए कुछ पुराने प्रश्न-पत्र, बड़े आकार की पाँच नोट बुक्स, मार्गदर्शक किताबें, पेन, कम्पास व कुछ अन्य चीजें मँगवाईं।

पढ़ाई आरम्भ की। वक्त की कमी थी, सिर्फ चार महीने। मुझे वक्त गँवाना गवारा न था। बरसों बाद पढ़ाई से, स्कूल से जुड़ता रिश्ता! यह अनुभूति मेरे दिल में खुशियों की लहर उठा रही थी। बहुत पढ़ाई करूँगी, अपनी पूरी शिक्षा प्राप्त करूँगी, अपने पैरों पर अपने बलबूतों पर खड़ी रहूँगी! ओह! यह सोच ही मुझे रोमांचित करती, मैं तो दिन में भी सपने सजाने लगी।

दोपहर में घर के सब लोग सो जाते तो गली की तरफ के सोपे (कमरे) में मैं पढ़ाई करने बैठ जाती। स्कूल छूटे बरसों बीत गए थे, लिखने की आदत भी छूट चुकी थी, मैंने लिखने का अभ्यास करना शुरू किया। किताबें पढ़ती, सवाल-जवाब लिखती, धीरे-धीरे लिखने की गति बढ़ने लगी।

लेकिन हर बात में बाधा तो लानी है। मेरे लिए कोई भी बात आसान न हो ऐसा इरादा मेरे अपने लोग और नियति का भी होगा शायद।

सीमा मुझे बहुत सताने लगी। दुर्घटना का असर शरीर से ज्यादा मन पर हुआ था। वह पैदाइशी पुष्ट थी लेकिन अब बिलकुल कमजोर हो गई थी। हर वक्त डरी-डरी, सहमी-सी रहती। मेरा पल्लू थामे मेरे साथ ही रहती। अगर मैं नहाने जाती, पाखाने जाती तो भी साथ रहती। हर पल रोती रहती। कितने तरीकों से समझाती पर मानती ही नहीं। एक कटोरी में चिवरा, दूसरी में कुरमुरे, चने, दूध-खाना, बिस्कुट, मुट्ठीभर छुट्टे पैसे देती, आस-पास खाने की चीजें रखती, पर इसका रोना नहीं रुकता। बाहर के चौक में नल था। अगर इसने देखा कि घड़ा या बाल्टी भरकर बह रही है, या कोई लोटा, टिनपाट गटर में गिरा और पानी के बहाव में बहता गया तो यह जी-जान से चिल्लाती 'गया, गया, माँ गया'। उसे कोई भी चीज फिसलती, गिरती, बहती जाती देखकर डर आने लगा था। विशालगढ़ दुर्घटना में वह ढलान से फिसलती गई थी, उसका गहरा सदमा उसे पहुँचा था। अब भी वह उसी आघात को झेल रही थी। उसके सिर पर भी चोट आई थी, पर तब किसी के ध्यान में यह बात नहीं आई। अर्थात, अब भी मैं ही समझ सकती थी उसकी मनोदशा की वजह।

उसके रोने पर सबको बड़ा गुस्सा आता। एक बार इसी गुस्से में 'इन्होंने' उसे दो तमाचे लगाए। वह इतनी घबरा गई कि बेसुध हो गई। सी.पी.आर. अस्पताल में मैं उसे जल्दी में ले गई। डॉक्टर ने दवा, इंजेक्शन दिए। मेरे नसीब कि वह जल्दी ठीक हो गई। पर उसके बाद दो हफ्ते उसकी तबीयत और भी बिगड़ गई, जुलाब शुरू हुए।

इस बार चार दिन के लिए जमेला आई थी। वह मेरे काम में मदद करती। मेरे पास रहना, हाथ बँटाना उसे अच्छा लगता। पर उसे लगने से क्या होता? ससुरालवाले अपनी अड़चनें बताते, ले जाते। शादी करते वक्त उसके घरवालों ने वादा किया था, उसे सुख-चैन से रखेंगे। इतनी-सी बच्ची पर इतना काम थोप देते कि बस्स! नीचे तलवे तक, सर से पेशानी तक पल्लू, बालों को न तेल, न सँवारना, दो-तीन मील दूर नदी से पानी लाना, खाना-पकाना, धोना-बर्तन, झाड़ू-पोंछा, गोबर-गोठा, उपलियाँ थापना। सिर पर लकड़ियों के बोझ लादकर लाना, खेती में काम करना-भोर से रात तक बेचारी काम और काम ही करती, ऊपर से सास-ससुर की गालियाँ। जमेला ससुराल में यह व्यथा भुगत रही थी और मैं मायके में...एकाध इनसान की मुलाकात ही सुख से नहीं होती ऐसा कहते हैं, यह सच था।

मेरी सास, माँ पर खर खाकर ही रहती थी। हमेशा की तरह रो रही थी, पल्लू थामा

ही था, मैं काम में थी। न जाने फूफू को इतना तैश क्यों आया वह चिढ़कर चिल्लाई "रात दिन किर-किर, काय को पैदा करी किशे मालूम? घाल जा डबरे में।"

सास के जहरीले शब्द सुनकर मुझे भी इतनी चिढ़-सी हो गई कि मैंने सीमा को उठाया और उसके दोनों पैरों को पकड़कर घुमाया और जोर से जमीन पर पटकनेवाली थी कि जमेला ने भागते आकर ऊपर से ही सीमा को पकड़ लिया, "आगे आशा, आगे आशा क्या करने लगीया? तेरा क्या शिर फिरे क्या? बच्चे को मारतीश व्हय?" (ऐ आशा, अरी आशा क्या कर रही हो? तुम्हारा दिमाग घूम गया है क्या? बच्चे को मारती हो!) जमेला मुझे डाँट रही थी।

"कत्ता सहन करूँ मैं? मजे इत्ता सहन नई हुता जमेला, नई सहन हुता।" (कितना सहन करूँ? अब मुझे सहा नहीं जाता जमेला!) ऐसा कहते हुए मैं जोर-जोर से रोने लगी। सीमा को अपनी छाती से लगाए, मेरे सर पर हाथ फेरकर जमेला भी रो रही थी। "व्हय गे, मजे समजतय, तुजे लई तरास हुतय सो, रू नको गप, कत्ता रूईंगी? पेट देक कैसा धापणे लगय, अल्ला भी कैसी परीक्षा लेतय किसे मालूम? गप, शान्त हो, शान्त हो।" (समझती हूँ तेरा दर्द! चुप रहो अब, देखो तुम्हारा पेट धड़क रहा है! अल्ला भी कैसी परीक्षा लेने पर अड़ा है। पता नहीं!) जमेला मुझे समझा रही थी, सांत्वना दे रही थी।

मैं क्या कर रही थी? मैं अपने आपे से बाहर कैसे हुई? मैं संतुलन खो चुकी थी। अगर, जमेला न होती तो? ये औरतें तो मुझे पागल बनाने पर तुली हैं, और मैं अपने बच्चे को जान से मारने पर उतारू हो गई! कहाँ गई मेरी बुद्धि? मुझे भारी दुःख हुआ। कमजोर, दुबली-पतली सीमा, शरीर में लहू की कमी से झुर्रियों से भरी सीमा, घबराई, रोती सीमा को देखकर मेरी आँतें टूटने को आईं। मैंने अपनी गोद में लेकर उसे भींच लिया।

सीमा के दिल में डर थम गया था, जिसके कारण उसमें असुरक्षा की भावना पनप रही थी। उसका भरोसा सिर्फ मुझ पर था, वह अपनी उँगली में मेरा पल्लू लपेटकर मुझसे चिपकी-चिपकी रहती। पालना भी मुझे ही झुलाना है, वह भी एक लयबद्धता-से। गोद में भी झुलाना है लेकिन मैं शान्त मन से, सहनशीलता से उसकी जिद निभाती, न चिढ़ती, न मारती, मैं तो कभी भी बच्चों को नहीं मारती। लेकिन आज...!

मैं रात ग्यारह से एक-दो बजने तक चिराग के उजाले में पढ़ाई करती। नींद तो कब की चली गई थी। थकी-माँदी भोर होते-होते आँखों पर झपकी आती तो अचानक डरकर जाग जाती। दुर्घटना की घटना से मेरा मानसिक तथा शारीरिक स्वास्थ्य खो चुका था।

मेरे दिमाग में निरन्तर विचारचक्र शुरू रहता। एक बार तो उस मूड में नहाने के पानी में मिट्टी के तेल का डिब्बा ही उँड़ेल दिया। माँ की गालियाँ भी खाईं।

पढ़ाई के लिए वक्त बहुत कम मिलता। इनकी बीमारी की अवस्था, काम का 'रहट-गाडा' चक्र की तरह घूमता ही रहता। सुबह का काम दो बजने तक भी पूरा नहीं होता, कोई हाथ भी नहीं बँटाता।

घर की आर्थिक दशा दिनों-दिन गिरती जा रही थी। शहाजाद, ईरिना रेलवे स्टेशन के पास गणेश आर्ट्स नामक मूर्ति बनाने के कारखाने में काम करने जाने लगी थीं। सुबह नौ बजे जातीं तो शाम सात-साढ़े सात बजे ही आते। चलते-चलते ही जाती-आती। बहनों को काम के लिए इस तरह जाना मुझे दुःख दे रहा था। लेकिन परिस्थिति कुछ ऐसी थी, माँ ने

उन्हें काम पर लगा दिया।

आज तक बहनों को रोजगारी के लिए बाहर नहीं भेजा था, वैसा वक्त भी नहीं आया। शाम जब वे दोनों आतीं तो उनके मुरझाए चेहरे, प्लास्टर से सफेद पड़े हाथ-पैर, रूखे-रूखे बाल देखकर मेरा जी भर आता। आपत्तियों ने मजबूर हताश बना दिया था।

मैं दोपहर में जैसे ही पढ़ाई करने बैठती कुछ न कुछ बहाना करके सीमा रोना शुरू करती। मीनू, शरू की स्कूल पास ही थी, वे दोनों दोपहर का खाना खाने आती, फिर कुछ देर सीमा के साथ खेलती रहतीं। दोनों रहतीं तो तीनों मिलकर खेलतीं, दंगा-मस्ती चलती। इस पहले कमरे में और एक कमरा था, जहाँ काकी सोती। सोपे (कमरे की आवाज अन्दर अनायास आती ही।

चार-पाँच दिन काकी ने कुछ कहा नहीं पर उसके बाद गुस्से में दरवाजा खोलकर बाहर आई और हम सब पर चिल्लाई। मेरी तरफ रुख करके बोली, "वर्साला एक-एक काढतीस आणि लोकांच्या जीवाला किती ताप करतीस ग? तुला काय जीवाला वाटतय का नाही? दुपारी माणस जरा विसावत्यात तर ही गापटी नुस्ती बॉबलत्यात" (हर साल एक-एक बच्चा पैदा करती हो, लोगों को कितनी तकलीफ देती हो? तुम्हें कुछ लाज-शरम नहीं क्या? दोपहर में आराम के वक्त ये बदमाश बच्चे दंगा करते हैं, बोंब मारते हैं।)

काकी के अपमान भरे लफ्जों ने मेरे दिल को घायल कर दिया। पर मैंने प्रत्युत्तर नहीं दिया। पढ़ाई का सामान समेट लिया और चुपचाप-सी बच्चों को लेकर पीछे आँगन में आ बैठी।

दिल में विचार शुरू ही था, अब कहाँ जाएँ पढ़ाई के लिए? बच्चे तो पीठ छोड़ते नहीं। दोपहर में थोड़ा वक्त मिलता है रात में भी पढ़ाई करती पर अब भी बहुत पढ़ना बाकी था। साथ में लिखने का अभ्यास, कम-से-कम तीन बार तो पढ़ना जरूरी है, याद तो दिल में करती ही रहती हूँ। सोचते-सोचते पढ़ाई के लिए एक जगह सूझ गई-'महादेव का मन्दिर।'

दूसरे दिन दोपहर में सारा काम निबटाया। थैली में किताबें, बही भर लीं। बच्चों के बैठाने के लिए, अगर सीमा सो गई तो सुलाने के लिए दो बोरियों की दरी बनाकर ली। बिस्कुट, कुरमुरे कागज में बाँधकर लिए और मन्दिर का रास्ता पकड़ लिया। जाने से पहले सिर्फ 'उन्हें' बताया, "मैं अभ्यास को महादेव देवल में चलींव, संगाट बच्चे भी हाई।" वे नींद में ही बोले, "भला, जा।"

महादेव मन्दिर के परिसर में अब भी धूप थी। लेकिन मन्दिर की सीढ़ियों के पास छाँव थी। कणेरी, सीताफल के पेड़ों तले भी छाँव आ रही थी।

कणेरी के पेड़ तले महादेव की भक्तिन 'आऊ' सोई थी। सोनाआज्जी के बाद 'आऊ' मन्दिर का पूजा-पाठ, देखभाल करती थी। 'आऊ' आज्जी की रिश्तेदार ही थी। मेरी, आऊ से अच्छी पटती थी। मैंने आऊ को आवाज दी, "आऊ, मला अभ्यास करायचा हाय, खरं पोरी घरात दमवायला लागलेत मी इर्थ अभ्यासाला बसू?" (मुझे पढ़ाई करनी है, लेकिन घर में बच्चे सताते हैं, मैं यहाँ पढ़ूँ?)

"अग, खुली का शाणी आंशा, हयात इच्यारायच काय ग? बस की माजी बाई, अब्यासाला बस, पोरी खेलत्यात पैस इथं, गाड़ी-घोडयाच काय भ्या न्हाई, तू बस निवांतवानी, या ग पोरीनू खायला देतो तुमास्नी।" (अरे! तुम क्या पगली हो या सयानी? इसमें पूछना

क्या? बैठो, पढ़ाई करो, यहाँ रास्ते की चहल-पहल का डर नहीं, मैं बच्चों को कुछ खाने को देती हूँ, तुम पढ़ाई करो।) ऐसा कहते आऊ ने बच्चों को अपनी तरफ बुलाया।

मुझे बड़ा अच्छा लगा। कम-से-कम दो से पाँच तक मुझे अच्छा वक्त मिलेगा। दोपहर में मन्दिर में कोई आता-जाता भी नहीं था, शान्त वातावरण था।

इस वर्ष अकाल का चिह्न दिखाई दे रहा था। बारिश का कहीं पता नहीं था। कड़ी धूप में मन्दिर कौन आता?

दोपहर में दो-तीन घंटे अच्छी पढ़ाई होने लगी। मन एकाग्र करके अध्ययन करती। बाकी अन्य ध्यान, सोच, विचार निग्रहपूरक दूर रखती। मेरे सामने एक ही उद्देश्य, एक ही ध्यान था, "मैट्रिक की परीक्षा अच्छे मार्क्स पाकर पास हो जाना।" यह मेरी तपस्या थी, साधना थी।

बच्चों को भी खेलने के लिए मन्दिर का बड़ा-चौड़ा परिवेश था। मिट्टी, ठिकरी, पत्थर, इमली के बीज, फूल, कणेरी के साथ बच्चे खेलते। आऊ उन्हें खाने के लिए खोपरा, मिसरी, चने-फुटाणे देती, लोटा भर पानी पास लाकर रखती, "पोरींवर माजी नदर हाय, तू घाबरी हू नकोस।" (मेरी नजर है, तुम मत डरो।) कहते हुए मेरे बच्चों पर ध्यान देती। मैं मन ही मन उसे धन्यवाद देती, अपितु मेरी कृतज्ञता आऊ जानती थी।

दोपहर में लेखन का अभ्यास करती। सवाल-जवाब याद करती, दुबारा लिखती, जाँचती। बारीकी-से पढ़ते-पढ़ते यह भी देखती कि कौन-से सवाल हर साल, बार-बार दोहराए गए हैं। रात में चिराग या लालटेन के उजाले में पढ़ाई करती बैठती।

अलका की माँ ने मुझे जो पालना दिया था वह बहुत बड़ा था, उसमें दो बरस की सीमा आराम से सो जाती। दो बच्चे भी सो जाते। मैंने पालने से लम्बी डोर बाँध रखी थी, वह डोर मैं अपनी कलाई में बाँधती और पढ़ते-पढ़ते निरन्तर झुलाती रहती।

सीमा को रात में दो बार दूध पिलाना पड़ता। उसमें भी हर बार चम्मच में मलाई चाहिए ऐसी जिद करती। 'मनई' कहते रोती रहती। उसके रोने से घरवालों की नींद टूट जाती तो वे मुझे गालियाँ देकर उद्धार करते। इस कारण जितना हो सके वह न रोए इसकी मैं चिन्ता बरतती। फिर मैंने सीमा की 'मनई' की तरकीब सोच ली, जरा मोटी-सी मलाई खत्म होते ही पतली मलाई चम्मच से लिपट लेती। 'हं, आ कर' वह भी चम्मच की मलाई देखकर 'आ' करती, मैं झट-से उसकी मुँह में दूध का चम्मच डालती। मेरी चालाकी उसके ध्यान में आने से पहले जल्दी-जल्दी एक कटोरा भर दूध पिलाती। क्या करती? दूध पर इतनी मलाई तो नहीं आती न?

पेट में दूध गया, अब चुपचाप सो जाए ऐसी भी बात न थी। फिर गोद में लेकर थपकियाँ देते रहना, मैं किसी डिब्बे पर किताब या बही रखकर पढ़ती रहती। पेट-से थी जिस वजह से उसे गोद में लेती तो जमीन पर रखी बही या किताब पढ़ नहीं सकती।

अब पढ़ना, लेखन के बाद अध्ययन का चिंतन दिल में शुरू होने लगा। सवाल, जवाब याद में रखते वक्त जरूरी आशय, मुद्दे याद रखती। मैं अब काम करते वक्त भी पढ़ाई याद करती, दिल में रटना शुरू रहता। एकाध नजर डालने के लिए नोट्स बुक अपने पास रहे, इस सुविधा की दृष्टि से किताब या बही, दूध, खाना रखने की जो छोटी अलमारी थी उस पर रख देती। खाना-पकाना करते वक्त मैं झाँकती, याद करती, रटती। रोटी-चपाती बनाते

वक्त परात के पास मार्गदर्शक किताब या जवाबों की बही रखकर, रोटी थाँपती या चपाती बेलती, पढ़ती। ऐसा काम करते-करते पढ़ाई या पढ़ाई करते-करते काम का सिलसिला शुरू था। पिसती, कूटती, तलती, भूनती, बर्तन माँजती, धोना धोती, झाड़ती, पोंछती और पढ़ाई करती...अध्ययन की आराधना करती। 'ऐसी लागी लगन...मीरा हो गई मगन वो तो गली-गली, हरिगुन गाने लगी...' कुछ ऐसी ही मन की अवस्था हो चुकी थी। शब्दों से, अर्थों से तादात्म्य स्थापित हो रहा था, मैं तल्लीन हो जाती। आस-पास का माहौल, लोग, उनकी गालियाँ, श्राप मुझे सुनाई नहीं देते। पढ़ाई की भक्ति में मैं दीवानी-सी हो गई थी, अभ्यासमय हो गई थी...।

खाना पकाते वक्त मैं ध्यान रखती कि, फूफू और माँ कहीं पास तो नहीं? वे दोनों बाहर सोपे (कमरे) में या आँगन में हो तब खाना पकाते वक्त भी पढ़ती। ज्यादातर वे बाहर ही रहतीं। 'वे' पलंग पर सोए, बीच-बीच में मुझे देखते रहते लेकिन कुछ बोलते न थे।

ऐसे ही एक दिन पढ़ते-पढ़ते रोटी थाप रही थी। अचानक कटी हुई सब्जी का सूप हाथ में लेकर फूफू अन्दर आ गई। मेरा ध्यान किताब में था, आदतन रोटी के आटे पर हाथ झपट रहे थे कि मेरे कानों में जोर से शब्द आकर टकराए "आगे ए, हादरगित्ती, रोटया इन्साना खाने के हाई, कुत्ते नई, बाचते-बाचते रोटया करने लगीया, यो दुनिया के उप्पर वनवा क्या व्हईक कनेके? अंगार लगवूं उस पुस्तक को।" (ए नाटकी औरत! पढ़ते-पढ़ते रोटियाँ सेंकती हो, हम खानेवाले हैं, कुत्ते नहीं!) मेरे पढ़ने पर ऐसा गुस्सा उगलती हुई फूफू ने मुझे कुछ समझने से पहले ही परात के पास रखी किताब खिसका ली और सीधा जलते चूल्हे में डाल दी।

"अजी फूफू, अजी फूफू, अजी चूल्हे में डालू नको, ऐसा की?" कहने तक आधी किताब जल चुकी थी।

मैंने जल्दी में चूल्हे से किताब बाहर निकाली, हाथ से ही आग बुझा दी। नागरिक शास्त्र की मेरी किताब आधी जली, आधी बची।

मेरी जली किताब देखकर मुझे तो रोना ही आ गया और चिढ़ भी आई, मैं कभी नहीं सो चिढ़कर बोली, "की लगयी मेरी पिच्छे? सारेजन हाथ धो को, कुछ भी करने नई देते, रोटया क्या जलई? क्या कच्चे रखी? क्या किसके सेवा में कमी पडया?"

"लई मूँ करने लगी तो रे इने, देख्या न्हव? इत्ताशी कायदा लगाने लगी, आंगे क्या कुत्ते का पट्टा बंधतीया क्या हमारे गले में।" (यह ज्यादा ही बोलने लगी है अब! अब कुत्ता समझकर चली हो क्या?) फूफू मेरे सामने हाथ नचाते हुए बड़बड़ाने लगी।

फूफू की आवाज सुनकर माँ भागती आई, "क्या कतीया इने? आवाज बन्द कर नई तो दिवाल और मूं एक करूँगी, मेरे सामने नई चलने का, चिपलख की मूं की दातखील आवल।" (क्या बोलती है यह? ऐसा मारूँगी कि दीवार के साथ मुँह चिपका दूँगी, छिपकली के मुँह की, आवाज बन्द कर।)

मैंने मेरी आवाज बन्द की, लेकिन अन्दर से आग-आग हो रही थी।

कितने बोल सुनने हैं? कितना अपमान सहना है? मैं ही उस दुर्घटना का कारण मात्र हूँ इस बात के लिए हर रोज गालियाँ? पूजा-पाठ का फूल भूल सकता हो कोई लेकिन गालियाँ देना यह दोनों जरा भी न भूलतीं।

सुबह से जुबान का पट्टा शुरू रहता। फूफू कहती, ''इन्हें ने पेवका-मायका तोडी, पेवके को अंगार लगायी, काराबोराटी खँची'' (मायका तोड़ा, अंगार लगा दी, काँटे बिखेरे।) तो माँ कहती ''रांड रंडकी की हुयी नई? इसके लच्चा, बंगडया गडवें में भरे, आगे तुझे मरण की देखता नई, मेरा दरूना ठंडा हुइंगा गे।'' (तुम बेवा क्यों नहीं हुई? तुम्हारे सौभाग्य अलंकार, चूड़ियाँ, मंगलसूत्र बरबाद क्यों नहीं हुए? मटके में क्यों भरे? तुम्हें मौत क्यों नहीं आती? अगर तुम्हें मौत ने पकड़ लिया तो मेरे कलेजे को ठंडक पहुँच जाए।) एक न दो, हजारों गालियों की बौछार से मेरी सुबह शुरू हो जाती।

सब कुछ अनसुना करके दिल को संयत रखे भी तो कितना रखे? मैं तो जब वे गालियाँ देती तब भी मन में पढ़ाई को याद करती। फिर भी, आखिर मैं भी एक इनसान थी, मुझे भी दिल, दिमाग था, कितना सहती मैं? इस कारण मेरा मन उद्विग्न हो गया। कड़ुआहट से जी भर गया। बस्स अब मुझे जीना ही नहीं है। कुत्ते को भी दरवाजे पर से हटकने पर दूसरे दरवाजे पर जाता है, फिर मैं इतनी निर्लज्ज बेशरम कैसी हूँ मैं खुद को ही दोष दे रही थी। दिमाग में बुखार-सा चढ़ा था। किसी के साथ भी एक लफ्ज कहे बिना मैं काम तो कर रही थी, लेकिन दिल में आत्महत्या का विचार आ रहा था। मैंने तय किया अब जीने से मर जाना ही बेहतर होगा।

मैंने रात में 'इनकी' नींद की गोलियों में से आठ गोलियाँ खा लीं। रात में खाना नहीं खाया, लेकिन इस बात की ओर किसी ने भी ध्यान नहीं दिया। मैंने अपने पास सीमा को सरका लिया, लालटेन का उजाला कम किया, जमीन पर चटाई बिछा दी और सिरहाना लेकर सो गई।

कुछ ही देर में पेट में जलन होने लगी, हाथ-पाँव थर-थर काँपने लगे और आँखें झपकने लगीं, आगे कुछ पता नहीं चला।

दूसरे दिन छः बजे जरा-जरा-सी आग आने लगी। मीनू, शरू, बहनें पास में थीं। सीमा पास ही थी, मैं बीच कमरे में थी। मुझे अतीव थकान लग रही थी। किसी गहरी खाई में अकेली-अकेली खोती जा रही हूँ, हाथ-पाँव निढाल-से, हाथ तक उठाने की ताकत नहीं थी।

मैं जैसे ही जाग उठी, मीनू, शरू, माँ-माँ कहतीं गले से लगकर रोने लगीं। बहनें भी गम्भीर, उदास-सी थीं। घर शान्त था।

मैंने जरा-सा पानी पी लिया, थोड़ा भला लगा। मीनू ने सवाल किया, ''माँ, क्या खई तू? फजेर का जल्दी उठी नई, बड़ी माँ ने डॉक्टर को लई ती।'' मैंने कुछ जवाब नहीं दिया। मैं वैसी ही सोई रही, माँ चूल्हे के पास खाना पका रही थी।

शहाजाद ने मेरे लिए चाय बना दी, ''उठू नको, हामी करतीय काम, कैशा गोल्या खई? डॉक्टर बोले निंद के गोल्या खई कर को, नस में इंजेक्शन दे उन्होंने, हाथ में भी दिया, दो-तीन बखत आ को देखे भी।''

इस बारे में बड़ों ने कुछ सवाल अभी तो नहीं किया, लेकिन बाद में मुझे छोड़ेंगे नहीं, यह पता था।

डॉक्टर ने 'इनके' लिए नींद की गोलियाँ दी थीं, उस डिब्बी में ज्यादा गोलियाँ नहीं थी, जो थीं वही ले लीं। वह पल ही कुछ वैसा था।

दिमाग से आत्महत्या का विचार हटता नहीं था। मेरे जाने के बाद बच्चों का क्या होगा? यह सवाल भी अस्वस्थ, बेचैन कर रहा था। मेरे मन में द्वन्द्व शुरू था–क्या करूँ? मरूँ या जिन्दा रहूँ? मैं मर जाती तो मुक्त हो जाती पर मेरे बाद बेटियों का क्या होगा? उन्हें कौन देखेगा? उन्हें कौन सँभालेगा? उनकी क्या गलती जो मैं इस कदर उन्हें बेसहारा बना रही हूँ। मैं उन्हें क्यों मारूँ? या मैं ही क्यों मरूँ? मेरे बच्चों की जिन्दगी अनाथों जैसी हो जाएगी। तीन बच्चे, तीन रास्ते भटक जाएँगे। कौन पास लेगा उन्हें? कौन है जो प्यार करेगा?

मैं आज तक जो जिन्दगी जीती आई फिर वह जिन्दगी क्यों जी मैंने? मीनू का जन्म हुआ और मैं जीवन के मोहजाल में अटकती गई । बेटियों के स्नेह ने मुझे 'दोहरा' जीवन जीने की शक्ति दिला दी। दुनियावालों के सामने एक और प्रत्यक्ष में दूसरा जीवन मैं जीती आई। दिल ही दिल में घुटनभरी, दुःखभरी व्यथित–सी जिन्दगी हिस्से में आई, किसी से कुछ कहना, दुःख हल्का करना ऐसा कोई भी हमदर्द, हमराज नहीं मिला फिर भी जीती आई ना? मरने से ज्यादा अच्छा कि मैं पढ़ाई करूँ, अपनी शिक्षा परिपूर्ण करूँ। तब जाकर एक स्वाभिमानपूर्ण, आत्मविश्वासपूर्ण जिन्दगी की हकदार बन सकती हूँ।

अपनी कोशिश, जिद के सहारे मैं अपना अस्तित्व निर्माण करूँगी। खुद की पहचान निर्मित करूँगी। घूरे के भी भाग्य जागते हैं, मैं तो इनसान हूँ, अगर मैं मन से हार गई तो हार गई। मैंने अपने दिल को खूब समझाया। दिल को धीरज बँधाया। मैं सिर्फ अपनी नहीं हूँ। तीन बच्चों को जन्म दिया उनकी माँ हूँ, माँ। अपनी जीवन की लड़ाई, संघर्ष यह सब बच्चियों के लिए तो है। मेरा अन्तिम ध्येय, उद्‌दिष्ट मेरी अपनी बेटियों की जिन्दगी सँवारना है और कुछ नहीं। खुद मरकर बच्चों को बरबाद करने का अधिकार मुझे किसने सौंपा?

अब मेरे विचारों की दिशा बदल गई। विचारों के तूफान में दिशाहीन, भटकी नैया को एक किनारा मिला, संबल मिला। मैंने उसी क्षण कसम खाई–''इसके आगे आत्महत्या के बारे में कभी नहीं सोचूँगी, मरने की नहीं जीने की बात सोचूँगी, वह भी अच्छे तरीके से जीने की...''

## 26. हम थे जिनके सहारे, वो हुए न हमारे...

मेरी पढ़ाई शुरू थी, वैसी ही कभी मन्दिर में, कभी काम करते–करते, रात में जागते–जागते। आँखों के आस–पास काले घेरे घिर आए थे। आठवाँ महीना पूरा हुआ, नवाँ महीना शुरू हुआ। पेट बहुत बढ़ आया था। पाँव में गोले चढ़ जाते तो काफी दर्द होता। उठते–बैठते तकलीफ होती, काम की गति मंद हो गई थी, हाँफती भी बहुत थी। पर किसी से दया की अपेक्षा करना मैंने कब का छोड़ दिया था। जितना निभता उतना निबाह रही थी। हमेशा पढ़ाई की लगन लगी रहती। बहुत सारा पढ़, लिख लिया था। दिल में जो सवाल–जवाब रटती वह कागजात पर उतारती जिसकी वजह से दुहरा अभ्यास होता, पढ़ाई पक्की हो जाती। अब सिर्फ पुनरावृत्ति हो रही थी। मैं प्रकट वाचन किए बिना पढ़ना–लिखना, आकलन, अभिव्यक्ति इस तरीके से पढ़ाई की अभ्यस्त हो गई थी।

अभी अंग्रेजी पर ध्यान देने जितनी फुरसत न थी। वह पर्चा रहनेवाला था। उसे लेकर मार्च में परीक्षा देंगे यह बात मैंने तय की। संस्कृत मेरा प्रिय विषय था, स्कूल में याद किया

अब भी नहीं भूली थी। मेरा आत्मविश्वास बढ़ता जा रहा था। नैतिक शक्ति मेरे थके बदन में उम्मीद की शक्ति भरती, मैं खुद को खुद ही धीरज देती...

लेकिन माँ, सास छोटी-छोटी बातों में भी मुझे सताना नहीं छोड़तीं।

एक दिन मीनू स्कूल में से आई और सामने कदम के घर उनके नातियों के साथ खेलने उनके घर गई। मैंने सबको चाय दी और मीनू को चाय के लिए आवाज दी।

मीनू घर में आई, शायद उसके हाथ में खिलौना था, पर मैंने ज्यादा ध्यान नहीं दिया। इतने में कदम का पोता खिलौना माँगने आया। मीनू के पीछे मैं चाय का कप लेकर बैठी थी। माँ, सास, शौहर पलंग पर बैठे-बैठे चाय पी रहे थे।

"तुमच्या मिनान माजी मोटार आणली।"

"अस होय, मिनू दे बाल उसकी मोटर।"

ऐसा कहते हुए मैंने मीनू के हाथ से मोटर खिलौना लेकर उस बच्चे के हाथ में दे दिया।

बच्चा खिलौना लेकर चला गया और न जाने माँ को कौन-सी बात खल गई और गुस्सा आया। वह चिल्लाकर बोली, "दूसरे के घर में खेलने जा को छोरी ने खेलना चुरई, चोरटी छोरी को प्यारशी बोलतीया, क्या वलण लगातीया देकतो, आज खेलना चूराई, कल को बड्या चोन्या करने लगींगी।" (वह चिल्लाई, "दूसरे के घर में खेलने जाकर छोरी खिलौना चुरा ले आई और उसके साथ प्रेम से ही बात करती है! कैसी सीख दे रही है क्या पता? आगे चलकर बड़ी-बड़ी चोरियाँ करने लगेगी तब?") यह सुनकर मुझे भी चिढ़-सी हो गई और मैंने उबलती चाय का कप ही मीनू की पीठ पर फेंक दिया। मीनू भय और दर्द से चिल्लाई। हाथ में ब्रेड का टुकड़ा था, फेंका और आँगन में भाग गई। वह दर्द से तड़फड़ाने लगी। मैं भी पीछे भागती आई। मीनू के बदन पर सिर्फ पेटीकोट था, वह निकाला। बड़े-बड़े फोड़े निकल आए थे, आधी पीठ जल गई थी। पानी के नल तले ले जाकर ठंडा पानी छोड़ा, स्याही लगाई।

मीनू मेरी गोद में औंधी पड़कर बहुत रो रही थी, साथ में मैं भी। पल्लू से मैं हवा कर रही थी पर उसे बहुत जलन हो रही थी। मुझसे उसकी तड़प देखी नहीं जा रही थी। मुझे अपने पर बड़ी शरम आई। यह ऐसे कैसे हो गया मेरे ही हाथों से? कभी भी अपने बच्चों को तमाचा तक नहीं मारनेवाली मैं आजकल आक्रामक, गुस्सैल हो रही थी? कठोर हो रही थी? नहीं, नहीं मैं ऐसी नहीं हूँ, मुझे ऐसा बनना भी नहीं। पर इन लोगों ने मुझे पागल कर डाला है। सच में, मुझे मेरी बच्ची को माँ ने चोरटी कहा और भविष्य में बड़ी चोर बनेगी यह वाणी सुनकर मुझे क्रोध आया, मैं उसका तो कुछ बिगाड़ न सकी, बस्स मेरे बच्चे पर उस क्रोध को उगल दिया। अब मैं ऐसा नहीं करूँगी चाहे ये लोग मुझे कितना भी क्यों न सताएँ।

माँ पास खड़ी बकबक कर रही थी, "ऐसा संताप करने सारखा क्या बोली मैं? क्या बोलने की सोचय रही नहीं इस घर में, सच मेरा मूं कां न्हतय?" (इतना गुस्सा करने की क्या जरूरत? मैंने ऐसा क्या कहा? यहाँ कुछ बोलना ही मना है! पर मेरी जुबान चुप नहीं रहती ना?) ऐसा कहकर अपने ही मुँह पर थप्पड़ मारने लगी। यह उसकी आदत मुझे बचपन से पता थी, यह आदत उसकी नौटंकी का यह एक हिस्सा थी। मेरे शौहर मुझे आग उगलती आँखों से देख रहे थे, अब फूफू को बड़ा प्यार आया माँ पर "आगे, गप तो गे म्हेर, की तरास करको लेतिया, गप तो गे।" (चुप रहो ना क्यों तकलीफ करके रोती हो?) ऐसा कहते माँ को

शान्त करने लगी।

मैंने कुछ भी कहे, सुने, देखे, मनाए बिना मीनू का हाथा थामा और उसे डॉक्टर क्षीरसागर के यहाँ ले गई।

आज जो कुछ घटित हुआ उससे मैं बेचैन, बेक़रार थी। आज दिल दिमाग का संतुलन फिर से खो चुकी थी।

मीनू के लिए किराएदार पड़ोसी बाबालाल शेख जी ने बावड़े की खास दवा लाकर दी। आठ दिन बाद मीनू ठीक हो गई लेकिन मेरे दिल पर जो गहरा जख्म हो गया सो हो ही गया।

छः अक्तूबर से इम्तिहान शुरू होनेवाला था। मेरे लिए दो इम्तिहान थे। एक मैट्रिक का और दूसरा जचगी का। मैं मन–ही–मन ईश्वर से प्रार्थना कर रही थी, "मेरी मुक्तता, छुटका जल्दी करो मेरे आका, मेरे खुदा।" मैं अब अनवर खाला को आठ आणे, रुपया देकर कुछ काम करा लेती। अनवर कुछ बर्तन माँजती, पैसों की तपकीर लाती, सूँघती बैठती, काम कम, तपकीर सूँघना उसे ज्यादा पसन्द था। मैं चौक में ऊँचे पत्थर पर झुककर धोना धोती, लकड़े की पटरी पर बैठकर चूल्हे के पास काम करती। फूफू बैठकर घर झाड़ती। अब मुझे जल्दी से उठा–बैठा नहीं जा रहा था, हाथ के तलवे जमीन पर टिकाकर उठती।

उस दिन भरपूर धोना धोया, सुखाने के लिए रस्सी पर डाला, बड़ी थकी–सी घर में आई। फूफू सामने अलमारी से सर टिकाकर बैठी थी। मेरे बदन पर हावा खाला की दी हुई जामुनी रंग की जॉर्जेट की साड़ी थी। उभरे पेट पर धोना धोते वक्त थोड़ी–सी फिसली थी, अन्दर ठीक से पहनने के लिए जा ही रही थी कि, फूफू ने 'इनको' उद्‌देश्य करते हुए बड़े नाटकीय स्वर में कहा, "अरे, देक्या क्या? साडी कां हायसो? सारा पेट खुलाच हाय, आगे ऐसा अंग दिखानेशी नंगीच की फिरती नई।" ऐसा कहते हुए झट–से, अचानक फूफू ने आगे बढ़कर मेरी साड़ी ही खींचकर निकाल ली। मैं एकदम से हक्का–बक्का हो गई। मुझे कुछ सूझ नहीं रहा था– "आजी, छोड़ो तो फूफू, ऐसा क्या? पेहनतींव तो सिधा, धोना धोताना निचे आयी।" लेकिन फूफू ने कुछ सुने बिना सारी साड़ी खींच ली, इकट्ठा लपेटी और अन्दर कमरे में फेंक दी। ऊपर से बड़बड़ाने लगी, "ऐसा एबव (पहनावा) हामीं नई देके, तू की बोलता नई उसे?" ऐसा इन पर भी चिल्लाने लगी।

मैं तो पगली, ठगी–सी वहीं पर खड़ी, बिलकुल लहँगे में। इस घटना से सीमा डरकर जोर–जोर से रोने लगी, अब मुझे बड़ा रोना आया, लहँगे में ही नीचे बैठकर सिसक, सिसककर मैं रो रही थी। सीमा खुद रोती, माँ, माँ कहती मेरी बहती आँखें पोंछ रही थी।

अब मैं उठी और अन्दर कमरे में आई। पानी में भीगा लहँगा वैसा ही रखा, सिर्फ दूसरी साड़ी पहनी। सिर दर्द कर रहा था। सीमा को गोद में उठाया और गली की तरफ के कमरे में चुपचाप आकर बैठी रही।

मुझे मनाने कोई नहीं आया।

फूफू भी मुझसे दुश्मनी करने लगी थी, इस बात का मुझे बुरा लगा। मेरे पति के सामने, मेरी सास ने मेरा आज वस्त्रहरण किया। 'पेट–सी' औरत के पेट पर ठीक से साड़ी टिकती नहीं, इतनी छोटी–सी बात एक औरत समझ नहीं सकती? पेट का प्रदर्शन करने या दिखावा करने मैं घर से बाहर नहीं गई थी। धोना धोकर थकी आई औरत के साथ इतना दुर्व्यवहार!

पर यह द्वन्द्व तो अन्दर ही शुरू था, कहूँ तो किससे कहूँ? सब खुन्नस से बर्ताव कर रहे थे।

मुझे नवाँ महीना शुरू था। मेरे पैरों में सूजन आई थी। मैं शौहर के पैरों पर गरम पानी डालकर सेक रही थी। गरम पानी से सेककर, पोंछकर, दुःखदबाव लेप लगाना, हर रोज का मेरा काम था। मेरी पीठ पर हमेशा की तरह सीमा झुककर खड़ी थी। सामने सास पलंग पर बैठी-बैठी अंगारभरी द्वेष की निगाहों से मुझे निहार रही थी। दुर्घटना के बाद से सास की मेरे बारे में नजर बदल चुकी थी। बड़ी हिकारत, घृणा, द्वेष से हर पल मुझे घूरती। मुझे बड़ी दहशत लगती। 'वे' कांट (खाट) पर से नीचे पैर छोड़कर बैठे थे, प्लास्टिक की बुट्टी में 'इनके' पैर रखकर मैं पानी डाल रही थी कि सीमा का धक्का लगा और मेरे हाथ का पानी दूसरी ओर गिरा। 'वे' चिढ़े और चिल्लाए, "सीधा डाल तो पानी, सारखा बाजू को चले।" इनकी बात सुनते ही सास ने बीच में मुँह डाला, "अरे, उसका ध्यान हुना क्या नको? काय के बिचार में आसतिया किशे मालूम? आगे, तुजे इत्ता मेरा बेटा चकोट नई गे लगता, पाँवाशी आधू हुया उने, इत्ता तू शिकने लगी, इना कैसा गे तेरे दिल को यों मरद आयींगौ।" (अरे! उसका ध्यान तो लगना चाहिए? कौन-सी सोच में डूबी रहती है, हरदम क्या पता? अरी! अब तुझे मेरा बेटा पसन्द नहीं आएगा! अब वह अपाहिज हो गया और तुम पढ़ने लगी हो, अब यह पति कैसे अच्छा लगेगा तुम्हें!)

मैं चुप-सी सुनती रही, पर आँखें तो बरस रही थीं। चेहरा नीचे झुकाए, छुपा रही थी। 'इनके' पाँव पोंछे, लेप लगाया और हट गई।

रात में मुझे बार-बार पेशाब जाने की तकलीफ होने लगी। परीक्षा नजदीक आ रही थी, रात में नींद न आती, तीन बजे तक पढ़ाई करती रहती।

उसी रात ऐसे ही बाहर गई, आँगन के किनारे खुली मोरी थी और मैं अचानक भयंकर रूप से डर गई। दरवाजे के पास पानी का पीपा रखा था, उसकी ओट में कोई बैठा था। चेहरा दिखाई नहीं दे रहा था। मैंने डरते-डरते सवाल किया, "कौन आहे ते?" पर जवाब नहीं। आभास कहूँ तो चेहरे के आस-पास पल्लू जैसा फड़फड़ा रहा था। मैं डरकर अन्दर आई और घंटे-भर में मुझे डर के मारे बुखार चढ़ गया।

हमारे ऊपरी हिस्से में माड़ी पर तोड़कर नाम का नया परिवार आया था। सास-बहू खूब झगड़ती। सुबह-सुबह झगड़े की बड़ी तेज आवाज आ रही थी।

मैं अब तक क्यों नहीं उठी यह देखने के लिए फूफू रसोईघर में आई-

"उठती नई क्या गे?"

"नई जी फूफू मजे लई ठंडी बजने लगीया, तप भी आईया।"

न जाने कैसे। लेकिन सास ने मुझे स्पर्श किया, "सच्चेच तो, लई जीव को आया तो गे तेरे, रात को तो भला आती।"

"रात का तीन बजे भार गयी तो, कोन तो आँगन के कोने में बैठा था, फूफू मजे लई डर लगने लगे, तौशीच मजे तप आयी।"

उसने कुछ कहते हुए मेरे गले को, जीभ को चूल्हे की राख लगाई।

"बावाडंग पीरा का नाव लेको नारीजा लगायसो हाय,भला लगिंगा।"

"जरा तोड करां के घर में की लडने लगई सो देख को आतींव", ऐसा कहती वे बाहर गईं और थोड़ी ही देर में तोड़कर के आजोबा, आजी, भाऊ मुझे देखने आए।

"अग आशाबाई, ताप आला व्हय ग? रात्री म्यालीस म्हण? अग सुनंदा जीव द्यायला जातो म्हणून रात्री गेली आणि तिथच दडून बसली, आमी आपल रात्रीपास्न हुडकायला लागलोय, पाच वाजता आपूनच घरात आली, काय रं देवा! अवघडल्याली बाई, भ्यालीस काय? आता मनांतन काढ बरं, उठ आणि चा घे।" (अरे आशा! तुम्हें बुखार आई? रात में झगड़ा करके हमारी बहू सुनंदा 'जान देने जाती हूँ' ऐसा कहकर चली गई और वहीं पर छुपी बैठी रही। हम रात में ढूँढ़ते रहे। सुबह पाँच बजे घर आ गई। पेट-सी, कठिन स्थिति से गुजरते दिनों में औरत डरी क्या? अब दिल से निकालो, और चाय लो।)

मतलब रात में जो देखा वह भूत, पिशाच नहीं था, सुनंदा बहिनी थी। अब मेरा डर कम हुआ, शाम तक ठीक लगने लगा।

बाईस तारीख से ही जरा-जरा पेट में दर्द होने लगा। आँखें बहुत गहरी, म्लान हो चली थीं। अब चार-पाँच दिनों में जच्चा होने का एहसास हो रहा था। चौबीस की सुबह से दर्द बढ़ता ही गया। काम तो थकते, थमते शुरू ही था। शाम के पकाने की तैयारी दोपहर से ही शुरू की। छः बजने आए रोटियाँ बनाने के लिए परात में आटा लेकर गूँध रही थी, पर अब सहा नहीं जा रहा था। रोटियाँ थाप रही थी, पर चैन, ध्यान नहीं लग रहा था।

मेरे शौहर जब ट्रक पर काम करते थे, तब उनके साथ काम करनेवाला साथी, क्लीनर, जिसका नाम भी दस्तगीर था, वह मिलने आया था। 'वे' और क्लीनर बातें करते सामने पलंग पर बैठे थे। मैंने 'उनसे' कहा, "मेरे पेट में लई दुखने लगे, मजे दवाखाने में जाने हुना।"

मैंने जल्दी में आटे के हाथ धोए। दो-चार दिन पहले ही अस्पताल जाने की तैयारी करके रखी थी। बास्केट में कपड़े भरकर साथ में शहद की बोतल, अंडी के तेल की बोतल, लोटा, कटोरा, चम्मच, पुरानी छोटी गोधड़ी, चद्दर के टुकड़े, अंगी, टोपे सब धोकर ठीक से गट्ठर बाँधकर रखे थे। ऐन वक्त पर गड़बड़ न हो इसलिए तैयारी कर ली थी। शहाजाद से कहा कि "सीमा को सँभाल, उसे जरा पीछे के बाजू लिजा, उने मेरे पिछे लगींगी", ऐसा कहते मैंने बास्केट उठाया और अस्पताल की राह थाम ली।

रात हो रही थी, साढ़े सात बजने को थे। इतने में मेरे पीछे से क्लीनर भागता हुआ आया, "आशा बू, थांबो तो मैं आतू तुम्हारे संगाट", ऐसा कहते हुए उसने मेरे हाथ की बास्केट ली। राह में कमर से बड़ी तीव्र वेदना की लहर आती तब कुछ पल रुकती, दर्द कम होते ही चलने लगती। हम दोनों पैदल चलते सोन्या मारुती चौक, शनिवार पोस्ट ऑफिस के पास से सी.पी.आर. अस्पताल में आए।

मैंने आते वक्त सिर्फ 'उनको' ही बताया था, उन्होंने घर में बताया होगा, लेकिन कोई भी मेरे पीछे से नहीं आया। 'इन्होंने' भी इस बात को गम्भीरता से नहीं लिया। रिक्शा के लिए मैंने पैसे भी नहीं लिए।

मैं अस्पताल में आई। सीधे जच्चारूम में चली गई। क्लीनर बाहर बगीचे की सीढ़ियों पर बैठा रहा। मुझे धीरज बँधाते हुए बोला, "आशा बू, मैं हौं यहाँ, कालजी करू नको।" (चिन्ता मत करो।)

मैंने नर्स के हाथ में कार्ड थमाया। दर्द तो थमता ही नहीं था। दर्द बढ़ता गया...बढ़ता गया, कुछ पल के लिए मानो मेरी साँस ही रुक गई...टयाँ... टयाँ बच्चा जोर-जोर से रो

रहा था...मुक्ति का वह पल...

मैं बड़ी अचंभित रही। ज्यादा तकलीफ और वेदना के दौर के बावजूद मैं बहुत जल्दी प्रसूति-काल से पार हो चुकी थी, वह भी ठीक-ठाक से।

मैंने दीवार की घड़ी की ओर देखा? आठ बजकर चालीस मिनट हो चुके थे।

मैंने हल्के-से स्वर में नर्स से पूछा

"सिस्टर क्या हुआ?"

"बेटी।"

और बेटी! चौथी बेटी! पर इस बार मेरी आँखों में बेटी के जन्म के दुःख के आँसू नहीं थे। मैं बिलकुल शान्त-शान्त, श्रांत-सी थी। मुझे जरा भी दुःख नहीं हुआ था। मैं अपने बच्चे को देखने के लिए उतावली थी...उत्सुक थी...।

## 27. तुझसे नाराज नहीं जिन्दगी हैरान हूँ मैं...

मैंने अल्लाह का शुक्रिया अदा किया। डिलीवरी रूम की दीवार पर कैलेंडर था, देखा, आज तारीख थी 24 सितम्बर, 1974। 6 अक्तूबर से एस.एस.सी. की परीक्षा आरम्भ होगी। परीक्षा से पहले जचगी हो गई, इस बात का मुझे सन्तोष हुआ।

घंटे भर में मुझे निपटाकर बाहर के वार्ड में लाया गया। बरामदे की चारपाई पर जगह मिली। अस्पताल में भीड़ थी।

बेचारा क्लीनर बड़ी खुशी-खुशी मेरे पास आया और मुझसे कहने लगा, "आशा बू मैं घर कू जातू और सब को बोल को आतू, छोरी हुयी कर को।"

"भला।"

नर्स ने दुशाले में लपेटकर बच्ची को मेरे पास में लिटा दिया। आया ने बास्केट लाकर चारपाई तले धकेल दी।

"तुमच्यासंग कोन बाईमाणूस नाही आल?" (तुम्हारे साथ कोई औरत नहीं आई?) पड़ोस की चारपाईवाली ने सवाल किया।

"नाही।" कहते हुए मैंने करवट बदल ली और अपने बच्चे को देखा।

कितना सुन्दर! तेजयुक्त, मिठासभरा चेहरा! और आँखें! टक्क-सी खुली की खुली! जरा-सी गहरी, काली-काली भोर। मुझे तो लगा अरे! इसे तो मैं पहले से जानती हूँ। मुझे मेरी बच्ची बहुत-बहुत पसन्द आई, बड़ा प्यार उमड़ आया। बड़ी तरलता से, हौले-से पास में लिया और उसके नर्म-नर्म जमालों (बालों को) को सूँघा और पेशानी को चूमा। मेरी बच्ची...प्यारी बच्ची...।

रात दस बजे क्लीनर ही मेरे लिए खाना लेकर आया। एक केतली में फीकी दाल-चावल, एक केतली गरम पानी। बाकी कुछ नहीं, बाकी कोई आया नहीं।

क्लीनर ने मुझसे कहा, "आशा बू, मैं लई खुशी से बोलने गया, छोरी हुयी करको, सच सब जने नाराज हुए, मजे भला नई लग्या।"

"न्हंदे, क्या करने के, तुमी जाव, लई रात हुई।"

"तुम्हारे पास कोनच नई।"

"नको, इत्ता क्या करने का? क्या काललली, फिकर करू नको, जाव तुमी।"

क्लीनर चला गया।

मेरे पेट में कुछ-कुछ तो हुआ, जान व्याकुल-सी हो गई, मेरा जी भर आया, न जाने कितनी, कौन-सी बातों के दर्द से। मैंने अपना चेहरा दीवार की तरफ किया और हिचकियाँ ले-लेकर रोने लगी, कब-से दबाकर रखा रोना उमड़कर बह रहा था...

जचगी के लिए जानेवाली एक गर्भवती औरत अकेली आई, दर्दों के समुंदर से दो हाथ करती किनारे तक आई, ऐसे मौके पर सहारे की जरूरत होती है, पर वे औरत होकर भी एक औरत का दर्द समझ नहीं सकतीं? एक जन्मदात्री माँ, और एक बहू की सास! अब किसी को तो पास होना और भी जरूरी था, फिर भी कोई नहीं आया, क्या मैं इतनी बुरी हूँ? मैंने इतना क्या बिगाड़ा है? जो इतनी निष्ठुरता मेरे साथ बरती जाती है।

मुझे कुछ खाने की इच्छा न थी। उस पर पेट में वातगोले का दर्द शुरू हुआ था। पत्थर जैसा वातगोला पेट में घूम रहा था। जचगी के दर्द से ज्यादा इस दर्द ने मुझे परेशान किया। अगर कोई पास होता तो पेट सहलाता, मेरी तो ताकत खत्म हो चुकी थी। देखा जाए तो, इस पेट-दर्द के लिए साड़ी लपेटकर कसकर बाँध दो तो थोड़ा आराम लगता है, पर किससे कहूँ? कौन बाँधेगा? पड़ोसवाली अपनी जच्चा का बच्चा गोद में लेकर बैठी थी, जच्चा आराम कर रही थी। उसने और सवाल किया, "कोण आल नाही व्हय संग? एकटीच हाईस व्हय?" (कोई साथ नहीं आया क्या? अकेली ही हो?)

"होय, घरात जरा अड़चण आहे म्हणून कुणी आलं नाही।" (जी, घर में थोड़ी अड़चन है।)

नर्स, आया भी पूछताछ कर रही थी। हर जच्चा के पास एक-दो औरतें थीं, बाहर मर्द लोग भी थे। मेरे पास न औरत, न मर्द था, इस बात का उन्हें अचरज हो रहा था।

पेट में असह्य दर्द उठ रहा था। ऐसी ही स्थिति में चम्मच में एरंडेल तेल और मधु एकत्रित करके बच्ची को चटाया, बच्ची शान्त सोई थी। जचगी से पहले दो-चार दिन ठीक से खाया नहीं गया था, अब खाने की इच्छा न थी, जचगी की इतनी थकान हो गई थी, मुझे लग रहा था शायद मैं शरीरहीन हूँ।

भोर का समय हो रहा था, मुझे बाथरूम जाने की जरूरत थी, पर उठा नहीं जा रहा था, मुझे थामकर ले जाने की जरूरत थी, लेकिन...मैं धीरे-से कांट (खाट) से नीचे उतरी, घिसटती बाथरूम तक गई। कपड़े भीग चुके थे, दीवार के सहारे खड़ी रहकर सूखे कपड़े बदल लिए। घिसटती जाने से फर्श खराब होती गई, बाप रे!

सुबह-सुबह झाड़नेवाली मेहतरीन आई, उसने फर्श देखी और चिल्लाने लगी, "अग ए, कोनशा अडगीन घाण केली ग? आँ, सगली परशी रमतान घाण केलिया, घरात बी अशाच वागतासा व्हय ग? जरा तरी माणसासारखं वागावं, खेडयातल्या बायाच असल्या, सरकारी म्हटलं की फुकट म्हणून चालतय सकल।" फर्श गंदी होने के कारण वह चिढ़कर बड़बड़ाती रही थी। गँवार, देहाती, फोकट का है इसलिए ये औरतें ऐसा करती हैं...आदि...आदि।

मुझसे रहा नहीं जा रहा था। यूँ ही सब औरतों पर डाँट पड़े यह अच्छा नहीं। मैंने झाड़ूवाली मौसी को पुकारा, "मावशी, मलाच उठायला आलं नाही म्हणून घसटत गेले, मला माफ करा, मी पुसून घेते।" कहती मैं पोंछने के लिए उठने की कोशिश करने लगी तब मुझे

रोकती हुई मौसी जरा नरमाई से बोली, "असं झाल व्हय? रातीपासून तुइया-जवल कोण नाही हाय न्हव का? आस कां ते? घरात कोण न्हाहई तुज्या?" (तुम्हारे घर कोई नहीं क्या?)

"आहे मावशी, पण आमच्या मालकांना अपघात झालाय, त्यामुलं ते दवाखान्यात आहेत, तिथच घरची सगली गुंतल्यात म्हणून आली नाही," (है मौसी, लेकिन पति को ही दुर्घटना में चोट पहुँची है इसलिए घर के लोग उनकी देखभाल में लगे हैं।)

"अग बाई, देव तरी कसली परीक्षा बघतोय बघ, तिकड नवन्याला दुखापत, हिकड तू बालातीण आणि पैल्या (पहली) बी तीन पोरीच हाईत न्हव? आणि चौथी बी पोरगीच-बेटीही...! नसीब आसतय बाई एकेकाच, जस वाटयाला ईल (आएगा) तस भोगायच।" (अरे खुदा! कैसा इम्तिहान ले रहा है तू? उधर पति दुर्घटना में और तुम इधर जच्चा! और तुम्हें पहली भी तीन बेटियाँ और यह चौथी! तकदीर की बात है, जो सहना पड़ता है वह सहना ही है...।) मेरे बारे में मौसी के दिल में गुस्से की जगह सहानुभूति ने ले ली जिसमें उसका सारा गुस्सा बह गया। मुझे बड़ी ही लाचारी, बेबसी लग रही थी।

सी.पी.आर. में दो दिन रही। बहनें खाना ले आतीं। चावल, छोटी-सी डिब्बी में घी, काली मिर्च का पाउडर, एक छोटी-सी पुड़िया में लहसुन की चार पंखुड़ियाँ।

मीनू, शरू के साथ ईरिना की गोद में सीमा भी अस्पताल आई थी। खास बात कि सीमा ने घर में जरा भी सताया नहीं था। बहुत देर तक लड़कियाँ बाहर बगीचे में खेलती रहीं। बच्ची के गालों को धीरे-से सहलाती रहीं। अब सीमा अस्पताल से घर जाने को तैयार न थी, तब खींचकर, रोती हुई को ले जाना पड़ा। माँ, सास बच्चे का मुँह तक देखने अस्पताल न आईं।

तीसरे दिन सुबह मुझे अस्पताल से डिस्चार्ज कर दिया गया। अब तक कोई चाय भी लेकर घर से नहीं आया था।

मैंने अपने और बच्चे के कपड़े समेटे। बास्केट भर ली। बच्चे को दुलाई में लपेटा और कन्धे पर लिया। एक हाथ में सामान थाम लिया और अस्पताल के बड़े बरामदे के दरवाजे पर एक ओर बदन पर चद्दर लेकर इन्तजार करती बैठी रही।

पेट का दर्द थोड़ा-सा कम हुआ था। पाँच दिन तक दुखता ही है, दूसरी जचगी के पश्चात यह पेट-दर्द शुरू हुआ था।

आज बड़ी सुबह से मेरी छाती में दूध भर आया था, अब बच्चे की चिन्ता न थी, वरना हर दो घंटे बाद ऊपर का दूध पिलाना पड़ता।

एक घंटे बाद सामने के रास्ते से बाशा भैया आते दिखाई दिए। उन्हें आता देख मुझे भला लगा। बच्चा, बास्केट,गठरी लेकर, रिक्शा तक जाना मेरे लिए मुश्किल था।

"यहाँ की बैठी भाभी?"

"डिसचार्ज दी, किसकी तो बाट देखती थी, तुमीच आए भला हुया। मजे घरकू लेको चलो।"

"दमो, मैं रिक्शा लेको आतू, तो तका चाय पेव।" ऐसा कहते हुए चाय की केतली मेरे पास रख दी।

टाउन हॉल बाग तक जाकर भैया रिक्शा ले आए। सब सामान रिक्शा में रखा। मैं बच्चा लेकर बैठी, भैया के साथ हम घर आए।

दरवाजे पर रिक्शा आई, भैया ने किराया दिया, "तुमी आंदर जाव, मैं सब लेको आंतू।"

मैं अपने आँगन में से चलती दरवाजे तक आई, रिक्शा की आवाज सुनकर बेटियाँ भागती आईं, उन्हें बड़ी खुशी हो गई थी।

''माँ आई, माँ आई'' कहते उछल रही थीं। दरवाजे पर कोई नहीं था।

मैंने चौक में रखी बाल्टी में से लोटा भर पानी लिया, अपने पैरों पर पानी डाला, बच्ची की आँखों पर गीला हाथ फेरा, अपनी आँखों को पानी लगाया और दाहिना पैर घर में रखा, ''बिस्मिल्लाह।''

अपना और अपने नए बच्चे का स्वागत स्वयं मैंने किया।

बीच के कमरे में एक चारपाई थी, बच्चे का पालना था ही, उसमें बच्ची को सुलाया, मैं खाट पर बैठ गई। बहनें-बेटियाँ नए बच्चे के आस-पास जमघट बनाकर देख रही थीं। माँ चूल्हे पर थीं, सास बाहर 'इनके' पास बैठी थीं। माँ ने चाय बनाकर बहन के हाथ अन्दर भेज दी।

मुझे किसी के प्यार और क्रोध की चिन्ता न थी, चिन्ता थी तो बस अपनी पढ़ाई की।

जिस दिन अस्पताल से घर आई तब दिनभर आराम किया, दूसरे दिन से हमेशा का घरचक्र रहट की तरह शुरू हुआ।

पड़ोसी शेख भाभी नया बच्चा देखने आई थी, ''साजरी आय जी छोरी नई?'' फूफू को लक्ष्य करके उसने एक वाक्य क्या कहा, फूफू को मौका मिल गया-''क्या करने की साजरी व्हर गोजरी मेटे बेटे के नशीबच फुटके, सारा उकीरडा, घूरा हमारे पल्लू में पडे, नकूशी बोल उस कार्टीको नकूशी।'' (जो नहीं चाहिए) शेख की भाभी कब भागी पता ही नहीं चला।

मैंने घर का काम प्रारम्भ किया। सर पर कपड़ा लपेटा, नहाने का पानी गरम करने के लिए बंब सुलगाया, पकाना भी शुरू किया। बच्ची को नहलाकर, बेटियों का, अपना नहाना निपटा दिया। बच्चे के बहुत कपड़े थे, धो डाले।

जच्चा का कोई अलग से कोई खास खाना-पकाना नहीं था। मोटे चावल का भात, दाल, सब्जी, रोटी, चपाती। जो सबका खाना वही मेरा खाना।

बारीक, सुवासित चावल, घी, घी में बनाया सूखे मेवे का शीरा, गोश्त, अंडे-यह नाज-नखरे मेरे हिस्से में कैसे आते? मैंने क्या बेटे को जन्म दिया था? एक नहीं, दो नहीं, चार-चार बेटियों को पैदा करनेवाली कुलक्षणी थी मैं। मेरी तरफ देखने का घरवालों का नजरिया और भी घृणास्पद, गहरी नफरत भरा हो चुका था।

एक पाव सेर घी भी मेरे लिए लाना घरवालों को नागवार लगा। आर्थिक खींचातानी का बहाना तो था ही।

लेकिन शमा की जचगी में माँ ने शमा के लिए जो-जो किया था वह जिद करके बार-बार याद आता रहा।

## 28. दरिया की कसम, मौजों की कसम, यह ताना-बाना बदलेगा...

मेरा इम्तिहान अब सिर्फ पाँच दिनों पर था। बीच का हफ्ता भर पढ़ाई में अन्तर भी आया था। प्रत्येक विषय पर और एक बार नजर डालना जरूरी था। पढ़ाई के लिए वक्त भी नहीं मिला था, जिसका मन पर गहरा तनाव-सा छाया था। दोपहर, रात में पढ़कर आँखें खिंची-

खिंची-सी लगने लगी थीं।

मैं रसीद-रिसीट पत्र लाने स्कूल गई थी। बरामदे में ही घोडकेबाई मिल गई, मुझे देखते ही विस्मित-सी बोली, "अग, आशा..."

मैंने दृढ़ता से उन्हें बताया कि, "बाई माझा अभ्यास होईल, परीक्षेपर्यंत मला अकरा दिवस होतील, मी परीक्षा देते, जेवढे विषय सुटतील तेव्हढे बरं..." (बाई जी, इम्तिहान तक मेरे जचगी के ग्यारह दिन होते हैं, मैं परीक्षा दूँगी, जितने विषय छूटेंगे सो छुटेंगे।)

"ठीक आहे, कौतुक आहे तुझं, यशस्वी हो", बाई जी ने मेरे सर पर हाथ रखकर आशीर्वाद दिया। बच्चे की, मेरी सेहत के बारे में पूछताछ की, उनकी आँखें भर आई थीं।

मैंने बाई जी का चरण-स्पर्श करके नमस्कार किया और स्कूल से निकलकर घर आई।

अब घर में फूफू ने मुझे तकलीफ देने का और एक नया तरीका अपनाया था।

मैं जैसे ही पढ़ाई करना आरम्भ करती कि वह झपटकर किताब छीन लेती, "जच्चा बाई, वाचने के नई, आंक्याँ को लई तरास हुतय, बच्चे के अक्या जिगट हुतई" (पढ़ने से बच्चे की आँखें चिपक जाती हैं।) दिन भर जच्चा ने जो काम नहीं करना वह सारा काम, ठंडे पानी में ही करती रहती, काम से एक पल की फुरसत न थी तब कुछ नहीं कहती और अब पूतना मौसी का प्यार आ रहा था मेरे बच्चे पर। मेरे पढ़ने से बच्चे के 'आँक्याँ जिगट हुतय'-आँख चिपकती है! मैं दोपहर में चुपके से चारपाई पर बैठकर, मच्छरदानी के अन्दर छुपकर, रात में बीचवाला दरवाजा बन्द करके चिराग के उजाले में पढ़ने लगी।

मेरे परीक्षा के कुछ पर्चे नागोजीराव पाटणकर हाईस्कूल, साकोली कॉर्नर और कुछ पर्चे नेहरू विद्यालय, दसरा चौक में थे।

6 अक्तूबर की सुबह! आत्यंतिक अधीरता, चुलबुलाहट हो रही थी। जैसे ऊँचे झूले से नीचे पेंग लेते वक्त पेट में खालीपन लगता है, कुछ ऐसा ही खाली-खाली एहसास हो रहा था। सर में दर्द भी हो रहा था, शायद बुखार भी चढ़ रहा था, लेकिन कुछ भी हो इम्तिहान में तो जाना ही था, यह इरादा पक्का था...।

मैंने स्नान किया। नाश्ते में जैसे-तैसे चाय-चपाती खा ली। सिर्फ 'उनसे' बताया कि "आज मेरी परीक्षा हाय, मैं दस बजे जानेवाली।"

फूफू, माँ बीचवाले कमरे में थीं, मेरी बात सुनते ही जल्दी में बाहर आईं, "क्या कने लगीया इने?" माँ ने 'उनसे' सवाल किया।

"आज उसकी परीक्षा हाय उने चलिया।" उन्होंने जवाब दिया।

"हौर बच्चा? कौ आनेवाली? रोने लग्या तो उसे दूध कौन पिलानेका? मैं हात लगानेवाली नहीं, वैसा रोते पडने दे", माँ ने सवालों के साथ-साथ, अपनी भूमिका भी बता दी।

"ऐसा कां देके नई बाई हामीने (हमने) बच्चे की माँ हाय क्या सैतानी? क्या प्यारबीर हाय क्या नई?" फूफू ने सवालों की दूसरी लड़ी पेश की, और बड़ा ही प्रश्नांकित चेहरा बनाकर अपनी ठूड्डी को हाथ लगाकर मर्मभेदी नजर से मुझे घूरने लगी। "यह औरत पूरी तरह से बरबाद हो गई", यह भाव चेहरे पर छा चुका था।

मैं कभी प्रतिवाद न करती, अब भी शान्त थी। मुझे दस बजे जाने की जल्दी थी। मुझे कुछ सुनाई नहीं दिया, ऐसा निर्विकार चेहरा रखना उस क्षण जरूरी था, मैंने वैसा ही किया।

मैं बीचवाले कमरे में कुछ देर शान्त बैठ गई, बच्ची को पल्लू तले ले लिया, पेट भर छाती का दूध पिलाया और एक बार ध्यान से देखा कि, सब कुछ ठीक से लिया है या नहीं? सँभालकर रखे पैसों में से चालीस रुपये बाकी थे, वह छोटे पर्स में रखे, पर्स ब्लाऊज में। हर रोज रिक्शा के लिए यह पैसे जरूरी थे, तब डेढ़ रुपये से रिक्शा का मीटर शुरू होता था।

मेरा बुखार तेज होता जा रहा था। थकान से ठीक खड़ी रहना भी कठिन होने लगा। अब तो तीन घंटे लगातार बैठना था, पर्चे के लिए। कमर बेजान-सी लगने लगी अब क्या करूँ? तरकीब सूझी। एक साड़ी ली, उसकी तरह बनाकर एक लम्बा-सा पट्टा बनाया, वह पट्टा कमर से गोल-गोल, कसकर लपेटा। उस पर से नाड़ा बाँध दिया, ताकि न निकले। अब कमर में जरा जान-सी आ गई। ऊपर लहँगा पहना और एकमात्र, सँभालकर रखी हुई सफेद रंग की, ब्रासो साड़ी पहनी। सफेद ब्लाऊज पहना। ऊपर से स्वेटर भी डाला, सर पर रूमाल बाँधकर बहुत बड़ा पल्लू निकालकर, सर पर ओढ़कर पेशानी तक लिया। मैं तैयार हो गई।

मन में बहुत-से भावनाओं के आवेग उमड़-उमड़कर आ रहे थे। आनन्द, खुशी, दुःख जैसी संमिश्रित भावनाओं से हृदय भर आया था।

आज मेरा इम्तिहान था। यह केवल एस.एस.सी. का इम्तिहान नहीं था यह तो मेरी तकदीर, मेरे नसीब, नियति और अपनों ने मेरे साथ जो अन्याय, अत्याचार किया था, करते आए हैं, कर रहे हैं उनसे मुकाबला करने का इम्तिहान था। यह इम्तिहान मेरी बुद्धिमत्ता, मेरे अपार धैर्य तथा एक निश्चित मंजिल तक, ध्येयप्राप्ति तक जानेवाले मुकाम के रास्ते पर उठाए पहले कदम का था। यह इम्तिहान उस शक्ति, आत्मविश्वास का था। आज मैं सही अर्थ में दहलीज के बाहर पहला कदम रख रही थी। अगर इस कसौटी पर खरी उतर गई तो ही मेरे लिए भविष्य उजाले के दरवाजे खुले होंगे। मैंने ज्ञान प्राप्ति की राह थाम ली, इस ज्ञान-प्रकाश में मेरा अँधियारा भविष्य जगमगाने की आशा थी। मेरे जीवन का अँधेरा इस ज्ञानज्योति से ही दूर हटेगा यह मेरा अटल विश्वास था, मैंने अल्लाह से दुआ माँगी, "मेरे अल्लाह, मेरे खुदा, मेरे ईश्वर मुझे शक्ति दो, मुझे शक्ति दो..."

मैंने मेरे शौहर के पैरों को छूकर पालागन किया, फूफू और माँ के पैरों को भी छूकर पालागन किया। सभी स्तब्ध-से थे। हम इसे रोक नहीं सके। बिना लड़े-झगड़े इस औरत ने अपनी ही बात सच की, हम हार गए-कुछ ऐसी भावना उनके चेहरे पर स्पष्ट थी। मुझे किसी बात का गरूर न था। मैं शान्त, गम्भीर थी। और एक बार बच्चे को नजरभर देखा, शान्त सोया था मेरा बच्चा। अच्छा हुआ, वरना...पैर बोझिल-से हो जाते।

मैंने सबको उद्देशित करते 'मैं जातीव' कहकर घर से बाहर कदम रखा...।

कितने बरसों बाद मैं दुबारा 'छात्रा' के रूप में बेंच पर बैठी थी। बुखार और भी बढ़ा। अब बदन काँपने लगा था, लेकिन मैं खुशी से फूली नहीं समाती थी। उत्कंठा से इन्तजार था, पर्चा शुरू होने की घंटी कब बजती है? मैं बेसब्री से उस पल का इन्तजार कर रही थी और अपने बेकरार, काँपते मन और शरीर को सँभालने की कोशिश कर रही थी। मैं बेंच को ही कसकर थाम रही थी और मन को स्थिर, शान्त रहने की सूचना दे रही थी...।

मैंने कक्षा भर में नजर घुमाकर देखा। आसपास के विद्यार्थी मुझे देखकर हँस रहे हैं। सर पर बँधा रूमाल, आँखों में काजल, शरीर से लिपटी साड़ी और पेशानी तक आया पल्लू, स्वेटर। खासा पहनावा था, जो सबसे अलग और हटकर था। इसके अलावा मैं उनमें उम्र

से बड़ी दिखती थी। मैंने अपना ध्यान हटाया और मन को एकाग्र करने में लगाया।

घंटी बजी, निरीक्षक अन्दर गए। प्रश्नपत्रिका बाँट दी, मैंने थरथराते हाथों से प्रश्नपत्रिका ले ली। खुशी के मारे मेरी आँखें भर-भर आ रही थीं। प्रश्नपत्रिका पढ़ी, बड़ा अच्छा लगा, पढ़ाई सार्थक हो गई थी। अब लिखना आरम्भ करना पर यह क्या? हाथ इतनी जोर से थर्राने लगा कि मैं कलम पकड़ नहीं पा रही थी, क्या करूँ? मैंने अपने थर्राते दाहिने हाथ को, बाएँ हाथ से थाम लिया और लिखने की कोशिश करने लगी। मुझे पता ही नहीं चला कि बायाँ हाथ कब छूटा? कब थर्राना रुक गया। शायद इस दुनिया से किसी और दुनिया में खो गई थी। सवाल और जवाब, मैं और मेरी कलम! बिना माँगे अध्यापक मेरे पास 'पुरवणी पत्र' रखते जाते, मैं लिखती जाती। तीन घंटे बीत गए-पर्चा मराठी भाषा का था जो मुझे बड़ा आसान लगा। सुबह लगनेवाली थकान अब कम लगने लगी थी। बुखार भी उतर चुका था। पहला पर्चा अच्छा लिख सकी अब मैं आगे लिख सकती हूँ इस बात का विश्वास हुआ। लेखन की आदत डालने का फायदा हुआ, मैं पर्चा पूरी तरह से लिख सकी।

मैं रिक्शा से घर आई। बच्चे को माँ ने ऊपर का दूध पिलाया था, और फूफू बच्चे को गोद में लेकर डुलडुला रही थी। मैंने हाथ-पैर धोए, बच्चे को आँचल तले लिया। अन्दर से मन संतुष्ट था। बच्चे को पालने में सुलाया, खाना खा लिया और फिर पढ़ाई करने बैठ गई।

अनवरखाला ने बर्तन माँजे थे, धोना धो डाला था। हावाखाला ने भी मदद की थी। हावाखाला हमारे पासवाले घर में ही रहती थी। मैंने हावा से कहा था कि "खाला, मेरी परीक्षा होय लका तू जरा काम कर", उसने मुझे भरोसा दिलाया था कि "करतींव, कालजी करू नको।"

खाना-पकाना मैं करती। बहनें बेटियों की देखभाल कर रही थीं। काम का जरा बँटवारा किया जिससे मुझे पढ़ाई के लिए थोड़ी फुरसत मिले। बच्चे को रात में ही नहलाती।

आगे के पूरे पर्चे अपेक्षा से भी अधिक अच्छे लिख सकी। अत्यन्त आशयपूर्ण, मुद्दे से, विस्तारपूर्वक जवाब लिखने के लिए पढ़ाई का बहुत फायदा हुआ।

अब मैं परीक्षा फल का, रिजल्ट का बड़ी उत्कंठा से इन्तजार करने लगी।

## 29. रुक जाना नहीं, तू कहीं हार के...

बीमारी से 'वे' जरा-जरा अच्छे होने लगे थे। किसी का सहारा लेकर धीरे-धीरे चलने भी लगे थे। मिरज जाकर दुबारा जाँच करवा आए, अब वे चल फिर सकते थे। दिल पर का बड़ा बोझ नीचे उतर गया।

इसी समय बजाज रिक्शा के लिए जो नम्बर लगाया था, वह नम्बर आया। 'वे' बड़े अचम्भित रहे। गए बरस मैंने सोन्या मारुती चौक भीशी में से हजार रुपये कर्ज लेकर नम्बर लगाया था यह बात मैंने अब उनसे बता दी। अचानक तरीके से रोजी-रोटी कमाने का साधन, रास्ता मिल गया इस बात से 'उन्हें' बड़ी खुशी हुई। सही समय पर बिना किसी से बताए रिक्शा का नम्बर लगाने का जो निर्णय लिया था इसकी खुशी थी। अब पैसे की व्यवस्था कैसे की जाए इसकी चिन्ता थी।

समस्या आती थी, साथ में कुछ न कुछ हल भी निकलता। गढ़हिंग्लाज के मुल्ला गुरु जी आए थे। उन्हें पैसे की समस्या बता दी। एकाध बैंक से कर्जा दिला दे तो बड़ा सहारा रहेगा। वर्तमान स्थिति में कोई बड़ी गाड़ी चलाना कठिन था, सब परिस्थिति स्पष्ट की, उन्होंने मदद का हाथ बढ़ाया।

मुल्ला गुरु जी और गढ़हिंग्लाज के श्री घाली जी की अच्छी दोस्ती थी। घाली जी विरशैव बैंक के अध्यक्ष थे। मुल्ला गुरु जी ने उनसे हमारे बारे में बताया और विरशैव बैंक ने हमें छः हजार रुपये कर्जा दिला दिया। 'उन्होंने' माँ के लिए जो मोहन माल और पाटल्या (हाथ की चूड़ियाँ) बनवाए थे वे गहने बेच दिए। पैसे की व्यवस्था हो गई। माँ और 'वे' सांगली गए और दरवाजे पर नई रिक्शा आई। नम्बर था 6606 बजाज सुपर। रिक्शा की कीमत, पासिंग के साथ 13 हजार रुपये खर्च आया। मैंने 'उन्हें' कहा कि रिक्शा के पीछे की काँच पर 'मुश्किल-ए-आसान' लिखो-शिरढोण के पीर-वली का नाम। घर की बड़ी मुश्किल, आसान हो गई थी।

अब 'वे' रिक्शा चलाने लगे। कमाई का स्रोत तो शुरू हुआ। दिल पर का कुछ बोझ और हल्का हो गया। 'वे' बहुत कष्ट करते, काम करने में आनाकानी नहीं थी। सब पैसे घर में आते, अर्थात माँ के हाथ।

'वे' देर रात तक रिक्शा पर काम करके घर आते। कुछ छुट्टे पैसे मुझे देते थे। मैं बचत का डिब्बा लाई, उसमें पैसे जमा करती। हफ्ते में भीशी (छोटी बैंक) में पैसे भरती। हर रोज जल्दी, सुबह मैं रिक्शा धो, पोंछकर साफ-सुथरी बनाकर अगरबत्ती लगाती। बिलकुल साफ, चकाचक रिक्शा देखती तो हर दिन नए आनन्द से झूम उठती। मेरी लक्ष्मी थी यह, मैं उसे नमस्कार करती और खाली बाल्टियाँ लेकर अन्दर आती। मुझे थकान नहीं आती। नौ बजे 'वे' नाश्ता करके रिक्शा ले जाते, दोपहर दो बजे खाने आते। खाना खाकर आधा घंटा आराम करते, चाय लेते, फिर जाते तब रात में दस-ग्यारह बजे वापस आते। उस समय शहर में ज्यादा रिक्शा नहीं थी, किराया भी कम था, फिर भी रात तक सौ-सवा सौ रुपये कमाकर घर आते। रिक्शा में बहुत बार मुसाफिर अपनी बैग, पर्स, सामान भूलकर जाते, तब याद करके पता निकालकर उनकी चीजें वापस करते। ये मिली हुई चीजें रखने का मोह हममें से कोई नहीं रखता।

मेरी इस चौथी बेटी का नाम हमेशा की तरह मैंने 'चिल्हे' (नामकरण विधि) के बिना रखा-'विराज'। बंगाली उपन्यास 'विराज वहिनी' (बिराज बहू) मुझे बहुत पसन्द आया था। उस बहू का पात्र भी, इसलिए।

फूफू मेरे पीछे पड़ी थी, "उसका नवू (नाम) नकूशी रखो, कत्तो उसकी पीठ पर छोरा हुईंगा" (उसका नाम नकुशी-'नहीं चाहिए' ऐसा रखो, जिसके कारण उसकी पीठ पर बेटा होगा।)

मैंने हाँ, ना कहते हुए अपनी बेटी का नाम 'विराज' रख दिया। दिल में कहा "अब छोरा नको और पोरा भी नको, बस हुआ बच्चे पैदा करना, अब परिवार नियोजन का ऑपरेशन करा लूँगी। यहाँ कौन-से नवाब के मालमत्ता का वारिस होना है? और उसके लिए वारिस की जरूरत है?" अब मेरी विचारधारा ही बदलने लगी।

अब विराज दो महीने की हो गई। बड़ी ही सुदृढ़, लुभावनी, प्यारी दिखती। कभी माँ,

कभी फूफू उसे गोद में लेकर बैठती, प्यार करती, दुलारती। विरू बड़ी आकर्षक थी, देखकर किसी को भी प्यार आता।

मैट्रिक के रिजल्ट का दिन आया। मैं बड़ी उत्सकुकता से स्कूल भागती गई। मेरा रिजल्ट आया था, मुझे यकीन नहीं हो रहा था। मराठी, हिन्दी में प्रथम श्रेणी के अंक, समाजशास्त्र, नागरिकशास्त्र, संस्कृत + चित्रकला प्रत्येक विषय में अस्सी के ऊपर अंक मिले थे। अंग्रेजी में अट्ठाईस। वह तो मैंने ऐसे ही ले लिया था। लेकिन बाकी विषयों में विशेष श्रेणी के अंक मिलकर सभी विषय में उत्तीर्ण थी। मुझे बड़ी खुशी हुई। घोडके बाई जी ने शाबासी देते हुए कहा, "शाबास पोरी, अग रेग्युलर मुलींनाही इतके मार्क नाही मिलाले, इतके तू मिलवले आहेस, आम्हाला अभिमान आहे तुझा, आता पूढ शिक, थांबू नकोस।" (शाबास बेटी! अरे नियमित स्कूल आनेवाली लड़कियों को भी इतने मार्क्स नहीं मिले, जितने तुम्हें मिले हैं। हमें अभिमान है तुम्हारा, तुम आगे बढ़ना, रुकना नहीं।)

मैं अंक-पत्रिका लेकर घर आई। मैं बहुत-बहुत खुश थी। बार-बार भई की याद से आँखें भर आ रही थीं। अगर भई होते तो कितना खुश होते?

मैंने शौहर से बताया "मैं सब विषय में पास हुई, फक्त इंग्रजी विषय रहया, वो लेको परीक्षा को बैठनेवाली।" (मैं सब विषय में पास हो गई, सिर्फ अंग्रेजी विषय रहा है, वह लेकर अब परीक्षा दूँगी।)

"पास हुयी, भला हुया, सच इत्ता आगंगे शिकने का नको, कुछ गरज नई हामना।" (पास हो गई अच्छी बात है, पर अब आगे पढ़ने की बात मत सोचो, कुछ जरूरत नहीं हमें।)

मैं चुप हो गई। अभी मेरे न पढ़ने पर बहस करने की इच्छा न थी, अपनी खुशी पर पानी फेरने की चाहत भी न थी। फिर भी, मेरे पास होने की खुशी में कोई साझेदार नहीं था। अगर भई होते तो मुँह मीठा कराते, पास लेकर प्यार से पीठ पर थपकियाँ देते। कितना नाज होता उन्हें मुझ पर! लेकिन इस पल की खुशी मनानेवाला मेरा अपना कोई न था। किसी में चुटकी भर शक्कर देने की उदारता भी न थी। जाने दो। बाँझ अपेक्षा की तमन्ना करते हुए बेकार में अपने दिल को क्यों बोझिल, कष्टप्रद बनाना है? मैंने पढ़ने में कष्ट किया वह बेकार नहीं गया यह खुशी क्या कम थी? इस खुशी ने आगे की राह चलने की उम्मीद दिला दी।

इस आत्मविश्वास से ही मेरा दिल भर आया...रुक जाना नहीं, तू कहीं हार के, काँटों पे चलके मिलेंगे साए बहार के...!!

हमारे घर के ऊपरवाले हिस्से में, मांडी पर रहनेवाले तोड़कर परिवार का छोटा बेटा अशोक भी पढ़ता था। मैंने उससे कहा, "अशोक, बुरूड गल्लीजवल इंग्रजीच्या क्लासचा बोर्ड वाचला, जरा जादून चौकशी करून येशील?"

"येतो की आशाताई।"

मुझे अब कुछ भी करके अंग्रेजी विषय में पास होना जरूरी था। अंग्रेजी के लिए खास पढ़ाई करना, उसके लिए मार्गदर्शन लेना जरूरी था।

मैं रिजल्ट के दूसरे दिन ही सुबह पैसे, सब्जी के लिए थैली ली और फूफू से बताया कि, "मैं जरा गंगावेस मंडई में जाको भाजी ले को आतिंव।"

सब्जी का बहाना बनाकर घर से निकली। सब्जी ली और बुरूड गली के विद्याधन क्लास में आई।

देसाई सर के पास अंग्रेजी कक्षा की पूछताछ की। एक सत्र की सौ रुपये फीस थी। मैंने प्रवेश अर्जी भरकर दी। फीस की कुछ अड़चन न थी, मेरे पास कुछ पैसे थे, जो 'वे' ही मुझे दो-चार रुपये में देते, वह जमा करती।

मैंने अंग्रेजी पढ़ाई के बारे में शौहर से बताया, "मैं इंग्लिश के क्लास को सबेरेदशी जातींव, फजेरका जल्दी हाय, मैं बच्चे को लेको जातींवा।" (मैं कल से अंग्रेजी के क्लास में जाना चाहती हूँ।)

"मैं तुजे क्या बोल्या? इत्ता बस करको, तेरा जरा-जरा कते लईच चलने लगे, नईसो नाटका बन्द कर।" (मैंने तुझसे क्या कहा? अब बस करो! जरा-जरा करते ज्यादा ही नाटक करने लगी हो, बन्द करो सब!)

"इसमें नाटक काय का? परीक्षा में पास हुयी और वो भी पहले वखत बैठ को भी पास हुयी ना? घर में तो क्या अडचणी करती नई मैं।" (इसमें नाटक की क्या बात है? मैं पहली बार परीक्षा में बैठी और अच्छे मार्क्स पाकर पास भी हो गई ना? और घर में कुछ असुविधा भी नहीं की मैंने, सब करती ही आई हूँ।)

"नई, कत्तो नई।"

"ऐसाकरू नको, नुस्ता यताच शिक को क्या फायदा? मैं क्या तुमारे पास दागिने, पैसे, साडया वास्ते कौ भी जिद करी नई, मेरी जिद शिकनेकी हाय, उसमें तुमना क्या तरास देने लगींव मैं?" ऐसा कहते हुए मैंने उनके पैरों पर सर रखा, और हाथ जोड़कर विनती के स्वर में, आजिजी से कहा, "ऐसा करू नको, शिकने को नको बोलू नको तो" (ऐसा मत करो, सिर्फ इतना ही पढ़कर क्या फायदा? मैं आपके पास क्या माँगती हूँ? जिद करती हूँ? पैसे, साड़ियाँ, गहने कुछ भी नहीं चाहती मैं, मेरी जिद सिर्फ पढ़ने की है। पढ़ाई के कारण मैं घर में क्या किसी को तकलीफ देती हूँ? ऐसा मत करो, शिक्षा का विरोध मत करो।) मुझे आत्यंतिक दर्द से रोना ही आया...

'वे' कुछ कहे बिना अपना पैर छुड़वाकर अन्दर चले गए। माँ, सास दोपहर आराम की नींद सो रही थीं।

इन्होंने हाँ भी नहीं कहा और निग्रहपूर्वक ना भी नहीं कहा।

मैं दूसरे दिन, सुबह पाँच बजे ही उठ गई। पानी गरम करने रखा। आँगन बुहारा। बर्तन रात में ही माँजकर रखे थे। रात में ही घर झाड़कर, फर्श पोंछकर फिर बिछौना बिछाया था।

मैं जैसे ही उठी थी, सीमा भी जाग गई। अब तक रोते रहने की आदत छूटी न थी। छोटे बच्ची को गोद में लेने नहीं देती, मुझे ही गोद में ले, झूला झुलाओ ऐसा हठ करके अविरत रोती रहती।

मैं तब एक चोटी डालती थी, सीमा वह आधी छोड़ती और बालों को अपनी कलाई में लपेटती रहती। वह न रोए इसलिए गोद में दोनों बाजू में दोनों को लेकर बैठती, झूले में विराज के पास ही सुलाती, बाकी वक्त तो साए की तरह मेरे साथ ही रहती। ऊँ...ऊँ...ऊँ...रोना, आँसू बहाना। मैं चुपचाप उसका सताना सहती, कुछ न कहती, न डाँटती, न फटकारती। अगर मैं कुछ कहूँ तो बाकी बैठे ही थे डाँटने, मारनेवाले। मैं उन्हें मौका देना नहीं चाहती थी। अब तो पढ़ने जाते वक्त भी मुझे साथ ले जाना है।

'विद्याधन' क्लास का पहला बैच सुबह 6 बजे शुरू होता। तीन महीने की विराज तो साथ में लेनी ही थी, सीमा को टालना भी मुश्किल था। इतनी सुबह कौन उसे सँभालता? क्लास का पहला दिन! मैंने स्नान किया, चाय ली, सीमा को दूध पिलाया, उसे स्वेटर पहनाया। मैंने साड़ी पहनकर सर पर रूमाल बाँधा, बाहर बड़ी ठंड थी इसलिए मैंने भी स्वेटर पहना। बच्ची को दुशाले में लपेटकर ऊपर से छोटी चद्दर में लपेटा और कन्धे पर लिया, ऊपर से मैंने शाल लपेटकर ली। एक हाथ से बच्चे को थामा, किताब, नोट बुक की थैली दूसरे हाथ की कलाई में अटका दी और उसी हाथ से सीमा का हाथ थाम लिया और क्लास के रास्ते चल पड़ी।

कक्षा में सब छात्र बेंच पर बैठे थे। मुझे छात्रों ने देखा! देखकर वे समझ नहीं पा रहे थे, 'यह सुबह-सुबह कौन आया?'

प्रा. सुभाष देसाई सर ब्लैक बोर्ड के पास खड़े थे, मुझे देखा तो बोले "या, या आशाताई, पण मुलांना घेवून बेंचवर कसं बसणार?"

"मी खाली बसते सर, भला ते सोप पडेल" (मैं नीचे बैठूँगी, वह आसान रहेगा) ऐसा कहते हुए मैं जमीन पर बैठ गई। गोद में बच्चा, पास बाजू में पल्लू पकड़कर सीमा बैठ गई। मैं जमीन पर ही बही रखकर झुककर बोर्ड पर लिखा देखकर लिखने लगी।

कक्षा के छात्र शुरू-शुरू में मुझ पर हँसते थे, बाल बच्चोंवाली, साड़ी, चद्दर, पल्लू में सिमटी छात्रा उनके लिए मजाक लगती, लेकिन कुछ ही दिनों में हँसी-मजाक के बजाय आदरभाव से पेश आने लगे, दोस्ती-से बर्ताव करते। कुछ छात्र मुझे 'आजी बाई' (दादी या नानी) कहते, मैं भी मजे में हँसती, सुनती।

अब मेरा सिर्फ अंग्रेजी का अध्ययन शुरू था। अलका ने अंग्रेजी शब्दकोश, किताब, गाइड मुझे दिए थे। अशोक भी मदद करता। मैं मराठी भाषा के छोटे-छोटे वाक्य, अंग्रेजी में तैयार करती, स्पेलिंग याद करती, कागज पर लिखती, याद करती, रटती। काम करते-करते पढ़ाई, पढ़ाई करते-करते काम नियमित रूप से शुरू था।

मैं मीनू की पाटी पर लिखने का अभ्यास करती। सवाल, जवाब लिखती, देखती कि, कहाँ गलती हुई है। फिर से पोंछकर दुबारा लिखती, फिर बार-बार लिखती। इस तरीके से वाचन, लेखन, आकलन, प्रकटीकरण मानो यह सीढ़ियाँ थीं। मन-ही-मन समझकर पढ़ाई करती। जोर से पढ़ना, रटना मेरे लिए मुमकिन न था। पाटी का दुहरा फायदा यह था कि मैं ठीक से लिखने तक लिखती, पोंछती। दस बार सही, पर पक्का होने तक यही करती, फिर आगे बढ़ती। इसमें कागज भी खर्च नहीं होते।

अंग्रेजी की क्लास सुबह 6 से 7:30 बजे तक चलती। घर आकर रिक्शा, धोना, चाय-नाश्ता बनाना, लड़कियों को स्कूल के लिए तैयार करना, बच्ची को नहलाकर, सुलाना, खाना-पकाना, बर्तन माँजना, कपड़े धोना इस काम में दोपहर हो जाती। दोपहर में पढ़ाई। फिर शाम का चाय-पानी, खाना, बर्तन, झाड़ना, फर्श पोंछना, बच्चों का खाना। सब होने में देर रात हो जाती। रात में जब सब सो जाते, मेरी पढ़ाई शुरू होती, रात बारह-एक-दो बजे तक। सुबह पाँच बजे उठना ही पड़ता, नींद न आने की समस्या थी ही, पर बहुत थकान हो जाती। मैं अपने को आगाह करती 'तेरे लिए आराम, हराम है...।' दिल को न बेकरार कर, सुबह जरूर आएगी सुबह का इन्तजार कर...गम की अँधेरी रात में।

## 30. मेरे रेडिमेड बच्चे?

मार्च 1975 में अंग्रेजी विषय के लिए परीक्षा फॉर्म भरा था। इस बार मैं अंग्रेजी विषय में पास हो गई तो मेरे लिए आगे की पढ़ाई का रास्ता खुल सकता है। ना पास हो पाई तो एक बरस बेकार जाएगा। मेरे लिए हर पल बड़ा कीमती था। बरस का बरस यूँ ही बिताना सहनेवाली बात न थी।

लगातार पढ़ाई का तनाव, अधूरी, अशान्त नींद, घर-गृहस्थी के काम का आत्यंतिक बोझ, बच्चों की जिम्मेदारी, उनका फर्ज, बाकी मनस्ताप, तकलीफें, फिक्रों का सिलसिला–इन सबका शरीर तथा मन पर विलक्षण दबाव आकर मैं बहुत कमजोर हो गई। जचगी के बाद अभावग्रस्त जीवनयापन के कारण शरीर में लहू की कमी महसूस हो रही थी। दुबली-पतली शरीरयष्टि और भी दुबली होती जा रही थी।

सी.पी.आर. अस्पताल की सर्जन डॉ. नाईक मैडम से पहचान सीमा के वक्त हुई थी। मैं नाईक मैडम से जा मिली। उन्होंने कुछ दवाइयाँ दीं। थोड़ा-सा भला लगने लगा, रात में दो-तीन घंटे नींद भी आने लगी। लेकिन मेरा आधा सर दुखता था, वह दर्द धीरे-धीरे बढ़ने लगा।

डॉ. नाईक मैडम ने बताया कि, रोज सुबह एक पेड़ा खाना, और पानी पीना, यह दवा लेना मुझे कठिन लगा। सर दर्द दोपहर तक होता, दोपहर के बाद बन्द हो जाता। सर में सोंठ पाउडर डालती, पेशानी पर सोंठ का लेप देती, सर बाँधती। कुछ तो घरेलू उपाय चल रहे थे। दर्द कम करनेवाली दवाइयाँ लेती तो उसकी दूसरी तकलीफ शुरू होती। नाईक मैडम ने बताया कि बदन में सर्दी जम गई है, इसके अलावा लहू की कमी है, जिससे मगज तक लहू नहीं पहुँच पाता।

6 मार्च, 1975 के दिन अंग्रेजी का पर्चा दिया। जून महीने में रिजल्ट आया, मैं अंग्रेजी विषय में पास हो गई। मैंने चैन की साँस ली। अब मैं आगे पढ़ सकती थी।

हमेशा की तरह शौहर की मिन्नतें, विनती, गिड़गिड़ाकर, हाथ-पाँव जोड़कर मैंने एफ.वाय.बी.ए. के लिए गोखले कॉलेज में प्रवेश लिया। सम्बन्धित अध्यापकों से अपनी व्यक्तिगत समस्या, अपने इरादों के बारे में बताया। हर रोज कॉलेज नहीं आ सकती, कभी-कभी आऊँगी, किताबें, नोट्स की मदद करें आदि। अध्यापकों ने भी सहायता करने का आश्वासन दिया। मुझे बड़ा अच्छा लगा। प्रा. मुजाविर, प्रा. जाधव जी ने कुछ किताबें, नोट्स की कापियाँ भी दे दीं। कुछ गाइड मैंने खरीदे।

एक कहावत है 'मुसलमान व्हायला आणि रोजाचा महिना यायला गाठ पडातीं' मतलब मुसलमान होते ही रोजे का, रमजान का महीना शुरू हो जाना (आसान बात समझकर स्वीकार करते ही मुसीबत में फँसना)। पहले वर्ष ही सेमिस्टर-सत्र परीक्षा पद्धति आरम्भ हुई। वर्ष में दो बार विद्यापीठ की परीक्षा। प्रत्येक सत्र का अभ्यासक्रम अलग-अलग। किताबें अलग। हर सत्र के छः पर्चे, बरस के बारह विषय। हर विषय में पास होना जरूरी, न हुए तो भी दो-तीन विषय में पास होना जरूरी। न हुए तो भी दो-तीन विषय की छूट रहती। लेकिन आनेवाले सत्र के और बचे विषय लेकर तुम बी.ए. के तीसरा वर्ष तक जा भी सकते हो तो जब तक तीन वर्ष के 36 पर्चे पूरे पास नहीं होते आप पार नहीं लगते। बाप रे! मतलब मूल, सूद, ब्याज और ब्याज पर ब्याज! वह अदा किए बिना एम.ए. नहीं। मेरे लिए बड़े ही कसौटी

के क्षण थे वे! मैंने तय किया, हर सत्र के छः पर्चे मतलब छः विषय में पास होना ही है और कोई चारा ही नहीं। पढ़ाई का तनाव और भी बढ़ चुका था। अंग्रेजी का डर था सो अलग, क्योंकि वह तो आवश्यक विषय था, उसे टालने की गुंजाइश न थी। अध्ययन का चक्र शुरू हुआ।

देखते-ही-देखते प्रथम सत्र की परीक्षा आई। गोखले कॉलेज में परीक्षा की बैठक व्यवस्था थी। मेरे साथ मेरी पुरानी सहेली चोरगे की छाया भी थी। वह भी पढ़ती थी, उसके ससुरालवालों ने उसे आगे पढ़ने में प्रोत्साहन दिया था। वे लोग पढ़े-लिखे और अमीर थे। हम दोनों का नम्बर एक ही कक्षा में आया था।

मुझे कॉलेज का माहौल देखकर ही डर लगने लगा। कुछ छात्र तो बड़े ही दंगामस्ती, छेड़खानी प्रवृत्ति के थे। मेरा पर्चा देखकर आगे और पीछे के बेंच पर बैठे छात्र लिख रहे थे, फिर भी निरीक्षक अनदेखा कर रहे थे। उम्र से भी बड़े थे। न जाने कितने साल से थे कॉलेज में! पर्चा होते ही बाहर भाग गए।

मैं और छाया पर्चा देकर आएँ तब तक दरवाजे पर जानेवालों की भीड़ लगी थी।

सब छात्रों के बाहर जाने के बाद हमने जैसे ही कक्षा के बाहर कदम रखा, देखा कि बीस-पच्चीस बदमाश छात्रों की टोली सामने के बगीचे में खड़ी थी। उन्हें देखकर छाया कक्षा में भाग आई। "अग आशा, बाहेर केवढी ग पोर जगलीत! आपल्याला चिडवायला ती थांबलीत कस ग जायच?" (बाहर शायद हमें चिढ़ाने, छेड़ने के लिए छात्रों का जमघट जमा है, अब हम कैसे जाएँ?)

हम दोनों इसी सोच में कक्षा में ही खड़ी थीं, तो छात्र जमकर चिल्लाने लगे, "अहो बाहेर या, शिकण्याला आर्युमर्यादा नसते बर का? आहो आतच कां थांबलात अरो? अहो! या ना" (अजी बाहर तो आओ, पढ़नेवालों को उम्र का बंधन नहीं होता। अन्दर ही क्यों रुके हो? अजी आवो ना!) ऐसा नाटकीय स्वर में चिल्ला रहे थे।

मैंने सोचा, ऐसा कितनी देर तक रुकेंगे? पीछे से जाने का रास्ता भी नहीं था। अब तो सामने जाना ही होगा। मैंने छाया से कहा, "मी बघते पुढं होवून, तू थांब।" (मैं देखती हूँ आगे जाकर, तुम रुको।)

मैंने कक्षा में से बाहर कदम रखा, एक जन चिल्लाया, "या आईसाहेब, आम्ही तुमचीच प्रतिक्षा करत आहोत।" (आओ माँ साहिबा, हम आपका ही इन्तजार कर रहे हैं।)

"माँ, माँ, टयाँया, टँऽया..." दूसरा "अरे, गप्प ना, किती रडतोस?"

"माँ साब, इकडं या, लेकरांची ओलख करून घ्या।" (माँ साब, इधर आओ, अपने बच्चों की पहचान करा लो।)

ऐसे वाक्यों से मजाक उड़ाकर हँस रहे थे, एक-दूसरे को तालियाँ दे रहे थे।

मैंने सर पर का पल्लू जरा सीधा किया, और हँसते-हँसते उनके सामने गई और कहा, "वा, वा मी धन्य झाले, हे माइया रेडिमेड लेकरांनो, तुमच्या माँसाहेबांचं नाव आहे सौ.आशा आपराद, बालानों आपली नावं काय रे?" (वा...वा मैं धन्य हो गई आप जैसे रेडिमेड-तैयार बच्चों को पाकर। मेरे बच्चो! तुम्हारी माँ साब का नाम है सौभाग्यवती आशा आपराद, मेरे बच्चो, आपके नाम क्या हैं?)

उनकी ठठोली का मेरा जवाब सुनकर सभी ठहाका मारकर हँसने लगे। सारा माहौल

ही बदल गया। जाने-पहचाने से हो गए, वे बोले, ''मैडम सॉरी, चिडवयाचा हेतु नव्हता, तुम्ही आज कॉलेजमध्ये नवीन आणि वेगलया दिसलात, थोडी गम्मत केली, पण तुम्ही तर आमचीच दांडी उडवली।'' (सॉरी मैडम, तुम्हें चिढ़ाने का उद्देश्य न था, बस्स आप कुछ अलग और नई-सी लगी तो थोड़ा मजाक कर लिया, पर आपने तो हमारा ही मजाक उड़ाया।)

अब छाया भी बाहर आई। हमने अपनी पहचान करा दी, छात्रों ने अपनी पहचान कराई। इन छात्रों ने दुबारा कभी मजाक नहीं उड़ाया, बल्कि मैं कभी कॉलेज जाती तो देखकर भागते आते, बात करते।

अब कॉलेज का डर दिल से निकल गया।

## 31. शीशा हो या दिल हो, आखिर टूट जाता है, लब तक आते-आते हाथों से सागर छूट जाता है...

हमारी खुद की रिक्शा और उस पर काम करनेवाला भी घर का, रात-दिन परिश्रम करते इस वजह से घर-परिवार के खर्चे का निर्वाह हो रहा था। अर्थात आमदनी के हिसाब से परिवार बड़ा था, जैसा-तैसा चल रहा था। अब मैंने बहनों को गणेश आर्ट्स में काम के लिए जाने पर रोक दिया, अब वे नहीं जाती थीं।

शहाजाद और ईरिना अब बड़ी हो गई थीं, अब उनकी शादी की चिन्ता लगने लगी।

शहाजाद को अचानक से खाँसी शुरू हो गई। सी.पी.आर. में नाईक मैडम से उपचार भी शुरू हुए थे। दो बरस तक इंजेक्शन, दवाइयाँ लेने के बाद कुछ कम हो गई।

शमा के चचेरे देवर बाशा भैया का इरादा था कि, शहाजाद के साथ ब्याह करे। माँ को भी यह बात पसन्द थी। लड़का अच्छा था। ट्रक पर चालक की नौकरी थी, बुरी आदतों की लत भी न थी। परिश्रमी स्वभाव था। शादी के बाद अलग से परिवार बसानेवाला था। शहाजाद की तबीयत देखते हुए उसके लिए यही शादी योग्य वर था।

शहाजाद के साथ शादी करने का बाशा भैया का इरादा था तो रूबाब खाला को ईरिना बहू के रूप में पसन्द थी। शमशुद्दीन और रूबाब खाला को बुलाया गया और नया प्रस्ताव सामने रखा। शमू बेचारा कुछ भी राय न देता। नए प्रस्ताव के अनुसार शहाजाद का ब्याह बाशा भैया से और ईरिना का शमू के साथ हो गया। दोनों बहनों की शादी एक ही वक्त पर, एक ही जगह करा दी। हमारे घर के पास ही महादेव मन्दिर के नजदीक बाबासाहेब आम्बेडकर स्कूल के हॉल में शादी का कार्यक्रम हुआ। दोनों तरफ से सामान्य स्थिति थी, सीधे-सादे तरीके-से शादी हुई। सब मेहमान आए थे लेकिन किसी पर कपड़े-लत्तों का खर्चा नहीं किया। हल्दी और शादी के खाने का ठीक, भरपूर मात्रा में इन्तजाम किया गया।

शहाजाद का घर-संसार काले जी के घर में बसा दिया। ईरिना सातारा गई। जो हुआ वह अच्छा हुआ। ईरिना कुछ भोली, सीधी-सादी, ज्यादा कुछ सोच-समझ न थी। इसी कारण शमू की गरीबी में टिककर रह सकी। शहाजाद को वहाँ पर टिकना मुश्किल लगता।

शमा की दूसरी जचगी भी हमारे घर ही हुई, बेटी हुई। इस बेटी का नाम अलफिजा रखा गया। शमा के पति ने शमा का परिवार नियोजन का ऑपरेशन भी कराया। सी.पी.आर.

में ही वह जच्चा हुई, उसके बाद हमारे घर लाया गया।

1975-1976 के काल में परिवार नियोजन का बड़े जोर-शोर से प्रचार-प्रसार चला था। जो ऑपरेशन करवा लेता उसे ईनाम भी दिया जाता। अध्यापकों को तो सख्ती ही थी कि इतनी-इतनी संख्या पूर्ण करनी है। सरकारी अस्पताल में बड़ी भीड़ लगी रहती। पति की इजाजत दस्तखत भी जरूरी न था।

मैंने अपने शौहर से बताया कि, मैं अब अपना ऑपरेशन करवा लेती हूँ। मुझे किसी ने रोका-टोका नहीं। वैसे तो घर में हर साल पालना झूलता ही था, किसी न किसी बहन का, उसी कारण मेरे बारे में कौतूहल न था। और मेरी चार बेटियाँ थीं ही।

फूफू कह रही थी, अब मत करो ऑपरेशन, पाँचवाँ लड़का हो जाएगा, लेकिन मैंने दृढ़ता से इनकार किया। "इत्ता मजे छोरा, छोरी कुछ नको, निभने हुना क्या नको।"

मैं और मेरी खलेरी बहन न्यामत दोनों सी.पी.आर. अस्पताल में गए। न्यामत के दो बेटी, एक बेटा था। दोनों ने ऑपरेशन करा लिया।

घर से, बीच के बगीचे से चलते गए और ऑपरेशन करवा के दूसरे दिन पैदल चलते घर वापस आए। दोनों को डेढ़-डेढ़ सौ रुपये बक्शीस भी मिली। एक अध्याय समाप्त कर दिया।

1976-1977 में प्रथम वर्ष, द्वितीय श्रेणी में अच्छे अंक पाकर पास हो गई। मेरा आत्मविश्वास बढ़ रहा था।

इसी काल में एक वर्ष तक महिला बैंक में नौकरी भी की, महीना पचहत्तर रुपये पगार थी। जूना बुधवार पेठ से उद्यमनगर तक पैदल जाना-आना। कभी-कभी 'वे' भी लेने आते।

मैंने बैंक से एक हजार कर्जा लिया। भीशी में से सात सौ रुपये निकाले और तीन तोले की सोने की दो चूड़ियाँ (पाटल्या) बनवा लीं। सोने का भाव तोले का छः सौ रुपये था। मैंने सबसे 'ये नकली चूड़ियाँ हैं' ऐसा ही बताया। 'उन्हें' बताया था कि मैंने सोने की पाटलियाँ बनवाई हैं।

शमा बड़ी चालाक थी, बार-बार पाटलियाँ दबाकर देखती। निसा मुमानी ने भी देखकर कहा, "सच्चे सुन्नेसारखे लगतीय गे, मजे बी ला को दे तो, मेरे पितल के पाटल्या काले होय सो हाय, नई तो तेरेच मजे दे, तू दूसरे ला।" (सोने जैसी लगती है, पीतल की चूड़ियाँ काली हो गई हैं।)

यह तो अलग ही झंझट पीछे पड़ा। मैंने पाटलियाँ निकालीं और छुपाकर रख दीं। क्योंकि माँ भी शक से मेरे हाथों की पाटलियाँ देखती। बाकी शमा, मुमानी पीछे ही पड़ीं। मेरी ही पाटलियाँ मुझे डालना जैसे अपराध हो गया था।

हम जिस घर में रहते थे वह घर शिवाजीराव पाटील का था। पाटील जी की भौजाई ने 'मुझे भी हिस्सा चाहिए' ऐसा केस कोर्ट में दाखिल किया था। इसके अलावा हमारे घर में लोगों की इतनी भीड़ हो गई थी कि पूछो मत! 'भटाला दिली ओसरी, हलूहलू पाय पसरी' (जरा-सा मौका देते ही ज्यादा फायदा पाने की अपेक्षा करना) भिक्षुक को सोने के लिए जरा-सी जगह देते ही वह हाथ-पैर पसारने लगा।

बाहर जो किराएदार थे उनका किराया भी माँ हड़प करने लगी। बीच के कमरे में परदा डालकर शमा का परिवार बसा दिया। शहाजाद खाला-मतलब शमा की सास और शमा की आपस में पटती न थी। सास-बहू में भी तू-तू मैं-मैं अक्सर चलती। शमा ने अलग से रहने

का निर्णय लिया था, माँ ने उसकी व्यवस्था की। हमारे ही घर में बीच के कमरे में परदा लगाकर अलग से उसका परिवार बसा दिया।

बाशा भैया की शादी होने तक वे भी हमारे ही घर टिके थे।

शाहूवाले मुजाविर मेहमानों का आना-जाना दुबारा शुरू हुआ। हमारा भी परिवार बड़ा था, घर में अब भीड़ ही भीड़ लगी थी।

हमारे मेहमानों की भीड़ देखकर शिवाजीराव पाटील जी को बड़ा गुस्सा आया। पाटील जी ने चिढ़कर माँ से कहा, ''काय घर हाय का मुसाफिरखाना? माझ्या घराचा काय मुसलमानवाडा करायचा ठरवलाय काय? घरात ज्ञानेश्वरी आहे, तुमची माणस बूट घालून घरांतून जातात, काही पावित्र्य राखत नाहीत, मी आता इथ रहायला येणार आहे, तुम्हीं घर खाली करा, बाहेरची कुलं काढून त्या खोल्यात न्हावा आणि तेव्हढा हिशोब द्या।'' (घर है या मुसाफिरखाना? मेरा घर मुसलमानों का बाड़ा बनाने का इरादा है क्या? मेरे घर में ज्ञानेश्वरी है, आपके लोग बूट डालकर घर में चलते रहते हैं, कुछ पवित्रता नहीं रखते। अब मैं इस घर में रहना चाहता हूँ, अब आप बाहर के किराएदारों से कमरे खाली करा दो और वहीं पर रहो और जो हिसाब है वह भी पूरा चुकता कर दो।)

माँ को पाटील जी की बातें सुनकर बड़ा गुस्सा आया। उल्टा चोर कोतवाल को डाँटे, ऐसा अजीब तरीका था। मैंने सारा हिसाब किया, मामा को हमने पाँच हजार रुपये देना जरूरी था। माँ ने उन्हें सुनाया ''द्याला ईल, कुणाच बुडवायच न्हाई आमाला।'' (देना है, दें, किसी का पैसा डुबाएँगे नहीं हम।)

आठ ही दिनों में घर छोड़ जाने की धमकी किराएदारों से माँ ने दी। बेचारे चार-पाँच दिन में ही घर खाली करके चलते बने।

तीन अलग-अलग कमरे थे। दो कमरों में हम और एक कमरे में शमा के रहने का इन्तजाम किया गया।

मुझे बहुत दु:ख हुआ। मुझे वह बड़ा घर बड़ा पसन्द था। मैंने घर में बिना कहे पाटील मामा को फोन किया। उन्होंने मुझसे कहा, ''आशाबाई तेव्हढे पाच हजार रुपये द्या, रहायला घर देतो, खरंतर तुमचीच माणसं राहिली असती तर मी कधीही जा म्हंटल नसतं पण तुमच्या आईनं फारच फायदा घेतला, मी तरी कुठ येणार आहे तिथं रहायला।''

मुझे उस घर से बड़ा लगाव था। मामा जी ने कहा सच था, अगर हम ही रहते तो वे कुछ नहीं कहते, माँ ने नाजायज फायदा उठाया, उसका यह नतीजा था। मैंने पति के साथ बाहर ही बाहर चर्चा की और महिला बैंक से पाँच हजार कर्जा ले लिया। दिलावर मामू और उनकी पत्नी मेहराज मुमानी के हाथ में पाँच हजार थमाकर कहा कि, वडणगे जाकर शिवाजीराव पाटील जी का कर्जा अदा कर आओ।

पाटील मामा ने पैसे तो लिए पर 'चाबियाँ बाद में देता हूँ' कहकर खाली हाथ भेज दिया। मैं चार दिन इन्तजार करती रही, फिर रहा नहीं गया और मामा को फोन किया, ''मामा मला रहायला घर देणार आहे ना? मी तुमची वाट बघते आहे पैसे मीच व्यवस्था करून पाठवले होते।''

इस पर मामा ने जवाब दिया, ''हे बघा आशाबाई, आता घराबद्दलचा विचार मनातून काढून टाका, पुन्हा फोन करू नका।'' (घर का विचार दिल से निकालना और दुबारा फोन

मत करना।)

मेरे तो पैर तले की जमीन ही निकल गई। मेरा गल रुँध आया। माता का बर्ताव बड़ा अनपेक्षित-सा रहा। मैंने कितनी तकलीफ से लेकिन बड़ी तमन्ना से पैसे की जुगाड़ की। बड़े ही सरल मन से, विश्वास से उनके हाथ में पैसे रखे और उन्होंने अपनी जुबान ही फेर दी। मुझे बड़ी खिन्नता महसूस होने लगी।

सच में मामा के किराएदारों के पैसे माँ ने अपने लिए, अपने बेटियों के लिए खर्च किए थे। शिवाजी चौक में बर्तनवाले शहा की दुकान से बर्तन खरीदकर दिए थे। शहा की भी उधारी करा रखी थी। न्यामत, नीसा मुमामी को बड़े-बड़े बर्तन, डिब्बे, हंडे, भगोने लेकर दिए थे। शहा के पास से भी ब्याज पे पैसे लिए थे। शहा काका के साथ भी हिसाब को लेकर झगड़ा हुआ था। उनका भी देना मुझे बाद में चुकाना पड़ा।

इचलकरंजी में फूफू ने घर के लिए पैसे भरे ही थे। घर तैयार हो गया था। कम्पनी द्वारा 'कर्ज मामला समूह से' बनानेवाले थे। हर महीना एक सौ पाँच रुपये किश्त से कर्ज अदा करना था। कुल मिलाकर घर की कीमत तेरह हजार रुपये होती थी। बाबू भैया जो इनका ममेरा भाई था, वह सब बताने के लिए आया था। उनका और हमारा मिलकर जोड़ बंगला था।

मैं और मेरे पति हमारा घर देखने पहली बार इचलकरंजी आए। इचलकरंजी में उतरकर यशवंत प्रोसेस मिल में आए। बाबू भैया यहाँ बड़े पद पर था। हम उसके केबिन में गए, चायपान के बाद भैया हमें कम्पनी की गाड़ी से नई कॉलोनी में ले आया। हमारे साथ सीमा और विराज भी थीं। मुझे यह घर बड़ा प्यारा लगा। तीन कमरे, बाहर बरामदा, पिछले हिस्से में पाखाना-गुसलखाना, आगे-पीछे बगीचे के लिए कुछ खाली जगह। छोटा-सा, प्यारा-सा, आकर्षक घर था। नए रंग की खुशबू भी आ रही थी। मैंने तो मन-ही-मन उस घर को सजाया भी। कहाँ, क्या रखना है। यह भी सोचने लगी, चलो अब मुझे कोई नहीं कहेगा तुम्हें घर छोड़ना होगा या हम घर नहीं देंगे। न ऐसा अपमान भी करेगा। मैं बड़ी आनन्दित, भाव-विभोर हो गई थी।

बाबू भैया भी खुश था। भैया ने हमें 'ब्लू डायमंड' अच्छे होटल में खाना भी खिलाया। "दत्ता जल्दी आ दस्तगीर इधर न्हने, स्कूल भी अच्छी है यहाँ, आशा को विवेकानंद कॉलेज भी पासच है, बोरगाव भी पाँच मैलपर, फूफू को भी लई आराम लगींगा, घर हुए तब सी सारखी आ-जा करतीयां, सब को बोलने लगिया, दोनों भायाँ- भायाँ पास रहे तो अच्छाच, नई क्या आशा?" भैया बोल रहा था।

"मजे तो कब आवूं? ऐसा लगने लगे भैया। तुमारे कारण ए सब घर हुया, नजदिक रहे तो भला हाय, सच शिरढोण के लोका यहाँशी पास हाई, क्या करनेवाले नई ना?" मैंने भैया से सवाल किया।

"नई, वैसा क्या करतीयं छोड, गुस्से में कुछ बोले होंगे, पराये थोडेय है क्या? और हामी नहीं क्या? तेरे दिल से उनका डर निकाल।" भैया ने समझाया।

हम खाना खा चुके थे, भैया ने बस स्टैंड पर लाकर छोड़ा।

मैं बस में बैठी लगातार बड़बड़ाती रही, बरसों बाद दिल में खुशी की लहर उमड़ रही थी।

''तुम्हीं यहाँ रिक्शा चलाव, यहाँ भी धंदा हुतय।''

''हाँ, हुईगा तो, काम करनेवाले को क्या? कहाँ भी काम मिलतय, आपण जल्दी न्हने आईंगे।'' शौहर का सकारात्मक जवाब सुनकर मुझे बड़ा अच्छा लगा।

मैंने आँखें मूँदी और बस की सीट की कुर्सी की पीठ पर गर्दन टिका दी। आँखों के सामने बार-बार नया घर घूम रहा था। मैं जब आठवीं कक्षा में पढ़ती थी तो हमारे एक अध्यापक बार-बार मुझे एक गीत गाने का आग्रह करते, ''असावे घरटे अपूले छान...'' (होगा अपना प्यारा-सा घरोंदा...) मैंने तो अपने घर का नामकरण भी किया 'नव जीवन'। हम दोनों ने कुछ साल पहले मनोज कुमार की 'शोर' फिल्म देखी थी। उसमें उनके घर का नाम 'नव जीवन' था। उसी वक्त मैंने 'उनसे' कहा था, जब भी हम अपना घर बनाएँगे, उस घर को 'नव जीवन' नाम देंगे।

हम घर आए। नए घर के बारे में इन्होंने माँ को बताया। जान-बूझकर मैं भी जोर से बेटियों के साथ बातें कर रही थी। क्योंकि माँ से मेरा संवाद कभी था ही नहीं। एक ही घर में कोसों का फासला था...मैंने मीनू को उद्देशित करके कहा, ''मीनू, घर खूब सुन्दर है! हम सब इचलकरंजी को जाने का, वहाँ स्कूल भी नजदिक हाय।''

मेरी बेटियाँ भी बड़ी खुश थीं। नया गाँव, नया घर इस ख्वाब में वे भी आनन्दित हो रही थीं।

इतने में माँ और 'इनके' जोर से विवाद के स्वर सुनाई दिए। मैं डर गई। इतनी खुशी के पलों में यह कैसा झगड़ा? देखने के लिए मैं दरवाजे में आई। देखा, माँ 'इनके' साथ संताप से, जोर-जोर से झगड़ रही थी।

''तेरे गोतावले में तू चल्या (रिश्तेदारों में) मैं वहाँ आनेवाली नई, मेरा कोन हाय वहाँ? तेरे खाला ने मारेकरी घाली तो हामी क्या माती चबाने के? मैं आनेवाली नई कतो, नई, वो घर के पैसे परत ला, यहाँ मालपर (टीले के मैदान पर) बापू जागा देतिव बोले, वहाँ घर बँधी गे।'' (तेरे रिश्तेदारों में तुम जा रहे हो! मेरा वहाँ कौन है? तेरे खाला ने अगर तुझे मार दिया तो हम क्या मिट्टी खाएँगे? मैं नहीं आनेवाली, वे पैसे वापस ले आओ, हम आंबेबाडी में बापू जो टील पर जगह दे रहे हैं वहाँ नया घर बनाएँगे।)

''सच मुमानी, घर तो देखो, कौन मारतय मजे? खेडे में (देहात में) कहाँ जातींय? इचलकरंजी चकोट हाय, देकिंगे, नई न्हना सारखा लग्या तो परत आइंगे।'' (देखो मुमानी, घर तो देखो, और मुझे कौन मारेगा? वहाँ देहात में कहाँ जाते हो? इचलकंरजी बड़ा शहर है, अगर वहाँ भी दिल नहीं लगा तो वापस आ सकते हैं।)

मैं पागल-सी खड़ी दोनों का झगड़ा सुन रही थी। जिस घर का सपना बरसों से देखा वह अब सामने सच बनकर खड़ा है और उसे लताड़ कर जाना है? यह क्या? ''दैव आलं द्यायला, आणि पद नाही ध्यायला''-तकदीर भर-भरकर दान देना चाहती है लेकिन वह लेने के लिए आँचल ही नहीं है।

घर के लिए दस साल पहले पैसे भरे थे, वह भी जान मारकर, काट-छाँटकर बचाए पैसे सास ने ही भरे थे। माँ को कोई सी भी कोशिश नहीं करनी पड़ी थी। जिन्दगी भर जो कमाते आए सब माँ के हवाले करते आए, ढेर सारे पैसे होते हुए भी एक रुपया कभी बचाया नहीं, कभी अपने बारे में सोचा नहीं। एक इंच भर भी जगह अपने लिए नहीं खरीदी। अब

हम घर ले रहे हैं तो, मेहमान 'इन्हें' जान से मारेंगे ऐसा बेमतलब का डर दिखाकर घर लेने से रोक लगा रही है। मुझे माँ पर आत्यंतिक चिढ़ आई, लेकिन हमेशा की तरह माँ का ताँडव क्रोध, झगड़ा, गाली-गलौज, दंगा और हमेशा की तरह इनकी शरणागति! न होने वाले, कपोल-कल्पित, भयानक भविष्य के चित्र ऐसे चित्रित किए गए कि 'वे' पसीना-पसीना...और हार!

''भला, तुमी जैसा बोलतींय, वैसा करींगे,'' इन्होंने माँ को वचन दिया...और मैं, बस देखती, सुनती रह गई...काठ-सी बनी...

घर के पैसे वापस ले आएँगे, और बापू जहाँ जगह देंगे वहीं घर बनाएँगे-माँ ने नया प्रस्ताव सामने रखा। माँ को अपने रिश्तेदारों के सान्निध्य में जाना था, मुझे अपने ससुराल वालों के सान्निध्य में। 'इनका' क्या था, माँ जो कहे वही पूरब दिशा।

मुझे इन पर बहुत गुस्सा आया। दिन-भर मेरे साथ थे तो मेरी हाँ में हाँ मिलाया, सब बातें कबूल कीं और माँ के जरा-सा दंगा करते ही शस्त्र जमीन पर रख दिए! क्यों जरा भी अडिग रहना नहीं आता इन्हें? क्यों नहीं कहते आना है तो आओ, नहीं तो हम जा ही रहे हैं। आ ही जाती ना? आखिर जाएगी कहाँ? पर यह सारे संवाद मेरे मन की खलबली बनकर अन्दर ही उफनते रहते। सब 'इनके' पास तक आकर मिट-से जाते। माँ ने मानो मेरे पति के साथ-साथ हमारे गले में अदृश्य-सी जंजीर बाँधी है, जैसे कुत्ते के गले में होती है। माँ जिधर खींचती हम लार टपकाते हुए, जीभ निकालकर उसके पीछे लाचार से घूमते रहते।

क्रोध से मेरे बदन में मानो आग-सी लग गई। माँ को अपनी खुशियाँ छुपाना मुश्किल लग रहा था। 'वे' मेरे पास तक भी आए नहीं, रिक्शा स्टार्ट की और चल पड़े।

मेरा सर बहुत गर्म हुआ था, मैंने बच्चों को समेटा और महादेव के मन्दिर में चली आई।

अपने आपको बहुत समझाया। मन को शान्त रखने का प्रयास करती रही।

मेरे कितना कुछ चाहने से क्या होता है? जो अपने नसीब में ही नहीं वह नहीं मिलनेवाला, चाहे कितनी शिद्दत से कोशिश करो! जैसे ईश्वर की इच्छा होगी, वैसा ही घटता, बनता, बिगड़ता रहेगा, आखिर मामूली इनसान क्या कर सकता है? अर्थात यह सब शब्दों की मरहमपट्टियाँ थीं। मेरे दिल के गहरे जख्मों को इनसे आराम नहीं मिल रहा था। हर वक्त हिस्से में आनेवाले अपेक्षा भंग के आघात से मेरा मन लहूलुहान हो चुका था। मेरी हर तमन्ना, मेरी हर कोशिश, हर इच्छा को माँ मशाल लगाती और मैं स्वाहा हो जाती। आन्तरिक पीड़ा को किसी के सामने व्यक्त भी नहीं कर सकती थी। यह मेरे जीवन की शोकांतिकी त्रासदी थी...

शाम होने को आई, और जरीना मुझे ढूँढ़ते हुए बुलाने आई।

''माँ ने घरकू बुलाइया, पकाना करने का नई क्या कर को पुछिया।''

''हाँ, आतीव चल।''

मैं घर चली आई।

सूप में के चावल गुस्से से जोर-जोर से पछेड़ते हुए माँ उफनकर चिल्लाई, ''शाम हुई तो भी देवल में बैठने को, इबित (भस्म) लगा को जाने का हाय क्या? यता मूं काला-काला करने की जरूर नई, खेटरशी (जूते से) मारूँगी कोन मजे कम नजरसी दिखींगा तो, बोलतीवं पैले (पहले)।''

मैंने शान्त रहने का प्रयास करते हुए चूल्हा जलाया। दाल और चावल पकाने रखे, सब्जी के लिए प्याज काटने लगी।

माँ ने इन्हें दूसरे दिन ही इचलकंरजी भेजकर घर के पैसे वापस लाने को कहा। फूफू बोरगाँव में थी, जाते वक्त उन्हें बताया। आखिरकार वे सात सौ रुपये वापस ले ही आए। यह रुपये भैया ने अपने पास से दिए थे।

खास यशवंत प्रोसेस मिल के मजदूर, पदाधिकारियों के लिए यह कॉलोनी बनवाई थी, इसलिए सस्ते में छोटा-सा बंगला था। अब घर बन चुके थे। भैया ने इन्हें समझाया भी कि, अब नहीं रहना है तो मत रहो, किराए पर दे सकते हैं। किराए में से हर महीने किश्त भी जाएगी, पैसे भी मिलेंगे, भविष्य में अगर बेचना चाहे तो बहुत-से रुपये आ सकते हैं, अभी वह कानूनी तौर पर बेच नहीं सकते। फूफू भी बहुत रोई, पर इन्हें समझाना काले कम्बल पर रंग चढ़ाने जैसा ही था, माँ के असर को पोंछना आसान नहीं था। सब बातें 'इन्होंने' माँ को बताईं और पैसे भी हाथ में रखे।

'बबन' नाम का एक मेहमान था, जिसके पास ट्रक था। एक हफ्ते के अन्दर माँ ने उससे दो ट्रक मिट्टी, पत्थर मँगवा लिए और प्रयाग चिखली के शाहूवाले माल पर बापू ने घर के लिए जो जगह दिखा दी वहीं पर डाल दी। फिर बड़े नखरे से पानी का कलसा, भीगे चने, नारियल, बीड़े के पान, सुपारी लेकर मेरे पति और माँ रिक्शा से शाहूवाले माल पर गए। मैं चुपचाप देखती रह गई।

सुबह आठ बजे दोनों जने गए थे, दस बजे वापस आए। दरवाजे में से ही माँ की गालियों की बौछार सुनाई देने लगी, "मुर्दा धुलाय उसका, जनाजा निकल्या भाडया का, जागा उसकी हाय कत्ते, भाडयाने मजे ढकल को द्या, मारनेको काठया, कुन्हाडया ले को आए, उनके हाता टूट को पडे, हाथा के कंडके हुए, मेरे माती, फतरे उनके कबर को लगंदे।" ऐसी गालियाँ, बद्दुआ देकर जमीन पर हाथ रगड़ने लगी, आक्रोश करने लगी। शमा 'क्या हुई? क्या हुआ?' चिल्लाती, घबराती माँ के पास आई।

मेरे शौहर से पता चला कि, बापू ने हमें घर के लिए जगह दी यह बात बापू के बड़े बेटे को पसन्द न थी। आप्पा मामू, मुस्तफा मामू का इनकार न था। माँ ने ट्रक से पत्थर, मिट्टी लाने तक कुछ कहा नहीं और जैसे ही आज घर बाँधने के लिए शुभ मुहूर्त पूजन करना आरम्भ किया, नारियल फोड़ने के वक्त हाथ थाम लिया और यहाँ घर बनाने नहीं देंगे ऐसा कहते हुए मामू के चार बेटे, खुद मामू जी, घर की औरतें मारने के लिए चाल करके आईं। आप्पा मामू हमारी बाजू लेकर बचाने आए तो उनके कपड़े फाड़कर मारा और मेरे पति को ताकीद दी कि "तुमी मेहमान हाय, हामी तुमारे पर हाथ उठानेवाले नहीं, सच तुमी परत जाव, यहाँ कौन घर बाँधने आए तो उसे मारको यहाँच दफन करेशिवाय न्हनेवाले नई।" और अब दोनों अपमानित होकर मुँह लटकाए वापस आए थे।

ये जो पत्थर, मिट्टी ले आए थे, उसका भविष्य में भी घर बन नहीं सका। माल पर रहनेवाले सबके घरों को लीपने, पोतने के लिए मिट्टी मिली और शाहुवालों के घर किसी की मैयत हो गई तो उनकी कब्र के लिए पत्थर, मिट्टी बड़े काम आए। शाहुवालों के घर की मैयत कोल्हापुर कब्रिस्तान में न ले जाते हुए खेत में बड़े कुएँ के पास जो जगह थी वहीं दफनाते थे। पक्की कब्र बनाने में यह फोकट के पत्थर बड़े काम आए।

मेरे नए घर का सुन्दर सपना बनते-बनते टूट गया। मेरे नए घर का नाम 'नव जीवन' यह मेरे भी नए जीवन का प्रथम चरण सिद्ध हो ऐसा मैं चाहती थी, इचलकरंजी के नए घर में मुझे मेरे संसार का आरम्भ करना था। लेकिन मेरे सारे सपने कब्र में दफना दिए गए, अब मेरा मन एक मजार बन गया...पत्थर का अचेतन मजार...।

मुझे एक सिनेमा बहुत पसन्द आया था 'आशा'। उसमें एक गीत था-

"शीशा हो या दिल हो, आखिर टूट जाता है,
लब तक आते-आते हाथों से सागर छूट जाता है..."

इस कड़ुवे सच का एहसास मैं बार-बार कर रही थी...।

## 32. कुछ ऐसी आग लगी मन में, जीने भी ना दे, मरने भी ना दे चुप रहूँ तो कलेजा जानता है, बोलूँ तो तेरी रुसवाई है

शाहुवाले आप्पा मामू का बड़ा इरादा था कि, हम आंबेवाड़ी में रहने आएँ। शाहुवाले माल यह आंबेवाड़ी का आखिरी छोर था। मामू जी ने जिम्मेदारी लेकर वहीं पर, रास्ते के किनारे, पाटी के खेत के पास, छपरीला घर ढूँढ़ निकाला। मामू जी ने अपने पास के ढाई हजार रुपये उधार में दिए और माँ ने वह घर खरीदा।

माँ और मेरे शौहर आंबेवाडी का घर तलाशना, देखना, पसन्द करना और खरीदना इसमें लगे थे। मेरी तिनके जितनी भी इच्छा नहीं थी। मैंने उनसे कहा, "यहाँ शहर में पूरी जिन्दगी गई, खेडे में केसा न्हने का? पानी नई, संडास नई, लाईट नई, बच्चे स्कूल जाते हैं, सब बरबाद करने का क्या?"

"जास्ती कोन ने बोलनेके नई, नव्वद रुपये किराया हामना देने नहीं आता, ये नहीं, वो नहीं, वहाँ के लोका क्या भरे क्या? लई जहागिरदार ने पैदा करे सारखा बोलना नको मजे", माँ ने जोर से मुझे सुनाया और धमकाया भी।

माँ ने पूर्वनियोजित-सा किसी की राय न मानते हुए आंबेवाडी जाने की तैयारी भी की।

विवेकानंद कॉलेज में द्वितीय वर्ष के लिए मैंने प्रवेश लिया था। कॉलेज और बुधवार पेठ के बीच पाँच मिनट का ही फासला था। मैं कुछ पीरियड्स को हाजिर रहती। अंग्रेजी पढ़ाई के लिए विद्याधन क्लास कुछ ही अन्तर पर था। पर अब आंबेवाडी को जाते ही सब कुछ दूर-दूर होनेवाला था, सब नामुमकिन! मेरे ही बारे में ऐसा क्यों होता है? अब कहीं लग रहा था सब कुछ ठीक से चल रहा है, तब तक बरबादी के कगार पर जिन्दगी आ पहुँची। अन्य लोगों के बारे में सहजप्राप्य घटनेवाली घटना मेरे पास आते-आते इतना विकराल रूप क्यों धारण करती है? दो और दो चार इतना सीधा-सादा हिसाब लेकिन मेरे बारे में इतना उलट-पुलट क्यों हो जाता है?

बीता बरस ऐसा ही गया।

विराज बहुत धींगामस्ती करती। मैं आँगन में चावल चुनने बैठी थी, पास पत्रे का डिब्बा भी था, बाहर से भागते-भागते आई और डिब्बे पर औंधी गिर गई, मुँह डिब्बे में अटक गया, खींच-खींचकर निकालने तक मेरा कलेजा मुँह तक आया, विराज का मुँह लहूलुहान हो गया। उसके दूध के कच्चे दाँत हिल गए।

डॉ. अजित ककत्तूर जी के दवाखाने में ले गए। डॉक्टर ने जाँच की और कहा भूल देकर (बेसुध करके) दाँत निकालने पड़ेंगे, खर्चा भी ज्यादा आएगा। छोटी बच्ची है, इंजेक्शन देते वक्त तकलीफ देगी। दाँत निकालना भी परेशानी है।

मैंने डॉक्टर से कहा, "विरू फार घट्ट आहे, एक इंजेक्शन देवून प्रयोग करू।" (विरू डरती नहीं, एक इंजेक्शन लगवाकर प्रयोग करेंगे।)

डॉक्टर ने वैसा ही किया। विशेष बात यह कि, विराज ने बिना कुछ तकलीफ के दो-चार दिनों में सात-आठ दाँत, दाढ़ निकालने दिए।

कुछ दिन बीते हुए होंगे, माँ विराज को गोद में लेकर शमा के घर की दहलीज पार कर रही थी कि पाँव फिसलकर गिर पड़ी, उसमें विराज का एक हाथ टूट गया। सी.पी.आर. अस्पताल में डॉ. दीपक बाबर ने प्लास्टर डाला। ऐसा कुछ न कुछ लगातार झमेला शुरू ही था।

इसके अलावा पति की सेहत भी ठीक नहीं थी, उन्हें बड़े-बड़े फोड़ों की तकलीफ शुरू थी। उसमें ही बवासीर की भी बीमारी ने सर उठाया, आखिर में मिरज जाकर ऑपरेशन करवाना पड़ा।

'वे' रिक्शा पर जाते थे तब उनके दोस्त जर्नादन दादा ने एक सलाह दी कि अब एस.टी. खाते में चालक पद भर रहे हैं, तुम क्यों नहीं कोशिश करते? घर में 'इन्होंने' इस बात को छेड़ा, "एस.टी. में जागा भरने लगई, मैं जाना कतू।" (कहता हूँ।)

बात सुनते ही माँ ने दंगा शुरू किया।

"रिक्शा किसके हवाले करने के? ड्राइवर कत्ते पैसे देनेवाला? रोजंदारी पर तेरा तो पेट भरींगा क्या? इस घर के खर्चे के सामने मैं क्या करूँ?"

लेकिन मैंने दृढ़ता से 'इन्हें' कहा, "इत्ता जर तुमी मा का सुने तो मेरे बरोबर बात बन्द करने का। कायम की नौकरी, पगार भला, क्या रात-दिन रिक्शा पर राबना? कायम क्या मजदूरी (रोजँदारी) हाय क्या? रिक्शा ड्राइवर भी पैसे दिंगा, सवड (वक्त) मिलींगा वैसा तुमी बी रिक्शा चलाव। कायम मा का गलत रहींगा तो भी सुनने का क्या? बरस इत्ता, मेरे भी बच्चे बड़े हुए, मा का खड्डा कभी भी भर को निकलने का नहीं।"

'इन्होंने' इस बार माँ की बात टालकर एस.टी. में नौकरी के लिए अर्जी दी। प्रत्यक्ष साक्षात्कार हुआ, चालक का तजुर्बा ध्यान में लेकर उन्हें एस.टी. में नियुक्ति का आदेश मिला। 14 अप्रैल, 1977 के दिन वे एस.टी. की नौकरी में दाखिल हुए। यह तारीख मेरे जन्म दिन की है यह बात तब मेरे ध्यान में भी नहीं आई।

5 जुलाई, 1977 के दिन हम आंबेवाडी में रहने आए।

बुधवार के एक कमरे में शमा रहती थी, दूसरे कमरे में शहाजाद का संसार बसा दिया। दोनों के चौखट के परदे भी माँ ने खरीदे। शहाजाद ने एक बेटी को जन्म दिया था, शहाजाद अब नए कमरे में रहने लगी।

तीसरे कमरे में हावाखाला, अनवरखाला और हावाखाला की छोटी बेटी मुमताज इन्हें लाकर रखा।

'इन्होंने' मेरे सामने प्रस्ताव रखा कि "आंबेवाडी के घर में लाइट नहीं, तुजे लाइट हुना आची तो तेरे पाटल्या दे, बिका को लाइट लेंगे।"

मैंने छुपाकर रखे पाटल्या (सोने की चूड़ियाँ) 'इन्हें' दे दी। पाटल्या बेचकर सत्रह सौ रुपए आए, इससे लाइट लगवाई।

घर का सारा सामान दो बैलगाड़ियों में लादकर आंबेवाडी ले आए। माँ और मेरे पति यह सब समेटना, लादना, ले जाना कर रहे थे। सब सामान ले जाने के बाद मैं और मेरे बच्चे रिक्शा से आंबेवाडी आए, बरसात हो रही थी।

रिक्शा आंबेवाडी के घर के सामने आ गई, मैं रिक्शा से उतरी और घर देखा। मेरे पेट में गड्ढा ही पड़ा। दरवाजे में, घर में सारा कीचड़-ही-कीचड़। दो कमरे, अगला कमरा अभी-अभी बनाया था। कच्ची ईंटें, मिट्टी से बना, ठिंगना, घर के ऊपर पुरानी खपरियाँ। बाहर आँगन में ईंटों पर ईंटें रखकर, उस पर टूटे-फूटे पत्रे के टुकड़े जोड़कर बनाया स्नानघर-मोरी थी। अन्दर जाते वक्त झुककर जाना पड़ता था, चौखट ऊँची न थी। पहले कमरे की छत सर से टकरा रही थी।

अन्दर के कमरे में गई, कुछ भी दिखाई नहीं दे रहा था, गहरा अन्धकार था। कैदियों की कोठरी में लगी छोटी खिड़कियों जैसी दो छोटी-छोटी खिड़कियाँ थीं, जिनमें से जरा भी उजाला नहीं आ रहा था। आसपास बकाल, गंदी बस्ती थी। पड़ोस में धोंडीबा बढ़ई का खपरैल का सादा-सा घर, उसे सटाकर कचरे का बड़ा घूरा, सामने चमार का झोंपड़ा, फिर हरिजन लोगों की झोंपड़ियों की कतार, दूसरे पड़ोसी लातूर से आए अकालग्रस्त मजदूर छोटे-छोटे कमरों में रहते थे, अन्दर-बाहर उदास करनेवाला वातावरण था।

मुझे जोर-जोर से चिल्लाकर रोने की इच्छा हुई। खिड़की की सलाखें हाथों से खींचकर पकड़ लीं, मुझे अपने आपको रोकना कठिन हो रहा था, मेरी आँखों से झर-झर आँसू बहने लगे।

चार बरस पहले हेनरी शॉरियर के रविंद्र गुर्जर जी द्वारा मराठी में किया अनुवाद 'पॉपीलान' यह पुस्तक पढ़कर मैं बड़ी प्रभावित हो गई थी। शॉरियर ने जो गुनाह नहीं किया था, उसकी उसे उम्रकैद की सजा हो जाती है। जेल में भयंकर छल का सामना करना पड़ता है, सत्रह साल आत्यंतिक प्रताड़ना, कष्ट परिश्रम सहते हुए सात बार जेल से छुटकारा पाने की कोशिश की। सत्रह साल कोशिश करने के बाद वह भागकर जाने में सफल हुआ। उसे जो भयानक मानसिक, शारीरिक पीड़ा सहनी पड़ी उसकी मुझे याद आई।

मैंने भी कुछ गुनाह नहीं किया था फिर भी माँ मुझे जिस तरीके से सता रही थी, मेरी जिन्दगी से जो खिलवाड़ कर रही थी इसका आत्यंतिक दुःख, दर्द मुझे हो रहा था। और अब? अब तो मुझे और मेरे बच्चों को उसने इस जेलखाने में ला पटका था। मैं बहुत हताश, अगतिक हो चुकी थी। माँ अपनी एड़ी तले मेरी जिन्दगी कुचल रही थी और शायद इस बात का वह आसुरी आनन्द उठा रही थी। उसे लग रहा था उसकी मेहरबानी से उसने हमें घर में लाकर रखा है। फुटपाथ पर रहनेवाले भिखारी पर दया दिखाकर आसरा दिया हो ऐसा घमंड चेहरे पर लिए वह इतरा रही थी उसके हम आश्रित थे क्योंकि यह घर उसका था, अपने नाम से खरीदा। मुझे पति पर बड़ा क्रोध आया। मेरा नहीं कम-से-कम अपने बेटियों का तो खयाल करते। नब्बे रुपये घर का किराया था, जो 'वे' ही देते थे, क्यों इतना सुनते हैं? माँ की बातें क्यों सब सहने पर इतना मजबूर करते हैं हमें? सोच-सोचकर मेरा सर चकराने लगा।

माँ बड़ी उत्साहित थी। मानो घर-परिवार, संसार की नई-नई शुरुआत हो गई हो। घर

का सामान रचाने में, करीने से लगाने में मशगूल थी। बर्तनों की अलमारी लगा रही थी, लकड़े के बड़े-बड़े तख्ते दीवाल में कीले से ठोंक-ठोंककर बिठा रही थी। हम सब बाहर का सामान अन्दर लाकर रख रहे थे। कौन-सी चीज कहाँ रखनी है इस बारे में मैं कोई भी राय नहीं देती थी।

अपितु कुछ सुझाव देना, घर रचाना-बसाना यह माँ ने मुझे कभी भी करने नहीं दिया, अगर मैं एकाध भांडा भी जगह बदलकर रख दूँ तो उसे बड़ा गुस्सा आता। इस घर संसार पर रत्ती भर भी मेरा अधिकार नहीं यह बात हर पल अपनी बातों कृत्यों द्वारा मुझे जताती, इस कारण मैंने घर परिवार रचाना-बसाना यह शौक मन में दबाकर ही रखा था।

शाम तक सब सामान रचाकर पूरा हुआ। जमीन अभी-अभी तैयार की थी, बिलकुल कच्ची-कच्ची, गीली, ठंडी-सी थी। उस पर बोरे, वट्टियाँ, चटाइयाँ बिछा दी। चलने की जगह लकड़े की तख्तियाँ डाल दीं। घर, जमीन इतनी कच्ची रहते हुए आने की जल्दी करना जरूरी न था। बुधवार में रहने के लिए माँ बड़ी उतावली हो गई थी।

रात में चूल्हा सुलगाया। सात-आठ ईंटें रचकर उस पर एक फर्श रखा और उस पर गैस का चूल्हा रखा। माँ गैस का उपयोग ज्यादा करने नहीं देती थी। इधर आने से पहले ही दो गाड़ी उपलियाँ लाने के लिए पैसे दे रखे थे। बाहर के नहाने घर में एक बाजू में ईंधन की लकड़ियाँ रखी थीं। अन्दर के कमरे में बीच में लकड़ी के तख्ते बिठाकर माला अटारी बनाने से और भी अँधेरा छाया था।

हम इतने दिनों तक बड़े घर, आँगन में, सुख-सुविधा से परिपूर्ण घर में रहे। पाटील मामा का घर बड़ा था, सात-आठ साल रहे वहीं पर। उससे पहले चाहे घर छोटा हो पर शहर में रहने की आदत-सी हो गई थी। अब अचानक देहात में, असुविधा से युक्त, नापसन्द घर में रहने का वक्त माँ ने लाया। पाखाने के लिए गन्ने के खेत में जाना है इस कल्पना से ही जी मिचलाने लगा। मेरे साथ मेरी बेटियों को भी घिसटने की नौबत आई और मैं कुछ भी कर नहीं सकती थी। मेरे दुर्भाग्य के साथ-साथ मेरी बेटियों का भी दुर्भाग्य से गठबंधन हो रहा था, इसका तीव्र दु:ख मुझे हो रहा था। रात में खाना खाकर गीली-बोरियों पर मेरे मासूम-से सोए बच्चे देखकर मेरा दिल भर आया।

सुबह उठने का जरा भी उत्साह न था। फिर भी अनचाहे उठी। बाहर का दरवाजा खुला था, माँ ने आँगन झाड़कर सामने का रास्ता झाड़ना आरम्भ किया था। दरवाजे के सामने, रास्ते के किनारे पड़ोसी धोंडीबा बढ़ई के यहाँ दुरुस्ती के लिए आए बैलगाड़ियों के चाक, एक पूरी गाड़ी का सामान पड़ा था, उससे सटकर ही बुझी राख का बड़ा ढेर था, अग्नि जलाकर उसमें गाड़ी के लोहे का चाक गर्म करके आकार देते हैं उसे 'आवा' कहते हैं। सारा बिखरा सामान देखकर माँ ने धोंडीबा बढ़ई को ललकारा, "आवा आता तुमच्या दारासमोरच्या जागेत पेटवायाचा।" (आवा अब तुम्हारी जगह मैं सुलगाने का।) और इस बात को लेकर झगड़ा आरम्भ हुआ।

"इकती वर्स राहिलो इथं कुणी आमाला इचारलं नाहीं आणि आता तू कोण इचारणारी?" (इतने बरसों से हम यहाँ रहते आए किसी ने रोका नहीं, पूछा नहीं अब तुम कौन हो पूछनेवाली?) धोंडीबा सुतार कमर पर हाथ रखकर माँ से उल्टा सवाल कर रहा था।

''कोण इचारणारी? हया घराची मालकीण, जास्ती-कमी कोण काय बोलल तर...एकेकाला हिसका दाखवीन।'' (कौन पूछनेवाली? इस घर की मालकिन हूँ। अगर किसी ने कम-ज्यादा कुछ कहा तो एक-एक का हिसाब चुकता करूँगी बराबर।) माँ ने उतना ही जोरकस जवाब दिया, विशेषणों सहित।

झगड़ा बढ़ता ही गया। माँ अत्यन्त गंदी-गंदी गालियाँ बक रही थी। यह घर जब लिया तब से ही माँ ने धोंडीबा से ताकीद दी थी कि, खपरैल से बरसात का जो पानी गिरता था वह हमारी दीवार पर न गिराए। धोंडीबा कहता, ''हयो बोल (दोनों घर के बीच का अन्तर) माज्या मालकीचा हाय मी इथच (यहीं पे) पानी सोडणार,'' तो पास के खेतवाले पाटील के भी दो-तीन कमरे दूसरे बाजू से थे वह भी आया था, उसने कहा, ''हयो दूसरा बोल आमचा हाय हिक्ड पानी येता कामा नए, आणिक तुमच्या लाइटचा खांब आमच्या शेताजवल का घाटलासा (क्यों डाला?)।'' झगड़े की आवाज सुनकर भरपूर लोग जमा हुए थे। अब तो सामनेवाले चमार को भी आवेश आया वह भी झगड़े में शामिल हुआ, ''तुमी सगला केर आमच्या बाजूला का सारला?'' (तुमने सारा कचरा हमारी ओर क्यों सरका दिया?)

देहात में कदम रखते ही पहले दिन अलग-अलग लोगों से, अलग-अलग कारणों से झगड़ा शुरू हुआ। वैसे तो सब तरफ, घर आँगना, रास्ता भर कचरा, घास-फूस, घूरे का, गोबर का ढेर लगा था।

मैं दरवाजे के अन्दर खड़ी रहकर देख, सुन रही थी। गालियों की जुगलबन्दी सुनने के लिए श्रोतागण बड़ी संख्या में उपस्थित थे।

माँ की सहायता के लिए 'वे' भी साथ-साथ थे। वैसे तो झगड़े का मोर्चा सँभालने के लिए अकेली माँ ही काफी है यह झलक आंबेवाडीवालों को पहले ही दिन दिखाई दी, पहले ही दिन माँ ने अपना 'पानी' गाँववालों को दिखाया।

मैं और भी उदास हो गई। अब हर रोज ऐसे झगड़े चलनेवाले हैं, यह मैंने पहचान लिया। सुबह-सुबह झोंपड़पट्टी के लायक कलह, दंगा शुरू हुआ था। मुझे अच्छा नहीं लगा। माँ के लिए झगड़ा करना अत्यन्त पसन्दीदा बात थी। हर वक्त किसी से भी झगड़ा करना ही है। झगड़े से जो मनस्ताप, सरदर्द, क्रोध इसमें से उसे कुछ भी तकलीफ न होती थी, उल्टे 'अपना' वक्त झगड़े में कितना अच्छा कटा! ऐसा संतोष उसके मन, चेहरे पर झलक उठता। झगड़े के कारण ही अपना महत्त्व बरकरार रहता है ऐसा उसका विश्वास है। झगड़े में आज तक उसे कोई हरा नहीं पाया। उसकी झगड़े की आदत और पसन्द शमा, ईरिना, जरीना में जैसी-की-तैसी उतरी है। शहाजाद नहीं झगड़ती। जमेला घर के लोगों से झगड़ती नहीं लेकिन आस-पड़ोसवालों ने झगड़ा निकाला तो वह महा उस्ताद है, जमेला की गालियों की बौछार शुरू हुई तो बड़े, चंगे भी पिछवाड़े पैर लगाकर भागते हैं। मुझे झगड़ना आता नहीं, गालियाँ आती नहीं और सुनकर भी लज्जा आती है। गला रुँघता है और हलक से जुबान ही चिपक जाती है। मुझे झगड़े से बड़ा डर लगता है।

मैं चुपचाप अन्दर आई, चूल्हा जलाया, चाय के लिए पानी रखा। ग्रामपंचायत का पानी का नल तो दरवाजे पर था पर पानी आएगा इसका भरोसा न था। पानी भी वडणगे गाँव में से कुएँ का लिया था जो पीने लायक नहीं था। पीने का पानी जिसके खेत में

मँगवाया जाता वहाँ की नहर से भरकर लाना है। धोना धोने के लिए नदी का घाट नहीं था। किनारे पत्थर रखे थे वहीं धोना है अथवा पन्हाला-जोतीबा रास्ते के किनारे 'रेडेडोह' नाम का छोटा-सा सरवर था वहीं पर धोना धोने जाना है। यह सरवर घर से दो-ढाई किलोमीटर दूर था। नदी डेढ़-दो मील पर थी। सारी बातें अनियमित, असुविधाजनक। हमेशा का नित्यनेम बिखर-सा गया। चाहकर भी किसी काम में नियमितता लाना कठिन लगने लगा।

आंबेवाडी में आए तीन दिन हुए थे कि विराज ने पलंग से जो छलांग मारी मांडी की (गोद) हड्डी ही टूट गई। विराज गिरते ही बेसुध हो गई। दुबारा सी.पी.आर. अस्पताल में रिक्शा से ले आए। जंघा से नीचे पैर तक प्लास्टर डालना पड़ा, तब विराज ढाई बरस की थी।

गाँव में आते ही यह दुर्घटना हो गई। माँ की भौजाइयों ने माँ से कहा, "नवे घर में आए कुछ कुरानखानी करे नई करको ऐसा हुया।"

घर में खर्चे की बड़ी तंगी थी। लगातार बारिश हो रही थी। विराज बिस्तर पर थी, ऐसी अवस्था में 'कुरानखानी' की। एक मौलाना जी से 'कुरानपठन' करने के लिए कहा था। पाँच किलो गोश्त लाकर खाना पकाया। हमारे शाहुवाले मेहमान मिलकर सौ-सवा-सौ लोग हो गए। खाते वक्त माँ बड़े अपराधी भाव-से अपनी भौजाइयों से बता रही थी, "नावा रखू नको गे, खाने में गोश नई।" (नाम मत रखो, चावल में गोश्त नहीं।) यह बात सुनकर न्यामत मुमानी, बाकी पंक्ति में बैठी औरतों से नेत्र पल्लवी करके खिल्ली उड़ा रही थी, "न्हंदे जी बुसाय, चलनका।" (रहने दो ननद जी, चलता है।) और मुँह पर पल्लू लगाकर खी...खी...हँस रही थीं।

मुझे अन्दर से संताप हो रहा था। मेरे बच्चे का पैर टूटा है और इन्हें भरपूर गोश्त का खाना चाहिए, अभी खाना खाकर ऊपर से हमारा मजाक उड़ा रहे थे। कितनी नाटकीय और बेशरम औरतें हैं यह? स्थिति का ध्यान रखकर इनसान को बात करना चाहिए है! लेकिन इन औरतों में यह बुरी आदत ही थी जो सामने कुछ बोलतीं और मुँह मोड़ते ही खिल्ली उड़ातीं, मजाक करतीं।

फूफू को चिट्ठी भेजी थी, चिट्ठी मिलते ही भागते आईं। फूफू सतत विराज के पास बैठती। विराज से गपशप करतीं, कहानियाँ बतातीं, विरू से बैठे-बैठे खेल खेलतीं। कैसे भी हो, विराज का दिल बहलाने की कोशिश करती रहतीं। फूफू का दिल अब मेरे लिए कुछ पसीज-सा गया था। मेरे साथ नरमाई से पेश आतीं। सब्जी साफ करना, कपड़ों की तह करना आदि कामों में हाथ बँटातीं।

आंबेवाडी में आने के बाद देहात के बारे में जो भोले-भाले तर्क थे वे गलत साबित हुए थे। वैसे तो यह आंबेवाडी गाँव कोल्हापुर से तीन-चार मील पर, नदी के किनारे बसा हुआ है। लेकिन गाँव का चेहरा-मोहरा बिलकुल गँवार, देहाती, दकियानूसी विचारों का, अन्धश्रद्धायुक्त था। नदी किनारे गन्ने की खेती थी, पीछे बाजू में रेडेडोह सरवर था, वहाँ भी खेती थी। बिलकुल कम जगह में गाँव बसा था, चौड़ाई कम लम्बाई ज्यादा। रास्ते किनारे दो गलियाँ, यही रास्ता चिखली, वरणगे, पाडली तक जाता है। इन सब गाँवों की लम्बाई तो है लेकिन चौड़ाई नहीं।

आंबेवाडी गाँव में एक छोटा स्कूल है। मीनू, शरू उसी स्कूल में जाने लगीं। यह स्कूल पाँचवीं तक था। मीनू चौथी और शरू तीसरी कक्षा में पढ़ रही थी।

जरीना ने स्कूल बहुत पहले ही छोड़ा था, अब उसकी शादी की चर्चा चली थी।

चार-पाँच दिन में ही एक-एक असल इनसानी नमूना आजमाने को मिला।

सामने रहनेवाले काम्बले का बेटा अपने दस-बारह दोस्तों को लेकर दुरुस्ती को छोड़ी बैलगाड़ी में लेकर बैठता और वाहियात गाने गाता। दो-तीन दिन तक सहन किया आखिर में जाकर उसके पिताजी से शिकायत की तब कहीं वह नौटंकी बन्द हुई।

दो ही दिन हुए नहीं कि रात में घर पर पत्थर फेंकने लगे। सब डरकर उठे। रात के दो बजे थे, बाहर जाकर देखा, सारा शान्त-शान्त था। रास्ते पर कोई नहीं। आधे घंटे के बाद और दो-तीन पत्थर गिरे, जिसमें से एक बड़ा-सा पत्थर खपरियाँ फोड़कर अन्दर गिरा, नसीब से वह चूल्हे पर गिरा, किसी के सर पर नहीं। घर में लाइट लगाया और माँ आँगन में जा बैठी।

आगे पन्द्रह दिन लगातार, विशिष्ट वक्त पर घर पर पत्थर गिरते रहे। हमने अब ध्यान रखना शुरू किया। पत्थर हमारे पीछे के गन्ने के खेत से आ रहे थे। पत्थर गिरते ही मैं, माँ, जरीना धोंडीबा सुतार के घर के पास की पगडंडी से खेत की ओर गए, चाँद के उजाले में देखा गन्ने के चार पातों के बीच कोई बैठा था, माँ आगे गई और उसका बकोटा (कन्धा) पकड़कर खींचते बाहर लाई। दरवाजे में लाकर उजाले में उसका चेहरा देखा तो आंबी (माँझी) का हरी था। उसने शराब पी थी, वही पत्थर मारता था। माँ ने दो-चार तमाचे देकर गालियाँ देने लगी, (चल तेरे घर में, तेरी पत्नी से बताती हूँ।) उसे घसीटने लगी तब पाँव पकड़कर हरी ने माफी माँगी, दुबारा ऐसा न करने का वायदा भी किया।

इसके बाद दो महीने तक कुछ तकलीफ नहीं हुई, पर अब चिखली के लड़के रात में पिक्चर देखकर रास्ते से जाते वक्त या रात की नौकरी से लौटते वक्त साइकल से जाते-जाते पत्थर मारते, पीछा करना भी मुश्किल था क्योंकि उठकर बाहर आने तक वे दूर-दूर नजर आते। कभी-कभी घर की बेटियों के नाम कभी जरीना का नाम भी लेकर चिल्लाते। बड़ा मनस्ताप हो रहा था। रास्ते के बिलकुल किनारे पर घर था। चहल-पहल का रास्ता। कहने को घर था पर एहसास ऐसा होता मानो रास्ते पर, खुलेआम रह रहे हैं। शहर में जन्म हुआ। शहर की संस्कृति में पली, बढ़ी। गली के माहौल में जो प्यार, सहारा, स्नेह इसमें से जो सुरक्षा मिली, वह आंबेवाडी में आते ही नष्ट-सी हो गई। बड़ा बुरा अनुभव था। मेरी नाल जिन ममतालु लोगों से जुड़ी थी वह टूटकर मैं ऐसे लोगों के बीच में फेंकी गई जिनमें मेरा 'अपना-सा' कोई भी न था। कविता में, पाठों में, जो पढ़ा, सुना वह सीधे-सादे, भोले-भाले, प्यारे से देहात और देहाती अब नहीं रहे थे। अब तो मानो अलग-अलग दीमक उन्हें लग चुकी थी जो उन्हें अन्दर-बाहर से खोखला बना रही थी। खेती, बाड़ी, घर का काम छोड़कर राजनीति और नेताओं के पीछे भागनेवाली पलटन तैयार होने लगी है। नीतिहीन, धूर्त, चालाक, मतलबी, उथला बोलनेवाले और रहनेवाले लोग आस-पास ज्यादा ही दिखने लगे हैं।

उसमें हमारा रास्ते पर का घर, रास्ते पर की धूल घर पर और दिल पर भी हमेशा उड़ रही थी। धूल के आवरण बढ़ते ही जा रहे थे...

## 33. आँसुओं का चूरन चबा के हमने डकार मारा रे...

एस.वाय.बी.ए. में भी मैं अच्छे अंक प्राप्त करके पास हुई। अर्थशास्त्र, हिन्दी, समाजशास्त्र में पचहत्तर से आगे अंक मिले। बी.ए. के स्पेशल विषय अर्थशास्त्र या समाजशास्त्र लूँ ऐसा अध्यापक चाहते थे। मुझे हिन्दी विषय में रस था, मैंने बी.ए. में हिन्दी ही रखने का निर्णय लिया।

मिनाज चौथी पास होकर पाँचवीं कक्षा में गई। पाँचवीं में अंग्रेजी विषय था। इसके अलावा दसवीं की नींव पाँचवीं में ही डालनी पड़ती है, सब सोचकर कोल्हापुर में राजामाता जीजाबाई गर्ल्स हाईस्कूल में पाँचवीं में नाम दाखिल किया। आंबेवाडी से कोल्हापुर बस टिकट तीस पैसे था। महीने का पास निकाला, मीनू बस से स्कूल जाने लगी। साथ में आंबेवाडी, चिखली की कुछ लड़कियाँ थीं।

1978-79 मेरा बी.ए. का अन्तिम वर्ष शुरू हुआ। शौहर नौकरी सँभालकर रिक्शा भी चलाते थे, फिर भी घर की आर्थिक तंगी खत्म न होती थी। दिन में रिक्शा पर एक दूसरा ड्राइवर रखा था, जो दिन के पेट्रोल खर्चा निकालकर बीस-पच्चीस रुपये देता था।

शहाजाद की जचगी के लिए माँ बुधवार के घर में गई थी। शहाजाद के एक बेटा हुआ था। इस बेटे का नाम भई की याद में इस्माइल रखा गया था। हर रोज रिक्शा के पैसे माँ वहीं पर निकाल लेती और हमारे लिए दो-तीन रुपये भेज देती। दो महीने पश्चात वह घर आई।

ईरिना के दो-दो बरस के अन्तर से तीन जचगियाँ हुईं, दो बेटे, एक बेटी। ईरिना पेट में सात महीने का बच्चा ले आती और वही बच्चा सात महीने का होने के बाद सातारा वापस जाती। बरस में से कुछ महीने ही वह सातारे में रहती। हमेशा आंबेवाडी में रहती। ईरिना के बच्चों के नाम युसूफ, अमीर और रेशमा हैं।

ईरिना और रूबाब खाला में जरा भी पटती न थी, हर वक्त दोनों झगड़तीं। शमू भी केले की गाड़ी तो लगाता पर काम में ध्यान न था। गाड़ी लगाकर मटका, जुआ खेलने जाता। तब तक जो कोई दूसरा गाड़ी पर खड़ा रहता वह केले बेचता, जो पैसे देता उतने ही शमू लेता। उधारी से केले देता। घर में बीस-तीस रुपये देता इसमें ईरिना घर का खर्चा कैसे चलाती? फिर पति-पत्नी का झगड़ा शुरू होता। बेटे से बहू झगड़ा करे, खाला को अच्छा न लगता, वह भी बीच में आती, "देख क्या ईरिना, मेरे बेटे को तुने कुच बोलने के नई ना! मेरा बच्चा एकलुता (अकेला ही) एक हाय बया, तुजेच संसार करने नई आता सो बोल।" और विवाद बढ़ता ही जाता।

सातारा में जंगीबाड़ा था वहीं पर ईरिना रहती थी। विस्तीर्ण, पुराना ऐसा बाड़ा था, वहीं पर मोहर्रम के पीर बिठाते, आस-पास पुराने मजार थे, उसी परिसर को जंगीबाड़ा नाम से जाना जाता है। वहीं पर कुछ छोटे-छोटे कमरे मुजाविर लोगों के थे, उसमें से एक कमरे में ईरिना किराए से रहती थी। एक कमरे में लकड़ी का तख्ता, पुरानी पेटियाँ लगाकर दो कमरे बनाए थे। अन्दर चूल्हा, छोटी-सी मोरी, बिछौना था, बाहर खाला की खाट रखी थी। दिन भर जंगीबाड़े के कमरे की चाबियाँ, जहाँ मोहर्रम में पीर बिठाते ईरिना के पास रहती। खाला दोपहर में वहीं आराम करती, कभी-कभी पेड़ों तले घनी, ठंडी छाँव में कब्र को ही सिरहाना बनाकर सो जाती। इस जंगीबाड़े में शायद युद्ध का इतिहास छिपा था। यहाँ का मोहर्रम बड़े जोर-शोर से होता है। सब पीर यहीं मिलने आते तभी ताबूत नचवाते। पीर के बन्दे बाघ बनकर

शरीर पर रंग के पट्टे खींचते और पीर के सामने नाचते, ऐसा वहाँ रिवाज था।

इसी जंगीबाड़े में रूबाब खाला और ईरिना के जंगी झगड़े भी होते। ईरिना गुस्से से बैग भरती और बच्चों के साथ आंबेवाडी आ धमकती। पादनेवाले को चने का बहाना, इस तरह जरा-जरा-सी बात पर दोनों झगड़तीं। ईरिना तो माँ जैसी भयानक झगड़ालू, मुँहजोर थी, खाला ने तो उसके सामने हाथ टेक दिए थे।

ईरिना का परिवार नियोजन का ऑपरेशन यहीं पे कराया। एक बार ईरिना ने झगड़े में अपना गुस्सा अपने बड़े बेटे पर निकाला। युसूफ के पैर पर ऐसी लकड़ी मारी कि उसका पैर ही टूट गया, वैसे ही सातारे से ले आई, प्लास्टर करवाया, फिर छ: महीने के बाद ही गई।

घर में आने-जानेवालों का हमेशा ताँता लगा रहता मानो घर नहीं रेलवे स्टेशन का वेटिंग-रूम हो। हम कुली थे जो घर-खर्चा, काम का बोझ लगातार उठाते रहते।

मैं और मेरे बाल-बच्चे-इनके बारे में किसी को सोचने का न अवसर था, न इच्छा। लेकिन हमने सबका करना है, सोचना है यह अपेक्षा हर सदस्य की थी। सब बहनों की परवरिश, आठवीं कक्षा तक पढ़ाई, शादी-ब्याह, जचगी सब फर्ज हम करते आए पर किसी के भी दिल में कृतज्ञता का भाव न था, अपितु यह मैंने ही करना है, मेरा ही फर्ज है यह भावना सबके दिल में थी। मैं बड़ी तंग आ गई थी।

बी.ए. का अन्तिम वर्ष चल रहा था। घर के काम में बहुत वक्त जाया जाता। नदी जाकर घड़े से पानी लाना, इसके अलावा घाट पर, पाट पर (नहर) या डोह पर जाकर कपड़े धोना है। दो-तीन दिन के अन्तराल से तो कॉलेज जाना जरूरी लगता, मैं तो थककर चूर हो जाती। मुझे लगता ईश्वर भी मेरा इम्तिहान ले रहा है।

माँ के साथ-साथ जरीना भी मुझे मनस्ताप देने में हटती न थी। प्रेम का व्यवहार उसे मालूम ही न था। मेरी बेटियों से भी झगड़ती। पटका-पटकी, फेंका-फेंकी करके ही काम में मदद करती। उद्दंडता से... जवाब देने की आदत जरीना में भी थी। माँ जरीना को लेकर खेत में काम के लिए जाने लगी। मुझे यह बात जरा भी पसन्द न थी। 'इनसे' कहकर उसे रोकने के लिए कहा तो माँ ने उल्टा जवाब दिया, "हामना कोन ने बोलने के नई।" पर मैं बराबर जानती थी कि मियाँ की दौड़ कहाँ तक है? मस्जिद तक, उसके आगे तो नहीं जा सकता। दो महीने बाद काम बन्द किया। अब खेत में जलाया गया गन्ना ईंधन के लिए चुनने जाने लगी। खुद तो कालेकभिन्न (राख में काली हो जाती) हो रही थी, साथ ही सारा घर भी धुएँ से काला होने लगा।

पानी तब तक गरम हो, जरीना नहाती नहीं और अब पानी ठंडा हुआ है यह पक्का होता तब बाल्टी पटकते, पानी गिराते ले जाती, ऊपर से गालियाँ बकती, "मुर्दा धोने को रखे सारखा गार (ठंडा) पानी रखेई, आपून गरम पानी वतको लेतियं", फिर जो मुँह शुरू होता तो भरपूर देर तक शुरू रहता।

जरीना और माँ तो हर वक्त झगड़ती रहतीं। अपने दंगे से गली जमाते। दोनों अड़ियल टट्टू झगड़ालू। आत्महत्या करने की धमकी दोनों देतीं पर मरने के लिए भरी, बहती नदी की तरफ न जाते हुए सूखे पड़े जंगलों की ओर भागतीं। दोनों के झगड़े छुड़वाने आई औरतें उन्हें बचाने के लिए मनातीं, उनके पीछे भागने लगतीं, "आवो मावशी, अग झरीना, आस करू

नकासा ग।'' कहती हुई उन्हें पकड़कर ले आतीं। हमेशा बिना पैसे का तमाशा घर में शुरू था।

शाहुवाले मेहमानों का गुन्हालघर (गन्ने के रस से गुड़ बनाने की जगह या कारखाना) उनके खेत में, रास्ते के किनारे शुरू हुआ। स्कूल से बच्चे आते ही माँ उन्हें खास करके मीनू, शरू को चिप्पाड (रस निकालने के बाद का चोथा, जिसे सुखाकर जलाते हैं) लाने भेजती। मुझे गुस्सा आता, पढ़ाई छोड़कर चिपाडे का बिंडा (पुलिंदा) लाए तब ही चूल्हा सुलगा सकते हैं ऐसी विकट स्थिति न थी। लेकिन माँ का मानना था पढ़ाई से ज्यादा चिपाडे ले आना, जिससे चूल्हा जला सकते हैं, पढ़ाई का क्या फायदा? बड़ी माँ से बच्चे भी डरते, पुलिंदा बाँधने के लिए रस्सी लेकर चुपचाप जाते। माँ, जरीना बड़ी खुश होती कि ''कैसा बेटियों को काम लगाया।''

जरीना को राजमाता स्कूल में पढ़ाई के लिए भेजा था लेकिन आठवीं तक भी ठीक से पढ़ नहीं सकी। सब बहनों को माँ से दस गुना पढ़ाई से नफरत थी, इस कारण मेरी बेटियों की होशियारी की सराहना वे नहीं करतीं। जरीना को गोबर लाना, उपलियाँ लगाने में ज्यादा रुचि थी, ''आज दो टोकरे गोबर मिल्या यह बताते वक्त उसके चेहरे पर जो खुशियाँ छलकतीं वे देखने लायक रहतीं। माँ भी उसके लाए गोबर की ढेरी को देखकर इतनी तारीफ करती, बस्स उस गोबर की नजर उतारना ही बाकी रहता। कभी-कभी दोनों इतने प्रेम से रहतीं कि कुत्ते जैसे एक-दूसरे पर भौंकनेवाली यहीं हैं ना? ऐसा सवाल दिल में आता। सब बर्ताव ही सर्वसामान्य आदमी की समझ से परे। जरीना की जुएँ निकालनेवाली माँ मुझे सच्ची, प्रेमस्वरूप माँ लगती। पर मुझे यह भी पता था, यह दो घड़ी प्रेम का नाटक ज्यादा देर नहीं चलता एक कहावत है 'मैतर मा प्यार करती और बालों का मुंडन करके जुएँ देखती।''

मेरी पढ़ाई शुरू थी। काम से कितनी भी दमछाक (थकान) क्यों न हो, मैं पढ़ाई में आना-कानी न करती। मुझमें आत्मविश्वास बढ़ता जा रहा था। काम करते-करते कवि रहीम, कबीर, मीराबाई के दोहे, अर्थ याद करती थी। पाठान्तर और स्मरण ये दो बातें ईश्वर से मुझे मिला वरदान है, ऐसा मैं मानती हूँ। अब भी अंग्रेजी के बड़े-बड़े जवाब मैं पाटी पर लिखकर, पोंछकर, लिखकर याद करती। प्रकट उच्चारण किए बगैर मन-ही-मन में याद करने की आदत अधिक दृढ़ हो रही थी।

परीक्षा नजदीक आई थी। पढ़ाई के लिए एकांत मिले इसलिए माल पर ही बाबूमामू की बेटी बेबी की बड़ी झोंपड़ी थी वहीं पर जाकर पढ़ाई करने लगी। बहुत बार नीसा मुमानी के खेत में, आम के बड़े पेड़ तले भी पढ़ाई करती। आस-पास मोगरे की बेलियाँ थीं, केले का बन था, खुली सुरभिमय हवा, मिट्टी में चटाई बिछाकर पेड़ के तने से पीठ टिकाकर बैठती, आलस नहीं आता। जल्दी-जल्दी काम निबटाकर बारह बजे खेत में जाती तो शाम छः बजे वापस आती। दोपहर में खाने का डिब्बा साथ ले जाती। खेत में नीसा मुमानी, न्यामत मुमानी, मजदूर औरतें मिलकर खाना खाते। साथ में चटनी नमक लगाई कच्ची कैरियाँ (आम), प्याज भी ले आती थी। सब्जी, दही, छाछ एक-दूसरे को देते, मिलकर खाना भी खाया जाता, मजा भी आता। इस माहौल में पढ़ाई का कष्ट नहीं लगता। धूप में भी ठंडाई लगती। बीच-बीच में अलग-अलग पंछियों के स्वर सुनाई देते। वे आवाजें मन को आह्लाद देतीं। विशिष्ट वक्त पर, शाम के वक्त सारे गम के स्वर में गानेवाले पंछी पहचाने-से लगने लगे। पढ़ाई का तान,

पंछियों की तान में भूल-सा जाता। यह थोड़ा-सा बदलाव प्रफुल्लित करता।

शनिचर-इतवार, छुट्टी में मेरी बेटियाँ भी पढ़ने, इकट्ठा खाने साथ आती। सामूहिक पद्धति से चली माँ, बेटियों की पढ़ाई देखकर खेत की औरतों को बड़ा मजा आता। बड़ी कौतूहल से वे हमें निहारती रहतीं। उन सब औरतों से मेरी दोस्ती बन चुकी थी। दोपहर के वक्त दिल की बातें खोलकर बतियाती रहतीं। सुशीला, रुक्मिणी, रत्ना, आक्काताई, आकनी, मामाबाई, शान्ता ऐसी कितनी सहेलियाँ बन गईं। हर औरत की अपनी-अपनी व्यथा थी, कथा थी। सुशीला के साथ उसके बहनोई ने धोखा किया था, शादी का तो पता नहीं पर तीन बच्चे थे और उस बहनोई के नाम का ही 'कुंकू' लगाकर (कुमकुम तिलक) माल पर एक झोंपड़े में रहती थी, खेती में काम करके बच्चों का, अपना पेट भरती। शान्ति के दो बच्चे, पति गुजर चुका था। आकनी के पति ने तीन बच्चे पैदा करके इसे तलाक दिया था, अब काम करके अपने भाई की मेहरबानी पर जी रही थी। संघर्ष हर औरत कर रही थी, दु:ख हर औरत झेल रही थी बस व्यथा की कथा अलग-अलग, रंग अलग-अलग।

मेरा अनुभव विश्व विस्तारित हो रहा था। घर, परिवार, रिश्ते-नाते, स्वार्थ, धोखाधड़ी, धूर्तता, रिश्तों का गुच्छा, उलझनें, समाज के लोग, शोषण, छल-कपट, जहरीली प्यास, निचोड़ना कितना कुछ-कुछ! बहुत-सी औरतें बच्चों सहित अकेली गुजारा करती थीं। खेत के मालिक द्वारा होनेवाला लैंगिक शोषण चुप्पी साधकर सहती थीं। औरत का पेट बढ़ानेवाले बहुत-से थे पर जिम्मेदारी की उँगली अपनी ओर न उठे इसके बारे में सजग थे। समाज में बड़े-बड़े माने जानेवाले, पैसेवाले, सफेद वस्त्रधारी, गाड़ियों में घूमनेवाले, चारित्रिकता, नैतिकता से कोसों दूर थे। बेचारी औरतें उनका क्या बिगाड़तीं? मैं नजदीक से इनकी जिन्दगी देख रही थी, सोच रही थी। मैं कुछ औरतों की मजदूरी का हिसाब करने में मदद करती। हिसाब की बहियाँ डाली थीं। कुछेक के बच्चों को स्कूल में पढ़ाई के लिए दाखिल किया। बैंक ऑफ इंडिया में कुछ औरतों के बचत खाते शुरू कराए। इनकी नियमितता देखकर बैंक ने अर्थसहायता के लिए हाथ बढ़ाया। बैंक के काम में मेरी पहचान से मुख्याधिकारी श्री किरण कर्नाड जी ने बड़ी सहायता की, रुक्मिणी, सुशीला ने भैंस भी खरीद ली।

अब मुझसे शाहुवाले रिश्तेदार गुस्सा करने लगे, "उनको पैसा बचाने का, भैंसा लेने का, शाला में जाने का शिका, आदत कर, कतो आज उन्हें हमारे यहाँ चाकरी के नोकर हैं, सबेरे उनके घर में हामी मजूरी करतींय।" मैंने ध्यान नहीं दिया। सुशीला ने दस हजार रुपये की मुद्दतबन्द रकम रखी, जो आगे चलकर उसकी बेटी की शादी में काम आई।

शान्ता हमारे घर की आजीवन सदस्य बन गई। वह आज भी हमारे साथ है। इन औरतों से आज मैं दूर हूँ, लेकिन उनके दिल में मेरे लिए हमेशा के लिए जगह बन चुकी है, "आशा बाई नी आमारनी चांगली वाट दावली" (आशाबाई ने हमें अच्छा रास्ता दिखाया) इस बात को याद करके वे मुझे कभी नहीं भूलीं।

## 34. कैसी काल नागिन? बैरन बन गई नदी...

10 अप्रैल, 1980 को बी.ए. की परीक्षा प्रारम्भ हुई। कॉमर्स कॉलेज में नम्बर आया था। अंग्रेजी का पर्चा भला गया, बाकी स्पेशल पेपर्स शुरू हुए।

तीसरे पर्चे के दिन मुझे बस ही नहीं मिली। दस तक गाँव में ही थी। पर्चा तो ग्यारह बजे शुरू होनेवाला था। मैं बहुत डर गई। गलती मेरी ही थी, हर रोज नौ बजे घर से बाहर निकलती, आज देर कर दी। ग्यारह बज चुके थे और मैं चलते, भागते रास्ते से जा रही थी, लेकिन रास्ता समाप्त नहीं हो रहा था। मैं रास्ते भर रोते ही चलती, भागती थी। अब मेरा बरस बेकार जानेवाला, मेरी बरस की मेहनत खाली जानेवाली, मैं क्या करूँ? रिक्शा भी नजर नहीं आ रही थी। साढ़े ग्यारह बजे शिवाजी पुल पर मुझे रिक्शा मिली। जब कॉलेज की कक्षा में पहुँची बारह में दस मिनट बाकी थे। पूरे पचास मिनिट की देरी। मेरा डरा-डरा सा चेहरा, हाँफती, आँखों से बहते आँसू देखकर सुपरवाइजर ने बिना सवाल किए मेरे हाथ में पर्चा थमाया। पाँच मिनिट गए। मिनिट क्या? मेरी तकदीर का हिसाब चला था। मैंने लिखना आरम्भ किया, आखिर दो सवाल रह गए, वक्त हो चुका था। जवाब तो आते थे लेकिन वक्त के अभाव में लिख नहीं पाई, इस बात का बड़ा बुरा लगा। बाकी पर्चे अच्छे गए।

आंबेवाडी में बरसात के दिन अनचाहे लगते सामने पंचगंगा का बहता, बढ़ता पानी, पीछे से घर तक पहुँचा रेडेडोह का पानी। बीच में फँसा गाँव। बहुत विशाल बाढ़ आई। आगे-पीछे से पानी आने लगा। आंबेवाडी के रास्ते के दोनों किनारों तक पानी आ पहुँचा। मैंने 'इनसे' कहा 'हम बच्चों को लेको बुधवार के घर में जईंगे।' लेकिन माँ मानने को तैयार न थीं, ''कुछ हुता नई, आईंगा लई पानी तौ देकना आईंगा।'' (कुछ नहीं होगा, ज्यादा पानी चढ़ेगा तब देखेंगे।)

तब फूफू भी आई थी। मैंने तो कपड़ों के गट्ठर बाँधना भी शुरू किए। घर के पास पानी आया, और दो घरों के बीच बोल (छोटी गली) में से बहने लगा। अजिजी से मैंने कहा, 'अब तो चलो, कम से कम शाहुवालों के मालपर के घर में तो जाएँगे।'' पानी बढ़ता ही जा रहा था। अब धीरज नहीं बँध रहा था, मैं, फूफू, बच्चे, जरीना शाहुवालों के घर में आए। बच्चों को, फूफू को शाहुवालों के यहाँ छोड़कर हम वापस सामान लेने हमारे घर आए।

शाहुवाले माल बड़े ऊँचे टीले पर हैं, वहाँ तक कभी पानी नहीं आता। घर के बड़े सोपे (कमरा) में लोगों की भीड़ थी। शाहुवालों के लोग ऐसे वक्त पर सब लोगों को बुला ले आते।

अब हमारा घर डूब चुका था। दरवाजे में रखी लकड़ियाँ बहकर जा रही थीं। पानी में खड़े रहकर माँ और 'वे' बोरे में सामान भर रहे थे। हम सर पर सामान लादकर पानी में से चलते जा रहे थे। मेरे, जरीना के घुटनों तक पहुँचता पानी, मीनू की कमर तक पहुँचा था। वैसे पानी में से राह निकालना बड़ा मुश्किल था। सर पर बोझ, रात का घना अँधेरा, तूफानी हवा, थरथराते पैरों को सँभालते पैर घसीटते हुए चलना पड़ रहा था। पानी की धार का तेज खिंचाव था। आगे-पीछे से नदी और डोह का पानी दबा रहा था, पानी फेंटकर भँवर-सी बनी थी। मैं तो काफी डरी हुई थी। अगर मीनू का पैर फिसल गया तो? जरीना ने असावधानी की तो? नदी की धार बड़ी तेजी-से प्रवाहित थी। उसमें अगर ये बच्चे न टिक पाए तो? मीनू से मैंने कहा, ''मीनू, तुम मत आओ।'' पर मीनू नहीं मान रही थी।

''डरू नको, नई पडती।'' ऐसा कहकर मेरा ही धीरज बँधा रही थी।

मेरा जाने दो, लेकिन मेरे बाल-बच्चों पर आई विपत्ति! मुझसे देखा नहीं जा रहा था। और कहाँ तक जिन्दगी घसीटती जाती है, पता नहीं।

फूफू को बड़ा तेज बुखार आया। मेरे छोटे तीन बच्चे अपनी उस दादी से चिपककर, सहमे से बैठे थे। पानी बढ़ रहा था, तेज हवा की धो-धो आवाज और भी माहौल को डरावना बना रही थी। मैंने आखिर 'इनसे' कहा, ''इत्ता चलो, बस, मरने दो वो पसारा (सामान) पानी के साथ में घर भी बहते जाईंगा इत्ता। बचे तो देखना आईंगा।'' और मीनू अपने पिताजी को खींचते ले गई, पीछे से माँ भी आई।

सुबह के उजाले में माल पर से अपना घर देखना चाहा तो घर के ऊपर से पानी बह रहा था।

जहाँ तक नजर जा रही थी, लाल-लाल पानी नजर आ रहा था। सब रास्ते बन्द थे। गाँव के लोग अपनी जान बचाने के लिए स्कूल की दूसरी मंजिल पर, कुछ आंबी के माल पर, कुछ घरों की छतों पर बैठे थे। अतिथकर, जगताप, हिरूगडे इनकी इमारतें बड़ी और ऊँची थीं। उनके यहाँ भी लोगों ने सहारा लिया था।

शाहुवाले के विस्तीर्ण सोपे (कमरे) में हरिजन, चम्हार, बढ़ई, माँग, मजदूर इकट्ठा हो गए थे। जितना हो सके उतना सामान सबने बचा लिया था। सोपे में (अगला बड़ा कमरा) आठ-दस चूल्हे सुलग गए थे। सुशीला के छपरे में हमने चूल्हा जलाया। शाहुवालों का दिल बड़ा था, इतने लोगों की भीड़, सामान की रेलपेल, लोगों के कारण उन्हें होनेवाली असुविधा सब बड़े प्यार से सहते थे।

शाहुवालों का यह घर बहुत विस्तीर्ण था। यह सोपा इतना लम्बा-चौड़ा था कि जिसमें एक वक्त पर दो सौ लोगों की खाने की पंक्ति बैठ सकती थी। यह पूरा घर चौरस आकार में, आधे एकड़ में था। चारों तरफ चार मामू रहते थे, और सोपा सामुदायिक था, जिसमें बापू की बैठक रहती। बीस-बाईस कमरे, चार गोठे थे। हर मामू को पाँच-पाँच बड़े-बड़े कमरे, एक गोठा हिस्से में दिया था। आस-पास उनकी ही खेती थी। जब बाढ़ आती तो सैकड़ों लोग सबके घर में समा जाते, वे समा लेते।

चार-पाँच दिन हम यहीं रहे। बाढ़-पीड़ितों की तरह। मेरे बच्चों के मुँह सूख गए थे। ठीक से नींद नहीं। फूफू तो बीमार ही थी। सब घरों में लोग, सामान भरा था। आस-पास कीचड़-ही-कीचड़। कुछ विचित्र-सी बदबू चारों तरफ भरी थी। सब मुमानियों ने मुर्गियाँ पाल रखी थीं, उनका मुक्त संचार पूरे घर में था। खाने बैठते तो उनके झुंड बरतनों में से भागते, कुछ रोटियाँ भी, मक्खियाँ भिनभिना रही थीं, मैं तो उदास हो गई। खाने की इच्छा ही मर गई।

अब बाढ़ का पानी उतर चुका था। हम पाँचवें दिन अपने घर वापस आए। मिट्टी का घर। पूरा गीला गीला-सा हो गया था। जमीन का कीचड़ हो गया था। यहाँ रहना बड़ा मुश्किल-सा लग रहा था। मैंने उनसे कहा कि घर जरा सूखने तक बुधवार में रहेंगे। कैसी भी, अड़चन में रहेंगे, पर यहाँ नहीं रहना। रहेंगे भी तो कैसे? बेटियों को इस ठंड की बाधा होगी। माँ ने भी कहा, ''जईंगे आठ दिन।''

रिक्शा में खाने-पकाने का सामान भरा। बच्चों के, हमारे कपड़े लिए और हम सब बुधवार में आए। शमा की सास मनोडे अस्पताल में भर्ती थी। उसकी तबीयत बिगड़ गई थी। शमा उधर ही थी। मैंने शमा के घर में खाना पकाया। एक ही कमरा, सब वैसे ही अड़चन में सोए, फिर भी नींद आई, बाढ़ से दूर बड़ा सुरक्षित लग रहा था। चार-पाँच दिनों में बाढ़

के डर से नींद ही उड़ गई थी। मन को भी बड़ा उदास, भयावह-सा लग रहा था। यहाँ वह चिन्ता जरा भी नहीं थी। अब वापस नहीं जाना है, यहीं पर एकाध कमरा लेकर रहेंगे, ऐसा लग रहा था।

सुबह सात बजे आँख खुली। वह भी शमा के चिल्लाने की आवाज से। माँ आँगन में दाँत माँज रही थी, हम सब अब भी बिछौने में थे। हमें देखकर शमा का मस्तक शूल उठा, उसे आत्यंतिक चिढ़ आई। उसी चिढ़ में उसने बाहर जो पानी का बैरेल था उसमें ताकत से लात मारी और गटर में उसे गिराया। तेज हवा-सी अन्दर आकर बच्चों के शरीर पर जो चादरें डाली थीं वे खींचकर निकालीं और चिल्लाई, ''घर का धेंडवाडा करके रखयी नुस्ता, पवू (पैर) फिराने को जागा नहीं, उठो इत्ता, घर हाय क्या धरमशाला?''

हम सब घबराकर उठ बैठे। शमा का चेहरा तमतमा उठा था, बड़ी-बड़ी आँखें और बड़ी करके बरतन पटक रही थी। मुझे बड़ा अपमानजनक लगा। बच्चे बिछौने के डर से उठ बैठे ही थे। उनसे कहा, ''चलो, हम आंबेवाडी जायींगे जैसा हाय वैसा रहींगे।'' माँ को भी अपनी बेटी पर गुस्सा आया था शायद, ''चलो, यहाँ इत्ता एक मिनिट भी खडने (ठहरने) के नहीं।'' कहते हुए कल शाम ही लाए गट्ठरे रिक्शा में भरे और हम सब आंबेवाडी वापस आए।

वैसे ही सीलनभरे घर में बीमार फूफू सहित हम रहे। लकड़े की तख्तियाँ, बोरियाँ, तट्टे, चटाइयाँ बिछाईं, कीचड़ खींच-खींचकर निकाला था। पर कच्ची जमीन कच्ची ही थी। चार कोनों में लकड़ियाँ, उपलियाँ लाकर धूनी सुलगाई। कोल्हापुर से निकलते वक्त बखार से लकड़ियाँ और कान्हा की माँ से उपलियाँ खरीद लेना नहीं भूली थी। हमारे पास का ईंधन तो बह गया, माले पर रखी उपलियों का गोबर हुआ ही था, वह निकालना एक जानलेवा काम था।

मेरे बच्चों को ठंड की बाधा होकर पेचिश की तकलीफ शुरू हुई, बुखार भी आया। पर लाइलाज था। जिस घर पर सच्चा अधिकार था, वही घर माँ ने अपनी बेटियों को दे दिया और अब कठिन समय पर भी दो दिन सहारा देने के लिए बहनें तैयार नहीं थीं। मुझे बहुत दु:ख हो रहा था...।

## 35. कुछ तो लोग कहेंगे, लोगों का काम है कहना

जून 1980 में मैं बी.ए. पास हो गई। अट्ठावन प्रतिशत अंक प्राप्त हुए। मेरे उस देर हुए पर्चे के कारण प्रथम श्रेणी चूक गई, इस बात की दिल को ठेस लगी ही। फिर दिल को समझाया, 'नाराज मत हो, सेमिस्टर की बाजी तुम जीत गईं, तीन बरस में एक भी विषय नहीं रहा, तुम्हारा बी.ए. का बेड़ा पार हुआ यह क्या कम है।' दिल मान गया। खुश भी हुआ।

मेरे बी.ए. पास होने का आनन्द मेरे पति को भी हुआ। उन्होंने पाँच सौ रुपये भेंट में दिए और कहा, ''एम.ए. करने का तेरा इरादा है नई, तू फॉर्म भर।'' मुझे बहुत आनन्द आया।

मैं बी.ए. पास हुई इस बात से मैं खुश थी, पर इससे ज्यादा उन्होंने मुझे स्वयं एम.ए. में प्रवेश लेने की अनुमति दी यह खुशी दीर्घकाल तक टिकनेवाली साबित हुई।

मेरी शादी के बाद आज तक के इतिहास में पहली बार मेरे पति ने मेरी तारीफ में कुछ

व्यक्त किया था। उस पल ने 'उनके' बारे में मेरे दिल में जो भावना थी, उन्हें एक अलग-सा, नया रास्ता मिल गया ऐसा कुछ मुझे लगने लगा।

मैंने एम.ए. के लिए शिवाजी विद्यापीठ में प्रवेश लिया।

एम.ए. का अध्यापन दोपहर ढाई से शाम पाँच इस वक्त में रहता, मैंने हर रोज विद्यापीठ जाना तय किया।

दोपहर बारह-साढ़े बारह बजे घर से निकलती, आंबेवाडी से कोल्हापुर-तोरस्कर चौक तक पैदल आती। वहाँ से डेढ़ बजे तोरस्कर चौक-शिवाजी विद्यापीठ के.एम.टी. (कोल्हापुर महानगर पालिका ट्रांसपोर्ट) की बस रहती, सवा दो बजे तक विद्यापीठ में आती। शाम में विद्यापीठ से गंगावेस तक बस से आती, वहाँ से बस से आंबेवाडी आती। घर में आकर शाम का खाना-पकाना, बर्तन माँजना, पढ़ाई करती।

एम.ए. में पढ़ानेवाले द्रविड जी, सरजूप्रसाद मिश्रा जी, सुनीलकुमार लवटे जी, कणबरकरजी, रंजनी भागवत जी, मोरेजी आदि गुरुजन थे। एम.ए. में भी सेमिस्टर पद्धति थी। अपितु यह पद्धति बन्द हो जाए इसलिए छात्रों ने आन्दोलन शुरू किया था। शायद हमारी बैच आखिरी बैच होगी। अब तो हमसे शुरू यह सेमिस्टर की दास्ताँ, हम पर ही खत्म होनेवाली थी, हम पिसे जा रहे थे।

मुझे धूप में चलते जाते वक्त बड़ी तकलीफ होती। कभी-कभी आम्लपित बढ़ता और उबकाई से औकाई आती। आंबेवाडी से शिवाजी विद्यापीठ, दो घंटे सफर में जाते, बहुत थकान-सी होती। पर एक बार शिवाजी विद्यापीठ के परिसर में पैर रखते ही सारी थकान कपूर की तरह उड़ जाती और बचा वक्त बड़ा आनन्ददायी व्यतीत होता।

कक्षा के विशाल कमरे, कक्षा में पढ़नेवाले लड़के-लड़कियाँ, अध्यापक-अध्यापन, विद्यापीठ का पूरा विस्तीर्ण परिसर, हरे-भरे पेड़, रंग-बिरंगे फूलों से लदे पेड़-पौधे, लता-बेलियाँ उनकी भीनी-भीनी खुशबू, पाक-साफ रास्ते, सुन्दर विशाल-काय ऐसी विद्यापीठ की इमारत, पानी के फव्वारे-बड़ी सुन्दर अनुभूति रहती। जिन्हें देखकर अभिमान से सिर उठता और आँखें नम होती हैं। उन इतिहास पुरुष महिमामयी छत्रपति शिवाजी महाराज जी की, उड़ान भरनेवाली मुद्रा में घोड़े पर आरुढ़ पुतला! हम कोल्हापुर वालों को बड़ा अभिमान है हमारे शिवाजी विद्यापीठ का। मैं ऐसे पवित्र आवास, परिसर में आ सकी इसके लिए बार-बार ईश्वर को धन्यवाद देती। मैं बड़ी हँसमुख, खुशमिजाज रहती उन चंद घंटों में।

विद्यापीठ का ग्रन्थालय मेरी प्रिय जगह। वहाँ का ज्ञान भंडार! किताबें देखते वक्त, पढ़ते वक्त, अलग-अलग कक्ष में अभ्यास के लिए किताबें तलाशते वक्त लगता कि मैं ज्ञान के समंदर में संचरण कर रही हूँ। बाकी छात्रों का पता नहीं पर मैं बड़ी तकलीफ उठाकर यहाँ आती हूँ तो हर पल मेरे लिए बड़ा कीमती रहता। मेरे लिए वे क्षण बड़े अनमोल थे। इस वजह से हर क्षण को अपने मन की गगरी में भरने का प्रयास करती। मेरे लिए अब तो पढ़ाई का मूल्य और भी बढ़ गया।

शाम होते-होते घर आना होता। जब बस शिवाजी पुल से आंबेवाडी रास्ते से जाने लगती तब बाहर का अँधेरा दिल में भी उतर आता। लगता मैं कैदी हूँ, दिन भर मुक्त थी अब जेलखाने की कोठरी में बन्दी होना है। 'माँ' नामक जेल हाथ में आसूड (हंटर या चाबुक) लेकर खड़ा है। इसमें से मैं कैसे मुक्त हो सकती हूँ? लाख कोशिश के बावजूद मुझे आंबेवाडी

के बारे में प्रेम उत्पन्न न होता था।

मैं पढ़ती हूँ, मेरा पति मुझे ज्यादा रोकता नहीं यह बात माँ के साथ-साथ कुछ मेहमानों को भी खटकती थी। वे आते, कभी सीधे, पति के सामने टीका करते तो कभी पीछे से, छुपकर टीका-टिप्पणी करते, ''हमारे इस्लाम में औरतांने शिकना, घर के बाहर जाना गलत हाय, औरतांकी कमाई खाना कतो-हराम की कमाई खाय जैसाच हाय।'' अथवा ''औरता शिकको कमाने लगी तो, उस घर के मर्द लोकांने हाथा में बंगडया भरे जैसाच हाय तो'' या ''घर के बाहर जानेवाले औरतां के बारे में दुनिया लई बूरा बोलतिया, तुमी सोचने हुना'' ऐसी फोकट की सलाह देनेवाले सलाहकार भी भरपूर थे।

जूना बुधवार के बाशा भैया मतलब मेरी बहन के पति बिलकुल बदल गए थे। नमाजी हो गए थे। पहले स्टाईल में रहनेवाले भैया अब बाल पीछे, दाढ़ी, टखनों तक पायजामा, सफेद, लम्बा-सा कुर्ता, सर पर टोपी। वे भी एस.टी. में ड्राइवर थे, जब तक ड्यूटी पर रहते खाकी वर्दी रहती, घर आते ही नमाजी कपड़े। अब मेरी तरफ देखने का नजरिया भी बदल चुका था। शहाजाद चौथी बार पेट से थी, मैंने उससे परिवार नियोजन का ऑपरेशन करवाने की बात की वह उन्हें पसन्द नहीं आई। शहाजाद के दो बेटियाँ उम्मेहबीबा, सलमा और इस्माइल, युनूस ये दो बेटे हैं। तब मैंने चौथे पर उसे सलाह दी थी लेकिन इस्लाम तत्त्व के खिलाफ यह बात है इसलिए ऑपरेशन का विरोध था। पर चार बच्चों से ज्यादा बच्चे भी नहीं चाहिए यह बात भी समझ पाती थी और सीधा-सीधा अनुमति देने में डर भी लग रहा था। उन्होंने ऑपरेशन की अनुमति जुबान से दी, दस्तखत देने से इनकार। तब मैंने कानूनी अनुमति के दस्तखत किए और शहाजाद का परिवार नियोजन का ऑपरेशन हुआ। सी.पी.आर. में ऑपरेशन हुआ।

बाशा भैया ने मुझे ताकीद दी, ''तुमी इत्ता हमारे घरकू आते जबू नको, हामना तुमारे बिचार पटते नई।'' मैंने 'ठीक है' कहा।

एक-दो मेहमानों ने मुझ पर नजर रखना ही शुरू किया।

शमा के छोटा देवर सलीम ने एक बार घर में आकर बताया, ''आशा भाभी उमा टॉकीज में तीन के सिनेमा को दिशे।''

और उस दिन मैं घर पर ही थी, विद्यापीठ गई ही नहीं थी, फिर कहने लगा, ''नई, पीछे से भाभी सारखीच वो बाई दिशी करको बोल्या।''

इसके बाद सलीम ने हमसे दुश्मनी ही शुरू की। बापू ने अपनी बेटियों को भी खेती का हिस्सा दिया था। सलीम की माँ का भी हिस्सा था, उसी हिसाब से सलीम का गुन्हाल शुरू था। मीनू-शरू चिपाड़े लाने जाते ही उनके सर पर रखा चिपाड़े का पुलिंदा छीन लिया और कहा ''तुम्हारे बाप का गुन्हाल नई, चिप्पड लिजाने को, फिरा को (दुबारा) आए तो पांवा (पैर) तोड़ूंगा।''

दोनों बच्चे रोते आए।

बेटियों का सलीम द्वारा किया अपमान दिल को चोट पहुँचानेवाला लगा। मैंने इनसे विनती की, ''कुछ भी करो पर और एक गैस कनेक्शन लो, घर का चूल्हा अब नहीं जलाएँगे।''

बच्चों के अपमान से 'इन्हें' भी बुरा लगा। 'इन्होंने' ईद की एडवांस जल्दी का कर्ज

लेकर गैस सिलेंडर और गैस का चूल्हा खरीदा। घर का पूरा जलाव का ढेर, उपालियों का कचरा, धुआँ बन्द कर डाला।

हर बरसात में घर में पानी आना, घर का कीचड़ बनना लगातार शुरू ही था। पर अब बुधवार में न जाते। इसके अलावा शौच के लिए गन्ने की खेतों में जाना बड़ी तकलीफ और संकोच वाली बात थी। बरसात के दिनों में वह खेती, कीचड़, पानी से भरे गड्ढे, जान ऊब जाती। हमारे घर से थोड़ी दूरी पर सूबेदार परिवार ने बाहर पाखाना बनवाया था, हमने उनसे वहाँ जाने की इजाजत तो ली पर सूबेदार बाई नाराज ही रहती। सच में, मैं अपने घर से पानी का घड़ा, बाल्टी भरकर ले जाती, पूरा पाखाना धोती, वह पाखाना धूरे पर ही बनाया था, बस्स दीवारों, छत से घिरा था इसलिए जरा भला लगता, खुले में जाने से अच्छा। लेकिन सूबेदार बाई चेहरा इतना कुछ बिगाड़कर देखती मानो हमारे जाने से पाखाना घिस जाता या नुकसान होता हो। वह चेहरा देखकर बिना शौच के ही पेट साफ हो गया ऐसा लगता। बेटियों को, जरीना को खुले में जाना, जान पर बन आता।

मैंने 'इनसे' हमारी जरूरतें और मजबूरी बता दी। अर्थात इनके भी ध्यान में हमारी घुटन आई थी। मैंने रास्ता सुझाया, हम महिला बैंक से पच्चीस हजार रुपए कर्जा लेंगे। हर महीने किश्तों में कर्जा अदा करेंगे। मेरा शेअर्स था, पहचान भी थी। पच्चीस हजार रुपये कर्जा लिया। दोनों कमरों में बड़े, छोटे पत्थर भरकर ऊँचाई बढ़ा दी। जमीन पर काली फर्श बिछा दी। आँगन में फर्श बिछाकर सामने चार फिट ऊँचाई की, कम्पाउन्ड की दीवार बनाकर उसे फाटक बिठाया। आँगन की एक ओर दो फिट ऊँचाई बढ़ाकर वहाँ पर संडास, बाथरूम बनाया। घर पर जो पुरानी खपरियाँ थीं वे निकालकर मंगलोरी खपरियाँ डाल दी। दीवारों पर सीमेंट की परत (गिलावा) लगवा दी। घर को नया रंग भी दिया। आँगन में फूल, पत्तों के दस गमले ले आई। कम्पाउन्ड की दीवारों में छोटे-छोटे गमले सीमेंट में गड़ाए, इन गमलों पर सिरॅमिक पेंट से फूल-पत्ते भी निकाले, उसमें भी छोटे-छोटे पौधे लगाए, कुछ में लटकती बेलियाँ लगा दीं, कुछ में अलग-अलग कैक्टस भी लगाए।

अब घर कुछ अलग, ठीक-ठीक, भला-सा लगने लगा। अब रहना ही पड़ा है तो, जो है उसे अपनी पसन्द में ढालने का कुछ प्रयास किया था। बंदिस्त आँगन बनने से बाहर उठ-बैठ सकते थे। अब बरसात में थोड़ी-सी बाढ़ से आँगन, घर में पानी नहीं आता। जब बढ़ती बाढ़ से पानी आ भी जाता तो दो-तीन दिन पानी रहने के बाद पानी उतर जाता। तब फर्श, दीवारों को पोंछकर सूखा करने में आसानी रहती, घर में कीचड़ का गंदापन भी नहीं रहता। वैसे तो बारिश की ठंडक तो रहती पर कीचड़ से ठंडक भली। घर में अँगीठी सुलगाते तो भी ठंडक कम लगती।

पति के स्वभाव में कुछ-कुछ अच्छा-सा बदलाव आने लगा था। पत्नी होने के नाते वे अपने से कुछ अपेक्षाएँ रखती है, घर की कुछ समस्याएँ बताती है, कुछ सुझाव देती है वह गलत नहीं कहती तब कुछ सुनना है-सुनते थे। बढ़ती उम्र की चार बेटियों की माँ है अब पुराने तरीके से अपमानजनक कुछ बोलना ठीक नहीं, इतनी तो समझ उनमें आने लगी थी। अब मेरी उपेक्षा करना, टीका-टिप्पणी करना, अवहेलना करना बहुत कम हुआ था। घर और इनके थोड़े से बदलाव से भी मुझे थोड़ा अच्छा लगने लगा। अर्थात पति का मूड कब बदलेगा इसका भरोसा नहीं यह भी मैं जानती थी।

एम.ए. की कक्षा में भी मेरे सर पर पल्लू रहता। मुझे ही पल्लू की बड़ी आदत हो चुकी थी। लेकिन कुछ लड़कियाँ बड़ी शरारती थीं, धीरे-से, पीछे से मेरा पल्लू खींचतीं। अंजू, बिजू कहती, "अंग कशाला डोकीवर पदर घेतेय? घे की खांद्यावर!" पर मैं नहीं मानती। घर में पल्लू की सख्ती थी, 'इन्हें' मेरा कन्धे पर पल्लू लेना जरा भी पसन्द न था।

शिवाजी विद्यापीठ ऊँचाई पर है, शाम में बड़ी तेज हवा चलती, पल्लू सँभालते-सँभालते तंग आ जाती।

एक बार 'वे' ड्यूटी पूरी करके घर वापस आए और मुझसे कहने लगे, "शाम को पाँच बजे मैंने तुजे बस स्टाप पर देक्या, गढ़हिंग्लाजशी आताना, तेरे सिरपर पल्लू नता (नहीं था।)"

"हवाशी नई न्हता जी, मैं तो ले सो न्हतय।"

"हवाशी न्हता नई? क्या तुजेच इत्ता नको लगतय?"

मैंने कुछ जवाब नहीं दिया।

उसके बाद बीच-बीच में 'वे' मुझे टोकने लगे, "पापा के तिकटीशी (तीन रास्ते मिलते हैं वह जगह) मैं आने लग्या (लगा था) तेरा पल्लू शिर पर नता। निचे पडे सो आता।"

अब मेरे लिए एक नया मनस्ताप, झंझट शुरू हुआ। अब शायद मेरा ज्यादा पढ़ना, आगे बढ़ना उन्हें खटक रहा था, बेचैन बना रहा था। शायद मेहमानों की तीखी बातों का असर भी होता हो। लेकिन मैं बहस न करती। आनेवाला समय उन्हें जरूर बताएगा क्या सही क्या गलत? अब मेरी बातों का उन पर असर भी नहीं होगा तो विवाद का क्या फायदा? और बहस करना मेरा स्वभाव न था, बहस से कहीं मेरा ही नुकसान हो सकता है। मैं शान्त रहकर सुन लेती, कहती कुछ नहीं लेकिन मुझ पर इस प्रकार से नजर रखी जाती है इसका दुःख हो रहा था। मन पर एक अंजाना-सा, अलग-सा दबाव आने लगा, बढ़ने भी लगा। लगता कई निगाहें मेरा पीछा कर रही हैं, मैं सहम-सी जाती...घबराती, सही होकर भी...।

## 36. यहाँ फूलों की मौत जन्मतः, लेकिन पत्थरों को चिरंजीवता...

जरीना की शादी तय होने के आसार नजर आ रहे थे। शमा का फुफेरा देवर मिलिट्री में क्लर्क था। इस्लामपुर उसका मूल गाँव था। वह फिलहाल कानपुर में था, उसके साथ शादी तय हो रही थी।

शादी बुधवार के घर में, आंबेडकर स्कूल में हुई। आँगन में ही खाना पकाने का पसारा (प्रबंध) किया था। दूल्हे का नाम इकबाल शेख, उसके पिताजी शिक्षक थे। एक छोटा भाई, दो बहनें थीं।

मेरे शौहर ने 'भविष्य निर्वाह निधि' से कुछ कर्जा लिया। माँ कुछ उधार लाई थी। माँ ने नाडगे आण्णा की दुकान से भरपूर घर का सामान उधारी पर लिया था। शमा की पहचान से हावल कपड़ेवाले दुकानदार से कपड़े भी उधारी से लिए थे। विनोद शहा के पास से बर्तन उधारी पर लाए। कुल मिलाकर माँ ने शादी के बहाने भरपूर उधारी का कर्जा कर रखा था। हमेशा की तरह "आगे देकिंगे कैसे फेडने का" (आगे देखेंगे, कैसे अदा करना है।) यह तत्वज्ञान था। आगे चलकर यह पूरा कर्जा मुझे ही अदा करना पड़ा। माँ ने उस कर्जे के बारे

में कभी सोचा तक नहीं। देनेवाले लोग सज्जन, पुरानी पहचान के थे इसलिए रुक गए। मैं तो कुछ लाने में आगे नहीं थी। माँ, शमा बाकी बहनें मिलकर खरीदारी करते, मेरे साथ कुछ बात करना शायद उन्हें अपमानजनक लगता। लेकिन कर्जा अदा करने की जिम्मेदारी मेरी रही, क्योंकि, मैं हमेशा बाजार जाती-आती। वे लोग मेरे बचपन से मुझे पहचानते, मुझे अच्छा नहीं लगता, उनके सामने जाते एक दबाव-सा आता। मैंने जितने कर्जदार थे उनसे वादा किया कि दो-तीन साल की मोहलत दो, मैं पूरा पैसा अदा करूँगी, और मैंने कर्जा अदा किया। माँ के लिए यह नैतिकता कुछ महत्त्व नहीं रखती, उसने उद्धतता से कहा "क्या कर्जा फेडी सो मेरे पर उपकार करी नई।" (कर्जा अदा किया, एहसान नहीं किया।)

जरीना की शादी के बाद हम बुधवार के आँगन में एक महीना रहे। माँ ने बड़े चूल्हे के छोटे चूल्हे किए। सारा सामान आँगन के पेड़ तले सजाया था। शमा, शहाजाद, हावाखाला इनके परिवार के सब लोगों के खाने का इन्तजाम माँ ने किया था। हर रोज रिक्शा के पैसे आते जिसमें से दूध, सब्जी ले आती। हमारा बिछौना आँगन में ही रहता। बहुत बड़े खाने का इन्तजाम, खानेवाले भरपूर लोग माँ ऐसा ही माहौल बनाती जो उसे पसन्द था। वह बड़ी खुश रहती। खाना पकाते वक्त, औरों को खिलाते वक्त बड़ी उदारता बरती जाती, इतना खिलाती कि खानेवाले को उठना मुश्किल हो जाता।

बाढ़ के कठिन समय में एक दिन का भी सहारा न देनेवाली बहनें महीना भर खाने पर भरपूर ताव मार रही थीं। शायद उनका सोचना था, हमारी माँ खिला रही है, माँ का ही खाना है, किसी और का नहीं। बहन का तो हो ही नहीं सकता, यह मूल भावना माँ की ही थी। माँ कृतज्ञ नहीं थी, माँ ने जान-बूझकर बेटियों को कृतज्ञ रहना सिखाया नहीं। बहनों ने भी कभी वह जतन नहीं किया। कृतज्ञता, यह एक अत्यन्त जरूरी मूल्य है पर उसका अभाव रहा। मेरे कारण माँ और बहनों की जिन्दगी किनारे लग गई यह बात तो कभी भी ध्यान में ली नहीं गई। न कभी लफ्जों से, न कभी आचरण से यह कृतज्ञ भाव व्यक्त किया गया।

एक महीने में अनाज, आटे के सब डिब्बे खाली हुए और माँ ने ऐलान किया "इत्ता चलो, आंबेवाडी को, चौथी जुम्मा की हुयी, इत्ता क्या काम नई।"

हमने रिक्शा में सारा खाली सामान रखा और आंबेवाडी वापस आए।

अप्रैल 1982 में मैं एम.ए. पास हुई। बी प्लस मिला।

अब आगे की चिन्ता, ध्यान शुरू हुआ, वह था बी.एड. कोर्स का प्रवेश।

कोल्हापुर, गारगोटी, रत्नागिरी आदि जगह बी.एड. के लिए प्रार्थना-पत्र दिए लेकिन कहीं भी प्रवेश नहीं मिला।

मैं निराश हो गई हूँ, यह देखकर 'इन्होंने' मुझसे कहा कि, कहीं और जगह कोशिश करेंगे, उधर ही रहने की जरूरत पड़े तो रहो, पर अब अपना इरादा अधूरा मत रखो, पूरा करो। अब तो मैंने कर्नाटक कारदार शहर में भी अर्जी दी लेकिन बात न बनी।

एम.ए. के बाद बी.एड. (बेचलर ऑफ एज्युकेशन) अनिवार्य था। नौकरी के लिए सिर्फ एम.ए. काफी न था। हाईस्कूल, कनिष्ठ महाविद्यालय में नौकरी की ज्यादा गुंजाइश रहती है। सीनियर कॉलेज में तब एम.ए. काफी था लेकिन मौके ज्यादा नहीं थे। कहीं पर भी नौकरी मिले इसलिए आवश्यक शिक्षा पूरी करना अत्यन्त जरूरी था।

जब मैं एम.ए. में पढ़ती थी, तब अहिन्दी भाषिक छात्रों को हर साल बारह सौ रुपये

शासन की ओर से छात्रवृत्ति के रूप में मिलते थे। ऐसी छात्रवृत्ति मुझे भी मिली थी। पहले साल माँ के लिए सुवर्ण के कर्णफूल खरीदे। दूसरे बरस में मेरी शादी की गल्सूरी (मंगलसूत्र जैसा सोने का बड़ा लच्छा) और भईजी की शादी में भईजी ने पहना जरी का पटका गिरवी रखा तो शुभ वस्तु छुड़ाकर ले आई।

मेरे शौहर की बीमारी में माँ ने मेरी गल्सूरी काकी के पास गिरवी रखी थी यह बात मुझे पता थी। हमारे आंबेवाडी जाने के बाद शिवाजीराव पाटील जी की बेवा भौजाई ने मालिकियत के लिए उत्तराधिकार केस दर्ज किया। उस वक्त किराएदार सहित बुधवार के घर का कब्जा लेना, ऐसा कोर्ट का आदेश हुआ। हमारा किराएदार इस नाते हक लिखा गया था। काकी की नोंद (लिख रखना दर्ज किया, किराएदार नहीं) मौसी इस नाते थी। मौसी का हक नहीं बैठता, ऐसा कानून दिखाकर भौजाई ने बड़ा घर खाली करवा लिया। काकी को घर खाली करना पड़ा। मेरी बहनें जिन कमरों में रहती थीं वहीं पर वे रह सकती हैं ऐसा भी आदेश मिला। काकी की छोटी बहन आबई, जो वडणगे में रहती थी, अमीर थी। वह ट्रक लेकर आई और काकी के साथ-साथ सारा सामान लादकर वडणगे ले गई। सच्चे हकदार हम और काकी ही थे लेकिन नियति या लोगों की करनी कहो हमें ही उस घर से निकाला गया, बेहकदार बनाया गया, बाद में लाई गई बहनें हकदार बनकर रह गईं।

इस घटना के बाद आंबेवाडी में शिवाजीराव पाटील हमें मिलने आए और मुझे कहने लगे, ''आशाबाई, मी तुम्हाला रहायला घर देतो म्हणूनही दिलं नाही, तुम्ही असता तर माझ मला घर राहिलं असत, अजून कोर्टाचे लोक ताबा ध्यायला यायचे आहेत, तुम्हीं येवून राहा।'' अब शिवाजीराव पाटील कह रहे थे, अगर आप उस बड़े घर में रहोगे तो आप से मैं घर ले सकता हूँ, आप उस घर में रहने चलिए। मैं इस बात से सहमत नहीं हुई, मैंने इनकार किया।

मैं और जनार्दन दादा की माँ, जिन्हें हम सुतार मामी कहते दोनों वडणगे गए। काकी ने गल्सूरी ठीक से, सँभालकर रखी थी। माँ ने नौ सौ रुपये कर्ज लिया था। ब्याज दो सौ रुपये हुआ। काकी हम दोनों को वडणगे पीर की दरगाह में ले आई। मेरे पास छात्रवृत्ति के एक हजार रुपये थे। वह पैसे मैंने काकी के हाथ सौंपे। ब्याज में से सौ बाकी बचे थे। काकी ने पीर की धूपदानी में से राख की चुटकी ली (वली के नाम नारीजा), मराठी में अंगारा कहते हैं, वह मेरे गले लगाई। एक कोयला लिया और मुझसे कहा, ''हया कोलशानं वरच्या भिंतीवर (दीवार पर) ब्वाट (अँगुली) वडून ठेव (खींचकर रखो), हया पिराची शप्पथ घे (कसम) ले लो, उरल्यालं (बचे हुए) शंभर रुपये मागन दिन म्हणून आणि हयो तुझा जिन्नस!'' मैंने कोयले से एक रेखा दीवार पर खींची, बाद में सौ रुपये दूँगी ऐसी कसम ली। मेरी गल्सूरी देखकर मुझे बड़ी खुशी हुई। पूरे पन्द्रह बरसों बाद मैंने अपना शादी का गहना छुड़ा लिया वह भी मेरे पैसों में से, इसकी खुशी और अभिमान कुछ और था। खास बात यह कि यह गल्सूरी मेरे भई के पैसों में से ली गई थी इसके लिए मुझे वह मंगलसूत्र लाने की लगन लगी थी...।

माँ हमेशा झगड़े में कहती, ''तेरे पैदाईस पर तेरे बाप की नोकरी गई, मैंने बरसभर लोका के घर में भांडे घशी, मस्त वखूत मैंने काढींव, तेरे बाप का पटका उस नुन्या खाला के पास चालीस रुपये को गहानवट रख को चलीय।'' (तुम्हारे पैदा होते ही तुम्हारे पिता जी की नौकरी गई। मैंने एक बरस लोगों के बर्तन माँजे, बहुत बुरे वक्त मैंने भी देखे हैं। तेरे पिताजी

का शादी का पटका-साफा नुन्या खाला के पास गिरवी रखा था तब।)

माँ ने भईजी द्वारा शादी में अपने सर पर बाँधा फेटा भी गिरवी रखा था। पिता जी अमीर घर से थे। मेरी दादी के पास के बर्तन पीतल-ताँबे के थे, माँ ने अपनी जरूरत के लिए, तो कभी अपने शराबी भाइयों के लिए ये बर्तन गिरवी रखे, लेकिन कभी भी छुड़ाकर वापस नहीं लाए। फिर भी घर में बहुत बर्तन बाकी बचे थे ताँबे के लोटे, घड़े, हांडे, भांडे, बर्तन, कटोरियाँ दर्जनों में थे।

माँ की यह आदत ही थी, पाँच-पचास रुपयों की भी जरूरत क्यों न हो वह झट-से अपने कर्णफूल निकालती, "रख को आर्तीव, लाना आइंगा पिछेशी।" (अब गिरवी रखती हूँ, बाद में छुड़ाकर लाएँगे।) इस तरीके से उसने चार-पाँच बार कर्णफूल गिरवी रखे और मैंने पैसे देकर छुड़ाए। यह देखकर गुजरी के प्रसिद्ध सुनार माने जी मुझसे बोले, "अग आशा, कललत नाही, तुझी आई सारखी कुडया (कर्णफूल) गहाण ठेवून पैसे नेते आणि तू येवून घेवून जातेस, हे कांही बरं वाटत नाही।" (अरी आशा, समझ नहीं पाता मैं, तुम्हारी माँ बार-बार कर्णफूल गिरवी देती है और तुम हो कि बार-बार पैसे देकर वापस ले जाती हो। यह बात अच्छी नहीं लगती,) मैंने हँसकर इतना ही कहा "हया कुडया मी माइया स्कॉलरशिपमधून घेतल्यात, यामागं माइया कांही भावना आहेत।" (ये कर्णफूल मेरे छात्रवृत्ति के पैसों में से लिए हैं, इसके पीछे मेरी कुछ भावना है।)

उन्होंने "वेडी आहेस" (पागल हो) कहते हुए मेरे हाथ में कर्णफूल रखे।

मेरे भईजी का पटका नुन्या खाला के पास है, यह मुझे पता था।

मैं नुन्या खाला की तरफ गई। ये मुँहबोली खाला थी, पर सगी से ज्यादा मुझसे प्यार करती। कोल्हापुर में कसाई बाजार के पास की गली में उसका घर था। बड़ी ममतालु स्वभाव की थी। नुन्या खाला के नौ बेटियाँ, दो बेटे थे। उसके शौहर तमाखू, बीड़ी के व्यापारी थे, आर्थिक स्थिति भली थी। उसकी बेटियों की शादी में माँ के साथ चार-पाँच रोज हम उसके घर रहते। रात भर शादी की गहमागहमी चलती। बेचारी दूल्हन तो ऊँघने लगती। शादी की रस्म देर रात तक चलती। बाहर के दोस्त-बिरादरी वाले आते, खाते, शर्बत पीते, भेंट वस्तु देते जाते। खटीक (कसाई) गली की सारी औरतें, बाल, बच्चों, पुरुषों से विस्तीर्ण मंडप भरा रहता। किसी को जल्दी नहीं रहती। बड़ी धीमी गति से रस्म, रिवाज चलता। औरतें शादी के गीत गातीं, बालों की चोटी गूँथतीं। फिर साड़ी पहनाना, गहने डालना, रा बारह-एक बजे 'निकाह' होता। फिर सजी-धजी दुल्हन को उसकी सास आईने में देखकर कुछ नजराना देती। मैं तल्लीनता से निहारती रहती। दुल्हन की पेशानी पर सजे निशि गंध के फूल, चंदन के मणि, मोतियों की लड़ियों का सेहरा, नई साड़ी का सुबास, हाथ की पाँचों उँगलियों, पाँवों की उँगलियों में सजे चाँदी के नक्शदार गहने, कितना निहारूँ? जी नहीं भरता। खाला की सभी बेटियाँ साँवली, सलोनी, नाक-नक्श सुन्दर, सुबुक, बड़ी-बड़ी, मोहक आँखें जो सुरमे से और भी आकर्षक लगतीं। नुन्या खाला को गहरा प्यार था, हर बेटी की शादी-ब्याह, चिल्ला (नामकरण) बड़ी नाजोअदा, लाड़ प्यार से करती।

मैं बरसों बाद नुन्या खाला के घर आई थी। खाला ने मुझे पहचाना-

"कैसा क्या आइगे आशा? म्हेरबू, सारे भाना चकोट हाइं न्हवे?"

घर में सब जने ठीक-ठाक, खुशहाल हैं, ऐसा मैंने बताया और यहाँ आने का इरादा भी।

कुछ भी शिकायत न करते हुए उसने कहा कि, "आगे, आशा ले को जा तो गे, तेरे माँ को मैंने चालीस रुपये दी ती वत्तेच दे।"

मैंने चालीस रुपये दिए। नुन्या खाला ने अलमारी खोली और बड़ी जतन से रखा भईजी का पटका उसने कपड़ों में से निकालकर मेरे हाथ में रखा।

जैसे ही मैंने भई का पटका हाथ में लिया मैं बड़ी प्रसन्न हुई और मुझे रोना आ गया। मैंने पटके को बड़ी श्रद्धा से पेशानी से लगाकर अपने सीने से लगा लिया। भई का स्पर्श किया हुआ वह पटका! मैंने इसे जोर से सूँघा। उनकी याद से जी भर आया। मैंने मन-ही-मन उन्हें नमस्कार किया। उनकी एक सुन्दर-सी याद माँ ने गिरवी रखी थी जो पूरे चालीस बरसों बाद मैंने छुड़ा ली...।

मैं बड़ी खुशी से वह पटका निहारती रही! अमसूल, कुछ बैंगनी रंग का, असली चाँदी के धागों से गुँथा हुआ, चाँदी की किनार, बीच में सोने के कुछ धागे चमचम कर रहे थे, कितना सुन्दर...उनकी अमीरी का प्रतीक था वह पटका...

मैं पटका लेकर घर आई। माँ को सुनाई दे इतनी तेज आवाज से मीनू को पुकारकर कहा, "मीनू ये पटका तेरे नाना का हाय, गहाणवट आत्ता, आज मैं ले को आई, जा बड़ी माँ को दिखा जा।"

मीनू ने पटका माँ के हाथ में सौंप दिया। "रखी थी व्हय अजून नुन्या ने, मजे लग्या फाटया आचिंगा (होगा) तेरे नाना ने हमारी शादी में सिरको बाँधते साहेबी बडी हँट पैले डाले थे, यादव की मामी बोली, 'मास्तर आता इंग्रज गेले, हॅट नाही चालायची' फिर यो पटका बाँधे। मेरे भाया को भी भारी पटके बंधे ते, बाद में अम्मा ने बिकायी।" ऐसा कहते हुए वह पटका लेकर अन्दर चली गई। (रखी थी क्या अब तक नुन्या ने, मुझे लगा शायद पुराना होकर फटा भी होगा। तुम्हारे नाना ने हमारी शादी में यह बाँधा था। पहले तो उन्होंने अंग्रेजी हैट पहनी थी तब यादव की मामी बोली, "मास्टर अब अंग्रेज चले गए, हैट नहीं चलेगी अब", फिर यह पटका बाँधा था, उन्होंने मेरे भाइयों को भी ऐसे कीमती पटके लिए थे लेकिन बाद में अम्मा ने बेच दिए।)

मुझे इस पल बड़ी खुशी हो रहो थी। कुछ सुकून-सा महसूस कर रही थी। मुझे मिले छात्रवृत्ति के पैसे मैंने जरूरत होते हुए भी इधर-उधर खर्च किए बिना बड़ी जरूरी चीजें जो माँ ने बरसों से गिरवी रखी थीं वह छुड़ा सकी। वह चीजें मेरी चिरंतन यादें थीं। जिन मंगलसूत्र-गल्सूरी पर मेरी शादी हुई, वह मेरा सौभाग्यचिह्न था और जो पटका बाँधकर मेरे भईजी की शादी हुई, ऐसी दो चीजें जो कभी वापस मिलेगी यह सोचा भी न था, मुमकिन भी न था। लेकिन आज मेरे पास दोनों चीजें थीं। इस मिलने की खुशी को मैं बयान नहीं कर सकती, बड़ी खुशी और अचरज मेरे हृदय में भर आया...।

दूसरे दिन मैं विद्यापीठ में से शाम घर लौटी, अन्दर से दर्जनभर स्टील की कटोरियाँ, गिलास लाकर मेरे सामने रखते हुए माँ ने कहा, "मैंने पटका दुपार को जलयी, जरा चाँदी और सोना निकला, मैंने वह बेचा, दो सौ रुपये आए, उसके कटोन्या, गलासा लायी, घर में स्टिल के कटोन्या, गिलासा नते।"

यह बात सुनते ही मुझे धक्का-सा लगा और इतनी चिढ़ आई कि सहसा गुस्सा व्यक्त न करनेवाली मैं जोर से चिल्लाई, "की, की ऐसा करी? मैंने मेरे बाप की याद करको पटका

लायी थी, हौर तूने जलायी? वो परायी औरत ने चालीस बरस संभलको रखी, हौर तूने एक दिन भी नहीं सँभाली? तेरी जान तो कैसा हुयी जलाने को?'' कहते हुए मैंने मेरे सामने की कटोरियाँ फेंक दीं। बिखरी कटोरियाँ इकट्ठा करते हुए माँ भी जोर से चिल्लाने लगी, ''लई नाटका नको, यहाँ हमारे वास्ते क्या रखको गया तेरा बाप? घर-दरवाजा, खेती-बाड़ी, पैसा रख्या? उसका पटका काय को हुना?'' मैंने बड़ी विषण्णता से आँखें पोंछ डालीं। अपने कानों से भई का उद्धार सुनना अच्छा नहीं लग रहा था, मैं उठकर बाहर आई।

मैं सोच रही थी, क्यों कर खुदा ऐसे लोगों को पैदा करता है? ऐसे लोग खुद तो बड़े निर्दयी, कठोर, भावनाशून्य होते हैं लेकिन दूसरों के जज्बातों को कितना नजरअन्दाज कर सकते हैं। पत्थर दिलवाले ये लोग कितनी आसानी से दूसरों को कुचलते हैं।

सामान्यत: हर शादीशुदा औरत का दिल पति के बारे में तरल, कोमल, भावुक रहता है लेकिन यहाँ यह औरत पति की हर याद दफनाने की जिद रखती है। मैंने मेरे पिता जी के साहचर्य के पल, उनकी छोटी, बड़ी यादें हृदय के भीतर बन्द कर रखे थे, इत्र की गंधाली की तरह। इत्र की बोतल न हो उसका गंध तो था ही। मैं उन यादों को उजागर करना चाहती और माँ उन पलों को, यादों को नष्ट करना चाहती।

माँ की दृष्टि में वह एक साधारण जरी का पटका था, मेरे लिए भईजी के पुण्य स्पर्श से पुनीत अनमोल, मूर्त याद थी, उसी पवित्र याद को कितनी निर्दयता से जलाया इसने।

मेरा रोम-रोम जल उठा, जी चाहता था जोर-जोर से रो पड़ूँ। आँत खिंचने जैसा दर्द हो रहा था। भई के गुजरने के बाद आज दुबारा उनके जाने का गम जोर से उभर आया। मुझे अपने पर काबू पाना कठिन हुआ और मैं घुटनों में मुँह छिपा कर रोने लगी...।

## 37. और बी.एड. का बेड़ा पार लग गया

मिनाज और शर्मीला राजमाता हाईस्कूल में पढ़ने जाती थीं। मिनाज सातवीं कक्षा में और शर्मीला पाँचवीं में थी। सीमा स्कूल में अकेली जाने के लिए तैयार न थी। 1980 में विराज जब पहली कक्षा में स्कूल में गई तब उसके साथ आंबेवाडी के स्कूल में सीमा भी गई। वैसे तो दो बरस देर से सीमा स्कूल जा रही थी। स्कूल जाने से सीमा बड़ी घबराती। स्कूल का नाम भी लिया तो आँखें सफेद कर, बेसुध हो जाती। अस्पताल बराबर पहचानती जैसे ही दरवाजे के पास जाती चिल्लाना शुरू करती। वह अभी भी दुर्घटना के सदमे से बाहर नहीं आई थी।

इत्तफाक से आंबेवाडी के स्कूल में मेरी सहेली शिक्षिका के पद पर आई थी। उसे सीमा की पूरी मन:स्थिति मैंने बता दी। उसे सँभाल लेने का आश्वासन मेरी सहेली ने मुझे दिया।

सीमा की पहली शर्त, टीचर को मेरी तरह एक चोटी डालनी चाहिए, प्यार से बात करनी है। सहेली एक चोटी डालकर आई। कक्षा के सब बच्चे टीचर के सामने बैठते, सीमा उनकी कुर्सी के पास, कुर्सी के पाये से हाथ लपेटकर बैठती, शायद वह अपने टीचर को पकड़कर रखना चाहती हो। जब कक्षा में टीचर बच्चों की पढ़ाई देखने के लिए चक्कर लगाती तब सीमा भी उनका पल्लू पकड़कर कक्षा भर में घूमती। मेरी सहेली ने उसे पूरी तरह से सँभाला।

बरस भर में सीमा कुछ सँभल-सी गई, फिर भी उसकी सही पहरेदार थी छोटी विराज। सीमा विराज का स्कर्ट थामे साथ-साथ चलती। सीमा पढ़ाई में होशियार थी लेकिन दुबली-पतली, कुछ कमजोर सीमा किसी के साथ ज्यादा नहीं बोलती, शान्त-सी रहती। विराज उसका ध्यान रखती। मेरे बच्चे आपस में कभी झगड़ते न थे, गाली-गलौज न करते, एक-दूसरे की चीजें लेते, देते कभी शिकायत न करते, इस कारण मीनू-शर्मीला और सीमा-विराज ऐसे दोनों-दोनों की और चारों की भी जोड़ी थी जो बहनें और सहेलियाँ बनकर रहतीं।

एक बार स्कूल जाते समय सीमा को मूर्च्छा आई। स्कूल जाते-जाते ही वह एकदम-से जड़ हो गई। आँखें सफेद होकर, मुँह से झाग निकलने लगा। मैं बहुत डरी। वक्त अच्छा था कि 'वे' घर में ही थे। झट-से हमारे फैमिली डॉक्टर पुरोहित जी के पास ले आए। उन्होंने न्युरोफिजिशियन डॉ. पुरोहित जी से चेक-अप कराने की सलाह दी। सब जाँच की गई। ट्रैक्टर दुर्घटना के वक्त वह नीचे गिरी थी उसकी वजह से मगज की रक्तवाहिनी में लहू की बारीक-सी गुठली बन गई थी। एक तरह से वह अपस्मार ही था। पाँच साल तक उपचार लेने की जरूरत थी।

और एक नया आर्थिक और मानसिक तनाव मेरे दिल पर आया। अब सीमा को आग, पानी, वाहन से सँभालना जरूरी था। दुबारा मूर्च्छा आ सकती है, या नहीं भी। डॉक्टर ने यह भी बताया कि दो तरीके की गोलियाँ हैं, सस्ती और महँगी। सस्ती ले ली तो सीमा पर कुछ गलत असर हो सकता है, दिल-दिमाग पर भी असर हो सकता है। मैंने डॉक्टर से बताया, "गोलया कितीही महाग असू देत पण ती चांगली रहायला हवी।" (दवा कितनी भी महँगी क्यों न हो, लेकिन सीमा का अच्छी रहना जरूरी है।) पैसे का खयाल करके बच्ची का जिन्दगी भर का नुकसान हो यह मैं सोच भी नहीं सकती थी।

सीमा की दवाइयाँ बहुत बार कोल्हापुर में मिलती नहीं थीं, तब 'वे' बेलगाम (बेलगाँव) से दवा ले आते। दवा समाप्त होने से पहले वे दवा लाकर रखते। उनकी यह अच्छी आदत थी, वे कभी बेटियों पर गुस्सा न करते, न कभी शिकायत।

'इन्होंने' बेटियों को नदी में तैरना सिखाया। साइकिल चलाना सिखाया। सीमा को अपनी बीमारी का एहसास न हो इसलिए सबके साथ हर बात उसे भी सिखाई। मजेवाली बात यह कि, सबमें अच्छा तैरना सीमा ही सीख गई। मछली की तरह पानी में से झरझर तैरते वह दूसरे किनारे जाती। अर्थात 'वे' उसके साथ रहते।

पढ़ाई में भी सीमा होशियार रही। विराज पहले नम्बर पर और सीमा दूसरे नम्बर पर रहती। 'वे' एस.टी. की नौकरी करके जब घर आते तब देर रात तक रिक्शा भी चलाते। देर से खाना खाते। सुबह साइकल से घड़े बाँधकर शिवाजी पुल पर पानी का हौद था वहाँ से पीने का पानी ले आते। फिर ड्यूटी के लिए निकलते। साइकिल लेकर आंबेवाडी से कोल्हापुर मध्यवर्ती एस.टी. स्टेंड तक दस किलोमीटर से ज्यादा रास्ता पार करना पड़ता। अपनी नौकरी पर वक्त से जाना, ठीक से काम करना, सावधानी बरतना उनकी खासियत थी इसलिए 'बिना दुर्घटना पाँच वर्ष' सेवा के लिए उन्हें पाँच बार पुरस्कार प्राप्त हुए।

पढ़ाई के लिए मेरे परिश्रम, कष्ट, भाग-दौड़ 'वे' देखते थे। एस.एस.सी. से लेकर एम.ए. तक जी-तोड़ मेहनत से पढ़ाई करके, अच्छे मार्क्स पाकर मैं पास होती आई, इस कारण मेरी बुद्धि पर शक की निगाहों से देखना गलत है इतनी तो समझ उन्हें आ गई थी।

शिक्षा के प्रति मेरी बेटियों में भी श्रद्धा, आस्था थी और शिक्षा के लिए परिश्रम करने की वृत्ति, उनकी प्रगति भी 'इनके' ध्यान में आई थी। इस वजह से हमारे प्रति अपनत्व का भाव उनके दिल में झरने लगा है, इसका एहसास मुझे हो रहा था। कभी-कभी 'उनके' मन की अवस्था द्विधा हो जाती। किसी मेहमान के टोकने से, मेरे बारे में शक-शुबह के मधुमक्खियों का छत्ता किसी ने हिला दिया कि 'वे' बेचैन, अस्वस्थ हो जाते। अर्थात 'वे' इस बात को भी पक्का जानते थे कि मैं जिस रास्ते से आगे बढ़ रही हूँ, अब वापस आना मुमकिन नहीं। यही कारण होगा 'वे' लाइलाज मानकर ही सही लेकिन मेरे आगे की पढ़ाई में, कोशिशों में सहकार्य की भावना इच्छा व्यक्त करने लगे।

मुझे एम.ए. के बाद बी.एड. में प्रवेश नहीं मिला इस बात का बुरा भी लगा। 1982-83 यह वर्ष मेरे लिए अन्धकारयुग की तरह रहा।

'वे' मेरे बी.एड. के बारे में अपने दोस्तों से भी बताते। 'वे' बहुत बार 'शैक्षणिक सहल-शिक्षा सफर' लेकर पर्यटन स्थल जाते, वहीं पर फुरसत में छात्रों के साथ आए अध्यापकों से मेरे बारे में बताते। बी.एड. के बारे में सुझाव माँगते। मुझे भी आकर बताते।

मराठी में एक कहावत है "वेशीवर दुखणम टांगावं, कोणी ना कोणी वैद्य भेटते" मतलब अपनी बीमारी बेस पर टाँगते हैं तो कोई न कोई वैद्य मिलता है-समस्या पर मार्ग निकलता है। मेरे बी.एड. प्रवेश की बीमारी कुछ ऐसी ही थी। कोई तो रास्ता दिखाएगा इस आशावाद पर खोज जारी थी।

'इनके' दोस्त थे, भगतसिंघ राजपूत, उसने रत्नागिरी के अपने एक मेहमान का पता दिया। 'वे' रत्नागिरी गए। उस मेहमान ने कोल्हापुर में, आंतरभारती संस्था में अध्यापक का काम करनेवाले श्री रावसाहेब चौगुले और श्री मेहबूब शेख का पता दिया।

मैं इन दोनों को कोरगावकर हाईस्कूल में जाकर मिली, अपने बी.एड. प्रवेश की समस्या उन्हें बता दी। मेरी शिक्षा का सफर सुनकर दोनों ही गम्भीर हुए। रावसाहेब चौगुले बड़े बातूनी थे, तो शेख सर मितभाषी। दोनों ने मुझे बड़ा धीरज बँधवाया, "आशाताई धीर सोडू नका, आपण प्रयत्न करू, प्राचार्या लीलाताई पाटील यांना भेटून परिस्थिती सांगू" (आशा ताई धीरज मत खोना, कोशिश करेंगे, प्राचार्या लीलाताई से सब स्थिति बताएँगे।)

कोल्हापुर शासकीय अध्यापक महाविद्यालय की प्राचार्या माननीय लीलाताई पाटील स्वभाव से बड़ी अनुशासनप्रिय तथा कड़क है, ऐसा मैंने सुना था।

दूसरे दिन सुबह नौ बजे शेख सर, चौगुले सर, मैं और शर्मीला चलते हुए लीला पाटील जी के रेलवे फाटक पास के ही बंगले के निकट रेल पटरी के पास एक बड़ा पेड़ वहीं आकर खड़े हुए। लीलाताई के घर में दूध लेकर जानेवाले अप्पा जी के साथ-साथ मैंने बंगले में प्रवेश करना है ऐसा तय हुआ। अप्पा जी भी आंतरभारती में चपरासी का काम करते थे। यह सब राष्ट्रसेवा दल के लोग हैं।

अप्पा जी ने मुझे अपने पीछे से आने का इशारा किया। घर के चपरासी ने दरवाजा खोला और मुझे बरामदे के सोपे पर बैठने को कहा। मेरा बदन थर-थर काँप रहा था, हाथ-पैरों में पसीना छूट रहा था। पाटील बाई के हाँ, ना पर मेरे बी.एड. प्रवेश का भविष्य तय होनेवाला था।

दस मिनिट बाद बाई जी बाहर आईं, मैं नमस्कार के लिए हाथ जोड़े खड़ी हो गई। मैं

अचरज से उन्हें देख रही थी। इससे पहले मुझे सिर्फ उनका नाम पता था, 'प्राचार्या लीला पाटील' इस नाम का अलग-सा व्यक्तित्व मेरी कल्पना ने उतारा था, लेकिन प्रत्यक्ष में वह बिलकुल अलग थीं। चौकड़ी डिजाइन के कपड़े का, बेल्ट का गाऊन, कटे-छोटे काले-घुँघराले बाल, चेहरे पर मधुर मुस्कान, सामनेवाले के कलेजे से छूनेवाली, मर्मभेदी गहरी, चमकदार आँखें और धारदार नजर। बाई जी ने हँसकर कहा 'बसा'। मैं सोफे पर बैठ गई।

मेरे दिल पर आया तनाव पल में खो गया और मैं तनावरहित हो गई। मैंने बिना फुरसत के मेरे बारे में सब-कुछ उन्हें बताया और अन्त में कहा, "बाई, मला खूप गरज आहे, माइयावर कृपा करा आणि मला प्रवेश द्या।" (बाई जी, कृपा करना मुझ पर, मुझे बहुत जरूरत है प्रवेश की।) अब मुझे मेरा खयाल आया, मैं रो रही थी।

बाई जी ने मेरी सारी बातें शान्तिपूर्वक ध्यान से सुन लीं, चाय के लिए पूछा और मुझसे कहा, "मला आता कॉलेजमध्ये जायची गडबड आहे, संध्याकाली सहा वाजता या, आपण बोलू।" मैंने नमस्कार किया और घर से बाहर आई। रेलवे पटरी के पास पेड़ तले तीनों खड़े थे। सर खुशी से बोले, "आशा ताई तुम्ही पास झालात, बाई तुमच्याबरोबर पाऊण तास बोलत राहित्या...तुमच काम झालं" (आशा ताई, आप पास हो गईं। बाई आपके साथ पौना घंटा बात करती रही।) मतलब मैं ही पौने घंटा बातें करती रही, बाई जी सुनती रही।

मैं राजाराम पुरी में न्यामत के घर जाकर रुकी। उसके ही घर खाना खाया और शाम में दुबारा बाई जी के घर गई। बाई जी ने मेरी पारिवारिक स्थिति की अधिक जानकारी ली। मुझे अपने अन्दरवाले हॉल में खाने के टेबल के पास की कुर्सी में बिठाया, खुद सामने की कुर्सी में बैठी, मुझे आमरस दिया था वह चम्मच से खाते-खाते बातें चली थी। मुझे मेरे प्रवेश के बारे में आस निर्माण हो चुकी थी। मैं बड़ी खुशी से घर पहुँची। अर्थात बाई जी ने ठोस आश्वासन भी नहीं दिया था, आशा-निराशा के बीच मेरा दिल आन्दोलित हो रहा था। मैं बड़ी बेचैन थी।

हफ्ते भर के अन्तराल बाद मैं दुबारा बाई जी से मिलने गई। उन्होंने मुझे कुछ किताबें पढ़कर नोट्स बनाने को कहा। इसमें ताराबाई मोडक, अनुताई वाघ, गिजूभाई, अल्बर्ट श्वाइटझर, तराल-अन्तराल, आनन्दी-गोपाल, उंबरठा सिनेमा पर परीक्षण... बहुत कुछ पढ़ने, लिखने को कहा। यह किताबें चौगुले सर और शेख सर जी ने कहाँ-कहाँ से ढूँढ़कर मुझे लाकर दीं।

बाई जी शायद मेरी आजमाईश कर रही थीं, मेरी परीक्षा ले रही थीं। अब भी प्रवेश का निर्णय अधर में ही लटक रहा था।

मेरी शिक्षा का दौर कुछ ऐसे मुकाम पर आ पहुँचा था जहाँ बी.एड. का प्रवेश मेरे आनेवाले भविष्य की, जीवन की दिशा तय करनेवाला था। उसी वजह से लीलाताई जी की जुबान से 'तुला प्रवेश दिला आहे' यह वाक्य सुनने के लिए मैं बड़ी आतुर, अधीर थी।

आखिरकार लीलाताई जी की कसौटी पर मैं खरी उतर गई। मुझे बी.एड. में प्रवेश मिल गया।

उत्कट खुशी का यह पल! मैंने आज तक उस पल के एहसास को अपने हृदय में सँभालकर रखा है। मेरे लिए खुशी के आँसुओं को रोकना मुश्किल हो गया।

चौगुले सर और शेख सर शाम में हमारे घर आए। मुझे प्रवेश मिल गया इस बात का

आत्यंतिक आनन्द दोनों को हुआ था। अत्यन्त निरपेक्ष, निःस्वार्थ, निर्मल, पारदर्शी मन से, वापसी की कुछ भी अपेक्षा न रखते हुए दोनों दोस्तों ने मुझे सहयोग दिया, मदद की, मैं उनके लिए बड़ी कृतज्ञ हूँ...।

## 38. सर पर का पल्लू जब कन्धे पर आया...

जून 1983 में बी.एड. कॉलेज शुरू हुआ। बरसात का मौसम भी शुरू हुआ।

बी.एड. कॉलेज में शिक्षा के घंटे सुबह बारह बजे शुरू होते। जब पाठ रहते तब दोपहर दो बजे कॉलेज शुरू होता। हर रोज ग्यारह-साढ़े ग्यारह बजे हाजिर रहना पड़ता। घर से नौ-साढ़े नौ तक निकलना पड़ता, दो बसें बदलनी पड़तीं। घर वापस आने में रात के आठ-साढ़े आठ बज ही जाते। यह अध्यापक महाविद्यालय शाहुपुरी में है। जिसे बी.टी. कॉलेज के नाम से भी पहचानते हैं।

मुझे घर के काम का नियोजन बदलना पड़ा। कपड़े धोने के लिए दिन भर इधर-उधर भागना पड़ता, अब वह मुमकिन न था।

शाहुवाले माल पर, हमारे घर से फर्लांग भर की दूरी पर आस-पास के गन्ने की खेती के बीच एक पुराना कुआँ था। आस-पास जंगली घास उग आई थी। पानी काला-काला था। उस पानी में हाथ-पैर धोते ही खुजली शुरू होती है इसलिए कोई वहाँ नहाता, धोता नहीं था। शायद सारी अफवाहें थीं। मैंने धोना धोने के लिए इस बावड़ी को चुना। कुएँ का एक कोना पकड़कर वहाँ जगह बना दी। आस-पास उगी घास खुरपी से काटकर जगह साफ-सुथरी की, सर पर ढोकर दो-तीन सपाट पत्थर लाकर रखे और कपड़े धोने की व्यवस्था की। पहले दिन का धोना रात में ही बाल्टी में भिगोकर रखती और भोर के समय पाँच-साढ़े पाँच बजे धोना धोने जाती। बड़ा अँधेरा रहता, इसलिए हाथ में लालटेन ले आती। कुएँ के किनारे पर लालटेन रखकर अन्दाजा लेते-लेते पानी में पैर रखती, कुछ पत्थरों का सहारा मिलते ही निश्चिंत होकर कपड़े धोना आरम्भ करती।

पहले दिन कपड़े पटकने की आवाज से माल पर रहनेवाली बड़ी मुमानी उजाला होने के बाद जरा दबकती ही आई, "ओ बाई! तू हाय व्हय गे? पाट को अन्धारे में धोना बडवनेका आवाज आया, बिचार करने लगी कोन हाचिंगा? सैतान सारखी इत्ते अन्धारे में कायको आतिया? डर नई व्हय गे लगता? यो जागा चकोट नई कत्ते, क्या बी बाधिकार हुया कतो बैठ!" (अरी! तुम हो क्या? इतनी सुबह, अन्धेरे में धोना पटकने की आवाज आ रही थी, सोचा कौन होगा? शैतान की तरह इतने अँधेरे में क्यों आती हो? डर नहीं लगता तुम्हें? यह जगह भी अच्छी नहीं, पिशाच बाधा है, ऐसा कहते हैं!)

दिल में कहा, 'अच्छा ही हुआ, कम से कम शैतान की बाधा के डर से इधर कोई आएगा तो नहीं।'

कपड़े धोने का काम सात तक हो जाता। उसके बाद खाने-पकाने में जुटती। उसके बाद जरा-सा कुछ खाकर, दोपहर का डिब्बा लेती। तैयार होकर साढ़े नौ बजे बाहर निकल पड़ती। कभी घर पास के स्टॉप से बस मिलती, कभी नहीं मिलती, ऐसा करते आंबेवाडी पारकट्टे तक चलते आना, कोल्हापुर आकर गंगावेस, शिवाजी पुतले तक चलते आना, फिर बस से

कॉलेज इसमें ही दो-ढाई घंटे चले जाते।

रात के जूठे बर्तन रात में ही माँजती। कभी-कभी दोपहर के बर्तन माँजना माँ से होता नहीं, तब शाम में कॉलेज से आकर माँजती। अगर दिल में हो तो माँ खाना पकाने आती, नहीं तो आने के बाद खाना पकाना, बर्तन माँजना, बाकी काम पूरे करके पढ़ाई करना। रोज का पाठ नियोजन-लेखन प्लान तैयार करना, होमवर्क... सब रोज का रोज करना पड़ता।

हफ्ते में दो-तीन बार सुबह जल्दी उठकर, बस से कोल्हापुर आकर गंगावेस से लक्ष्मी टॉकीज के पास के सब्जी बाजार जाकर दो-तीन थैलियाँ भरकर सब्जियाँ खरीद लाती। सब्जी के लिए सुबह छः बजे की बस पकड़कर आठ तक गाँव में आती। सुबह बस भी मिलती।

पहले हफ्ते में हमारे कॉलेज में चुनाव प्रक्रिया हुई, जिसमें मैं एल.आर. (छात्राओं की प्रतिनिधि) बनी।

बी.एड. अध्यापन के वर्ग शुरू हुए। मैं एकाग्रता से, जी-जान-से ध्यान देती, सुनती, लिख लेती। मुझे पाटील बाई जी ने खास, अपनी अखत्यारी में प्रवेश दिया था, उनका सम्मान करना ही है यह बात मैंने दिल में ठान रखी थी।

ग्रन्थालय किताबों से भरा था। प्रश्नसंच थे। बाई जी की लिखी 'अध्यापन पद्धति' इस विषय की भरपूर किताबें थीं। बाई जी का अध्यापन मैं पूरे ध्यान से सुनती, देखती। हर बात व्यवस्थित होनी ही है इस बात का खयाल रहता। बाई जी के कठोर अनुशासन का प्रभाव पूरे कॉलेज पर छाया-सा रहता। बाई के सान्निध्य में बी.एड. होना जितना कष्टप्रद रहता उतना ही खनखनाते बँधे रुपये जैसा सटा होता, किसी भी बाजार में चलाओ, खोट नहीं आएगी। बाई जी ने अपनी यह प्रतिष्ठा, व्यवहार हमेशा सँभाला, वह प्रतिष्ठा आज भी निष्कलंक है। उनके पास कठोर परिश्रम का कोई पर्याय नहीं था। आस-पास के जीवन से सम्बन्धित, सीधे-सादे विचार भी जिस अनोखी अदा से, अलग, हटकर पेश करती कि हम विस्मित हो जाते। हमेशा कुछ नया विचार, लेख, कविता द्वारा भित्तिपत्र पर चिपकातीं ताकि छात्र, शिक्षक आते-जाते पढ़ें, सोचें, समझें। नई टेक्नोलोजी टी.वी. कैसेट...अलग-अलग माध्यम द्वारा विषय समझाने का प्रयास करतीं। हर क्षण शैक्षणिक वातावरण में रहने का मौका मुझे मिला था, मैं उसका आनन्द लेती।

बी.एड. के पाठ शुरू हुए। मेरा पहला पाठ विक्रम हाईस्कूल में आठवीं कक्षा में था। अध्यापन का विषय पाठ था 'पृथ्वीवरील स्वर्ग-काश्मीर'। मैंने बी.एड. अध्यापन के लिए मराठी, हिन्दी विषय लिए थे। पाठ के लिए शैक्षणिक साधन सामग्री जुटानी पड़ती। मैंने डॉ. वागवेकर के यहाँ से काश्मीर के नजारे का बड़ा-सा फोटो लिया था। मेरे लिए लपेटनेवाला फलक, डस्टर चौगुले और शेख सर कॉलेज में ले आए थे।

मैं मन-ही-मन बड़ी घबराई-सी थी। जब छात्रों के सामने खड़ी हुई तो लगा मेरी आवाज ही गायब हो गई है। किसी प्रकार सँभलते हुए पास का फलक दीवार के कीले पर टाँगा। फलक लेखन किया, इतने में लेसन निरीक्षण के लिए हमारे दो अध्यापक कक्षा में आए। मैं और भी डरी। छात्र मुझे एकटक देख रहे थे। मैं मेरा सर पर का पल्लू बार-बार सँवारती, आगे खींचती। पल्लू से मुँह पर आया पसीना पोंछती। पाठ पढ़ना आरम्भ किया, क्या पढ़ा? सवाल क्या पूछे? स्पष्टीकरण कैसे किया? विश्लेषण... कुछ समझ नहीं आ रहा था, लेकिन

पैंतीस मिनिट का पाठ बीस मिनट में ही पूरा हुआ। काश्मीर का बर्फ पढ़ा रही थी, शायद वही बर्फ मेरे पैरों तले जम चुकी थी। शायद, पूरा शरीर भी ठंडा-ठंडा हो गया था...। हमारे अध्यापकों के ध्यान में मेरी स्थिति आ चुकी थी, उसमें से एक सर उठे और आगे का पाठ सँभाला...।

जब घंटी बजी, सब बाहर आए। सब अपना-अपना पहले दिन पढ़ाने का अनुभव बता रहे थे। अपनी फजीहत बताकर सब हँस रहे थे, हमारी हँसी में हमारे अध्यापक भी शामिल थे।

फिर एक महीने भर के अन्तराल के बाद पढ़ाने का, छात्रों के सामने खड़े रहने का पूरा आत्मविश्वास आया, पढ़ाने में बड़ा आनन्द आता।

एक लेखन के वक्त खुद बाई जी मेरी कक्षा में आ गईं। मैं अन्दर से डरी थी, पढ़ाना आरम्भ किया। कविता पढ़ाई। बाई जी ने लेसन नोट पर अपना अभिप्राय लिखा था, "शिक्षिका सतत डोक्यावरचा पदर सावरत होत्या, त्यामुले विद्याथ्यांचे लक्ष शिकण्याकडे कमी पण बाईंचा पदर केंव्हा पडतो याकडे जास्त होते।" (शिक्षिका निरन्तर अपने सर का पल्लू सँभाल रही थी इस वजह से छात्रों का ध्यान पढ़ने की ओर कम पर शिक्षिका का पल्लू सर को कब सरकता है उस ओर था।) मेरा पल्लू बार-बार गिरता है, जिसे सँवारने में मैं लगी रहती हूँ और छात्रों का ध्यान बँटता है। यह बात मेरे खयाल में नहीं आई थी। मैं सोच में पड़ गई, क्या करें?

दोपहर में कॉलेज में आना पड़ता, तब हमारा प्रत्यक्ष अध्ययन शुरू होता। बाई जी ने मुझे अपनी केबिन में बुलाया और कहा, "हे बध आशा, इथं तू एक भावी शिक्षिका म्हणून शिकण्यास आली आहेस, हलदी-कुंकवाला गेल्यासारखं डोकीवर पदर घेवून चालणार नाहीं।" ... (ए देखो आशा, यहाँ तुम भावी शिक्षिका बनने के हेतु पढ़ने के लिए आई हो। औरतों के त्योहार में हल्दी-कुमकुम के समारोह में आने जैसा सर पर पल्लू लेकर पढ़ाना नहीं चलेगा।)

मैं चुपचाप जमीन पर आँखें गड़ाए खड़ी थी। बाई जी कुर्सी से उठीं।

"इकडे मोर ये" (इधर सामने आओ।) मैं उनके सामने खड़ी रही।

बाई जी ने मेरे सर से पल्लू निकाला, उसकी तह की और मेरे कन्धे पर रखकर उसमें पिन लगा दी।

"आता पदर असाच ध्यायचा।" (अब पल्लू ऐसा ही लेना है।)

मुझे बड़ा संकोच लग रहा था। जबसे बड़ी हुई, मँगनी की साड़ी पहनाई गई तब से लगातार साड़ी ही पहनती आई और सर पर पल्लू लेते आई, आज सर पर का पल्लू कन्धे पर आया और मैं कुछ बेचैनगी महसूस करने लगी। लेकिन बाई जी के सामने कुछ बोलने की हिम्मत न थी।

मैं केबिन के बाहर आई। मेरा अलग-सा दिखना सबके ध्यान में आया। आदत से मजबूर मेरा हाथ बार-बार पल्लू सँवारने के लिए सर पर जा रहा था।

अब मैं जब कॉलेज में आती तो पल्लू कन्धे पर रहता और जब घर जाने निकलती, पल्लू सर पर होता।

मैंने अपने पति से यह पल्लू का किस्सा बताया। बाद में झगड़ा न हो यह उद्देश्य था।

एस.टी. स्टैंड के पास ही विक्रम हाईस्कूल था, बहुत बार ताराराणी विद्यापीठ, तवन्नाप्पा पाटणे, शाहुपुरी में वि.स. खांडेकर स्कूल में पाठ के लिए जाना पड़ता।

बाई जी अलग-अलग कार्यक्रमों द्वारा बहुत-से अनुभव छात्रों को देतीं। श्रमदान, सहल (यात्रा), कृतिसत्र तथा अनेक अनुभव-सम्पन्न व्यक्तियों के व्याख्यान आयोजित करतीं। शाम घलसासी, चंद्रकांत शहा, सुनीलकुमार लवटे, मानुषी मासिक की संपादिका मधु किश्वर, ऐसे लोगों से मुलाकातें हुईं। शिक्षा क्षेत्र से सम्बन्धित नई टेक्नोलोजी के प्रयोग से इनसे परिचय कराया। मधु किश्वर जी ने मेरा परिचय 'मानुषी' में फोटोसहित प्रकाशित करवाया था।

सांधिक (सामूहिक) अध्यापन का अनुभव हमने तीन दिन बाहुबली शिक्षा केन्द्र में रहकर प्राप्त किया। कोजागिरी पूर्णिमा हम सब छात्र, अध्यापकों ने मिलकर बी.एड. हॉस्टेल की इमारत की छत पर सामूहिक खाना बनाकर मनाई। खाने के बाद किसी ने गाना, नकल, हँसी-ठिठोली, नाच, एकांकिका ऐसी अलग-अलग कला पेश की। शैक्षणिक सहल का (शैक्षणिक यात्रा) आयोजन करके पन्हाला गए। जब कॉलेज जाती तब वक्त कैसा चला गया, पता ही नहीं चलता।

मेरे पास बाहर जाते वक्त पहनने के लिए दो ही साड़ियाँ थीं। मैंने 'इन्हें' बताया, इन्होंने तीन सौ रुपये मुझे दिए, जिसमें से दो रंगीन पॉलिस्टर की साड़ियाँ लीं। पाठ पढ़ाने के वक्त सफेद साड़ी ही पहननी पड़ती इसलिए एक सफेद साड़ी ली। बाई जी ने भी एक खाकी रंग की साड़ी मुझे दी।

बी.एड. का प्रवेश मेरे जीवन के लिए एक अलग मोड़ साबित हुआ। सर पर का पल्लू यूँ सरककर कन्धे पर आया, यह बात मेरे शौहर को अच्छी नहीं लगी। लेकिन यह नाराजगी बाई जी के सामने व्यक्त करना भी मुश्किल था। अर्थात 'इनकी' नाराजगी मेरे खयाल में आ ही गई। लेकिन मुझे उन पर गुस्सा नहीं आया। जिस मुस्लिम समाज में उनका जन्म हुआ, पले, बढ़े, वे संस्कार मिटाना सहज,सरल बात न थी। 'उनके' सामने किसी और की मिसाल भी न थी, उसी कारण मेरा आचरण उन्हें विसंगत लगता। अपनी पत्नी का बर्ताव किसी भी रिश्तेदार को पसन्द नहीं, वह सब रिश्तेदारों को ढेलती-सी शिक्षा ले रही है यह सब सही है या गलत? कभी-कभी इन सवालों से वे परेशान, अस्वस्थ हो जाते। शायद यही वजह थी कि कभी उनकी भूमिका सहायता की रहती तो कभी-कभी इनकार की। उनकी मानसिकता, दृष्टिकोण बदलने में वक्त लगेगा, यह बात मैं कभी नहीं भूलती। इस कारण उतावली होकर न कभी विवाद करती, न टंटा-बखेड़ा। मैं शान्त रहकर स्थिति का सामना करती। पढ़ाई में एकाग्र होने का प्रयास करती, मुझे शिकायत की गुंजाइश ही न थी...।

## 39. विपत्तियों से रक्षा कर यह मेरी प्रार्थना नहीं, मैं विपत्तियों से भयभीत न होऊँ। इतनी ही मेरी इच्छा...

घर का खर्चा बाढ़ की तरह बढ़ता ही जा रहा था। मेरा बी.एड., बेटियों की शिक्षा, हर रोज का बस सफर का खर्च, मेहमानों का आना-जाना, बीमारी, दवाइयाँ आदि-आदि। 'इनकी' एस.टी. बस ड्राइवर की नौकरी, रिक्शा पर जाना। रिक्शावाला भी पैसे देता, इतना पैसा आता

पर 'आमदनी अठन्नी, खर्चा रुपया।' और नतीजा! माँ का हमेशा का ठणठण गोपाल!

बस चालक की नौकरी करते हुए एक दिन के बाद वे रिक्शा चलाते। एक बार शाम में गए तो रात दो बजे तक भी घर नहीं आए। हम सब डर गए। आँगन में ही इन्तजार करते खड़े थे। ढाई बजने के दरमियान सामने से दो रिक्शा आते दिखाई दिए। पेट में धस्स हुआ! रात एक बजने से मुझे लग रहा था, कुछ तो बला आनेवाली है। रिक्शा हमारे दरवाजे पर रुकी, न्यामत का मजीद नाम का देवर रिक्शा से उतरा, हमारी रिक्शा आई न थी, पीछे की सीट पर 'वे' बैठे थे जिन्हें पकड़कर मजीद उतार रहा था।

हमने देखा, 'इनके' पूरे सर पर लपेटा बैंडेज, हाथ को बैंडेज, सारा कुरता लहू से भीगा हुआ...। हम सब क्या हुआ? क्या हुआ? घबराकर चिल्लाते हुए रोने लगे।

मजीद ने हमें बताया कि, उमा टॉकीज के पास गणपति मन्दिर है, नीचे बड़ा, बहता नाला है, जिस पर पुल है वहीं पर रिक्शा पलट गई। सामने तेजी से आए ट्रकवाले ने रिक्शा को जोर का धक्का दिया। रिक्शा पलट गई और 'वे' रास्ते पर फेंके गए। पुल के कठड़े पर सर टकरा गया जिससे बड़ी गहरी चोट आई। इत्तफाक से मजीद अपनी रिक्शा से उसी रास्ते पर जा रहा था। रिक्शा का नम्बर देखकर रुक गया, तत्परता से अस्पताल ले गया। रिक्शा का बड़ा ही नुकसान हुआ था, उसे वहीं पर छोड़ आए थे। इसमें भी खुदा की मेहरबानी, वे रास्ते के किनारे गिर पड़े, बीच में पड़ते तो बड़ा अनर्थ हो जाता...वह रास्ता बड़ा चहल-पहल वाला था।

इस दुर्घटना के पश्चात 'वे' आठ दिन नौकरी पर जा नहीं सके। भरपूर चोट आई थी। लेकिन गम्भीर स्वरूप की कोई चोट न थी। ईश्वर की मेहरबानी!

'इन्हें' अब जरा भला लगने लगा था। अब मैंने निश्चयपूर्वक 'उनसे' कहा कि, अब मुझमें कोई भी आघात सहने की शक्ति नहीं रही। रात देर तक इन्तजार करना भी एक सजा होती है, चिन्ता होती है सो अलग। यह रिक्शा ही बेच देंगे। रिक्शा पर रखे हर ड्राइवर ने सात-आठ दुर्घटनाएँ की थीं। कमाई से ज्यादा दुरुस्ती का खर्चा अधिक हो रहा था। 'इनके' खयाल में भी यह सारी बातें आईं। लेकिन माँ ने विरोध का झंडा फहराया। झगड़ा शुरू, रो-धोकर दंगा भी किया। आखिर में आधे पैसे उसे देंगे यह उसकी शर्त कबूल की, तब वह किनारे हुई। रिक्शा तेरह हजार में बेच दी। इन पैसों में से छः हजार रुपयों की दो तोले की बोरमाल करा के दी। निसा मुमानी के घर के सत्ताईस सौ रुपये देने थे वह दिए। बचे पैसे मराठा बैंक के कर्ज खाते पर भरे। आर्थिक खींचातानी तो थी ही, हर रोज की आमदनी बन्द होते ही माँ की चिड़चिड़ ने भयानक रूप धारण किया।

सच में, रिक्शा बेचते वक्त मुझे भी बुरा लगा। बीते दस वर्ष रिक्शा के सहारे ही हमारा परिवार बचा था। जब रिक्शा ले के जा रहे थे तब मुझे लगा शायद मेरी बेटी ही ससुराल जा रही है। मेरे उत्कट भावबंध इस रिक्शा से बँधे थे, उसे लेने के लिए किया गया जुगाड़, उसके प्रति श्रद्धा शायद...मैं शब्दों में कह नहीं सकती। बहुत दिनों तक घर सूना-सूना लगता रहा था।

इसी वक्त विराज का दूसरा हाथ भी टूट गया। दरवाजे के सामने बैलगाड़ी में लड़कियाँ खेल रही थीं। गाड़ी के ऊपरी हिस्से में चढ़ते ही गाड़ी पलट गई और विराज नीचे गिर पड़ी, हाथ टूटा। फिर सी.पी.आर. अस्पताल में ले जाकर प्लास्टर करवाया।

हर साल विराज गिरती, हाथ, पैर कभी दाँत तोड़ती। शायद उसने व्रत लिया था। विराज के अनुक्रम से दोनों हाथ, दोनों पैर, और पूरे दाँत एक-एक बार टूटे, फिर जुड़े, दाँत नए आ गए।

जरीना जच्चा हुई थी, लड़का हुआ। बीस दिन भी नहीं हुए कि उसका पति उसे कानपुर ले गया। इस बात का मनस्ताप माँ को भरपूर मात्रा में हुआ। मेरा भी इरादा न था कि इतने छोटे-से बच्चे को लेकर इतनी दूर वह जाए। लेकिन उसका शौहर मानने को तैयार ही न था। मैं, जरीना और बच्चे को लेकर इस्लामपुर तक एस.टी. बस से गई।

माँ का पारा हमेशा चढ़ा ही रहता। हमेशा विस्फोटक स्थिति रहती। सिर्फ चिंगारी का इन्तजार रहता। मुझे तो घर में आने की इच्छा ही नहीं रहती। झगड़े का बहाना तो माँ हमेशा तलाशती रहती।

मुझ पर बड़ा मानसिक तनाव आया था। घर में मर-मर कर काम, हर रोज सफर की किट-किट! आंबेवाडी से कॉलेज तक दो बसें बदलकर जाना, फिर जिस स्कूल में पाठ होगा वहाँ तक भागते-भागते जाना। दोपहर भी भागते-दौड़ते कॉलेज में आना, शाम में उतना ही सारा सफर करके घर आना, फिर खाना-पकाना, बाकी काम, लेसन प्लान, पढ़ाई। रात का एक बजता, बिछौने पर सर टिकाने के लिए।

बी.एड. की पढ़ाई बहुत थी और इन सबका नियोजन करते-करते मैं थक जाती। अर्थात किए बिना गत्यंतर नहीं था। ऐसे में माँ छोटी-छोटी बातों का बतंगड़ बनाकर झगड़ा शुरू करती। मुझे झगड़ा, विवाद से नफरत थी। आज तक सहते-सहते मेरी सहनशक्ति समाप्त हो रही है, ऐसा मुझे लग रहा था।

एक दिन सुबह-सुबह काम की जल्दी, कॉलेज जाने की जल्दी। ऐसे में गैस के चूल्हे पर रखे दूध में उबाल आ गया! चलो, माँ को झगड़े का शगल मिला। "चुल्हेकन बैठको भी ध्यान कां आसतय मालूम नई, सारा दूध गया, यहाँ किसका क्या जातय? मैं हांऊ तो लानेवाली! यत्ता करको क्या कीमत हाय मेरी? नुस्ती दासी, बटकी, नोकरानी कर को रखयीं मजे, तुरूंग मैं डाल को रखयी मजे, फजेरको (सुबह में) गए कतो शाम को घर आतींय मजे का छूटका हाय?" (चूल्हे के पास बैठकर भी खयाल कहाँ रहता है पता नहीं? पूरा दूध का उबाल गया अर्थात किसी का क्या जाता है? मैं हूँ न लानेवाली! इतना कुछ करने के बाद भी मेरी कीमत किसी को नहीं! इस घर में सिर्फ दासी या नौकरानी हूँ! लगता है मुझे जेल में बंद करके रखा गया है यहाँ! सुबह घर से बाहर गए तो शाम ही वापस आते हैं, मुझे कहाँ मुक्ति है? मैं तो बँधी हूँ इस घर से...) ऐसा करते मुँह का पट्टा जो शुरू हुआ वह रुक ही नहीं रहा था, आवाज भी चढ़ती ही गई।

माँ के चिल्लाने से आस-पड़ोसवाले झट से जमा हो गए। अब मेरा संताप प्रकट हुआ, एकदम से संयम छूट गया और मैं जोर से चिल्लाई, "बस, बस इत्ता मजे यो जिन्दगी नको तंग आयी मैं।" ऐसा कहते हुए खुद को सुलगाने हेतु मैं गैस पर ही झपटी। मुझे सुशी, सुमी ने सँभालते हुए पीछे खींचा। मैं जोर-जोर से चिल्लाकर मुँह पर मार रही थी, खुद को छुड़वाया और ओखली के पत्थर पर जोर-जोर से सर पटकने लगी। मेरे बच्चे माँ-माँ कहकर रो रहे थे। मीनू ने मुझे कसकर पकड़ लिया। मैं अत्यन्त आक्रोश से रो रही थी, शायद बरसों से सीने में दबाकर रखा दु:ख, उद्वेग, अगतिका ज्वालामुखी के लावा की तरह उगल रहा था।

रो-रोकर, थककर मैं दीवार से पीठ लगाकर बैठ गई।

कलाई की सारी चूड़ियाँ फूट चुकी थीं। दाँतों को बड़ी मार लगी थी, मुँह से लहू ब्लाऊज पर टपक रहा था। मीनू ने रोते-रोते मेरे बिखरे बालों का जूड़ा-बाँधा। शरू, सीमा, विरू मुझसे चिपककर रो रही थीं। मेरी साड़ी कब की निकल गई थी, मीनू ने मुझे उठाकर साड़ी पहनाई, मेरा मुँह पोंछते हुए मुझसे सवाल किया, "माँ, तू ऐसा की करी? तू मरी तो हामना कोन है बोल? देख तेरा मुँह, ओंठा कैसे सूजे सो हाई, इत्ता तू कैसा जानेवाली कॉलेज को? हौर तेरे कान में के रिंगा कहाँ हैं?"

मैं धीरे-धीरे संयत हुई, शायद आज मुझे पागलपन का दौरा पड़ा था...।

माँ ने अचानक से अपना तेवर बदला। अपनी सफाई में सबको उद्देशित करते कहने लगी, "बघ बाई सुशी, केवढा आबंडपणा हाय बघ, नुस्त दूध उतू गेलं एव्हढबी म्हणायच न्हाई या घरात? आता इथ न्हायाच? का जायाच हेच कलना बघ," (देखो, सुशी, कितना दंगा? मैंने ऐसा क्या कहा? सिर्फ दूध का उबाल आया इतना ही ना? इस घर में अब रहें या जाए, कुछ समझ में नहीं आता।) कहकर रोने लगी। कुछेक उसे समझाने में लगीं।

मेरी सहनशीलता का अन्त हो चुका था। निद्रानाश की तकलीफ से पहले से मैं परेशान थी ही। कार्पोरेशन के पास बावडेकर नामक जड़ी-बूटी की दवाइयों की दुकान है, मैंने उनसे मेरी नींद की शिकायत बता दी। 'ब्राम्हीवटी' की दो-दो गोलियाँ लेने की उन्होंने सलाह दी। दस-पन्द्रह रुपयों की गोलियाँ ले आई, उससे जरा नींद आने लगी।

हमेशा की तकलीफ, चिन्ता, तनाव, पढ़ाई का तनाव इन सबसे सर भारी-भारी जड़-सा लगने लगा। और तो और खाँसी की तकलीफ बहुत होने लगी। पढ़ाते वक्त खाँसी से बेजार होती, कक्षा में खाँसी शुरू होती तो कक्षा में बैठना मुश्किल हो जाता। आखिरकार पाटील बाई जी के ध्यान में मेरी तकलीफ आ गई। बाई जी अपनी जीपगाड़ी में मुझे बिठाकर कावला नाका के अस्पताल में ले आई। डॉ. सातवेकर जी ने जाँच करके दवाइयाँ दी। इन सारी स्थितियों में घर का सुकून मिलना जरूरी था, लेकिन माँ व्यत्यय (बाधा डालती) लाती और इस छोटी-सी बात के लिए भी तड़पाती। यह सब सहने की शक्ति कहाँ से लाऊँ?

और एक सूक्ष्म-सा परिवर्तन मुझमें हो रहा था। मेरा दाहिना कान पीला-पीला-सा दिखाई दे रहा था और दिन में दो-तीन बार बदन के दाहिने हिस्से पर पानी के छींटे गिरने जैसा आभास होता है। मैंने यह शक डॉ. वागवेकर जी से बताया। उन्होंने मुझसे कहा, "तब्येतीची कालजी घ्या, अशी लक्षण हिस्टेरियाची असू शकतात, मनवर खूप ताण आल्यामुलं असं होवू शकतं।" मुझे सही में सँभलना जरूरी है, वरना बरसों की मेहनत बेकारी जाएगी।

मैं कुछ देर में शान्त हो गई। आज तवन्नाप्पा पाटणे हाईस्कूल-राजारामपुरी में मेरा पाठ था। न जाना मुमकिन न था।

मैंने बाल सँवारने के लिए आइने में देखा। बाप रे! कितना भयावह चेहरा! चेहरे पर काले-काले दाग, पेशानी पर बड़ा-सा फोड़ा, लहूलुहान सूजे होंठ!

मुँह-हाथ धोया, दूसरी साड़ी पहनी और उसी अवस्था में कॉलेज जाने निकली। हाथ में चूड़ियाँ न थीं। कान से रिंग नदारद थी। मैं बस के लिए चलते पारकट्टे तक आई। एस.टी. बस को हाथ दिया और नसीब से वह रुकी भी। रेलवे स्टेशन पर उतरी और राजारामपुरी

में से जानेवाली विद्यापीठ बस पकड़ी। एक बजे तक जाना जरूरी था, वक्त पर पहुँची।

बी.एड. के अन्य साथी भी पाठ के लिए आए थे। मुझे देखकर हरेक ने सवाल किया, "काय झालं? असा का चेहरा झालाय?" मैंने सबको एक ही जवाब दिया, "बसमधून उतरताना तोंडावर पडले, त्यामुलं हाथा-पायाला मार बसल।" यह झूठ सबको सच लगा। बस से उतरते वक्त गिरी और मुँह, हाथ-पाँव में चोट लगी।

जब पाठ से वापस कॉलेज आई तब पहली बेंच पर न बैठते हुए सबसे पीछे वाली बेंच पर बैठ गई, ताकि अध्यापकों को चेहरा न दिखाई दे।

मेरे शौहर ड्यूटी से घर वापस आए तो माँ ने बताया कि मैंने बड़ा दंगा, तमाशा करके गाँव इकट्ठा कर लिया। 'इन्हें' बड़ा गुस्सा आया। गुस्से में सवाल किया, "यत्ता नाटक करने की क्या जरूरी आती क्या?"

मैंने इस सवाल का जवाब न देना ही ठीक समझा और शान्त रही। 'इन्हें' मुझ पर बड़ा गुस्सा आया है यह बात मैं समझ गई थी। शायद गुस्से का कारण पहले से ही दिमाग में कुछ और होगा।

मुझसे इन्होंने कहा, "बसशी जाने-आने की झडती करे तका एस.टी. बस शी की आती-जाती नई?" (बस से जाने-आने की झंझट से एस.टी. बस से क्यों नहीं आती-जाती?) मेरा तर्क सही था।

"यहाँ हात करे तो भी एस.टी. थांबती नई, हौर आते बखत, आंबेवाडी बोले तो कोन लेते नई।" (यहाँ हाथ दिखाने पर भी एस.टी. बस रुकती नहीं और रात में आते वक्त आंबेवाडी तक कोई लेता भी नहीं।)

"तू बोलती नई? मैं अपराद ड्राइवर की जोरू करको तुजे लाज लगतीया नई? ड्राइवर की जोरू क़रको बोलनेकी, बरोबर हाय तेरा।" (तुम बोलती नहीं? मैं अपराद ड्राइवर की जोरू हूँ ऐसा! क्या तुम्हें शर्म आती होगी ऐसा कहने में!)

"अजी ऐसा नई, मैं बोलतींव तो इसमें लाज कैसी? मैं छाती को लेबल लगवूं क्या? मैं आपराद ड्रायव्हर की जोरू करकी, तोबा गर्दी न्हतीया दूर जानेवाली लो-कांकी।" (अजी, इसमें शर्म किस बात की? मैं क्या छाती पर लेबल लगा लूँ क्या कि मैं ड्राइवर की पत्नी हूँ। बहुत भीड़ रहती है जानेवाले लोगों की।) इतना कहकर मैं चुप हो गई। नहीं तो ऐसे ही विवाद बढ़ता रहेगा।

'इन्होंने' गलतफहमी पाल ली थी। वे सोचते थे मैं जान-बूझकर एस.टी. बस से नहीं आती। मुझे उनकी पत्नी कहलाने में शरम आती है। पर वस्तुस्थिति यह थी कि, रात में गाँव के मुकाम की गाड़ियाँ रेलवे स्टेशन से निकलतीं, फिर टाउन हॉल रुकतीं। रात में जोतिबा, पन्हाला, कोतोली, कोलोली ऐसे दूर गाँव जानेवाले मुसाफिरों की बड़ी भीड़ रहती। ऐसे वक्त पर एम.टी. बस जहाँ तक जाती है, उन मुसाफिरों को एस.टी. वाले नहीं लेते। एस.टी. की भीड़ में बस की सुविधा वाले न आए ऐसा लोग भी चाहते और कोई आया तो बड़ा चिल्लाते। इसी कारण एस.टी. से आना कठिन हो जाता।

मेरे शौहर ने मुझे एस.टी. का पास निकालकर दिया। पारकट्टे के पास कोई मुसाफिर उतरने वाला हो तो एस.टी. बस रुकती, अन्य वक्त पर हाथ करने पर भी एस.टी. बस ना रुकती।

कभी-कभी इनकी ड्यूटी रहती तब उनके साथ आती। लड़कियाँ भी एस.टी. से कभी-कभी आतीं-जातीं। अब 'वे' इधर की ही ड्यूटी ज्यादातर करने लगे, इससे हमारी सुविधा हो जाती। विराज, सीमा, रात में उनके खाने का डिब्बा लेकर आंबेवाडी पारकट्टे पर आ बैठतीं, कभी माँ भी डिब्बा ले आती। वहीं से डिब्बा लेकर वे अपने मुकाम के गाँव जाते।

अगस्त महीना खत्म होने को आया फिर भी बारिश कम नहीं हो रही थी। बिलकुल धुआँधार बारिश। पहिले सोपे में पानी आया था। रास्ते पर नाले जैसा पानी बह रहा था, मैंने धोने का पत्थर वहीं डाल दिया, धोना धोने की अच्छी सुविधा हो गई।

अब बाढ़ का इतना डर नहीं लगता था। पानी का बढ़ना शिवाजी पुल से ही ध्यान में आता। घर कब छोड़ना है इसका अन्दाजा आने लगा था। अर्थात अब अन्दर पानी नहीं आता क्योंकि उस कमरे की ऊँचाई बढ़ा दी थी। वहीं रहते।

मुझे कॉलेज से वहाँ आने में रात आठ बज ही जाते। एक दिन बड़ी तेज बरसात हो रही थी। मैं एस.टी. बस का इन्तजार करते रेलवे स्टेशन पर खड़ी थी। बस भी देर से आई। साढ़े आठ बजे कोतोली बस आई। बहुत भीड़ थी, मैं अन्दर गई। भीड़ बढ़ती ही जा रही थी। टाउन हॉल के पास तो दस-बारह लोग बस की सीढ़ियों पर खड़े थे। मुझे डर लगने लगा, बस से उतरेंगे कैसे? मैं बीच में थी, खिड़की दिखाई नहीं दे रही थी। अभी टिकट के लिए कंडक्टर भी नहीं आया था।

जोरदार बरसात, बाहर का अँधेरा। आंबेवाडी आई या गई कुछ समझ नहीं पा रही थी। मैंने दो-तीन मुसाफिरों से सवाल किया, "आंबेवाडी आली की जरा सांगा हं।" (आंबेवाडी आते ही बताना हाँ!)

"काय बाई? आंबेवाडी कवाच गेली, आता रजपूतवाडी आली न्हवं? आवो कंडक्टर गाडी थांबवा! गाडी थांबवा! हया बाई उतरायच्या हाईत म्हण।" (आंबेवाडी तो कब की चली गई अब रजपूतवाडी आई, रोको, रोको, बस रोको!)

कंडक्टर ने क्रोध से जोर में बेल मारी, बस रुकी। अब इस भीड़ में से जाए तो कैसे जाए? मुझे तो नानी ही याद आई। सब मुसाफिरों ने मेरी अकल निकालना शुरू किया।

"काय बाई शुद्धित हायसा न्हव?" (क्यों बाई, सुध में हो ना?)

"के.एम.टी. च्या बशी काय पेटल्या व्हय?" (के.एम.टी. बसेस जब गई क्या?)

मैं कुछ कहे बिना भीड़ से रास्ता निकाल रही थी। बाहर लगातार होती बारिश, दरवाजे के पास खड़े लोगों को नीचे उतरना पड़ा, मैं नीचे उतरी, मेरा सारा गुस्सा दरवाजे पर निकालकर जोर से पटककर बन्द किया। एस.टी. चली गई। मैं सुनसान रास्ते पर अकेली ही खड़ी रही। मुझे वापस आंबेवाडी जाना था, एस.टी. बहुत आगे जो आ गई थी। जाएँ तो कैसे जाएँ? मैं बड़ी सोच में पड़ गई। तेज बरसात के साथ-साथ तेज हवा भी चलने लगी। मैंने छाता खोला था कि झट से पलट गया। मुकाम पर जानेवाली एस.टी. बस गाड़ियाँ कोल्हापुर से निकलकर जा रही थीं, लेकिन कोल्हापुर जानेवाली एक भी गाड़ी नहीं आ रही थी। दोनों बाजू में गन्ने की घनी खेती। रेडेडोह कब का फूटकर बहने लगा था, ठीक से रास्ता नजर नहीं आ रहा था। रजपूतवाडी का बोर्ड दिखाई दिया, मतलब यहाँ से चार किलोमीटर से भी दूरी पर हमारा घर था। इस रास्ते के दोनों किनारों पर अंग्रेजों के जमाने में लगाए पेड़

हैं, जो महाकाय, ऊँचे, चौड़े, घने हैं। इनकी कमान-सी बन चुकी है, इससे अँधेरा और भी घना हुआ था। मुझे तो रोना ही आया। बरगद के विशाल पेड़, लटकती लम्बी-लम्बी जड़ें, रात कीड़ों की किर्र...किर्र, मेढकों की लगातार बढ़ती आवाज, निर्मनुष्य रास्ता, निबिड़ परिसर मुझे और ज्यादा डरा रहे थे। एकाध दूसरी रिक्शा, मोटर, स्कूटर पास से गुजरती तो जान निकलने लगती। बड़े बुरे विचार दिमाग में आ रहे थे। रुकना भी मुमकिन न था, मैं चलती ही रही। बारिश में पूरी साड़ी भीग चुकी थी, जिससे तेजी से चलने में रुकावट आ रही थी। मैं दिल ही दिल में अल्लाह से दुआ माँगती। तेजी से चलने की कोशिश कर रही थी। अगर पीछे से आनेवाला कोई वाहन धीमा हो गया तो ऐसी बरसात में भी डर के मारे रोंगटे खड़े हो जाते। दिल की धड़कन इतनी गतिशील हो गई कि लगा अब शायद मैं घर तक जा नहीं सकूँगी। रिक्शा में बैठे या टू व्हिलर से जाते पुरुष मुड़-मुड़कर देखते तो जान पानी-पानी हो जाती।

"या अल्ला मजे ठीक से घर तक पहुँचा, औजबिल्लाही मिनशैतव्वा निर्रहिम, औजबिल्लाही..." ऐसा कलमा पढ़ते हुए साहस से कदम उठा रही थी। मुझे बीता जमाना याद आया। भाभी, अम्मा, मैं जब घास के बोझ सर पर लादे, रात के अँधेरे में श्मशान के रास्ते से गुजरते तब यह 'कलमा' भाभी पढ़ती। यह कलमा पढ़ने से बला टलती है, ऐसा वह कहती।

जैसे-तैसे आंबेवाडी का पारकट्टा मुझे नजर आया और मेरी जान में जान आई। अब कुछ डर न था। यह रास्ता मेरी पहचान का था। रास्ते पर कोई न था, सब घरों के दरवाजे बन्द थे। बरसात के दिनों में यह परिसर बड़ा डरावना, रहस्यमय लगता है। चारों तरफ से घिरता, बढ़ता पानी देखकर जी बैठ जाता है।

मैं घर आई। दस बज चुके थे। माँ, बच्चे मेरा इन्तजार कर रहे थे।

"की गे माँ, वखत की हुया?" (क्यों माँ! देर क्यों हुई?)

सब बच्चों ने आते ही सवाल किया।

बस स्टॉप छोड़कर आगे जाने के कारण जो घटित हुआ वह सब बयान किया, बच्चों को बड़ा बुरा लगा।

मीनू ने मेरे हाथ में तौलिया थमाते हुए कहा, "देक कत्ती भिजी, कपड़े बदल, बाला पोंछ, आंग काँपने लगे देक तेरा, चूल्हा शिलगय सो हाय, उसके सामने बैठ को जरा सेंक कतो भला लगिंगा।"

मैंने गीले कपड़े बदले, बालों से पानी टपक रहा था, ठंड से बदन काँप रहा था। हाथ-पाँव की उँगलियाँ ठंड से टेढ़ी होने लगीं।

माँ कुछ बोली नहीं पर चिन्ता दूर होने का भाव उसके चेहरे पर था। सबको उद्देश्य करके उसने कहा, "चलो खाइंगे।" और सबके लिए खाना परोसने लगी।

मैंने चूल्हे में और जरा लकड़ियाँ डालीं और उसकी आँच में हाथ-पैर सेक लिए, अब जरा भला लगने लगा। चूल्हे के पास बैठकर ही मैं खाना खाने लगी, बच्चे, माँ मेरे आसपास बैठकर खा रहे थे, सबको वह आँच अच्छी लग रही थी। अपनी माँ ठीक से घर आई इसकी खुशी बच्चों के चेहरे पर झलक रही थी। अपनों के बीच कितना सुरक्षित लगता है न...?...

## 40. अरे! यह क्या? मैं राजहंस हूँ, एक राजहंस...

दिसम्बर महीना शुरू हुआ। कॉलेज में स्नेह सम्मेलन की चहल-पहल शुरू हो गई। सबको अपने-अपने ग्रुप के कार्यक्रम सादर करने पड़ते। अनेक प्रतियोगिताओं का आयोजन था। हर एक को अपना हुनर दिखाने का मौका था। दौड़ना, लम्बी छलाँग लगाना, वॉलीबाल, लँगड़ी (एक खेल) खो-खो, कबड्डी। इसके अलावा एकांकिका, गायन, अभिनय, चित्रबोध, स्मरण, शतरंज...कितना कुछ, बड़ा मजा आ रहा था।

इन खेलों से स्कूल के दिन याद आ रहे थे। बीच के काल में जिनसे नाता ही टूटा था वे दिन लौटकर आए, मेरा बचपन मुझे याद आने लगा। मैं अपनी उम्र भूलकर बड़े उत्साह से सबमें हिस्सा ले रही थी। मैं दौड़ में स्कूल में प्रथम क्रमांक में आई थी और अभी मैं सब लड़कियों में दौड़ में प्रथम स्थान पर आई।

जिन्दगी में पहली बार मैं मंच पर अभिनय कर रही थी। मैं अपनी भूमिका जी रही थी सब भूलकर। कॉलेज हॉल भरा था, अध्यापक, छात्र। सामने बाई जी बैठी थी, पर मैं बड़े आत्मविश्वास से मंच पर अपनी भूमिका निभा रही थी। एकांकिका खत्म हुई और जोर-जोर से बजनेवाली तालियों की गूँज से मेरी भूमिका की दाद मुझे मिली। बाई जी ने मुझे पच्चीस रुपयों का पुरस्कार भी दिया, शाबासी दी। मुझे बड़ी खुशी हुई, मैंने बाई जी के चरणों को स्पर्श करके नमस्कार किया।

इस सम्मेलन में मुझे अभिनय, गायन, चित्रबोध, विविध गुणदर्शन सभी प्रतियोगिता में प्रथम, द्वितीय ऐसे स्थान प्राप्त हुए। गायन में मैंने 'जा रे, जा रे उड़ जा रे पंछी' और 'कांटों से खींच के ये आँचल' ये गीत गाए। शायद ये गीत मेरे मन की अवस्था का प्रकटीकरण ही थे।

मुझमें जो सुप्त गुण थे, उन्हें प्रकट करने का मौका मुझे बी.एड. करते वक्त मिला। वैसे तो बाई जी हर छात्र के लिए ऐसा मौका निर्माण करतीं इस कारण प्रवेश लेते वक्त का छात्र और बी.एड. पूरा करने के बाद का छात्र मानो 'खणखणीत बन्दा रुपया' लगता। सही अर्थ में बाई जी छात्र गढ़कर-आकार देकर-भेजतीं न कि सिर्फ 'पढ़ाकर'। इसके लिए 'वे' खुद व्रतस्थ की तरह काम में व्यग्र रहतीं। हमेशा नए ज्ञान की खोज में रहतीं और खुद में ही ज्ञान के इतने स्रोत निर्माण करतीं कि उनके ज्ञान के पनघट से कोई भी प्यासा, प्यासा न जाए। बाई जी गुरु के नाते से अत्यन्त श्रेष्ठ हैं। उनके सन्दर्भ में मुझे कबीर जी का एक दोहा याद आता है-

*''नौ खंड पृथ्वी कागज करूँ, लेखनि करूँ सब बनराय*
*सात समंदर मसी करूँ, गुरु गुन लिखा न जाय''*

*देखते-ही-देखते वार्षिक परीक्षा के दिन आ गए।*

अब पाठ बन्द हो गए। सुबह ग्यारह बजे से लेकर दोपहर दो बजे तक लायब्रेरी में अभ्यास, कक्षा में बैठकर पढ़ाई, दोपहर में अध्यापन की पुनरावृत्ति, प्रश्नोत्तर, हमेशा जाँच परीक्षा। सारा माहौल अभ्यासमय हो चुका था।

गाँव में एक नई तकलीफ शुरू हुई। हमारे घर के सामने एक दलित का परिवार था। इससे पहले उस झोंपड़े में एक बूढ़ी औरत, उसकी बेटी, बेटी के पाँच बच्चे रहते थे। फिलहाल, उन बच्चों का बाप जो मिलिट्री की नौकरी में था, घर आया था। मराठी में एक

कहावत है 'अर्ध्या हलकुंडात पिवल' मतलब 'थोड़ी-सी कमाई में दिखावा ज्यादा करना'। रहते तो झोंपड़े में ही, पर आते ही इतने ऊँचे-ऊँचे बॉक्सवाला स्टीरियो खरीदकर लाया था और दोनों बक्से झोंपड़े के दरवाजे में दोनों तरफ रखकर इतनी ऊँची आवाज में स्टीरियो लगाता कि सर ही चकराने लगता। इस को लेकर माँ ने उससे दो-चार बार झगड़े भी किए। मैंने जाकर समझाकर बताया कि "आवाज कमी करा, खूप त्रास (तकलीफ) होतो" लेकिन मानता न था। उसके घर के सभी लोग बड़े मुँहजोर, गाली-गलौज करनेवाले थे। उनसे जुबान लड़ाना बड़ी मूर्खता है, यह मैंने मान लिया।

बच्चों के इम्तिहान भी पास आ गए थे। मिनाज दसवीं में थी। वह गणित की ट्यूशन के लिए क्लास जाती थी। खाने का डिब्बा, घर में पहनने के कपड़ों का बास्केट बुधवार में रखकर वह जाती। मैंने शमा से बताया कि, मैं हर महीने पैसे दूँगी, उसे चार बजे चाय देना, वह वहीं बैठकर पढ़ाई करेगी। शमा मिनाज को चाय देती।

शमा के शौहर को यह बात जँची नहीं। एक दोपहर मिनाज ने उनके पलंग के नीचे रखी कपड़ों की बास्केट निकाली, उन्हें बड़ी चिढ़ सी आई। गुस्से में बास्केट उठाकर आँगन में लाकर पटकी और चिल्लाए, "हमारे घर में आडचण हाय, फिराको यहाँ आनेके नई, बास्केटसुदा रखने के नई, रखी तोदेक, फेंक को दिवूंगा।" (हमारे घर में अड़चन है, दुबारा बास्केट मत रखना, अगर रखेगी तो बाहर फेंक दूँगा)।

मीनू बड़ी नाराज-सी घर आई। शाम में उसने मुझे बताया। मैंने उससे कहा, स्कूल छूटते ही वहीं पर बैठकर चपाती-सब्जी खाओ, और वहीं से क्लास जाकर अपने घर आओ। यहीं खेत में बैठकर पढ़ाई करो। अगर अकेली जाने में डर लगे तो बड़ी माँ को साथ ले जाना। लेकिन दुबारा कभी उस घर में कदम मत रखना।

मैं किसी से कुछ सवाल करने नहीं गई। ऐसे अपमान के पत्थर मैं अपने दिल के तल में संचय करती रही।

घर में पढ़ाई करना बड़ा मुश्किल लगता। दिनभर बी.एड. कॉलेज रहता। मैंने बाई जी से इजाजत माँगी कि कॉलेज नियत समय समाप्ति के बाद मैं कॉलेज में ही रात आठ बजे तक पढ़ाई करती रहूँ। बाई जी ने इजाजत दी। शाम के छः बजे कॉलेज छूटता, एक-दो सिपाही रहते। बड़े हॉल में लाइट रहती, फिर भी बड़ा सुनसान-सा लगता, जरा भी खुट्ट आवाज आती मैं डरती। अन्दर से डरी-डरी रहती। मैं कॉलेज की सीढ़ियों पर बाहर ही बैठकर पढ़ती फिर डर नहीं आता। सिपाही अच्छे थे, "काल जी कल नका बाई, आमी हाय इथ गॅलरीत।" फिर जरा दिल पर का बोझ कम होता, पढ़ाई में मन एकाग्र हो जाता।

मैं घर का पूरा काम निबटाकर कॉलेज आती। हमेशा की तरह भोरकाल में धोना धोकर सुबह का खाना पकाकर आती। अब पढ़ाई की जरूरत के कारण मेरे लिए रात का खाना बनाना एक महीना भर तो मुमकिन न था। मैं दो-ढाई घंटे पढ़ाई करती, वहाँ से रेलवे स्टेशन तक आती। वहाँ से बस पकड़कर घर आती। हर रोज रात के दस तो बज जाते। एक दिन छोड़कर 'वे' ही ड्यूटी लेते फिर बस सहजता से मिल जाती।

मैंने शौहर से बताया कि अब पढ़ाई के लिए यह आखिरी महीना बड़ा महत्त्वपूर्ण है। मैं कॉलेज में रात आठ बजे तक रुककर पढ़ाई करके आती हूँ।

अब जोतीबा के लोगों की पहचान हो चुकी थी। कुछ चालक, वाहकों की भी पहचान

हो गई। शिकायत किए बिना वे अब बस में जगह देते। रात में देर भी हो जाती तो डर नहीं लगता। रेल की पटरी से आना पड़ता। आधा किलोमीटर तक का अन्तर था। शाहुपुरी, रेलवे स्टेशन की चहल-पहल भी रहती। कॉलेज से आठ-साढ़े आठ तक निकलती नौ तक स्टेशन पर आ जाती। कुछ तकलीफ बच गई फिर भी आंबेवाडी में आने तक दस बज ही जाते।

आंबेवाडी के पारकट्टे से हमारे घर तक एक मील चलना पड़ता। रास्ते के दोनों किनारों पर घरों की कतार है। स्कूल, ग्राम पंचायत का दफ्तर, बैंक ऑफ इंडिया की इमारत सब रास्ते के किनारे से ही आता है। रात में कुछ शरारती लड़के गली के रास्ते पर बैठते, मुझे देखते, आपस में कुछ बोलते और खिल्ली भरे स्वर में जोर से हँसते। कुछ तो कहते "काय रे? भीक मागून आलास वाटत? झोली भरली का न्हाई?"

"क्यों रे? भीख माँगकर आया क्या? झोली भरी ना।"

"अल्लख निरंजन, माई भिक्षा वाढ" कहते और खीं-खीं करके हँसने लगते। मेरे कन्धे पर शबनम बैग लटकी रहती उसे देखकर टिप्पणी करते।

वे मेरा मजाक उड़ाने का ही इरादा रखते तो चश्मा, थैला, पहनावा किसी पर भी हँसते। "अरे चार डोलयानी तरी दिसतय काय?"

"एव्हढया राती बी शाला आस्ती व्हय रं?"

(इतने रात में भी स्कूल होती है क्या रे?)

"तर, रात्रीची शाला म्हणत्यात त्येला, रात्रीची शाला।"

(रात की स्कूल कहते हैं उसे, 'रात' की स्कूल!)

"ये,लई शाला करू नगस।"

(ये ज्यादा स्कूलगिरी मत करो...)

अन्य वक्त पर रात आठ तक आती तो अन्दर-बाहर से लोग रहते। देर रात में ही ऐसे मवाली लड़कों की तकलीफ होती। ये लड़के कहीं बाहर के नहीं थे, इसी गाँव के ही थे यह विशेष बात थी।

कुछ दिन मैंने यह तकलीफ सहन की लेकिन एक रात में मेरा देर से आना और मुझे भला-बुरा कहना और खिल्ली उड़ाकर हँसना हद के बाहर हुआ। मुझे चिढ़-सी आई और अब इन्हें करारा जवाब देना जरूरी है यह सोचकर उनके सामने जाकर रुकी और उन्हें जोर से आवाज चढ़ाकर पूछा, "हं, काय म्हणण आहे तुमच? होय, मी झोली घेवून भीक मागायला जाते, पण दारोदार नाही एका कॉलेजमध्ये जाते, तुम्ही काय नारलाची करवंटी घेवून दिवसभर दारोदार फिरता काय रे? काय कुणाचे खिसे कापून पोट भरताय? दिवसभर तुमच्या आया बहिणी लोकांच्या उसात रोजगार करतात त्याची लाज नाही आणि दुसऱ्या बायकांना त्रास देताय?" (हाँ, क्या कहना है तुम्हारा? हाँ, मैं जाती हूँ भीख माँगने, लेकिन दर-दर नहीं तो एक ही कॉलेज में। तुम क्या करते हो? क्या हाथ में नारियल का कटोरा लेकर घर-घर भीख माँगते फिरते हो क्या? क्या किसी की जेब काटकर पेट भरते हो? दिनभर तुम्हारी माँ, बहनें लोगों के खेत में काम करती हैं जिसकी तुम्हें शरम नहीं आती और दूसरी औरतों को सताते हो?)

मैं जोर-जोर-से डाँटकर बात कर रही थी, मेरी आवाज सुनकर आस-पास के लोग दरवाजा खोलकर बाहर आ गए, "काय झाल बाई? कोण काय म्हणाल?" कहते हुए काफी

लोग मेरे आस-पास जमा हो गए। मैंने उनसे सब बताया। "मी दिवसभर कॉलेज करून, रात्री दोन तास अभ्यास करून येते त्यामुलं रात्री उशीर होतो तर ही नालायक पोर वाट बघत बसल्यासारखी इथं थांबून चेष्टा करतात, एवढी शरम आहे की नाही? मला या गावात येवून आठ-दस वर्षे आली, अजून हयांना माणसं ओलखत नाहीत?" (मैं दिनभर कॉलेज करती हूँ, रात में वहीं पर दो घंटे रुककर पढ़ाई करती हूँ, इस वजह से आने में देर हो जाती है। रात में यह नालायक लड़के इन्तजार करने जैसा बैठे रहते हैं और मजाक उड़ाते हैं। इस गाँव में मुझे आए आठ-दस वर्ष हो गए अभी तक इन्हें लोगों की पहचान नहीं है क्या?)

मेरी बात और तकलीफ सुनते ही सबको उन लड़कों पर ऐसा गुस्सा आया कि उन्हें मारने के लिए कुछ पुरुष मुड़े। औरतों ने गालियों की ऐसी बौछार शुरू की कि उन्हें चुल्लू भर पानी में ही डूबना बाकी था। खुलेआम बदनामी होते ही रुकते काहे को, वो भागे कि बस्स।

इस घटना के बाद आस-पड़ोस के लोगों ने हमेशा के लिए उस मवाली टोली का बैठना-उठना बन्द किया।

बाई जी ने अब्राहम लिंकनच हेडमास्तरास पत्र भित्तिपत्रक में लगाया था, मैं हर रोज आते-जाते पढ़ती। मैंने वह पत्र पूना से मँगवाकर घर में भी लगाया था, जिसका हर शब्द मेरे लिए राह बताता, "गुंडाना भित जावू नकोस म्हणावं, त्यांना नमवणं सर्वात सोपं असतं।" (गुंडों से मत डरो, उन्हें ठिकाने पर लाना सबसे आसान काम है।) इस वाक्य ने मुझे बड़ी शक्ति दी थी...।

बाई जी छात्रों को संस्कारक्षम बनाने में हमेशा प्रयत्नशील रहतीं।

सिर्फ अपने लिए जीना भी क्या जीना है? हमें समाज का ऋण मानकर चलना है। अपने-अपने तरीके से वह ऋण हमें अदा करना चाहिए। इस उद्देश्य से अलग-अलग उपक्रमों में हमें शामिल किया जाता।

कोल्हापुर में एक बड़ा दानशूर घराना है, वह है कोरगावकर! उसी बरस (1980) उन्होंने अच्छी और सस्ती मिठाई उपलब्ध कराने का संकल्प लिया था। उसके लिए दीपावली से आठ दिन पहले पैकिंग के लिए कुछ छात्रों को ले गए थे। कोरगावकर जी ने 'भाजी भकरी' केन्द्र भी शुरू किया था जिसमें दो रुपये में रोटी, सब्जी मिलती थी। वहीं पर पचास औरतों को रोजगार भी प्राप्त हुआ।

1980 में ही माजी खासदार सुश्री प्रमिला दंडवते, मृणाल गोरे, छाया दातार, शारदा साठे, स्त्री-मुक्ति यात्रा हेतु कोल्हापुर आई थीं। शाहू स्मारक में प्रमुख कार्यक्रम का आयोजन था। मैं उस कार्यक्रम में शामिल थी। दूसरे दिन हिन्द कन्या छात्रालय में सब कार्यकताओं की सभा थी, वहीं पर निर्णय हुआ कि कोल्हापुर में स्त्री-प्रश्नों पर काम करनेवाली 'महिला दक्षता समिति' नामक संस्था की स्थापना की जाए। और इसी समय मैं सामाजिक कार्य तथा सामाजिक कार्यकर्ताओं से जुड़ गई। मैं महिला दक्षता समिति की प्रथम सचिव रही आज उपाध्यक्ष हूँ। समिति का कार्य सातत्यपूर्ण, ईमानदारी, पारदर्शक, आस्थापूर्ण, निःशुल्क पद्धति से निभाती हूँ, जो मुझे बड़ी आत्मिक तृप्ति प्रदान करता है।

मैं इस घटना से अच्छे लोगों के सान्निध्य में आ गई जिनके साहचर्य ने मुझे बड़ा समृद्ध बनाया।

इस समिति की स्थापना 1984 में हो गई। सर्वश्री सुश्री उर्मिला सबनीस अध्यक्ष, मीरा संत, शकुंतला पाटील, सुचेता कोरगावकर, लीला पाटील, शशिकला भिडे, सुचिता पडलकर, दलितमित्र बापुसो पाटील, सुरेश शिपूरकर, रविन्द्र सबनीस आदि लोग इसमें थे।

मैं दिल से पढ़ाई करती थी। गत पाँच वर्षों की प्रश्नपत्रिका हल करके मैं अभ्यस्त हो रही थी। बड़े-बड़े जवाब कैसे ध्यान में रखे इसकी युक्ति भी ज्ञात हो गई थी, जिससे पढ़ाई में आसानी रहती। लिखित परीक्षा से पहले वार्षिक पाठ परीक्षा रहती। लेसन की जोरदार तैयारी शुरू की। मराठी पाठ के लिए मैंने सूर्यकांत खांडेकर जी की कविता 'त्या फुलांच्या गंधकोशी' लेना निश्चित किया था और हिन्दी विषय के पाठ के लिए 'चाय की दुकान' का आयोजन किया था।

मूल कविता की जीरॉक्स कापियाँ निकालीं। सुन्दर से निसर्ग दृश्यों के बड़े-बड़े चित्र जमा किए। आठवीं कक्षा 'तवन्नाप्पा पाटणे हायस्कूल' में मेरा वार्षिक पाठ था। 'चाय की दुकान' के लिए घर में प्लास्टिक का छोटा शेल्फ था, उसकी चाय की गाड़ी बना दी। दुकान से प्लास्टिक का खिलौने जैसा सामान खरीदा, कप-सासर, स्टोव, केतली, गैस का चूल्हा, पानी की टंकी, चलनी, काँच की बरणियाँ, चीनी, चायपत्ती, बिस्कुट आदि। बचपन के दिन याद आ रहे थे।

हिन्दी का लेसन 'ताराराणी हाईस्कूल' कक्षा पाँचवीं में था।

दोनों पाठ बड़े अच्छे हो गए। तवन्नाप्पा के छात्रों को कविता और उसकी गेयता इतनी पसन्द आई कि मुझसे कविता तीन बार गवाई। परमेश्वर का अस्तित्व चराचर में व्याप्त है। पत्ते-फूल, रंग-तरंग, आकाश, तारे, हर प्राणि मात्र, सृष्टि के कण-कण में समाया यह नूर-ए-खुदा का अहसास और ईश्वरीय अस्तित्व का अन्तिम सत्य इस कविता में अभिव्यक्त हुआ है। यह अहसास, चिरंतन अनुभूति, ईश्वरीय तत्त्व को मैं इतनी तन्मयता से प्रकट कर रही थी कि मैं सब कुछ भूल चुकी थी कि मेरे सामने पर्यवेक्षक बैठे हैं जो मुझे जाँच, परख रहे हैं। मैं खुले दिल से, खुली आवाज से गा रही थी 'त्या फुलांच्या गंधकोशी, सांग तू आहेस कां।'

त्या नभाच्या निलरंगी सांग तू आहेस का?

शब्दों की करुणा उत्कटता इतनी हृदयस्थ थी कि जब घंटी बजी तब खयाल आया कि मेरी आँखें निरन्तर बहती जा रही हैं। क्या यही परमेश्वर प्राप्ति का परमोच्च बिन्दु था? क्या यही भावोत्कटता आराधना में होती है? हाँ होगी। मैं आत्यंतिक तृप्त, संतुष्ट थी यह खुशी मेरे हृदय में समानी मुश्किल हो गई थी।

ताराराणी में पाँचवीं की छात्राएँ छोटी-छोटी बच्चियाँ ही थीं। मेरा पढ़ाना उन्हें खेलने जैसा ही लगा। मैं चायवाला बनी थी और छात्राएँ ग्राहक बनकर आतीं, हिन्दी में संवाद करतीं। बाद में कुछ छात्राएँ चायवाला बनी मैं ग्राहक। खेल-खेल में कितने नए शब्द सीख रही थी। छुट्टे पैसे, फीकी चाय, चीनी, जाड़े का मौसम, चुस्कियाँ आदि। खिलौनों को देखना, उनसे खेलना वह झूठ-मूठ की चाय की दुकान में इतनी रौनक आई थी कि शायद हर छात्रा ने चाय की गरम-गरम चुस्कियाँ लीं। बड़ा मजा आया। परीक्षक भी खेल में शामिल थे। दोनों पाठ बड़े उत्साहजनक रहे। मैंने बड़े आत्मविश्वास के साथ तैयारी की, पढ़ाया, छात्रों का सहयोग भी अच्छा रहा, मुझे अच्छा लग रहा था।

एस.एस.सी. से एम.ए. तक का मेरा सफर एक छात्रा की तरह रहा। बी.एड. में एक छात्रा और भावी शिक्षिका ऐसा दुहरा अभ्यास होता गया। बी.एड. का एक बरस! मेरा टुकड़ों में बिखरा व्यक्तित्त्व मानो सिमटकर समेकित कलाकृति में परिवर्तित हो रहा था। मैं गा सकती हूँ, अभिनय मुझमें छुपा है, मैं दौड़ सकती हूँ, प्रकट वाचन सुन्दर है, बहुत-से मसले देते-देते विषय और आशय को अभिव्यक्त करने की मेरी एक अनोखी अदा है, मेरी आवाज स्पष्ट, सुन्दर है, मैं पाठ को छात्र व कक्षा से तादात्म्य होकर तन्मयता से पढ़ाती हूँ, छात्रों को मेरा पढ़ाना बड़ा अच्छा लगता है, नाट्याभिनय मूलत: मुझमें है, मैं आँखों से, हावभावों (मतलब देह भाषा) से आशय को गहरा बना सकती हूँ, पढ़ाना मेरे लिए आराधना है—कितना कुछ-कुछ मुझमें है और मुझे पता ही नहीं? एल.आर. की जिम्मेदारी मैंने वर्षभर अच्छे तरीके से निभाई।

आज तक जिस 'आशा' से मेरी पहचान कराई गई वह 'आशा' काली, विद्रूप, मूर्ख, अपशकुनी, उजले पाँवों की, डरपोक, दुर्बल, कमजोर 'आशा' थी। आज जिस 'आशा' को मैं समझने लगी हूँ, वह तो पूर्णत: अलग है। यह 'आशा' ग.दि. माडगुलकर जी द्वारा रचित और स्वर सम्राज्ञी आशा भोंसले जी की आकर्षक आवाज में गाए मराठी गीत 'एक तलयात होती बदके पिले सुरेख, होते कुरूप वेडे पिल्लू तयात एक' जैसी उस पागल से राजहंस के बच्चे की तरह थी। इत्तफाक से एक राजहंस का बच्चा बत्तखों के सान्निध्य में आता है। सब बत्तख और अन्य लोग भी उस बच्चे को काला, कुरूप, दीवाना, कमजोर कहकर हीन-भाव से चिढ़ाते हैं। वह बच्चा बड़ा अकेला, एकांकी, भोला-सा अपने ही दु:ख से दु:खी हो जाता है। अकेला ही रोता रहता है, कोई आकर उसे समझाता नहीं। जब वह बच्चा कुछ बड़ा होता है, सयाना हो जाता है, तब एक दिन अकेला ही तालाब में तैरता रहता है और अचानक अपना प्रतिबिंब देखता है तो वह जान जाता है कि "अरे! यह क्या? मैं तो राजहंस हूँ, राजहंस," और उसी पल उस बच्चे का अकेलापन, डर, आत्मग्लानि, दीवानापन सब हवा हो जाता है...सब हवा में काफूर-सा उड़ जाता है...।

## 41. दु:ख भरे दिन बीते रे भैया, अब सुख आयो रे, रंग जीवन में नया लायो रे...

बी.एड. की परीक्षा हो गई। अब कुछ अजीब-सा खालीपन लगने लगा। माँ की गोद में नौ महीने तक बच्चा पलता है। उस बच्चे के अस्तित्व की, धड़कनों की एक आदत-सी शरीर और मन को होती है। हमेशा माँ की साँसों से जुड़कर साँस लेनेवाली एक अदृश्य जान संग-संग ही रहती है। जब माँ उस बच्चे को जन्म देती है तो वह मुक्त हो जाती है लेकिन उस 'जान' से अलग होना उसे सालता रहता है, उदास बनाता है। कुछ इस तरह की उदासी मेरे दिलो दिमाग पर छा गई थी। फिर भी आगे के भविष्य का ध्यान मुझे अस्वस्थ कर रहा था। नौकरी के बारे में सोच रही थी, विज्ञापनों द्वारा खोज शुरू की।

अप्रैल के पहले हफ्ते में कोल्हापुर महानगर पालिका के के.एम.सी. कॉलेज का विज्ञापन देखा। 1980 में कोल्हापुर महानगर पालिका ने इस कॉलेज की स्थापना की थी। 'राजमाता जीजाबाई हाईस्कूल' की इमारत में ही सुबह के वक्त यह कॉलेज शुरू रहता। स्कूल की

इमारत विशाल है। इस कॉलेज के प्राचार्य डॉ. आबासाहेब शिंदे जी थे। सब विषय के अध्यापकों की भरती थी। सीनियर-जूनियर, पार्टटाइम, फुलटाइम। हिन्दी विषय के लिए सीनियर में दो और जूनियर में पार्टटाइम एक जगह थी। मैंने अर्जी दी।

एक महीने के बाद इंटरव्यू के लिए मुझे खत आया। सब विषयों के लिए बड़ी संख्या में लोग आए थे। रात के आठ बज चुके थे, अभी तक मेरा नम्बर नहीं आया था। कुछ लोग धीमे-से कह रहे थे, "अरे, सारा नाटक है पहले से ही लोग भरे हुए हैं।"

मेरा यह पहला अनुभव था। साढ़े आठ बज गए, मैं भी तंग आकर जाने लगी। इस नौकरी की इच्छा करना भी बेकार है। अपनी कोई पहचान नहीं, न किसी का वसीला। जाना ही अच्छा।

मैं सीढ़ियाँ उतरकर बाहर का मैदान पार करते हुए बड़े गेट के पास आई। सामने से चाय की केतली लेकर कॉलेज का चपरासी आ रहा था, मुझे देखकर उसने कहा, "का हो मैडम, का निघालात?" (क्यों मैडम, क्यों जा रही हो?)

"जाते बाबा, दुपारपासून आले, आता रात्र झाली आणि जागा पण अगोदरच भरल्यात म्हणे?" (जाती हूँ बाबा, दोपहर की आई हूँ, अब तो रात हो गई, जगह भी पहले से ही भरी है ऐसे सुना।)

"तसं काही नाही मॅडम, आता सुरू होतील मुलाखती थांबा जाऊ नका।" (वैसा कुछ नहीं, रुको, अभी शुरू होगा कामकाज।)

मैं उस चपरासी की बात मानकर वापस आई। जिसका नाम भरत ब्रह्मपूरे था।

नौ बजने आए और हिन्दी विषय के लिए इंटरव्यू शुरू हुआ।

मेरा नम्बर आया। अन्दर बहुत-से लोग थे। प्राचार्य आबासाहेब शिंदे जी थे। विषय के विशेषज्ञ प्रा. डॉ. सरजूप्रसाद मिश्र जी थे।

एम.ए. अभ्यासक्रम पर बहुत-से सवाल पूछे गए। प्राचार्य जी ने बी.एड. के नतीजे (रिजल्ट) के बारे में पूछा। मैंने उनसे कहा कि मुझे पूरा विश्वास है कि मैं बी.एड. प्रथम श्रेणी में पास हो जाऊँगी। कुछ निजी सवाल भी पूछे गए। मेरे पास पूर्वानुभव नहीं था। कुछ सवाल तो मुझे संभ्रमित करनेवाले थे लेकिन मैं अपने जवाबों पर अडिग रही। आत्मविश्वास से, मन शान्त रखकर, ध्यानपूर्वक सवाल सुनकर ठीक से जवाब देती थी। कुल मिलाकर इस साक्षात्कार का अनुभव अच्छा रहा।

मेरा इंटरव्यू कनिष्ठ महाविद्यालय में पार्टटाइम पोस्ट के लिए था। जिसके लिए एम.ए. बी.एड. अध्ययन जरूरी था। सीनियर विभाग के लिए पूर्वानुभवी, डॉक्टरेट प्राप्त लोग आए थे।

मेरी दृष्टि में पार्टटाइम, फुलटाइम, वेतन यह बातें ज्यादा मायने नहीं रखती थीं। अध्यापन करने का मौका मिलना यही महत्त्वपूर्ण था। मेरी सोच है कि खाली बस आएगी, मुझे आराम से बैठने को मिलेगा उसी बस से ही मैं सफर करूँगी-ऐसा सोचकर बस स्टॉप पर ही घंटों तक इन्तजार में खड़े रहने से अच्छा है कि चाहे खड़े रहने को जगह मिले, चाहे बस की सीढ़ी पर पैर रखने को जगह मिले, पर चलती बस में चढ़ो। सफर तो शुरू रहेगा, रास्ता कट जाएगा, मंजिल तक जाने में आसानी रहेगी। कोई तो जगह देगा, जगह खाली होगी, रुकने से अच्छा चलना...ज्यादा अच्छा।

मेरी तीव्र इच्छा थी कि इसी कॉलेज में मुझे पढ़ाने का मौका मिले।

मेरे मन में विचारों के आवर्तन शुरू थे। आशा-निराशा का खेल मन ही मन में शुरू था। उत्कंठा बढ़ गई। मेरा भविष्य, स्वप्नपूर्ति, बरसों से पढ़ाई के लिए किया कष्ट। 'केवल शिक्षा' यही उद्‌देश्य रखकर आज तक किया परिश्रम, संकटों से किया सामना, नौकरी यह सबकी परिपूर्ति थी। मुझे नौकरी की आत्यंतिक जरूरत थी, आत्यंतिक जरूरी...

और कई जगहों पर भी मैंने अर्जी दी। हर रोज विज्ञापन देखती। कहीं पर भी नौकरी मिले, मैंने स्वीकार करने का निश्चय किया।

मीनू, शरू के साथ-साथ अब विराज और सीमा भी कोल्हापुर जाने लगीं। चारों बहनें राजमाता हाईस्कूल में जाती थीं।

अलग-अलग प्रतियोगिता में मेरी बेटियाँ हिस्सी लेतीं, जीतती भी। पढ़ाई में अव्वल नम्बर पर थीं। अध्यापकों को बड़ी आत्मीय लगतीं। वे सभी अध्यापकों की पसन्दीदा छात्राएँ थीं। ये परिश्रमी, बुद्धिमान, तीव्रबुद्धि, छात्राएँ अपने स्कूल का नाम ऊँचा करने में सहयोग करतीं। मराठी, अंग्रेजी, हिन्दी, संस्कृत जैसी सभी भाषाओं में निबन्ध, वक्तृत्व स्पर्धा में पक्का यश प्राप्त करतीं। नाट्य अभिनय में विराज और सीमा का अव्वल नम्बर आया तब मराठी अभिनेत्रियों सुश्री स्मिता तलवलकर तथा सविता प्रभुणे के हाथों पुरस्कार मिले। लड़कियों की सभी दृष्टि से मैं तालीम कराती, अध्यापकों का भी सहयोग रहा और बेटियों का प्रतिसाद भी अच्छा रहा। इस दृष्टि से मैं खुशनसीब रही।

मिनाज दसवीं कक्षा में प्रथम श्रेणी में उत्तीर्ण हुई। उसी साल का आदर्श छात्रा का पुरस्कार भी उसे ही मिला। मैं बड़ी खुश हुई।

मिनाज दसवीं के परीक्षा के रिजल्ट को लेकर बहुत डरी हुई थी। चार दिन बाद रिजल्ट था। मिनाज बीमार पड़ गई। ठीक से खाती न थी, रोती रहती। चेहरे पर सूजन भी आई। यह मेरी बेटी बड़ी सीधी, भोली-भाली है। शायद गर्भावस्था में मेरी जो मानसिकता बनी थी, उसी का प्रतिबिंब। डरी-डरी आत्मविश्वासहीन, दबी-दबी। वैसे तो बेटियों को मैंने कभी अपनी दहशत में नहीं रखा, न अपनी अपेक्षाओं का बोझ उन पर लादा। मैं उनकी पढ़ाई में मददगार रही। कोई दिक्कत आती तो समझाती। अभ्यास के नियोजन में सहायता करती। किताबें, बही, अन्य नोट्स वक्त पर ले आती। उनकी सेहत का खयाल रखती। मीनू के लिए पूना से प्रकाशित होनेवाली विकासमाला मँगवाती।

मीनू का रिजल्ट देखने के लिए समाज समाचार-पत्र के दफ्तर में गई, बड़ी भीड़ थी। मैंने देखा कि मीनू पास हो गई, वह भी प्रथम श्रेणी में। मैं खुशी से चिल्लाई ! सब लोग देखने लगे।

"आप पास हो गई क्या?"

"नहीं, मेरी बेटी पास हो गई।"

और भीड़ से रास्ता निकालकर शिवाजी मार्केट में आई। पेड़े लिए और आंबेवाड़ी पहुँची। उसे गले लगाकर खुशी की खबर दी, वह खुशी से इतनी रो रही थी कि बस्स ! सारा घर खुश था, 'वे' भी माँ भी। माँ ने मीठा खाना बनाकर खुशियाँ मनाईं।

1983-84 शायद पेड़े, मिठाई का वर्ष था। मैं बी.एड. प्रथम श्रेणी में पास हुई, मिनाज दसवीं में प्रथम श्रेणी में पास हुई, इनकी नौकरी पक्की हो गई और मजदूर यूनियन में डिपो

सेक्रेटरी पद जीत गए। बरसों बाद हमारे घर में खुशी के पल बरस रहे थे। मैं भी बरसों बाद तृप्ति महसूस कर रही थी...

मीनू ने कॉमर्स कॉलेज में ग्यारहवीं कक्षा में प्रवेश लिया। उसे वाणिज्य शाखा में पढ़ाई करनी थी, यह उसका निर्णय था। सुबह बस या रिक्शा से जाती। दोपहर का खाने का टिफन ले जाती। दोपहर में कॉलेज, अकाउंटेंसी की क्लास करके आती।

शर्मिला बहुत होशियार पर बड़ी आलसी है। जी-जान से पढ़ाई करना हो तो उसकी जान पर बन आती। किसी बात की भाग-दौड़ किए बिना धीरे-धीरे करती रहती। सुबह जल्दी उठती न थी। बहुत कुछ उम्मीदें रखना, उसे पाने की कोशिश करना, उसका स्वभाव न था।

सीमा कुछ अबोल, मितभाषी। दिल की बात खोलकर न बतानेवाली। अब वह पहले जैसी जिद्दी भी न थी। शरीरयष्टि दुबली-पतली। मुझ पर अवलंबित-सी रहती। जरा कुछ जोर से कहा या मन के खिलाफ हुआ तो आँखें डबडबा आतीं। होशियारी से, एकाग्रचित होकर पढ़ाई करती। किसी भी चीज की लगन में खो जाने की आदत थी।

विराज, सबसे छोटी पर सबसे ज्यादा बुद्धिमान, आत्मविश्वासी, स्पष्टवक्ता, साहस से विचार व्यक्त करनेवाली है। बस स्टॉप पर बस नहीं रुकती इसलिए उसने के.एम.टी. बस के दफ्तर में जाकर अधिकारियों से झगड़ा किया था, तब से बस रोजाना रुकती। चाहे कितनी भीड़ हो स्कूल के लिए जानेवाली लड़कियों को चालक, वाहक लेते ही। जगह न भी हो तो चालक के केबिन में बिठाते, पर लेते जरूर।

सीमा और विराज स्कूल में ड्रम बहुत अच्छा बजातीं। स्कूल के हर कार्यक्रम में हिस्सा लेतीं। हर साल बहुत-से पुरस्कार इन बहनों ने लिए। शासन ने तब एक कानून बनाया था कि चौथे बच्चे की स्कूल फीस माफ नहीं होगी तब सात्विक संताप से अपने प्रधानाचार्या से सवाल किया कि "चौथी संतान होना इसमें उस संतान का क्या दोष? सवाल फीस का नहीं लेकिन जिस नकारात्मक और हीन-भाव से उस चौथे बच्चे को नकारा जाता है उसका बच्चे पर क्या और कैसा असर होगा? इसके बारे में शासन क्यों नहीं सोचता? मतलब मेरी किसी को जरूरत ही नहीं, ऐसा वह बच्चा नहीं सोचेगा क्या?" और वह रोई थी। मेरे साथ भी चर्चा की।

ऐसी ये मेरी चार-बेटियाँ! मेरे 'प्राण', शायद मेरे ही चार जन्म के रूप! मुझे बड़ा अभिमान है, मैं इन चार बेटियों की माँ हूँ।

मैं बी.एड. प्रथम श्रेणी में उत्तीर्ण हो गई और 1983-84 की 'उदयोन्मुख आदर्श शिक्षिका' का पुरस्कार भी प्राप्त हुआ।

अपना रिजल्ट देखकर मैं खुशी से रो पड़ी! बाई जी ने मेरे बारे में 'विशेष लेख' लिखकर 'स्त्री' मासिक में प्रकाशित कराया। इस लेख में बाई जी ने मेरी तारीफ की थी कि, मुस्लिम परिवार की एक औरत जो शिक्षा के लिए बड़ा संघर्ष करती यहाँ तक आई है। शिक्षा प्राप्ति के लिए पारिवारिक, सामाजिक, आर्थिक आदि स्तरों पर संघर्ष के बारे में विस्तारपूर्वक लिखा। फिर भी उस लेख में चार पंक्तियाँ ऐसी थीं जिन्होंने मुझे आकर्षित किया। बाई जी ने लिखा था, "आशाचा उभट चेहरा, गव्हाली रंग, सरल धारदार नाक, बोलके बोले आणि तिच्या महत्त्वाकांक्षेची साक्ष पटवणाऱ्या सतत स्फुरण पावणाऱ्या नाकपुडया।" (आशा का सीधा-सा चेहरा, गेहुँआ रंग, सीधी, नुकीली नाक, बोलती आँखें और उसके महत्त्वाकांक्षी

स्वभाव की गवाही देनेवाले हमेशा फड़कते नथुने)। अपने रूप का यह वर्णन पढ़कर मैं बड़ी अचम्भित रही, मतलब मैं ऐसी हूँ? जिन्दगी में पहली बार मैं अपनी तारीफ में इतने सुन्दर लफ्ज सिर्फ सुन नहीं रही थी, पन्नों पर छपकर आए लेख में पढ़ भी रही थी। कितना आत्मविश्वास जगाया इन लफ्जों ने! मैं बयाँ नहीं कर सकती अपनी खुशी। ये लफ्ज मेरी सुन्दरता को अभिव्यक्त कर रहे थे। मैंने कहीं पढ़ा था, ''सौन्दर्य तो वस्तु में या व्यक्ति में नहीं होता, देखनेवालों की आँखों में भी नहीं होता, वह देखनेवालों की दृष्टि में होता है।'' आज मैं उन लफ्जों की सार्थकता महसूस कर रही थी।

मुझे बधाइयाँ देनेवाले कितने तो पत्र बाई जी के घर आए। उसी में मराठी के प्रसिद्ध अभिनेता निलू फुले जी का भी खत था। मीरा ताई संत जी का खास खत भी मुझे आया। यह लेख पढ़कर कोल्हापुर के 'दाणी' नामक वृद्ध हस्ती कॉलेज में मिलने आए और उन्होंने मुझे मदद करने की इच्छा प्रकट की, ''उस लड़की से कहो, जितना जी चाहता है पढ़ाई करे, मैं उसके नाम शिवाजी विद्यापीठ में अमानत जमा रखूँगा, जिसमें से आनेवाले ब्याज पर वह आगे की पढ़ाई करे।'' मैंने दाणी जी को विनम्र अभिवादन करते हुए कहा, ''मुझे पैसे नहीं चाहिए, आपका आशीर्वाद काफी है, आप सबकी सदिच्छा साथ में है, इसी बलबूते पर मैं यहाँ तक आ सकी।''

समाज के इस निस्वार्थ प्रेम से मेरा हृदय भर उठा। कितने अच्छे लोग हैं इस दुनिया में! जो मेरे जैसे निर्बलों की सहायता करते हैं।

''देणान्याचे हाथ हजारों, दुबली माझी झोली'' (देनेवाले के हजारों हाथ हैं, शायद झोली ही कमजोर होगी।) ऐसी मेरे मन की अवस्था हो गई।

बहुत खुशनुमा महसूस हो रहा था। बाई जी ने मेरे लिए बी.एड. प्रवेश का द्वार खोला, मुझ पर बड़ा एहसान किया। मेरे लिए भविष्य का, सपनों का रास्ता खोल दिया।

मेरे शौहर भी बड़े खुश हुए। साइकिल से कोल्हापुर जाकर पेड़े ले आए। पेड़े का डिब्बा मेरे हाथों में थमाते वक्त मेरे लिए गुरूर कौतुक उनकी आँखों से झलक रहा था। शब्दों से व्यक्त करना उन्हें नहीं आता। माँ भी खुश थी शायद, उसके हाथों में दो पेड़े रखकर मैंने चरण छुए तो वह दूर हुए बगैर शान्त-सी खड़ी थी। बेटियाँ तो अत्यन्त खुश थीं।

यश प्राप्ति के, सफलता के इस पल में मुझे मेरे भई की तीव्रता से याद आई, मेरा दिल घायल-सा हुआ। मेरा कोई भी यश देखने के लिए भईजीवित नहीं रहे, यह मेरे जीवन की बड़ी कमी रही। यह ख्वाहिश बेकरार करती रही। मेरी आस्था है कि वे हमेशा मेरे आस-पास रहते हैं। वे थे तो जब मैं नींद से जाग उठती तो उन्हीं का चेहरा देखती। भई चले गए, तब से मैं रोज सुबह जागते ही उनकी तसवीर को प्रणाम करती हूँ। अन्य किसी का चेहरा नहीं देखती। फिर भी जीवित रहने की, उनके अस्तित्व की कमी कैसे भर सकती है? अगर वे होते तो मुझे अपने गले से लगाते, चूमते, मेरी पाठ थपथपाकर कहते, ''अरे आचन्या, बरीच शहाणी आहेस की तू, शाब्बास, शाब्बास। आता आपण बागेत जाऊया हं, तूला खव्याची बर्फी आवडते ना? आणि निशिगंधाचा गजरा? आपण एखादा छानसा सिनेमा ही बघूया, चल मजाच मजा करू।'' मैं खुद में ही खो गई, मेरे ही कल्पनालोक में। ''भई तुम न जाने किस जहाँ में खो गए? हम भरी दुनिया में तनहा हो गए'', मेरी आँखें झरझर बह रही थीं। मेरे थरथराते दोनों हाथों को मीनू ने थामा, ''रू नको माँ, हामना समझतय तुजे क्या लगने लगे।''

कहते हुए मुझे अपने पास कर लिया।

शायद नियति की कसौटी में मैं खरी उतरी हूँगी। अल्लाह की मेहरे-नजर कुछ मुझ पर भी होने लगी।

मेरी प्रतीक्षा का अन्त हुआ। कॉर्पोरेशन कॉलेज द्वारा हिन्दी विषय की अध्यापिका पद के लिए मेरी नियुक्ति का खत आया। मुझे मेरी ही आँखों पर यकीन नहीं आ रहा था। मैं बार-बार उस नियुक्ति पत्र को पढ़ रही थी। 15 जून के दिन हाजिर होने का आदेश था।

15 जून, 1984 की भोर मेरी जिन्दगी की अलग, अर्थपूर्ण भोर थी। रात-भर नींद ही नहीं आई। नवम्बर 1966 में मेरा और 'राजमाता हाईस्कूल' का वियोग हुआ। तबसे मैं अपने स्कूल के लिए तड़प रही थी। आज सत्रह-अठारह साल के बनवास, विरह के बाद मेरी और स्कूल की मुलाकात होनेवाली थी, यह खुशी शब्दातीत थी। आज तक जो कष्ट सहे, परिश्रम किया, संघर्ष करती रही, दु:ख, अपमान के कड़ुए घूँट पिए, जिद छोड़े बिना पढ़ाई करती रही यह सब सार्थक हुआ। मेरे अन्धकारपूर्ण जीवन में उगती यह सुबह मेरे लिए आशा की किरण लेकर उगी...एक अन्धकार का अन्त होकर उजाले की ओर संकेत करनेवाली यह सुबह...

मैं जल्दी-जल्दी तैयार होने लगी। वक्त पर जाना था। मैंने भई जी की तसवीर को प्रणाम किया और घर की दहलीज के बाहर कदम रखा। दिल को बड़ा सुकून-सा लगा। पिछले आठ दिनों से होती बारिश आज कुछ रुक-सी गई। काले-काले बादलों से घिरा आसमान आज बिलकुल साफ नजर आया। बादलों की गर्दिश को हटाकर सूरज की सुनहरी, कोमल किरणें रास्ते पर बिखरी थीं। कुछ पल आँगन में ठहरकर सब निहार रही थीं।

घर की ओर एक नजर डाली। मिट्टी की दीवारों से खपरैल छप्पर टिका हुआ था। दोनों की दरारों में गोबरीले ने कोष बनाए थे, उनमें से छोटी-छोटी तितलियाँ बाहर आकर आँगन के पौधों पर मँडरा रही थीं। मुझे उन्हें देखकर मजा आया।

आँगन का फाटक खोलकर मैं रास्ते पर आई। अब यहाँ से पारकट्टा बड़े ही दूर अन्तर पर था। वहाँ पहुँचने पर मुझे कोल्हापुर जाने वाली बस पकड़नी है, फिर गंगावेस में उतरकर कॉलेज तक पैदल जाना। मैंने कदम उठाए। अगला रास्ता तेज कदम उठाती पार कर रही थी...।

## 42. हर घड़ी बदल रही है रूप जिन्दगी; छाँव है कहीं, कहीं पे धूप जिन्दगी...

कॉलेज के प्रिंसिपल डॉ. आबासाहेब शिंदे जी थे। जो लोग पद पर नियुक्त थे, वे सब बड़े अनुभवसिद्ध थे। मेरे जैसे अननुभवी दो-तीन लोग ही थे। हिन्दी विषय के लिए राजाराम कॉलेज से निवृत्त प्रा.डॉ. व्ही.व्ही. द्रविड़ तथा प्रा.डॉ. के.पी. शहा थे। खुद प्राचार्य जी सवा सात बजे कॉलेज गेट पर खड़े रहते। बड़ा ही प्रभावशाली व्यक्तित्व था। अनुशासनप्रिय प्राचार्य जी की विद्यार्थियों व अध्यापकों पर बड़ी धाक थी। गैरजिम्मेदारी, उद्दंडता-इनके लिए गुंजाइश न थी। एक संस्कारशील कॉलेज में मुझे काम करने का मौका मिला इसकी बड़ी खुशी थी।

जब मैं बी.एड. में थी तब ही अध्यापन कौशल्य की इतनी अच्छी तालीम दी गई थी

कि अध्यापन करने का पहला अनुभव रहते हुए भी मुझे कुछ तनाव या डर नहीं था। बल्कि अध्यापन करने का एक अनोखा आनन्द, उत्साह, कुतूहल मुझमें समाया हुआ-सा लगने लगा। बड़ा मजा आ रहा था। मेरा पद पार्टटाइम था, फिर भी मुझे ग्यारहवीं-बारहवीं के छात्रों को हर रोज पढ़ाने के लिए कहा।

प्राचार्य जी छात्रों के विविधांगी विकास के लिए विविध कार्यक्रमों का आयोजन करते। सॉक्रेटीस क्लब, फूले क्लब जैसी समिति स्थापना कराके उनके द्वारा व्याख्यान, चर्चासत्र, विविध प्रतियोगिताओं का आयोजन किया जाता। शास्त्रीय संगीत से लेकर लावणी सम्राज्ञी सुलोचना चव्हाण तक के संगीत कार्यक्रम। मराठी कथाकार शंकर पाटील, शिवाजीराव भोसले जी का व्याख्यान, कवि रामदास फुटाणे जी की कविताएँ, रामदास पाध्ये जी की बोलती गुड़ियों का खेल, आरोग्य, व्यसनविषयक स्लाईड शो, सैर-सपाटा, स्नेह सम्मेलन, नाटक, एकांकी, नृत्य ऐसे बहुत-से प्रोग्राम थे। इन अलग-अलग अनुभवों से मैं समृद्ध हो रही थी। मेरे लिए 'खुल जा सिमसिम' की तरह मंत्र फूँक कर मानो हीरे-मोतियों से भी गुफा ही खुल चुकी थी, मैं बहुत-बहुत खुश थी।

मेरा वेतन 650 रुपये था। जब मैंने पहले वेतन के पैसे अपने हाथों में लिए तब 'स्वावलम्बन' का सही मर्तबा मेरी समझ में आया। आर्थिक निर्भरता के बगैर आपकी किसी भी राय या निर्णय की कोई कीमत नहीं होती। स्वतंत्रता, मुक्ति का रास्ता आर्थिकता के द्वार से ही निकलता है यह सत्य मैंने परख लिया। चाहे मेरा वेतन कितना भी कम क्यों न हो मैं अपने परिवार की सहायता कर सकती हूँ, यह खुशी का अनोखा एहसास था।

मेरे पास मेरी अपनी कहने जैसी दो-तीन ही साड़ियाँ थीं। वह भी पुरानी हो चुकी थीं। मेरी जो सहकर्मी थीं वे अच्छे आर्थिक स्तर का जीवनयापन करनेवाली थीं। इसी कारण वे हमेशा सुन्दर, महँगी, झिलमिलाती साड़ियाँ पहनतीं। हाथ में सोने की चूड़ियाँ, गले में सोने का कीमती मंगलसूत्र। उनकी सामने मैं मानो लंकी की पार्वती, निरालंकार! मुझे यह फर्क तीव्रता से महसूस होता। लेकिन कहते हैं न "शेजारणी ने हास घातला म्हणून आपण फास लावू शकत नाही" (पड़ोसन ने गले की हँसुली पहनी तो हम फाँसी की डोर गले में बाँध नहीं सकते।) मैंने सोचा, दूसरों की चीजें देखकर खुद नाराज या दुःखी नहीं होना है। इन बातों को ज्यादा महत्त्व नहीं देना है। हमारे समाज में गहनों को खूब महत्त्व दिया जाता है अपितु गहनों के तोल-माप पर ही औरतों के सामाजिक, पारिवारिक, आर्थिक दर्जे को ऊँच-नीच ठहराया जाता है। समाज में यह एक अलग से वर्ग-व्यवस्था है। पढ़ी-लिखी औरतों में भी यह दोष पाया जाता है तो अनपढ़ों की बात ही छोड़िए। यह भेद मैंने बहुत बार देखा था। यहाँ पर भी यह सुप्त अलिप्तता का अनुभव मुझे हो रहा था। किन्तु इतनी छोटी बातों में मैं अपने आपको उलझाकर संकुचित विचारों के घेरे में फँसना नहीं चाहती थी। अपनी हैसियत के मुताबिक ठीक-ठाक से रहना है, पढ़ाना है, तय कर लिया।

मैंने पापा की तिकटी मार्केट के पास साड़ियों का घरेलू व्यापार करनेवाली सपना भाभी के यहाँ से पैंतीस रुपयोंवाली चार साड़ियाँ खरीदीं। साड़ियों को घर पर ही स्टार्च करती और धोबी से इस्त्री करवा ले आती। तब सवा रुपये में साड़ी इस्त्री कराके मिलती। कड़क स्टार्च-इस्त्रीवाली सूती साड़ियाँ अच्छी लगतीं।

मेरे पास तोलेभर की सोने की गल्सूरी, जो काकी के पास से छुड़वाकर ले आई थी,

वही तुड़वाकर छोटा-सा मंगलसूत्र बनवा लिया। एक हाथ में घड़ी बाँधती, दूसरे हाथ में काँच की एक चूड़ी पहनती। यह घड़ी तीन-सौ पच्चास रुपयों की एच.एम.टी. कम्पनी की थी। किसी मौलाना ने मेरे शौहर से बताया था कि पत्नी की मेहेर की रकम अगर दी न हो तो, ब्याज के साथ वापस कीजिए। शौहर ने यह बात मानकर मेरा सवा उन्चास का मेहेर और अन्दाजा लगाकर ब्याज कुल मिलाकर साढ़े तीन सौ रुपये दिए। जिसकी मैंने घड़ी खरीदी, मेहेर की याद में...।

मैं हर रोज कभी बस या एस.टी. बस से गंगावेस तक जातो, वहाँ से पैदल चलती कॉलेज तक। 'वे' नियमित जोतीबा-पन्हाला ड्यूटी करते। बहुत बार उनके साथ ही एस.टी. से गंगावेस आ जाती। सुबह का खाना माँ बनाती, शाम का मैं। अगर माँ कहीं बाहर गई तो मैं भोर समय में खाना पकाकर घर से निकलती। रात में ही माँ-बेटी मिलकर बर्तन माँजतीं। झाड़ू-पोंछा, पानी लाना ये काम बेटियाँ ही करतीं। दोपहर में मैं कभी शाहुवालों के कुएँ पर, नहर पर कपड़े धो आती। 'वे' जब ड्यूटी खत्म करके जाते तब साइकल पर घड़े बाँधकर कोल्हापुर से पानी ले आते। कभी काँवरी कन्धे पर रखकर नदी से पानी लाते। सुबह में लड़कियाँ सर पर एक घड़ा, कमर पर एक घड़ा रखे पानी लातीं। शाम में इस तरह से मैं पानी भरती। इतनी दूर से दो-दो घड़े से, कष्ट से पानी भरते वक्त नाक में दम आ जाता। बरसात के दिनों में बाढ़ का पानी घर, दरवाजे में भरता, पूरा गाँव बाढ़ के घेरे में आता तब डर के मारे 'तोंडाचे पाणी पलत होते' मतलब डर के मारे जान पानी-पानी हो जाती या कलेजे का पानी-पानी हो जाता। मेरी तो जान ही निकल आई इस पानी, पानी और पानी से...।

1984 का जून महीना पूरा होने को आया और मुझे एक अनोखा मौका मिला। मुझे सीनियर वर्ग की पार्टटाइम नौकरी मिली। अब जूनियर और सीनियर का वेतन मिलने लगा। हर महीने नौ सो रुपये ज्यादा! यह मौका दस महीने तक का ही था। मैंने इस ज्यादा वेतन के बारे में घर में नहीं बताया। घर का यज्ञकुंड तो हमेशा धधकता ही था, जितना उसमें डालो स्वाहा। मैंने उन पैसों में से जरीना की शादी का कर्जा अदा किया। नाडगे आण्णा के यहाँ से लाया अनाज, तेल के डिब्बे, बाकी सामान की चार हजार से भी ज्यादा रकम थी। शहा काका जी की बर्तनों की उधारी, हावल की कपड़ों की उधारी- सब कर्ज अदा किए। जरीना की चौथी जुम्मा की के दिन कोल्हापुर बन्द था फिर भी हावल जी ने थोड़ी देर के लिए दुकान का दरवाजा खोलकर कपड़े उधारी पर दिए थे। यह खरीदारी मैंने की थी। जरीना की शादी 21 मार्च, 1982 के दिन हुई। मैं उस साड़ी के कर्जे से 1985 में मुक्त हुई। इन सब दुकानदारों ने इतने बरस धीरज रखा, यह उनकी भलमनसाहत थी। सीनियर की नौकरी मुझे मिलना, चाहे कुछ महीनों के लिए सही, खुदा द्वारा कर्ज-मुक्ति के लिए दिया एक सुनहरा मौका था। मानो अनपेक्षित-सी लॉटरी ही लगी। मुझे इन पैसों का बड़ा सहारा मिला। मन का बहुत-सा बोझ कम हुआ। कर्जे के बोझ से मैं बहुत दब चुकी थी। मैंने ईश्वर को धन्यवाद दिया।

अचानक अब हमारे कॉलेज में कुछ-कुछ अन्दरूनी हलचल शुरू हुई। असंतोष की चिंगारी अन्दर ही अन्दर सुलग रही थी। के.एम.सी. कॉलेज की स्थापना महानगर पालिका ने 1980 में की थी। तब महापौर ॲड. महादेवराव आडगुले जी ने जिम्मेदारी ली थी। तब कुछ अध्यापकों ने नया कॉलेज स्थापित करने में बहुत सारे कष्ट उठाए। विद्यार्थी ढूँढ़ना, उसके लिए इधर-उधर घूमना, कम वेतन, इन कष्टों का फल था 1984 में डेढ़ हजार विद्यार्थी

संख्या हुई, साथ ही सौ प्रतिशत वेतन भी लागू हुआ। पूरे अनुदान मंजूर हुए। जब डॉ. आबासाहेब शिंदे जी की प्राचार्य पद पर नियुक्ति की गई तब यही सोच थी कि कॉलेज की प्रगति में कसर नहीं रहेगी। अब जब नए लोगों की नियुक्ति की गई तब प्राचार्य जी ने जो पुराने लोग थे उन्हें ले लिया। केवल प्रा. बाबासाहेब पोवार नामक अध्यापक से नाइंसाफी की। यह अन्याय था। जिन्होंने कॉलेज खड़ा करने में रात-दिन एक किया उन्हें ही बेदखल किया। यहाँ से एक नया विवादपर्व शुरू हुआ। 1985 में विवाद ने आन्दोलन का उग्र रूप धारण किया। बहुत लम्बी रामायण घटित हुई। सब लोगों को बड़ा ही मनःस्ताप हो रहा था। अब तो प्राचार्य जी का नया रूप उभर आया। छात्रों की सहायता लेकर अलग से कॉलेज ही माँगने के लिए अध्यापकों पर दबाव लाने लगे। मंत्री, नेताओं को मिलना, निवेदन देना, अखबारों में खबरें देना। छात्रों ने कॉलेज इमारत की बड़ी तोड़फोड़ की, वर्ग कक्षा में पटाखे जलाए, बिजली के कनेक्शन-वायर निकाल फेंके, ऊपर से बड़े-बड़े फलक नीचे फेंके जाते। शान्त सागर में अचानक तूफान ही आ गया, सब अध्यापक भयभीत हुए। कुछ लोग अपने पुराने कॉलेज से दो साल के अवकाश पर आए थे वे इस्तीफा देकर अपनी-अपनी पुरानी जगहों पर चले गए। लेकिन जो लोग पुराने पद की डोर काटकर ही यहाँ आए थे वे बड़े घबराए थे। मेरे जैसे जो बिल्कुल नए-नए से आए थे उनके हालात तो पूछो मत। बड़े बेचारे, बेजार-से लग रहे थे। हर एक दूसरे की तरफ शक की निगाहों से देख रहा था।

महानगर पालिका ने कॉलेज बचाव के लिए अग्निशमन दल के पचास जवानों की कॉलेज पर ड्यूटी लगा दी। हर कक्षा में, बरामदे में ये जवान लाठी लेकर टहलते। अब हम उनके बन्दोबस्त निगरानी में पढ़ाने लगे। कॉलेज मानो युद्ध की छावनी बन चुका था। बड़ी दहशत, दबाव और तनावग्रस्त स्थिति में सब काम कर रहे थे। एक मंत्री जी ने हमारा (प्राचार्य द्वारा बनाया गया) निवेदन पढ़कर कहा, बुद्धिमान लोग कहलाते हो और जो कॉलेज महापालिका जैसे लोक प्रशासन ने स्थापित किया है वह अपने लिए अलग से माँगते हो? कल को कुछ ड्राइवर, कंडक्टर आएँगे और कहेंगे हमने दिनभर इस बस पर काम किया है अब यह बस हमारी, तो क्या हम उन्हें बस दे देंगे? हमारे पास जवाब न था। हमें मालूम था हमारी माँग गलत है, लेकिन प्राचार्य जी कुछ अलग राजनीति कर रहे थे, जिसके पीछे निजी स्वार्थ था शायद।

आखिर इस विवाद का अन्त किया गया। प्राचार्य आबासाहेब शिंदे जी का इस्तीफा लिया गया, प्रा. बाबासाहेब पोवार जी को सीनियर पद पर नियुक्त किया गया।

प्रा. पोवार यहाँ आने तक के काल में महावीर कॉलेज में पार्टटाइम पद पर काम करते थे। उन्होंने मुझसे बताया कि मुझे उस पद के लिए कोशिश करना अच्छा रहेगा। मैंने अर्जी दी। पाटील बाई जी से मैंने यह बात कही। आंतरभारती शिक्षण संस्था में लोग बाई जी की बात की इज्जत करते हैं। बाई जी ने मुझसे यह भी कहा कि, तुम गुणवत्ता में उच्च श्रेणी पर हो इसलिए महाराष्ट्र हाईस्कूल या माई साहेब बावडेकर हाईस्कूल अथवा आंतरभारती कहीं पर भी लोग तुम्हें नौकरी में लेना चाहते हैं। मैंने बाई जी से अपना इरादा बताया कि आप मुझे महावीर कॉलेज में लेने की बात करें। बाई जी ने संस्था सदस्य डॉ. मिरे जी से बात की। वैसे तो महावीर कॉलेज जैन लोगों की संस्था है। मुस्लिम लोगों को नहीं लेते थे लेकिन मेरा इंटरव्यू, पाठ गुणवत्ता श्रेणी और डॉ. मिरे जी का आदेश, मेरी नियुक्ति की गई। साथ में एम.ए.

में पढ़ानेवाले मेरे गुरुवर्य डॉ. सुनीलकुमार लवटे, डॉ. पाटील जी थे। अध्यापक द्वारा मेरा अध्यापन निरीक्षण और छात्रों का अभिप्राय भी लिया गया, जो बहुत अच्छा था। कुल मिलाकर बहुतों की सहृदयता, योग्य मूल्यमापन की बदौलत जून 1987 से पार्टटाइम पद पर मेरी नियुक्ति की गई। के.एम.सी. कॉलेज में 1987–1988 में प्रभारी प्राचार्य पद पर डॉ.डि.यू. पवार जी की नियुक्ति की गई। उनकी इजाजत से के.एम.सी. कॉलेज में तीन दिन तथा महावीर कॉलेज में तीन दिन ऐसा कार्यदिवसों का नियोजन हुआ। अब मैं दोनों पदों को मिलाकर पूरे पद का कार्यभार निभाने लगी। आंबेवाडी से टाउन हॉल बस तक आती वहाँ से पैदल चलते महावीर कॉलेज तक जाती। कभी तो सी.पी.आर. अस्पताल के पास से बावडा जानेवाली बस मिल जाती। वापस आते वक्त कभी पैदल चलकर, कभी बस से घर आती।

मेरे दो अलग कॉलेज! वहाँ का काम निभाते वक्त बड़ी भाग–दौड़ हो जाती। ट्युटोरिअल्स, परीक्षा, रिजल्ट का काम दुगुना हो गया। इसके अलावा घर की जिम्मेदारियाँ, दूसरे काम। मैंने इसी काल में ही एम.फिल. करने का निर्णय लिया। दो साल का अभ्यासक्रम। प्रथम वर्ष लिखित परीक्षा, दूसरे वर्ष शोधग्रन्थ कार्य, लेखन। अब वक्त का नियोजन मुश्किल लगने लगा। मैंने सोचा कि घर के काम के लिए किसी की मदद लेना जरूरी है। हमारे पड़ोस में रहनेवाली 'शान्ता' तैयार हो गई। वह खेत में भी काम करती, खेत में जाने से पहले वह बर्तन माँजकर, कपड़े धोकर जाने लगी। मैं शान्ता को इस काम के सौ रुपये देती। जीवन में पहली बार मुझे कुछ छुटकारा–सा मिला। लेकिन इस सुविधा से माँ नाराज हो गई। मुझे सताने का उनका एक बहाना जो मैंने मिटाया था। उसने शिकायत शुरू की, "चंभारडी को काम को रखिया, लई पाक धोना धोतिया व्हय? देख, भांडा जरा तो निकले क्या?" ऐसा कहते हुए एकाध बर्तन निकालकर बेटियों को दिखाती। शान्ता जात से चम्हार थी, जिसे वह 'चंभारडी' कहकर सम्बोधित करती। मराठी में एक कहावत है 'नावडतीचं मीठ आलणी' 'नापसन्द रानी का नमक ही फीका'। मैं अनुसना कर देती।

मैं एम.फिल. की पढ़ाई घर पर न करते हुए खेत में, बीबी की झोपड़ी में करती। मिनाज अब बारहवीं में और शर्मिला दसवीं में पढ़ रही थी। दोनों के बोर्ड के इम्तिहान थे, वे भी मेरे साथ पढ़ाई में लगी रहतीं।

अब मैं महीने का पूरा सामान नाडगे आण्णा की दुकान से खरीदकर रिक्शा से ले आती। बालू की दुकान से माँ जो थोड़ा–थोड़ा सामान पल्लू में ले आती थी वह बन्द हुआ। फिर भी उसकी किटकिट रहती, "मैं लगींगा वैसा बालू के दुकानशी लातींव नव्हे? इस्वास नचा तो न्हंदे", मतलब मैं उस पर अविश्वास जताती हूँ, ऐसा उसका मानना था। खुशी, समाधान, धन्यवाद जैसी भावनाएँ न कभी दिल में, न कभी चेहरे पर लाने की शायद उसने कसम ले रखी थी। हमेशा अन्दर–ही–अन्दर क्रोधाग्नि में धधकती मुद्रा, नकारात्मक ऊर्जा लेकर घर–दरवाजे में धपक–धपक पैर पटकते घूमती। मेरी तरफ जलती निगाहों से, कनखियों से देखती। सीधी बात भी टेढ़ी करके बोलती। मेरी प्रगति से उसे खुशी हुई होगी ऐसा भाव कहीं पर भी नजर नहीं आता। मैंने अपने दिल को समझाया, "जे कधी नव्हते त्याचीही प्रतिक्षा? व्यर्थ का इथे असे डोले शिणवावे? शाहण्याने आपुले थडगे खणावे, आणि खणताना पुन्हा गाणे म्हणावे..." जो पल कभी आनेवाला ही नहीं, जिसका अस्तित्व ही न हो उसका इन्तजार क्यों? क्यों व्यर्थ अपनी आँखों को थकाना? छोड़ दो यार! समझदारों को अपनी ही कब्र खोदना

अच्छा है, ऊपर से जिन्दगी का गाना गाते-गाते खोदना...गायक अरूण दाते जी का गाया यह मराठी गीत। मैं कोशिश की कुदाली लेकर अपनी जिन्दगी खोद ही रही थी खुद। अब कहीं-कहीं मेरे अस्तित्व की निशानियाँ मिल रही थीं मुझे, और बहुत खोदना है मुझे, बहुत...बहुत गहराई तक गहराई से...

## 43. औरत जात तेरी यही कहानी? आँचल में है अमृत, आँखों में पानी!

कोल्हापुर में महिला दक्षता समिति की स्थापना 1984 में हुई थी। श्री अनिल पंत कोरगावकर तथा श्रीमती सुचेता कोरगावकर जी दम्पती ने अपने विशालकाय घर के पास की इमारत महिला दक्षता के कामकाज के लिए दी है। मैं प्रारम्भ काल में सह-सचिव रही, अब उपाध्यक्षा हूँ। शकुंतला पाटील, मीरा संत, उर्मिला सबनीस, सुचेता कोरगावकर, शशिकला भिडे, वत्सला पाटील, शशिकला करमरकर, सुचेता वाडलकर तथा दलितमित्र बापू सो पाटील, सुरेश शिपूरकर, सब मिलकर वह काम सँभाल रहे थे। हर बुधवार काम का दिन। मैं नौकरी करके घर जाती और वापस संस्था में आती। संस्था में बहुत-सी औरतें अपनी-अपनी व्यथा, समस्या, दर्द लेकर आतीं, आज भी आती हैं। पति से प्रताड़ना, अन्याय-अत्याचार, अवहेलना सहती औरतों की व्यथाएँ सास-ननदों द्वारा छल-कपट सहनेवाली कथाएँ। पति द्वारा दुत्कारी परित्यक्ता, पति से अपना गुजारा भत्ता चाहिए ऐसा कहनेवाली घटस्फोटिता, किसी नर पशु की वासना की शिकार बनी बलात्कारिता, शादी करने का झूठा वादा करके उसकी इज्जत लूटनेवाले की शापिता, मर्द द्वारा मारे 'तलाक' नामक तीन पत्थरों से घायल हुई 'तलाकशुदा', पहली दुल्हन की मेहँदी रँगने से पहले ही दूसरे मेहँदी रचे हाथों की तलाश करनेवाले पति की सौतन के अस्तित्व से व्याकुल बनी खंडिता, पति के मरते ही उसकी पूरी जायदाद छीनकर घर से निकाली गई निराश्रिता, विधवा, बेवा, दहेज के लिए अत्याचार सहनेवाली विवाहित, विकृत मनोवृत्ति के पति की शिकार बनी लाचार, बेबस अगतिकता! व्यथा के, दर्द के, जिन्दगी के कितने रंग! कितने बेरंग।

संस्था में सैकड़ों औरतें, अपनी व्यथा लेकर सहायता माँगने आतीं। देहात से, शहर से, झोपड़पट्टी से, गरीब, मध्यम, उच्च परिवार से, निम्न जाति से लेकर उच्च जाति तक की औरतें...। औरतें, किसी भी जात, धर्म को लेकर इस पृथ्वीतल पर जीनेवाली औरतें। और उसे सतानेवाला मर्द! वह भी इसी धरातल पर रहनेवाला। हर एक की कथा चाहे अलग हो पर व्यथा! दर्द! आँसुओं की बरसती धार! सब आँसू नमकीन, सब आँसू एक-ही जैसे! सब मर्द एक जैसे! सारे दर्द एक जैसे...सुनते-सुनते हमारे आँसू भी उन्हीं झरनों का एक हिस्सा बन जाते।

कुमारिका, विवाहिता, परित्यक्ता, घटस्फोटिता, तलाकशुदा, बलात्कारिता, विधवा, सौभाग्यवती, रखैल, वेश्या...ओह! तौबा... तौबा कितने विशेषण! सारे के सारे औरत के लिए समाज ने, मर्दों ने बहाल किए विशेषण! मानव द्वारा मानव को सताना यह रीत! और इल्जाम किस पर? नियति, नसीब, परमेश्वर, जिनका नाम लेकर इनसान को सताते हैं ये लोग? धर्म, रिवाज, परम्परा निर्माण करनेवाले पुरुष उन्हीं रिवाजों का हथियार बनाकर औरत जाति पर जुल्म करते हैं, अन्याय, अत्याचार करते हैं। तीन बच्चों की माँ को उसके पति ने

बिजली के करंट दिए थे और जलती सिगार से शरीर भर दाग दिया। यह देखकर सबके दिल दहल गए। मैं महिला दक्षता समिति में दिलचस्पी से काम करती। मैं बहुत-से सवालों में उलझती जा रही थी, उनके जवाबों की तलाश में भटक रही थी, लोगों को पढ़ती ही थी, किताबें भी बहुत पढ़ने लगी।

मुझे पढ़ने का बड़ा शौक था। बचपन में सचित्र रामायण, महाभारत, चांदोबा पढ़ती आई। जरा बड़ी होते ही बहुत-से लेखकों के उपन्यास पढ़े। मराठी, हिन्दी, बांग्ला की ढेर किताबें पढ़ीं। रामायण, महाभारत, ययाति, राधेय, मृत्युंजय, श्रीमान योगी ऐसी कितनी ही किताबों की कथाएँ मैं हर रात में लड़कियों को सुनाती। एक-एक कथा महीने-दो महीने चलती रहती।

कॉलेज में आने से ग्रन्थालय नामक किताबों का खजाना ही मिला। तराल-अन्तराल, उपरा, उचल्या, बलुत, सांगते ऐका, आ.ह. सालुंखेजी की धार्मिकता के आडम्बर पर प्रहार करनेवाली अनेकविध किताबें, प्रेमचंद, मोहन राकेश, यशपाल, मालती जोशी, हरिवंशराय बच्चन, अज्ञेय, महादेवी वर्मा, लक्ष्मीनारायण लाल, जयशंकर प्रसाद जैसे सैकड़ों हिन्दी लेखकों का साहित्य, कबीर, मीराबाई, तुलसी, सूरदास, अमीर खुसरो आदि संत साहित्य, उपन्यास, महाकाव्य, काव्यसंग्रह कितना कुछ। इन सब लेखकों के साहित्य ने मुझे अधिक गम्भीर, विचारशील, संवेदनशील बनाने में मदद की। अभावग्रस्त, संघर्षमय जीवन परिचय, नारी की अवहेलना, वर्ण, वर्ग भेद यह सब मुझे बेचैन बनाता। जीवन के जीने के गहरे रंग मैं समझने की कोशिश करती। इन सबने सामाजिक चेतना को जागृत, गतिशील बनाने में सहायता की। वैश्विक प्रेम-भावना से दिल भर आता। कहानियाँ कहानी नहीं रहती, कवि की कविता मेरे दिल का तार-तार छेड़ती, 'जिस पत्थर से देव बने तुम, मैं उस पत्थर का टुकड़ा हूँ' यह पंक्तियाँ समझाते वक्त सामाजिक विषमता के प्रति चिढ़ आती। आवेग, आवेश आता। इन सब मजबूरों के प्रति मेरी आँखें छलछला आतीं। मेरा पढ़ना, पढ़ाना एक सुन्दर अनुभूति देने लगा। शब्दों के केवल चुलबुले न बनकर उन्हें अनुभवों के साथ मिलाकर एक सत्य व्यक्त होने लगा। छात्रों और मुझमें एक सुसंवाद की प्रक्रिया बनकर अभिव्यक्त होने लगा। मेरा दु:ख मुझे छोटा लगने लगा।

अब तो मैं छात्रों के चेहरे भी पढ़ती। उनकी आँखों की भाषा मैं जानने लगी। कोई क्यों इतना उदास? क्यों इतना मौन, अबोल! कोई इतना बचपन में भी कितना विचारों में खोया-खोया, डूबा-सा। यह विट्ठल इतना निस्तेज क्यों? परिवार के बोझ ने सुनील को कितना विकल बनाया है। यह बारहवीं की अनिता! बचपन में ब्याह हुआ, पति भाग गया, अब पढ़कर नर्स बनना चाहती है। यह शकील कितनी शरारत करता है, चुराकर इधर-उधर देखता है, रणजीत ने बीते छ: महीने से दूसरा कुर्ता नहीं पहना। अन्धा, निराधार, एकमात्र छात्र सुनील होवाले! बेचारा बचपन से अन्धा है, मैं उसे पढ़ा रही हूँ। चाहती हूँ वह अपने पैरों पर खड़ा रहे। बहुत-से छात्र, बहुत-से सवाल! आम, निम्न वर्ग के छात्र बहुत थे, उन सबके प्रति मुझे बड़ा प्यार आता। पढ़ाने के अलावा मैं उनके निजी सवालों में ध्यान डालती, समझाती, मार्ग दिखाती। जितना हो सके जो जरूरी है, उसकी मदद करती। यह सब मेरे आत्मिक आनन्द का हिस्सा बन चुके थे।

*हम न सोचें हमें क्या मिला है?*
*हम ये सोचें किया क्या है अर्पण?*

सामाजिक ऋण–भार हलका करने का छोटा रास्ता मैंने चुन लिया था। यूँ ममता, प्रेम, वात्सल्य बाँटते–बाँटते मेरा मातृत्व अधिक सम्पन्न हो रहा था...।

मैं ईश्वर की, अल्लाहताला की शुक्रगुजार हूँ, मुझे मेरे जीवन में कभी किसी का प्रेम, स्नेह नहीं मिला (भई के अलावा), फिर भी मेरा हृदय रूखा–सूखा मरुस्थल न रहकर उस मरुस्थल में स्थित ओएसिस रहा। शायद इस कारण ही मैं मेरी बेटियों की ममतालु माँ, विद्यार्थीप्रिय अध्यापिका तथा औरतों का दु:ख, दर्द दिल से सुनकर मददगार रहनेवाली आशाताई बन सकी।

सामाजिक कार्यकर्ता हमीद दलवाई जी द्वारा मुस्लिम औरतों के लिए काम करनेवाले सत्यशोधक आन्दोलन से मैं जुड़ गई। हुसेन जमादार, सय्यद भाई, मेहरून्निसा दलवाई, अनवर राजन, मुमताज रहिमतपूरे, ऐनूल अतार, आयेशा जमादार, इनामदार, बेग आदि कार्यकर्ताओं से परिचय हुआ। सत्यशोधक संस्था खासतौर पर मुसलमान औरतों के प्रश्नों पर काम करनेवाली विचार प्रणाली संस्था है। मैंने हिन्दी भाषा में अनुवादित 'कुरानशरीफ' की पढ़ाई की। इस्लाम में, इस्लाम ने औरतों को क्या, कौन–सा दर्जा दिया है और प्रत्यक्ष में उसके साथ कितना अधर्म किया जाता है इन बातों को समझ रही थी। हिन्दी, उर्दू के जानकार विद्वान प्रा. मणियार जी से भी (आपने कुरान का मराठी अनुवाद किया है) अभ्यासपूर्ण जानकारी ली। इस्लाम का मूलाधार, कुरान की राय और मुस्लिम लोगों की समझ में कितना अन्तर है इन बातों ने मुझे अधिक गम्भीर बनाया।

औरत का दोयम दर्जा तो पूरी दुनिया में, सब धर्म, जाति, समाज में समान है। बाल–विवाह, सती–प्रथा, विधवा–विवाह की अमान्यता, स्त्री शिक्षा का विरोध इन सवालों को लेकर समाज सुधारकों को झगड़ना पड़ा, संघर्ष करना पड़ा। इस्लाम में भी धर्म का आधार लेकर औरतों को उनके हक तथा अधिकार से वंचित किया गया है। जुबानी तलाक, बहुपत्नीत्व का रिवाज, गुजारे की रकम देने के फर्ज से मर्द को मुक्त करना, बुरखा सख्ती, स्त्री शिक्षा का विरोध, धार्मिक शिक्षा की सख्ती आदि अन्याय होते आ रहे हैं। मूल धर्म समझाकर न लेते हुए, सिर्फ मर्दों ने अपने फायदे की बात सोचकर कानून बना लिया है। सच में कुरान एक प्रकाश ग्रंथ है, जिसकी रोशनी में जीवन का सही रास्ता चुनने की सुविधा है। औरत भी मर्द की तरह सृष्टि का समान निर्माण है। इनसानियत तथा विवेक बुद्धि जाग्रत रखकर उसे देखना, उसे समझना चाहिए। औरत की इज्जत करना एक इबादत है। उसे दु:ख देना, नाइंसाफी करना मतलब खुदा को नाराज करने जैसा है। 'खुद' और 'खुदा' आत्मा और 'परमात्मा' एक अद्वैत रिश्ता! 'खुद' को तलाशना मतलब खुदा के अस्तित्व को खोजना। मतलब 'कुरान' सहवेदना, इनसानियत, कृतज्ञता, नमाज, रोजा, जकात मतलब इनसान के दिल में खुदा को तलाशना। अभावग्रस्त, कमजोर, जर्जर जीवों के दु:ख, दर्द को समझना, दूसरों की भूख–प्यास का एहसास खुद करना रोजा है। अल्लाह से–खुदा से खुद का मशविरा, आत्मचिंतन यह सन्मार्ग है। हम सबसे झूठ बोल सकते हैं, खुद से नहीं, खुदा से नहीं। सृष्टिकर्ता, अल्लाहताला या ईश्वर ने जो दिया है उसके प्रति एहसानमंद रहना, अहंकारमुक्त रहना, कुछ पल, अन्तर्मुख होकर विधाता से तादात्म्य हो जाना यह नमाज, इबादत, प्रार्थना है। समाज के प्रति ऋणी रहकर कुछ हद तक अपनी हैसियत से दूसरों की मदद करना ही 'जकात' है। जकात देते वक्त लेनेवाले को शर्मिंदा न करे, न एहसान तले कुचले इसका ध्यान

रहे। इन सब इनसानी तत्त्वों का पालन करनेवाला सही 'मुसलमान' है, अगर ऐसा बर्ताव न हो तो 'मुसलमान' भी 'काफिर' है। 'काफिर' का मतलब 'हिन्दू' कतई नहीं।

## 44. अँधेरे में जो बैठे हैं, नजर उन पर भी कुछ डालो, अरे! ओ, रोशनीवालो!...

इस्लाम धर्म के हज़रत मुहम्मद पैगंबर जी ने अल्लाहताला के आदेश तथा प्रेरणानुसार मानव को जीवन जीने का रास्ता बताया है। 'तलाक' क्यों? कब? किस स्थिति में? कैसा? इन सब सवालों के जवाब कुरानशरीफ में विस्तारपूर्वक दिए हैं। अनेक शादियों के बारे में भी जिक्र किया है। छोटी-सी गलती या बात पर तलाक देना जैसे जायज नहीं, वैसे ही केवल ऐयाशी के लिए अनेक शादियाँ करना भी स्वीकार्य नहीं। इन सब बातों की कुछ कसौटियाँ हैं। इन सबके बारे में विद्वानों ने चिन्तन किया है। समाज हित में बाधा हो ऐसी कोई भी बात या आचरण अल्लाह को पसन्द नहीं। इस्लाम का मतलब खुदा के सामने विनीत, नम्र होना, शान्ति की इच्छा करना, रखना है।

मेरा विचार है कि अगर शरीअत (कुरान के मूलाधार पर बनाए मुस्लिम कानून) के अनुसार मुसलमानों को न्याय देना ही है तो सभी विषयों में समान न्याय देना चाहिए। हर मुसलमान को 'कुरान' अपनी भाषा में समझ लेना आवश्यक है, जिससे बहुत-सी गलतफहमियाँ तो मिट जाएँगी। अब कुरान केवल अरबी भाषा में ही नहीं है वह सभी भाषा में अनुवादित हो चुका है। दूसरों द्वारा समझाना और खुद समझना इसमें बृहद अन्तर है। गरीबी, अज्ञान, अन्धश्रद्धा में पिसने वाला, फँसा यह अल्पसंख्यक मुस्लिम समाज भेड़-बकरियों की तरह राजनेता, राजनीतिक, धर्मप्रमुख लोगों का बार-बार शिकार हो रहा है। शिक्षा से वंचित यह वर्ग प्रगति, मुख्य प्रवाह से दूर रहने लगा है, रहता आया है। दु:ख की बात है कि धर्म के ठेकेदारों को तथा राजकीय नेताओं को इस वर्ग को 'ऐसा ही' रहने देने में सुख है। दलितों को डॉ. बाबासाहेब आम्बेडकर जी जैसा नेता मिला पर मुस्लिम जनता की भलाई चाहनेवाला तथा उनके सवालों से ठीक परिचित कोई नेता प्राप्त नहीं हुआ यह दुर्भाग्य है। स्वातंत्र्य प्राप्ति के पचास वर्ष बीतने पर मुस्लिम लोगों में आरक्षण के प्रति जागरूकता आने लगी है। पहले से अल्पसंख्यक तथा अमीर और गरीब दो तबकों में बँटा यह वर्ग और अधिक बिखरने लगा है। मुसलमानों के सवालों को शस्त्र, अस्त्र, पूँजी बनाकर कुछ स्वार्थी, संकुचित मनोवृत्ति के लोग अपने-अपने घर भर रहे हैं, अमीर बन रहे हैं। ऐसे नाटकीय, दांभिक, आडम्बरवादी लोगों की पोल खोलना जरूरी है। इसके लिए अपने ही समाज को छोटे-छोटे टुकड़ों में न बाँटें। काम के अनुसार भारत के मुसलमानों में भी जाति-व्यवस्था आई है। मुल्ला-मौलवी, मुजाविर, शेख, सय्यद, पिंजारी, शिकलगार, पटवेगार आदि। इन सबको इकट्ठा होकर अपनी प्रगति के लिए, सवालों के हल के लिए जूझना है। शिक्षा, तंत्रज्ञान, स्त्री शिक्षा, वैज्ञानिक दृष्टिकोण इन सबके लिए एकता की शक्ति जरूरी है। पर उलटा ही मामला चल रहा है। नदी का सफर सागर की ओर चलता है न कि नाले की, ओहरे की ओर। शिक्षा प्राप्ति के मार्ग में बहुत कम लोग हैं। शिक्षा के बिना कोई प्रगति सम्भव नहीं। केवल भौतिक सुविधा, आर्थिक समृद्धि प्रगति नहीं। वह मानो सिर्फ शरीर की सूजन

है। सच्ची पुष्टता या सुन्दरता नहीं। शिक्षा से ही वैचारिक प्रगल्भता, सांस्कृतिक तथा चारित्रिक उदारता, अभिरुचि सम्पन्नता और उदारता आ सकती है, साथ में आर्थिक सम्पन्नता आती ही है।

कुछ मुसलमान लोग इस प्रगति के रास्ते से गुजर रहे हैं, अपने बेटा-बेटियों को पढ़ा-लिखा रहे हैं। इनके लिए उज्ज्वल भविष्य है यह तो निश्चित है, फिर भी यह संख्या बढ़ना जरूरी है।

'सत्यशोधक आन्दोलन' के तत्त्व बहुत श्रेष्ठ हैं, योग्य हैं। लेकिन यह आन्दोलन आम मुसलमानों तक, उनकी जड़ों तक पहुँच नहीं पाया। वक्त, दर-वक्त अलग-अलग मुस्लिम सवालों को लेकर यह आन्दोलन बहुचर्चित रहा लेकिन 'मुस्लिम दिल' तक पहुँचने में असमर्थ रहा। शायद इस कारण मुस्लिम लोगों की शक्ति इस आन्दोलन के पीछे नहीं रही।

मुसलमानों को ही सोचना है कि उनकी समस्याओं का समाधान कैसे हो? केवल फायदे के लिए शरीअत के कायदे हैं, ऐसा दोमुँहापन छोड़ना चाहिए। इसलिए मुसलमानों की आर्थिक, सामाजिक, राजनीतिक समस्याओं का समाधान अगर हो सकता है, तो वह भारतीय संविधान के अन्तर्गत ही हो सकता है।

'सत्यशोधक' के काम में कोल्हापुर में हुसेनभाई आगे रहा करते थे, अब भी रहते हैं। उनके साथ बहुत-से कार्यक्रमों में मैं सम्मिलित रही। बिन्दू चौक में किया अनशन, जुलूस, तलाकमुक्ति मोर्चे में सोलापुर तक मैं गई थी। जनक्षोभ का विराट दर्शन दिल थामनेवाला था। इसी तलाकमुक्ति मोर्चे के कार्यकर्ताओं पर अहमदनगर में मुसलमानों ने ही भयानक पथराव किया। शाहबानो घटना में 'मुस्लिम औरतों के अधिकारों का विधेयक' इस नाम से जो अन्यायकारी तथा उसके पूरे अधिकार छीन लेनेवाला विधेयक संसद में पारित हुआ उसके विरोध में हमने बिन्दू चौक पर रात दस बजे उस विधेयक को जलाया था। सब कार्यकर्ता जिस निर्भयता से मंच पर खड़े थे उस पल ने एक नई आत्मशक्ति का परिचय करवाया।

प्रा. मुमताज रहिमतपूरे एक उत्साही, युवा कार्यकर्ता जिसकी मौत अचानक एक दुर्घटना में हुई। कोल्हापुर के कब्रिस्तान में दफन-विधि के वक्त मुस्लिम भाइयों की ओर से मुमताज के दफन विधि का विरोध करनेवाला बड़ा विषण्ण-सा अनुभव आया। यह कैसा धर्म? जो इनसान से ज्यादा धर्म को बड़ा मानता है, व्यक्ति की मौत के बाद भी व्यक्ति का इनसानपन बाकी नहीं बचता...? बचता है सिर्फ धर्म! इस्लाम इतना कठोर नहीं है लेकिन अपने आपको धर्म के जानकार माननेवालों ने, तथाकथित स्वयं घोषित जानकारों ने, ठेकेदारों ने कठोर बनाकर रखा है। मुस्लिम बंधुओं को अपनी सोच पर गम्भीरता से विचार करना जरूरी है, यह इस घटना से और एक बार सिद्ध हुआ।

हुसेन जमादार जी को बड़ी तकलीफ समाज द्वारा दी गई। मेरे हिस्से भी कुछ तकलीफ आई। मेहमानों की ओर से, बाजार में घूमते वक्त, कॉलेज में कुछ मुस्लिम लोगों ने सताया। पर अब मुझे किसी भी बात का डर न लगता था। फिर भी मुझे ऐसा लगता रहा कि अन्य समाज व धर्म में काम करना जितना आसान है उतना ही मुस्लिम समाज में करना कठिन है। पीछे खींचनेवाला है। सामाजिक सुधार का काम करनेवालों का समर्थन करना, उत्साह बढ़ाना तो दूर बड़ा कटु असहिष्णुतापूर्ण व्यवहार बरतता है यह समाज। सामाजिक काम की जबरदस्त कीमत चुकानी पड़ती है। मानसिक बल, शक्ति तोड़ी जाती है, इसलिए मुस्लिम

समाज सुधार आन्दोलन में हिस्सेदार, सम्मिलित होनेवालों की संख्या बहुत कम मात्रा में है। 'उन्हें उनके हाल पर छोड़ दो' कहकर अलिप्त रहना ही ठीक समझते हैं।

1984 से 1989 तक मैं 'मुस्लिम सत्यशोधक मंडल' में कार्यरत रही, उसके बाद मैंने इस काम से इस्तीफा दे दिया। सब धर्म, जात, वर्ग का काम करनेवाली 'महिला दक्षता समिति' के काम में ज्यादा ध्यान देने लगी। संस्था की सहायता से, मदद से बहुत-सी मुस्लिम औरतों को इंसाफ दे सकी, देती हूँ। इस संस्था में हम किसी भी प्रकार का अनुदान नहीं लेते। पूरी तरह से बिना मूल्य सेवा देने का व्रत हमने निभाया है। यहाँ पर, प्रसिद्धि, पैसा त्याज्य है। जिसे समाज सेवा करनी है यहाँ आओ, अपनी जेब से खर्च करो, मदद करो। बिखरे परिवार जोड़ना, टूटे दिल मिलाना इबादत है, जो हम सब करते हैं।

'महिला दक्षता समिति' का कार्य गौरवशाली माजी पंत प्रधान मा. देवीगौडा जी के हाथों पच्चीस हजार रुपये, सम्मान चिह्न देकर किया गया। सुश्री शकुंतला पाटील जी तथा सुश्री सुचेता कोरगावकर जी को राज्य शासन प्रणीत पुण्यश्लोक अहिल्याबाई होलकर तथा सावित्रीबाई फुले पुरस्कार से गौरवांवित किया। 1994 का सामाजिक पुरस्कार-उर्मिला सबनीस स्मृति प्रीत्यर्थ मुझे दिया गया। यह समारोह माजी खासदार सुश्री प्रमिला दंडवते जी की उपस्थिति में शाहू स्मारक भवन में सम्पन्न हुआ।

इन सब सामाजिक कार्यों से मेरा व्यक्तिगत जीवन प्रगल्भ हो रहा था। जिन्दगी के कितने तो रंग मेरे सामने आ रहे थे। बेजार, दुःखी औरतों के लिए पुलिस स्टेशन, कोर्ट-कचहरी, जुलूस, आन्दोलन, अनशन ऐसे बहुत-से रास्तों से भाग-दौड़ करनी पड़ती। फरहदजहाँ सौदागर, वहीदा, हसीना शेख जैसी कितनी ही तलाकशुदा औरतों को सही हक दिलाने में कामयाब रहे। संभा जी सोमा जी रूपनवर जैसे शिक्षा अधिकारी को अपनी पत्नी को जहर देकर मारने के जुर्म में मुझे व्यक्तिगत स्तर पर बहुत झगड़ना पड़ा, सबूत इकट्ठे करने पड़े, मेरी ही गवाही पर उसे दस साल की जेल और बीस हजार रुपये जुर्माना देना पड़ा। नौकरी से हाथ धोकर जेल जाना पड़ा। तब उसकी गुजरी पत्नी 'मंगल' को न्याय दिलाने का मुझे सुकून मिला। तब मैं उसके छोटे-छोटे बच्चों मनीषा, श्रीनाथ, सजाक्का को सीने से लगाकर खूब रोई। आज बच्चे अपनी नानी के पास बारामती जिले के 'बोरी' गाँव में पढ़ रहे हैं। अब मनीषा की शादी हो गई, बाकी दोनों भाई-बहन पढ़ते हैं। मैं कुछ हद तक उनकी नैतिक जिम्मेदारी निभाती हूँ। कौन-से जन्म का रिश्ता है, जो मुझे उनके विचार से विह्वल बनाता है। माँ-बाप बिना अनाथ बच्चे कैसे होंगे? इस चिन्ता से मेरी आँखें टूटती हैं, मुझे पता नहीं क्यों?

मेरी जिन्दगी एक टूटी मेड़ की तरह रही, जिसे कोई भी पैर से तोड़कर लाँघ सकता है। वही मेड़ अगर खड़ी हो तो किसकी मजाल है जो उस पर पैर रखे? काँटे चुभेंगे, कपड़े फटेंगे, इस डर से दूर ही रहते हैं। मैं अपनी जिन्दगी का काँटों में अटका आँचल धीरे-धीरे छुड़ा रही थी। साथ ही जिसका आँचल समस्या रूपी काँटों में फँसा है उसे भी छुड़ाने में मदद कर रही थी। 'असतील काँटे, फूले ही असतील, अपूल्या, वाटेवरती, अजुनी जायचे पूढती सयानों अजुनी जायचे पुढती'-"राहों में काँटे भी होंगे, पर फूल भी होंगे सखी, हमें चलना है इसी राह पर! बहुत आगे, बहुत दूर...बहुत दूर..."

मैं जोर की आवाज में गाती, सबको गाने सिखाती...

*"दरिया की कसम, मौजों की कसम*
*ये ताना-बाना बदलेगा...*
*तू खुद को बदल, तू खुद को बदल,*
*तब ही तो जमाना बदलेगा...*
*तू चुप रहकर जो सहती रही,*
*तो क्या ये जमाना बदलेगा?*
*तू बोलेगी, मुँह खोलेगी, तब ही जमाना बदलेगा...*
*तू खुद को बदल, तू खुद को बदल,*
*आवाज बढ़ा, कदमों को उठा*
*रफ्तार जरा कुछ और बढ़ा,*
*पूरब से उठा, पश्चिम से उठा,*
*उत्तर से उठा, दक्षिण से उठा,*
*फिर सारा जमाना बदलेगा..."*

मेरी आवाज ऊँची हो जाती, और ज्यादा ऊँची। साथ में साथिनों की आवाज...पूरी प्रेरणा, उत्साह, आसमान छूने की अदम्य इच्छा से ओतप्रोत...।

## 45. इस धरती पर जिस पल सूरज रोज सवेरे उगता है, अपने लिए तो ठीक उसी पल, रोज ढला है सीने में...

1986-1987 वर्ष में मिनाज बारहवीं कॉमर्स में प्रथम श्रेणी में उत्तीर्ण हो गई। बी.कॉम. प्रथम वर्ष के लिए उसने हमारे के.एम.सी. कॉलेज में प्रवेश लिया।

शर्मिला दसवीं कक्षा उत्तीर्ण हुई। वह भी ग्यारहवीं (कला शाखा) में हमारे ही कॉलेज में आई।

अब हर सुबह हम तीनों कॉलेज जाने के लिए निकलतीं। सुबह में चाय-चपाती खाकर निकलते, दोपहर में खाना खाने तक आ जाते। माँ सुबह का खाना पकाती, मैं रात का। सीमा, विराज दस बजने तक पानी भरना आदि बाकी काम करके स्कूल जातीं।

के.एम.सी. कॉलेज में छात्रों की संख्या बढ़ती जा रही थी। जूनियर विभाग में कक्षाओं की संख्या दुगुनी हो गई। 1987 में पूर्णपद के लिए सभी विषयों का विज्ञापन दिया गया, सिर्फ हिन्दी विषय का नहीं दिया गया। उसके अनुसार साक्षात्कार लेकर पद पर भरती की गई। मैं पार्टटाइम थी। पद के आवश्यकतानुसार मेरी शैक्षणिक पात्रता एम.ए. बी.एड. थी। शासन के नियमानुसार जिस विषय का कार्यभार बढ़ता है, उस विषय के पूर्व नियुक्त अध्यापक को ही कार्यभार देकर पूर्णपद का आदेश देना है। स्पष्ट शब्दों में शासन का आदेश होकर भी मुझे पूर्णपद के लिए नियुक्त नहीं किया गया।

जब से कॉलेज ने विज्ञापन दिया था तब से मैं कॉलेज प्रशासन से पूछताछ कर रही थी। मुझे बताया जाता कि आप ही आधे कार्यभार पर पहले से ही नियुक्त हो इसलिए न विज्ञापन जरूरी है, न ही इंटरव्यू, आपको ही पूर्णपद की नियुक्ति का पत्र दिया जाएगा। मैं बहुत खुश हो गई। दो कॉलेजों में काम करते वक्त बड़ा ही तनाव आ जाता। इसके अलावा, मैं कॉलेज

में काम तो पूर्णपद का करती और पगार आधे पद का। बी.एड. होकर भी बी.एड. वेतनश्रेणी न देते। जहाँ मुझे एक ही कॉलेज से दो हजार रुपये वेतन मिलना था, वहीं दोनों कॉलेज का पूरा काम करके बारह सौ रुपये मिलते। मौका तो बड़ा आशादायी था लेकिन मेरे लिए कोई भी बात मिलने में आसानी न रहती, यह तो हमेशा का अनुभव था। अब कैसे झूठ ठहरता? नए लोगों ने आकर काम सँभाल लिया था। मैं और मेरे साथ दो अध्यापक थे गीता पाटील और बी.एस. पाटील, तीनों के बारे में प्रशासन की अन्यायी भूमिका रही। योग्य होकर भी अयोग्य माना गया।

मुझे आज-कल ही नियुक्ति पत्र मिलेगा इस भरोसे पर रही। मैंने महावीर कॉलेज की नौकरी का इस्तीफा भी लिखकर अपने पर्स में रखा था। मैंने वह पत्र अपनी ज्येष्ठ सहेली कमल दोड्डणवर को दिखाया। उन्होंने मुझे सलाह दी, ''गडबड करू नकोस आशा, आपल्या कॉलेजच्या नेमणूकीचे पत्र हातात आल्याशिवाय तिथला राजीनामा देऊ नकोस'', सहेली ने मुझे जल्दी में इस्तीफा देने से रोका यह बात अच्छी हुई...वरना 'धोबी का कुत्ता, न घर का ना घाट का' ऐसी मेरी अवस्था हो जाती। मुझे मेरे कॉलेज के विश्वासघात के व्यवहार से बड़ा दु:ख हुआ, बड़ी चिढ़ भी आई। कॉलेज दफ्तर में कुछ लोग ऐसे थे, जिन्हें कॉलेज प्रशासन की कुछ भी जानकारी नहीं थी। इसके अलावा जैसे ही आबासाहेब शिंदे जी ने कॉलेज छोड़ा किसी पर किसी का नियंत्रण नहीं रहा। यहाँ एक लिपिक का इतना रौब था कि मानो सारा कॉलेज उसी के पैसों पर चलता हो। अगर हम हमारी नियुक्ति के बारे में कुछ पूछताछ करने जाते तो सीधा, सच जवाब न देते हुए असभ्यता से उलटा-सुलटा, गलत जवाब देता। भाषा भी धमकाने की, उद्दंडता ही रहती। अब मेरा दिमाग भी चढ़ चुका था। मैं अब समझ गई सीधी उँगली से घी निकालना आसान नहीं। अब यहाँ भी लड़ना ही पड़ेगा। एक गौरतलब बात यह थी कि जब हमारे कॉलेज में कनिष्ठ विभाग में और लोग नियुक्त किए गए तब महापौर श्री दिनकर पाटील जी थे, पूरे कॉलेज प्रशासन के लोग शिवाजी पेठ के ही थे, इनके पीछे कुछ 'अर्थ' था ही। इसी कारण मेरी नियुक्ति पर हामी भरना 'निरर्थक' लग रहा था। यहाँ भी 'शिवाजी पेठ' राजकारण खेला गया, शायद मेरी 'जाति' आड़े आ गई। क्योंकि शिवाजी पेठ में से जिस स्त्री को अर्थशास्त्र विषय के लिए नियुक्त किया गया तब मेरे हिन्दी विषय के विद्यार्थी अर्थशास्त्र के लिए दिखाए गए और मेरे विषय के विद्यार्थी कम दिखाकर, झूठा प्रस्ताव बनाकर मान्यता ली गई। अब वह स्त्री पूर्णपद और मैं आधे पद पर। मैंने इस अन्याय के विरोध में शिक्षण विभाग में शिकायत का पत्र दिया, तब मुझे कॉलेज की ओर से आया प्रस्ताव दिखाया गया। पूरा असत्य मेरे सामने था।

मैंने अपने सबूत जमा किए। 1986-1987 का गुणपत्र, उपस्थिति पत्रक, नाम, विषय अनुसार पूरा ब्योरा, अर्जी की प्रतियाँ, मा. महापौर, आयुक्त, शिक्षणाधिकारी, संघटना से न्याय, सत्य की गुहार लगा दी। तीन साल हुए, तीन महापौर, तीन आयुक्त आए गए, पर किसी ने भी न्याय नहीं किया, लेकिन मैंने हिम्मत नहीं छोड़ी। उसी समय मुझे प्रखरता याद आती। श्री आबासाहेब शिंदे जी, सुश्री लीला पाटील जी, डॉ. मिरजे जैसे इनसानियत तथा इनसान के गुणों की कदर करनेवाले लोग मुझे मिले जिन्होंने मुझे इस क्षेत्र में आने में बड़ी मदद की। अगर अभी जो नाइंसाफ बरतनेवाले कूपमंडूक प्रवृत्ति के 'झारी के शुक्राचार्य' मिलते तो मेरी प्रगति का झरना कब का सूख जाता...।

1988 में मैंने एम.फिल. की लिखित परीक्षा दी। शाहुवालों के खेत में पेड़ से पीठ लगाकर, मिट्टी में बैठकर सातत्य से एक महीना बारह-बारह घंटे पढ़ाई की। जून महीने में परीक्षा फल आया। मैं पास हो गई, पर मुझे बी श्रेणी मिली, मुझे बुरा लगा।

काम पूरे पद का करना, महावीर कॉलेज में भी काम करना और हाथ में आधा वेतन लेते हुए मुझे दुःख होता। दुःख कम पैसे लेने का नहीं था। जो वसीले के टट्टू लिए थे, उनकी शैक्षणिक अर्हता भी पूरी न थी, बी.एड. न होकर भी उन्हें पद पर लिया गया। मैं बैंक में 646 रुपये हाथ में लेती तो सामने 'सत्यमेव जयते' यह वचन लिखा फलक देखकर विषण्णता से हँसी आती।

अब एम.फिल. का शोध प्रबंध! मेरा इरादा था कि किसी मुस्लिम लेखक या लेखिका के साहित्य पर एम.फिल. करेंगे, आगे चलकर पी-एच.डी. कर सकते हैं। तलाक, बहुविवाह का चलन, बुरखा सख्ती, धार्मिक शिक्षा का आग्रह आदि मुस्लिम समाज के सवाल लेकर शोध कार्य करने का इरादा था। शिवाजी विद्यापीठ के ग्रन्थालय में भरपूर खोज की। साथ ही अन्य लेखिका के बारे में भी सोचना शुरू था। हिन्दी लेखिका उषा प्रियंवदा जी के साथ भी पत्र-व्यवहार शुरू था। उषा जी लन्दन में पढ़ाती थीं। लन्दन तक मेरा पत्र जाना, उनका जवाब आने में महीना-महीना लगने लगा। मुझे उनके बारे में एम.फिल. करने का विचार छोड़ना पड़ा।

खोज करते-करते 'मेहरून्निसा परवेज' नामक मुस्लिम लेखिका की कुछ किताबें हाथ लगीं। इस मुस्लिम हिन्दी लेखिका के साहित्य में मुस्लिम समाज, जीवन और समस्याओं का चित्रण दिखाई दिया। मुझे बहुत खुशी हुई। मेरे मार्गदर्शक भी कोल्हापुर में ही थे, यह भी सुविधा रहेगी ऐसा सोचा। लेकिन मेरा सोचना कितना गलत रहा यह आगे चलकर पता चला, पर तब बहुत देर हो चुकी थी। डॉ. सूरज प्रसाद जी के मार्गदर्शन में मुझे काम करना था, लेकिन उनका तबादला नागपुर हो गया।

आखिर में मेहरून्निसा परवेज जी का कथा साहित्य लेना तय हुआ। विषयानुसार रूपरेखा बनाकर फॉर्म भरा। 'मेहरून्निसा परवेज की कहानियों में मुस्लिम नारी समस्याओं का चित्रण' यह विषय निश्चित हुआ। आगे समस्या ही समस्या आने लगी। मेरे स्वभाव के कुछ दोष हैं, उसमें एक है, मेरा उतावलापन। उतावलेपन में व्यवहार ज्यादा समझ नहीं पाती। यह विषय लेने में भी यह दोष आड़े आया। पूरी तरह से नए सिरे से काम करना था, क्योंकि इस लेखिका पर शिवाजी विद्यापीठ के अन्तर्गत किसी ने भी काम किया न था। वक्त की मर्यादा और नए से खोज कार्य! मेरे उत्साह पर पानी फिरने लगा। एक तो इस लेखिका का पता नहीं मिल रहा था। छः महीने तक अलग-अलग प्रकाशकों को खत भेजती रही। विद्यापीठ में परवेज के तीन ही कथासंग्रह उपलब्ध थे। किताब पर जो पता था, उसी पते पर लेखिका को पचास खत भेजे, जवाब नहीं। छह-सात महीने के बाद दिल्ली के एक प्रकाशक का पत्र मिला, जिसमें लेखिका के नए पते की जानकारी मिली। मेहरून्निसा का तलाक हो चुका था, उनका दूसरा विवाह हुआ था। उनके पति मिश्रा हैं जो उस वक्त भोपाल के कलेक्टर थे। मेहरून्निसा जी भी भोपाल में ही उनके साथ हैं। मैंने सारा वृत्तांत लीलाताई जी से बयान किया।

बी.एड. के बाद भी मेरा बाई जी से रिश्ता अटूट रहा था। 'सृजन-आनन्द' के काम

में मैं पहले से ही थी। प्राचार्या लीला पाटील जी को मैं 'लीलाताई' या 'बाई जी' कहती और उनके पति श्रीमान बापूसाहब पाटील जी को 'आण्णा' कहती। उन दोनों ने भी मुझे अपनी 'मानसकन्या' मानकर मुझे वात्सल्य भाव से प्रेम किया। मेरे जीवन में माता-पिता की जो कमियाँ थीं वह पूरी कीं। इस प्रेम से मुझे भावनिक, मानसिक सहारा मिला। अपने व्यक्तिगत जीवन के दु:ख-दर्द समस्याएँ मैं उनसे बताती जिन्हें वे दिलजान से सुनतीं, मदद करतीं। बाई जी से मैंने अपना एम.फिल. का विषय, अपना इरादा और किताबें मिलने की दिक्कतें बता दीं। बाई जी ने मुझसे कहा, "कालजी करू नकोस, कांही ना काही मार्ग निघेल, पुढच्या आठवडयात येवून जा।" (चिन्ता मत करो, कुछ तो रास्ता जरूर निकल आएगा।) मैं निश्चिंत मन से घर आई।

भोपाल में उनके परिचित स्नेही, 'एकलव्य' नामक शिक्षा संस्था में थे, बाई जी ने उनसे पत्र व्यवहार किया। वे स्नेही, प्रत्यक्ष मेहरून्निसा जी से मिले। उनसे सारी किताबें लेकर, जीरॉक्स बनाकर, बाई जी के पते पर सारी किताबें सजिल्द भेजीं। तीन हफ्ते बाद बाई जी ने कॉलेज में फोन किया और मुझे घर बुलाया। मैं जैसे ही उनके घर पहुँची, बाई जी ने हँसते-हँसते मेरे हाथ में किताबों का बड़ा पुलिंदा रखा, "आता कालजी (चिन्ता) मिटली ना? अभ्यासाला लागा!"

मैं अपने हाथों में थामे किताबों के पुलिंदों को और कभी बाई जी के चेहरे को देख रही थी। बाई जी मेरा खुशियों से भरा चेहरा, मेरी आँखों में भरे कृतज्ञता के भाव अपनी शरारती हँसती आँखों से देखकर हँस रही थीं। मैं खुशी में खो गई थी, उस पल मुझे लग रहा था, मेरे सामने 'भईजी' खड़े हैं और मैं उनके सामने खड़ी हूँ, उनकी छोटी-सी आशा...।

## 46. जाने चले जाते हैं कहाँ? दुनिया से जाने वाले...

आंबेवाडी में जरीना जचगी के लिए आई थी। 13 जून, 1986 के दिन उसने बेटी को जन्म दिया। बेटी का नाम 'जास्मीन' रखा। जरीना के बड़े बेटे का नाम 'इमरान' था। जरीना छ: सात महीने हमारे पास रहकर सिलीगुड़ी गई। वह बड़ी दूर रहती इस वजह से छुट्टी पर आती तो चार-पाँच महीने रहकर ही वापस जाती। उसके यहाँ जाना हमारे लिए मुमकिन न था। जाते वक्त वह बहुत रोती। वह मायके में थी तब सबके साथ हमेशा झगड़ती। एक बार उसके झगड़े से तंग आकर मैंने कहा, "सबके लिए तेरे दिल में इतनी नफरत है ना? तुम्हें ऐसा ससुराल मिले जहाँ से यहाँ आने में तीन दिन लगें, ताकि कोई मरा भी तो तुम्हारी मुलाकात न हो।" वह जब भी ससुराल जाने के लिए निकलती मेरे लफ्ज उसे याद आते। जरीना का मूल स्वभाव अपनी माँ जैसा ही है, अपने बच्चों पर भी उत्कटता से वह प्यार जता नहीं सकती। यह बात कितनी दु:खदायी है, उसकी समझ में नहीं आता, आज भी।

1986 का अक्तूबर महीना शुरू था। एक दिन शाहुवालों के फोन पर खबर मिली कि बोरगाँव से फोन था और फूफूजी को हृदय विकार का झटका आया है। फूफू को इचलकरंजी के अस्पताल में भरती करवाया था। हम सब इचलकरंजी गए। फूफू शान्त-सी बिस्तर पर सोई थी, सलाईन शुरू था। बोरगाँव से उनके मायकेवाले भाई, बहन, भानजे आए थे। मैं शाम वापस आई। माँ और 'वे' वहीं पर रहे।

दो दिन बाद मैं वापस इचलकरंजी गई। डॉक्टर ने बताया कि, अब घर ले जा सकते हो लेकिन उनकी देखभाल ठीक से करनी है। फूफूजी को आंबेवाडी लाने का निर्णय हुआ। किराए पर टैक्सी की। मेरी तीनों ननदें अपनी माँ के पास अस्पताल में थीं। मासाय तो हमेशा से फूफूजी के पास ही रही, तो उसका उनके साथ में आना जायज था। अमीरबी भी आना चाहती थी। दोनों बेटियाँ अपनी माँ की बाँहें थामकर अस्पताल की सीढ़ियों पर से उतार रही थीं। टैक्सी के पास माँ खड़ी थी, "बू संगाट हामी बी आने लगई" (बू के साथ हम भी आ रहे हैं।) कहती फूफू के साथ टैक्सी में बैठने लगी। तभी माँ बड़ी फुर्ती से आगे बढ़ी और फूफू की एक बाँह पकड़कर गरजी–"यो मुर्दा मैं लेको चलेसो हाय, यहाँ कुनशी बेटी ने संगट आने की गरज नई, मैं देखतियं, मरी कतो समजातीय जा" (यह मुर्दा मैं लिए जा रही हूँ। यहाँ किसी बेटी ने साथ में आने की जरूरत नहीं, मैं देखती हूँ। जब मरेगी तब मैं खबर करूँगी, जाओ सब।) ऐसा कहती हुई फूफू को जोर से मानो खींचती हुई टैक्सी में लाकर बिठा दी। तीनों ननदें जोर-जोर से रोने लगीं। 'वे' एक लफ्ज कहे बिना आगे की सीट पर ड्राइवर के पास बैठ गए। मुझे लग रहा था कम-से-कम मासाय साथ रहती तो अच्छा था। मेरे पति, मैं नौकरी के लिए घर से बाहर जानेवाले, बेटियाँ स्कूल जानेवाली, अब सिर्फ माँ के सान्निध्य में फूफूजी को घुटन होनेवाली। मैंने कहा, "नुस्ता मासाय आंदे तो, तुजे क्या हुने लगे?" (सिर्फ मासाय साथ में आने दो, तुम्हें क्या तकलीफ है?) मेरी बात सुनते ही माँ को इतनी चिढ़ आई कि वह मुझ पर चिल्लाई, "आगे जा, बोलने को क्या जातय? मजे ताकद नई इनको गरम, गरम रोटया थपट को खलाने को।" (अरी जा, जा तुम्हें बोलना आसान है! मुझे ताकत नहीं इन सबको गर्म-गर्म रोटियाँ बनाकर खिलाती रहूँ।) माँ की आवाज, ननदों का जोर से रोना...सब यह सुनकर अस्पताल के लोग जमा हुए, ससुराल के लोग तो थे ही। अपनी ससुरालवालों के सामने और तमाशा न हो तो अच्छा, ऐसा सोचकर मैं चुप हो गई। माँ के स्वभाव से सारे रिश्तेदार परिचित थे ही। बेचारी फूफूजी खरगोश की तरह डरी थी। धीमी, थकी आवाज में अपनी बेटियों को समझाते हुए कहा, "क्या कालजी करू नको, म्हेर हाय ले, हौर मरने के वखत का बेटेकन चलेसो हाऊ, बेटे के मांडी पर शिर रखको मरण आया तो भलाच हाय नक?" (कुछ चिन्ता मत करो, मेहेरनिशा है ना? और मरते समय अपने बेटे के पास ही जा रही हूँ, अगर उसकी ही गोद में सर रखकर मौत आ जाए तो कितना अच्छा रहेगा ना?) कहते-कहते उनकी आँखें भर आईं। अपनी भरी-भरी आँखें अपने पल्लू से पोंछकर, मासाय के चेहरे पर से प्यार से हाथ फेरकर, अपनी बेटियों, भाई-भौजाइयों, भानजों को आँख भरकर देखा और हाथ हिलाकर सबसे विदा ली...।

आंबेवाडी में फूफूजी को लाकर रसोईघर में पलंग पर उन्हें सुलाया गया। 'उन्होंने' डॉ. वागवेकर को घर लाकर फूफूजी की तबीयत दिखाकर दवा पानी शुरू किया। एक दिन छोड़कर डॉक्टर आकर इंजेक्शन लगाते। मैं कॉलेज से हर रोज दोपहर में आती। विरू, सीमा सुबह में दादी पर ध्यान देतीं। 'वे' रोज की ड्यूटी पर से शाम घर आते, दूर जाना बन्द कर दिया था, शाम में सभी घर पर होते। फूफू का स्वभाव बड़ा शान्त, अल्प में सन्तुष्ट होनेवाला था। माँ गरम दूध में रोटी भिगोकर मिला देती। जरा-सा दाल-चावल, चाय के साथ छोटा-सा बनपाव। फूफू शान्ति से कहती, "बस, बस रग्गड, भरपूर हुया।"

मेरी बेटियाँ अपनी दादी से बड़ा प्यार करतीं, फूफूजी भी पोतियों पर जान छिड़कती थीं।

अपने बेटे से भी उन्हें बड़ा प्रेम था, पर दुर्भाग्यवश एकमात्र बेटे के सान्निध्य में, परिवार में रहने का भाग्य उन्हें प्राप्त नहीं हुआ। बेटे पर हक रहते हुए भी आश्रित की तरह बेबस-सी रहतीं। मेरे लिए उनके दिल में जरा भी गुस्सा अब न था। अपने बेटे के बर्ताव से अपनी बहू भी दब चुकी है इसका उन्हें एहसास था। फूफूजी के आने के बाद मासाय पोटली लेकर आंबेवाडी आ गई। दोपहर के वक्त माँ-बेटी बातें करती बैठी थीं। फूफूजी ने मुझे बुलाया, "ए देख आशा, मेरा इत्ता कुछ सच्चा नई, एक वचन दे, मासाय को बोरगाँव के घर में की एक खोली (कमरा) उसे दे, महीने को सौ रुपये दे, दो साडया हौर चोली ले, उसे कोन नई", कहते हुए फूफू रोने लगीं। मैंने उनके दोनों हाथ अपने हाथ में लेते हुए कहा, "रू नको फुफू, मेरे पर विश्वास है नई, मैं बुसाय को सँभालूँगी, उनकी देखभाल करूँगी।" मैंने उन्हें वचन दिया। मैंने आज तक वह वचन निभाया है। मासाय बोरगाँव में रहती है, उसकी बेटी उसके पास है। मैं हर महीने पैसे देती हूँ, दवा पानी, साड़ी-चोली सब कुछ खर्चा पानी चलाती हूँ। उसकी बेटी रूबाब के पति ने दूसरी औरत से रिश्ता कर दिया है, इसलिए वह माँ के पास रहती है, वह भी खेत में काम करती है। इतिहास बेटी के बारे में भी दुहराता गया। अब मासाय बूढ़ी हो चुकी है, पर स्वभाव का तीखापन वैसा ही बाकी है।

फूफूजी को आंबेवाडी आए महीना होने को आया और माँ का उबलता प्यार धीरे-धीरे कम होने लगा। अब फूफू के मरने की सम्भावना उसे कम नजर आने लगी, शायद उसने मेरे पति पर दबाव डालना शुरू किया। फूफूजी को बोरगाँव भेजने की रट शुरू की। अपनी नाराजगी, प्रभाव, दबाव अपने बर्ताव से, बातों से कैसे जताना है इस बारे में माँ की मास्टरी ही थी। माहौल में दाहकता महसूस होने लगी। फूफू जहाँ-तहाँ थूकती है, पाखाने में गन्दगी करती है, मुझे मुफ्त में रोटियाँ तोड़नेवाले पसन्द नहीं, रोटी बनाने की ताकत मुझमें नहीं, ऐसा-वैसा बक-बक करना जारी था। बकने के साथ-साथ जोर-जोर से पैर पटकना, बर्तन पटकना, फेंकना शुरू हुआ। सच उसमें मैं चाहती थी कि वह कुछ काम न करे, खाना मत पकाए पर शायद उसे डर था कि अगर उसने वह काम छोड़ा तो उसकी सत्ता ही चली जाएगी। वह पकाने को शस्त्र बनाकर हमें दबाना चाहती। हम अनदेखा, अनसुना करते। आखिर में वह चिढ़कर सातारा चली गई, ईरिना की तरफ। जाते वक्त 'उनके' साथ ही स्टेशन गई। 'जब तक तेरी माँ इस घर में है मैं यहाँ नहीं आनेवाली', ऐसी प्रतिज्ञा करके वह बस में बैठी। यह बात मेरे शौहर ने मुझे बता दी। मुझे बड़ी खुशी हुई माँ की प्रतिज्ञा सुनकर। कहाँ तक निभाएगी इसका पता नहीं पर मुझे पता था 'मियाँ की दौड़ मस्जिद तक ही।' फिर भी चलो कुछ दिन के लिए सही 'सुंठी वाचून खोकला गेला'-बिना सोंठ के खाँसी गई...।

एक हफ्ता अच्छा गया। दीपावली की छुट्टियाँ थीं। चार बेटियाँ, मैं, फूफूजी सुकून-सा लग रहा था। 'इनकी' 'जोतीबा' ड्यूटी शुरू थी। फूफू बड़ी खुश, निश्चिंत लग रही थीं। मैं और फूफू दोपहर में गपशप करतीं। फूफू अपने अतीत के बारे में मुझे बता रही थी। अपना ससुराल, अपना पति, अपना बचपन, माँ-भाई, बहन, बेटा-बेटियाँ, जीवन में आए अनेकविध प्रसंग, घटना, अनुभव कितना कुछ उनकी बातें करना, ब्योरा बयान करने का ढंग, शैली मिठास पूर्ण लगती। उनकी स्मरणशक्ति बड़ी तीव्र थी। मैं तल्लीनता से सुनती। अब प्राय: वे बताने लगीं कि मेरी जिन्दगी के आखिरी दिन चले हैं, ज्यादा दिन जीवित नहीं रहेगी। फूफूजी ने यह भी बताया... दफन विधि बोरगाँव के कब्रिस्तान में करना, तीन दिन की जियारत का खाना

पूरी तरह से शाकाहारी बनाना, अपने भानजे की दुकान से चावल खरीदना, सभी मेहमानों को बुलाना, पहचानवाले हिन्दू, जैन परिचितों को बुलाना, गोश्त जरा भी नहीं लाना न उस पर फातिहा देना, जीवनभर शाकाहारी रहकर मरने के बाद भ्रष्ट होना कतई पसन्द नहीं, मेरी आत्मा कलपेगी। बेटियों को साड़ियाँ देना, मासाय, रूबा का फर्ज निभाना, उन्हें कभी दूर मत रखना। फूफूजी ने जैसे मौखिक मृत्यु पत्र ही पढ़कर मुझे सुनाया। मृत्यु पश्चात की इच्छाएँ भी बता दीं। मैं गम्भीरता से सुन रही थी। फूफू इतने शान्त, संयत, आश्वस्त शब्दों में, तृप्त भाव से, तटस्थ रहकर अपनी मौत के बारे में बता रही थीं, जैसे शायद कुछ दिन के लिए वह किसी गाँव जा रही हो, जल्दी ही लौटकर आ जाएगी। दुनिया के मायाजाल में फँसी अपनी जान को जिस अलिप्तता और विरक्ति से, हौले से मुक्त कर रही थी, इसे देखकर मैं अचम्भित रही और मेरा दिल भर आया। मुझे बड़ा रोना आया। निरक्षर, सीधी-सादी ममतालु शान्त सास के सान्निध्य में बहू के नाते मुझे रहने का मौका नहीं मिला, यह मेरा दुर्भाग्य। जिन्दगी के फिसलते पलों में मेरा हाथ अपने हाथों में लेकर तुरन्त ही हाथ छुड़ा लेने वाली सास के आँचल में छुपकर रोते हुए लगा कि "माँ का आँचल ऐसा ही होता है क्या?"

माँ को सातारा गए आठ-दस दिन हुए ही थे कि शमा के शौहर इकबाल के हाथों सन्देश आया। शमा, शहाजाद और मेरे शौहर तीनों एस.टी. खाते में ही चालक पद पर काम करते थे। इकबाल भैया हर रोज सातारा ड्यूटी करते थे। ईरिना का शौहर सातारा स्टैंड पर केले बेचने का काम करता था। शायद उसने चिट्ठी लाकर दी थी। 'वे' मुझे बताए बिना ही सातारा चले गए और माँ को लेकर ही आए। आते ही अपनी माँ से बोले, "बू इता तुजे जरा भला लगतय, तू सबेरे बोरगाँव को जा, तुझे कोन तो पहुँचा को आईगा" (बू, अभी आपकी तबीयत ठीक है। तुम कल बोरगाँव चली जाओ, तुम्हें कोई तो छोड़ने के लिए आ जाएगा।)

मैंने वह बात सुनी, मुझे बड़ा धक्का लगा। बीमार माँ को गाँव वापस लौटाने के वादे पर एक माँ घर वापस आई थी। फूफूजी ने बेटे की बात सुनी और झट से उनका चेहरा उतर गया। आत्यंतिक विषाद से चेहरा भर आया था। कुछ संवाद, बातचीत होने से पहले ही फूफूजी को गाँव भेजने की तैयारी कर ली गई। फूफूजी के साथ शमा और न्यामत जाएँगी, यह भी तय किया गया। मुझे कुछ समझ में नहीं आ रहा था कि 'मैं क्या करूँ?' मैंने 'उनसे' कहा, "ऐसा ही करने लगई? क्या हुया? फूफू को ऐसे बिमारी में छोडना बरोबर नई, दुनिया क्या बोलिंगी?" (ऐसा बर्ताव क्यों कर रहे हो? क्या हुआ? फूफू उस बीमार अवस्था में उन्हें वापस बोरगाँव भेजना अच्छी बात नहीं, लोग क्या कहेंगे?) लेकिन दृढ़ता से वे बोले, "इत्ता तेरा खेकटा (संकट) काढू नकोस, जांदे उने, वहाँ गयी कतो भला लगींगा।" (अब तुम नया बखेड़ा मत निकालो, जाने दो उसे, बोरगाँव जाने से उसे ठीक भी लगेगा।) बीमार व्यक्ति के सामने, बच्चों के सामने विवाद करना मुझे अच्छा नहीं लगा। मैंने ज्यादा कुछ न कहते हुए शाम का खाना पकाना आरम्भ किया, लेकिन अन्दर-ही-अन्दर मैं चिढ़ से सुलग रही थी। उसी रात फूफू की तबीयत काफी बिगड़ गई। उन्हें बड़ी तकलीफ हो रही थी, तिलमिलाहट से बेचैन होकर हुँकार रही थीं, फर्श पर हाथ-पाँव पटक रही थीं। मैं और मीनू उन्हें हवा कर रहे थे, पर अन्दर से ही अनेक व्यथाओं से सुलगता बदन, कैसे तपिश थी कि बाह्य उपचार से शीतलता महसूस न होती थी। माँ अनसुना करती बाहर की खाट पर सोई थी। फूफू का तड़पना सुनकर 'वे' अन्दर आए और अपनी माँ का हाथ अपने हाथ में लिया। एकदम तपाक से चिल्लाकर फूफू

ने उनसे कहा, ''सरक यहाँसी, मेरे नजीक आऊ नकोस।'' (दूर हो जा, पास मत आ।) और अपना हाथ बेटे के हाथ से छुड़ा लिया। दोपहर तक बिलकुल खुश, शान्त-सी फूफू के बदलते हाव-भाव देखकर मैं सोच रही थी और जान भी गई कि फूफू बड़ी नाराज हो गई हैं। अपना एकमात्र बेटा इस मरणासन्न अवस्था में दूर कर रहा है, यह कैसा घोर अपमान है? यह कितना हीनतापूर्ण व्यवहार है? बहुत खुद्दारी से जीवन यापन करनेवाली औरत के साथ आखिरी समय में बेरहमी का बर्ताव वह भी अपने बेटे द्वारा? यह सोच ही फूफू को विकल बना रही थी। बेटे ने जिन्दगीभर नहीं पाला, शिकायत नहीं, पर मरते वक्त अपने बेटे, बहू-पोतियों के सान्निध्य में रहकर आखिरी साँस ले, यह चाहना अनुचित था क्या? लेकिन बेटे ने उतना भी अधिकार नहीं दिया, जिस बेटे को बचपन से बड़े कष्टों से, बड़ी नाजोअदा से पाला। पति ने अपनी जिम्मेदारी टाली पर माँ ने गरीबी का कभी एहसास होने नहीं दिया। दूध, घी के निवाले खिलाए, पहलवान जैसा पुष्ट बनाया। वही बेटा बुढ़ापे में भी कुछ दिन का सहारा देने के लिए तैयार नहीं। यह कैसी अपनी औलाद? इस सोच से फूफू अपने बेटे का स्पर्श तक नहीं चाहती थी।

सारी रात ऐसे ही तड़फड़ाहट में गुजरी, भोर हो गई। फूफू ने मुझसे कहा, ''आशा, मजे दुसरी साडी पहना, जल्दी गाडी बुलाव, मजे बोरगाव को जांदे'', मैंने उन्हें साड़ी पहना दी।

माँ ने कल से ही फूफूजी के कपड़ों की गठरी बाँध रखी थी। दवाइयों की थैली भरकर रखी थी। सुबह छः बजे टैक्सी आनेवाली थी, टैक्सी दरवाजे पर आई। फूफूजी ने घूँटभर चाय पी। शमा, न्यामत आ गईं। माँ फूफूजी को थामकर बाहर लाई। आसपास की पड़ोसनें जमा हो गई थीं। फूफू बिलकुल शान्त-शान्त-सी थीं। आवाज मन्द सी हो गई थी। चेहरे पर निग्रह था। जाते वक्त मेरे, बच्चों के हाथ में हाथ दिया। हम मौन-से रोए जा रहे थे, लेकिन फूफूजी की आँखों में आँसू न थे। फूफू टैक्सी में बैठी, दोनों तरफ शमा और न्यामत बैठ गईं। टैक्सी चल पड़ी, फूफूजी ने हाथ उठाकर सबसे विदा ली, वही आखिरी विदाई थी...

मैं बड़ी उदास हो गई। मीनू, शरू अब समझदार थीं, उनके चेहरे से गुस्सा झलक रहा था। मीनू का अपनी दादी पर बड़ा प्यार था। वह खिड़की से बाहर देखने का बहाना करके रो रही थी। मेरे शौहर आँगन में साइकिल का कुछ काम कर रहे थे। माँ के निर्विकार चेहरे पर जीत की खुशी छुपाए न छुपती थी। हम सब चुपचाप थे। माँ की दहशत तले रोने की भी चोरी थी। इस पल मुझे अपनी असमर्थता का एहसास बड़ी तीव्रता से हो रहा था।

फूफूजी को घर से गए दो घंटे हो चुके थे कि शाहुवालों के घर में फोन आया, ''फूफूजी गुजर गई।'' मैं भागते हुए शाहुवालों के यहाँ पहुँची। शमा फोन पर डरी-डरी-सी आवाज में चिल्ला रही थी, ''आगे आशा, जल्दी आव, हामी बोरगाव के स्टैंड पर आए हौर बू ने जान छोडी, यहाँ सब जने दंगा करने लगयी कि, हमारे बू को जान सी मार को मुर्दा टैक्सी में रख को तुमना दोनों को लगा, को दीं, बाकी सब जने कहाँ है? हामी मुर्दा लेनेवाले नई, तुमी जल्दी आव, हामना लोका भारींगे, अजून बू टैक्सी में हाय। '' (अरी आशा! जल्दी आओ, हम बोरगाँव के स्टैंड पर आए और फूफूजी ने जान छोड़ दी। यहाँ मेहमानों ने बड़ा शोर मचाया है कि तुमने बू को जान से मारा और सिर्फ तुम दोनों को भेजा है मुर्दे के साथ में। बाकी कहाँ हैं? हम मय्यत नहीं लेंगे! अब तुम सब जल्दी आ जाओ, हमें डर लगने लगा है, मय्यत भी अभी टैक्सी में है।)

फोन पर शमा की बातें सुनते ही मैं सन्न-सी रह गई। मेरे पीछे-पीछे ही मेरे पति, बच्चे आए थे। बू मर गई यह सुनकर सभी रोने लगे। अब जल्दी करना जरूरी हो गया। घर में गई, सन्दूक में मैंने हजार रुपये सँभालकर रखे थे। वे रुपये ले लिए, कपड़े लिए और सामने रहनेवाले अशोक कांबले की रिक्शा से बस स्टैंड पर हम सब आ पहुँचे। वहाँ से किराए पर टैक्सी ली और बोरगाँव की ओर निकल पड़े।

हम बोरगाँव पहुँचे। अब तक आसपास के रिश्तेदार, गाँववाले, मेहमान, आस-पड़ोस वाले जमा हो चुके थे। हमारे घर के आँगन में बड़ी भीड़ थी। शिरढोण की नाजुकखाला, दत्तवाड से ननद, बहुत-से मेहमान आए थे। जैसे ही टैक्सी से उतरकर भीड़ से होकर फूफू तक पहुँचे, एक ही आक्रोश उठा, "आगे रांडानू, मेरे माँ को लिजा को मारे तो गे, की मेरे माँ की तब्येत बिगडी सो बोले नई? मुर्दा टैक्स में भा को लगा दे, तुमना लाज कैसा नई आई? इत्ता हामी छोडते नई, हमारे भै को ले गए, मेरे माँ को परदेशी करे तो गे?" (अरी, रांडा, मेरी माँ को ले जाकर जान से मार दिया। मेरी माता की तबीयत ज्यादा बिगड़ गई, यह हमें क्यों नहीं बताया? और अब टैक्सी में से मुर्दा ही लेकर आए? तुम्हें शरम कैसे नहीं लगी? अब हम आपको छोड़ेंगे नहीं, हमारे भाई को लेकर गए और हमारी माँ को भी हमसे तोड़ दिया री...) मेरी ननद चिल्लाते हुए आक्रामक होकर दहाड़ने लगीं। सब खाला, बहनें, सगी-खलेरी, फुफेरी सासें छाती पीट-पीटकर, बोंब मारकर, जमीन पर लोटकर चिल्ला रही थीं। यह देखकर मेरी तो जुबान ही चली गई। मैंने अपना सर दबाकर थामा, और दीवार का सहारा लेकर धप्प से जमीन पर बैठ गई।

फूफू के मरने के शोक में फीका भैया के मरने का भी शोक याद कर-कर के हमें गालियाँ देना शुरू किया। 1974 में फीका भैया की मौत के सदमे के बाद 1984 में हम उसकी माँ नाजुकखाला के सामने आए थे। भैया की मौत कोई भी भूला न था। फूफूजी के शव पर दो खूनों का इल्जाम हम पर रखकर मेरे ससुराल वाले जो आक्रोश, गाली-गलौज की बौछार कर रहे थे वह सुनकर मुझे ऐसा लगा, यह सब सुनने से बेहतर होगा कि जाकर पिछवाड़े के कुएँ में जान दे दूँ।

पूरे आक्रंदन में फूफूजी के 'यूँ' जाने से मेरे दिल में जो तूफान उठा था उसे किसी से कहने का जरिया ही नजर नहीं आ रहा था। अपने आपको सँभालना मुश्किल हो रहा था।

मेरे फुफेरे देवर समझदार थे। वे आगे आए। सब औरतों को समझाने लगे, "फूफू बीमार थी, उसे बोरगाँव के दर्गा को आने का आता कर को उन्हे ले को आए, बाद में उसे अॅटैक आया तो उसमें उनकी क्या गलती? बहू, बेटा कभी जान सी मारतीय व्हय? चलो उठो वहॉशी।" ऐसा कहकर फूफू की मय्यत को घेरा डालकर बैठी औरतों को हटाकर, मय्यत को नहलानेवाली औरतों को अन्दर बुलाया। मय्यत की पूरी रस्म हो गई, कफन पहनाकर डोली में सुलाया गया। मर्दों ने आगे बढ़कर डोली उठाई और भयंकर आक्रोश, आक्रंदन से पूरा माहौल, थर्रा उठा। उससे घबराकर मेरे दिल की धड़कन इतनी तेज हो गई कि मैं अपने ही दिल को थामकर दरवाजे में खड़ी थी...। अन्तिम सफर पर अपनी सास को ठीक से विदा भी नहीं कर सकी। कुछ भी हो, मेरे दिल में जोर की टीस उठी, अन्त अच्छा नहीं हुआ। हमें सबके सामने बड़ा रुसवा होना पड़ा। कुछ दिन के लिए माँ सब्र करती तो...

फूफूजी गई, उसी दिन दोपहर में झगड़े का दौर शुरू हुआ। सब औरतों का रुख माँ की

ओर ही था। अस्पताल से ननदों को निकाला था वह गुस्सा भी उन्हें याद था। माँ ने भी मेरे ससुराल वालों को गालियाँ देना शुरू किया, ''मरो जाव रंडानू तुमारे माँ की सेवा करको, मेरे हाथा घिशे गए हौर तुमारे गाल्या खा को यहाँ न्हने का नई कजे।'' ऐसा तमतमाकर कहते हुए घर से निकल गई। बस से कोल्हापुर लौटकर आंबेवाडी चल पड़ी। कोल्हापुर से आए हमारे कुछ मेहमान थे वे भी वापस गए। मैं, मेरे शौहर, बेटियाँ बोरगाँव में ही रहे। फूफू की इच्छानुसार तीन दिन की ज़ियारत की, ननदों के लिए साड़ियाँ खरीदकर दीं। यह एक रिवाज है। बाकी बचा सामान मासाय के लिए रखा और हम चौथे दिन आंबेवाडी वापस आ गए। उसके बाद नौ दिन, चालीस दिन का खाना, बोरगाँव में जाकर जियारत सिर्फ बोरगाँव के और नजदीक के मेहमानों के लिए किया। एक अध्याय का अन्त हो गया।

सही अर्थ में उसी क्षण मेरा ससुराल भी फना हुआ।

दु:ख इस बात का होता रहा, कि जो लोग मुझे प्यार करते थे, जिन्हें मैं दिल से चाहती थी वही लोग मेरा साथ अधूरा छोड़कर चले गए, हमेशा के लिए। मेरी किसी भी खुशी के हिस्सेदार हुए बिना...

*जाने चले जाते हैं कहाँ*
*दुनिया से जाने वाले...*
*इसका जवाब दिए बिना ही...*

## 47. पूरी कब होगी आशा?

1988 का वर्ष आरम्भ हुआ। कॉलेज में अब भी मुझे न्याय नहीं मिला था, पूर्णपद का आदेश नहीं हुआ था। मैंने भी हार नहीं मानी थी, देखे कहाँ तक झगड़ना पड़ता है? मेरी कोशिश जारी थी।

हमें आंबेवाडी आकर दस साल बीत चुके थे। आंबेवाडी, चिखली में बहुत-सा परिचय भी हुआ था। जी.डी. बापू पाटील जी चिखली गाँव के थे, समाजवादी पार्टी के कार्यकर्ता थे। हमारा घर उनके आने-जाने के रास्ते पर ही आता था। एक बार मुझे रास्ते में रोकते हुए कहा, ''बाई, कोल्हापूरात शुक्रवार पेठेत माझी जागा हाय, तिथं अपार्टमेंट बांधाव म्हणतोय, तुमी येबून बधून जाया, नकाशा तिथं खाली आमच्या भाच्याकड हाय।'' (बाई जी, कोल्हापुर शुक्रवार मोहल्ले में मेरी जगह है, जहाँ मैं फ्लैट्स बनाना चाहता हूँ, तुम आकर जगह देखना, घर का नक्शा भी मेरे भानजे के यहाँ है देख लेना।) मैंने उनसे कहा, 'उद्याय येते' (कल ही आती हूँ।)

दूसरे दिन कॉलेज से निकलने के बाद शुक्रवार पेठ गई। बापू जी भी वहीं पर थे। मुझे घर का नक्शा पसन्द आया। दो, तीन, चार कमरों के फ्लैट थे। ''हे बधा, आशाबाई 275 रूपयानं दर हाय, खर पर तुामरनी 240 रुपये फुटाच्या दरानं द्याला इल''-बापू मुझे फ्लैट्स की कीमत बता रहे थे। 215 का 240 रुपये फीट से देने का वादा कर रहे थे। मेरे दिमाग में नए घर का नक्शा भी बनने लगा। मैं दिल ही दिल में सोचती हुई घर पहुँची। शाम में जब 'वे' घर आए तब उन्हें सब कुछ बता दिया।

मेरी बेटियों की हर रोज बड़ी भागदौड़ होती। बरसात के दिनों में तो कुत्ते से भी बदतर

हाल हो जाते। छाता, साड़ी सँभालते हुए बस से सफर करते, भीगे बालों से, भीगी साड़ी में छात्रों के सामने खड़े रहने में संकोच लगता। महावीर कॉलेज से हमारा बस स्टॉप तो बहुत दूर था। रिक्शा से ही जाना पड़ता। आते वक्त पैदल आती। बच्चों को भी पानी में भीग-भीगकर पैरों में गोले चढ़ते, बड़ा दर्द होता। गाँव में पीने के पानी से जान बेजार थी। शाहुवालों की औरतें अपनी नहर पर आने नहीं देती थीं। अब पैसे भी लेने लगी थीं, फिर भी उनका काम पूरा हुए बिना हम पनघट पर जा नहीं सकतीं। सबसे ज्यादा तकलीफ सीमा और विराज को हो रही थी। हम तीनों सुबह कॉलेज जातीं, तब उन्हें ही पानी भरना पड़ता। दोनों इतनी-सी! सर पर एक घड़ा, कमर पर एक घड़ा लिए पानी भरतीं। पानी के लिए झगड़तीं, फिर बस पकड़कर स्कूल आतीं। कभी-कभी बस भी नहीं मिलती। इस सारी तकलीफ से शाम में थकतीं, चिढ़तीं। अब दोनों नवीं कक्षा में पढ़ रही थीं। दोनों ही पढ़ाई में बड़ी तेज थीं, लेकिन पढ़ाई के लिए वक्त नहीं मिल रहा था, इसलिए नाराज रहती थीं।

पानी भरने की तकलीफ तो मेरे शौहर भी सहते। कभी कावर से, कभी साइकिल से दस मील भागना। बड़ी दमछाक हो रही थी। मैं भी एम.फिल. की पढ़ाई के लिए शिवाजी विद्यापीठ जाती। घर आना, खाना और दुबारा जाना। इससे अच्छा दो चपाती बाँध लेती, शिवाजी मार्केट के पास पकोड़े या केले लेकर जाती और विद्यापीठ के बगीचे में बैठकर खाती! फिर पढ़ाई के लिए लायब्रेरी जाती।

लायब्रेरी में पढ़ाई के साथ-साथ गाइड के साथ चर्चा, लेखन, संशोधन, फिर लेखन इसमें मेरा वक्त चला जाता। न जाने क्यों मेरे गाइड मुझ पर नाराज थे। बाकी छात्र, खास तौर पर उनके रिश्तेदारों को मदद करने में खुश रहते। उसी वक्त मैं अगर अपना लेखन दिखा दूँ, या किताब की माँग करूँ तो खट्टा-सा चेहरा बनाते, "यह कुछ ठीक नहीं, बाद में देखेंगे", कहकर वापस लौटाते। मेरी किताब इसने ली, उसने ली ऐसा कहते। मेरी समझ में नहीं आता, 'ठीक का' मतलब क्या? कैसे लिखूँ? मराठी में कहावत है, "घेड मेलं ओइयानं शिंगरू मेलं येरझान्यानं"-(घोड़ा तो बोझ से मरा, लेकिन बच्चा! वह तो सिर्फ साथ आने-जाने में मरा-निरर्थक कोशिश!)

मैंने शौहर की बड़ी मिन्नतें कीं और उन्हें फ्लैट लेने पर राजी किया। चार कमरों का फ्लैट लेना तय हुआ। आंबेवाडी का घर बेचकर तथा एच.डी.एफ.सी. बैंक का कर्जा लेकर फ्लैट लेंगे, ऐसा मैंने सोचा। कोल्हापुर में आने की तीव्र लगन थी। इन्होंने अपने एस.टी. बैंक से पाँच हजार रुपये कर्ज लिया और पेशगी की तय रकम-संस्कार के रूप में जी.डी. बापू को दे दी। अब आगे की तैयारी में लगना था। बापू जी ने नींव भी खुदवाई, शुभ मुहूर्त देखकर और दस-बारह लोगों ने फ्लैट बुक किए। यह अपार्टमेंट की जगह पंचगंगा नदी के किनारे थी। पास में शंकराचार्य जी का आश्रम, आसपास खुली जगह, प्राजक्त का पेड़, बैठने के लिए बड़े-बड़े बरामदे, पारकट्टय, बिलकुल पुरानी संस्कृति और नई संस्कृति का संगम। बड़ा पवित्र, सात्विक, शुभ, प्रसन्न माहौल था। मैं उतावली हो रही थी। यहाँ नीव खोदते वक्त श्री गणेशजी की मूर्ति, चाँदी का बड़ा बर्तन, पूजा विधि के उपकरण मिले। जी.डी. बापू बड़े प्रसन्न हुए। बापू का नाम गणपति ज्ञानदेव पाटील। बापू बोले, "गणपतीची मूर्ती साडली, माझ बी नाव गणपती, वास्तूच नाव 'गणेश अपार्टमेंट ठेवायच" जगह का नामकरण हुआ। इमारत का निर्माण शुरू हुआ।

हमने दैनिक अखबार में घर बिक्री का विज्ञापन दे दिया। आठ दिन में ग्राहक भी आया।

कीमत तय हुई, 'अस्सी हजार रुपये'। पन्द्रह दिन के अन्दर हमें अपना घर खाली करना था। दो दिन में पेशगी की रकम देने का वादा कर के वे लोग गए। अब बापू जी को शुरू की रकम देने का प्रबन्ध हुआ। तय था कि कुछ रकम देने के बाद वे घर के कागजात देंगे, जिससे बैंक का कर्जा लेने में आसानी रहेगी। घर बनने तक किराए के घर में रहेंगे। मेरे मन में सारा हिसाब चला था, घर–घर की रट लगी थी।

सामने के पलंग पर बैठी माँ हमारी बातें सुन रही है, यह बात अब मेरे खयाल में आई। कोल्हापुर में घर लेने के लिए उसका विरोध था। लेकिन अब इससे राय लेना ही छोड़कर हमने झट से पाँच हजार प्रथम करार के दिए थे। अब वह एक शब्द कहे बिना ही उठकर बाहर गई। मेरे पति बाहर के सोपे में बैठे टी. वी. देख रहे थे।

छः महीने के पहले इन्हें मिला बोनस, कुछ मेरे पैसे मिलाकर पाँच हजार रुपयों का ब्लैक एंड व्हाइट टी.वी. ले लिया था। मेरी बेटियाँ महाभारत, रामायण देखने के लिए पारकट्टे तक अपनी सहेलियों के घर जाती थीं, यह बात अच्छी न लगती थी। इसलिए टीवी खरीदा था। हमारे घर में आस–पड़ोस की औरतें टीवी देखने आतीं, घर औरतों, बच्चों से भरा रहता तो भला लगता। रामायण, महाभारत देखते वक्त वह औरतें इतनी तल्लीन, तन्मय हो जातीं कि प्रसंगानुरूप आनन्दित, दुःखी हो जातीं। टीवी की घटनाओं से पूरी तरह जुड़ जातीं। दशरथ की मौत का दृश्य देखकर सारी रो पड़ीं। अगले इतवार इत्ता–सा मुँह लेकर बैठी सुतार मामी कहने लगीं, "दसरथाला जाबून आज आठ दिस झालं" (दशरथ राजा मरे दस दिन हुए।) और अब सभी औरतें आँखों पर पल्लू लगाकर रोने लगीं। बड़ी सीधी–सादी औरतें थीं। आज भी यह देहाती, गरीब औरतें बड़ी भोली भाली हैं।

बाहर माँ और मेरे शौहर का विवाद शुरू हुआ। मैं बीच दरवाजे में खड़ी सुन रही थी। माँ की आवाज अब बड़ी थी, "मेरा घर बिकानेवाले तुमी कौन? किसका घर बिकातीय? फिर को यहाँ कोन घर लेने आया तो चप्पल से मारूँगी। मेरे घर में न्हने का आचा तो रहो, नई तो चलने लगो, जास्तीका कौन वागता आचिंगा तो पायताण मार को भार काढूंगी।" (मेरा घर बेचनेवाले आप होते कौन हो? किसका घर बेच रहे हो? दुबारा कोई यहाँ घर लेने के लिए आया तो जूतों से मारूँगी! अगर मेरे घर में रहना है तो रहो, नहीं तो चलते बनो! अगर ज्यादा सयानापन कोई दिखाता हो तो उसे जूतों से मारकर बाहर निकाल दूँगी!) कुल मिलाकर अब माँ ने सारा जहर उगल दिया। मेरे पति ने कहा, "घर किसका हाय? मेरा है। तुम्हारे नाम पर करे कतो तुमारा नई, खरेदी के पैसे मेरे, घर बनाने के पैसे मेरे, इत्ता सारा पैसा खर्च का को घर चकोट कर को लिया, हौर घर तुम्हारा?" (घर किसका है? मेरा है तुम्हारे नाम लिया इस वास्ते यह तुम्हारा नहीं हो सकता! घर खरीदा मैंने, बनाया मैंने, पैसा खर्चा करके अच्छा बनवाया मैंने और अब यह घर तुम्हारा?)

उल्टा–पुल्टा–सा भरपूर विवाद हुआ, वे चिढ़कर नौकरी के लिए घर से निकल पड़े। माँ ने घर बेचने में जो बाधा उत्पन्न की उससे घर लेने में रोड़ा ही अटक गया।

जी.डी. बापू घर आकर पैसे देने का तकाजा कर रहे थे। एक दिन माँ ने उन्हीं से कह कह डाला, "बापू हे घर माज हाय, हे विकू देणार नाही मी, कराँ पुढं पैसे भरत्यात ते बधू" (यह घर मेरा है, बेचने नहीं दूँगी, देखती हूँ आगे की रकम कैसे भरते हैं?) आखिर में जी.डी. समझ गए कि यह घर लेना हमारे बस का नहीं। उन्होंने मुझसे बताया कि मैं, अपने पेशगी

के पाँच हजार ले जाऊँ। मैंने जी.डी. से प्रार्थना की कि वे हमें कागजात दें, हम घर लेने का करारनामा करेंगे। मैं कर्ज लेकर पैसे दे दूँगी। और भी पन्द्रह–बीस हजार पेशगी देने की हामी भर दी। पर अब तो वे भी नाराज हो गए थे। मेरे पाँच हजार जी.डी. ने थोड़े–थोड़े कर के वापस लौटाए। वे पैसे ऐसे ही खर्च हो गए। जैसे ही मैंने जी.डी. का करारनामा रद्द करवा दिया, पैसे वापस लिए। टेबलाई नाके के पास दूसरी स्कीम शुरू थी वहीं पर नए सिरे से बुकिंग करवा ली। जी.डी. को हम पर बड़ा ही गुस्सा आया, ''आयला, तुमी नाट काय चांगला लावला नाहीसा, सगली माणस परत मेली''–(आपने आरम्भ अच्छा नहीं किया, तुमने पैसे ले लिए और सभी लोगों ने रद्द किया।) दुबारा मेरा घरौंदा बनते–बनते बिखर गया। साथ में मन भी टूट गया। मैंने तय किया आंबेवाडी का घर बचेने का खयाल दुबारा नहीं करूँगी। मैं अपनी हिम्मत से घर बनाऊँगी, देखें कब बनता है। वक्त आने पर इनसान का सही चेहरा दिखाई देता है। यही घर अगर मेरे शौहर अपने नाम लेते तो? हर बात में बाधा ही बाधा! मेरे घर का सपना धुँधला होते–होते अस्पष्ट हो गया।

आंबेवाडी में पानी की बड़ी तकलीफ हो रही थी। मैंने सोचा कि ट्यूबवेल के लिए जिला प्रशासन में अर्जी देंगे। मैंने निवेदन पत्र लिखा। गलीवालों के दस्तखत लिए। के.एम.सी. कॉलेज में प्रा. व्ही.एस. पाटील थे जिनके बहनोई शंकरराव कौलवकर पाटील जिला परिषद के अध्यक्ष थे। मैं उनसे जाकर मिली, निवेदन किया। इस ट्यूबवेल के सिलसिले में मैं बार–बार जाती, कैफियत बताती रही। आखिर में आमदार फंड से 15 हजार रुपये मंजूर हुए। भूजल सर्वेक्षण विभाग से भी कुछ कागजात, जानकारी जरूरी थी उसके लिए बस से जाकर चक्कर काटती रही। पूरा पत्र व्यवहार मेरे ही नाम से चला था, प्रशासन ने अनुमति दी। साहब जी ने बताया कि ''आठ दिवसात लोक येतील तुम्हीं त्यांना जागा दाखवा, त्या ठिकाणी बोअरिंग मारून देतील।'' आठ दिन के अन्दर ही ट्यूबवेल लगना था। अब आसपास के लोग भी खुश थे, पहले झगड़नेवाले अब नरम हो आए थे। धोंडीबा सुतार, मिलिट्रीवाला, अशोक कांबले तीनों अपनी व्यक्तिगत जगह सार्वजनिक सरकारी कूपनलिका के लिए देने को तैयार हुए। मैंने इनके मान्यता पत्र बनाकर प्रशासन विभाग में दाखिल किए। अब इंतजार था...

आठ दिन होने को आए। मैं विद्यापीठ से शाम को आई। आंबेवाडी पारकट्टे के पास उतरकर चली आ रही थी। जहाँ आटे की चक्की थी, उसके पास में सरपंच आंबी का घर था, देखा कि उसके आँगन में कूपनलिका खोदने का काम शुरू था। मैं अपने घर तक आई, देखा। घर के आँगन में हमारी गली के लोग जमा थे। मुझे देखते ही शोरगुल करते मेरे पास आए, आशाताई, बोरींग मायला लोकं आली तर संरपंचानी आपल्या भागात बोरींग न्हेल बगा, ते बगा बोरींग माराय लागल्यात। मुझे बहुत गुस्सा आया। कितने बरसों से मैं सरपंच से पानी के बारे में शिकायत करती आई। लेकिन सीमा रेखा का सवाल है, हमें अधिकार नहीं ऐसी ही कुछ बातें बनाकर, बहानेबाजी करते हुए बात टलता आया। अब मैंने इतनी कोशिश करके बोरिंग मंजूर कराई तो झपटकर ले गया। मैं उसे पूछने के लिए चल पड़ी तो साथ में गलीवाले भी आए। छोटा मोर्चा ही हो गया। हम सब आंबी के दरवाजे पर आ गए। देखा तो बीस–पच्चीस जन हाथ में लट्ठ लेकर झगड़े की तैयारी में। मैं सामने गई, ''का हो, सरपंच जरा आदेशाचे पत्र दाखवा बर।'' पंचायत के चपरासी ने पत्र दिखाया, मेरे नाम का आदेश था।

''अहो, हे मी प्रयत्न करून गल्लीसाठी बोरींग आणलं, तुम्ही पुढं होऊन आमचस

गल्लीत ते बोरींग माराल की इकड आणाल? कसला न्यायम्हणायचा?'' (अजी, यह ट्यूबवेल मैंने कोशिश करके यहाँ तक लाई हूँ, आपने सरपंच के नाते जिम्मेदारी से आगे बढ़कर यह ट्यूबवेल हमारी गली में शुरू करना जरूरी था, यह कैसा न्याय?)

''बाई, अगुदर हे सांगा तुमी अर्ज करून बोरींग मागवणान्या कोण? आणि आता इलेक्शनला उभ न्हायाच आसल म्हणून हे केल असशीला तर इथ चालायच न्हाई, बोरींग इथच मारणार, कोण अडवायला इल तेचं डोस्क फुटल म्हणा।'' (बाई! पहले यह बताओ इस तरह से ट्यूबवेल मँगानेवाली आप होती कौन हो? अगर चुनाव में खड़ी होने का इरादा है तो, यह यहाँ नहीं चलेगा! हम यहीं ट्यूबवेल की खुदवाई करेंगे अगर कोई रोकनेवाला आया तो लाठी से सर ही फोड़ देंगे!)

मेरा ट्यूबवेल लाना आंबी के लोगों ने मेरा इलेक्शन-चुनाव में उतरने के स्वार्थ से जोड़ा, जो कतई मेरा इरादा नहीं था। ऊपर से सर फोड़ने पर उतारू हो गए।

सरपंच बड़े आवेश में मुझे, हमें धमका रहा था। सरपंच के साथ में उधर पाटील गली के लोग भी थे। मैं बड़ी विस्मित-सी देख रही थी। सामने लकड़ियाँ थामे खड़े लोग परिचित ही थे। झगड़ा किससे करे? आवेश में झगड़ा शुरू हुआ तो बेवजह लोगों को मारपीट होगी। अपने ही गाँववालों का सर फोड़ने की धमकी देनेवाले नेता से क्या न्याय माँगे? झगड़ा-फसाद करना मेरे सोच के बाहर था। कुछ बात करना भी बेकार लगा मुझे। मैंने पीछे मुड़कर अपनी ही गलीवालों को समझाया, ''आता चला, भांडून काय उपयोग नाही, बोरींग मारायला सुरवात होवून बराच वेल झालाय, दोनशे फूट खोल गेलेले आहे, आता आपल्या इथं आणता येत नाहीं।'' दो सौ फिट की गहराई तक बोरिंग जाकर खोद रहा था, अब वापसी मुमकिन न थी। सब लोग चेहरे उतारकर मेरे वापस चलने लगे, लेकिन कुछ औरतों ने गालियाँ, बद्दुआ दीं, ''मढी बशीवली तुमची, आमच्या तोंडाचं पाणी काढून घेतलासा, देव तुमास्नी बघून घील।'' (तुम्हें मौत उठाए, हमारे मुँह का पानी खींच लिया, खुदा तुम्हें जल्दी ही इसका नतीजा दिखाएगा।)

हमारे दरवाजे में बड़ी भीड़ लगी थी। सब लोग उदास नजरों से आंबी के दरवाजे में बड़े-बड़े बल्ब लगाकर उस रोशनी में चले बोरिंग मारने के काम को देख रहे थे। मेरे दिल को ठेस पहुँची थी। कितनी भागदौड़, मिन्नतें करके, इंतजार करके यह माँग पूरी हुई लेकिन इन स्वार्थी लोगों ने उसी माँग को मिट्टी में मिला दिया। कितने गिरे लोग हैं ये! रात के दस बजने को आए थे, फिर भी बोरिंग की घर्र-घर्र शुरू थी, भयंकर धूल उड़ रही थी, अब भी पानी नहीं लगा था, गलीवाले दूर से देखते बैठे थे। अचानक हमने देखा धूल के साथ-साथ अंगार की चिनगारियाँ बरस रही थीं। आसपास लोगों का बड़ा जमघट लगा था, हाथों में अब भी लट्ठ लिए मर्द खड़े थे। देखा कि, लोग अब दूर भाग रहे हैं, चिंगारियों का वर्षाव हो रहा है और अचानक विस्फोट-सी आवाज हुई और सारा मामला ही ठंडा हो गया। तीन सौ फीट पर जाकर भी पानी नहीं मिला और किसी चट्टान से टकराकर मशीन टूट गई। मिनटों में पता चला कि पानी मिली भी नहीं, मशीन भी टूटकर अटक गई, पूरा नुकसान हो गया। अब औरतों से रहा नहीं गया। सब भीड़ के मर्दों की ओर इशारा करती हुई कहने लगीं, ''देवानं लगीचच बघीटल, आमचा तलतलाट लागला।''-(ईश्वर ने झट से देखा, हमारी तिलमिलाहट और बद्दुआ का असर हुआ) अब मर्दों का मुँह छुपाना भी मुश्किल था। लट्ठ लेकर, गर्दन झुकाकर ऐसे भागे

कि एक भी माई के लाल ने जवाब देना जरूरी नहीं समझा।

ऐसी यह पानी की कहानी! मैंने सारी घटना श्री शंकरराव जी कौवलकर जी से बता दी। उन्हें मदद के लिए धन्यवाद भी दिया। कौवलवकर साहब जी को सरपंच पर बड़ा गुस्सा आया। उन्होंने सरपंच को पन्द्रह हजार रुपये नुकसान भरकर देने का प्रशासन का आदेश दिया। सामने बुलाकर डाँटा। अब आंबी को बराबर भागना पड़ रहा था। जैसी करनी, वैसी भरनी।

मैंने शिवाजी विद्यापीठ द्वारा संचालित बालवाड़ी शुरू की थी। शाहुवालों के परिसर में रहनेवाली श्रीमती वेढेजी बच्चों को पढ़ाती। हर महीने दो सौ वेतन था। लेकिन वेढेबाई ने अपना घर बेच दिया। अब पढ़ाने के लिए कोई योग्य व्यक्ति मुझे नहीं मिला। हार कर वह बालवाड़ी मुझे बन्द करनी पड़ी।

प्राचार्य डि.यू. पवार, प्रा.टि.एस. पाटील इनका 'अन्धश्रद्धा निर्मूलन' का समूह था। इस समूह द्वारा मैंने एक कार्यक्रम का आयोजन किया, आंबेवाडी गाँव के मैदान में। मैंने कार्यकर्ताओं के खाने की व्यवस्था की। कार्यक्रम देखने के लिए पूरा गाँव जमा हुआ था। कार्यक्रम में कलाकार भूत-पिशाच बाधा होना, कोई पीर, देव का काया प्रवेश होना, नींबू लाल होना, नींबू में टाचनी-आलपिन, सुइयाँ निकालना, ऐसे बहुत से प्रयोग दिखाकर झूठ, दगाबाजी का सबूत पेश कर रहे थे। 'मोहर्रम की खाई' मतलब मोहर्रम में अंगार पर चलना यह प्रयोग भी दिखाया। लकड़ियों का बड़ा ढेर सुलगाया, बड़ी अंगार की, अलाव पर से कुछ लड़कों ने चलकर दिखाया। मोहर्रम न होते हुए भी यह अंगार पर चलने का करिश्मा देखकर लोग भौंचक्के हो गए थे। इसका वैज्ञानिक खुलासा बताकर कार्यकर्ताओं ने आडंबर की पोल खोल दी।

कार्यक्रम ठीक से पूरा हुआ, लेकिन दूसरे दिन गाँव के कुछ मुस्लिम लोगों ने आकर मुझे धमकाया, "यो तुमी करे सो काम भला नहीं, पिरांका मजाक करतीयं क्या? दुबारा वो लोगा आए तो देको।" देवदासी, भूत पिशाच बाधा, मंत्र-तंत्र, जादू-टोणा, जटा निर्मूलन के बारे में कार्यक्रम का आयोजन करके उनका मजाक उड़ाया ऐसा सोचकर हिन्दू लोगों ने मुझे गंदी-गंदी चिट्ठियाँ भेजीं, धमकियाँ दीं। कुल मिलाकर दोनों तरफ से गालियाँ ही गालियाँ। मैंने तय किया, यहाँ कुछ सुधार लाना अपने बस की बात नहीं। बेकार मनस्ताप को बुलावा देना, और यह सब करने में वक्त जाया करना भी व्यर्थ। उत्साह को रोकना ही बेहतर होगा। मैंने खुद को ताकीद की।

अब मेरा दिल पूरी तरह से टूट चुका था। एक भी बात न थी जिसके लिए इस गाँव में रहूँ। मैं बहुत उदास हो गई...।

## 48. और! बारह बरस का वनवास पूरा हो गया...

1989 का जून महीना शुरू हुआ। विराज, सीमा दसवीं कक्षा में गईं। शर्मिला बारहवीं पास होकर बी.ए. में प्रविष्ट हो गई। मिनाज का बी.कॉम. तीसरा वर्ष शुरू हुआ। 'महिला दक्षता समिति' की अध्यक्ष शकुंतला पाटील (जिन्हें मैं शकुंतला मावशी कहती हूँ) बुधवार पेठ में जो काकी थी वही उनकी मौसी थीं। वे हमेशा काकी से मिलने आतीं। शकुंतला पाटील जी ने बहुत-से स्कूल स्थापित किए थे। स्वातंत्र्य आन्दोलन में भी वे सक्रिय थीं। मैंने उनसे कहा

कि उनकी ही किसी संस्था में मिनाज को नौकरी में ले लिया जाए। फिलहाल तो अनुभव की जरूरत है, वेतन का सवाल दोयम स्थान पर होगा। शकू मावशी ने मिनाज को भेजने को कहा, "सध्या बसपूरते दीड-दोनशे देक्तया, पुढं बधु"–(फिलहाल मिनाज को भेज दो, बस किराए के लिए डेढ़-दो सौ देंगे। फिर आगे देखेंगे)। मैंने वह आदेश झट-से मान लिया। मिनाज अपना कॉलेज करती और दोपहर में राजारामपूरी में स्थित सन्मित्र कॉलेज के साथ में प्राथमिक स्कूल था वहीं पर लिपिक का काम करती।

विराज, सीमा स्कूल जातीं लेकिन पानी की समस्या से इनके दसवीं के महत्त्वपूर्ण वर्ष पर पानी फिरेगा ऐसी अवस्था हो गई। बाहर बारिश थी फिर भी नहर के पानी के अलावा दूसरा पानी न था। एक दिन बड़ा गजब हो गया। माँ की भौजाई सुरैया मुमानी बड़ी झगड़ालू तथा अहंकारी। विराज ने नहर से जोड़े नल तले घड़ा थामा तो मुमानी ने खिसकाकर दूर फेंक दिया। विराज को गुस्सा आया उसने उनका घड़ा उठाकर दूर फेंक दिया। अब झगड़े का आरम्भ हुआ। उसी वक्त मेरे शौहर घड़े लेकर पानी लाने पहुँचे। मुमानी ने दूसरा घड़ा उठाकर विराज के सिर पर जोर से पटका, विराज जोर से चिल्ला दी। विराज की चिल्लाहट सुनकर उन्हें चिढ़ आई, "की, की मारने लगई", ऐसा कहते हुए उन्होंने मुमानी का हाथ थामा। मुमानी ने तैश में आकर उनकी कमीज खींची और फाड़ी, ऊपर से बुरी-बुरी गालियाँ बकने लगी। झगड़ा छुड़ाने के लिए बहुत-सी औरतें आगे बढ़ीं। वे खाली घड़े लेकर बेटियों के साथ वापस घर आए। विराज के सर में घड़े की मार से गहरी चोट आई थी और वह जोर-जोर से रो रही थी। सीमा भी रो रही थी। इतवार का दिन था, हम सब घर पर थे। 'वे' फटी कमीज लटकाते हुए, गालियाँ देते रास्ते से आ रहे थे। माँ रास्ते पर भागती गई, मैं बच्चों की ओर झपटी।

विराज के सर पर चोट लगी थी और पेशानी पर शायद मुमानी की काँच की चूड़ी लगी थी। बड़ा जख्म हो गया था। लहू टपक रहा था। मुझे संताप हो रहा था। विराज को अपनी छाती से लगाया और इन पर जोर से चिल्लाई, "बस इत्ता, पानी वास्ते मेरे बच्चे को मारे लोकांने, तुम्हारी बेइज्जत करे, मैं इसके आंगे जान दूँगी सच इत्ता यहाँ न्हनेवाली नई, नई कतो नई।" मैं जरा भी रोई नहीं लेकिन गुस्से से बदन में आग-सी लगी थी। रोते बच्चे और फटे कपड़े में खड़े पति को देखकर मेरे पेट में गड्ढा पड़ा। मैंने निग्रह से कसम ली, "अब यहाँ नहीं रहना है, बिलकुल नहीं।"

मैं दूसरे दिन ही कॉलेज ड्यूटी पूरी करके गली-गली में चक्कर लगाकर घर तलाशने लगी। अचानक ध्यान में आया, चलो, देखें तो जी.डी. बापू क्या कहते हैं। उनसे मिलने के लिए मैं शुक्रवार पेठ में जा पहुँची।

मैं उसी जगह को देख रही थी, जहाँ मैंने पहला फ्लैट बुक किया था। अब इमारत तैयार हो चुकी थी, बहुत-से लोग रहने भी लगे थे। निचले फ्लैट में बापू थे। मुझे देखते ही पलंग से उठते बोले, "या, या आशाबाई, काय काम काढलसा?" मैंने जी.डी. से घर की, पानी की, स्कूल की, पैसों की समस्या स्पष्ट की और कहा, "तूर्त मला भाडयानं प्लॅट द्या, तरण्याताठया पोरींना घेवून कुठल्या गल्लीत? कुठल्या पेठेत राहू? कुठं जाऊ? इथं तुमचा धाक आहे, गल्ली ओलखीची आहे, मला कालजी वाटणार नाही, मी प्लॅट घेतला नाही ते आईमुल, तिन घर विकायला नकार दिल्यवर मी तरी काय करू? बोलता-बोलता माझा गला दाटून आला।" (फिलहाल आप मुझे किराए पर प्लॉट दीजिए। जवान बेटियों को लेकर कौन-सी गली,

मुहल्ले में जाऊँ? यहाँ पर आपकी धाक है। गली भी पहचान वाली है। मुझे चिन्ता नहीं रहेगी। मैंने माँ के कारण ही प्लॉट नहीं लिया, उसने घर बेचने से इनकार किया मैं क्या करूँ?) बोलते-बोलते मेरा गला रुँध गया।

जी.डी. को शायद मुझ पर दया आ गई। शान्त मन से मेरी सारी बातें सुनीं, ''झालं ते झालं, आता जीवाला लावून काय उपेग? वरच्या मजल्यावर देशमुखाचा प्लॅट हाय, बघतो इचारून, उद्या या''-(जो हुआ, सो हुआ। अब दिल से चोट लगाकर क्या फायदा? ऊपर की मंजिल पर देशमुख जी का प्लॉट है, कहकर देखता हूँ, कल आना)। ''बापू माझ्यासाठी कांहीही करा, पण मला घर द्या, जन्मभर तुमचे उपकार विसरणार नाहीं''-(बापू, मेरे लिए कुछ भी करो, पर मुझे घर दे दो, मैं यह एहसान जिन्दगी भर नहीं भूलूँगी।) हाथ जोड़े मैंने जी.डी. से कहा।

''जावा म्हणतो न्हव बिनघोरी, काय तरी रस्ता काढुया की।''-(निश्चिंत होकर जाओ, कुछ-न-कुछ रास्ता जरूर निकालेंगे)।

मुझे बापू जी के शब्द सुनकर बड़ा आश्वासन मिला। दूसरे दिन मैं बापू जी की तरफ गई। बापू जी के सामने श्री और सौ. देशमुख दोनों बैठे थे। मेरे आने से पहले तीनों में मुझे लेकर जरूर चर्चा हुई थी, देशमुख दम्पती बड़े नाराज नजर आ रहे थे। मैं चिन्ताग्रस्त हुई। जी.डी. से नमस्कार किया और सामने की कुर्सी पर बैठ गई। बापू जी ने मुझे निर्देश करते हुए कहा, ''बाई, हयेंची इच्छा मुसलमानाला घर देण्याची न्हई, मी त्यास्नी सांगाय लागलोय खर पन हेंच्या मनात दिसना'' (बाई इनका इरादा नहीं मुसलमान लोगों को घर देने का। मैं उन्हें समझा रहा हूँ लेकिन उनके मन में ही नहीं)।

मैंने बापू जी से कहा, ''मी मुसलमान असले तरी माझँ वागणँ माहित आहे ना? स्वच्छतेच्या बाबतीत कुठं कमी आहे का?'' (मैं मुसलमान हूँ, लेकिन आप तो मेरे बर्ताव से परिचित हो, पाक-साफ रहने में कभी कुछ कमियाँ नहीं हैं)।

सच बात तो यह कि, देशमुख दम्पती की मेरे या मुसलमानों के प्रति राय सुनकर बड़ा अपमानजनक लग रहा था, साथ में चिढ़ आ रही थी। मैंने बापू से कहा, ''बापू त्यांच्या मनात नसलं तर राहू दे, बघीन मी दूसरीकडं, जाते मी'' (बापू, अगर उनके दिल में नहीं तो जाने दो, देखूँगी मैं कहीं दूसरी जगह), कहते हुए मैं जाने के लिए उठ खड़ी हुई। बापू जी ने मेरा हाथ थामा, ''जातासा कुठं? बसा'' (जाती कहाँ हो, बैठो)।

''देशमुख साहेब मला प्लॅटला किती रूपये दिलासा'' (देशमुख साहेब, प्लॉट के कितने रुपये दे दिए?) बापू जी ने देशमुख से सवाल किया।

''साठ हजार दिलेत की।'' देशमुख ने जवाब दिया।

''किमत किती ठरली'' (कीमत कितनी तय हुई?)

''मी तुमाला साठ हजार परत करतो, माझा प्लॅट मला परत द्या, नाहीतरी अजून तुमच्याकडं आमचं हायती'' (मैं आपके साठ हजार रुपये वापस करता हूँ, मेरा प्लॉट मुझे वापस करा दो, वैसे तो अभी तक आपसे मेरे बहुत-से रुपये आना बाकी है)।

''हे काय बापू, आमी तुमचे पैसे देणारच आहे की।'' (क्या बापू, हम आपके पैसे देने ही वाले हैं)।

''का म्हणून तुमचा सबूद पालावा आमी? आयला तुमच्या, दहा-दहा हजार घेऊन

तुमास्नी घर दिली आणि आता आमच्या नडीला तुमाला तुमची जात आठवली व्हय?'' (क्यों हम आपके शब्दों का सम्मान करे? तुम्हारी माँ की ऐसी-तैसी, दस-दस हजार लेकर मैंने मेरे प्लॉट आपके हवाले किए और अब हमें जरूरत पड़ी तो तुम्हें जात याद आ गई?)

बापू जी के बदले-से तेवर देखकर मैं विस्मित ही हो गई। देशमुख दम्पती तो ठंडे पड़ गए। बिलकुल नरमाई से, विनीत स्वर में बापू जी से बोले, ''तसं नव्हे बापू, इथल्या कांही लोकांना वाटतं की इथं कुणी मुसलमान नको, आमच तसं काही म्हणण नाही, तुम्ही म्हणाल तस आम्हाला कबूल आहे'', (वैसे नहीं बापू जी, यहाँ पर रहनेवाले कुछ लोग ही कह रहे थे कि, यहाँ पर कोई मुसलमान न हो, हमारी कुछ शिकायत नहीं जैसे आप कहेंगे वही हमें मंजूर है)।

फिर बापू जी भी कुछ शान्त-से होकर बोले, ''आता, काय ते ठरवा, भाडं किती? डिपॉझिट किती?'' (अब जो तय करना है करो। किराया कितना? डिपॉजिट कितनी?)

देशमुख ने बताया, ''छः सौ रुपये किराया, पाँच हजार रुपये डिपॉजिट, मेंटेनेंस जो तय होगा सो तथा लाइट बिल अलग से।''

मैंने सब कबूल किया। मेरे ही वेतन में से किराया देना था और डिपॉजिट की व्यवस्था भी मुझे ही करनी थी।

मैं घर आई। देखा शौहर भी ड्यूटी से आए थे। मैंने उन्हें बताया कि मैंने किराए पर प्लॉट तय किया है हम जल्दी ही कोल्हापुर रहने जाएँगे। बेटियाँ भी घर पर थीं, माँ भी थी। जैसे ही उसने मेरी बात सुनी, जोर-जोर से चिल्लाने लगी कि ''घर में जाने की लयी हौस-इच्छा हाय, मैं मेरा घर छोड़को आनेवाली नई।''

मैंने उसके सवालों के जवाब देना जरूरी न समझते हुए शौहर से कहा, ''कौन आने दे, नही तो ना आने दे, मैं और मेरे बच्चे जानेवाले, इत्ता मैं यहाँ न्हनेवाली नई।'' शौहर का चेहरा चिन्ताग्रस्त! मैं शान्त रहकर अन्दर चली गई, जिसे जो करना है करे, आए या ना आए, मैं तो चली...

मैं दूसरे दिन महावीर कॉलेज में आ गई। हफ्ते में तीन दिन के.एम.सी. कॉलेज और तीन दिन महावीर कॉलेज ऐसी मेरी नौकरी। महावीर कॉलेज में सबके साथ अच्छी पहचान और स्नेह हो गया था। यहाँ अध्यापकों की छोटी-सी बैंक (भीशी) थी। मराठी विषय पढ़ानेवाली प्रा.विभावरी शहा मैडम वह कारोबार चलाती। मैंने शहा मैडम से अपनी आर्थिक अड़चनें बता दीं। मैडम ने कहा, ''उद्या घेऊन जा, महिना पाचशे रूपयाचा हफ्ता द्या।'' मेरे दिल से सारा बोझ ही उतर गया। तीसरे ही दिन मैं पाँच हजार रुपये लेकर बापू जी के पास पहुँची।

देशमुख दम्पती बीस रुपयों का स्टैंपपेपर लेकर आए थे। स्टैंप पर ग्यारह महीने का करार लिखा। लेन-देन, लिखा-पढ़ी हो गई, देशमुख ने कहा कि चार के अन्दर घर रँगाकर देता हूँ। 1 जुलाई से आप रहने के लिए आ जाना।

मैं घर पहुँची। सामान बाँधना आरम्भ किया। लीलाताई ने मुझे अपने घर की बड़ी सागवानी लकड़ी की अलमारी, एक दीवान और बड़ा शेल्फ दिया था। वह सब फर्नीचर ले जाने लायक खाली करवा लिया। खाने-पकाने के लिए चार-पाँच भांडे, बर्तन, गिलास, कटोरियाँ, आटा रखने के लिए चार डिब्बे, बिछौना और हमारे कपड़े सब बाँध लिया। घर का बाकी सामान मतलब पीतल के भरपूर डिब्बे, भांडे, बंब, पलंग मैंने इसमें से कुछ लिया नहीं।

माँ की पटका-पटकी, जोर-शोर, गालियाँ बिना रुके शुरू थीं। मैं अपने निश्चय पर अविचल रही, उसके अनुसार आचरण भी कर रही हूँ, मैं घबराकर पीछे हटी नहीं इससे वह चिढ़ गई थी। अपना गुस्सा अलग-अलग तरीके से व्यक्त कर रही थी। मेरे पति शान्त रहकर सामान बाँधने में मदद कर रहे थे।

1 जुलाई, 1989 की वह सुबह! दरवाजे पर सामान लेने के लिए टैंपो-ट्रक आकर खड़ा हुआ। हमने पूरा सामान उसमें भरा। माँ उसी वक्त बगल में पिसने का डिब्बा लेकर आटा पिसाने चक्की पर गई। वह नहीं आएगी यह उसने अपने व्यवहार द्वारा बताया। मैं ऐसे फालतू आचरण से पीछे हटनेवाली न थी, बहुत-सी कसमें खाना और तोड़ना तो मैं बचपन से देखती आई थी। मैं जरा भी बेचैन न थी। आसपास की पड़ोसनें विदाई देने आँगन में जमा हुई थीं। 1977 से 1989 बारह-तेरह बरस का वास्ता रहा, परस्पर स्नेह जुड़ा था। बेटियाँ भी गाँव छोड़ने से चल-वचल हो रही थीं, मुझे भी बुरा लगा, लेकिन ज्यादा नहीं। बेटियों की सहेलियाँ रो रही थीं। टैंपो में सामान लद चुका था, मैंने हमारे सामनेवाले अशोक की रिक्शा तय की थी। मेरे पति बोझिल मन से टैंपो में जाकर बैठे और हम रिक्शा में। मैंने गोद में एक ओर कुरान और रिहाल एक कपड़े में लपेटकर लिया, और दूसरे बाजू में महालक्ष्मी की चाँदी की मूरत का बक्सा ले लिया। यह मूरत ईरिना जब छोटी थी, जूना बुधवार पेठ के मैदान में खेल रही थी, वहीं पर मिली थी। और मिनाज कॉलेज में थी तब अपनी सहेलियों के साथ गणपति पूले गई थी जहाँ से गणेश जी की छोटी मूरत ले आई थी, वे दोनों मूरतें लकड़ी और काँच से बने बक्से में रखी थीं।

हमारी रिक्शा कोल्हापुर की ओर चल पड़ी। मैंने हाथ हिलाकर सबसे विदा ली, घर को आखिरी सलाम किया और आगे के सफर में चली। रिक्शा तेजी से भाग रही थी और मेरा मन! वह तो उससे भी तेज भाग रहा था। मैं अत्यन्त खुश थी...मैंने चारों बेटियों को देखा,जो मेरे दाएँ-बाएँ बैठी थीं, और हम सबके चेहरे पर हँसी खिलखिला रही थी...।

7 जुलाई, 1977 को हम आंबेवाडी में रहने आ गए थे। पूरे बारह साल मैंने वहाँ के जीवन से जुड़ने की कोशिश की, पर कामयाब न हो सकी। मेरे लिए वे बारह साल वनवास के थे। वह वनवास पूरा करके मैं 1 जुलाई, 1989 में अपने कोल्हापुर शहर में वापस लौट आई। बारह साल की कड़ी सजा भुगत कर रिहाई होने के बाद आज मैं जी भरकर मुक्ति की साँस ले रही थी। कैद से 'छूटने का' आनन्द मेरी नस-नस में दौड़ रहा था...

नए घर में कदम रखते वक्त मेरा मन श्रद्धा से भर आया। मेरे हाथ में पवित्र कुरान था, मिनाज के हाथों में आदिमाता महालक्ष्मी और विघ्नहर्ता गणेशजी थे। इन सबके साथ गृह प्रवेश करते वक्त मेरा मन अनेकानेक भावनाओं के आवेग से, उमंग से भर उठा और मेरी आँखें झरझर बहने लगीं, ''हे ईश्वर, या अल्लाह इन पलों के लिए मैं बहुत आभारी हूँ, इस वास्तु में मुझे सुख शान्ति प्राप्त करा दो, बरकत दो, खुशियाँ, समृद्धि दो...''

## 49. काँटा चुभता जब किसे, आक्रंदन करते हैं तब वे, मुझे तो फूल भी चुभते हैं, ये मेरा दुर्भाग्य है...

हमारा प्लॉट छोटा-सा था। दो बड़े कमरे, संडास, बाथरूम। जैसे ही प्लॉट में कदम रखा,

लड़कियों ने पानी का नल खोला। घर में ही भरपूर बहनेवाला पानी देखकर इतनी खुश हो गईं कि बस्स! अब पानी के लिए भागदौड़, झगड़ा-मारामारी नहीं। काँवर से, साइकिल से हाँफते हुए पानी लाना नहीं, दो-दो मील तक चलते, सर पर, कमर पर घड़े रखकर पानी लाना नहीं। कितनी आसानी! जिन्दगी कितनी आसान लगने लगी। अब हाथ बढ़ाते ही अनासाया पानी मिलना हमारे लिए स्वर्गसुख ही था। इस सुख के आगे घर छोटा या बड़ा मेरे लिए सोचने की बात न थी। भीड़ से रहेंगे लेकिन तकलीफ तो बची।

दूसरे दिन बड़े भोर समय पर मैं नींद से जाग गई। शंकराचार्य मठ में नादमधुर चौघड़ा बज रहा था। बड़ा शुभशकुन लगा मुझे। मन को बड़ी प्रसन्नता अनुभव हो रही थी। दरवाजा खोलकर बाहर आई। पंचगंगा नदी पर से आनेवाला हवा का ठंडा-ठंडा झोंका! सुबह कितनी सुन्दर लग रही थी! अनजाने मेरे होंठों पर भावगीत के शब्द आए

"आकश पांघरूनी, जग शान्त झोपलेले, घेऊन एकतारी गातो कबीर दोहे..."

प्रसन्न मन से मैंने खाना बनाना शुरू किया। लड़कियाँ भी मदद कर रही थीं। घर से सात बजे कालेज के लिए निकल पड़े। गली में से पैदल चलते निकली। घर-घर में रेडियो बज रहा था, एक गाना खत्म होने तक कॉलेज में हाजिर हो गई। आज पहली बार भागदौड़ किए बिना मैं कॉलेज आ गई थी।

हमारे पीछे-पीछे शान्ता आ ही गई, "आक्का, गमत न्हाई बाई तुज्याबगार, मी रोजच्याला येतो, इथंच चार काम धरीन दिवसभर काम करून सांजच्याला जाईन।" (आक्का, तुम्हारे बिना जी नहीं लगता, मैं यहीं पर ही चार घर के काम करूँगी। सुबह आकर, दिन भर काम करके शाम वापस जाऊँगी)। अच्छा ही हुआ, शान्ता जो आई। शान्ता के कारण घर के काम की, घर की चिन्ता मिट गई। मैंने शान्ता से कहा, "आता तू इथंच आमच्याबरोबर नाष्टा, जेवणही घेत जा, डबा आणत बसू नकोस।" (अब हमारे साथ ही सुबह का नाश्ता और दोपहर का खाना खा लेना। खाने का डिब्बा लाने की जरूरत नहीं।)

जी.डी. बापू से कहकर अपार्टमेंट झाड़ने का काम शान्ता को दिला दिया। कुलकर्णी, जोशी के घरों में भी वह काम करती। दोपहर में मैं और शान्ता मिलकर ही खाना खाते। शान्ता को अब अच्छे से पैसे मिलने लगे। वह कभी रिक्शा से या कभी बस से आती, सुबह साढ़े सात बजे आती, शाम में ही जाती।

मिनाज, शर्मिला का कॉलेज शुरू था। विराज, सीमा की दसवीं कक्षा की पढ़ाई शुरू थी। मैंने एम.फिल. के काम में अधिक ध्यान देना शुरू किया। फीस भर के शोध का कार्यकाल भी बढ़वा लिया।

एक जुलाई के दिन हम आए। मूसलाधार बारिश हो रही थी। माँ हमारे साथ न आकर शिरढोण चली गई। शान्ता ने हमें बताया।

1989 का वर्षाकाल बड़ा तीव्र था। बारिश रुकने का नाम न लेती थी। आठ ही दिनों में बाढ़ आ गई। तूफानी हवा चल रही थी, धुआँधार बरसात और डरा रही थी। हमारे अपार्टमेंट्स की चौथी मंजिल के छज्जे पर से दूर-दूर तक फैला बाढ़ का पानी देखकर हौसला पानी-पानी हो रहा था। 15 तारीख से बरसात ने और जोर पकड़ा। लगने लगा कि प्रलयकाल समीप आ गया। 17 तारीख के दिन हमारे अपार्टमेंट के निचले हिस्से में पानी चढ़ गया था। गलीवाले घर डूब चुके थे। लकड़ी के तराफे बनाकर औरतें बच्चों को सुरक्षित जगह ले चली

थी। सामने के गाँव कहीं नजर ही नहीं आ रहे थे। बड़ी विकट स्थिति आ गई। गाँव के साथ सम्पर्क टूट गया, शुक्रवार पेठ के बहुत आगे पानी निकल चुका था। अब यहाँ पर नीचे जाना-आना बन्द हो गया। लोगों में घबराहट फैल गई। लोग शंकराचार्य मठ में, स्कूल में सहारे के लिए आ गए थे।

देखते-देखते ही बाढ़ ने पूरे गाँव को घेर लिया। 15 तारीख से जो तूफानी बारिश शुरू हुई, लगा यह तो कयामत के आसार नजर आ रहे हैं। पानी ही पानी नजर आ रहा था, घरों के नामोनिशान नजर नहीं आ रहे थे। आत्यंतिक विकट स्थिति आ गई थी। लोग कह रहे थे 103 साल पहले ऐसी बाढ़ आई थी, जिसकी याद में पंचगंगा दवाखाने के आगे, एक पत्थर लगाया हुआ था, जिस पर बाढ़ की तारीख खुदी है। अब तो उस पत्थर के बहुत आगे पानी आ चुका था। पूरे पश्चिमी महाराष्ट्र में बाढ़ ने हाहाकार मचाया था। रेडियो, टीवी पर खबरें आ रही थीं।

हमारे बहुत-से रिश्तेदार आंबेवाडी, चिखली में थे, सब फँस चुके थे। फोन किए जा रहे थे। तब मालूम चला था कि औरतों, बच्चों को ऊँची इमारतों की छत पर चढ़ाया गया था और मर्द लोग पानी में ही घरों के माले पर बैठे थे। जिला परिषद ने 'बचाव पथक' मँगवाए, बचाव नावें भी लाई गईं। बाढ़ में तैरनेवाले तैराकों की फौज भी थी। उनके हाथों खाने की चीजें भेज रहे थे।

जी.डी. बापू के प्लॉट में चिखली के मर्द लोग आए थे। नौकरी के कारण कोल्हापुर में आए लोग अब गाँव नहीं जा सकते थे, वे बापू के प्लॉट में आए थे। उसी दिन टेंबलाई देवी की यात्रा थी। बहुत-से पुरुष गोश्त लाए थे। वे लोग जब सुबह घर से निकले थे तब बाढ़ इतनी बढ़ेगी, सोचा न था। बापू जी ने मुझे आवाज दी। मुझे वहीं पर देखकर चिखली के लोगों को बड़ा अचरज हुआ। मेरे भी ध्यान में आया शाहू मिल में नौकरी में जानेवाले बहुत-से उसमें थे। उसमें हमारे घर पर पत्थर मारनेवाले भी थे। बापू ने मुझसे कहा, "आशाबाई, चार-पाँच किलो मटण हाय, एवढं शिजवून देतासा?" (आशाबाई, चार-पाँच किलो गोश्त है, पकाकर दोगे?)

लोगों ने गोश्त से भरा भगोना लाकर दिया। मैंने मटण-मसाला, शोरबा बनाया, चार किलो चावल पकाया और बापू के घर में दिया। बापू जी के घर में खाने के लिए बर्तन, कटोरियाँ सब था। बापू चिखली और इस प्लॉट में भी रहते। खाने-पकाने का इंतजाम यहाँ भी था। मैंने लगातार तीन दिन चाय-पानी, खाने का प्रबन्ध किया। हमारे ऊपर पत्थर मारनेवालों को अपने हाथों से खिलाने का वक्त आया था सोचा यह भी 'वक्त वक्त की बात है।'

बाढ़ उतरने लगी थी। अल्लाह की मेहरबानी, अगर और एक दिन भी बारिश होती तो शायद कोई न बचता। हमारे घर के ऊपर अठारह-बीस फीट की ऊँचाई पर पानी चढ़ा था। शिरढोण भी बाढ़ से घिरा था। पानी पूरा उतरने के बाद मैं और मेरे पति आंबेवाडी गए। बड़ा उदास-सा माहौल था, अन्दर-बाहर कीचड़, काई, पानी के गड्ढे, घर भर में बिखरे बर्तन, सामान, ईंधन की लकड़ियाँ, दीवारों की परतें निकली हुईं, आँगन में उखड़े-उखड़े पेड़-पौधे। सब बरबाद ही बरबाद हुआ था। यही हालत पूरे गाँव की हो गई थी। उजड़ा गाँव, उजड़े, उजड़े से चेहरे लेकर लोग टूटे-फूटे घरों के अवशेषों में घर की चीजें तलाश रहे थे। बहुतों के घर, झोंपड़ियाँ, जमींदोज हो चुके थे। तीन दिन तक बिना अनाज, पानी के अपनी जान हथेली

लेकर बैठे हुए लोगों के चेहरे देखे नहीं जा रहे थे। शासन मदद कर रहा था। दूध, ब्रेड के लिए लोगों का झुंड भाग रहा था। कोल्हापुर से कुछ लोग अनाज पकाकर लाए और बाँट रहे थे। इस कीचड़ से कब बसेगा नया गाँव? कैसे उभरेंगे हम? इन सवालों से घिरे बेबस, असहाय चेहरे देखकर मुझे रोना आ गया...।

नियति का संकेत? ईश्वर की सदिच्छा? क्या पता? लेकिन अत्यन्त प्रकर्षता से, सबका विरोध ठेलते हुए दृढ़ निश्चय से मैंने गाँव छोड़ने का निर्णय लिया, और हम सब सही सलामत दूसरे किनारे पर सुरक्षित घर में पहुँच गए थे। 1967 में हम घर की दुर्घटना में बचे थे। अब इस विशाल बाढ़ से हमें खुदा ने बचाया...मारनेवाले से बचानेवाला बड़ा है यह बात कितनी सच साबित हुई।

बाढ़ के उतरने पर शिरढोण से माँ वापस आई। आठवें दिन की शाम गोद में घर की बिल्ली थामे हमारे घर में हाजिर! गर-गर आँखें घुमाकर सब ओर नजर घुमा रही थी। सब चुपचाप थे। मिनाज ने चाय बनाकर दी। मैं उठकर अन्दर चली गई। उसका आना मुझे अच्छा नहीं लगा, शायद यह बात उसकी भी समझ में आ गई होगी। मेरी सारी खुशियाँ कपूर की तरह उड़ गईं। बेटियों को सम्बोधित करते हुए बोली, ''मैं आय सो किसे भला नहीं लग्या जणू? नको आचा तो मैं जातींव, मजे तुमारे शिवाय कौन हाय? तुमना छोड को मजे न्हने जमतय क्या बोल'' (मेरा आना शायद किसी को अच्छा नहीं लगा क्या? अगर हाँ! तो मैं वापस लौट जाती हूँ, लेकिन तुम्हारे सिवाय मेरा कौन है इस दुनिया में! और तुम्हारे बिना मैं कैसे जी सकती हूँ भला?) कहते हुए रोना शुरू किया। माँ को रोते देखकर झट से मीनू, शरू पास आकर उसकी आँखें पोंछने लगीं, ''आगे, बडी माँ तुजे आवू नको ऐसा कोन बोले क्या? तुच बोली मैं नहीं आनेवाली, हामी आताना तू निकल को गई, तू रह तो, तुजे कौन नको बोलींगा?'' (अरी! बड़ी माँ तुझे आने से किसने रोका? तुम ही नहीं आने की बात कह रही थी। तुम यहाँ पर ही रहना, तुम्हें कोई कुछ नहीं कहेगा!)

मैं सब सुन रही थी, बोली कुछ भी नहीं। सोचते-सोचते खाना बनाने लगी।

सुबह हम जल्दी ही जाग जाते। नहाने का पानी गरम करने के लिए स्टोव सुलगाया। माँ भी उठ गई। उसने चाय के लिए गैस के चूल्हे पर पानी चढ़ाया और चटाई लपेटकर दरवाजे के पीछे रखने लगी। मैंने कहा, ''वहाँ नको, दरवाजा बन्द नहीं हुता, कोने में रख'', सिर्फ इतनी ही बात। मेरी बात सुनते ही न जाने उसे इतना गुस्सा आया कि एकदम से पगली-सी होकर चिल्लाई, ''यहाँ नको, वहाँ रख, मजे कायदा लगाने के नहीं, लई मालूम हाय घरवाली हुई सो, इस घर में मेरी कुछ इज्जत, किमत नहीं रही।'' चिल्लाते हुए बाहर के कमरे में गई। मैंने बाहर के कमरे की दीवार पर भई का फोटो टाँगा था, उसे जोर से खींचा और फर्श पर पटक कर भई को ही गालियाँ देना शुरू किया। सुबह-सुबह जोर-जोर से चिल्लाकर गालियाँ! चिल्लाने की आवाज सुनकर सामने पड़ोस के प्लॉट के खिड़की, दरवाजे खोलकर, ''काय झाल? काय झाल? कोण कोणाशी भांडतय?'' ऐसा एक-दूसरे से सवाल करने लगे। हमारे ही घर में दंगा शुरू है यह बात ध्यान में आते ही सबकी नजरें हमारे खिड़की, दरवाजे की ओर मुड़ गई। मैं तो शरम से पानी-पानी होती जा रही थी। हमें आए सिर्फ पन्द्रह-बीस ही दिन हुए थे, अब तक ठीक से जान-पहचान भी नहीं थी, क्या कहेंगे ये लोग? सब लोग ब्राह्मण थे, बस हम ही मुसलमान। हमारे आने पर उन्हें एतराज था, मुझे उनके चेहरे देखे बिना ही

समझ में आ रहा था कि वे सब हमारे बारे में क्या सोचते होंगे? कौन-से भाव झलकते होंगे? कुछ न कुछ कहे बिना जोर से पटककर दरवाजे बन्द करते हुए अपनी नाराजगी व्यक्त की।

माँ के तमाशे से सारी लड़कियाँ बावली-सी, घबराकर, दुबककर बैठी थीं। शौहर घर पर थे, वे "गप्प बैठो मुमानी, आवाज बन्द करो, तमाश करू नको" कहते हुए समझा रहे थे, लेकिन इतने दिनों का संताप वह रोक नहीं पा रही थी। मुझे मेरे परिवार के साथ कोल्हापुर में, अपने बलबूते पर आना उसे गवारा न था। अब उसकी मेहरबानी के मोहताज न रहे, दहशत नहीं रही, इसकी आत्यंतिक कोफ्त से वह अपना मानो गरल उगल रही थी। हाथ, सर पटककर अपनी सारी चूड़ियाँ फोड़ दीं, बकना शुरू ही था, "तुम्हारी आब्रू नहीं काढी तो देख, बेइज्जत कर को यहाँ सी नहीं निकाली तो मेरा नाम नहीं, देखिंगे यहाँ कैसा रहती है सा" मुझे कुछ सूझ नहीं रहा था। मैंने 'इनसे' कहा कि "जल्दी जाव और भाऊ को ले को आव उन्हें देखने देव यह।" सुनते ही अब भाऊ को गालियाँ देने लगी। इतनी मुँहजोर औरत के मुँह लगने की मेरी जरा भी इच्छा न थी। भई की तरह शान्त रहकर अन्दर के कमरे में चली गई। कॉलेज जाना मुमकिन न था साढ़े आठ बजने को थे।

आधे घंटे के अन्दर ही भाऊ हमारे घर पर आए। सोपे में बिखरे काँच के टुकड़े, भई जी की टूटी-फूटी तसवीर, बोंब मारकर पीट-पीटकर सूजा हुआ चेहरा, रो-रोकर सूजी आँखें, बिखरे-बिखरे बाल, भाऊ के ध्यान में सारी बातें आ गईं। भाऊ माँ से बातें कर रहे थे। मैंने चाय बनाकर दी और ऊपर के टेरेस पर चल दी।

मुझे मेरी सफाई में न कुछ कहना था, न सुनना। न किसी से कुछ शिकायत करनी थी। यह तो मेरा मुकद्दर था, दुर्भाग्य था जो मैं बेवजह भुगत रही थी। इसमें से मुक्ति का रास्ता इस स्थिति में, फिलहाल तो नजर नहीं आ रहा था...।

## 50. वही होता है, जो मंजूरे खुदा होता है...

मेरा एम.फिल. का काम पूरा तो हुआ लेकिन मेरा लेखन कार्य देखने के लिए गाइड तैयार नहीं थे। अगर मैं विद्यापीठ जाती तो वे जान-बूझकर मुझे टालते। कॉलेज में बताती, तो कहते, 'मुझे वक्त नहीं है।' पीछे-पीछे लगकर विनती की कि "सर, एकदा बघून चुका तरी सांगा, किवा लेखनाबाबत इतर कांही सूचना तरी सांगा"-(सर, एक बार देखो तो सही, गलतियाँ बता दो, कुछ मार्गदर्शन तो करो)। वे खट्टा-सा चेहरा बनाकर मेरी फाइल ले गए। चार ही दिन में वापस लौटाते कहने लगे, "किती चुका? विषयांची मांडणी बरोबर झाली नाही, अस करतात का काम?" (कितनी गलतियाँ? विषय की रचना भी ढंग से नहीं की है, क्या ऐसा करते हैं काम?)

"सर, मला सांगा ना, मी वर्षभर तुमच्या मागं फिरते आहे, तुम्ही कांही सांगत नाही, बोलत नाहीत मी काय करू?" (सर, मुझसे कुछ न कहो, वर्षभर मैं आपके पीछे भाग रही हूँ। न कुछ कहते, न कुछ सुनते, मैं क्या करूँ?)

"भला काय विचारता? तुम्हाला कांही समजतय नाही तर।" (मुझे क्या पूछती हो? तुम तो कुछ भी समझती नहीं हो।)

"काय ते सांगा ना।" (जो कुछ है, कहो ना।)

"हे बघा हे काम आणि तुम्ही बघून घ्या, करा नाहीतर सोडून द्या, मला पुन्हा विचारू नका यात मला काहीही 'अर्थ' वाटत नाही, स्वारस्यही नाही।" (यह देखो, तुम्हारा काम जाने और तुम जानो, दुबारा मुझसे मत कहो। इसमें कुछ भी 'अर्थ' नहीं, और न ही मुझे कोई दिलचस्पी)।

उनकी बातें सुनकर मैं विमनस्क-सी हो गई। मैं असमंजस में पड़ी। क्या चाहिए इस इनसान को? धन, सम्मान या और कुछ...

मैं उद्ध्वस्त-सी हो गई...

पूर्ण पद के लिए कॉलेज प्रशासन से टक्कर, दूसरी टक्कर यह एम.फिल पाने के लिए। घर में माँ की तकलीफ। मेरे ही हिस्से में 'ऐसे' लोग क्यों? क्या गलत कर रही हूँ मैं? छोड़ दूँ यह सब कुछ पाने की इच्छा! फेर दूँ सारे किए कराए पर पानी! लेकिन क्यों? दूसरा मन विद्रोह कर उठता। सब कुछ सत्य है, न्यायपूर्ण है तो सारे छोड़ दूँ? क्योंकर हार मानू मैं? पीछे हटूँगी नहीं, नहीं यह मुझसे नहीं होगा। कल को यही लोग कहेंगे, "देखो डर गई, गलत ही थी इसलिए हार मानकर भाग गई।" यह बात मुझसे बर्दाश्त नहीं होगी।

"तो फिर कुछ समझौता कर लें?"

"ना, ना बिलकुल नहीं।"

अन्दर-ही-अन्दर मेरे विचारों का संघर्ष चल रहा था। टकराव बढ़ रहा था। मैं यह आक्रोश किसके सामने व्यक्त करती? हमेशा की तरह मेरी सखी, अपनी डायरी में मैं अपने आपको व्यक्त करती रही। मन को 'खाली' करने के लिए, जान का बोझ कम करने के लिए हमेशा जिस सखी ने साथ दिया वह थी मेरी 'डायरी'। हर रोज रात में लिखती। जो बात मैं किसी से न कह पाती वह डायरी के पन्नों पर उतारती, फिर भी जान पर बोझ बढ़ ही रहा था।

एम.फिल. के लिए दो-ढाई साल किया गया परिश्रम, भागदौड़, वक्त, पैसा सब बेकार जाएगा, इस सोच से मेरी जान तड़फड़ाने लगी। अब दुबारा निराशा के दौर में जाने का खतरा लगने लगा। नींद से नाता ही टूट गया। मैंने डॉ. गायत्री हर्षे जो मानसोपचार डॉक्टर थीं उनकी सलाह लेना ठीक समझा। उन्होंने कुछ गोलियाँ दीं, इन गोलियों से बहुत नींद आने लगी...। लेकिन तरोताजा नहीं लगता, थकान-सी महसूस होने लगी।

अब एम.फिल. के बारे में खूब सोच-समझकर मैंने ठोस निर्णय लिया। लीलाताई जी से भी बात की। सब लेखन टाइप करके, उसकी फाइल बनाकर, साथ में एक शिकायत अर्जी लिखकर कुलगुरु जी से निवेदन करना। उससे पहले हिन्दी विभाग के ज्येष्ठ गुरुजनों से भी चर्चा-विमर्श करना। उपाधि न भी मिले तो भी चलेगा, पर इस औरत ने काम ही नहीं किया यह इल्जाम बिलकुल नहीं लेना है। ये बातें तय करके मैं काम में लग गई।

एक महीने के अन्दर टाइपिंग, बाइंडिंग का काम पूरा किया और एक शाम सब लेकर मैं और शर्मिला मेरे हिन्दी विषय के गुरुवर्य डॉ. वसंत मोरे जी के घर पहुँचे। सर के सामने शोध प्रबन्ध रखा, सारा वृत्तांत बयान किया, सर जी चिन्ताग्रस्त होकर सोच रहे थे। चार दिन के बाद दोपहर दो बजे विद्यापीठ में हिन्दी विभाग में आने को कहा।

चार दिन के पश्चात मैं विद्यापीठ गई। आवश्यक कागजात शोधनिबन्ध की पाँच प्रतियाँ साथ में लीं। कक्ष में मा. डॉ. द्रविड जी, डॉ. मोरे जी, मा. शरद कणबरकर और चार अध्यापक बैठे थे। मोरे सर जी ने मेरे आने से पहले पृष्ठभूमि स्पष्ट कर दी थी। मैंने अन्दर जाकर नमस्कार

किया, सबने हँसकर मेरा स्वागत किया। मुझे सम्बोधित करते हुए मोरे सर जी ने कहा, "कालजी करू नका मैडम, आम्ही आहोत, तुम्ही पलीकडच्या केबीनमध्ये बसा।" मैंने सामने टेबल पर शोधप्रबन्ध की प्रतियाँ रखीं और पासवाले केबिन में बैठ गई।

आधे घंटे में मुझे बुलाया गया। बरामदे में से सामने जानेवाले गाइड को मैंने देखा। क्या चर्चा हुई पता नहीं। डॉ. मोरे जी ने मुझसे कहा, "अभिनंदन मैडम, तुमच्या गाईडनी शोधप्रबन्ध मान्यतेच्या सहया केल्या आहेत, आता जाऊन ऑफीसकडे सबमीट करा।" (बधाई हो, तुम्हारे गाइड ने इजाजत दस्तखत की है, अब दफ्तर में जाकर अपना कार्य जमा कर दो।) मुझे इतनी खुशी हुई कि मेरी जुबान से लफ्ज निकलना मुश्किल हो गया। आँखें नम थीं, आँसू टपक रहे थे। मुझे लगा मेरे सीने पर रखा पत्थर दूर हो गया और मैं मुक्त साँसें ले रही हूँ। मैंने सबको धन्यवाद दिया। मेरी खुशी में सभी शामिल हो गए, सबने मुझे मुबारकबाद दी। क्या हुआ? क्या कहा? मैंने कुछ पूछा नहीं। ज्येष्ठ, बुजुर्ग ऐसे मेरे गुरुजनों ने मुझे न्याय दिलाया। समझदार लोगों से मुझे कुछ ज्यादा कहना नहीं पड़ा।

इस पल ने मुझे खुशी तो दी, आत्मविश्वास भी दिया। साथ में नैतिकता की शक्ति के बल पर, सत्य के शस्त्र से असत्य के साथ जंग कर सकते हैं और उसमें कभी हार नहीं होती, यह मूल्य निष्ठा भी दृढ़ की।

1990 में मैं एम.फिल. हो गई। यह खुशी की खबर बताने के लिए मैं लीलाताई जी के पास गई। लीलाताई जी को बहुत आनन्द हुआ। बाई जी ने मुझसे कहा, "आपण जरा बाहेर जाऊन येऊ, तोवर जुईच्या कलया, काढून घे, हा सुई दोरा घ्ये, पटकन गजराही कर, मी आबरून आले," (हम बाहर जाकर आएँगे, तब तक मोतियों की कलियाँ चुनकर गजरा बना दो, यह पकड़ो सुई-धागा)। मैं हाथ में काँच का बड़ा कटोरा लेकर कलियाँ निकालने गई। मुझे फूल बहुत पसन्द हैं, यह बात बाई जी को मालूम थी। उनके घर जाते ही कुछ खाने के साथ-साथ फूलों का गजरा बनाने के लिए फूल चुनकर रखती। जाने से पहले फोन करती तो कलियाँ निकालकर, खाने के टेबल पर रखकर मेरा इंतजार करती बैठती। मुझे आते देखकर आण्णा कहते, "लीला, आली गं...आपली आशा।"

मैंने कटोराभर कलियाँ चुनीं, तब तक बाई जी ने हम तीनों के लिए चाय रखी, कुछ नमकीन खाने को दिया। चाय पीकर हम दोनों रिक्शा से लक्ष्मीपुरी बाजार में आए। वालावलकर साड़ी की दुकान के सामने रिक्शा रुकवाने को बाई जी ने कहा।

दुकान में आने के बाद बाई जी ने मुझे बताया, "आज मी तुला साडी घेणार आहे, तुला बक्षीस म्हणून।" (आज तुम्हें मैं साड़ी ले रही हूँ, बख्शीश के रूप में, मैं अचरज से उन्हें देख रही थी, 'चल, बघतेस काय?' (चल देखती क्या हो?)

बाई जी ने मेरे लिए पाँच सौ रुपयों की सुन्दर-सी साड़ी ली। कत्थिया रंग में सुनहरा धागा, जरीवाली किनारी और पल्लू पर नाजुक-सी नक्काशी! देखते ही मुझे पसन्द आ गई। मेरे हाथ में साड़ी का बक्सा थमाते हुए बाई जी ने कहा, "घे आशा, एम.फील् पास झाल्याबद्दल।"

बाई जी द्वारा ली मायके की पहली साड़ी! मेरी कामयाबी की खुशी में मेरे लिए ली हुई साड़ी! मायके की साड़ी का मोल औरत के लिए कितना और क्यों होता है उसका एहसास आज पहली बार हो रहा था। मैं आज समझ सकी यह सिर्फ साड़ी नहीं होती। यह प्रेम, स्नेह,

आश्वासन, सहारा ऐसे कितने धागों से बुना हुआ वह महावस्त्र होता है। कुछ न कहते हुए भी मेरा चेहरा, मेरी आँखें बहुत कुछ बता रही थीं। बाई जी मेरी भावनाएँ पढ़ रही थीं शायद, उनकी आँखों में मेरे लिए प्यार, ममता छलक रही थी। यह साड़ी मैंने बड़े नाज से सुरक्षित रख ली, खास शुभ अवसरों के लिए...।

मेरे लिए 1990-91 का वर्ष आनेवाले भविष्य के लिए सुन्दर घटनाओं का आगाज साबित हुआ। अभी भी नौकरी में मेरा संघर्ष खत्म नहीं हुआ था, न ही मैंने हार मानी थी।

1990 में मा. सुधाकर जोशी जी आयुक्त पद पर नियुक्त हुए। प्रभारी प्राचार्य के रूप में प्रा. जाधव सर आए थे। मैंने 1987 से अपनी सेवा का वृत्तांत कागजात समेत आयुक्त जी के समक्ष प्रस्तुत किया। आपने भी बड़ी इनसानियत के साथ सारा बयान सुना और आश्वासन दिया कि ''या संदर्भात मी सर्व समजून घेवून योग्य तो निर्णय घेण्याबाबत जरूर विचार करेन।'' (सब कुछ समझकर, जानकर, योग्य निर्णय लेंगे।) आयुक्त जी ने प्राचार्य को पत्र लिखा, सम्बन्धित को बुलाकर नया प्रस्ताव बनाने का आदेश दिया। सत्यस्थिति, सद्यस्थिति, प्रत्यक्ष नियुक्ति के सन्दर्भ में किया गया अन्याय सब बातों की संगति समझने में उन्हें देर नहीं लगी।

1 सितम्बर, 1990 के दिन मुझे पूर्ण पद-भार नियुक्ति का आदेश पत्र प्राप्त हुआ। उस दिन 'रमजान ईद' थी फिर भी प्राचार्य जाधव जी ने हमारे पर्यवेक्षक प्रा. कुंभार सर जी के हाथों यह ऑर्डर मेरे घर भेज दिया। साथ में 'ईद-मुबारक' का शुभ सन्देश पत्र भी प्राचार्य जी ने मेरे लिए भेजा था। छुट्टी होते हुए भी मेरे लिए विशेष भेंट के रूप में यह आदेश पत्र मुझे दिया गया।

मैंने महावीर कॉलेज से इस्तीफा दे दिया। इस कॉलेज में मैंने पाँच बरस काम किया था। यहाँ के लोगों ने भी मेरे साथ बड़ा स्नेहपूर्ण बर्ताव किया।

जब मैं एम.ए. में थी, तब डॉ. सुनीलकुमार लवटे जी से परिचय हुआ। आपके संघर्षमय जीवन व विद्वता के बारे में मेरे दिल में नितान्त आदर भाव था। एम.ए., एम.फिल. के समय आपने बड़ी सहायता की, मौलिक मार्गदर्शन भी किया। राजारामपुरी स्थित उनके घर पर कभी-कभी मैं जाती, लेकिन ये पति-पत्नी कभी नाराज नहीं होते। मैं शिक्षा के लिए जो संघर्ष कर रही थी उसके बारे में उन्हें बड़ी रुचि रही।

1987 से पूर्णपद पाने के लिए जो संघर्ष चला था उसे, 1991 में विराम मिला। और एक सत्य की लड़ाई में मेरी जीत हो गई। मुझे एक शेर याद आया-

*मुद्दई लाख बुरा चाहे तो क्या होता है,*
*वही होता है जो, मंजूरे खुदा होता है।*

महावीर कॉलेज में बहुत-सी सहेलियाँ बन चुकी थीं, जैसेकि प्रा.मन्दाताई खांडेकर, प्रा. विभा शहा, उषा जैन, येडेकर मैडम, ललिता पाटील, रूपा शहा, नीलांबरी मंडपे आदि। इन सबसे विदाई लेते वक्त मेरा जी भर आया।

कितनी मजेवाली बात थी देखो, जिस वक्त के.एम.सी. कॉलेज में पूर्ण पद का आदेश मिला ठीक उसी समय महावीर कॉलेज में भी पूर्ण पद निर्मित हुआ। यहाँ वाणिज्य विभाग में भी हिन्दी विषय था। मेरे आने के बाद इन चार बरसों में हिन्दी विषय के लिए छात्रों की संख्या बढ़ गई। यहाँ का प्रशासकीय विभाग बहुत अच्छा है। नियम के अनुसार वक्त पर काम

निबटाने की आदत है। बी.एड. प्राप्त श्रेणी लागू होने के बाद का वेतन बीस हजार रुपये आना था, उन्होंने तत्काल मेरे नाम जमा किया। यह रुपये मिनाज के ब्याह के समय गहने बनवाने के लिए लाभप्रद रहे।

इसी तरह के वेतन अन्तर की रकम के.एम.सी. कॉलेज को भी देनी थी लेकिन, प्रशासन के कुछ लोग इतने कमजोर दिल के थे कि रुपये देने में छः साल बिताए। अगर अगस्त में यहाँ पूर्ण पद का मौका मिलता तो मुझे इसी कॉलेज में रहना ज्यादा अच्छा लगता। इत्तफाक और वक्त की भूमिका होती है घटना बनने में, बनाने में, बिगाड़ने में भी। एक ही तरीके का काम होता है पर वही काम करनेवाले हाथ, दिल, दिमाग और उसकी वृत्ति अलग-अलग होती है। जो लोग दिल से अच्छे होते हैं वे जो देना है अथवा देना फर्ज है, नियम, कानून है वह इनसानियत से, सम्मान से देते हैं। जिनकी नीयत ही खराब रहती है वे लोग देते नहीं, फेंकते हैं मिट्टी में और फिर मजा उठाते हैं उस मजबूर इनसान की भागदौड़ का, तकलीफ, चिन्ता का। इस संघर्षपूर्ण सफर में लोगों के अजीब-अजीब नमूने देख रही थी, झेल रही थी...।

## 51. ये तेरा घर, ये मेरा घर, हमारी चाहतों का घर!...

अप्रैल, 1990 में दसवीं का रिजल्ट आया। विराज 81 प्रतिशत अंक लेकर पास हुई, सीमा 75 प्रतिशत अंकों से पास हुई। मुझे बड़ी खुशी हुई। कोल्हापुर आने का यह अच्छा नतीजा था। बेटियों को पढ़ाई के लिए बहुत वक्त मिला। राजमाता में पढ़ानेवाले गणित, विज्ञान के परीट सर जी शाम घर आकर पढ़ाते थे। मेरी बेटियाँ राजमाता के सभी अध्यापकों की लाड़ली छात्राएँ थीं। बेटियों ने भी अलग-अलग क्षेत्रों में अपना-अपना हुनर दिखाकर स्कूल का नाम रोशन किया। कोल्हापुर महानगर पालिका की ओर से कामगार भवन में सत्कार समारोह का आयोजन किया। कामगार संघटना ने नगद दो-दो हजार रुपयों का पुरस्कार तथा मानपत्र देकर विराज, सीमा को सम्मानित किया। व्यक्तिगत रूप में भी सभी विषयों में प्रथम आने के पुरस्कार दोनों बहनों ने लिए। ये पल मेरे लिए यादगार बन गए। मेरी अध्यापिका, जो अब प्रधानाचार्या थीं उनके साथ मा. आयुक्त तथा अन्य उच्चाधिकारी भी थे। उनकी उपस्थिति में समारोह सम्पन्न हुआ। तब प्रधानाचार्या श्रीमती शशिकला देसाई जी ने मुझे और मेरी बेटियों को पास लेकर कहा, "तुझा आणि तुइया मुलींचा आम्हाला अभिमान आहे, तुम्ही आमच्या शालेचा लौकिक आहात", उसी पल बेटियों की माँ के नाते मानो मेरा सौभाग्य खिल उठा। स्कूल के नाम-फलक पर विराज का नाम लिखा गया 'विराज दस्तगीर आपराद-81 प्रतिशत-1990' कॉलेज की सीढ़ियाँ चढ़ते वक्त मैं हर रोज उस पर नजर डालकर आगे बढ़ती हूँ।

हमें श्री देशमुख जी के प्लॉट में आकर एक बरस भी पूरा नहीं हुआ कि देशमुख जी ने मेरे पीछे पिर-पिर लगा दी, "आता आम्ही रहायला येणार आहे, तुम्हीं दूसर घर बघा, नाहीतर हजार रुपये भाडं तरी द्या।" (घर खाली करो, या हजार रुपये किराया दे दो।) अब दुबारा घर की तलाश, मुस्लिम जात सुनकर इनकारना, नए लोग, सामान उठाना, व्यवस्थित करना-सारी तकलीफें। मैं अपार्टमेंट्स के टेरेस पर बैठी सोच रही थी। अचानक ध्यान में

आया कि, टेरेस पर अधूरा-सा बना हुआ प्लॉट आधी-कच्ची स्थिति में है। मैंने सोचा बापू जी यही प्लॉट तैयार कर के देते हैं। पूछेंगे, और हो सके तो खरीदेंगे भी। मैं झट से उठी और जी.डी. बापू जी के प्लॉट पर गई। बापू जी मिले, उनसे दिल की बात कह दी। बापू जी ने सब सुना और कहा, "आता खरच घेणार न्हव? हया जावा, दोनी प्लेंट जोडून देतो, मागचा आठशे फूटाचा टेरेसबी जोडून देतो, मोठाचया मोठा चार रूमचा प्लॉट, मोकली लागा, चांगली दीड हजार स्कवेअर फुटाची जागा हुतिया, किमत बी लई सांगत न्हाई, दोन्ही प्लेंटच एक लाख नव्वद हजार रुपये, एक घेटलासा तर एक लाख रुपये।" (अब की बार सच ही लेंगी ना? ले जाओ, दो प्लॉट जोड़कर दूँगा। पिछवाड़े का आठ सौ फीट का टेरेस भी दूँगा-बड़ा चार कमरों का प्लॉट! कीमत भी ज्यादा नहीं लूँगा, एक लाख नब्बे हजार। एक लेंगी तो एक लाख...।)

मेरे शौहर दोपहर में काम से लौटे। खाना खाकर बैठे थे। उन्हें सब बातें और घर लेने का इरादा बताया। एस.टी. बैंक घर लेने के लिए कर्जा देती है, यह बात भी याद दिला दी। "एस.टी. बैंक घर के वास्ते कर्ज देतिया।"

"हाँ...सच, ब्याज के छः-सात टक्के रहींगे, साठ इजार रूपये मिलेंगे। हफ्ता छे सात सौ रूपये बैठींगा।"

यह बात सुनते ही मुझे अपना घर लेने का रास्ता ही मिल गया।

ईरिना सातारा से कोल्हापुर में रहने के लिए आ रही थी। माँ का इरादा था कि ईरिना को आंबेवाडी का घर दे। शमू भी आकर मिला था। उसके रहिमतपुर के घर के बीस हजार रुपये आए थे, आंबेवाडी का घर मुझे दे दो ऐसा कह रहा था। मैंने इस व्यवहार में हिस्सा नहीं लिया। पैंतालीस हजार घर की कीमत तय हुई, जिनमें से बीस हजार रुपये शमू ने मेरे शौहर को दिए। माँ होशियारी से चुप रही। जिस घर के अस्सी हजार रुपये मिल रहे थे वही घर अपनी बेटी को बीस हजार में मिलनेवाला था। पैंतालीस हजार सिर्फ कहने-सुनने की बात थी, बीस हजार के बाद एक छदाम भी मिलनेवाला न था। शमू ने आगे चलकर एक रुपया भी नहीं दिया।

मैंने इन्हें समझाया कि साठ हजार रुपये एस.टी. कर्जा, बीस हजार शमू के, ऊपर के पैसे की कुछ तजबीज करेंगे। बहुत कुछ सोच-समझकर उन्होंने हाँ की। दोनों प्लॉट, जगह न लेते हुए सिर्फ दो कमरों का प्लॉट लेंगे जिससे पैसों की ज्यादा खींचातानी भी न होगी, मेरी पगार की भी मदद होनेवाली थी, ज्यादा परेशानी की बात न थी।

मैंने भी सोचा,चलो दो रूम तो दो रूम, कम से कम वे अपने तो होंगे। भाडयाच घर आणि खाली कर (किराए का मकान, उठा तेरा सामान) ऐसी अवमानित स्थिति और हमेशा गर्दन पर लटकती तलवार तो ना रहेगी। फिलहाल अपना पैर रखने के लिए हक का आँगन सही, देखेंगे आगे चलकर।

हमने जी.डी.बापू जी को बुलाकर अपना इरादा बताया। "उद्याला बीस हजार रूपये देतो आम्हाला करार करून द्या म्हणजे एस.टी. चे कर्ज घेता येईल।" एक महीने के अन्दर ही कर्ज मंजूर हो गया। साठ हजार रुपये बापू जी को दिए। दस हजार बाद में देने थे। खरेदी खत (क्रयपत्रक) बना। प्लॉट के अन्दर काम शुरू था। मैं हमारे 'कॉलेज मजदूर संघ पतसंस्था' की सदस्य थी, वहाँ से दस हजार रुपये कर्जा लिया। मेरी सहेली सुचेता कोरगावकर से दस हजार उधार लिए। बापू जी के दस हजार रुपये देकर उनका हिसाब पूरा किया। दस हजार

घर की सुविधा पर खर्च किए। देशमुख जी ने घर के अन्दर कुछ भी सुविधा नहीं की थी, जमीन पर ही सारा सामान रखा था। इस नए प्लॉट में मैंने बड़े-बड़े शेल्फ बनवाए। किचन, बाथरूम, संडास में टाइल्स लगवाई। हॉल बड़ा था, उसके बीच में लम्बा स्टील रॉड लगाकर बहुत बड़ा पर्दा लगाया जिससे सुविधा के अनुसार कमरे के दो हिस्से बने। दरवाजों, खिड़कियों के लिए नए परदे बनाए। रंग-सफेदी करवाई। हॉल में एक दीवार से सटाकर पलंग, अलमारी और टीवी रखा, सामने दीवान रखा। बचा सामान बाथरूम के ऊपर अटारी बनाई थी उस पर रखा। आंबेवाडी से फूलों, पत्तों से सजे गमले लाकर सामने पैसेज में रखे। अब प्लॉट बढ़िया लग रहा था।

हमारे इस नए प्लॉट में 1990 में दशहरे के मुहूर्त पर हमने कदम रखा। जिसे मैं अपना कह सकती थी यह मेरा छोटा-सा घरौंदा। जब मैंने इस घर में कदम रखा तब दरवाजे पर फूलों का बन्दनवार लगाया था, आगे चलकर इस पर हमेशा फूलों की बन्दनवार लगाने की शुभ घड़ियाँ आती रहीं।

*ये तेरा घर, ये मेरा घर,*
*हमारी चाहतों का घर,*
*किसी को देखना हो गर*
*तो पहले आके माँग ले*
*मेरी नजर-तेरी नजर...*

मेरी तीव्र इच्छा थी कि इसी जगह अपना घर हो। पाँच साल पहले पैसे भरे लेकिन घर का योग नहीं आया। अब पाँच बरसों के बाद दुबारा इसी जगह अपनी जमीन लेने की इच्छापूर्ति का योग आया। इसी प्लॉट के ऊपरी हिस्से में बहुत बड़ा टेरेस था। पानी की बड़ी टंकी तले पर्याप्त खुली जगह थी, वहाँ ठंडक रहती। धोना, सुखाना, गर्मी में सोने के लिए, कुछ कार्यक्रमों के लिए ऊपर की जगह अनाज साफ करना बहुत उपयोग में आती जिसके कारण प्लॉट छोटा होकर भी कभी असुविधा महसूस न हुई। खिड़की से सामने बहनेवाली पंचगंगा नदी, घाट की चहल-पहल, शिवाजी पुल, पुल के निचले रास्ते किनारे गुलमोहर के फूलों से लदे बड़े-बड़े पेड़। नदी किनारे के प्राचीन मन्दिर, ऊँची-ऊँची दीपमालाएँ, गाड़ियों की, लोगों की चहल-पहल। जोतीबा यात्रा में होनेवाली भीड़, शोर-शराबा। गणपति मोहर्रम के वक्त लगनेवाला मेला, खिलौने, ऊँचे झूले, सजी-धजी रंग-बिरंगी दुकानें, औरतें, मर्दों, बाल-बच्चों की उत्साहित आवाजें, खरीदारी की भीड़-भाड़। त्रिपुरी पूर्णिमा की रात में रंगोली, लाखों दीपकों से जगमगाता रास्ता और गंगा का घाट, सत्यनारायण का पूजा-पठन, भजन-कीर्तन। बड़े भोर, अँधेरे में जगमगाते दीपकों की पंक्तियों की पार्श्वभूमि। नदी में द्रोण में जलते दीपकों की पंक्तियाँ। पानी में धीरे-धीरे बहनेवाले द्रोण में रखे चिराग और बाईं ओर डूबता चाँद। पानी में प्रतिबिंबित चाँद। अँधेरे में पानी नजर नहीं आता, बस आकाश में लटकता चाँद और मानो जादू से भागते दीपक! लगता पूरा बैकुंठलोक भूतल पर अवतीर्ण हो गया है...

नदी किनारे का यह चैतन्य वातावरण। शुभम, पवित्र साथ-संगत में बड़े भोर शंकराचार्य मठ में बजने वाला सुरमय चौघड़ा...जिसका गम्भीर, आश्वासक स्वर सुनकर आँखें खुलतीं तो बड़ी प्रसन्नता महसूस होती। उसी आवाज के साथ-साथ बड़ी उत्कटता से मेरे मन में

कविवर्य मंगेश पाडगावकर जी के कविता के स्वर गूँज उठते, ''या जन्मावर, या जगन्यावर शतदा प्रेम करावे'' (इस जन्म पर सैकड़ों बार प्रेम करने को जी चाहता है...)

मैं सामने बहनेवाली जीवनदायिनी पंचगंगा को हाथ जोड़कर नमस्कार करती, भई जी की तसवीर को हाथ जोड़ती, सुबह की नमाज अदा कर अल्लाह का शुक्रिया व्यक्त कर दुआ माँगती नए दिन के प्रारम्भ के लिए। नए उत्साह, उमंग और शक्ति के लिए दुआ माँगती और काम आरम्भ करती। रोज़ ही निकलनेवाला सूरज मेरे लिए हर दिन नया-नया-सा लगता। मैं हर दिन बड़े उल्लास से दिन का स्वागत करती। मुझे लगता इस पल ने मुझे बहुत कुछ दिया है, बहुत कुछ मेरे पास है और यही खुशियाँ दिनभर मेरे हर बर्ताव से व्यक्त होती रहतीं। मैं हमेशा बड़ी खुशमिजाज, उल्लसित, उत्साही, हँसती रहती...दिखती भी...।

## 52. राजा की आएगी बारात!

मिनाज बी.कॉम परीक्षा प्रथम श्रेणी में उत्तीर्ण हो गई। मिनाज की नौकरी भी पक्की हो गई। श्रीमती शकुंतला पाटील जी ने मिनाज की नौकरी पक्की करा के जीवन भर की भेंट ही मुझे दे दी। इंदुमति शिक्षा संस्था की अध्यक्षा थीं, उन्होंने मुझसे कहा, ''एव्हढया व्यापतून महिला दक्षताच्या कामात सगलयात जास्त लक्ष तूच देतेस, एव्हढे परिश्रम घेवून तू स्वत: शिकलीस मुलींना शिकवलस, माहेरच्यांना सांभाललस, तुझ्यासाठी आम्ही एवढही करू नये?'' (इतने सारे काम के चक्र में महिला दक्षता का काम पूरे जी-जान से तुम ही करती हो, परिश्रम से तुमने पढ़ाई की, बच्चों को पढ़ाया, तेरे लिए हमारा थोड़ा कुछ करना जरूरी है ना?) मेरा जी भर आया। शकु मौसी के दोनों हाथ पकड़कर मैंने अपने माथे पर रखे...। इतना निस्वार्थ, निरलस प्यार करनेवालों का एहसान अदा करना मेरे बस की बात न थी। मेरे इतने से काम का इतना बड़ा प्रतिदान।

अब मैंने मिनाज के ब्याह के बारे में सोचना शुरू किया।

मैंने बेटियों के ब्याह के बारे में कुछ विचार तय किए थे। बेटियों को पढ़ाकर, उन्हें उनके पैरों पर खड़ा करना। शिक्षा पूरी हुए बिना शादी की बात नहीं सोचना। होनेवाला दूल्हा पढ़ा-लिखा, पुरोगामी विचारों का, आर्थिक दृष्टि से स्थिर, बुरी आदतों का लतखोर न हो। तबीयत निरोगी, सुदृढ़ हो, अपनी पत्नी का आदर करनेवाला हो, पत्नी भी एक इनसान है, यह माननेवाला, उसके स्वतंत्र अस्तित्व को स्वीकारनेवाला, पत्नी भी नौकरी करेगी यह बात कबूल करता हो। खा-पीकर सुखी परिवार हो। बहुत अमीर घर में बेटी देने के लिए मैं राजी न थी। जहाँ पत्नी की फ्लॉवरपॉट जितनी भी कीमत न हो उस घर में सिर्फ सजावटी सामान के रूप में लड़की का होना मुझे पसन्द न था। बड़ा बंगला, गाड़ी, बहुत-सा पैसा, गहने इसका मुझे मोह न था। मध्यमवर्ग परिवार अच्छा लगता था। मैंने देखा है सजी सँवरी, फूलवाली नक्काशी की फर्शवाली कब्रें ऊपर से बड़ी सुन्दर होती हैं लेकिन अन्दर से घुटन तो रहती ही है ना?

अपनी पत्नी की इज्जत करनेवाला, दोनों के सहयोग, पैसों में से अपना परिवार रचाने-बसानेवाला, मिलकर सपने देखना फिर उन्हें पूरा करने की तमन्ना रखनेवाला हमसफर! अपनी बीवी का दिल, प्यार, इरादे जान-पहचान कर कोमलता से पेश आनेवाला। भौतिक सुख-

सुविधा से ज्यादा दिल से अमीर हो ऐसा दामाद मुझे चाहिए था। इसके अलावा भारतीय संविधान के अनुसार विवाह हो साथ में इस्लामी रिवाज के अनुसार भी निकाह हो, ऐसा मेरा इरादा था। इन सब शर्तों पर खरा उतरनेवाले दामाद की खोज का आरम्भ हुआ।

कुछ ही महीनों में मुझे ऐसा दामाद मिल भी गया। शुक्रवार पेठ में रहनेवाले श्री श्रीमती गोडबोले दांपत्य ने ऐसा 'जमाई' ढूँढ़ ही लिया। मि. गोडबोले मनुग्राफ कम्पनी में थे, वहीं पर यह लड़का नौकरी में था, 'कुतुब गुलाब मुल्ला'। मूल गाँव 'निपाणी'। निपाणी में खुद का घर था। लड़का बड़ा सालस था। पढ़ा-लिखा, खास 'कर्नाटकी' मर्दों की सौन्दर्य विशेषता से परिपूर्ण। सुदृढ़, निरोगी, दिर्व्यसनी, भली-सी नौकरी, अच्छी पगार। ऊँचा-पूरा, गठे बदनवाला लड़का हम सबको पसन्द आया।

मि. गोडबोलेजी ने मुझसे कहा, "कुतुब आमचा मानसपुत्र आहे त्यामुलं तुमची मुलगी आमची सुन म्हणून येणार आहे चिन्ताव करू नका" (कुतुब हमारा मानस पुत्र है, इस नाते तुम्हारी बेटी हमारी बहू बनकर आएगी...)

मिनाज और कुतुब दोनों ने भी एक-दूजे के लिए पसन्दी दर्शा दी। बाकी बेटियाँ मीनू को छेड़ती, "अरे तेरा दूल्हा तो कन्नड़ अभिनेता नागार्जुन की तरह है ना? बड़ी-बड़ी आँखें, घनी भौंहें, घने बाल, होंठों की बनावट भी वैसी, बालों की स्टाइल और हाँ मूँछों का कट भी, कपड़ों की स्टाइल भी ना? " मीनू बहुत खुश थी।

मीनू की एक ही शर्त थी कि वह कभी भी अपने हाथों से गोश्त पकाकर नहीं देगी, खाने का तो सवाल ही न था। कुतुब ने यह शर्त कुबूल की।

कुतुब हमेशा मराठी भाषा में बातें करते हैं। उनके माता-पिता मुस्लिम बोलीभाषा में और वे मराठी भाषा में संवाद करते हैं तब सुनने में बड़ा मजा आता है। वैसे तो मेरे भई जी भी मराठी भाषा में बोलते थे, यह अजीब इत्तफाक था।

मीनू के ससुराल में सास-ससुर, देवर-देवरानी, तीन ननदें थीं जिनकी शादियाँ हो चुकी थीं। शादी के बाद मीनू का शौहर कोल्हापुर में ही घर बसानेवाला था। उसकी भी इच्छा थी कि पत्नी पढ़ी-लिखी, नौकरी करनेवाली हो।

मीनू और कुतुब के इच्छानुसार ही सीधे-सादे तरीके से शादी करना तय हुआ। चर्चा-बहस, वाद-विवादों के बगैर 3 मई, 1991 शादी की तारीख तय हो गई। मिनाज के लिए मैंने सात तोले सोने के गहने बनवाए, कपड़े खरीदे, शादी हमारे घर पर थी, शादी की तैयारी में मैं लग गई।

1 मई दिन को घर के टेरेस पर हल्दी की रस्म हुई। बहनों, भतीजों, ननदों, बाल-बच्चों से घर भर गया।

टेरेस पर मंडप सजा था। राजू मामा ने आम की बड़ी टहनी दहलीज के कोने में बाँध दी। मेरे भई जी के साथ काम करनेवाले जयवंत सालोखे जी ने मामा के नाते चौखट, मंडप फूलों के बन्दनवारों से सजाया। दूल्हा-दुल्हन के सेहरे, गजरे, हार-गुच्छे सब मँगवाए। उसके आगे भी बाकी बेटियों के काम-काज में मामाजी ने ही हार-गजरों की जिम्मेदारी अलिखित नियम की तरह निभाई।

3 मई! मठ-आश्रम के नगाड़े की आवाज से आँख खुली। शादी का मुहूर्त 11-30 का था। नीचे एक खाली प्लॉट था वहाँ पर भोजन की तैयारियाँ हो रही थीं। हरि काका कुलकर्णी

जी भोजन बना रहे थे। बूँदी के लड्डू, मसाला भात, वरण, भात-तूप, आलू की सब्जी, चटणी, अचार, पापड़, रायता, दही-मट्ठा, पकौड़े आदि।

11 बजे! मेहमानों से मंडप भर चुका था। यह टेरेस बहुत लम्बा-चौड़ा था, पाँच सौ लोगों का आराम से इंतजाम हो सके, इतना बड़ा।

बारात आई। रजिस्टर दफ्तर से बनसोडे नामक अफसर आए थे। रजिस्टर तरीके से ब्याह होते ही उसी जगह जमात, मुल्ला साब, गवाह, वकील, मेहमान, मजलिस की उपस्थिति में इस्लामी रिवाज के अनुसार 'निकाह' की रस्म पूरी की गई। इन दोनों तरीकों से शादी करने के पीछे मेरा विचार था कि परम्परा, रस्मों-रिवाजों को साथ लेकर भी नया कदम उठा सकते हैं। अचानक नया विचार हजम करने के लिए समाज मन से तैयार नहीं होता। धिरे-धिरे ही हमें समाज सुधार का रास्ता अपनाना है। बिलकुल तेज या नोकदार विचारों से बेकार का भँवर उठाना अच्छा नहीं लगता क्योंकि उसी तूफान में विचार बह जाते हैं तो क्या फायदा? विचारों को बोना है, धीरे-धीरे उगकर वे पनपते जरूर हैं। पुराने का अचानक हाथ न छोड़ते हुए एक हाथ में थामकर, नए विचार को दूसरे हाथ पकड़कर हमें साथ-साथ चलना है। फिर पुराने को पता ही नहीं चलता कि यह नया उसे किस कदर थामकर, सहारा देकर, नए मोड़ पर लाया है। ये मेरे अपने विचार हैं शायद किसी को अच्छे लगें या गलत!

शादी की रस्म पूरी हुई। लाल रंग का शादी का जोड़ा, लाल चुनर ओढ़ी मिनाज! गले में फूलों के हार, बालों में गजरा, हाथ में हरी-हरी काँच की दर्जनभर चूड़ियाँ, उसमें सोने की पाटली-चूड़ियाँ, सोने का लच्छा, कानों में झुमके! दुल्हन के पहनावे में मिनाज तो 'चौदहवीं के चाँद' सिनेमा की नायिका वहीदा रहमान जैसी ही लग रही थी। मैं जी भरकर दुल्हन बेटी, दूल्हा दामाद को देख रही थी...।

मेरी जिन्दगी में, मेरा अपना कह सकूँ ऐसा यह पहला समारोह था। इस एहसास से मेरा मन बार-बार खुशी से भर आ रहा था। न बच्चों का नामकरण, न सालगिरह! पर अपनी बेटियों की शादी तो अपने तौर-तरीके से, इरादों से, अरमान से करने की बात मैंने तय की थी। मुझे खुशी थी कि मैंने अपना यह इरादा पूरा किया।

सौभाग्यवती मिनाज और चिरंजीव कुतुब इस नव-दम्पती ने मुझे और मेरे पति को नमस्कार किया और मिनाज मेरे गले से लिपटकर रोने लगी। मेरी जान व्याकुल हो गई। अब मेरी मीनू बेटी पराया धन बन गई। बेटी की शादी की खुशी और उसके बिछड़ने का दर्द! इन जजबातों को बयाँ करना मेरे बस की बात नहीं...जो इस दौर से गुजरते हैं वे जान सकते हैं, कलेजे का यूँ टूटना कितना दर्दनाक होता है।

मेरी आँखों के सामने मिनाज के बहुत-से रूप घूम रहे थे। दुशाले में लिपटी छोटी-सी बच्ची, जमीन पर पेट के बल आगे बढ़नेवाली बच्ची, जब घर गिरा तब टूटी छत से लटकनेवाले पालने के नीचे, सिरहाने मिट्टी-पत्थर के ढेर में फँसी सात महीने की मीनू, मैंने गुस्से से पीठ पर गरम चाय फेंकी तब तिलमिलाकर रोनेवाली मीनू, बस्ता लेकर स्कूल जानेवाली, बाढ़ के पानी में से सर पर सामान का बोझ उठाकर चलनेवाली, सर पर जलाव का बोझा लेकर आनेवाली, रिजल्ट के डर से पहले ही रोनेवाली, कॉलेज में, नौकरी पर जानेवाली और अब दुल्हन बनी मिनाज! मैंने आशीर्वाद दिया, ''सदा सुहागन रहो, खुश रहो, फूलो-फलो, सलामत रहो...''

## 53. पिया का घर प्यारा लगे!...

विराज ने साइंस में जाने की बात तय की थी, उसके अनुसार वह न्यू कॉलेज में पढ़ने के लिए जाने लगी।

सीमा की इच्छा थी कि वह बी.एड. में प्रवेश ले, उसने वैसा ही किया। वह सन्मित्र डी.एड. कॉलेज जाने लगी।

विराज और सीमा पहली से दसवीं तक साथ-साथ थीं। अब सीमा बड़ी चिन्ता में पड़ कर उदास-उदास लगने लगी, क्योंकि विराज से बड़ी होकर भी छोटी विराज का हाथ थामकर वह बड़ी होती गई थी। छत पर अँधेरे में खड़ी होकर रोती रहती। मैंने उसे बहुत समझाया, उसके मन का डर, अकेलेपन को कम करने का प्रयास किया। हफ्ता भर उसके साथ-साथ गई। अब जरा-जरा डी.एड. कॉलेज में खुलने-मिलने लगी। वहाँ मिनाज भी थी।

अब के बरस मैंने अपने घर में फोन लगवाया। एस.टी. विभाग में किश्त से स्कूटर लेने की सुविधा हो गई थी, पति ने स्कूटर खरीद ली, अब वे स्कूटर से नौकरी पर जाने लगे।

मिनाज का ब्याह होते ही उसके पति कोल्हापुर में रहने आए। हमारे घर के पास ही घर मिला। नीचे-ऊपर तीन कमरे थे। मिनाज की घर-गृहस्थी अच्छे से शुरू हो गई। मीनू के साथ-साथ सीमा डी.एड. कॉलेज जाती। सीमा का रोना-धोना कम होने लगा। डी.एड. कॉलेज में साड़ी ही पहनने का नियम था। सीमा पंजाबी ड्रेस पहनकर कॉलेज जाती, वहाँ मिनाज के दफ्तर में जाकर ड्रेस बदलकर साड़ी पहनती, शाम में ड्रेस पहनकर आती। आगे चलकर सीमा ने अध्ययन-अध्यापन का यह कोर्स अच्छी तरह निभाया।

1990-91 में शर्मिला टी.वीय.बी.ए. में पहुँची। उस वर्ष एल.आर. वही चुनी गई।

मेरी बेटियों के पीछे-पीछे ही शमा की बड़ी बेटी शबनम कॉलेज के पहले बरस में पढ़ रही थी। उससे छोटी अल्फीजा दसवीं के आगे पढ़ नहीं सकी। शमा की इच्छा भी न थी कि वह आगे पढ़े। अल्फीजा भी पढ़ाई में इतनी होशियार न थी, इच्छा भी न थी। शबनम में पढ़ने की इच्छा थी, कोशिश भी थी, दिमाग भी था। शहाजाद की बेटी उम्मेहबीबा और सलमा राजमाता स्कूल में पढ़ती थीं। दोनों होशियार थीं। मेरी बेटियों के बाद इन दोनों लड़कियों ने स्कूल का नाम रोशन किया। विशेष रूप में उम्मेहबीबा में वक्तृत्व शैली बहुत खास है। 'आई ने रिटायर्ड व्हावे का?' इस विषय पर मैंने उसकी तैयारी कराई। महाराष्ट्र टाइम्स ने प्रतियोगिता की जिसमें वह द्वितीय स्थान पर आई। जमेला का बड़ा बेटा नवीं में पढ़ रहा था तो छोटा मुराद इचलकरंजी कॉलेज में पढ़ रहा था। उसकी छोटी बहन रानी आठवीं तक ही पढ़ी। उसे पढ़ाई से ज्यादा घर के काम में दिलचस्पी थी। रानी मेरे पास ही रहती थी। रानी खूबसूरत है, देहात में रहना जमेला के लिए चिन्ता की बात थी। मैंने अपने पास ही रानी को रखा। मेरा घर मेरे और बहनों के बच्चों से हमेशा भरा-भरा सा रहता। इन सब बच्चों को मेरे और मेरी बेटियों के प्रति विशेष लगाव है। मेरी बहनों को मेरे प्रति प्रेम नहीं, हाँ सिर्फ जमेला का अपवाद। बहनों की बेटियाँ ज्यादातर मेरे पास रहीं, बेटियों के साथ-साथ स्कूल गईं, खेली-कूदीं, कभी भी झगड़ा नहीं किया। ईरिना के तीनों बच्चे दसवीं तक भी नहीं पहुँचे। जरीना के दोनों बच्चे बड़े तेज थे, वे मिलिट्री के अंग्रेजी स्कूल में पढ़ते थे। कुल मिलाकर सभी बच्चों ने 'पढ़ाई के पंढरी' का रास्ता अपना लिया था।

1991-92 में सीमा डी.एड. प्रथम श्रेणी में पास हुई। पहले तो कॉलेज जाने से रोती थी

बाद में पढ़ाई में खो गई। उसका स्वभाव ही कुछ ऐसा है। छोटे बच्चों की तरह अगर किसी काम में जुड़ गई तो तन-मन से उसी में खो जाती है। काम की धुन में मगन हो जाती है। इसी स्वभाव का डी.एड. में उसे बड़ा फायदा हुआ। हर काम बड़ी लगन से सीखा, पढ़ा, आत्मसात किया, छोटे से छोटा हो या बड़े से बड़ा कपड़े का हाथी बनाने में लगी तो भी उसी में खो जाती या अध्यापन के प्रकल्प में। उसे बहुत बढ़िया अंक प्राप्त हुए।

इसी समय में ही जिला परिषद में अध्यापकों के पद भरने की घोषणा सरकार द्वारा घोषित हुई। इसी प्रशासकीय इम्तिहान में (लिखित तथा मौखिक) वह उच्च श्रेणी से पास हुई और दिसम्बर 1992 में जिला परिषद विभाग में शिक्षिका पद पर नियुक्त हो गई। स्कूल में जाने से डरनेवाली, कॉलेज में जाने पर रोनेवाली सीमा अब स्कूल में रोते-रोते आनेवाले बच्चों को हँसते-हँसते पढ़ाने लगी। आगे चलकर शिवाजी विद्यापीठ में अपनी उच्च शिक्षा जारी रखी। पढ़ना और पढ़ाना समान्तर रूप से चलता रहा और दोनों में कामयाब होती रही।

शर्मिला बी.ए. पास हो गई। उसका स्पेशल विषय अंग्रेजी था। बी.एड. की पढ़ाई के लिए शहाजी कॉलेज में प्रवेश लिया। वह कॉलेज बिना अनुदान तत्त्व पर था, जिसके लिए मुझे इक्कीस हजार रुपये फीस भरनी पड़ी।

विराज बारहवीं में 80% अंक प्राप्त कर पास हो गई। मेरा इरादा था उसे मेडिकल में भेजने का लेकिन विराज डॉक्टर बनना नहीं चाहती थी। विराज न्यू कॉलेज में बी.एस-सी. में पढ़ने लगी।

सीमा के लिए एक रिश्ता आया। लड़के की खुद की खेती-बाड़ी, घर था, दर्जी की दुकान थी। लड़का अच्छा, सुडौल, सुन्दर, निर्व्यसनी था। उनका और एक घर आंबेवाडी में था, जहाँ अब वे रहते थे। शादी के बाद सीमा का आंबेवाडी में रहना मुझे पसन्द न था क्योंकि आंबेवाडी से हर रोज नौकरी के गाँव, शिंगणापुर जाना मुमकिन न था। सो तय हुआ शादी के पश्चात सीमा का संसार कोल्हापुर में बसेगा।

10 मई, 1992 को कोल्हापुर में अक्षता मंगल कार्यालय में शादी कार्य सम्पन्न हुआ। बेटियों की शादी इस सुन्दर, बढ़िया, प्रशस्त, सुप्रसिद्ध कार्यालय में हो ऐसी इच्छा बरसों से मेरे मन में थी। आज शहनाई के सुरों के सान्निध्य में यह तमन्ना भी पूरी हो गई। भोजन व्यवस्था शाकाहारी थी। सीमा के लिए भी मैंने पाटल्या-कोल्हापुरी चूड़ियाँ, मंगलसूत्र, झुमके बनवाए थे। उसकी पसन्द से शालू-बनारसी साड़ी, बाकी भी कीमती साड़ियाँ ले लीं, ससुरालवालों ने बड़ा नेकलेस, अँगूठी पहना दी।

सीमा ससुराल जाते वक्त बहुत रोई। हमेशा मेरे भरोसे पर या कभी विराज के सहारे रहनेवाली सीमा मुझे छोड़कर कहीं नहीं गई। आज पहली बार मेरी उँगली छोड़कर अपने पति का हाथ थामकर अपने घर चली थी, फिर भी उसकी आँखों में जो असुरक्षा का भाव था वह छिप न रहा था। मेरे पेट से, सीने से चिपककर उसका बचपन बीता। दुर्घटना के पश्चात उसकी मानसिकता पूरी तरह टूट चुकी थी, मिरगी के झटकों के बाद तो बहुत घायल, विह्वल-सी हो गई। वह कभी भी मुझसे कुछ न माँगती, शायद इसी कारण उसकी जरूरतों की ओर मैं ज्यादा ध्यान देती। आज वह वधू बन गई। वधू की वेशभूषा में वह अभिनेत्री नूतन की तरह दिखाई दे रही थी। उसकी पहचानवाले सभी उसे नूतन कहते। अधरों की थरथराहट, आँखों में तरंगनेवाली विह्वलता, भावोत्कटता, आँसुओं से डब-डबानेवाली आँखें। मैं तो पत्थर हो

गई। सीने पर पत्थर रखकर उसे विदा करते वक्त मेरे पेट में ऐसा गड्ढा पड़ गया कि लगा यह कभी भी नहीं भरेगा।

शर्मिला बी.एड. पास हो गई। शर्मिला ने तय किया था कि बी.एड. पूरा होने तक वह ब्याह नहीं करेगी। इसी वजह से सीमा की शादी के बाद शर्मिला की शादी की गई।

शर्मिला के लिए वडकशिवाले गाँव के लड़के का रिश्ता आया। लड़का मराठी में उच्च शिक्षा विभूषित एम.ए., बी.एड. तथा सेट, नेट परीक्षा में पास। फिलहाल अल्पकालीन नौकरी थी। शर्मिला के लिए इस रिश्ते के लिए हमने 'हाँ' कर दी। श्री राजेखान कुतुबुद्दीन शाणेदिवाण। लड़का दिखने में सुन्दर तो था ही साथ ही विद्वता से परिपूर्ण। दसवीं, बारहवीं बोर्ड की गुणवत्ता पंक्ति में, कॉलेज में, विद्यापीठ में गुणवत्ता श्रेणी में रहा, मराठी भाषा पर विलक्षण प्रभुत्व। वैचारिक, गम्भीर, गहन विषयों पर कविता लिखनेवाला, दृढ़निश्चयी, परिपक्व ऐसा यह लड़का! निश्चय ही इस लड़के का भविष्य उज्ज्वल रहेगा। यह मेरी सोच आगे चलकर, बहुत जल्द ही सच में साबित हो गई।

लड़के की खेती-बाड़ी, घर गाँव में था। एक भाई था, जिसकी शादी हो चुकी थी। दोनों बहनें भी ब्याही जा चुकी थीं। माँ, बाप थे। राजेखान तथा शर्मिला के इच्छानुसार हमारे अपार्टमेंट्स के टेरेस पर गिने-चुने मेहमानों के सान्निध्य में रजिस्टर तरीके से शादी हुई। शर्मिला के लिए भी सोने की चूड़ियाँ, मंगलसूत्र, झुमके बनवाए थे।

7 अक्तूबर, 1994 ग्यारह बजे यह विवाह सम्पन्न हुआ।

शर्मिला की शादी बहुत ही सीधे-सादे तरीके से हो गई, इस बात से मैं अन्दर ही अन्दर बड़ी नाराज रही। हार, गजरा, बनारसी साड़ी सेहरे में सजी शर्मिला थी लेकिन न मंडप, न शहनाई, मेहमान, इष्ट-मित्र नहीं। सुख की घड़ी में भी अपने सारे होते हैं तो अच्छा लगता है ना? लेकिन बेटी, दामाद की इच्छानुरूप मैं हर कार्य, समारोह करती आई। अपनी शादी सादे तरीके से हो ऐसी दोनों की इच्छा थी, उनकी इच्छा के अनुसार मैंने अपना फर्ज निभाया।

शर्मिला रूप से बड़ी खूबसूरत है। चेहरा सुन्दर, बोलती बड़ी-बड़ी आँखें, चेहरे पर हमेशा एक शरारती मुस्कान! दोनों की जोड़ी अनुरूप थी। ससुराल जाते वक्त शर्मिला मेरे गले लगकर रो रही थी। आँसू भरी आँखों से मुझे निहारती, मुझे ही पास लेकर थपथपा रही थी।

शर्मिला मुझे मेरी सहेली की तरह लगती। वह बराबर समझ जाती है कि मैं क्या महसूस कर रही हूँ, क्या चाहती हूँ , क्या दर्द है? कौन-सी कसक मुझे घायल बना रही है। माँ के बर्ताव से मुझ पर आनेवाला दबाव, मेरी घुटन, तकलीफ वह जान जाती। वह बात भी समझदारी से करती। माँ मेरे साथ झगड़ती तो वह शान्त चित से माँ को उसकी गलती बताती, इसी कारण माँ उससे डरती। शर्मिला का मुझे सहारा लगता। हमेशा मेरे पास बैठती तो मेरे पल्लू के अन्दर पेट को थामकर बैठती। मेरे पास ही, मुझे लपेटकर सोने की उसकी आदत, अब इसका भी सान्निध्य समाप्त हुआ। यह भी मेरे लिए मेहमान बन गई। शरू पराई हो गई। मेरे अन्दर से कुछ टूट रहा था, कुछ छूट रहा था। क्या? समझ नहीं पा रही थी, पर अजीब-सा खालीपन मेरे अन्दर मुझे ही तोड़ रहा था, मैं थकी-सी हो गई, मेरा बदन थर-थर काँपने लगा...।

# 54. बीजिंग की आशा

जनवरी में 'महाराष्ट्र महिला व्यासपीठ स्त्री आधार केन्द्र' की ओर से मुझे पत्र मिला कि बीजिंग में होनेवाली स्त्री-परिषद में सम्मिलित होने के लिए आमंत्रित किया गया है। एनजीओ फोरम ने मेरे खर्चे की जिम्मेदारी उठाई थी। यह परिषद 30 अगस्त, 1995 से 8 सितम्बर, 1995 तक चलनेवाली थी। महिला दक्षता समिति के पते पर मुझे खत मिला। सब सदस्यों के मतानुसार मेरा इस परिषद में सम्मिलित होना तय हुआ।

मैंने यह बात घर में बता दी। बेटियों की इच्छा थी कि मुझे इस परिषद में जाना है, बार-बार ऐसा मौका नहीं आता, लेकिन शौहर नहीं चाहते थे कि मैं इतनी दूर अकेली जाऊँ। मेरा भी जाने का बड़ा इरादा था। खर्चे की भी कोई चिन्ता न थी। आना-जाना, रहना, खाना-पूरे खर्चे का जिम्मा फोरम उठा रही थी। खास बात यह थी कि कुछ कोशिश किए बिना मेरे लिए यह उपलब्धि निर्मित हो गई थी। महाराष्ट्र में से स्त्री आधार केन्द्र की प्रमुख डॉ. नीलम गोरे जी महाराष्ट्र का प्रतिनिधित्व कर रही थीं, उनका भी खत मिला। यह खत मैंने लीलाताई जी को दिखाया, लीलाताई ने कहा, "आम्हीही मदत करतो पण ही संधी सोडू नको।" (हम भी मदद करते हैं, मौका मत छोड़ना।)

मेरे शौहर ने दो-तीन दिन विचार किया और हरी लालटेन दिखाई, आगे चलकर सहकार्य की भूमिका भी जता दी। मैं बीजिंग परिषद में जाने की तैयारी में लगी।

पासपोर्ट से तैयारी शुरू हुई। मुझे पासपोर्ट वीजा इनके बारे में कुछ भी जानकारी न थी। नंदिनी ट्रैवलर्स में पन्द्रह सौ रुपये फीस भरी। फोटो कागजात पूछताछ शुरू हो गई लेकिन दो महीनों के बाद भी कुछ जवाब न मिला।

बाबरी मस्जिद की घटना के बाद मुस्लिम व्यक्ति के बारे में बहुत कड़े नियम बनाए गए थे। प्रत्यक्ष साक्षात्कार लेकर, सवाल-जवाबों के कठघरे से गुजरने के बाद अगर अधिकारियों को सही लगता तो पासपोर्ट देने का आदेश दे देते। 'मुस्लिम' होने का 'फटका' यहाँ भी बैठा था।

पासपोर्ट के लिए मैं और शौहर बम्बई जाने के लिए निकले। घर में कुछ अड़चन न थी। विराज, रानी थी ही। काम के लिए शान्ता थी। माँ नहीं चाहती थी कि मैं सफर पर जाऊँ लेकिन मैं सफर की तैयारी में ही लगी रही तो चुप हो गई। गुस्सा उतारने के लिए शान्ता, रानी तो थी ही उसकी भी फिक्र न थी।

बम्बई जाते वक्त मुझे बड़ी चिन्ता हो रही थी। एक तो मैं पहली बार बम्बई जा रही थी, दूसरी बात हमारा कोई रिश्तेदार बम्बई में न था। हम कोल्हापुर से एस.टी. से निकले। मैंने बस में कदम रखा कि देखा सामने ही जनता पक्ष के माजी आमदार श्री रविन्द्र सबनीस जी और ज्येष्ठ कार्यकर्ता श्री पडवलेजी बैठे हैं। दोनों जने बम्बई में एक मोर्चे में शामिल होने के लिए चले थे। मैंने अपनी समस्या बता दी, सबनीस जी ने झट से कहा, "आशाताई, आता कालजी करू नका, तुमची सगली व्यवस्था आमच्या जनता पार्टीच्या महाराष्ट्र भवनमध्ये होईल, बाकी तुमच्या पासपोर्टचही बघू।" अचानक मेरी समस्या का हल निकल आया, मैं बड़ी खुश हो गई।

पासपोर्ट के काम में खुद रविन्द्र सबनीस, मा. बापूसाहेब कालदाते मेरे साथ आए। मुख्य साहब से मेरे बारे में, जाने के उद्देश्य के सम्बन्ध में बताया। परिषद में सम्मिलित

होने के लिए पासपोर्ट जल्दी मिलने की आवश्यकता भी बता दी। मा. खासदार मधु दंडवते जी ने भी अफसर से फोन पर बात की। इतने ऊँचे स्तर पर पासपोर्ट के बारे में कहने के कारण अफसर ने कहा कि "चार दिवसात पासपोर्ट मिलेल, स्वतःच येवून घेवून जा!" मेरे शौहर तो नौकरी से दो दिन की छुट्टी लेकर आए थे। रविन्द्र सबनीस ने इसकी भी व्यवस्था की। आपने कहा कि "तुम्ही निश्चिंत जा, आशाताई आमच्या बरोबर इथं राहतील, पासपोर्ट घेवून आम्ही येतो, इथं चार दिवस आमचंही काम आहे।" (तुम्हीं निश्चिंत जाओ, आशाताई हमारे साथ रहेगी। पासपोर्ट लेकर ही हम आएँगे, यहाँ हमारा चार दिन का काम भी है।)

दूसरे दिन के जनता पार्टी के मोर्चे में मैं भी शामिल हो गई। खासदार मधु दंडवते, प्रमिला दंडवते, मृणाल गोरे, बापू कालदाते जैसे ज्येष्ठ कार्यकर्ताओं से मुलाकात हो गई। मोर्चे के बहाने मुझे आजाद मैदान तथा बम्बई का कुछ हिस्सा देखने को मिला। मोर्चे के बाद रविन्द्र सबनीस जी ने मुझे अपने साथ लेकर टैक्सी, बस से ले जाकर बम्बई की मशहूर जगहें दिखा दीं। गेट वे ऑफ इंडिया, हाजी अली दरगाह, जहाँगीर आर्ट गैलरी, आकाशवाणी केन्द्र, समन्दर। सबनीस जी वयोवृद्ध होने के बावजूद बड़े उत्साह से मुझे बम्बई दिखा रहे थे और मैं भी छोटी बच्ची की तरह कौतूहल से विस्मित होकर देख रही थी। मुझे लग रहा था मेरा बचपन लौटकर आया है और मैं बड़े विश्वास और प्रेम से अपने भई जी का हाथ थामे खुशी से मचल रही हूँ।

चार दिनों के बाद पासपोर्ट दिलाकर श्री सबनीस और पडवले जी इन दोनों वृद्धों ने मुझे बड़ी जिम्मेदारी से कोल्हापुर पहुँचाया।

बाकी सफर की तैयारी में लीलाताई जी बड़े प्यार से मदद कर रही थी। कोरगावकर ट्रस्ट के दफ्तर की जिम्मेदारी सँभालनेवाले निवृत्त प्राचार्य अरविंद सातवेकर जी मेरा परिषद सम्बन्धी (अंग्रेजी में) पत्र व्यवहार सँभाल रहे थे।

परिषद सन्दर्भ में पुणे व अहमदाबाद में चार सभाओं का आयोजन हुआ था। संघर्ष छात्रवाहिनी की कार्यकर्ता सुश्री रजिया पटेल जी की सहायता से, सोहबत से पुणे, अहमदाबाद जा सकी। इसी में से बहुत-से कार्यकर्ताओं से जान-पहचान हो गई। डॉ. निलम गोन्हे, शारदा साठे, ज्योती म्हापसेकर, गीता महाजन, नीमा, विद्या आदि। बम्बई से मेहरून्निसा दलवाई और दिल्ली से प्रमिला दंडवते जी आ रही थी, इनसे तो पुरानी पहचान थी।

लीलाताई ने अपने सात हजार तथा महिला दक्षता समिति, रविन्द्र सबनीस ट्रस्ट, एच.डी. बाबा, सुरेश शिपूरकर, डॉ. आठल्ये तथा हमारी अन्य सहेलियाँ–इन सबने मिलकर बीस-पच्चीस हजार रुपये मुझे सफर के लिए दे दिए। कॉलेज ने चौबीस दिनों की छुट्टी देने का वादा किया।

इसी वक्त लीलाताई जी ने मेरे बारे में एक लेख लिखा था 'बिजींगची आशा' इस नाम से। 'मुंगी उडाली आकाशी' इस वाक्य से प्रारम्भ करते हुए मुस्लिम परिवार तथा प्रतिगामी परम्पराओं से संघर्ष करते हुए शिक्षा प्राप्ति के लिए किया गया परिश्रम, बच्चों की जिम्मेदारी, पारिवारिक पार्श्वभूमि निभाने का मिला मौका, इन सब बातों का जिक्र करते हुए मेरे बारे में आदरयुक्त, स्नेहपूर्ण शब्दों में लिखा यह लेख मानो समाज की ओर से दिया गया 'शुभ सन्देश' ही था। संघर्ष, कष्ट,

जिम्मेदारियों के पहाड़ झेलते हुए भी सामाजिक जिम्मेदारी के प्रति अपना दायित्व निभाने की मेरी वृत्ति का विशेष उल्लेख किया था।

मेरी प्रथम विदेश यात्रा के लिए लीलाताई जी ने मुझे विशेष दावत दी। यह विशेष दावत 'होटल पर्ल' में रखी थी। इस पार्टी में जाते वक्त लीलाताई जी ने अपनी खास रेशमी साड़ी मुझे पहनने के लिए दी, मेरे गले में सोने की लम्बी-सी, दो पल्लू की मोहनमाल डाली, कानों में मोती-मूँगा के कर्णफूल पहनाए, जूड़े पर जुई का गजरा लगाया, हल्के-से महकनेवाला इत्र भी फँवारा, मेरे माथे पर कुमकुम का तिलक भी सजाया। रिक्शा से मैं, बाई जी और आण्णा होटल आए। इतने शानदार होटल में मैं पहली बार आई थी। दोनों के सामनेवाली, कुर्सी पर मैं बैठी। दोनों मुझे बड़े प्यार, दुलार की नजरों से निहार रहे थे, "आशा अगदी वेगली आणि छान दिसते नाही?" (आशा कितनी अलग और सुन्दर लगती है ना?) आण्णा ने स्नेहार्द स्वर में कहा, तब मुझे अपने भाग्य पर गर्व-सा लगने लगा।

तीर्थरूप आण्णा और आदरणीय लीलाताई! दोनों पति-पत्नी! जिस उम्र में जवान बेटे के सहारे की जरूरत होती है उसी उम्र में जवान बेटे की दुर्घटनाग्रस्त मौत ने उनकी जिन्दगी ही उजाड़ दी। बाई जी का 'श्रीरंग' जिसे बाई 'बाल' कहती। उसकी तो शादी भी तय हुई थी। 1974 में ऐन दीपावली के त्योहार में स्कूटर की दुर्घटना में गुजर गया। बाई जी और आण्णा यह दुःख, विरह बहुत धीरज, सहनशीलता से सहते आए हैं। बाल के जाने का दुःख उन्हें अन्दर ही अन्दर खोखला करता आया है, लेकिन दोनों ने हमेशा दूसरों पर गहरा प्रेम रखा, बहुतों की मदद की, करते आए। कितनों को शिक्षा ग्रहण करने में सहायता की, जो अब पढ़-लिखकर सम्पादक, अध्यापक, प्राचार्य हो गए हैं। आण्णा ने दलित, गरीब, शोषित लोगों की न्याय की लड़ाई में साथ दिया, अपनी एल.एल.बी. की शिक्षा का उपयोग शोषितों को न्याय देने के लिए किया। आण्णा जी को दलितमित्र तथा करवीर भूषण जैसे पुरस्कारों से समाज ने विभूषित किया है।

बाई जी का अपनी माता पर नितान्त प्रेम था। अपनी माता का आंतरिक दर्द, वेदना वे जानती थीं। प्रिय बेटा श्रीरंग तथा प्रिय माता मनोरमा फडके जी की स्मृतियों को उन्होंने चिरंतन तथा उदात्त रूप में साकार किया। 'सृजन-आनन्द शिक्षण केन्द्र' तथा 'मनोरमा फडके महिला-बाल विश्वस्त कुँज' इन दो संस्थाओं का निर्माण किया।

आण्णा तथा बाई जी कभी भी अपने वैयक्तिक दुःख को किसी के सामने व्यक्त नहीं करते। आज अगर उनका बाल हयात (जीवित) होता तो घर-आँगन बहू-बेटियों, नाती-पोतों से भरा-पूरा रहता। घर में गोकुल होता, लेकिन बाई जी का श्रीरंग गया और उनकी जिन्दगी बेरंग, व्याकुल हो गई। मुझसे, कहने के लिए, कोई रिश्ता न होते हुए भी जात-पात, रिश्ते से परे अपनी 'बेटी' का नाता जोड़ा। उनके प्यार ने मानो मेरा 'अनाथपन' भर दिया।

बहुत-सी संस्थाओं, परिचित लोगों, के.एम.सी. सहकारियों द्वारा मुझे शुभेच्छा, बधाई दी गई। 25 अगस्त तक दिल्ली में पहुँचना जरूरी था। रजिया ने 24 तारीख का विमान का टिकट निकाला है, ऐसा उसका फोन आया।

तेईस अगस्त सुबह कोयला रेल से जाने का प्रबन्ध हुआ। बम्बई तक शौहर मेरे साथ आनेवाले थे। विराज, रानी ने मेरे सफर के बैग भरे। रेलवे स्टेशन पर विदाई देने के लिए दामाद, बेटियाँ, माँ भी आए थे। वैसे तो अन्दर ही अन्दर बेटियाँ बेचैन थीं, मैं भी, लेकिन व्यक्त नहीं

कर रही थीं। हार, फूलों के गुलदस्तों के साथ फोटो भी खिंचे। रेल की सीटी बजी और मेरे पेट में गढ़ा ही पड़ा। मैंने माँ के हाथ में हाथ दिए, आज पहली बार मेरे हाथ में उसके हाथ थे, "कालजी ले, इधर का कालजी करू नकोस," मैंने जमीन पर आँखें गड़ाते कहा, 'हाँ' और हाथ छुड़ाकर उसे पालागन किया। बेटियों के माथे चूकर प्यार किया और रेल में जा बैठी, रेल चल दी। खिड़की से हाथ निकालकर मैं हिला रही थी, धीरे-धीरे बेटियाँ आँखों से ओझल होती गईं...।

रजिया पटेल के कारण बम्बई में रहने की व्यवस्था हो सकी। 'सर्वोदय' कार्यालय में मेरे रहने का इंतजाम था। सुबह 9 बजे दिल्ली का विमान था।

सुबह आठ बजे ही हम हवाई अड्डे पर पहुँच गए। वहाँ की 'सिद्धता' (कार्रवाई) पूरी करके प्रत्यक्ष अन्तर्गत इमारत में जाने के लिए मैं निकली तब मेरे पति ने मेरा हाथ थामते हुए कहा, "तू एकली यते दूर जानेवाली, मजे लई कालजी लगीया।" (तुम अकेली इतनी दूर जा रही हो, मुझे बड़ी चिन्ता हो रही है।)कहते-कहते उन्होंने रोना ही शुरू कर दिया। मुझे भी तकलीफ हो रही थी। मैंने उनके हाथों में से हौले से अपने हाथ छुड़ाते कहा, "कुछ कालजी करू नको, मैं अकेली नहीं, और बाकी सहेलियाँ साथ में है, तुमी तुमारी कालजी लेव, मैं फोन करूँगी।" और मैंने हाथ हिलाकर विदा ली, उनकी नजरों से ओझल हो गई।

मुझे बड़ा अजीब-सा लग रहा था। मुझे इस तरह अकेली जाने में जरा भी डर नहीं लग रहा था। एक अलग से शहर में अनोखे माहौल में आने के साथ-साथ हवाई जहाज के सफर का पहला अनुभव रहते हुए भी जरा भी न घबराते हुए मैं निश्चिंत मन से दृढ़ता के साथ कदम उठाती विमान की ओर चल पड़ी।

दोपहर एक बजे हम दिल्ली पहुँचे। वहाँ जाते ही पता चला कि अब तक मेरा वीजा आया न था। बहुत तकलीफ देनेवाली उथल-पुथल अवस्था में ये पल मैंने गुजारे। बड़े विचित्र अनुभव भी आए। और एक बार 'होंठों से आते-आते सागर छूट गया था', बीजिंग की आशा निराश होकर वापस लौट आई।

मैंने दिल्ली से बाई जी को, मेरे घरवालों को मेरे बारे में बताया। 'मैं आ रही हूँ' यह बताए बिना ही मैं दिल्ली से निकल पड़ी। मेरे साथ में मेहरून्निसा दलवाई भाभी थीं, उन्हें भी वीजा नहीं मिला। महाराष्ट्र से बहुत-सी स्त्री कार्यकर्ता गईं, सिर्फ मुझे और भाभी को जाने का मौका नहीं मिला। इस बात की भाभी जी के दिल को इतनी ठेस पहुँची कि उनकी तबीयत ही बिगड़ गई। बड़ा तेज बुखार आया। बीमार भाभी जी को रात भर सँभालते-सँभालते मैं बड़ी घबरा गई। सुबह मैं अकेली ही ट्रैवलर्स एजेंसी में जाकर विमान के दो टिकट ले आई। हम दोनों ने 29 को सुबह ग्यारह बजे दिल्ली छोड़ी। बम्बई, पुणे, कोल्हापुर ऐसा सफर करते मैंने 30 अगस्त की सुबह 10 बजे कोल्हापुर वापस कदम रखा। भाभी बम्बई तक साथ थीं, वे बम्बई में रहती हैं।

एक अत्यन्त महत्त्वपूर्ण परिषद में सम्मिलित होने का मौका इस तरह से छूट जाने का बड़ा दु:ख तो हो रहा था, बड़ा अपमानित लग रहा था। लीलाताई तथा अन्य सहेलियाँ भी नाराज हो गईं।

मेरे आने के चार दिन बाद लीलाताई जी ने सकाल पेपर्स के प्रमुख सम्पादक मा. अनंत

दीक्षित जी तथा अन्य संस्था के सदस्यों की उपस्थिति में एक सभा आयोजित की। उस सभा में मैंने अपना दीर्घ मनोमत व्यक्त किया। दूसरे दिन के सकाल के मुखपत्र पर मेरे फोटो सहित खबर छपी थी, ''प्रा. आशा आपराद यांच्यावर बिजींग परिषदेसंदर्भात अन्याय।'' इसी समय महाराष्ट्र टाइम्स ने भी सरकार पर टीका की, ''दोन मुस्लिम स्त्रियांना बिजींग परिषदेत सहभागी होण्यास नाकारणान्या धोरणाचा निषेध करायला हवा।'' (दो मुस्लिम औरतों को बीजिंग ली परिषद में सम्मिलित होने से इनकार करने वाले वृत्ति का निषेध आवश्यक है।) राजकीय हेतु पर भी शक जताया गया।

पश्चिम महाराष्ट्र की प्रतिनिधि, पिछड़े समाज, वर्ग की प्रतिनिधि! आसमान छूने की आस में उड़ान भरी थी कि इस कदर पंख छाँटे कि मैं घायल, विदीर्ण होकर जमीन पर पटक दी गई।

दिल्ली के 'वे' चार दिन मैंने बड़ी विषण्णता से बिताए। सरकारी अफसर, राजदूत के दफ्तर, फोन, सन्देश भेजना, इंतजार करना, इतने चक्कर लगाए, इतने चक्कर लगाए कि मेरा कलेजा मुँह को आने लगा। अपने आपको कार्यकर्ता के प्रमुख माननेवाले मेरी जैसी सीधी सामान्य औरत को छोड़कर जा रहे हैं यह क्या करेगी? यह सोचा भी नहीं। साथ-साथ रहनेवाली साथी अपना काम होते ही जाने की धाँधली में लग गई। मुझे इस नाटकीयता, दांभिकता, झूठेपन पर इतनी चिढ़ आई कि मुझे परिषद में जाने का मौका ही न मिलता तो अच्छा था ऐसा लगने लगा। यह निराश अनुभव सहना मेरे लिए बड़ा कठिन-सा हो गया, बहुत यातनामय रहा यह अनुभव...।

फिर भी, मैंने जब शान्त होकर सोचा तो खयाल में आया कि, इस परिषद के बहाने मुझे जो सामाजिक प्रेम, सहकार्य, स्नेह प्राप्त हुआ उसी पार्श्वभूमि पर मेरा अपयशी होकर वापस लौट आना दिल को चोट पहुँचानेवाली बात जरूर है। लेकिन कटु यादों से अधिक सबके सामाजिक प्रेम, ममत्व, आश्वासकता का अनुभव श्रेष्ठ है। इस अनुभव ने संघर्ष की शक्ति और भी बढ़ा दी, यह क्या कम है? परिषद में जाकर जो न सीखती वह परिषद में न जाकर जो सीखा वह श्रेष्ठ है। इन सब कड़वी, मीठी-मधुर यादों को मैं भुला नहीं सकी...।

कितनी मजेवाली बात है देखो, मैंने पासपोर्ट निकाला, सब तैयारी की लेकिन दिल्ली जाकर वापस आई, पासपोर्ट पर विदेश जाने की इजाजत के दस्तखत न हो सके...वह कोरा का कोरा रहा। अब कहीं जाने का इरादा ही नहीं, उम्मीद भी नहीं। मैं जब कोल्हापुर लौट आई, पाँच सितम्बर को मुझे दिल्ली दफ्तर से फोन आया था आपका वीजा आ गया है आप बीजिंग जा सकती हो। तब मैं जा न सकी, क्योंकि तीन दिन में वहाँ जाकर परिषद में शामिल होना मुमकिन न था। हमेशा जिन्दगी में ऐसा क्यों होता आया? पता नहीं, इस आँखमिचौली में हमेशा जिन्दगी जीतती गई और मैं हारती... लेकिन मैंने खेलना नहीं छोड़ा...

*तुझसे नाराज नहीं जिन्दगी*
*हैरान हूँ, हैरान हूँ मैं*
*तेरे मासूम सवालों से परेशान हूँ मैं*
*परेशान हूँ मैं*

गुलजार का यह गीत मुझे रुला ही देता है... ।

## 55. मेरी सारी चिड़ियाँ फुर्रर...

विराज संख्याशास्त्र विषय लेकर बी.एस-सी. में प्रथम श्रेणी में पास हो गई। एक वर्ष का कम्प्यूटर का कोर्स पूरा किया। इसके अलावा डी.एम.एल.टी. (डिप्लोमा इन मेडिकल लैब टेक्निशियन) का कोर्स पूरा किया। इस शिक्षा के आधार पर (निदान) रोग निदान सेंटर में 'सिटी स्केनिंग' विभाग में नौकरी भी मिल गई।

विराज के लिए गारगोटी में पास के गाँव षेणगाव में डॉ. महात के बेटे का रिश्ता आया। लड़का पढ़ा-लिखा, खुद का घर, खेती। नौकरी कोल्हापुर में थी, लड़के का नाम 'राज' था। बड़ा इत्तफाक था, राज के साथ विराज का ब्याह तय हुआ।

बाकी बेटियों की तरह विराज के लिए भी सात तोले के गहने, कपड़े खरीदे। 25 अप्रैल, 1996 के दिन सुबह ग्यारह बजे अक्षता मंगल कार्यालय में यह विवाह कार्य सम्पन्न हुआ। मेरे घर का आखिरी विवाह कार्य था इसलिए मैंने पूरे मित्र, परिवारजन, मेहमान, कार्यकर्ता मित्र-बहुतों को न्योता दिया। मोतीचूर के लड्डू, पुलाव, दो सब्जियाँ, रायता, पकौड़े, पंचामृत, कायरस-ऐसा भोजन का आयोजन था। मेरी शादी में जो ननदें, मेहमान रूठकर गए थे उन्हें, बहनों, समधियों, बाकी रिश्तेदार सबके लिए कपड़े, साड़ियाँ भेंट में दीं। आनेवालों के स्वागत के लिए भगवे रंग के कोल्हापुरी फेंटे बाँधकर सभी दामाद खड़े थे। मैंने पनाला से खास चंपे के पीले, खूबसूरत फूल मँगवाए थे, फूल देकर, गुलाबजल छिड़ककर स्वागत करना रोमांचकारी अनुभव था।

शहनाई के मंगलमय वातावरण में फूलों के महक में, झिलमिलाते वस्त्र-प्रावरणों में, प्रसन्न चित्त आमन्त्रितों की उपस्थिति में राज-विराज के विवाह समारोह में आँखें भर-भरकर दिल में उतर रही थीं। राज और विराज इस दूल्हा-दुल्हन पर सबकी नजरें टिकी हुई थीं। बहुत ही खूबसूरत-सा जोड़ा लग रहा था। विराज गोरी-गोरी, नटखट, कालीभोर आँखों से ज्यादा हँसती है, लाल बनारसी साड़ी में जगमगाती लाल चुनरी ओढ़ी, फूलों से, हार से सजी-सँवरी, हरी-हरी चूड़ियों में लावण्यवती ही नजर आ रही थी। राज तो बड़ा ही खूबसूरत है, आकर्षक है। दोनों की जोड़ी बड़ी सुन्दर लग रही थी, या अल्ला! कहीं नजर न लगे।

शादी की चहल-पहल खत्म हुई। शाम के चार बजे 'विदाई-रस्म' अदा होने लगी। फूलों से सँवारी गाड़ी में से भरे-पूरे परिवार के ससुरालवालों के साथ विरू जाने निकली। मेरा सुबह से खिला-खिला चेहरा मुरझाया। विराज 'माँ' कहती हुई मेरे गले लग गई। मुझे याद आ रहा था सब। इस बच्ची को, मुझे देखने या लेने के लिए कोई आया न था इसलिए बच्ची को गोद में लिए, पास में एक पोटली रखे इंतजार में बैठी एक जच्चा! ग्यारह दिन की बच्ची को छोड़कर परीक्षा देने के लिए जानेवाली एक माँ। भोर समय में, ठंड में दुशाले में लिपटकर गोद में सोती बच्ची और मैं कक्षा में पढ़ाई करती। सीमा की चिन्ता करनेवाली बॉडीगार्ड विरू। हमेशा गिरकर हड्डियाँ तोड़ लेनेवाली विरू। होशियार, निर्भय, स्पष्टवक्ता, आत्मविश्वास से परिपूर्ण विरू। यह छोटी-सी बच्ची बड़ी भी हो गई और आज सौभाग्यवती होकर 'विराज महात' नाम की बहू होकर ससुराल भी चली...।

उसे छाती से लगाकर मैं आज बहुत रोई, आज तक इतना नहीं रोई जितना आज!

मेरे जीवन के स्थित्यंतर काल की गर्भ से गवाह विराज ही थी। उसके बाद का जीवन सफर जब वह ग्यारह दिन की थी तब आरम्भ हुआ। आज वह भी अलग हो गई...।

मेरी सारी चिड़ियाँ फुर्रर्र...उड़कर दूर गईं...मेरा घोंसला खाली-खाली हो गया...यह एहसास मुझे बड़ा ही आहत कर रहा था...।

## 56. एक पल जैसे, एक युग बीता। युग बीते मोहे नींद न आई...

चारों बेटियाँ अपनी-अपनी ससुराल चली गईं। रानी भी अपनी माँ के साथ शिरढोण गई। रानी का भी ब्याह हुआ था, विराज के रिश्ते में ही लड़का था, एस.टी. बस में कंडक्टर था, खुद का घर था। लड़का तथा घर के लोग भी अच्छे थे।

मेरा हमेशा चहल-पहल और चहक से भरा घर शान्त-शान्त-सा हुआ। घर में मैं, माँ और मेरे शौहर तीनों ही थे। मुझे बड़ा अकेला-अकेला लग रहा था। बरसों से बेटियों में लिपटी, बेटियों के लिए ही जीना, उन्हें जीने लायक बनाना मेरे जीने का मकसद, मेरी मंजिल, मेरा शगल था। वह पूरा होते ही मुझे हर पल बोझ-सा लगने लगा। मेरे जिन्दा रहने का, भागदौड़ का कुछ इरादा, अर्थ था अब सारा बेजान, निरर्थक लगने लगा। उसके साथ-साथ साँस लेने की मुझे आदत-सी हो गई, अब उनके बिना जीना, जीना नहीं लग रहा था। अब मेरा चैन, मेरी नींद भी मुझसे बिछड़कर चली गई। हर पल बेचैन-सी रहने लगी। किसी काम में मन एकाग्र करना मुश्किल-सा हो गया। अब यह दौर भी निराशा, अवसाद का सा आ गया।

सबसे महत्त्वपूर्ण बात यह थी कि जिनके सान्निध्य में रहना मुझे कतई पसन्द न था ऐसे लोगों के साथ रहना मेरे लिए असह्य, सजा के समान लग रहा था। शरीर तथा मन पर तनाव बढ़ रहा था।

माँ और मैं एक ही घर में, साथ-साथ रहते तो आए लेकिन रेल की पटरी की तरह समान्तर रेखा में। हम दोनों में किसी भी प्रकार से बोलचाल, संवाद न था। माँ तो दुहरी भूमिका करती आई, एक दुनियावालों के लिए और दूसरी बिलकुल निजी। उसे जो चिढ़, गुस्सा आता उसका अन्दरूनी कारण अलग होता, यह बात जानकर भी मुझे अनजानों की भूमिका निभानी पड़ती। मुझे निद्रानाश की तकलीफ दुबारा शुरू होकर चार-पाँच साल बीत चुके थे। डॉ. गायत्री हर्षे जी की ट्रीटमेंट भी ली लेकिन दिन-ब-दिन दवा की मात्रा बढ़ने लगी थी। आखिरकार डॉक्टर ने कहा कि आपको अब शॉक ट्रीटमेंट की जरूरत है, यह सुनकर मैं बहुत चिन्ताग्रस्त हो गई। एक बार गंगावेस परिसर में से गुजर रही थी। मैंने आयुर्वेद उपचार केन्द्र गंगा हॉस्पिटल देखा। वहीं पर डॉ. मंजुषा देसाई डॉक्टर से मुलाकात हुई। उन्होंने मुझ पर पंचकर्म उपचार कराए। हफ्ताभर तक्रधारा और उसके बाद छः महीने दवाइयाँ दीं, तब थोड़ा अच्छा लगने लगा। अब दूसरी तकलीफ ने सिर उठाया। मेरा घर में जरा भी दिल नहीं लग रहा था। मैं बीच-बीच में लीलाताई जी के घर रहने जाती। अपनी तकलीफ मैंने उन्हें भी बता दी।

कॉलेज में मई महीने की छुट्टी थी। मैं सुबह घूमने के लिए जाती, वहीं पर नदी की सीढ़ियों पर बैठे सोचती रहती। दो दिन के लिए मैंने सभी बेटियों को बुला लिया। नदी के किनारे पर बड़े मन्दिर के सामने बड़ा चबूतरा था वहीं पेड़ के नीचे बैठकर मैंने सभी बेटियों के सामने अपना दिल खोला। आज तक जिन्दगी में मैं जो घुटन सहती आई, मेरी सही जिन्दगी कैसी रही इसके बारे में आज तक बेटियों से मेरा संवाद नहीं हुआ था। बड़ी, शादीशुदा,

समझदार बेटियों के साथ मैं पहली बार इस तरह से बात कर रही थी। सब बातें सुनकर सभी बड़ी गम्भीर, उदास हो गई थीं। मुझे जो तकलीफ, जो दर्द हो रहा था वह सब समझ रही थीं। आज तक अपनी माँ ने जो कुछ सहा उसके पीछे अपने प्रति ममता ही थी इसका एहसास भी था। एक हफ्ते की छुट्टी भी मेरी माँ मुझे चैन से बिताने नहीं देती, हर पल झगड़ती रहती है। अपनी माँ मुलाहिजा रखकर कुछ बोलती नहीं, मौन रहकर सुनती रहती है, इस स्वभाव का फायदा मुँहजोर बड़ी माँ उठाती आई है यह भी बेटियाँ जानती थीं। मैंने आखिरकार बेटियों से कहा, "मजे इत्ता बड़ी माँ बरोबर न्हने का नई। वक्त आया तो मैं अलग, अकेली न्हनेवाली।" मेरी बात सुनकर सभी रोने लगीं।

बेटियाँ बड़े अनमने दिल से अपने-अपने घर गईं। घर में मैं, माँ और मेरे शौहर थे, मैंने दोनों को सम्बोधित करते हुए कहा कि, "आज मजे तुम्हारे बरोबर बोलने का हाय", दोनों भी असमंजस में पड़े थे। कभी भी नहीं बोलनेवाली यह आज क्या बोलनेवाली है? मेरे जीवन में यह पहली घड़ी थी। अन्दर से मुझ पर असह्य तनाव बढ़ रहा था। 'क्या बोलना है?' यह बात तो मन ही मन मैंने सैकड़ों बार रटी थी लेकिन प्रत्यक्ष बोलना आरम्भ करते ही मेरी धड़कन बहुत बढ़ी थी, आज तक जो दहशत मैं सहती आई उसका ही असर था, मैं अन्दर से बहुत जोर लगाकर उस दहशत का आज मुकाबला करने के लिए तैयार हुई थी। मेरी आवाज थरथराने लगी थी, बदन में कँपकँपी, सिहरन-सी हो रही थी। मैं अपने आपको सँभालने की भरसक कोशिश कर रही थी। आखिरकार उस डर पर मैं कब्जा कर रही हूँ, कुछ-कुछ शक्ति जुटा रही हूँ, ऐसा मुझे लगने लगा। मैंने धीरे-धीरे अपने आपको सँभाला। जरा भी क्षुब्ध न होते, न रोते हुए मैंने शान्त सुर में बोलना आरम्भ किया...

"मेरे जन्म से तुम द्वेष करती आई। मेरे जीवन के निर्णय अपने स्वार्थ के लिए किस प्रकार से तुम लेती आई। प्रताड़ना, उपेक्षा, छल किया और मैं चुपचाप सहती आई। इस घर में मेरी जगह ही क्या है? कौन-सा भी अधिकार नहीं, हक नहीं, सत्ता नहीं, ऐसे संसार में आज तक मैं रहती आई। मुझमें विरोध करने की ताकत न थी। दुर्बल, कमजोर, लाचार, असहाय थी इसलिए तुमने मुझे अपना गुलाम बनाकर रखा। अगर मैं कहीं विरोध भी करती तो मुझे डर था कि कहीं तुम मेरे गले पर पैर रखकर मुझे मार देती और मेरी तसवीर पर हार चढ़ाती। मैं चुप रहती, सहती, भटकते, भिखारी कुत्ते की तरह जूठन खाकर जिन्दगी बिताती आई। तुम मुझे मूर्ख, बुद्धू समझती आई लेकिन मैं बिलकुल समझदार हूँ। सब समझकर भी अनजानों की तरह बर्ताव करना मेरी मजबूरी थी। आज मैंने अपनी जगह बना ली है। छोटा-सा सही अपना आकाश मैंने पाया है। मेरे पैर अपनी जमीन पर खड़े हैं। मैंने अपना अस्तित्व, अपनी जो कुछ पहचान बनाई है उसकी नींव नैतिकता, सच्चाई के बलबूते पर खड़ी है। सत्य और अहिंसा के मार्ग से मैंने पाया है। अब मेरे जीवन का मकसद पूरा हुआ है, मुझे शान्तिपूर्ण जीवन-यापन की इच्छा है। लेकिन तुम्हारे सान्निध्य में रहने की तिलमात्र भी इच्छा नहीं है।" मेरी बात पूरी हुई थी। मैं यह सब हमारी मुस्लिम बोलीभाषा बोल रही थी और वे दोनों पुतले की तरह स्तब्ध रहकर सुन रहे थे। किसी भी बात का प्रत्युत्तर किए बिना।

मैं विस्मित थी, बाप रे! मैं इतना कुछ बोल सकी? इतनी शक्ति है मुझमें? आज तक की व्यथा, वेदना, घुटन मैं कैसे व्यक्त कर सकी? कभी-कभार ऐसा पल भी जीवन में आएगा, ऐसा मैंने सोचा न था। आज पहली बार माँ को अपनी नजरें झुकाकर सामने से ओझल होती

मैं देख रही थी...

मैं खिड़की से बाहर नदी किनारे के मन्दिरों पर नजर गड़ाए अपने धड़कते दिल पर काबू पाने की कोशिश कर रही थी। अन्दर से बड़ा हल्का-हल्का लग रहा था। मानो युगों तक का बोझ मैं ढोती रही आज पहली बार उसे मैंने उतारकर फेंक दिया। शाम ढलने लगी थी। मन्दिरों के गोपुर धुँधले-धुँधले नजर आ रहे थे। नदी किनारे गोधूलि उड़ रही थी। पंछी अपने-अपने घरौंदों की ओर उड़ रहे थे। मेरा मन बड़ा व्याकुल-सा होने लगा...। गायक अरूण दाते जी के स्वरों की आर्तता कहीं अन्दर से रुला रही थी, समझा भी रही थी।

*'डोलयात सांजवेली आणू नकोस पाणी*
*त्या दूरच्या दिव्याँना सांगू नको कहानी...'*

(शाम के वक्त आँखों में आँसू मत लाना, और न ही दूर-दूर जलनेवाले चिरागों से अपनी कहानी बताना।)

इतने में मगरिब की नमाज की अजान सुनाई दे रही थी, "अल्ला हो अकबर, अल्ला हो अकबर अल्ला...अल्लाह, परमेश्वर सबसे बड़ा है, सर्वश्रेष्ठ है, सर्वश्रेष्ठ है...।" साथ में शंकराचार्य मठ में शाम का नादमधुर चौधड़ा बज रहा था...।

दूसरे दिन सुबह-सुबह माँ ने अपने सारे कपड़े समेटे, ट्रंक भरी और सिर्फ 'उनसे' "मैं जातींव बुधवार में' कहकर घर से बाहर निकल पड़ी। बुधवार में सीमा रहने आई थी, उसके पास ही चली गई। पड़ोस में दोनों उसकी बेटियाँ थीं शमा और शहाजाद, लेकिन सीमा के पास ही जाकर बोली, "सीमा, मैं तेरे पास रहती हूँ।" उसने न नहीं कहा। माँ को इंतजार था मैं वापस बुलाऊँगी लेकिन मैंने न बुलाया, न कभी बुलानेवाली थी।

मुझे घर में बड़ा सुकून-सा लगने लगा। शान्ता घर का काम करती थी। बीते चार साल से वही सुबह-शाम चपाती, रोटियाँ बनाती। लेकिन माँ "चंबारडी के हात का मैं खानेवाली नई" कहकर अपने लिए रोटी बनाकर या सिर्फ चावल पकाकर खाती। शान्ता मुझे अपनी ही लगती, उसकी चमार जात मुझे कभी भी खटकी नहीं। माँ बड़े नखरे करती। शान्ता दिल लगाकर हमारे घर का सारा काम करती लेकिन माँ छोटी-छोटी बातों को लेकर जान-बूझकर झगड़ा निकालती, उसे भी रुलाती। सिर्फ मेरे कारण शान्ता टिककर रही, अब मैंने सारा घर उसके हवाले किया और निश्चिंत हो गई।

बरसों बाद मुझे घर में शान्तता अनुभव हो रही थी। शायद मेरे जीवन पर लगा ग्रहण छूट गया था। जब कभी मुझे छुट्टी मिलती, माँ झगड़ा निकालकर घर से चली जाती। मेरा घर में रहना उसे अच्छा नहीं लगता। इतवार को छुट्टी रहती तो शनीचर से ही झगड़े के काँटे बोना आरम्भ करती। इतवार सुबह से ही झगड़े के कटीले पौधे उग आते। गर्मी की लम्बी छुट्टी में अगर जरीना आनेवाली हो या ईरिना, तब ही रुकती वरना झगड़ा निकालकर चली जाती। इस झगड़ालू वृत्ति के कारण जब छुट्टी आती तो मेरे बदन पर रोंगटे खड़े हो जाते। सच बात तो यह थी कि मुझे मेरे बाल-बच्चों के साथ अपने परिवार में रहना बड़ा अच्छा लगता। बेटियों को छुट्टी के दिन नहलाना, बाल सँवारना, कुछ खास चीजें बनाकर खिलाना, साथ-साथ टीवी देखना, मिलकर खाना पकाना, गप-शप करना, हँसना-हँसाना बहुत कुछ। लेकिन यही हमारा बर्ताव माँ को अच्छा नहीं लगता। "माँ हौर बेटया जमें कतो इनको तिसरा कोन नको असतय" (माँ, बेटियाँ इकट्ठा हो जाती हैं तो तीसरा कोई नहीं चलता इन्हें) कहकर कुछ खुराफात

निकालती, मानो खुशी के दूध में नमक डालती। इसलिए अगर वह घर से चली गई तो वापस लौटकर न आए ऐसा ही लगता। अब वह हमेशा के लिए गई, मैंने सोचा यह सब बहुत पहले होना जरूरी था, बड़ी देर कर दी मैंने।

माँ सीमा के पास रहने लगी। हम हर महीने डेढ़ हजार रुपये दवा-पानी, बाकी खर्चे के लिए देने लगे। उसे मधुमेह तथा उच्च रक्तचाप की तकलीफ फिलहाल होने लगी थी। वह कुपथ्य करना नहीं छोड़ती। पनाले के दरगाह के उर्स के वक्त मैं उसे बरस भर के कपड़े, साड़ियाँ और उर्स का खर्चा देती। गुढे के किसान हर साल अठारह बोरे धान देते वह भी बेचती, खर्चा करती। फिर भी उसकी शिकायत कम न होती, असमाधान उसका स्थायीभाव ही था। कहीं पर स्थिर नहीं रहती, किसी से नहीं पटती। अन्दर से ही रोगी व्यक्ति का इलाज बाहरी बिछौना बदलने से कैसे हो सकता है?

इन सब प्रसंगों से मेरे शौहर जी मौन और तटस्थ ही रहे। अपने दिल की बात दिल खोलकर न करना यह उनका स्वभाव वैसा ही रहा था। अब मैंने आमने-सामने इतनी स्पष्टता से कहने के बाद भी वे मौन ही रहे, अर्थात अन्दर ही अन्दर मची खलबली, बेचैनी चेहरे पर व्यक्त हो रही थी। माँ घर से निकल पड़ी इस बात से 'वे' बहुत दु:खी थे, लेकिन उसे रोकना अपने बस की बात नहीं रही, इसका 'वैषम्य' उन्हें ज्यादा हो रहा था शायद।

मैंने सोचा, कुछ तोड़फोड़ होना ही था, जख्म निचोड़ना हो तो वेदना तो होगी ही। बड़े-बड़े जख्म भरने में जरा देरी तो लगेगी ही। वैसे तो बड़े से बड़े जख्म भी भर जाते हैं, यह भी भर जाएँगे। समय बहुत बड़ा वैद्य है।

जून के पहले हफ्ते में शर्मिला जचगी के लिए आई। 26 जून, 1996 के दोपहर शर्मिला ने बेटी को जन्म दिया। बच्ची बड़ी ही सुन्दर, सुदृढ़ थी। राजेखान ने अपनी बच्ची को जैसे ही देखा, उसकी आँखें झरझर बहने लगीं, 'माइया घरात लक्ष्मी आली, मी बाबा झालो।' बेटी के आगमन पर खुशियाँ जतानेवाला दामाद देखकर मेरी आँखें भी नम हो आईं। शर्मिला के चेहरे पर 'माँ' होने की तृप्ति झलक उठी...।

जच्चा की पूरी व्यवस्था मैं अपनी नौकरी सँभालते हुए निभा रही थी। दूध, घी, खाना कुछ कमी नहीं की। गोंद, घी, शक्कर, सूखा मेवा डालकर भरपूर लड्डू बनाए। बच्चा-जच्चा का नहाना, सेंकना, खिलाना-पिलाना सब पूरे दिल से किया।

जब तक अस्पताल में थे शहाजाद वहीं पर रहने आई। इस वक्त जमेला आ न सकी क्योंकि दो साल पहले उसके पैर में काँटा चुभने का बहाना क्या हुआ वह उसी पैर से अधू हो गई। बहुत अलग-अलग डॉक्टर, अस्पताल, वैद्य इलाज किए लेकिन वह पैर अच्छा नहीं हुआ। जमीन पर घिसटते हुए वह घर का काम करती। मेरे पर सबसे ज्यादा प्रेम करनेवाली जमेला इस तरह से अधू-अपाहिज हुई। किसी के सहारे बगैर उसे खड़ी रहना मुश्किल हो जाता इस बात का मुझे बड़ा ही दु:ख हो रहा था। फिर भी पन्द्रह दिन के बाद जमेला मेरी तरफ आई, महीनाभर रहकर मेरी मदद करके वापस गाँव गई। खास बात यह है कि अपाहिज होने के बावजूद मेरी हर अड़चन में जमेला ही मदद के लिए हाजिर रही। जमेला का प्यार मेरे शौहर पर भी है, हर घड़ी 'भैया, भैया' करती है। स्नेह से अपने गाँव बुलाकर आवभगत भी करती है।

सवा महीने के बाद शरू के ससुरालाले और हमारे घर के लोगों को आमंत्रित कर

'छिल्ला' का रस्म किया, बेटी का नाम 'सोनिया' रखा, बिलकुल सोने के कदमों से पदार्पण करनेवाली सोनिया...।

## 57. उजड़ गई बगिया मेरे मन की...

शुक्रवार पेठ में गणेश अपार्टमेंट्स और जूना बुधवार पेठ दोनों बस्तियों में दस मिनिट का अन्तर है। हर वक्त माँ की करतूतें, शिकायतें, झगड़े कान पर आते ही थे। उसकी तो किसी भी बेटी से पटती नहीं थी। सीमा के पास रहती, सब हुकूमत चलाती उसके बारे में सीमा बेचारी कुछ कहती नहीं लेकिन किसी भी तिनके का बहाना बनाकर झगड़ा निकालती। उसे भी रुलाती, सीमा को खाना बनाने नहीं देती, खुद बनाती। ऊपर से कहती, नौकरानी ने बनाकर रखा है। सीमा बेचारी मुलाहिजा रखकर सहती रहती।

अब गणेश अपार्टमेंट्स में से ही नहीं तो शुक्रवार पेठ ही छोड़कर जाने की तीव्र इच्छा होने लगी। पति से भी यह बात बता दी। लीलाताई जी के काम में ज्यादा ध्यान देने का भी इरादा था। रूईकर कॉलोनी में आण्णा, लीलाताई जी के कहीं आसपास प्लॉट लेने का इरादा था। उन दोनों की भी इच्छा थी मैं उनके करीब ही रहूँ।

राजेखान जी को शहाजी कॉलेज में ही सीनियर विभाग में मराठी अध्यापक पूर्ण पद की नौकरी प्राप्त हो गई। शर्मिला भी विक्रम हाईस्कूल में नौकरी कर रही थी, अब उसके लिए भी कोल्हापुर में स्थायिक होना जरूरी हो गया। मैंने अपना प्लॉट एक लाख साठ हजार रुपयों में शर्मिला को दे दिया और वही पैसे भरकर रूईकर कॉलोनी में प्लॉट बुक किया। वैसे तो जल्दी में यह प्लॉट बड़ा महँगा पड़ा। एल.आई.सी. का लोन लिया, फिर भी पैसे कम पड़े, लीलाताई और आण्णा जी ने तीन साल के लिए एक लाख रुपये उधार दिए।

हम 11 जनवरी, 1996 में रूईकर कॉलोनी में श्रीकृष्ण अपार्टमेंट में रहने आए, मैं और मेरे शौहर। यह प्लॉट बहुत बड़ा था और रहनेवाले सिर्फ हम दोनों! मुझे यह एकांत भी सालने लगा, सुनसान लगता। मुझे इतने बरस कॉलेज के नजदीक, लोगों की भीड़भाड़ में रहने की आदत थी। यहाँ लोग थे लेकिन अपने-अपने में सिमटे, सिकुड़े, चेहरे पर अजीब-सी शिकन, अनजानापन लोगों में रहकर भी लोगों से दूर। प्लॉट संस्कृति के सदस्य, सपाट चेहरे, सपाट मन। इस प्लॉट से बस स्टॉप बहुत दूर था, रिक्शा स्टॉप भी पास न था। काम के लिए एक औरत भी रखी, लेकिन जैसे मैं शान्ता की जिम्मेदारी पर सारा घर सौंपकर आती वैसा अब कर नहीं सकती थी। बड़ी सुबह चार बजे उठकर खाना पकाना करना पड़ता क्योंकि कॉलेज से घर पहुँचने तक दोपहर के दो-ढाई बजते। बस पकड़कर जाना-आना पड़ता, इसमें पैसे भी खर्च होने लगे। एक दिन छोड़कर पति घर में रहते। वे रहते तो स्कूटर से कॉलेज छोड़ते। गणेश अपार्टमेंट्स की सब आसान बातें मुश्किल होने लगीं। वहाँ जाना-आना पाँच मिनट, सब्जी मंडी पाँच मिनट पर, आसपास गली, मुहल्ला, अपार्टमेंट्स के लोग भी गलीवालों जैसे सीधे-सादे, पड़ोसी धर्म पालनेवाले। मदद के लिए शान्ता, जाने-आने पर एक रुपया भी खर्चा न होता था। यहाँ आने का निर्णय गलत रहा, मुझे अकेली रहने की जरा भी आदत न थी, मुझे अकेली खाना खाते वक्त रोना आने लगा। सुबह बड़ी भागदौड़ होने लगी। गैस का बटन, लाइट बन्द करना, दरवाजा ताला लगाकर बाहर जाना इस जल्दी में चार-पाँच बार गैस वैसा

ही खुला रखकर आई, बत्ती भी चालू और बहुत बार ताला बिना लगाए दरवाजा खींचकर निकल पड़ी। माँ की तकलीफ से बचने इतनी दूर आई और खुद ही तकलीफ में पड़ गई। आग से निकलकर 'फफूटों' में आ गिरी...।

फिर भी एक बात अच्छी हुई कि, लीलाताई और आण्णा जी के सान्निध्य में, काम में ज्यादा रहने लगी। मेरे और उनके घर में पाँच मिनट का अन्तर था। लीलाताई को मेरे दिल की बेचैनी समझ में आती। वे मुझे समझाती भी, 'हम अकेले नहीं रहते क्या, आदत करो।' लीलाताई जी को वर्धा में एक कार्यक्रम का निमंत्रण था, मुझे भी साथ ले गई थीं। विनोबा जी का आश्रम, गीताई मन्दिर, गोपुरी देख लीं। डॉ. अभय बंग जी की माता, अन्य कार्यकताओं से मिलकर बड़ा अच्छा लगा। गोपुरी में जो आतिथ्य सत्कार पाया उससे बड़ा सुकून लगा। गांधी जी का निवास स्थान, आश्रम, बौद्ध मन्दिर जैसी पवित्र भूमि पर जाने का मौका मिला।

लीलाताई जी हमेशा नया काम, कार्यक्रम के आयोजन में रहतीं। अपने काम में वे इतनी व्यग्र रहतीं कि 'अकेला' होने ही नहीं देतीं। हमेशा सोचना, पढ़ना, लिखना, प्रयोग, सभा, चर्चा, जाना-आना। घर में हर वक्त अलग-अलग लोगों का आना-जाना, चाय-पानी चलता ही रहता। उनकी सत्तर साल की उम्र में भी काम की व्याप्ति तथा तत्परता विस्मित बना देती। घर में भी कामवाली की मदद से खाना-पकाना, परोसना, बगीचे की देखभाल, साफ-सफाई, घर की सुन्दर रचना, घर की सजावट, पुष्प रचना, दरवाजे में रंगोली, घर के ब्लैक बोर्ड पर सुन्दर-सी कविता लिखना यह सारा काम देखकर तो युवती भी शरमाती। शाम या सुबह में घूमना, योगासन, प्राणायाम भी चूकता न था। कभी-कभार सिनेमा भी देखने ले जाते। हमेशा चर्चा, लिखना, फोन करना तो खाना बनाते-बनाते भी चलता इसलिए बड़ा घर होकर भी खाने का टेबुल ही उनका लिखने-पढ़ने का टेबुल और स्थान था। ऐसी लीलाताई जी को देखते-देखते मैं खुद को बदलने का प्रयास कर रही थी।

इस घर में सीमा की जचगी हो गई। 16 अगस्त, 1997 को उसके बेटे का जन्म हुआ। उसी दिन रामनवमी और बकरीद थी। एक महीने की छुट्टी ली। नौकरी सँभालते हुए जच्चा-बच्चे का काम करती थी लेकिन बहुत थक रही थीं। सीमा का 'सिझरीन' करना पड़ा था। चार महीने तक मैंने उसे अपने पास रख लिया। बेटे का नाम, मैंने 'अनुज' रखा। मिनाज का बड़ा लड़का 'रियाज' सीमा का 'अनुज'।

सीमा की जचगी के बाद 11 जून, 1998 में विराज जच्चा हुई, बेटी हुई। नौकरी की भागदौड़, अन्तर, काम, मुझ पर असह्य बोझ आ रहा था, अन्दर से थकान महसूस होने लगी।

मेरी मदद के लिए मासाय की बेटी रूबाब को बुलाया लेकिन वह महीने से ज्यादा रह नहीं सकी। जाते वक्त उसे साड़ियाँ, कपड़े, एक हजार रुपये भी दिए पर वह यहाँ खुश न थी। जमेला की भी मजबूरी थी। रानी भी जचगी के लिए आई थी।

विराज की बच्ची का छिल्ला किया, नाम रखा 'उम्मेहनी', हम उसे हनी कहते, हनी नाम की तरह बड़ी प्यारी, सुन्दर, सुदृढ़ है।

मुझे मेनोपॉज की तकलीफ शुरू हुई थी। शारीरिक तथा मानसिक तकलीफ बढ़ने लगी। घुटनों का दर्द भी शुरू हुआ। सूजन, अकड़न, वेदना से त्रस्त हो रही थी। डॉ. गुंडे, डॉ. नवरे आदि डॉक्टरों से लेकर आयुर्वेद, होमियोपैथी, मैग्नेट थेरेपी, अंग्रेजी दवाइयाँ सब आजमा रही थी लेकिन कुछ लाभ नहीं हो रहा था। एक दिन रात घर पर मैं अकेली थी और बाहर से कुंडी

डालकर नीचे प्लॉट में चोरी हो गई। नीचे पारूबाई और शंकर रखवाली के लिए थे उनके साथ मारपीट की गई। इस घटना के बाद मुझे रात में बड़ा डर लगता। शौहर ने बेलगाम (बेलगाँव) ड्यूटी लेना शुरू किया, हर रोज घर पर रहते लेकिन दोपहर चार बजे जाते रात के दो बजे आते। फिर उनके आने तक इंतजार करती रहती। कभी-कभी रास्ते में किसी घटना से जाना-आना रुकता तो सारी रात इंतजार में जाती। दिल यूँ ही घबराने लगता, बुरे-बुरे विचार दिल में आते।

इन सब घटनाओं, स्थिति का असर मन पर हुआ, साथ में शरीर में भी बीमारी के रूप में प्रकट हुआ। मुझे 'मधुमेह' तथा 'उच्च रक्तचाप' की तकलीफ शुरू हुई।

माँ की विरासत की हकदार तो नियति ने मुझे ही तय किया। शायद छः बहनों में उसकी बीमारी का उत्तराधिकारी मुझे ही चुन लिया गया। उसकी दोनों बीमारियाँ मुझे मिल गईं। उसके प्रेम की मिठास मुझे कभी नहीं मिली लेकिन उसके खून की मिठास मेरे खून में घुलमिल गई, यह क्या कम था? अपनी दहशत से उसने मुझे हमेशा इतना डराया कि दिल की धड़कनें बढ़ती ही रहतीं, शायद मेरा दिल धड़कने का आदी हो गया था। अब छोटी-छोटी बातों को लेकर बेचारा धड़क-धड़क धड़कने लगता है। कुल मिलाकर मेरे साथ ही हमेशा रहनेवाली माँ अदृश्य रूप से मुझमें ही वास करने लगी और 'वैसे' नहीं तो 'ऐसे' सही छलने का सिलसिला जारी रखा।

अब मैं प्लॉट संस्कृति से तंग आने लगी। जमीन से, मिट्टी से नाता तोड़नेवाली यह संस्कृति और लोग भी सपाट मन के। जमीन लेकर स्वतंत्र घर रखने का इरादा किया। यह प्लॉट बेच दिया। एल.आई.सी. का बचा कर्जा अदा किया। लीलाताई जी के उधार में लिए एक लाख रुपये वापस किए। होटल लीशा से नजदीक कदमवाडी रोड के पास सुचेता कोरगावकर जी की जमीन थी उसमें से थोड़ी जमीन ली। वहीं पर विराज और कुछ दो-तीन मेहमानों ने भी जगह ली। इमारत का नक्शा बना और घर बनने तक नाले कॉलोनी में किराए पर घर लेकर रहने गए। लीलाताई जी, आण्णा जी को मेरे दूर जाने का बड़ा दुःख हुआ, मुझे भी कष्ट हो रहा था। मैंने उनसे क्षमा माँगी और उनसे दूर चली गई...सिर्फ शरीर से... मन से उनके पास ही रही, रहती हूँ...।

## 58. चाँद, तारों को छूने की आशा, आसमानों में उड़ने की आशा...

2001, मुझे नौकरी में लगे सत्रह साल पूरे हो गए। नई वेतनश्रेणी लागू हो गई जिसके लिए सेवांतर्गत प्रशिक्षण बम्बई में अँधेरी में रहकर पूरा करना पड़ा। वह भी किया। अब वेतन भी बढ़ चुका था। खर्चा भी कम होने लगा था। अब अपने 'मन' अरमानों की परिपूर्ति के अनुसार ही यह घर बनाने की बात तय की। कर्जे की भी अच्छी सुविधा उपलब्ध होने लगी थी। ज्यादा ब्याज न लेकर, कम से कम समय में घर तक आकर सम्मान से कर्जा देने की उपलब्धियाँ निर्मित हो गई थीं, जिसका फायदा मुझे भी हुआ। नौकरीवालों को तो सहज प्राप्त सुविधा थी।

मेरे दिल, अरमानों जैसा 'घर' तैयार हो गया। जब मैं आठवी कक्षा में पढ़ती थी तब हमेशा एक भावगीत गाती, "असावे घरटे अपुले छान, पूढे असावा बागबगिचा वेल मंडपी आईजुईचा..." (अपना प्यारा घर हो, सामने चमेली, जाई का मंडप हो।) बिलकुल वैसा ही।

यह घर बड़ा प्रशस्त बनाया। दो मंजिलोंवाला, बड़े-बड़े दो हॉल जिसमें मेरे लिए लिखने की जगह एक हॉल में बना दी। बड़ा-सा रसोईघर, तीन बेडरूम्स जिसमें हर एक रूम में संडास-बाथरूम, हर कमरे के साथ बाल्कनी भी बना दी। ऊपरी हिस्से में आँगन जैसा लम्बा-चौड़ा टेरेस, आसपास बगीचा बनाया, खाली जगह फर्श बिछाया। इस परिसर में हमारा ही पहला घर बना, जब कूपनलिका (ट्यूबवेल) खुदाई आरम्भ की तो पचास फिट पर ही पानी लगा और जमीन के गर्भ से उछलकर बाहर आया और जमीन पर बहने लगा तो मुझे लगा मेरे अन्दर से ही यह कारंजा फूट रहा हो...। मैं खुशी से इतनी भावविभोर हो रही थी कि बस्स। कड़ी धूप में जलती जमीन पर से भागनेवाला ठंडा-ठंडा पानी और भीना-भीना मृदगंध! उसी पल सामनेवाली मस्जिद में से जोहर की नमाज की अजान हो रही थी 'अल्ला हो अकबर, अल्ला हो अकबर...' शायद अल्लाह ने मेरी दुआ कुबूल कर ली थी उसकी 'प्रचिती' की यह घड़ी थी।

घर पूरा हुआ, रंग-सफेदी हो गई। सुन्दर, आकर्षक घर को नाम दिया 'आशा'। आज तक घर का जो सपना मैं देखती आई, उन सपनों की, इच्छा, अरमानों की, आशाओं की पूर्ति करनेवाला मेरा घर...'आशा'...एक 'बंगला बने न्यारा' पूरा हुआ।

8 फरवरी, 2003 के दिन हाथ में मंगल-कलश लेकर, शौहर के हाथ में पवित्र 'कुरआन पाक' लेकर हमने 'बिस्मिल्लाह' कहकर गृहप्रवेश किया। साथ में चार बेटियाँ, दामाद, पाँच नवासे नवासियाँ थीं। आम के पल्लवों से, केली के पत्तों से, फूलों के बन्दनवारों से सजे चौकटे... इस घर में कदम रखते हुए अनेकानेक भावनाओं के आवेग से मन भर आया था...मेरे नाम के अक्षरों को गर्दन ऊँची करके देखते हुए मेरा दिल आनन्द, अभिमान और कष्टपूर्ति जैसी भावनाओं से भर जाना ही था...कितने घरौंदे टूटते-टूटते आज यह 'आशियाना' बना था जिसका एहसास भूलना आसान न था। मैने बड़ी विनम्रता से अल्लाहताला, परमेश्वर से हाथ जोड़कर प्रार्थना की, ''इस घर में सबको सुख-शान्ति, समृद्धि प्राप्त हो, बरकत रहे, मेरी भावी पीढ़ियाँ इस घर में पलें, फूलें, हमेशा बाल-बच्चों से यह घर हँसता-खेलता रहे... आमीन... ''

यह घर जमीन पर, मिट्टी से रिश्ता जोड़नेवाला है, इसलिए मुझे बेहद पसन्द है। सब बेटियाँ आसपास और अन्तर से नजदीक हैं। हम दोनों, राज, विराज, हनी, चिनू इस घर में रहने लगे। इनके सान्निध्य में हमारा अकेलापन भर आया। मेरे खयाल में आया कि लोगों के बिना मैं जी नहीं सकती, अर्थात मुझे पसन्द आनेवाले लोगों के सान्निध्य में...।

इस घर की पूर्व दिशा में महादेव जी का मन्दिर है और घर के सामने कुछ ही दूरी पर मस्जिद है। भोर समय अजान के अजीज स्वरों से मेरी नींद खुलती है तो सुबह छः बजे महादेव मन्दिर के घंटानाद से मेरी सुबह शुरू होती है।

अब तो घर के आसपास की बागीची हरी-भरी, रंगीन हो गई है। बाल-बच्चेवाली केली अपना विस्तृत होनेवाला परिवार समेटने के अट्टहास में रहती है, उसकी लगन मैं समझ सकती हूँ। मेरे आँगन में पारिजात (बारहसिंगार) के फूल-मानो मोती-मूँगों का सिंचन देखती हूँ तो मुझे मेरी चौथी कक्षा की कविता याद आती है, 'परसात पारिजातकाचा सडा पडे, कधी फूले बेचायला नेशील तू गडे? घाल, घाल पिंगा वारा माझ्या परसात, माहेरी जा सुवासाची कर बरसात...।'

*(पिछवाड़े के बगीचे में*
*बारहसिंगार के फूल बिखरने लगे हैं...*
*ये फूल चुनने के लिए,*
*मैंने कब बुलाओगी सखी...?*
*ओ! ठंडी हवा, मेरे इर्द-गिर्द चक्कर काटो!*
*और यह खुशबूदार हवा! मेरे मैके ले जाओ...*
*ओ! माँ मुझे कब बुलाओगी?*
*ऐ! हवा, घूमो, घूमो, मेरे आस-पास...*
*और मैके सन्देश दे दो-खुशबू की कर दो बरसात...*
*मैं पिहर में खुश हूँ...)*

छरहरी जूही ने बगीचे के एक कोने में मँडवे पर अपना संसार बसा लिया है। पहले आँगन के एक और चम्पे (चाफा) का बड़ा-सा पेड़ लगाया है जिसके घमघमाते खुशबूदार, सुनहरे रंग के, ताजे-ताजे सुन्दर फूल अंजुली में लेकर सूँघती हूँ तो मेरे बच्चों का बचपन का प्यारा रूप ही दिखने लगता है। बड़ा ऊँचा क्रिसमस ट्री है तो कँटीला पर चंचल, कोमल, नटखट-सी मधुमालती ने उसे ऐसे लपेट लिया है कि बेचारा 'गले पड़े महबूबा तो क्या करे महबूब?' ऐसी प्यारी-सी बेचारगी देखकर मुझे बड़ी हँसी आती है। आने जानेवाले लोग भौंचक्के होकर देखते हैं कि ऊपर क्रिसमस ट्री नजर आता है लेकिन यह इतना गुलाबी, सफेद फूलों के गुच्छों से लदा-फदा कैसा? चमेली की बेल आँगन के प्रवेशद्वार की कमान पर सजी है, बारिश की रातों में सितारों जैसे फूल खिलते हैं, सारा माहौल सुगंधित करते हैं। घर के पिछवाड़े के बाग में मोगरा, जूही की महक के साथ आम, केली, चीकू, अंजीर बड़े हो चुके हैं। गुलाब, जास्मीन और कई पौधे शोभा बढ़ाते हैं। बगीचे में अलग-अलग चिड़ियाँ, कौवे, भारद्वाज, कोयल आते हैं। कुछ पंछियों ने घोंसले भी बनाए हैं, सुबह-सुबह उनका अंजीर का नाश्ता करते वक्त जो चहक, गड़बड़ रूठना, मनाना चलता है वह तो देखते रहना अपने आप में अनोखा मजा है। पंछियों का घोंसला बनाना, अपने बच्चों को अपनी चोंच से खिलाना, उनकी रखवाली करते उनके आसपास रहना, देखते वक्त मातृत्व की वैश्विक व्यापकता और सृष्टि के मूल निर्माण का प्रेमतत्त्व देखकर मैं विस्मित-सी हो जाती हूँ।

घर के बगीचे की तरह मेरी बेटियों के फले-फूले परिवार देखकर मैं तृप्त हो जाती हूँ।

मिनाज ने राजेंद्र नगर में खुद का बँगला बनाया है। नेहरू विद्यालय में ही नौकरी में है। रियाज दसवीं कक्षा में पढ़ता है, मैं उसे 'रियाज देशपांडे' कहती हूँ। संस्कृत भाषा में दो बार पाठांतर तथा परीक्षा में दो बार पुरस्कार लिए।

चित्रकला का महाराष्ट्र राज्यकला दर्पण 2006 का पुरस्कार उसे मिला था। प्राइवेट एजूकेशन के 2005-2006 के वार्षिक अंक में उसका फोटो देखकर मुझे बड़ा अभिमान लगा। जिस हाईस्कूल में मेरा बी.एड. का वार्षिक पाठ हुआ उसी 'तवन्नाप्पा पाटणे हाईस्कूल' का वह होशियार छात्र है।

शर्मिला ने गणेश अपार्टमेंट्स में ही चार रूम का बड़ा-सा फ्लैट लिया है। मुझसे लिया प्लॉट ढाई लाख में बेच दिया और यह दूसरा बड़ा प्लॉट ज्यादा पैसे देकर खरीदा। उसी अपार्टमेंट में 1985 में मैं जब आई तब बड़ा प्लॉट लेने का इरादा था लेकिन वह पूरा नहीं हो

पाया। अब शर्मिला और उसके पति ने यह इरादा पूरा किया। पंचगंगा के किनारे, मन्दिरों के घंटानाद में, मठ में बजनेवाले चौघड़े की आवाज के सान्निध्य में मेरी नवासी सोनिया फल-फूल रही है। सोनिया बड़ी बुद्धिमान है। मैं तो उसे मराठी की भावी कवयित्री 'अरूणा ढेरे' कहती हूँ। नृत्य, वाचन, कविता की यह मेरी पसन्दीदा बातें उसमें आई हैं। शर्मिला गुरुदेव विद्यालय में अंग्रेजी विषय की अध्यापिका है।

प्रा. राजेखान जी ने मेरी 50 वीं सालगिरह के दिन अपना सामाजिक कविताओं का कविता संग्रह 'किनारा' प्रकाशित किया। इसी संग्रह को 'तांबटकाका पुरस्कार' तथा 'ग्रामीण साहित्य संघ' का पुरस्कार प्राप्त हुआ। जुलाई 2003 में 'मराठी कादंबरीतील मुस्लिम समाजजीवनाचे चित्रण' इस विषय पर किए शोधकार्य के लिए शिवाजी विद्यापीठ द्वारा पी-एच.डी. उपाधि प्राप्त हुई। और कहीं अन्य प्रकल्प के लिए अनुसंधान कार्य के लिए यू.जी.सी. द्वारा अनुदान प्राप्त हुआ।

जून 2006 से राजेखान जी की नियुक्ति राज्यपाल द्वारा महानगर पालिका शिक्षण मंडल सदस्य के रूप में की गई है। कांग्रेस पक्ष के वे कार्यशील कार्यकर्ता हैं। उन्होंने राज्यशास्त्र विषय में भी एम.ए. किया है। मैंने उनके उज्ज्वल भविष्य के बारे में जो अनुमान किया था वह सही साबित हुआ।

'नस्सीम' मतलब सीमा ने नागाला पार्क में लव-कुश अपार्टमेंट्स में प्लॉट लिया है। साथ में सात सौ फिट का टेरेस भी जुड़ा है, जिससे घर के आँगन का सुख भी यहाँ मिलता है। रामनवमी की तिथि पर पैदा हुआ अनुज यहाँ बढ़ रहा है।

सीमा अध्यापिका के साथ-साथ अन्धश्रद्धा निर्मूलन तथा अन्य समाजकार्य में भी रहती है। सीमा एक प्रामाणिक, संवेदनशील, साहसी, निर्भय, आत्मविश्वासपूर्ण शिक्षिका तथा सामाजिक कार्यकर्ता की भूमिका निभाती है। बचपन की दुबली, कमजोर, रोती, डरपोक सीमा की जगह यह सीमा देखती हूँ तो मैंने उसे बनाने में जो कोशिश की वह सार्थक हो गई इस एहसास से मुझे बड़ा सुख मिलता है। विराज अपने पति राज के काम में ही हाथ बँटाती है। सेवा देना-लेना करनी की कम्पनी है उसकी, जहाँ से वह बड़ी-बड़ी खाजगी कम्पनियों में लोगों की भरती करवाती है। आत्मविश्वास और बुद्धिमता के जोर पर उसने अपने काम की व्याप्ति बहुत बढ़ा दी है। उसकी बेटी हनी और चिनू होली क्रॉस और सेंट जेवियर्स में पढ़ते हैं। राज, विराज ने खुद का बंगला, गाड़ी खरीदी है।

सब बेटियों का ईश्वर कृपा से बहुत भरा-पूरा समृद्ध परिवार देखने का भाग्य मुझे मिला।

## 59. न उदासी, न आर्तता; सुरभिमय जीवन अब महकता...

मेरी बेटियों के साथ-साथ प्रेरणा लेकर बहनों के बेटे-बेटियाँ भी पढ़े-लिखे बन गए।

शमा की बेटी एम.ए., एम.फिल. हो गई। वह पूना में रहती है, उसका पति अध्यापक है। शबनम भी अध्यापिका है।

सलमा, शहाजाद की बेटी भी अध्यापिका है। बड़ी उम्मेहबीबा कन्हाड में कम्प्यूटर, इंटरनेट का खुद का छोटा स्कूल चलाती है।

अल्फीजा ज्यादा पढ़ी-लिखी नहीं, कन्हाड में ब्याही गई, घर गृहस्थी अच्छी निभाती है।

जमेला के बच्चे भी पढ़े-लिखे हैं। खुद की दुकान चलाते हैं, घर भी लिया है।

जरीना के दोनों बच्चे पढ़-लिखकर नौकरी में हैं।

सब बहनों के बच्चे पढ़े-लिखे हो गए। इतिहास अब बदल चुका है। जो मेरे पढ़ने पर नाम रखते थे, घर के आँगन में भी ठहरने नहीं देते थे आज उनकी मानसिकता बदल चुकी है। समय ने सिद्ध किया कि मैं सही थी, और क्या चाहिए?

मेरे शौहर एस.टी. की नौकरी से 2004 में निवृत्त हो गए। सब बेटियाँ, दामादों ने तय किया कि आज अपने पिताजी के सेवा निवृत्ति पर सम्मानपूर्वक उन्हें अपने घर ले आएँगे। एस.टी. के उनके मित्र-परिवार, अधिकारी वर्ग ने भी निवृत्ति समारोह आयोजित किया। उनके सम्मान में कहा गया कि "निर्वासनी, कष्टालू, प्रामाणिक असे श्री दस्तगीर आबालाल आपराद यानी एस.टी. त चालक म्हणून 35 वर्ष सेवा बजावली, बिना अपघात सेवेची अनेक बक्षिस घेतली, याबद्दल त्यांग कौतुक वाटतं, एका चालकाचा परिवार इतका सुविद्य, सुसंस्कृत, समृद्ध असू शकतो हे आम्ही प्रथमच पहात आहोत।" शाल, श्रीफल, हार, पुष्पगुच्छ देकर उनका सम्मान किया, तब उनकी आँखें भर आईं। एस.टी. खाते ने एक चालक को शायद पहली बार इतने सम्मान से विदाई दी होगी।

इस समारंभ के बाद शौहर ने मन ही मन अपने दाता को सलाम किया और कार्यालय के दरवाजे पर घरवालों की लाई नई 'सेंट्रो' कार में अपना कदम रखा। आज अपनी नई, सुन्दर, खुद की गाड़ी का 'स्टेयरिंग' उनके हाथों में था। उसी पल उनकी खुशी में मानो चार चाँद लग गए। आज एस.टी. से विदाई के बाद अपनी गाड़ी उनके हाथ में हो इसलिए मैंने कोशिश की उसका यह फल था।

जिन्दगी भर मेरे पति किसी फल की, सम्मान की अपेक्षा न करते हुए परिश्रम करते रहे। सिगरेट या पान पर एक रुपया खर्चा करना भी नाजायज मानकर सौंफ की एक आने की गोलियाँ खरीदते। किसी भी बैंक का कर्जा वक्त पर अदा किया, उसकी तारीख कभी टलने नहीं दी। अपने इस आदमी की दखल अपनों ने लेकर जो सम्मान किया यह 'उनका' आत्मसम्मान बढ़ानेवाला था।

माँ का स्वभाव कभी शायद बदलनेवाला नहीं, वह किसी भी जगह स्थिर नहीं रहती। हर बेटी का घर में आगमन खुशी से और प्रस्थान झगड़े से होता है। अब बहनें समझने लगी हैं कि इतने बरस मैंने उनकी माँ को कैसे और कितना सहा है। जहाँ कुछ दिन भी सहना मुश्किल वहाँ पैंतालिस बरस मैंने उसका जुल्म सहा, माँ के नाम पर कलंक है वह तो। स्वभाव में जो तिरछापन, छद्म वृत्ति नहीं बदलती। यह बातें बहनें सहती नहीं झट-से जवाब देती हैं। ईरिना का पति शमू गुजर गया है, बच्चों समेत अकेली रहती है पर उसके पास भी ठहरती नहीं। शमा और उसका पति दोनों ही रहते हैं। उसने भी बुधवार में ऊपर नीचे दो कमरे बनाए हैं, वहीं रहो ऐसा दोनों कहते हैं पर ज्यादा दिन नहीं रहती। बेटियों, नातियों के साथ छोटी-छोटी बातों को लेकर झगड़ती रहती है। दोनों बीमारियाँ होते हुए भी सेहत अच्छी है, झगड़ा उसका टॉनिक है। वह कहीं पर भी रहे हम नियमित रूप से उसे पैसे देते हैं। उसके पास जो गहने हैं वह भी मैंने वापस नहीं लिए, उसके पास ही हैं। आर्थिक जिम्मेदारी सिर्फ मेरी ही है ऐसा अलिखित नियम ही बनाया है शायद। बाकी बेटियाँ एक रुपया या एकाध कपड़ा भी नहीं लेतीं। उसका दवापानी, चेकअप का खर्चा, बाकी खर्चा, कपड़ा लत्ता सब मैं बिना शिकायत

करती हूँ। माँ के बारे में जो फर्ज है उसमें मैं कभी कमी नहीं करूँगी। उतनी कठोर मैं नहीं बन सकती लेकिन वह मेरे जीवन में दुबारा आए इतनी मैं क्षमाशील भी नहीं हूँ। यह मेरा दृढ़ निश्चय है। उसके बारे में मेरा मन पत्थर बन चुका है। उसमें से कभी स्नेह का झरना उमड़ पड़े यह अब मुमकिन नहीं रहा... बिलकुल नहीं रहा...।

## 60. मैंने दूसरा नया जन्म लिया है...!

14 अप्रैल, 2012 को मैंने अपनी उम्र के साठ साल पूर्ण किए। आयु के इस अर्धशतक में जिन्दगी के कितने तो रंग देखे, अनुभव किए, कभी थर्रा उठी, कभी डर से काँप उठी, कभी जमीन से उखड़कर उध्वस्त हो गई। कभी निराश, कभी उदास हुई, कभी गद्‌गद् हो गई। कभी फूट-फूटकर रो पड़ी, कभी खुश हुई, कभी बाधाओं से टकराई। परिश्रम किया फिर भी जिन्दगी जीना नहीं छोड़ा क्योंकि मुझे जिन्दगी से नितान्त प्यार है... इस प्यार ने मुझे जीना सिखाया... ।

आत्मकथा लिखने जितनी न मैं उम्र से बड़ी हूँ न कार्य से। कोई सा भी बड़ा सामाजिक काम मैंने खड़ा नहीं किया है। फिर भी लिखने का साहस किया वह बहुतों के आग्रह से। मेरा जीवन, संघर्ष, परिश्रम इसका बड़प्पन मुझे खुद को कभी महसूस नहीं हुआ। दुनिया में ऐसे कितने तो लोग हैं जो अलग-अलग संघर्षों से जूझ रहे हैं। अपने भी हिस्से में संघर्षमय जीवन आया है तो उसका मुकाबला करेंगे, यह सोचकर इस संघर्ष से दो-दो हाथ करती आई। इस जंजाल में से राह तलाशते वक्त कितने लोगों ने मुझे सहारा दिया, गिरने से मुझे बचाया, सँभाला, बहने नहीं दिया। इन सबको लगता है कि मैं बहुत कुछ करती आई हूँ, कर रही हूँ।

मेरे जीवनयज्ञ कुंड में कुछ न कुछ मदद की, समिधा सतत अर्पित करके मेरी कोशिशों की, मेरी उम्मीदों की ज्वाला को कभी बुझने नहीं दिया। मेरा सफर आसान हो, सुसह्य हो इसलिए जो 'पाथेय' मुझे मिला उससे मैं टिक सकी, जी सकी। यह सब कौन हैं मेरे? स्वकीयों ने, आप्तजनों ने मेरे पैरों तले अंगारे बिछाए, वहीं पर मेरा आँचल फूलों की अंजुलियों से भरनेवालों को कौन-से रिश्तों का नाम दूँ? मैं समझ नहीं पाती।

मेरे गुरुजन, मेरे गलीवाले लोग, कॉलेज जीवन में सहायता करनेवाले गुरुवर्य, बहुत-से सामाजिक कार्यकर्ता, ति. आण्णा, लीलाताई कितने-कितने लोग, कितने नाम! जाति-धर्म से परे इन लोगों ने मुझसे एक ही रिश्ता जोड़ा स्नेह का! इस प्रेम, स्नेह ने मुझे जिन्दगी जीने की प्रेरणा दी।

*"घुँघरू की तरह बजता ही रहा हूँ मैं,*
*कभी इस पग में, कभी उस पग में*
*बँधता ही रहा हूँ मैं...*
*कभी टूट गया, कभी तोड़ा गया,*
*सौ बार मुझे, फिर जोड़ा गया*
*यूँ ही लुट-लुट के, यूँ ही मिट, मिट के*
*बनता ही रहा हूँ मैं... घुँघरू की तरह बजता ही रहा हूँ मैं..."*

यह मेरा पसन्दीदा गीत! शायद मेरे जीवन का प्रतीक! इतनी उपेक्षित, बेबस, असहाय,

स्थिति में मुझे आगे पढ़ने की इच्छा हुई। मैं पढ़-लिखकर आत्मनिर्भर बनी। कभी-कभी विचार आता है, "अगर मैं आगे न पढ़ती तो? आज मेरी जिन्दगी कैसी होती? कहाँ होती मैं?"

काली, कुरूप, विद्रूप, अपशकुनी, 'टाँगे के टप के मूँ की', 'चिपकल की मुँह की' ऐसे विशेषण सुनते मेरा बचपन और जवानी बीती। इन नामों ने मेरे 'अस्तित्व' को फना कर दिया। ये शब्द, ये नाम, ये लफ्ज मेरी जन्मदात्री माता के, मेरे हमसफर, मेरे जीवन साथी पति के ही थे, किसी पराए व्यक्ति के नहीं थे। इन लफ्जों ने मुझे कितना नाउम्मीद किया, यह मैं ही जानती हूँ। पुराने जमाने में केशवपन किए बेवा, बूढ़ी औरतें सिर पर जिस तरीके से पल्लू लेकर आगे लपेट लेती, ऐसा पल्लू मैंने अपनी उम्र के तेरहवें बरस में लिया। हीनभावना से पीड़ित मैं, कभी भी औरतों की महफिल में नहीं जाती। खुद को उनसे छिपाती, सिकुड़कर, सिमटी-सिमटी-सी दरवाजे की आड़ से देखती रहती। मेहमानों के घर जाती तो कभी मेहमान बनकर नहीं। नौकरानी की हैसियत से जाती, उन्हीं के घर पिछवाड़े में बर्तन माँजती, धोना धोती और चूल्हे पर रोटियाँ सेंकती रहती।

यह कथा मेरी आत्मखोज की है। मैं काली, कुरूप न होते हुए अपनों के कहने पर मैं वैसी ही हूँ यह झूठ सच मानती आई। हर बुरी, दुःखद घटना की जिम्मेदारी मेरी है ऐसा मेरे अपने कहते हैं तो उस झूठ को सच मानती आई। यह सब कितना झूठ था, कितना झूठ है, कितना छलकपट और कितना फरेब है! ये सब जो कहते हैं ये सब झूठ है ऐसा सच किसी ने भी मुझे क्यों नहीं बताया? यह सब मुझे ही तलाशना पड़ा, खोजना पड़ा।

किसी के सामने जुबान को ताला लगानेवाली मैं, सबसे नजरें चुरानेवाली मैं आज सैकड़ों औरतों, मर्दों, छात्रों के सामने व्यासपीठ पर खड़ी रहकर बेधड़क बातें करूँगी यह तो मैंने सपने में भी सोचा न था।

माँ हमेशा कोसती। मेरी पीठ पर पाँच बेटियाँ हुईं, मेरे पेट से चार बेटियाँ पैदा हुईं, घर के किसी समारोह में मुझे इसलिए फटकने नहीं देते कि मैं बेटियों की माँ हूँ, "ए बाजूला हो, पोटला पोरगा नाही उगच मुढ, मुढ आणि घावतय पुढ" (ए बाजू हट, बेटा पैदा नहीं किया और आगे-आगे क्यों नखरे दिखाती हो?), ऐसी बातों से मुझे आहत करती।

आज मैं बेटियों की माँ हूँ, इतनी पढ़-लिखकर उच्च विद्याविभूषित हुई, सम्माननीय बेटियाँ उच्च शिक्षा, पद प्राप्त हैं इस बात का सम्मान मैं सब समूह में स्वीकारती हूँ, तो सामने बैठी औरतों और मर्दों की नजरों में मेरे प्रति सम्माननीय, आदरभाव देखकर भावविभोर हो जाती हूँ। मेरी आँखें खुशी के आँसुओं से तरल हो जाती हैं।

पहले कभी, किसी के सामने 'अ' तक का उच्चारण न करनेवाली मैं जब महिलाओं के साथ होनेवाले अन्याय, अत्याचार के बारे में व्यासपीठ से विचार व्यक्त करने लगती हूँ तो बड़ी आक्रामक हो जाती हूँ। महिला दक्षता समिति में उपाध्यक्ष का पद निभाते वक्त संस्था में आनेवाली हर औरत को न्याय मिलना ही चाहिए इस खयाल से निर्भय होकर कोर्ट, कचहरी, पुलिस स्टेशन में भागदौड़ करती हूँ। आज तक इतने अनुभव ले चुकी हूँ कि महिला दक्षता के काम के बारे में एक किताब लिखूँ। मुझमें न जाने इतना साहस कहाँ से आया है? बड़ी निर्भीकता से एक शिक्षण अधिकारी संभाजी सोमाजी रूपनबर को सजा दिलाने तक मैं लड़ सकी। जब अन्याय करनेवाले को सजा मिलती है तो मुझे लगता है मैं जिस औरत के लिए

लड़ रही हूँ उससे ज्यादा मुझे ही न्याय मिला है, यह औरतें मेरी सिसकियों का प्रतिनिधित्व करती हैं और मैं जी-जान-से उन्हें नहीं मुझे ही न्याय देने की कोशिश में लगती हूँ...उसी पल मैं सारी भागदौड़, श्रम भूलकर नई लड़ाई के लिए खुद को सिद्ध करती हूँ...।

अब मेरी प्रतिमा बदल चुकी है। पुरानी 'आशा' जलकर खाक हो गई और उसी खाक से फिनिक्स की तरह एक नई 'आशा' ने जन्म लिया है। 'एकाच या जन्मी जणू फिरूनी नवी जन्मेन मी' (इसी एक ही जन्म में मरकर मैंने दूसरा नया जन्म लिया है।) अब मैं अकेली कहाँ हूँ? मेरे पीछे-पीछे आनेवाला कितना लम्बा कारवाँ जो है।

शिक्षा की पताका लेकर मैंने 'ज्ञान की पंढरी' की राह पकड़ ली। आज उसी पगडंडी से बहुत-से राहगीर, वारकरी आ रहे हैं। जिन्दगी की चढ़ान चढ़कर आने के उपरांत ढलान की ओर कदम बढ़ाते वक्त जब मैं मुड़कर देखती हूँ तो मुझे कितने राहगीर नजर आते हैं। जिसमें हैं मेरे बच्चे, बहनों के, रिश्तेदारों के और मेरे समस्त समाज में से कितने तो लड़के-लड़कियाँ...। बड़ी लम्बी कतार नजर आने लगती है...। वह सब देखकर मैं बड़ी प्रसन्न हो जाती हूँ, मेरे मन का तालाब खुशी से भर जाता है।

मुझे इस पल याद आती हैं शायद मजरूह सुलतानपुरी की कुछ पंक्तियाँ-

*"मैं अकेला ही चला था*
*जानिबे मंजिल मगर,*
*लोग साथ आते गए*
*और कारवाँ बनता गया।"*

## कठिन शब्दों के अर्थ

गडगा–बिना गढ़ाए पत्थरों का कठडा
हौर–और
लच्छा–काली मणियों का सादा मंगलसूत्र
चिपलक की मूँह की–छिपकली जैसी
उजला–सफेद
पवूँगुण–अशुभ आगमनवाली
चकोट–अच्छा
पीट–पीठ
छोन्या–लड़कियाँ
तौच–उसी वक्त
पसरींगी–फैलेगी
किसकेबी–किसी की भी
करकोच–इस वास्ते
आवा–भट्टी
गलेप–दरगाह या कबर पर डाला जानेवाला कपड़े का आच्छादन
संदल–चंदन
फातिहा–कुरान अन्तर्गत स्त्रोतवचन
जुबाह–जिबह–अल्लाह का नाम लेकर पशु को काटना, जिबह करना, हलाल करना
सिद्धा–सीधा
संगाट–साथ में
निबता–निभना, निभाना
बाला–केश, बाल
शिरपरशी–सर से
लिजा को–ले जा के
गलासा–गिलास
रांडमुंड–बेवा औरत
पल्लू–आँचल, पल्लू
वट हुपा–तुम्हारा अमंगल हो
पचान–पहचान
बिसन्या–भूल गए

हारा–बेंत की बड़ी टोकरी

अवघड़–कठिन

धरमसाला या साला–मुसाफिरखाना

राबतय–कष्ट करता है।

उद–उद, लोबान

ठराई–निश्चित किया, तय किया

सपड़े–चपेट में आए

नकूशी–जो नहीं चाहिए ऐसी

अंगारा–नारीजा, पीर, वली के नाम की जानेवाली दुआ की राख

आचिंगा–होगा

हलदी कुंकु–ऐसी रस्म जिसमें सुहागन औरतें एक दूसरी को हल्दी–कुमकुम लगाकर सौभाग्यवती होने की प्रतिष्ठा अनुभव करती हैं।

आबंडपणा–त्रागा

उतू–उबल जाना

न्हाचाय–रहना

जायाच–जाना

एस.टी. बस–स्टेट ट्रांसपोर्ट बस, राज्य परिवहन की बस

के.एम.टी.–कोल्हापुर महानगरपालिका ट्रांसपोर्ट

आपदा–विपत्ति, दुःख

आमीन–तथास्तु

मोतीझिरा–बुखार आकर शरीर पर बारीक फोड़े निकलते हैं

मोतीसिरा–मोतियों की माला

मिनकौडी–कड़वा नीम

निम्मजन–स्नान

घडोंची–तिवई

घतर–सुबह

घरूआ–ठीक–ठाक परिवार

घर्राटा–खर्राटे भरना

खटला–घर–परिवार

जुगालती–यह आदत जानवरों में होती है, खाया अनाज पेट से मुँह में निकालकर चबाते रहते हैं।

सोकावे–चस्का लगा है

आरूस–नवरी

चलवी–सुन्दर

नरमसुत–नरम, कोमल

फजर–प्रभात, सुबह

आडा–अडसर, बंधन

चिबना–चुभना
आचना–होना, रहना
नईसाक–नष्ट होना
तेगार–नखरा दिखाना
फतरा–पत्थर
कंबल्या–कंबल का अनेक वचन
मैष्का–मायका
हाजलावा–शादी, गाली सदृष्य अर्थ, निंदा करना
हादरगिती–कन्नड़ भाषिक गाली, नाटकी
पिशानी–पेशानी
कनेके–कहना
दरूना–हृदय
रंडकी–विधवा स्त्री
बावाडंग–बोरगाँव के पीर-वली का नाम
आक्कया–आँखें
जिगट–चिकट, चिपचिपा
चाबने के–चबाने के
जनाजा–प्रेतयात्रा
गाडेशिवाय–दफनाए बगैर
जिवाँ–जूँ
शिर–सर
बाधिकार–बाधा
शिलगाय–सुलगाना
कनेशी–तब से
गले को संदल लगना–दूसरों के दुःख पर खुश हो जाना
हाथ पर पेट–मजदूरी करना और पेट भरना
जोड़वे–अंगीठी
तालीम–अखाड़ा
सासर–बशी, तश्तरी
अंबिया–कच्चा आम
अचवना–आचमन, भोजन के बाद मुँह हाथ धोना
बकुल–बोलसिरी के फूल
आमका मोहर–बौरा
रहाट–रँहट
नणदोई–ननद का पति
नाक–नासिका
पांढरा चाफा–कनकचम्पा के फूल

सासनकाठी–महाराष्ट्र का दैवत जोतीबा, जोतीबा की यात्रा में रंगीन कागज, कपड़ों सी मढा दी लम्बी–सी लकड़ी लेकर लोग नाचते हैं। झंडे जैसा ही प्रतीक, श्रद्धा से कंधे पर से ले जाते हैं।

कुँडरा–कुँडाला

छनक–भनक

पारिजात–हरसिंगार

हालीम–आहालीव, हालीम की खीर या खिचड़ी या लड्डू घी में बनाकर खासकर जच्चा को देते हैं।

झोपाला–हिंडोला

भुखेने व्याकूल होने–आँत सूखना

पोलपाट–चकला

मोठा चमचा–करछूला

मोठी गढई–कड़ाहा

सांडसी–सडशी, चिमटा

बशी–रेकाबी, तश्तरी

अंगात येणे–पिशाच बाधा होना

गोड मिठाई–शिरनी

धूप देना–धूपाना, धुणी

करंजी कातरणे–गोंठनी–करंजी, गोझा

मुडपणे–गोंडना

गोठा–गोडा, गोठा

ताजे गवत–गोडारी, ताजा घास

कुरण–घास का जंगल, बुगिथल

सक्तमजूरी–कैदसक्त

ओटा–अगास

मोगरा–गंधराज, मोतिया, मोगरा

ठणका–टिस

चुंचुंके–चुचुंली

निरी–चुनन

जास्वंदी चे फूल–अडहूल

वायुगोला–कौलंज

जोगतीण–देव के नाम पर छोड़ी गई स्त्री। महाराष्ट्र में यल्लमा देवी के नाम लड़कियों को छोड़ा जाता है। वह लोगों के दरवाजे पर भिक्षा माँगकर उदर निर्वाह करती है। यह एक धार्मिक कुप्रथा है। जोगवा माँगनेवाली जोगतीण।

जग–जोगतीण के सर पर रखी बेंत की टोकरी जिसमें यल्लमा देवी की पीतल की मूर्ति होती है, जिसकी पूजा करते हैं।

चौंडक–जोगतीण के हाथ में बजाने का एक वाद्य रहता है। जोगता पुरुष को

कहते हैं जिसे यल्लमा देवी के नाम पर ही छोड़ा जाता है। महाराष्ट्र, कर्नाटक में पिछड़ी तथा निम्न जाति में आज भी यह कुप्रथा चली है।

कर्णभूषण–कणकली
नईसाक–गायब होना
हाची, हाचिंगा–होगा
दिकी –देखना
लग्या–लगना
जीव हलका होना–चोरी का इरादा होना
आल लेना–इल्जाम लगाना
कन–पास
शिर की नाड़ी हालना–बहुत गुस्सा आना
चोरटा–चोट्टा
छिनाल–व्यभिचारी
आसतकरी–अमीर
घर पानी में बैठ जाना–परिवार नष्ट होना
आको–आकर
उधलणे–विध्वंस करना
संसार–परिवार, जिन्दगी
हुईस–हो गई
आगे–अरी–पुकारना
संगाट–साथ
आस्ती–होती
तुज्या–तेरे
आस का?–ऐसा क्यों?
आंतू–आता हूँ
बाधिकार–बाधा
पाट–भोर, प्रभात
खेकटा–अडसर, बाधा
रगड़–भरपूर
हाय–है
सरक–दूर हो
यत्ते–इतना
कालजी–चिन्ता
न्हंदे–रहने दो
मंडपी–मंडपा, मंडप
शीरा–सेहरा
गोशा–परदे में रहना, घूँघट लेना

आवार–आसपास
आवाँ–वीर की भट्टी
कत्तल–मोहरम का नवाँ दिन
जिस दिन हसन हुसैन का कत्ल हुआ
सुबता–आबादी, बरकत
भेसूर–डरावनी
चिकसा–सुगंधी वनस्पति की
पाउडर जिसका उबटन बनाया जाता है।
कत्ता–कितना,
खाजगी बस सेवा–व्यक्तिगत
बस सेवा

●●●